IVAN
ILLICH
이반 일리치
문명을 넘어선 사상

IVAN ILLICH

이반 일리치

문명을 넘어선 사상

호메로스

차례

일리치와 멕시코

이반 일리치에 대해 한 번쯤 정리해봐야겠다는 생각을 한 지 한참이 지났다. 산업사회의 한계가 완전히 드러난, 오늘날 산업사회에 대한 일리치의 급진적 비판의 의미를 정리해둘 필요가 있다고 생각했다. 필자에게 이 작업은 일리치 입문이라기보다 일리치 졸업으로서 의미가 있다. 이는 일리치에 대해 어느 정도 배웠다고 생각했을 때부터 품고 있던 생각이다. 산업사회가 존속하는 한 그 본질을 이해할 필요가 있기 때문이다.

필자는 일리치를 일본에 소개할 때, 사회과학적 정치경제 비판으로는 이룰 수 없는 새로운 비판 영역이 존재한다는 것을 알리고자 했다. 교육 비판이나 의료 비판 같은 개별적 비판이 아니다. 학교를 없애자거나 의료를 없애자는 따위의 천박한 일리치주의도 아니다. 버내큘러나 젠더에 관한 잡지를 편집할 때도 '여성 차별'이라는 문제 영역보다 사회과학적 사고의 기술로서 자리매김하고자 했다. 즉, 비판을 개별화하기보다 '산업적 생산 양식'의 기반을 뒤집고, 기존의 사회과학적 사고를 체계적으로 전환하는 대안으로 제시하고자 한 것이다.

젊은 시절 필자는, 일본의 사회과학은 현실을 제대로 대상화하지 못한다고 느꼈었다. 특히, 마르크스주의는 납득할 만한 고찰을 제공해주지 못했다. 실제 필자가 참여했던 대학투쟁[1]에 대해 마르크스주의는 제대로 된 설명을 해주지 못했다. 참고로, 마르크스주의에 대한 필자의 이해는 평범한 강단 마르크스주의자들보다 깊이가 있다고 자부한다. 필자는 '나의 투쟁은 도대체 무엇이었을까'를 알기 위해 세계로 눈을 돌리다가 일리치를 알게 되었다. 그를 통해, 대학투쟁은 사회적 규율에 의해 초래된 대학의 학교화에 대한 저항이자 반항이었음을 자각하게 되었다. 산업사회에 종속될 수 없는 작은 자율성의 저항적 표출이었던 것이다.

돌이켜보면, 처음 일리치의 저서를 접했을 때는 솔직히 무슨 말인지 몰랐다. 필자의 저서를 읽는 독자들 역시 마찬가지일 텐데, 생각의 장소가 이동하지 않으면 전혀 알 수 없거나 조금밖에 이해할 수 없다. 학교가 필요 없다거나 병원이 필요 없다는 등의 논설을 황당무계한 말로 받아들인 건 필자 역시 마찬가지였다. 그 논지의 심층부에 있는 의미를 제대로 이해할 수 없었던 것이다. 그렇다면 본인을 만나 직접 이야기를 듣는 게 낫겠다는 생각에 멕시코로 날아갔다. 1975년의 일이다. 그곳에는 일리치뿐 아니라 그가 이끄는 CIDOC(Centro Intercultural de Decumentacion, 문화교류문헌자료센터)라는 흥미

---

[1] 1960년대 말 일본에서 일어난 대학생들의 집회, 시위, 농성 등을 의미한다. 이 운동을 주도한 조직인 '전학공투회의'의 약칭을 따서 '전공투 운동'이라고도 한다. 1980년대 한국의 학생운동이 반정부 운동의 성격이 강했던 데 비해, 일본의 대학투쟁은 대학 당국의 권위주의적 체제에 대한 투쟁의 성격이 강했다.

로운 연구소도 있었다. 이곳은 통상적인 연구센터와 달리 현실에 깊숙이 개입하고 있어서 매우 신선했다.

당시 일본의 대학원 생활에 신물이 나 있던 터라, 나는 지도교수였던 오자와 유사쿠(小沢有作, 1932~2001) 선생님께 멕시코에 다녀올 테니 학점을 줄 수 있겠느냐고 말도 안 되는 부탁을 드렸다. 필자는 고교시절부터 담임선생님들께 규칙에 반하는 부탁을 자주 드려 야단을 맞기도 했는데, 오자와 선생님은 흔쾌히 필자의 부탁을 받아들여주셨고, 제멋대로인 필자를 묵묵히 도와주셨다. 필자에게는 유일한 참스승이다. 지금에서야 말하는데, 당시 장학금을 생활비에 보태지 않았더라면 멕시코에서의 생활은 불가능했을 것이다. 리포트 제출로 학점을 대신할 수 있었던 덕분에 4년간의 멕시코 체재기간 중 첫 2년간을 장학금으로 버틸 수 있었다. 솔직히 대학 강의실에 앉아 있는 것보다 훨씬 더 많이 공부했기 때문에 부당한 건 아니었다.

왜 미국이나 유럽이 아니라 라틴아메리카에 가느냐고, 라틴아메리카에 가봐야 쓸모가 없다고들 했지만, 나는 장식용으로 유학을 가는 게 아니라 정말 피부로 라틴아메리카의 현실을 느끼고 싶었다. 그것은 혁명의 가능성과 한계를 실제 느끼는 것이기도 했다. 러시아혁명의 교육 분야에 대해 공부하고 쿠바혁명의 교육 분야를 석사논문으로 다루면서, 필자는 '혁명의 어딘가가 잘못되었는데 이를 대신할 마땅한 것이 없다'는 느낌을 받았다. 그게 뭔지 책과 자료를 뒤져봤지만 도무지 감을 잡을 수 없었다. 무의식적으로나마 서구에서 '세계를 이해하는 것'은 불가능하다는 직감 비슷한 것이 있었다.

'사회주의나 자본주의나 똑같이 산업적 생산 양식을 경쟁하듯 추구할 뿐'이라는 일리치의 주장을 납득할 수 있었던 것도, 필자 나름대로 사회주의 연구를 해왔기 때문이며, 양쪽의 차이/대립에 이데올로기 이상의 것을 발견할 수 없었기 때문이다. 그리하여 사회주의 혁명이 아닌 멕시코혁명은 어떤 현실적 조건에서 일어났고, 어떻게 진행되었는지를 알고 싶었다. 여차하면 라틴아메리카 어딘가의 혁명운동에 뛰어들어도 좋다는 각오가 마음 한켠에 있었다. 그러나 혁명에 뛰어들 용기를 내기도 전에, 필자는 멕시코에서 혁명의 한계의 의미를 실제로 확신하게 되었다. 혁명보다 더 격렬한 게릴라전 한가운데서도 평화롭게 생활하는 사람들의 활기와 천진난만함을 인식하게된 것이다.

멕시코의 열악한 조건에서 필사적으로 공부한 덕분에 귀국 후 오자와 선생님께 예상 이상의 소득을 거둔 것 같다는 칭찬을 들었다. 확실히 그 경험은 필자의 장래를 결정짓는 계기가 되었다. 일리치 사상뿐이 아니다. 멕시코라는, 산업화되지 못한 현실이 갖는 강렬한 힘을 몸소 체험했기 때문에 비로소 일리치의 의미를 이해할 수 있게 된것이다.

선진국에서는 절대 알 수 없는 것들이 멕시코에는 있었다. 그것은 일리치가 해학적으로 말했듯이 '미국인들과 유럽인들과 일본인들은 학교에 가지 않으면 안 될 만큼 어리석은가', '미국인들과 유럽인들과 일본인들은 병원에 가지 않으면 안 될 만큼 몸이 약한가'라는 질문과 상통하는 것이다. 물론 멕시코인들은 아무도 그런 말을 하지 않았지만, '비산업적인 것'의 존재를 확고하게 느낄 수 있었다. 모든 것이 뒤집혀 보였다. 일상생활이 거꾸로다. 일본에 비해 멕시코는 뒤집혀 있었다. 아니 정확히 말하면, 일본이 뒤집힌 것이다. 그것이 바로 '버내큘러한 것'의 존재와 관련되는데, 이는 일리치 사상의 골격이기도 하다.

이 뒤집힘을 은유적으로 표현한 것이 마하엘 엔데의 『모모』[2]다. 회색 남자들은 사람들에게 산업사회적 속성을 주입하는데, 이를 강요하는 게 아니라 '당신이 스스로 결정하라'면서 주체적 종속을 유혹한다. 모모는 거북이 카시오페이아와 함께 이 회색 남자들을 '뒤집힌 골목'으로 유인한다. 천천히 걷는 모모를, 빠른 속도로 쫓는 회색 남자들은 따라잡을 수 없다. 모든 것이 뒤집힌 장소이기 때문이다. 필자는 멕시코에서 '뒤집힌 골목'을 체험했다.

여러 곳에서 재미있는 현상에 부닥쳤다. 가장 알기 쉬운 것이 교통이다. 예를 들면, 버스는 혼잡시에 정류장에 멈추지 않는다. 멈출 경우 승객들을 다 태울 수 없을 뿐 아니라 운전사는 시간 내에 돌지 않으면 벌금을 물어야 하기 때문이다. 버스는 정류장을 지나 손님을 내리고 가버린다. 승객들은 그곳까지 달려가 달라붙듯이 타야 한다. 저녁에는 버스를 타는 게 더 어렵다. 월드컵 경기가 있기라도 하면 버스는 TV가 있는 곳에 멈춰 선다. 운전사가 TV 중계에 빠지는 것이다. 그렇지만 승객들은 불평하지 않는다. 같이 보거나 급한 사람은 내려서 앞 버스로 갈아탄다. 지금 자신에게 무엇이 가장 중요한 일인지 알고 있는 것이다. 이를 두고 욕망대로, 제 마음대로 사는 게 아니냐고 해석하는 것은 규칙을 중시하는 사고일 뿐이다.

도로가 정체되면 뒤에 있던 차들은 반대 차선으로 간다. 그렇게 되면 양쪽 차선이 다 막히게 된다. 어느 쪽으로도 꼼짝할 수 없게 되는 것이다. 그럼 차에 타고 있던 사람들은 모두 내려 태평하게 잡담을 나누며 길이 뚫릴 때까지 아무 일도 안 한다. 즉, 기회만 있으면 법규나 규칙을 무시하고 하고 싶은 일만 한다. 이것이 불가능해지면 깨

---

2   『Momo』. 독일의 작가 미하엘 엔데(Michael Ende, 1929~1995)가 1973년 발표한 동화 소설로, 전 세계적으로 4천만 부 이상 판매되었다.

끗하게 포기한다. 필자는 이들의 결단의 속도에 놀랐다. '교통질서를 보면 멕시코가 얼마나 뒤쳐진 나라인지 알 수 있다'고 열변을 토하는 일본인들이 있는데, 필자는 멕시코인들이 훨씬 더 합리적이라는 사실을 알게 되었다. 규칙을 따르기만 할 뿐인 일본인들에 비해 더 활기 넘치고, 규칙을 벗어나 살 수 있는 파워가 있다. 경찰들은 교통 위반을 단속하긴 하지만 안전을 위해서가 아니다. 박봉으로는 살 수 없으니까 단속에 걸린 사람들로부터 돈을 받아내기 위해 단속하는 것이다. 이것 역시 부도덕하다고 하기 전에 서로에게 좋은 일이라는 것을 알게 되었다.

요컨대 멕시코 사람들은 룰과 규칙을 따르지 않는다. 잘못된 건 스스로 처리한다. 이를 두고 부도덕하다느니, 후진국이라며 사회 수준을 판단하는 건 의미가 없다. 필자는 오히려 선진 '사회'가 만들어지고 나서 모든 것이 뒤집혔다는 것을 재인식하게 되었다. 필자가 산업 사회의 한계가 아닌 '사회 그 자체'를 의심하게 된 것은 한참 후였지만, 그 기원은 멕시코에서의 경험에 있다. 그곳에는 사적(private) 요소가 살아 있는 공적(public) 세계가 존재하는데, 사회의 우위 따윈 없다. 개인들은 서로 신뢰하며 자각을 갖고 행동하는 성숙한 존재들이다. 이를 분석하는 데 푸코의 〈규범화 사회론〉은 너무 논리적이다. 사상적으로는 오히려 일리치의 개념들이 더 현실적이라는 느낌이다.

멕시코 생활에 익숙해질 무렵, 방심해서였는지 어느 날 온몸에 두드러기가 났다. 게를 잘못 먹은 것이다. 홈스테이를 하던 집 가족들이 의사를 불러주었다. 그는 이것저것 물어보았지만 아무것도 하지 않았다. 어떤 약인가를 사먹으라고 할 뿐이었다. 멕시코에서 의사는 문진만 할 뿐 치료하고 주사를 놓는 것은 자기 자신이다. 이것이 의료의 본질이다.

쿠에르나바카 옆 마을에는 태평양전쟁 때 멕시코로 도망 온 일본인 의사가 한 명 있었다. 그는 필자에게 높게 쌓인 의약품 창고를 보여주었는데, 미국에서는 발매 금지된 의약품들이 많았다. 이 약들이 멕시코인들에게는 잘 듣는 모양이다. 그는 스스로 주의해서 사용하면 괜찮다고 했다. 그는 돈 없는 멕시코인들에게는 치료비를 받지 않았다. 그래서인지 마을 사람들로부터 존경받고 있었다.

멕시코혁명을 경험한 멕시코인들은, 학교에서 진짜는 가르쳐주지 않는다고 분명하게 말한다. '자격'을 따기 위해 어쩔 수 없이 학교에 갈 뿐이라고 하는데, 돈이 떨어지면 깨끗하게 관둔다. 가난한 아이들은 길 위나 버스 속에서 노래를 불러 돈을 번다. 그럴 듯한 연기로 눈물을 보이며 돈을 구걸하는 아이들도 많다. 이밖에도 여러 가지 사례가 있지만 학교, 의료, 교통을 둘러싼 선진 산업사회가 얼마나 뒤집혀 있는지 필자는 일상생활 속에서 체험할 수 있었다. 일리치의 주장들이 황당무계한 것이 아님을 몸소 알게 된 것이다. 멕시코 유학을 통해 나는 선진국의 상식이 얼마나 기묘하고 비인간적인지를 실감할 수 있었다. 강의나 세미나에서 학점을 따거나 자격을 따는 유학이 아니라 자유롭게 배우는 유학이었다. 평생 가장 열심히 공부한 시절이기도 했다.

일리치의 기본적 생각은, 발전이 일정 수준을 넘으면 산업 시스템은 그것이 목적으로 삼았던 것과 정반대의 결과를 낳는다는 것이다. 교육을 받을수록 어리석어지고, 치료할수록 병이 늘고, 속도가 빨라질수록 이동시간이 더 걸리게 되는, 소위 '역생산성'이다.

일리치 사후 2005년 그의 전 작품은 프랑스의 Fayard사에서 두 권의 책으로 간행되었다. 일리치 붐이 다시 오나 싶었지만 그렇지는 않았다. 일리치에 관한 몇 권의 평론이 나오긴 했지만, 두드러진 건 없었다. 푸코에 관한 평론이 200권이 넘고, 부르디외에 관한 것만도 50권이 넘는다. 컨비비얼(convivial)이나 버내큘러(vernacular) 같은 일리치의 개념들이 가끔 사용되고는 있지만, 젠더론에서 그의 이름이 언급되는 일은 없고 '그림자 노동'이라는 개념도 그다지 거론되지 않는다. deschooling(비학교화) 정도만 살아남은 것 같다. 초기 일리치만이 남은 것이다.

학교는 없어지지 않고 오히려 절대적으로 필요하다는 생각이 강고하다. 의료와 병원은 당연히 더 필요하다고들 믿고 있다. 모터 운송수단 없이 사람이 어떻게 움직일 수 있느냐고 생각한다. 이런 생각들로 일리치를 비판하는데, 이것들은 일리치에 대한 생산적 비판이 아니다. 그 이유가 무엇인지 밝힐 필요가 있겠다. 산업사회의 서비스 제도 비판은 비판 자체가 목적이 아니다. 일상생활 속에서 눈앞의 일들에 어떻게 대응할 것인가. 그 자율적 태도를 형성하는 자기 기술(自己技術)을 습득하고 사용하는 데 일리치의 사상을 이용할 수 있으면 된다.

오늘날 '기묘한 일리치'가 '상식의 일리치'로 바뀌는 징후들이 나타나고 있다. 산업사회의 현실은 사회주의 국가들의 붕괴와 함께 현실적 한계를 드러내고 있다. 사람들은 무한 생산과 무한 소비가 지속될 수 없다는 사실을 느끼기 시작했다. 학교와 병원, 교통이 애초의 목적에 맞지 않는 결과들을 낳고 있다는 사실도 대중적으로 인식하고 있다. 가사노동이 없었다면 산업사회의 성립이 불가능했고, 조금씩이긴 하지만 가사노동이 임노동보다 근원적인 노동이라는 인식도 확산되고 있다. 컴퓨터의 비트 문자가 우리들의 '쓰기'에 격변을 초래하고 있다는 것도, 물과 H_2O가 다르다는 것도 조금씩 인식되기 시작했다. 일리치가 지적하고 비판했던 것들이 실제로 정곡을 찌르고 있는 것이다.

그러나 현실은 여전하다. 학교도, 병원도, 자동차도, 가사노동도, 여성 차별도 그대로 남아 있다. 일리치 본인도 만년에는 바뀌지 않는 세계를 한탄했지만, 그의 비판이 잘못된 건 아니다. 산업사회의 현실은 이데아와 다른 곳에서 작동한다. 이념은 반드시 현실에 의해 배신당한다. 사상가는 이를 알고 있다.

자신의 생활을 좋게 만들기 위해 어떻게 하면 좋은가. 이것이 일리치를 읽고 새로운 세계를 스스로 구상하는 의미다. 일리치 스스로 분명히 말했다. 학교를 없애는 것이 목적이 아니라고. '배움'의 자율성을 되찾는 것이 중요하다고. 일리치는 어디까지나 계기다. 불가결한 계기다. 산업사회에 대해 의심하고 이를 비판한 사상가로 그를 앞설 사람은 없다. 그는 보다 좋은(better) 것이 아니라 그냥 좋은(good) 것을 인류사적 시점에서 분명히 밝혔다. 이 good은 '선'으로 번역하기보다 bien estar,[3] 즉 '좋은 상태'로 번역해야 한다. 우리들은 일리치 특유의 선동적 담론에 너무 빠져들지 말고, 그 사상적 의미를 파악할 필요가 있다. 예를 들면, '빈곤의 현대화'라든가 '창조적으로 살 자유와 능력을 빼앗겼다' 같은 지적들에 대해서는 집착하지 말자. 보다 본질적 의미를 찾아 유효하게 이용하면 그만이다.

중요한 것은, 어떻게 일리치와 거리를 두고 그 의미를 스스로 활용할 것인가이다. 일리치에게 '삶의 의미'를 배울 필요는 없다. 사는 것은 우리들 자신이다. 필자가 사상을 이론화하는 것에 줄곧 집착하고 있는 이유도 '~이즘'을 싫어하기 때문이다. 또한 자기 기술의 도

---

3   스페인어이며 영어로 번역하면 well being에 가깝다.

구로써 사상을 사용하기 위해서다. 사상에서 배우지만 사상을 따르지는 않는다. 이를 위해서는 이론화라는 작업이 필요하다. 사상을 현실적 대상으로 삼을 게 아니라 이론적 대상으로 삼아야 한다. 사상은 자기 표출(自己表出)의 높은 곳에 존재하지만, 이론은 지시 표출(指示表出)의 긴밀도에 존재한다.

일리치는 유럽과 미국, 라틴아메리카와 아시아를 섭렵했기 때문에 그가 본 세계에 대해 이야기할 수 있었다. '여행'을 뛰어넘어 문화의 차이와 사회의 균질성의 차이들을 느낀 것이다. '이동'하기 때문에 보이는 것이다. 학문과 연구는 '이동(mobility)'에 의해 비로소 연마된다. 대학에서 아침부터 밤까지 근무해봐야 학문이 되지 않는다. 머물고 있는 것이 마치 일인 것 같은 착각을 불러일으킬 뿐이다. 말도 안 되는 제도화가 강화되고 있는 작금의 현실에서 '내버려둬(to be left alone)'의 자율성을 행사하기 위해서는 일리치의 사상이 필요하다. 우리는 '외부의 도전과 내부의 불안에 대해 자신감을 갖고 맞서는 태도'를 상실했다. 학교에서도, 기업에서도, 그리고 다른 어떤 기관에서도 모두 이상하다는 걸 알고 있지만 움직이려고 하지 않는다. 자신도 모르게 산업사회에 종속되던 단계에서, 지금은 인식도 하고 그로 인해 답답함도 느끼지만 여전히 종속된 단계를 벗어나지 못하고 있다. 이러한 역사 단계에서 일리치의 비판은 상식이 된다. 그러나 우리는 우리의 인식과 인지를 이보다 더 깊이 작동시켜야 한다. 그 지점까지는 이 책을 통해 다가가도록 하자.

일리치는 자신의 실제 활동의 속사정에 대해서는 이야기하는 걸 꺼렸다. 특히 1960년대 그의 급진적 활동은 데이비드 케일리[4]와의

---

4 David Cayley(1946~). 캐나다 출신의 작가이자 방송인. 일리치의 친구였다.

인터뷰를 통해 얼마간 드러나긴 했지만, 가톨릭 교회와의 투쟁이나 라틴아메리카를 무대로 한 투쟁은 인터뷰에 드러난 것 이상이었을 것이다. 그런 흔적이 문화교류문헌자료센터에 희미하게 남아 있었다. 그러나 일리치는 완고하리만치 이에 대한 언급을 꺼렸다. 필자도 직접 물어보았지만 그는 대답을 거부했다. 그는 자신이 최근에 쓴 저서만 사실로 인정하고, 과거의 책들에 대해서는 '옛날 것'이라면서 버리는 듯한 태도를 보였다. 일리치는 사상이 축적된다는 입장을 거부했다. 이러한 태도는 서구적이라기보다 멕시코적인 것이다. '내일은 없다', 내일 다시 만나게 될지는 모르겠지만 hasta manana[5]라는 태도다. 그날그날을 충실하게 즐기겠다는 입장이다.

일리치의 기본 사상은 초기부터 '희망(hope)'이었다. 다른 무언가에 의존하는 기대(expectation)가 아니라 자기 스스로 희망을 품는 것이다. 오늘날 '희망에 기대한다'는 말이 등장할 정도로 희망은 쇠퇴했다. 심지어 '희망학'이라는 뒤집힌 학문마저 등장하고 있다. 사회의 규정을 받게 되면 본질은 뒤집힌다. 이런 규정을 뛰어넘는 것이 희망인데도 말이다. 1985년 이후 일리치의 생각이 바뀐 게 아닌가 하는 지적도 있지만, 필자는 아무것도 바뀌지 않았다고 생각한다. 후기 일리치는, 어떤 의미로는 다소 난해해졌다. 표현 방식이 아주 이질적이고 용어도 난해해졌다. 그러나 사상가의 사상은 평생을 통해 만들어지는 것이다. 때때로 깊어지거나 돌아가거나 얕아지거나 할 뿐이다. '인간은 평생 하나의 병을 앓을 뿐'이라고 다고네[6]가 말했듯

---

5   내일까지(until tomorrow)라는 스페인어. 뜻은 내일 보자(see you tomorrow) 또는 다음에 보자(see you later)다.

6   François Dagognet(1924~2015). 프랑스의 철학자. 리옹대학과 파리대학 철학 교수 역임. 신체에 관한 철학을 주로 연구했다.

이, 인간은 단 하나의 사상을 품고 산다. 그 속에 다채로움이 존재하는 것이다.

미국을 주된 대상으로 삼은 일리치의 산업사회 비판은 이제 일본의 현실이 되었다. 본서는 그런 시점에서 살펴본 일리치론이다. 문명을 뛰어넘을 수 있는가. 아마 불가능할 것이다. 그러나 '불가능(不可能)'하다고 해서 '불능(不能)'이라는 것은 아니다. 그곳에 '희망'이 있다. 일리치는 문명을 뛰어넘는 '희망'의 사상가였다.

1부

시작점인 라틴아메리카
: 버내큘러한 장소

일리치 사상 가운데 산업문명 비판의 기반은, 실제 그가 라틴아메리카에서 생활한 것에서 유래한다. 처음에는 뉴욕 푸에르토리코 교구 활동에서, 이어 푸에르토리코대학 부학장으로서 CIF(문화교류형성센터)에서, 그리고 멕시코 쿠에르나바카를 거점으로 한 문화교류문헌자료센터 활동 등에서 일리치는 라틴아메리카를 두루 섭렵했다. 라틴아메리카에서의 실제 생활 체험은 불가피하게 가치관의 뒤집힘(顚倒)을 초래한다. 그것은 선진국과는 정반대되는 생활 원리다. 일리치는 이를 버내큘러(vernacular)*라는 개념으로 포착했다. 가톨릭 교회 및 바티칸과의 대립이 격렬해지자 결국 그는 교회를 떠나게 된다. 그러나 신앙 자체는 이후에도 독실하게 유지했다. 후기의 일리치는 그리스도에 대한 신앙과 기독교와의 차이를 선명히 표명했는데, 이는 라틴아메리카와의 첫 접촉 때부터 이미 존재했던 것이다.

---

* 　vernacular는 사전적으로는 특정 지역의 언어, 사투리, 일상적인, 토착적인 등의 뜻을 갖지만, 일리치의 경우 산업사회의 제도화된 보편성에 맞선 특정 지역의 생활방식과 사고방식을 일컫는 말로 사용한다. 본서에서는 일반명사가 아닌 철학적 개념으로 사용되고 있으므로 원어를 그대로 살려 '버내큘러'라고 할 것이다.

필자 자신이 멕시코에서 4년간 생활하지 않았더라면, 일리치 사상의 의미를 제대로 이해하지 못했을 것이다. 라틴아메리카를 모르면 산업사회 비판의 깊은 뜻을 신체적으로 감지할 수 없다. 문명사적 단계로 말하면, 그것은 아시아적 단계나 유럽적 단계와의 역률(逆律)로서, 어느 나라에나 있었던 것, 아니 장소에 따라서는 선진국에조차 잔존하고 있는 것이다. 필자는 이를 버내큘러한 장소, 버내큘러한 문화로 보편화하고자 한다. 일리치는 후기에 유럽 중세로 고찰의 대상을 옮겼지만, 그것은 아시아적 감각과 지성이 유럽에 어떻게 존재했는지에 대한 검증이라고 할 수 있다. 전기의 사회적 용어들이 후기에는 신앙적 용어로 바뀐 것에 불과하다고 이해하면 좋을 것이다.

라틴아메리카와 아프리카, 그리고 아시아를 뒤쳐졌다고 보는 시각은 단선적 진보사관에 불과하다. 버내큘러의 풍요로움의 깊이는 선진국 논리로는 파악할 수 없다. 상품과 돈의 풍요로움(richness)은 생활과 삶과 존재의 풍요로움(affluence)이 아니다. 인간의 복지(well-being)는 산업사회에 의해서는 주어질 수 없다고 단언할 수 있다.

1장
일리치 등장: 라틴아메리카라는 세계

멕시코의 문화교류문헌자료센터

1959년 쿠바혁명이 일어났다. 그리고 1961년, 혁명을 사회주의 화 할지 말지 기회를 엿보고 있던 카스트로는, 쿠바혁명의 독자적이 고 고유한 사회주의적 성격을 선언했다. 혁명 즉시 공산당의 도르티 코스(Osvaldo Dorticos, 1919~1983)를 수상에 앉혔으나 공산당과 손잡을 필요가 없다는 것을 알아채고는, 스스로 새로운 사회주의를 이끌어갈 수 있다고 내다본 것이다. 한편, 쿠바혁명이 라틴아메리카 전체로 파급될 것을 두려워한 미국은 '진보를 위한 동맹'을 결성하 고 '라틴아메리카를 돕자! 구하자!'는 슬로건을 내걸었다. 그리고 이 에 적극적으로 협력한 곳이 바로 가톨릭 교회였다. 라틴아메리카는 가톨릭 신자 수가 가장 많은 지역이었다. 푸에르토리코 교구에서 교 회활동을 했고 푸에르토리코대학 부학장을 지낸 경험으로, 라틴아 메리카와 미국의 차이를 몸소 알고 있던 일리치의 투쟁이 시작된 계 기이다. 「자선의 이면」이란 제목의 논고에서 그는 "라틴아메리카 문화에 무지한 채 이 지역에서 포교하는 것은 해악"이라고 밝히며, 멕시코 쿠에르나바카를 거점으로 가톨릭 전도사들에 대한 본격적인 교육을 시작했다. 스페인어 어학과 라틴아메리카 문화 이해가 합체된 교육이었다. 그 중심에는 문화교류문헌자료센터의 전신인 문화교류형성센터(CIF, Center of Intercultural Formation)가 있었다.

일리치가 주도한 문화교류형성센터는 1961년 쿠에르나바카에 설립되었다. 이곳에서의 교육을 통해 눈을 뜨게 되자, 대부분의 선교사들이 라틴아메리카로 가지 않고 귀국해버렸다. 북미 가톨릭 교회와 바티칸은 분노했다. 일리치는 바티칸에 소환되었다. 지하 깊숙이 계단을 내려가자 칠흑 같은 어둠 속에 촛불이 켜지고 검은 복면을 쓴 사람이 "이반 일리치, 지금부터 심문을 시작한다!"면서 심문 사항을 낭독했다. 일리치는 마치 이단 심문과 같은 시대착오적 행태에 맞서 질문표를 빼앗아 뛰쳐나와 지인인 신문기자들에게 이 사실을 폭로했다. 이것이 더욱 바티칸을 격노하게 만들었다.

이 에피소드는 일리치의 친구인 장 로베르[1]에게서 들은 이야기인데, 일리치와 식사를 할 때 물어봤더니 사실이라고 했다. 그는 추기경에게 심문받을 때 도스토옙스키의 『대심문관(The Grand Inquisitor)』이 연상되었다고 회상했다. 자신을 예수에 비유한 것이다. 단순히 말하면 일종의 파문인 셈인데, 종교적 제도와 대결하는 개인적 신앙의 존재 양식이라는 면에서는 예수와 겹쳐지는 면이 없지 않다. 아무튼 이로 인해 가톨릭의 엘리트였던 일리치는 교회에서 발을 빼게 된다. 일설에 의하면, 제자 일리치의 반역적 행위에 대해

---

[1]   Jean Robert(1937~). 스위스 출신의 건축가이자 역사가. 1972년 멕시코로 이주, 쿠에르나바카에서 일리치와 같이 활동했다.

당시 교황은 눈물을 보였다고 한다. 일리치는 언젠가는 교황이 될 인재로 주목받았던 인물이었다. 일리치는 매일 아침 스스로 기도를 올렸는데, 자신의 신앙심에는 변함이 없다고 필자에게 말하곤 했다. 그는 교회라는 제도를 부정했던 것뿐, 독실한 가톨릭 신자로서의 신앙은 평생 유지했다.

1960년대 전반, 일리치는 라틴아메리카 전체를 섭렵했다. 그는 가톨릭이 정치화되어 가톨릭 정당을 만들려고 하는 시도들을 막았다. 당시 신문을 보면 '일리치 나타나다'란 기사가 각국 신문에 보인다. 바티칸과 북미 가톨릭 교회는 멕시코의 쿠에르나바카에 조사단을 파견했는데, 이들 조사단은 '체 게바라가 들른 흔적이 없다'는 따위의 보고서를 작성하기도 했다. 쿠바혁명 이후 라틴아메리카는 혁명전쟁, 게릴라 전쟁 시대에 돌입했다. 가톨릭 내부로부터는 급진파 신부라 불리는 사람들이 나타났는데, 이들 중 브라질의 에우데르 카마라 주교[2]와 콜롬비아의 게릴라 투쟁에 뛰어든 카밀로 토레스,[3] 그리고 일리치를 3대 급진파 신부라고 불렀다. 쿠에르나바카 주교 멘데스 아르세오(Méndez Arceo, 1907~1992)도 급진파 신부 중 한 명이었는데, 일리치가 쿠에르나바카에 센터를 설립한 것 역시 그가 있었기 때문이었다. 이들은 각자 활동 스타일은 달랐지만, 라틴아메리카 편에서 반제국주의라는 입장이었고 가톨릭 교회의 관료주의와 대결한다는 공통점을 갖고 있었다. 아무튼 마르고 키 큰 이 남자(일리치)가 1960년대 라틴아메리카를 휘젓고 다닌 것은 사실이다. 그 투쟁은 어마어마한 에너지를 필요로 했으며, 그로 인해 기독교의 정당화

---

[2] Hélder Câmara(1909~1999). 브라질의 가톨릭 교회 대주교이자 해방신학자다.
[3] Camilo Torres(1929~1966). 콜롬비아의 가톨릭 교회 주교이자 해방신학의 선구자. 게릴라 조직인 민족해방군 멤버로 게릴라 전투 중 살해당했다.

같은 정치 활동은 상당한 방해를 받았다.

1960년대는 라틴아메리카 자체가 혁명, 반동, 쿠데타, 게릴라 투쟁 등 정치적으로도 경제적으로도 대변동의 시기였다. 이론과 사상에서는 저개발론, 의존론, 주변부 자본주의론, 축적론 등이 정치경제 이론으로 개화한 시기였고, 마르크스주의 경제론이 크게 뒤바뀌어 혁명 이론과 겹쳐진 시기였다. 쿠바혁명으로 시작된 격동의 정점에는, 사상 처음으로 선거에 의한 칠레 아옌데(Salvador Allende) 사회주의 정권의 탄생과, 1972년 9월 11일 피노체트의 군사쿠데타에 의한 그 종언이 있었다. CIA와 칠레 광업기업, 그리고 ATT 등 다국적기업들이 배후에서 움직인 것이다. 무시무시한 파시즘이 등장했다. 사실 9·11 무역센터빌딩 테러 뉴스를 접했을 때, 라틴아메리카를 알고 있는 우리들은 혹시 라틴아메리카로부터의 공격이 아닐까 짐작했을 정도다. 아무튼 라틴아메리카 대륙 전체는 다이내믹한 격동으로 돌입했다. 이는 세계적 변동이 산업화와 소비화로 수렴되는 가운데 나타난 역사적 필연이었다고 할 수 있다. 세계적 산업화가 인류에게 여전히 해결책을 제공하지 못하고 있다는 것은 두말할 필요조차 없을 것이다. 멕시코의 노벨상 작가 옥타비오 파스[4]는 사회주의도 자본주의도 아닌 제3의 길을 창조해야 한다고 했지만, 실제로는 아무것도 도출되지 않고 있다. 다만, 1994년 멕시코 치아파스(Chiapas)의 무장봉기[5]는 지금까지 없었던, 국가 권력을 탈취하지 않으면서도 국가 권력과 대등하게 대치할 수 있는 장소적 혁명을 이

---

[4] Octavio Paz(1914~1998). 멕시코 출신의 시인, 작가이자 외교관. 1990년 노벨 문학상을 수상했다.
[5] 1994년 1월 멕시코 남부 치아파스주에서 일어난, 사파티스타 민족해방군에 의한 봉기.

룬 사례로 주목할 만하다. 인디오들이 자신들의 장소를 스스로 통치하고 정부로부터의 간섭을 받지 않는 자치를 확립한 것이다. 사파티스타 민족해방군에 의한 이 투쟁은, 지금까지의 게릴라 투쟁과는 질이 다른, 장소 통치의 모델을 만들어냈다.

1966년 문화교류형성센터는 문화교류문헌자료센터로 개편되어 산업사회 비판의 아성이 되었다. 전성기는 아마 1970년이었을 것이다. 에버렛 라이머,[6] 존 홀트,[7] 요르단 비숍(Jordan Bishop), 조엘 스프링[8] 그리고 파울로 프레이리[9] 등을 포함한 학교 교육에 비판적인 논자들이 일제히 모여 활기차게 세미나를 진행했다. 망명한 프레이리의 책을 세계에 알린 것도 일리치의 작업 중 하나였다. 1976년 문화교류문헌자료센터는 그 활동을 접었다. 일리치의 의료 비판에 관한 저술이 완성되자 10년간의 활동을 마감한 것이다.

일리치를 만나 배우다

쿠에르나바카 중심에서 조금 떨어진, 야트막한 언덕 위의 문화교류문헌자료센터를 방문한 것은 1975년 4월이었다. 아직 그 독특한 분위기가 희미하게나마 남아 있었다. 의료 비판에 관한 세미나에서 머리를 싸맨 채 고개를 떨구고 있는 의사들의 모습이 눈에 띄었다.

---

6   Everett Reimer(1910~1998). 미국의 교육학자이자 학교 교육 비판의 대표적 이론가. 『학교는 죽었다』(1971)로 유명하다.

7   John Holt(1923~1985). 미국의 작가이자 교육가. 학교 교육에 대한 비판 및 홈스쿨링의 주창자로 유명하다.

8   Joel Spring(1940~). 미국 원주민 출신의 교육학자. 미국 및 세계의 교육 정책에 관한 20여 권의 저작이 있다.

9   Paulo Freire(1921~1997). 브라질 출신의 교육학자이자 철학자. 그의 대표작인 『페다고지』(1970)는 민중교육학의 고전으로 꼽힌다.

원칙적으로 녹음기 반입은 허락되지 않았지만, 필자는 유일하게 녹음을 허락받았다. 면담을 신청한 사람들이 몰래 녹음을 하려고 하면 이게 인터뷰냐고 야단을 치면서 자리를 박차고 나가는 일리치를 몇 번인가 본 적이 있다. 기자들이 몰래 일리치를 취재했던 것이다. 거의 무일푼에 가까웠던 필자는 사정을 설명하고 허락받았다. 세미나의 녹음을 밤에 듣고 다음날 같은 테이프에 또 녹음해 공부하는 식이었다. 가난한 학생이라 테이프를 살 돈이 없다는 사정을 듣고 필자만 허락해준 것이다. 지금 생각해보면 녹음을 보관해두었더라면 좋았겠다는 생각이 들지만, 당시는 생각조차 못했다. 일주일 동안 내용을 쫓아가느라 필사적이었다.

선진국에서 온 사람에게는 문화교류문헌자료센터의 도서관 이용료가 비쌌다. 선진국에도 가난한 사람이 있다고 주장하는 필자를 발렌티나 보레만스(Valentina Borremans) 여사는 거부했지만, 다른 직원들은 묵묵히 넣어주었다. 보레만스 씨와는 이후에도 잘 맞지 않았다. 그녀는 마치 일리치를 독점하고 있는 것 같았다. "일리치는 일본 따위에는 가고 싶어 하지 않는다"고 그를 대변하기까지 했다. 일리치는 저술에서 그녀를 치켜세우고 있지만, 필자는 그녀에게서 그어떤 부분도 느끼지 못했다. 실제로 상황이 난처할 때는 필자의 어깨를 눌러 말을 막곤 했다. 특히 멕시코인들에 대한 그녀의 차별적 언동은 미움을 샀다. 필자는 백인들 편이 아닌 멕시코인들 편에 서 있었기 때문에 이 간극을 실감했다. 필자가 있을 당시 문화교류문헌자료센터는 폐쇄되고, 장소를 옮겨 쿠에르나바카 랭귀지 스쿨로 운영되었다. 비용의 상당 부분을 보레만스 씨의 원조에 기대고 있었는데, 그 원조가 중단된 것 같았다. 하지만 무슨 이유에서인지 자세한 사정은 알 수 없었다. 아무튼 랭귀지 스쿨에서 때때로 열리던 일리치의 세미나는 결국 폐쇄되었다. 라틴아메리카 시대의 전환점이랄까, 한 시대의 종식이라고 할 수 있을 것이다.

필자는 이후에도 파티나 친구들 모임에서 몇 번인가 일리치를 만나 환담을 나누었다. 그리고 일리치는 보레만스 씨 얘기와 달리 일본을 방문했다. 그 모임에서 보레만스 씨는 필자를 보고 놀란 것 같았으나 여전히 불만에 찬 얼굴이었다. 첫 일본 방문 일정을 마치고 귀국 전에 일리치의 연락을 받았다. 우리는 롯폰기의 아르헨티나 레스토랑에서 둘만의 조용한 식사를 나눴다. 그는 마테차를 우려내는 찻주전자를 소리 나게 여닫는 등 소탈한 모습을 보이며 격식을 차리지 않았다. 이것이 그와 만난 마지막이었다. 그를 독점하려고 하는 일본의 배타적 학자들의 사교성에 실증이 난 필자는 이후 일리치와의 관계를 끊어버렸다. 몇 번인가 편지를 받았지만 답장을 보내진 않았다. 그러나 사상 면에서 일리치는 필자의 스승임에는 변함이 없다. 청년 시절부터 가르쳐준 것들에 대해 마음으로부터 감사하고 있으며, 직접 몸으로 배운 그 크기는 가늠할 수 없을 정도다. 지금은 좋은 추억이다.

처음 그를 만났을 때가 생각난다. 산책을 하면서 이야기하자면서 문화교류문헌자료센터의 문을 나와 작은 길을 큰 걸음으로 활보하는 그를 열심히 쫓아갔던 기억이 선명하다. 나중에 알게 된 사실이지만, 학생시절 그의 지도교수가 그를 자주 산책에 데려갔었다고 회상하는 것으로 보아, 걸으면서 이야기하는 것은 일종의 시작 의례였던 모양이다. 그 후 그런 일은 없었다. 첫날은 내일 또 오라면서 길 위에서 헤어졌다. 그날 이후 매일같이 그의 말들을 번역하면서 질문을 계속했다. 저자 본인과 1대1 강의를 들은 셈이다. 이 작업을 통해 비로소 그를 이해할 수 있게 되었다. 지금 생각해보면, 아주 귀중한 시간을 필자에게 허락해준 것이다.

기존의 산업적 사고방식을 뒤집는 것(逆轉)이기 때문에 사고 회로를 일리치에게 맞추는 데는 시간이 필요했으나, 일단 이해하면 선명할 정도로 간결했다. 선진 산업국 사람들이 갖고 있는 상식의 진부함을 바로 이해할 수 있게 되었다. '상식이 비상식'이라는 상식이 내 몸에도 스며들었다. 이 무렵 『Deschooling Society』가 『탈학교의 사회』라는 오역투성이 책으로 일본에서 간행되었다. 그런데 뉘앙스가 완전히 달라 사상적 본질이 제대로 전달되지 않았다. 비교적 관대한 편인 필자의 비판 활동이 시작된 시기이다.

문화교류문헌자료센터의 폐쇄 후에도 필자는 멕시코에 남아 멕시코 연구를 계속했다. 호구책으로 일본어학교 교사를 하며 사료가 정리돼 있는 자료관을 드나들었다. 멕시코의 현실에 대한 연구를 진행하고자 했으나, 기록되지 않은 현실의 깊이에서 역사 연구의 한계를 느꼈다. 진정한 현실은 서구적 담론으로는 표현할 수 없다는 것을 온몸으로 알게 되었다. 라틴아메리카까지 오지 않았더라면 일리치 사상의 의미를 알 수 없었을 것이다. 특권적 생활에서는 절대 보이지 않는다. 대상이 알려주는 것이다. 안다는 것은 자기가 자기를 뛰어넘는 것이다. 나아가 역으로 대상이 자신이 되는 것, 대상이 우리들의 자기를 한정하는 것이다. '안다'는 작용은 아는 것과 알려지는 것의 모순적 자기동일성에서 성립하는 것[니시다 기타로[10]]임을 경험하면서, 이 모순적 자기동일성에서 표현할 수 있는 담론이 없음을 알게 되었다. 이는 일리치의 비판보다 더 근원적인 곳에 존재하는 것이다.

---

10 西田幾多郎(1870~1945). 일본을 대표하는 철학자로 교토학파의 창시자. 대표작으로 『선의 연구』가 있으며, 근대 철학과 불교사상을 융합한 독특한 사상 세계를 선보인 것으로 평가되고 있다.

한마디로 말하면 버내큘러의 존재다. 이것은 서구 언어의 논리로는 절대 말할 수 없는, 이해할 수 없는 차원이자 라틴아메리카라고 하는 장소의 깊이에서 나오는 것이다. 감각적으로 체험할 수는 있으나 지적으로 표현할 수 없고 이성적으로 사고할 수 없는 것. 일리치가 이를 감지하고 있었음은 4년간의 멕시코 생활로 알 수 있었다.

1. 라틴아메리카의 버내큘러한 장소

라틴아메리카라는 장소

라틴아메리카라는 현실의 실재성 없이는 일리치 사상을 논할 수 없다. 그의 사상은 단순한 선진국 비판이 아니다. 그의 사상은 라틴아메리카라고 하는 식민지의 근대화, 역사적으로 서구보다 빨리 근대화를 시작한 지역이 있었다는 사실, 그리고 근대화(=산업화)될 수 없는 실재가 있다는 '비합리성의 합리성' 등을 긍정적으로 포섭하고 있다. 서구의 지식인들과 구미 연구자들은 절대 이를 알 수 없다. 그들은 이를 저개발, 미숙, 미진보로 이해한다.

일본의 경우, 2년 이상 해외 현지에서 생활한다는 것은 일본에서의 기반을 잃는 것을 의미한다. 때문에 해외연수를 가는 교수들은 2년 이내에 귀국하는데, 그러나 그렇게 해서는 절대 알 수 없는 영역들이 존재한다. 서구 유학의 경우도 마찬가지다. 생활의 위기에 직면하여 비로소 열리는 것들이 있기 때문이다. 모리 아리마사[11]가 그 전

---

11   森有正(1911~1976). 동경제국대학 불문학과를 졸업하고 1950년 프랑스에 유학, 이후 줄곧 프랑스에서 살았다. 국립동양어학교와 파리대학에서 일본어와 일본문학을 담당했다.

형인데, 필자는 이것이 연구의 질을 결정한다고 확신한다. 모리는 일본에서 보기 드물게 서구의 핵심에 다가갔던 사상가다. '이질적 문화 속에서 생활하면 다문화 이해에 도움이 된다'는 따위의 천박한 주장을 하려는 것이 아니다. 이질성은 자국에서 자신에게 형성돼온 것들이 무엇인지 부각시킨다. 이를 뛰어넘었을 때 비로소 표현할 수 없는 것들이 나타나는데, 이질성은 이질성으로서가 아니라 본질적 존재로 다가온다. 이는 언어 표현의 영역을 뛰어넘는 것으로, 침묵할 수밖에 없다. 언어로 표현을 해봐야 언어 밖으로 흘러넘치는 것을 실감한다. 느낄 수는 있지만 표현할 수 없는 지점까지 왔을 때, 비로소 희미한 소통의 빛이 비치는 것이다.

라틴아메리카라는 방대한 대륙을 일률적으로 정의하기는 힘들지만, 미국이 아니라는 점에서는 공통된 영역이 존재한다. 가치 체계가 미국과 정반대이며, 대중적으로는 미국에 대한 비판이 일상적으로 이루어지고 있다. 대중적 정치 감각 역시 매우 날카롭다. 라틴아메리카의 지적 세계의 정치성 역시 급진적이어서, 보수와 혁명 세력 간의 대치는 일상적인 것이다. 학생들의 정치투쟁과 파업, 데모 등도 급진적이어서 '폴로'라 불리는 어용 반좌익활동가들이 영화관이나 레스토랑을 주름잡고 있는 풍경을 쉽게 볼 수 있었다. 이론적 투쟁과 실제 투쟁 사이에 벽이 없는 것이다. 신문기자들의 정치 기사는 목숨을 걸고 쓴 것들이다. 언제 암살당할지 모르기 때문이다.

필자의 경험상 이런 멕시코의 현실은 말로 표현할 수가 없다. 언어적 이해를 뛰어넘는 엄청난 에너지이며, 선진국의 감각으로는 이해 불가능한 면이 있다. 도시의 상황이 이 정도일진대 농촌의 일상을 사회학적 조사나 인류학적 조사로 다 밝히는 것은 불가능에 가깝다. 필자에게는 북미 출신 연구자들의 인류학 논문들이 얼마나 엉터리인지를 체험할 수 있었던 날들이었다. 필자는 쿠에르나바카 교외에 있는 오코테펙(Ocotepec)에서 인디오 농민들의 페스타에 초대를 받아 대접 받은 적이 있는데, 불과 몇 시간도 안 되는 그 시간 동안 완전히 이질적인 세계에 뛰어든 느낌을 받았다. 여성들은 토르티야를 만들거나 큰 가마솥에 수십 마리의 닭을 넣고 막대기로 휘저으며 삶고 있었고, 남자들은 토속주인 풀케(Pulque)를 마시면서 즐겁게 이야기하고 노래를 불렀다. 매일 접하는 멕시코인들과 전혀 다른 인디오의 생활 세계였다. 백인들이 접근할 수 없는 세계다. 백인들이라면 틀림없이 불결하고 가난하고 비참하다고 느낄 것이다. 아무튼 필자는 이전에도 이후에도 그렇게 맛있고 고급스런 닭고기 요리는 먹어본 적이 없다.

라틴아메리카를 '태연히 사람을 죽이는 야만적 지역'이라고 말하는 미국인들에게, 미국에서 암살당하지 않은 대통령이 몇 명이나 있었느냐고, 국가원수를 이렇게나 암살한 나라가 또 있느냐고 되물으면 그들은 입을 다문다. 그들은 편견을 갖고 라틴아메리카를 바라본다. 멕시코에 살면서 확실하게 알게 된 점은, 멕시코의 현실이라기보다 미국의 어리석음이었다. 그리고 필자를 포함한 일본인들의 연약함이었다. 라틴아메리카 국가들에는, 저개발국 차관협상에서 '빌려준 쪽이 나쁘다'고 정색하며 교섭에 나서는 정치적 뻔뻔함과, 정치인과 관료들의 무시무시한 부정부패가 존재한다. 대통령 교체기에는 지방정치와 관공서가 완전히 기능 마비된다. 자신들의 다음 자리를 확보하기 위해 분주히 움직이는 것이다. 이를 도덕적으로 판단해봐야 의미가 없다. 필자 또한 다양한 방면에서 멕시코의 현실을 체감했다.

일리치는 이러한 라틴아메리카의 현실에서 가치를 찾아내 이로부터 발전과 진보의 한계를 확인했다. 그는 북아메리카와 남아메리카의 경계에 서서 양쪽을 균등하게 바라봤다. 제도와 산업적인 것 자체의 한계가 드러난 것도 라틴아메리카가 북미보다 철저한 근대세계를 지향하면서도 그것을 실현할 수 없었기 때문인데, 일리치는 이를 정확히 포착했다. 멕시코나 라틴아메리카는 뒤처진 게 아니라 애초에 발전할 필요가 없는 것들이 존재하고 있었던 것이다. 일리치는 이런 관점에서 사회제도와 산업사회 자체의 한계를 드러내 보였다. 세세한 면까지 들여다본 라틴아메리카 인식이 아니라, 일상생활을 기반으로 대국적으로 바라봄으로써 인류사적으로 보게 되는 세계다. 일리치는 이후 이 공간적 대치 구조를 그리스에서 로마, 그리고 현대로 이어지는 시간적 대치 구조로 바꿔놓는다.

　라틴아메리카의 실제는 연구서보다 문학적 표현에서 논하는 쪽이 더 현실감이 있을 것 같다. 가브리엘 가르시아 마르케스[12]의 『백 년 동안의 고독』이나 『족장의 가을』에 나타난 환상적 세계는 실제적 현실의 훌륭한 비유다. 이에 비해 카를로스 푸엔테스[13]는 아주 섬세하게 일상을 묘사하고 있다. 라틴아메리카 문학은 리얼리즘의 질을 바꿔놓았다고 할 수 있다. 그것은 허구가 아니라 문학적으로 표현된 현실 자체다. 엑토르 아길라르 까민[14]은 역사와 이야기의 경계를 허물고 history 자체를 표현하는 기법을 구사했으며, 카를로스 몬시바이스[15]는 일상에서 일어나는 일들을 외국인들에게는 어렵게, 그러나

---

[12]　Gabriel García Márquez(1927~2014). 콜롬비아 출신의 소설가. 1982년 노벨 문학상 수상자로, 대표작으로는 『백 년 동안의 고독』이 있다.

[13]　Carlos Fuentes(1928~2012). 멕시코의 대표적 소설가로 『아르테미오의 최후』, 『라틴 아메리카의 역사』 등이 유명하다.

[14]　Héctor Aguilar Camín(1946~). 멕시코 출신의 역사가, 작가이자 저널리스트다.

멕시코인들에게는 쉽게 묘사했다. 그는 번역 가능한 작품은 쓰지 않겠다고 필자에게 단언한 바 있다. 아무튼 그들은 서구적 기법으로는 불가능한 것들을 만들어내고 표현해냈다. 한편, 옥타비오 파스는 비교적 서구인들도 알기 쉽게 표현하고 있는데, 그 숨겨진 속은 매우 깊다.

이와 같이 라틴아메리카는 가치 질서가 선진국과 거꾸로다. 일리치는 이를 논리적(＝실제적)으로 '버내큘러한 것'과 '산업적인 것'의 대치로 파악하고, 보편적 수준에서 이를 논하고자 했던 것이다.

문화교류문헌자료센터에서 배우다

문화교류문헌자료센터는 어떤 곳인가. 케일리의 글에 다소 불만을 느끼는 점이 있어, 일부 중복되기는 하지만 필자가 경험한 것들을 조금 더 소개하기로 하자. 필자가 문화교류문헌자료센터를 방문한 것은 1975년 봄, 센터가 폐쇄되기 직전이었다. 쿠에르나바카의 도로표지에 CIDOC라고 표시되어 있을 정도로 유명한 센터는, 세계 각지에서 사람들이 모여들었다. 센터는 시내에서 조금 떨어진 곳의 야트막한 언덕 위에 있었고, 정원이 붙어 있는 흰 저택을 사용하고 있었다. 그래서인지 다들 그곳을 카사블랑카,[16] 즉 쿠에르나바카의 화이트하우스라고 불렀다. 쿠에르나바카는 멕시코시티에서 남서쪽으로 고속버스로 1시간 정도 걸리는 곳에 있는 작은 마을이다. 연중 온난한 기후로 휴가철에는 멕시코시티에서 사람들이 찾아왔다. 포

---

[15] Carlos Monsiváis(1938~2010). 멕시코 출신의 작가, 평론가, 저널리스트이자 정치 활동가다.

[16] Casablanca는 모로코의 도시명이기도 하지만 스페인어로는 white house라는 의미를 지닌다.

장되지 않은 길에는 말을 타고 다니는 일도 흔한, 아주 조용한 마을이었다.

맨 먼저 도서관을 들여다보았다. 놀랍게도 학교를 비판하는 책들이 줄줄이 꽂혀 있었다. 이곳을 꼭 이용해야겠다고 마음먹고 센터 출입을 시작했다. 연구 목적으로 일본인이 온 것은 처음이어서인지 모두 친절하게 대해주었다. 일리치는 마침 의료 비판에 관한 연구를 할 때였는데, 작은 방에서 시작했던 세미나는 점차 공간이 좁아져 앞뜰에서 진행하게 되었다. 세미나는 센터 안의 다양한 사람들이 스스로 테마를 내걸고 개최하는데, 게시판에 횟수와 참가비용을 직접 적어놓는다. 관심 있는 사람들은 그 시간에 모여 그 자리에서 요금을 건네고, 세미나 주최자는 그 돈에서 교실 사용료를 지불하는 완전히 자율적인 시스템이었다. 필자는 일리치의 손님 자격으로, 일리치의 세미나에는 무료 참가를 허락받았다. 시간 여유가 있을 때, 안면을 튼 캐나다인의 권유로 멕시코에서는 꽤 저명한(서구물이 든) 마르크스주의자의 세미나에 10달러 정도를 내고 출석한 적이 있는데, 들을 만한 게 없어서 바로 관뒀다. 일본의 마르크스주의보다 내용이 빈약해 듣고 있을 수가 없었다. 멕시코를 멕시코의 논리에서 논하는 로저 발트라[17]나 카를로스 몬시바이스가 마르크스주의자들보다 훨씬 급진적이며 본질적이다. 이후에는 철저히 자습만 하기로 했다. 숙소는 문화교류문헌자료센터에서 홈스테이를 할 멕시코인 가족을 소개해주었다. 필자는 그 가족과 말 그대로 정말 '가족'이 되어 멕시코 체재 중 줄곧 신세를 졌다. 멕시코인들의 희로애락을 엿볼 수 있는 좋은

---

[17] Roger Bartra(1942~). 멕시코의 사회학자이자 인류학자. 현대 라틴아메리카의 대표적 사회과학자로 명성이 높다.

기회였다.

일리치는 당시 『의료 네메시스』의 초고를 집필 중이었고, 필자가 그를 만난 건 그 추고 도중이었다. 얼핏 엿보았더니 여러 명의 조수들이 타이프를 치면서 정말 엄청난 속도로 책을 쓰고 있었다. 일리치는 의문이 들면 바로 그 자리에서 관련 전문가들에게 전화로 확인했다. 책은 저렇게 쓰는 건가 하는 마음에 놀랐다. 세미나에서는 청강자의 아이들도 섞여 있었는데, 이들이 소박한 질문을 던지면 일리치는 전혀 아이 취급하지 않고 어른들과 이야기하는 것처럼 응대했다. 토론에서는 여러 개 언어가 사용되었는데 통역은 전혀 없었다. 필자는 『Tools for Conviviality』의 몇 가지 초고들을 읽으면서 동시에 『의료 네메시스』의 초고를 숙독했다.

문화교류문헌자료센터는 끝내 경영 곤란으로 폐쇄되어 계곡 반대쪽의 더 작은 곳으로 옮겼다. 쿠에르나바카 랭귀지스쿨이라는 스페인어학교가 메인이 되고, 가끔 일리치의 세미나가 열리는 식으로 축소되었다. 쿠에르바나카는 북미에서 스페인어 학습을 위해 찾아오는 학생들로 버틴다고 해도 과언이 아니었는데, 스페인어학교들이 문화교류문헌자료센터를 모방해 여러 개 난립한 것이 경영난의 원인 중 하나였다. 필자는 다른 스페인어학교의 직원들과도 알게 되었는데, 일본인 학생을 불러달라는 부탁을 받기도 했다. 전체가 학생수 부족에 빠진 것이다. 필자와 일리치의 주 1회 미팅은 단발적으로 이어졌다. 그 사이 『의료 네메시스』가 『Limits to Medicine』이란 제목으로 간행되었고, 필자는 일리치에게 직접 이 책을 받았다. 저자로부터 기증받은 첫 책이라 기쁜 마음에 빨간 줄을 그어가며 읽었다.

문화교류문헌자료센터의 개설과 폐쇄는 라틴아메리카 역사상 상당히 큰 의미를 갖는다. 이제는 그곳에 모여드는 사람들이 없어져 정

치의 축이 바뀌었다. 파울로 프레이리가 오는 등 한때 번영했던 흔적
들은 사라졌다. 필자가 있었을 때는 물리적 파괴는 없어서 자유로운
출입이 가능했다. 카페도 레스토랑도 여전했다. 새로운 랭귀지스쿨
은 문과 담으로 완전히 닫혀 있었지만 일반 저택 같았다. 당시 멕시
코는 에체베리아[18] 대통령 하에서 변동환율제를 도입했는데, 이 때
문에 페소가 급락했다. 은행에서 돈이 없어진 것이다. 아마 그 충격
을 받은 게 아닌가 짐작된다.

　문화교류문헌자료센터는 자료집을 인쇄, 제본하여 기록으로 남겼
다. 자료집은 크게 세 부분으로 구성되었는데, 뒤표지가 노란색과 빨
간색의 Dossier와 파란색 Sondeos의 각 시리즈는 한 권당 300부
만 발간되었다. 아무도 거들떠보지 않았던 귀중한 자료들이 수록된
것이다. 또한 노란색 Cuaderno 시리즈는 일리치를 비롯한 관계자
들의 초고나 관련 기사들을 수록하여 센터의 활동을 엿볼 수 있게 했
다. 한편, 교통과 의료 분야의 세미나용 자료들은 Antologia로 얇은
책자로 간행되었다. 필자는 돈을 빌려 자료집을 모두 입수했는데, 공
식적으로는 멕시코시티의 코레히오 데 메히코[19]에 소장되어 있다.
필자는 이 시리즈를 지금도 가끔 사용하는데, 이 또한 문화교류문헌
자료센터 덕분이다.

18　Luis Echeverría Álvarez(1922~). 멕시코의 정치가. 제도혁명당 소속으로 대통
　　령을 역임했다(임기는 1970~1976).
19　El Colegio de México. 영어로는 The College of Mexico로 멕시코의 대표적
　　인문사회과학 대학교. 특히 이 대학 도서관은 라틴아메리카의 인문사회과학 분
　　야 최고 컬렉션으로 평가받는다.

가치 뒤바뀜(逆轉)의 의미

가치가 뒤바뀐다는 것은 무슨 의미인가. '서구적인 것과 비서구적인 것의 대치'라는 구도 속에는 서구적 기준이 여전히 개입되어 있다. 다문화주의(multi-culturalism)나 탈식민주의(post-colonialism) 역시 서구 기준에서 탈출이 안 된 상태에서 대립을 설정한 것이기 때문에 가치의 역전은 힘들다. 그것들은 비서구세계를 존중하자고, 존중이 중요하다고 하는 '선의'의 표명에 불과하다. 즉, 자신의 가치관을 부정하지 않고 유지한 상태이기 때문에 안전한 것이다. 자선의 기만과 같다.

일리치의 급진주의는 가치의 존재 기반 자체를 뒤집는다. 자신의 존재 기반이 전복되는 것이다. 이를 통해 삶의 의미가 없어지는 것이 아니라, 진정으로 사는 길이 스스로에게 열린다. 일리치는 이를 '놀라움의 자각, 각성'이라고 표현했다. 이 각성을 축하하고자 쓴 것이 그의 처녀작 『Celebration of awareness』다. '놀라움의 감각'이 없으면 각성은 일어나지 않는다. 자각(＝awareness)이란 의식화(＝conscientization)가 아니다. 실천(＝praxis)도 아니다. 자율성(＝autonomy)의 감각이다. 그의 친구 파울로 프레일리가 소박한 휴머니즘에 머물러 있었던 것에 비해, 일리치는 프레일리의 사르트르적 실존주의 인식/실천주의를 배제한다. '해방'을 향한 마르크스주의적 실천도 싫어한다. 이 자율/자각이 일리치 사상의 핵심이다. 그것은 집단성이 없으며 자기 투기도 없다. 목적적 실천도 없다. 제도나 규범으로부터 자신을 떼어내는 것이다. '자립'이 아니다. 주어(主語)적, 주체적이 아니라 술어(述語)적이다. 일리치는 거기까지 자각하지는 않았지만, 나중에는 '플러그를 뽑는 것(unplugging)'이라고 표현했다. 쓸데없는 것을 자신에게서 잘라냄으로써 제도의 끊임없는 영향력에 대해 '그냥 내버려두라(to be left alone)'고 맞서는 것이다. 가치의 뒤바뀜은 이러한 정치적 태도에서 나온다. 즉, 가치의 뒤바뀜을 실행하는 것이 아니라, 이를 자각하고 기존의 가치로부터 몸을 빼내는 것이다. 자신이 자신으로서 살아가는 것이다.

가치의 뒤바뀜을 위해서는 가치의 등가화가 선행되어야 한다.

① A) 학교에 가는 것은 가치가 있다. B) 학교에 가지 않는 것도 가치가 있다. 이와 같이 설정된다. A와 B는 등가이며 상반되는 가치가 공존한다. 이에 대한 자각이 중요하다. A를 선택할 것인가 B를 선택할 것인가와 같은 목적의 실현은 문제가 아니다. 일리치는 B가 부정 표현밖에 안 되는 것의 한계를 자각하고, B는 A의 용어로는 표현할 수 없다고 판단했다.

그 결과, 실제는 이렇다.

② A′) 학교 교육 하의 학습. B′) 자율적인 배움의 행위. 가치 개념을 넘어 행위자 편에서 설정이 변경된 것이다.

①은 제도의 타율이라는 측면에서 설정하는 방식이고, ②는 자율적 행위라는 측면에서의 설정이다. 제도(institution)와 태도(attitude)는 구별되고, 제도가 떨어져 나간 것이다.

일리치는 이 A와 B가 반반이 되는 상태가 건전하다는 견해를 비쳤지만, 그 자신의 언동에서는 A의 전면 부정이 엿보인다. '놀라움'이 선동(agitation)이 되어버린 건 일리치 본인에게도 책임이 있다고 말하지 않을 수 없다. 일리치 사상을 주의 깊게 살펴보면, '서로 대립하는 것의 공존'을 굳이 변증법적으로 통일하려고 하지 않는 사고방식이 보인다. 그가 보어[20]의 양자물리학에서 complementarity라는

---

20 Niels Henrik David Bohr(1885~1962). 덴마크 출신의 물리학자로 양자역학

개념을 도입하고 있는 것이 그 증거다. 상반되는 것이 양립하면서 서로 보완하고 있다는 것이다. 이것이 일리치주의자가 되는가, 일리치 논자가 되는가의 갈림길인데, 큰 사상에는 언제나 따라다니는 위험이다. 사상이란 스스로에게 맞게 사용하면 되기 때문에 큰 사상에 너무 의존할 필요는 없다. 마르크스나 레닌, 그리고 일본에서는 요시모토 다카아키[21] 사상에 대한 관계가 그렇다. 필자는 항상 주의자의 길과 철저히 대결하는 것을 좋아한다.

필자는 가치의 뒤바뀜을 상반성의 설정이라고 이해한다. 반대되는 가치가 설정되어야 비로소 선택 가능성이 열린다. 개별적 주제마다 여러 개의 상반성을 설정하기 때문에 선택지도 여러 개 제시되는 것이다. 어디로 향할지는 자신이 정하면 된다. 상반되는 것이 다각적으로 공존하며, 그중 어느 것을 선택해 어떻게 조정할지는 자유다. 대안(alternatives)이란 개념을 필자는 '분수령 설정'이라고 번역하는데, 어디로 갈 것인지 갈림길을 설정하는 것이다. 분수령은 여러 개존재하는 복수(複數)이지만, 자각의 가치 역전을 갖지 않으면 존재할 수 없다. 복수의 갈림길이 있다는 것을 분명히 인식하는 것이 중요하다. 분수령은 실재하는 것이 아니라 생각 속에 잠재되어 있는데, 일리치는 이를 '놀라움의 자각'을 통해 드러냈다. 기독교의 수천년 역사가 세속화된 부정적 모습을 포착했기 때문이다. 이것이 옛날부터 존재해왔던 〈학교 폐지론〉과 다른 점인데, 일리치 스스로도 '학교 폐지'와 '비학교화'의 차이에 대해 몰두했다. 그 후 "비학교화

의 아버지라 불린다.

21   吉本隆明(1924~2012). 일본의 시인이자 평론가이자 사상가. 전쟁, 국가, 불교, 현대사상 등 다양한 테마에 대해 독자적 견해를 피력했으나, 주로 제도권 밖에서 활동했기 때문에 그에 대한 평가는 엇갈린다.

(deschooling)가 필요 없는 사회를 그려보는 것"이라고 표현한 것처럼, 일리치는 '진정한 무(無)의 장소'를 설정하게 된다. 즉, 가치의 뒤바뀜은 단순히 반대를 설정하는 것이 아니라, 뒤바뀜에 의해 새로운 가능성의 조건을 열어가는 것이다. 그것은 원리가 전혀 다른, 지금까지 생각지도 않았던 것이지만, 버내큘러한 존재로서 역사상에 존재해왔던, 그리고 라틴아메리카에는 지금도 존재하는 것이다. 먼저, 아직 '자각의 축제' 차원에 머물러 있는 그의 생각부터 살펴보도록 하자.

2. 교회 비판

1970년 프레드 아이커너[22]의 편집으로 『The Church, Change and Development』(Urban Training Center Press/Herder and Herder, 1970)가 간행되었다. 1956년 일리치가 뉴욕의 푸에르토리코 교구에 부임해와 그곳에서 벌인 활동을 정리한 것이다. 다음해에는 학교론을 포함한 『Celebration of Awareness: a Call for Institutional Revolution』(Calder & Boyars, 1971)이 에리히 프롬의 서문을 넣어 간행되었다. 전자는 교회 비판론이고, 후자는 학교론을 포함한 제도 혁명론, 문명 비판론으로 구성되어 있다.

「자선의 이면」과 「사라져가는 성직자」는 양쪽 모두에 실려 있는데, 이 두 논문이 특히 세계를 시끄럽게 만들었다. 이 논문들은 교회

---

22 Fred Eychaner(1945~). 미국의 기업가이자 자선사업가. Newsweb Corporation의 회장이다.

문제만이 아니라 문명을 뒤집는 관점을 제시했기 때문이다. 전자에서 기독교 선교사 훈련센터 디렉터인 제임스 모튼[23]은 '드디어 일리치의 미간행 논고를 발표할 때가 왔다'고 밝혔는데, 이 책에는 1956년부터 1968년까지 쓴 논문, 편지, 소론 등이 게재되어 있다. 이 책은 당시 일리치의 활동 그 자체의 표현이며, 그 핵심에는 쿠에르나바카와 시카고 훈련센터 사이에 벌어진 논쟁이 있다. 1950년대 일리치의 활동에 대해서는 조지프 피츠패트릭[24]이 소개하고 있는데, 푸에르토리코 교구에 온 일리치는 곧바로 푸에르토리코 본토로 날아가 그곳 사람들의 생활 속에 뛰어들었다. 서구적 방식의 한계를 뛰어넘은 것이다. 그는 대리기관이나 제도를 통해 지원하는 것이 아니라, 생활의 문화적 근원에서부터 문제와 부딪혔다. 일리치는 Peter Canon이라는 필명으로 《Integrity》지를 발행하고 거기에 「The Parish」(1955. 6)와 「Rehearsal for Death」(1956. 3)라는 두 개의 논문을 발표했다. 전자는 그 후 「사라져가는 성직자」로 수정된다.

일리치의 복음서 이해는 당시 교회와는 이질적이었다. '교회의 미션 활동'과 '사회 계획'을 명확히 구별하는 그의 자세는 처음부터 끝까지 일관되었다. 뉴욕의 스펠만[25] 추기경은 이러한 일리치의 활동에 대해 지지를 보냈다. 1956년 일리치는 푸에르토리코의 축제인 산후안 바티스타제를 처음으로 야외에서 개최했는데, 3만 명이 포

---

[23] James P. Morton(1930~). 미국 성공회 신부. 뉴욕의 성요한성당의 주임신부로
      25년간 재직했다.
[24] Joseph P. Fitzpatrick(1913~1995). 미국 예수회 신부이자 사회학자. 평생 미국
      내 푸에르토리코 커뮤니티를 지원, 옹호했다.
[25] Francis Joseph Spellman(1889~1967). 미국 뉴욕 교구의 진보적 주교로
      1946년 추기경에 임명되었다.

덤대학에 모였다. 푸에르토리코 사람들은 집에 온 것 같은 감동을 맛보았다고 한다. 이윽고 스펠만은 일리치를 푸에르토리코대학의 부학장에 임명하게 되는데, 일리치는 대학 내에 국제교류기관을 설립하고 푸에르토리코에서의 정력적인 활동을 시작했다. 이 책에 수록된 「Missionary Poverty」(1956)는 대학 개학식에서의 강연이다. 참고로 「Missionary Silence」(1960)[26]도 같은 책에 수록되어 있는데, '침묵이 커뮤니케이션의 가장 고도한 양식'이라는 주장이다. 그의 주된 작품인 이 두 개의 논문을 통해 출발점에 서 있던 그의 생각을 이해하기로 하자.

자선의 이면을 폭로하다

「자선의 이면」(1966)은 크게 화제가 된 작품이다. 이 논문은 1967년 1월에 발표된 것으로, 금기시되던 로마 가톨릭에 대해 전면적인 대결 자세를 보인 것이다. 게다가 교회 관계자들만의 단어가 아닌, 일반인들도 이해할 수 있는 알기 쉬운 표현으로 되어 있어 더욱 화제가 되었다. 자선은 좋은 것, 의심할 수 없는 것, 서비스/봉사는 좋은 것이라는 전제는 그동안 전혀 의문시되지 않았다. '타자를 위해'라는 말은 절대적으로 좋은 것이라고 믿어왔다. 이에 대해 일리치는, 기독교 교회와 산업사회가 서로 손잡고 이를 이용해왔다면서 그 기만을 폭로했다. 일리치는 두 가지 generosity를 비판했다. 외국에 의한 generosity와 교회에 의한 generosity다. Generosity란 선심, 고귀함 등을 뜻하는데, 그는 '선심' 쓰는 것을 '고귀'하다고 착각하는 것에 대해 비판한 것이다.

---

[26]   이 논문은 그 다음 책에서 'The Eloquence of Silence'로 제목이 바뀌었다.

먼저 일리치는 서구적 내용과 방식으로 라틴아메리카에 전도하려는 것에 대해 비판한다. 미국 교회는, 라틴아메리카의 문화나 현실을 보지도 않고, 자신들의 사회와 정치를 강요하려고 한다는 것이다. 외국의 교회 이미지, 외국의 사제적 접근, 외국의 정치 메시지가 1950년대 북미 자본주의와 함께 강요되었는데, 이는 라틴아메리카 사람들에게 손해를 끼칠 뿐이다. 교회의 원조로 라틴아메리카에 더 많은 돈을 쏟아 붓고 있지만, 이렇게 되면 사람들이 적은 돈으로 어떻게 생활할 것인가를 배우기보다 일찍이 정복자가 낙인찍은 외국에 의한 문명화가 진행될 뿐이다. 한편, 유럽에 파견되는 라틴아메리카의 사제들은 교리문답집, 신학, 교회법 등을 배우게 되는데, 이는 교회나 세계에 대한 지식이 아니다. 교회가 역사상 어떤 존재였는가에 대해서도 배우지 않는다. 즉, 세계가 무엇인지를 배우지 않는 것이다. 또한 원조자들은 정글에 교회를 세우고 교외에 고등학교를 만들어 선교를 수행할 스태프들을 길러내는 간단한 일은 하지만, 새롭게 살아 숨 쉬는 시스템을 위한 기초적 조사는 쓸데없는 낭비로 간주한다. 그는 이러한 foreign generosity를 비판한 것이다.

이어서 일리치는 교회의 변모에 의한 교회적 선심에 대해 비판했다. 스페인이 라틴아메리카를 잃어버리게 되자 교회는 정부의 하사품과 후견인들의 선물, 그리고 토지에서의 세수를 잃었다. 가난한 사람들을 도울 힘을 잃은 것이다. 때문에 교회는 역사적 유물이 되어 보수 정치가들과 동맹을 맺는 수밖에 없었다. 1966년까지 교회는 사회적 전환을 목적으로 한 프로그램의 수행기관이었으나, 실제 전환에 대해서는 두려움을 느껴 들불과 같이 퍼져가는 사회적 자각을 허용하기보다 이전으로 돌아가기를 원했다. 교회는 결국 돈이 있는 쪽으로 기운 것이다. 사람들은 '신부님(padre)은 부자들 편'이라고 느꼈다. 교인들 내부에서도 의견이 분열되었다. 가난한 사람들을 위해 지원금을 얻을 수 있는 사회적 진보 프로젝트에 중점을 둘 것인가, 아니면 카스트로주의를 포함해 제도적 고결함을 추구하는 길을 갈 것인가. 교회는 결국, 진보를 위한 공식기관이 됨으로써 늘어나는 사회적 패자들을 옹호하는 일을 포기하고, 원조할 수 있는 힘을 받아들이게 되었다. 표면적이고 감상적인 미국의 국제 원조는 합리적 사고를 흐리게 한다. 원조라고 하는 전략적으로 동기 부여된 욕망에 의해 건강한 죄의식은 억압되고, '우리들의 생활 방식'을 타자에게 강요하는, 파괴적이고 뒤틀린 노력만 남을 뿐이었다.

일리치는 교회가 '도와주자, 구해주자'라는 강박관념에 사로잡힌 '외국'의 강요를 대신하는 것에 대해 철저히 비판했다. 좋은 것이라는 믿음만 있다면 제 맘대로 해도 된다고 생각하는 오만함에 대한 비판의 출발점이었다. 그리고 이것은, 아무리 좋은 것이더라도 이를 추진하는 타율적 방법에 대해 의심하는 출발점의 인식이자 자각이었다. 그렇지 않아도 이방인인 교회를 더욱 외국적인 것으로 만들고, 너무나 많은 사제와 교사, 사회복지사들이 돕고 싶다는 의지를 (현실에서가 아니라) 구걸하듯 스스로에게서 찾게 되는 역생산에 대해 자각한 것이다. 자선의 이면에는, 타자를 위한다고 하면서 실은 타자의 존재를 파괴하고 외부의 기준을 강요하는, 타율성이 존재한다. 그것은 자신들을 위한 일에 불과하다. 즉, 힘을 잃은 교회가―이는 나중에 힘을 잃은 학교이고 병원이 된다―마치 영향력을 갖고 있는 것처럼 행세하는 것인데, 이것이야말로 '발전과 개발'의 본성이다. 일리치의 테마는 '교회 비판'이었지만, 본질적으로는 '개발과 원조가 북미의 서비스 소비를 전파하는 것'이라는 부분에 대한 지적과, 힘을 바탕으로 수요를 뿌리고 다니면서 그 장소의 버내큘러한 문화와 생활을 파괴하는 것에 대한 비판이었다.

이와 관련해 일리치의 주장은 매우 단순했다. 상대방의 언어인 스페인어를 배우고, 상대의 문화와 관습을 배우고, 스스로 제도적 목표로 삼고 있는 것이 무엇인지 자각하는 것이 필요하다는 것이다. 일리치는 이쪽의 생각을 강요하기보다 상대방의 자각을 재촉하는 것이 더 중요하다는 것을 교회 지도자들에게 설득력 있게 주장했다. 논지를 요약하면, 원조 프로그램은 라틴아메리카의 현실을 반영하지 않고 있으며 이는 북미 측에도 피해를 준다, 기존의 예산 편성은 현실에 맞지 않아 자원봉사자나 활동가의 급여가 될 뿐이다, 이미지·자금·생활 등에서 확실한 목표와 계획을 갖고 북미·남미·교회·선교사·민중들에게 서로 효과가 있고 이익이 되는 계획을 세워야 한다, 이를 위해 우수한 인재를 골라 현실을 이해할 수 있도록 계획을 세우고 적절한 자금을 대야 한다, 상호문화교환이라고 할 수 있는 상호문화형성(intercultural formation)이 가능한 17주간의 코스 프로그램을 속행해야 한다, 등이다(Dear Father Kevane, April 27, 1965). 그런데 이 교육 훈련을 받은 북미 선교사들은 라틴아메리카에 가지 않고 대부분 이 활동이 잘못됐다는 것을 자각하고 돌아가버렸다. 바티칸과 북미 교회는 분개했고, 때문에 일리치를 이단 심문하는 시대착오적인 어리석음을 범한 것이다.

사라져가는 성직자

이 논문은 1959년 여름에 집필된 것으로, 1967년 6, 7월호《The Critic》에서는 일부 가필되어 출판되었다. 그 시작은 1956년의 「The Parish」로 선교론, 의사론, 소셜워커론으로 읽힐 수 있는 깊이를 지니고 있다.

논문은 로마 교회가 세계 제일의 비정부 관료기구가 되어버렸다는 말로 시작한다. 1천800만 명의 풀타임 고용자를 갖고 있으며, 가장 효율적으로 운영되는 조직이라는 것이다. 이 거인이 비틀거리기 시작했다. 어떤 사람은 이를 고통과 분노로, 어떤 사람은 기쁨으로 로마 교회의 소멸을 보고 있는데, 일리치는 깊은 기쁨으로 관료제의 소멸을 받아들이겠다고 피력한다. 교회가 복음의 가난 속에 존재하는 상황에서 그는 교회의 기원을 분명히 이해함으로써 교회의 개혁을 이루고자 한 것이다. 문제는 세계의 정신이나 이반(離反)자들 간의 generosity의 실패에 있는 게 아니라 구조 자체에 있다. 일리치는 교회가 세계와 접촉하는 채널인 포교의 본성과 기능, 성직과 풀타임 노동, 성직과 독신, 성직과 신학 교육 사이의 관계를 돌아봐야 한다고 주장한다. 그러면서 그는 현대 사회가 어떻게 교회의 구조에 스며들어 교회 본래의 모습을 파괴하고 있는지를 검증, 비판한다. 제도가 관료화되면 그 본질을 잃어버리는 현상들이 확실히 드러나는 법이다.

그는 교회의 타락을 강렬하게 비판하면서도, 마지막으로 교회를 재창조하고자 하는 정신은 신뢰할 수 있다고 했다. 교회는 사랑의 개인적 의미를 진보적이고 기쁘게 표현하는 기독교 신앙을 분명하게 선언해야 한다. 그는 모든 사람들이 축하해주는 사랑을 하라면서 논문을 매듭짓는다. 아직 교회에 희망을 갖고 호소한 것이다. 일리치는 혼란과 혼미에 빠진 거대한 제도가 어떤 상태인지를 처음으로 분명히 했는데, 그것은 교회 제도를 넘어 제도 자체의 본질에 대한 고찰로 이어지는 계기이기도 하다.

급진적 사제들

1960년대 기독교 내부에서의 쟁투는 격렬함을 더해갔다. 라틴아메리카라는 현실에서 북미적 진보를 지향하는 사람들과, 라틴아메리카의 버내큘러한 현실에 입각해 기독교 활동을 하는 사람들 간의 대립이었다. 말하자면 권력 편에서 기독교 정당을 조직화하여 헤게모니를 장악하려고 하는 경향과, 이에 맞서 철저히 민중의 편에서 민중 속으로 들어가려고 하는 경향 사이의 대립이었다. 3대 사제라 일컬어지는 브라질의 에르델 카마라, 카밀로 토레스, 그리고 이반 일리치는 물론 후자다. 그들은 관료화된 교회에 맞서 신앙 활동을 실행하거나 투쟁했다. 일리치는 「삶의 의미」에서 제1회 세계주교회의를 조직한 에르델 카마라에 대한 애정을 갖고 사람 됨됨이와 행동 스타일을 소개한 바 있다. 한편, 카밀로는 직접 게릴라 투쟁에 뛰어들었다. 일리치의 경우, 라틴아메리카 전역을 뛰어다니며 기독교의 정당화를 막는 한편, CIF/CIDOC를 설립하여 활동했다. 그곳이 쿠에르나바카였던 것은 그 교구의 대주교가 멘데스 아르세오였기 때문이다. 쿠에르나바카 교회에는 일본에서 순교한 기독교도들의 벽화가 그려져 있다. 멕시코와 일본의 교류는 은(銀)의 유통과 관련된 긴 역사를 갖고 있는데, 하세쿠라 츠네나가[27]가 도착한 곳도 멕시코였다. 에도 막부가 쇄국을 결정한 것은, 은 유통과 기독교의 파급을 막기 위해서였다. 각자의 투쟁 스타일은 달랐지만, 미국 제국주의의 '진보를 위한 동맹'에 협력하는 바티칸 교황청의 관료적 지배에 대한 투쟁이었다. 일리치는 실명을 거론하며 '이기적이고 허영덩어리 출세 제일주

27　支倉常長(1571~1622). 일본의 무사이자 가톨릭 신자. 1613년 유럽사절단 단장으로 멕시코를 경유하여 스페인과 로마를 방문했다.

의의 주교'와 '사람만 좋은 겁쟁이 주교' 두 사람이 터무니없는 정치적 개입을 시작했기 때문에 자신의 투쟁이 시작되었다고 했다.

세계사적으로 보아 라틴아메리카에 대한 포교 활동은 도미니코파, 프란시스코파, 예수회파 등이 주도했는데, 그들의 활동은 유럽 근대국가 체제를 구축해가는 데 기반이 되었다. 때문에 라틴아메리카로부터 유럽을 되돌아보는 작업은 근대 연구의 핵심이 된다. 라틴아메리카는 유럽의 근대에 선행하는 것이다. 국가 형성, 민중 통합, 교육, 의료, 버내큘러한 종교의 변용, 언어 정책, 법제화, 군사 등 모든 분야는 라틴아메리카의 식민지화에서 이루어졌다. 이상은 주로 요르단 비숍과 조엘 스프링, 그리고 필자의 라틴아메리카 연구에 기초해 소개한 것이지만, 문화교류문헌자료센터의 자료집에는 이와 관련된 내용들이 많다. 급진적 사제들의 활동의 필연성은 이와 같은 역사적 배후에서 비롯된 것이다. 세계 최대의 가톨릭 신자 수를 보유한 곳이 라틴아메리카이기 때문에 바티칸은 이를 무시할 수 없어 손을 보려고 했던 것이고, 그들은 이에 맞서 투쟁했던 것이다.

일리치는 민중 속으로 들어가 포교 활동을 했지만 민중 투쟁을 조직하지는 않았다. 어디까지나 개인적 투쟁이었다. 그는 이후 더 이상 민중 속으로 들어가지 않았는데, 아마 푸에르토리코 활동에서 어떤 한계를 느꼈던 것 같다. 그러나 일리치가 "어둠 속 촛불로서 포기하지 않고 계속 불을 붙여야 한다"고 했을 때, 그것은 버내큘러한 등불을 의미하는 것이다. 전등 아래 촛불은 있을 수 없기 때문이다. 이 논문 「사라져가는 성직자들」은 성직자를 교사, 의사, 사회복지사로 그리고 교회를 학교, 병원으로 바꿔도 전혀 문제가 없을 것이다. 현재에 대한 고찰로도 읽을 수 있는데, 독자들 스스로 시도해보기 바란다.

침묵의 철학

의미는 소리보다 침묵을 통해 사람에서 사람으로 전달된다. 그리고 말과 글은 소리보다 침묵 속에서 의미 있는 것으로 만들어진다. 언어는 침묵의 직조물이며 말하는 것은 빈 공간이다. 마치 자동차 타이어 속에서 빈 공간이 바퀴를 움직이고 있는 것처럼 말이다. 사람을 이해하기 위해서는 그의 침묵을 이해해야 한다. 우리들은 의미를 부여하는 소리보다 멈춤을 통해 자신을 이해한다. 언어 학습은 소리가 아니라 침묵을 배우는 것이다. 사람들이 말하는 소리가 아니라 침묵을 배우려는 노력과 섬세함을 가져야 한다. 많은 노력에도 불구하고 전도사들이 자신의 말로 표현할 수 없는 것은, 침묵을 통한 섬세함을 교감할 수 없기 때문이다. 또한 현지의 억양과 말투로 말하고 있음에도 불구하고 현지인들로부터 한참 멀어져 버린 것도 그런 이유다. 침묵의 문법을 배우는 것은 소리의 문법을 배우는 것보다 어렵다. 원어민의 말을 듣고 그들을 모방하는 힘겨운 노력에 의해, 비로소 그들이 여는 섬세한 침묵을 듣는 것이다. 일리치는 "침묵은 정지와 주저를, 리듬과 표현과 굴절을 갖고 있다."고 말한다. 그는 세 가지 침묵의 문법을 제시한다.

첫째, 듣는 사람의 침묵이다. 그것은 수동적 침묵이자 타인의 메시지가 '우리들 속의 그'가 되는 침묵이고, 상대방에게 깊은 관심을 갖는 침묵이다. 이 침묵을 위협하는 것은, 타인에게 아무런 관심을 갖지 않고 아무것도 바라지 않는 침묵이다. 이 침묵은 참는 것을 통해 배울 수 있다. 침묵에서 체득된 세계는 침묵에서 자라난다.

둘째, 성모의 침묵이다. 세계를 잉태한 후의 침묵, 세계가 우리 속에서 자라나는 섬세한 교감과 명상의 침묵이다. 타인을 위해 말을 준비하는 인간이 이를 허락하는 하느님에게 다가가는 침묵, 언어가 세계 속에서 태어나는 고유한 순간을 기다리는 침묵이다. 이 침묵은 조급함 혹은 다양한 모독에 의해 위협받을 뿐 아니라 넘치는 말에 의해서도 위협받는다. 또한 싸구려 침묵에 의해서도 위협받는다. 외국에서 온 전도사가 (현실이 아닌) 사전 속 말을 사용하거나 혹은 영어에 맞는 스페인어를 찾으려고 하는 것은, 외국의 영혼 위에 새로운 말의 씨를 뿌리려는 것과 같다.

셋째, 말의 저편에 있는 침묵이다. 어떠한 대화에도 준비되지 않은 침묵이다. 모든 것을 말해버려 더 이상 말할 것이 없다는, 최후의 Yes/No 저편에 있는 침묵이다. 이것은 말의 저편에 있는 사랑의 침묵이자 영원한 No의 침묵, 천국과 지옥의 침묵이다. 침묵하는 세계에 직면해서 인간이 취하는 마지막 태도다. 지옥이란 죽어 있는 침묵이다. 책갈피에 꽂아놓은 꽃처럼 삶을 기억하는 것과는 다른 것이다. 삶 다음의 죽음이다. 생명이 영구히 사는 것을 거절당한 것이다. 이 지옥의 침묵은 전도사들을 위협한다.

전도적 침묵은 지상에 지옥을 초래할 리스크를 안고 있다. 전도적 침묵은 원래 선물이다. 기도하는 자가 받은 선물이다. 그러나 전도사는 그것이 선물이라는 것을, 하느님이 준 선물이라는 걸 잊고 있다. 이를 잊고 권력을 휘둘러 타인에게 언어를 강요함으로써 타인의 존재가 위협받는다는 걸 미처 보지 못한다. 마치 양복처럼 언어를 사고, 원주민들에게 자신들 언어의 우수성을 강요하며 문법을 가르치려고 하는 건, 하느님의 침묵과 타인의 침묵 사이의 유사성을 모르는 것이다. 이는 자신이 파견 나온 곳의 문화를 강간하는 것이다. 그렇게 되면 그는 전도사로서 파견된 것에 절망감을 느낄 뿐이다. 자기 자신의 언어로 생각하고 말하는 한 원주민들의 이해를 받을 수 없다. 사람들을 위해서라고 하지만, 그는 자신의 에고를 강요할 뿐이다. 그의 말은 비웃음의 언어고 죽음의 침묵을 표현하는 말이다. 관심을 갖고 인내하는 침묵으로, 말이 자라나는 침묵의 섬세함(delicacy)으로 돌아가야 한다. 다시 언어를 배우려고 시도해봐야 절망의 습관이 만들어질 뿐이다. 지옥의 침묵이 마음속에서 만들어지는 것이다. 절망의 반대편에는 사랑의 침묵이 있다. 사랑하는 사람의 손을 잡고, 영혼을 깊숙이 여는 교감 형태다.

이와 같은 세 가지 전도적 침묵을 숙성시킨 것이 '피에타의 침묵'이다. 그것은 죽음의 침묵이 아니라 죽음이란 신비의 침묵이다. 하느님의 뜻을 적극적으로 받아들이는 침묵도, 복종의 기원이 되는 겟세마니를 받아들이는 침묵도 아니다. 당혹스러움과 의문의 피안에 존재하는 침묵, 말로 대답할 수 있는 가능성의 피안에 존재하는 침묵, 하느님이 지옥의 침묵으로 내려감으로써 나타난 신비한 침묵이다. 일리치의 언어론은 말과 침묵에 기초를 두고 있는데, 그것 역시 라틴아메리카의 경험에서 유래한 것이다. 1982년 일리치는 동경에서 〈Silence in a Commons〉라는 주제로 강연을 했다. 이 강연에서 그는 침묵의 공유재적 성격이 사라져가고 있다고 지적하면서, 그로 인해 언어는 지역적 공유재에서 커뮤니케이션을 위한 국가적 자원으로 변해버렸다고 지적했다. 침묵은 인간을 모방하는 기계에 의해 다루어지게 되었다. 서구이건 동양이건 침묵은 인격 형성에 중요함에도 불구하고 이제는 잃어버렸다는 것이다.

전도의 정신적 빈곤과 위선

전도의 본질은 집을 떠나 모르는 곳에 가 복음을 전하는 것이다. 낯선 사람들을 만나 이야기를 나누는 정신적 활동이다. 일리치는 정신적·지적 훈련 방법을 통해 이질적 문화에 대한 전달 방법을 개발했는데, 그것은 강생(降生, incarnation)[28]의 특별한 국면을 모방해 정신적으로 빈곤하게 사는 것이다. 하느님과 하느님의 말씀으로 시작해 하느님과의 완전한 교감을 이루는 것이다. 하느님 자신이 인간과 완전히 교감한다는 것은, 하느님이 아닌 본성을 하느님이 가정한다는 뜻이다. '하느님이 아니었다'는 점에 주목해야 한다. 이러한 전제 하에 강생은 전도 활동의 무한한 원형이 되고, 타자에 대해 복음을 교감할 수 있게 된다. 하느님이 아닌 자기 자신의 본성으로, 하느님의 말씀 속에 들어 있는 하느님을 통해 그렇게 할 수 있다는 것이다. 주루족 속의 아일랜드인이건, 프랑스 프롤레타리아트 속의 부르주아건, 남부 농촌 속의 북부 도시인이건, 푸에르토리코 마을 속의 뉴요커이건 상관없이, 주어진 장소의 한 순간에 '이방인 문화' 속으로 들어갈 수 있다. 위대한 사랑만이 이를 가능하게 한다. 깊은 지식만이 사랑이 바라는 교감을 얻을 수 있다. 상호 문화 교감은 특별한 훈련을 통해 특별한 기술과 태도를 획득하는 것이다. 그것은 경제적·문화적인 집중적 훈련에 의해 단기간에 이루어져야 한다.

훈련센터 개업식에서 일리치가 말한 이 철저한 전도 정신에 대한 훈시는, 서구적이고 순수한 기독교적 본성에 기초를 두고 있다. 사랑하도록 배운 것이 사랑에 대한 절대적 가치를 부여하게 되고, 마치 그것이 인간적이고 필요한 것으로 여겨지고 있지만, 그것은 우리들 자신에게만 절대적인 것이라고 일리치는 지적한다. 자신들의 문화 가치와 상이한 문화에 대한 무관심은 깊은 의미에서 자신이 가난해지는 것이라면서, 그는 타문화에 대한 냉담함과 무관심의 정신적

---

28 강생이란 하느님이 인간이 된 것(成肉身)을 의미한다. 즉, 성자 하느님께서 성령으로 마리아에게 잉태되어 신성(神性)을 지닌 채 인성(人性)을 취한 사건을 가리킨다.

빈곤에 대한 자각을 재촉했다. 일리치의 이 철저한 자세는 실제 훈련에서 실행되었다. 그러나 훈련 자체가 문제가 되었기 때문에 그는 이 원고를 자신의 저작에서 빼버렸다.

1968년 4월 10일, 일리치는 쿠에르나바카에서 북미지역 학생들 (Conference on Inter-American Student Project/CIASP)을 대상으로 〈좋은 의도는 지옥으로(To Hell with Good Intentions)〉라는 강연을 했다. 그는 이 강연에서 라틴아메리카에 대한 자원봉사활동이 얼마나 의미가 없는지, 위선인지를 역설했다.

"가난한 멕시코인들을 전도하겠다는 제군들의 좋은 의도는 실제로는 아무도 도와주지 못한다. 새롭게 생긴 센티멘털한 관심에 불과하다. 지옥으로의 길은 선의로 쫙 깔려 있다. 이것은 신학적 자기 반성이다. 제군들이 나를 여기에 부른 것은, 사자들의 모임에 흑표범을 부른 것과 같다. 듣는 귀를 갖지 않은 사람, 내 말을 이해하지 못하는 사람도 있을 것이다. 그러나 나는 논쟁하기 위해 여기에 온 게 아니다. 제군들이 멕시코인들에게 하려는 강요를 막기 위해 이야기하고 있다. 제군들은 민주주의의 이데아에 사로잡힌, 거짓 춤의 세일즈맨에 불과하다는 것을 알아야 한다. 북아메리카는 돈과 총, 그리고 그다음에 이상주의자들을 보내왔다. 교사, 자원봉사자, 전도사, 커뮤니티 조직자, 경제개발자, 그리고 휴가를 보내는 이들을…. 그들은 자신의 역할을 서비스라고 정의하지만, 그저 충분히 나눌 수 없는 생활방식을 강요하는 사람들일 뿐이다. 진보를 위한 동맹은 수년 전 미국 중산계급의 라이프스타일을 라틴아메리카에 강요하려고 계획된 것이다. 제군들은 충분한 훈련도 받지 않았다. 말도 제대로 할 수 없다. 멕시코 마을 조사도 충분치 않다. 이런 상태라면 멕시코에 무질서를 초래할 뿐이다. 제군들과 커뮤니케이션이 가능한 것은 한 줌에 불과하다. 멕시코에 손해를 끼칠 뿐이다. 그래도 가난한 사람들을 위해 일하고 싶다면 지옥으로 가라. 좋은 것을 희생하면서 돕는다는 것은 제군들 스스로에게 손해를 끼칠 뿐이다. 좋은 일을 하기에는, 자신이 무능하고 힘이 없고 불가능하다는 것을 알아야 한다. 물론 배우러 오는 것은 좋다. 그러나 도우러 오지는 마라."

보다시피 일리치의 연설은 거의 선동이다. 이 원고는 지금도 남아 있다. 8년간 일리치 자신이 크게 바뀐 것이다.

스페인어 표현의 문화적 의미

스페인어에는 감정 표현이 술어적으로 남아 있다. 일리치는 이를 때때로 예시하곤 하는데, 자주 이야기한 것이 ganar다. 영어로는 want에 해당되는데 그렇게 주어적인 것은 아니다. 그는 "영어로는 가슴속 깊은 곳에서 마음이 정해진다는 표현이 불가능하다. 의식할 수 없는 곳에서 오는 감정에 의해 마음이 정해진다는 것을 표현할 수 없다."고 했는데, 그것은 술어적 표현을 의미한다. Gustar는 like에 더 가까운데 이것도 그렇다. '나에게 ~시킨다'는 표현 형식인데, 그것은 '내가 하고 있는' 것을 의미한다. No me da la gana는 '하고 싶은 것을 나에게 주지 않는다'라는 표현인데 '그렇게 하고 싶지 않다'는 뜻이다. No me gusta는 '나에게 마음대로 하게 하지 않는다'라는 표현으로 '좋아하지 않는다'는 뜻이다. 즉, 주어적 결단이 없는 것이다. 떨어지는 것도 se cayo, 즉 '떨어뜨림을 당하다'가 되어 내가 주어적으로 떨어뜨린 것이 아니다. 술어 형식은 아니지만 술어 표현이며, 주어적 의지보다 더 강한 결정이 된다. 떨어뜨리고 싶지 않았는데 '떨어져버렸다', 의식하지 않았는데 '좋아져버렸다'와 같은 뉘앙스다.

언어는 행동을 규제한다. 길을 물었을 때 멕시코인은 '모른다'고 하지 않는다. 그가 거짓말을 하는 게 아니다. 진위의 판별보다 어떻게든 상대방에게 대답해주는 것을 우선시하는 중요한 행동이다. 대상의 객관적 정확성보다 응대하는 마음의 수행을 우선한다. 역으로 부정적 표현, 즉 상대방에게 따지는 비속어는 강렬하다. 문화교류문헌자료센터의 자료집 가운데는 '그로세리아(비속어)'를 연구한 두꺼운 책이 있는데, 이런 표현들을 일상생활에서 사용해도 죽지 않을 정도가 되었을 때 비로소 문화적으로 융화되었다고 할 수 있다. 상대방의 말을 듣지도 않고 말하려고 하면 죽음마저 초래하지만, 상대방과의 대화 속에 녹아들면 나에게 마음을 터놓았다는 공감을 가져온다. '이 사람은 의미도 사용 방법도 알고 있군!'이라고 생각하는 것이다. 욕설이 웃음과 공감을 낳는다. 필자는 서툴지만 스페인어로 꿈을 꿀 정도로 나름대로는 신체화하고 있다. 굳이 번역하는 것이 귀찮을 정도로 신체성이 있는 언어다.

버내큘러(vernacular)와 컨비비얼(convivial)이라는 용어는 일리치가 스페인어에서 찾아낸 것이다. 그는 논리적·개념적으로는 독일어로 말한다. 영어는 의사 전달 수단 정도다. 영어에는 젠더가 거의 지워져 있다. 스페인어에는 관사뿐 아니라 명사에까지 젠더가 있다. 젠더가 있는 언어는 버내큘러한 술어 체계를 어딘가에 남긴다. 대부분 남성·여성 구별에 불과한 프랑스어와는 다르다. 'I'라는 주어에는 젠더가 없다. 영어는 소리로 판별되는 대면적 언어로, 현대어에서는 이 소리가 사라져가고 있다. 일본어에는 오레(俺), 아타시(我)등 젠더적 주어[29]가 남아 있는데, 이는 단순히 주어가 아니라 술어의 문

---

[29] 오레(俺)와 아타시(我)는 나를 의미하는 주어로 각각 남성어와 여성어다.

맥에서 차이를 표현하고 있다는 것을 놓쳐서는 안 된다. 주어적 언어 체계와 술어적 언어체계는 논리 구조와 표현 구조가 완전히 다르다. 그러나 언어 이론에서는 아직 이를 연구 대상으로 삼지 못하고 있다. 에논세(enonce)[30]만으로는 보이지 않는, 심적 술어 표현이 있는 것이다.

인간은 하나의 언어밖에 사용할 수 없는 존재라고 하는 가설은, 민족국가의 탄생에 부착된 최근의 발명품에 지나지 않는다. 유년기부터 두 가지 언어를 사용하는 환경은 아이들을 혼란스럽게 만든다는 따위의 고정관념 역시 잘못된 것이다. 대부분의 사람들은 언어를 배우는 것이 아니라 '말하는 방법'을 배운다. 일리치는 그것이야말로 중요하다면서 단일국가어 중심론에 대한 비판을 전개했다. 어떤 사상이건 언어에 대한 논리를 갖지 않은 사상은 깊이가 없다. 일리치에게도 나름의 언어론이 있다. 언어는 도구도 커뮤니케이션도 아니며, 우리가 하는 말은 '언어'조차 아니라는 것이다. 문자의 읽기 쓰기가 안 되는 민중이라도 말은 한다. 그것은 다른 것이다.

멕시코에서 있었던 일

일리치는 문화교류문헌자료센터에서 일본어를 공부하고 싶다면서 그때까지 나름대로 조금 알고 있던 일본어를 필자에게 물어왔다. 그러나 필자의 응대를 보더니 일본어가 그의 지식의 연장선에 존재하는 언어들과 다르다는 것을 감지한 듯 포기했다. 그 무렵 구리하라 아키라[31] 씨가 문화교류문헌자료센터에 필자가 있다는 것을 알고 찾

---

[30]　프랑스어로 언표. 언어학에서는 발화, 논리학에서는 명제 등으로 사용하는데, 저자는 푸코가 사용한 '기호'라는 의미로 사용하고 있다.

[31]　栗原彬(1936~). 일본의 진보적 사회학자로 전문 분야는 정치사회학. 릿쿄대학

아왔다. 일본으로 돌아온 후 필자는 그 인연으로 구리하라 씨로부터 대학 취직을 포함해 여러 가지로 도움을 받았으며, 일리치의 번역서 간행으로도 이어졌다.

당시 필자는 멕시코시티에서 일본어학교 교사로 생활비를 벌면서 연구를 진행했는데, 교장이 급사하여 필자에게 후임 자리가 돌아왔다. 필자는 강사 착취의 환경을 개선하기 위해 근무 조건과 함께 급여 조건을 개선하고, 문화교류문헌자료센터처럼 연구와 일본문화 활동을 겸하는 장소로 만들고자 했다. 또한 이미 기반이 만들어져 있던 스페인어로 된 일본어 교과서를 편집, 간행하는 사업도 진행했는데, 이 개혁을 보고 이사회가 학교를 빼앗길까 두려웠는지 필자를 부교장으로 강등하고 경영권을 빼앗아갔다. 이에 필자를 포함해 강사 전원이 사직하는 일이 벌어졌다. 당시 교도통신 기자였던 기무라 씨가 이를 기사화해 일본의 3대 신문에 실었다. 비슷한 문제가 아시아 지역에서도 일어났던 모양이다. 국회에서 문제가 되자 대사관이 조정을 벌여 사태는 수습되었다. 필자는 어학을 문화에서 떼어내 언어학과 거리가 먼 언어를 가르치는 '일본어 교육' 방식에 동의할 수 없었을 뿐이다. 새로 만들어진 교과서에서 필자와 아와 유미오,[32] 야기누마 코이치로[33] 등의 이름은 인쇄 직전에 삭제되었다. 문화교류문헌자료센터와 같은 기관을 만드는 것은 쉬운 일이 아니었다.

그 후 야마사키 카오루 씨[34]가 문화교류문헌자료센터 폐쇄 후의

　　교수를 역임했다.

32　阿波弓夫(1947~). 일본의 멕시코 연구자이자 저널리스트. 옥타비오 파스 연구의 대가로 평가받는다.

33　柳沼孝一郎(1949~). 일본의 멕시코 근현대사 연구자. 간다외국어대학 부학장을 역임했다.

쿠에르바나카 랭귀지스쿨을 방문했다. 이제 일리치의 흔적은 완전히 없어졌다. 야마사키 씨의 지도로 아와 씨와 함께 정기적으로 멕시코혁명 연구회를 개최하곤 했다. 귀국 후 필자는 아와 유미오 씨의 협력을 얻어 옥타비오 파스, 카를로스 몬시바이스, 엑토르 까민, 그리고 알프레도 아우스틴[35] 등과 인터뷰하면서 그들의 작업을 소개했다. 그들은 멕시코를 멕시코로서 서술할 수 있는 드문 논자(論者)들이다. 그들은 문화교류문헌자료센터와는 관계를 맺지 않았는데, 그들의 진정한 버내큘러한 담론을 일리치 그룹은 이해할 수 없었던 것이다. 일리치는 버내큘러한 것에 대해 시사는 했지만, 버내큘러의 본질에 도달할 수는 없었다. 그것이 결정적 한계였다. 이 점은 강조해 둔다. 라틴아메리카는 일리치 사상의 출발점이지만, 그 출발점에서 근원에 도달하지는 못했다.

최종적으로 일리치는, 교황 바오로 6세에게 앞으로 사제나 수녀들 집단 앞에서는 강연하지 않기로 약속했다. 그 약속은 1996년까지 지켜졌다. 그는 경계를 넘나드는 사람이었다. 한쪽 발은 가톨릭철학의 전통, 즉 이교도 그리스/로마로부터 주의 깊게 접목된 나무들 사이에서 기도를 통해 경작돼온 전통에 놓고, 다른 한쪽 발은 밖으로 내밀었다. 1996년 그는 "밖에는 내가 밟고 넘어온 진흙탕과 이국적인 허브향의 무거움이 존재한다"고 회고했다. 미국의 가톨릭철학협회에서 한 강연에서다. 그에게 버내큘러한 장소는 진흙탕에 지나지 않았다. 그리고 그는 서구 지식주의적 감성으로부터 허브향을

---

34 山崎カヲル(1943~). 일본의 라틴아메리카 전문가이자 경제학자. 도쿄경제대학 교수를 역임했다.

35 Alfredo López Austin(1936~). 멕시코의 역사학자. 아스테카 문명사의 권위자로 평가받는다.

맡은 것에 불과하다. 비판의 가능성은 열었지만, 새로운 근원을 창출해가는 데 필요한 깊이에는 도달하지 못한 것이다. 가능성과 한계성, 그것이 일리치의 출발점이었다.

문화교류문헌자료센터와 나치와 체 게바라: 바티칸을 둘러싼 세계 투쟁

앞에서도 언급했지만, 바티칸 조사단은 문화교류문헌자료센터에 체 게바라가 들른 흔적이 없다는 보고서를 작성했는데, 필자는 도대체 왜 그런 일이 진행되는지 전혀 이해할 수 없었다. 그러다가 어떤 다큐멘터리 영화를 보고서야 납득이 갔다. 엄청난 일이 바티칸을 둘러싸고 일어났던 것이다. 게바라가 볼리비아에 들어간 것은 1966년, 그리고 산속에서 붙잡혀 살해당한 것은 1968년이다. 문화교류문헌자료센터가 바티칸과 정면으로 대립하고 있던 시기와 겹친다. 게바라는 자신의 '게릴라 전쟁'을 모방한 그린베레와 그들에 의해 훈련받은 볼리비아 군에게 살해당했다는 것이 통설이다. 그런데 그 이면에는 나치스의 잔당이 얽혀 있었던 것이다. 그 이름은 클라우스 바르비.[36] 1987년 프랑스에서 전범재판을 받은 인물인데, 이 재판에서 일부 저널리스트와 역사가들밖에 모르고 있었던 사실이 밝혀졌다. 나치스 잔당이라는 사실을 숨기고 볼리비아에서 클라우스 알트만이란 이름으로 살아온 이 남자는, 라틴아메리카에서도 수많은 고문과 학살을 저질러온 것이다.

연합국은 제2차 세계대전 후의 반공 활동에 나치스 잔당들을 이용

---

[36] Klaus Barbie(1913~1991). 나치스의 게슈타포 요원. 포로들에 대한 고문으로 악명 높았으나 전후 미 정보기관의 도움으로 전범재판을 피해 볼리비아로 도주, 볼리비아 우익 군사쿠데타를 지원했다. 1983년 프랑스로 압송되어 전범재판에서 종신형을 선고 받았다.

했다. 특히 미국에게는 이미 과거가 된 나치스보다도 대두하고 있는 공산주의가 위협이었고 적이었다. 때문에 과거 나치스의 철저한 반공 정신과 정보기술을 이용해 유럽 공산당의 대두, 노동조합 활동과 선거 등 혁신 세력의 대두를 방해하는 일에 이용했다. 그들의 철저한 공격 전략과 전술적 기술들을 이용할 수 있다고 본 것이다. 그러나 결국 나치스 당원이었던 것이 밝혀지자, 아이히만[37]과 멩겔레[38] 등을 망명시킨 바티칸의 우파 신부들이 바르비의 도망을 도와 그는 1957년 볼리비아로 이주했다. 유럽에서 라틴아메리카로 그의 주요 활동 무대가 바뀌었고, 남미의 공산주의화를 막는 것이 그의 새로운 일이었다. 즉 남미의 쿠데타의 뒤에는 나치스 잔당의 협력이 있었는데, 그리더가 바르비였다. 1964년 볼리비아에서 바리엔토스 장군(René Barrientos, 1919~1969)에 의한 쿠데타가 일어났다. 대통령이 된 바리엔토스 밑에서 바르비는 바다가 없는 볼리비아에 해운회사를 설립하고 무기밀수로 큰돈을 벌었다. 그들은 국가사회주의 체제를 세계적으로 재건할 꿈을 안고 군사정권 뒤에서 암약했다. 군사, 고문, 심문 등의 지원을 했는데, 미국은 이를 용인해주었다. 7백만 명이나 되는 학살을 저질러온 바르비 일당에 비하면 체 게바라의 게릴라 활동 따위는 어린애들의 모험에 지나지 않았다. 그들은 옛 레지스탕스 소탕 작전, 고문과 심문 기술들을 군대와 경찰에게 가르쳐 게바라를

---

37 Adolf Eichmann(1906~1962). 나치스 비밀경찰 요원으로 홀로코스트의 주역 중 한 명. 전후 아르헨티나로 도주했다가 1960년 모사드 요원들에 의해 체포되어 예루살렘에서 전범재판을 받게 된다. 1962년 교수형이 집행되었다.

38 Josef Mengele(1911~1979). 나치스 비밀경찰 간부로 아우슈비츠의 홀로코스트에 깊이 관여했다. 전후 아르헨티나로 도주에 성공. 독일, 이스라엘 등 여러 나라들의 체포 시도가 있었으나 끝내 잡히지 않았다.

뒤쫓았다. 진보를 위한 동맹의 뒤에서 바티칸과 나치스 잔당과 CIA가 협력해 반공 활동을 하고 있었던 것이다. 일리치의 활동은 공산주의 활동과 동일시되었다. 일리치 역시 바티칸의 이런 짓을 알고 있었다. 칠레의 아옌데 정권을 무너뜨린 피노체트의 군부 고문은 나치스 잔당이었다. 칠레 군대의 행진 방식은 나치스와 똑같다. 한때 민주정권으로 바뀐 볼리비아에서 1980년 또다시 쿠데타가 일어났다. 바르비가 이를 지원했다. 그러나 이 군사정권이 코카인을 횡령하여 돈벌이에만 급급하자 미국은 지원을 포기했다. 1982년 에르난 실레스 수아소(Hernán Siles Zuazo, 1914~1996)의 사회당 정권으로 바뀌자 알트만, 즉 바르비는 1982년에 체포되어 다음 해 프랑스로 인도된다. 프랑스 미테랑 대통령의 고문이었던 레지스 드브레(Régis Debray, 1940~)가 중개역을 맡아 바르비는 마침내 프랑스로 송치되었다. 드브레는 일찍이 게바라에게 협력한 죄로 볼리비아에서 체포되어 재판을 받은 적이 있는 인물이다.

정말 모든 것이 위선으로 가득 찼던 시대에 관한 이 다큐멘터리 영화는, 역사적 사실만으로 이를 보여준다. 적의 적은 친구다. 한편, 바르비의 딸은 아버지가 착하고 따뜻한 사람이었다고 회상하고 있다. 케빈 맥도널드 감독은 담담하게 증인들의 인터뷰를 모아 놀라운 다큐멘터리 영화를 만들었다. 〈적이야말로 나의 친구—전범 크라우스 바르비의 세 개의 인생〉이다. 나치스 제 4제국의 건설까지를 포함한 이 이야기는, 라틴아메리카라는 장소에서 벌어진 거짓이라고도 진실이라고도 하기 힘든 수수께끼 같은 이야기지만, 바티칸의 재력과 인적 네트워크가 정치적으로 암약했다는 사실은 아무래도 현실성을 갖지 않을 수 없다. 게바라가 문화교류문헌자료센터에 관여했는지 안 했는지에 대한 바티칸의 조사가 진지하게 이루어진 것은 필연적 사실이다. 그 리얼리티가 바르비를 통해 새삼 드러난 것이다.

40년간이나 바르비가 자유로웠고 많은 사진과 필름을 남겼다는 사실, 바르비에 의해 48시간이나 얼음 위에 앉아 고문을 받은 볼리비아 여성노동조합 지도자가 울면서 한 증언, 눈앞에서 아버지가 총살당한 프랑스 여성의 증언, 이빨이 부러지고 열탕에서 고문을 당한 사람들, 그리고 고아원에 있던 44명의 유대인 어린이들이 레지스탕스도 아닌데 수용소에 보내져 살해당한 사실 등 무서운 역사가 증언되고 있었다. 라틴아메리카에서의 고문은 또 얼마나 무시무시했던가. 심지어 합리적이기까지 하다. 그 고문들이 나치스 잔당에 의해 지도되었다는 것도 납득이 간다. 피노체트 쿠데타 후의 칠레에서의 고문은 유명하다. 필자는 멕시코에 있을 때 '칠레의 동지들에게'라는 노래를 레스토랑이나 바에서 자주 듣곤 했다. 소더버그 감독, 베니치오 델 토로 주연의 〈체 게바라 작별의 편지〉를 보면, 바르비 일당이 배후에 숨어서 무슨 일을 했는지 잘 알 수 있다. 라틴아메리카의 군사정권은 더 이상 옛 바티스타와 같은 혼란스런 군대가 아니었다. 1960년대에는 나치스의 지도에 의해 확고한 군대로 정비되었던 것이다.

라틴아메리카라는 현실은 돈, 규칙·규범, 서비스, 상품 그리고 사회에 의해 지배·구속할 수 없는 존재가 있다는 것을, 그것이 인류사적으로 매우 중요하다는 사실을 나날이 느끼게 해준다. 그곳에는 사람이 살고 있다. 실질적으로는 화폐 유통도 시장의 유통 상품도 없는 생존 최저선의 생활을 보장받았을 뿐인 문화에 있으면서도 '모든 감각이 만족할 수 있는' 존재다. 물론 멕시코와 라틴아메리카는 산업적, 소비적 세계를 향해 움직이고 있다. 그러나 그것들이 의미 있다고 간주하지 않는 존재들 역시 담담히 움직이고 있다. 이러한 현실을 일리치는 에피메테우스적 인간, 버내큘러, 컨비비앨리티, 젠더가 있는 존재 등의 개념으로 파악한 것이다. 신화적으로 비유하면, 그리스 시대지 로마 시대가 아니다. 필자가 마르크스나 요시모토를 인용해 아시아적 단계라고 묘사하는 실제적 단계다. 일리치의 작업은 교회학적 소양에서 이루어진 교회 비판이지, 종교 비판이나 신앙 비판이 아니다. 그가 현대의 신화와 종교를 폭로한 것도 그것이 진정한 신화와 신앙이 아니기 때문이다. 만년의 일리치는 성서에 대한 이해, 그리스도에 대한 이해 속에 현대 사회 비판을 녹여내고 있다.

라틴아메리카는 침략, 정복, 지배, 수탈, 착취, 억압, 강탈, 고문, 차별, 포학, 살육, 경멸, 모멸, 투쟁, 혁명 등 모든 문명의 부하를 받아왔음에도 불구하고, 민중들은 깊은 슬픔과 고독 속에서도 태연한 명랑함을 잃지 않는다. 거기에는 부서지지 않는 힘과 희망의 불빛이 있다. '많은 멕시코인들이 아직 확실히 갖고 있는 자기 감각'이 존재한다. 그것을 '빼앗고 덮고 억압하고 사람들의 감정과 그들 주위에 무성하게 자라는 식물과의 유대를 때려 부수는 것'이 산업적인 의료화고 학교화고 수송화(輸送化)다. 이 산업적 제도화의 근원이 기독교 교회이며, 의례와 관념도 거기에 기원을 둔다. 일리치는 이를 비판한 것이다. 그의 비판은 급진적이며 수준이 높다.

1970년 환경 위기에 관한 라디오 심포지엄의 인터뷰에서 일리치는 "저개발이란 기본적 상품의 소비량이 작아지는 것이자 기대와 소비의 불일치가 증대해가는 것"이라고 비꼬았다. 기본적 상품에 대한 중산층의 소비가 후퇴하여 기대의 평등화가 증대한다는 것이다. 1960년대에 부정적이고 바람직하지 않은, 파괴적인 산업 부산물들에 대한 자각이 갑자기 나타났다. 일리치는 "1970년대에 모든 사회적 제도가 현실과 상상력 속에 불가피하게 갖고 있는 부정적 효과에

대한 자각이 일어날 것"이라고 말했다. 그는 빈곤의 산업화·현대화
에 대항해 '가난의 인간화(humanization of poverty)'를 향한 문화
혁명을 제시했다. 상상의 빈곤화에 대항한, 제도적 혁명에 대한 심성
(mentality)을 제기한 것이다. 이는 현실의 비전을 바꾸는 것, 가난을
기꺼이 받아들이는 것(the joyful acceptance of poverty)이다. 일리
치에게는 일관되고 변함없는 것들이 있다. 그것들을 조금씩 살펴보
기로 하자.

[본장의 주요 논문]

Celebration of Awareness: A Call for Institutional Revolution

The Church, Change and Development

1956/ Missionary Poverty

1960/ Missionary Silence

1968/ To Hell with Good Intention(Yankee, Go Home: The American
　　　　Do-Gooder in South America)

1970/ Society and Imagination(Balance and Biosphere, Canadian
　　　　Broadcasting Corporation, 1971)

Joseph P. Fitzpatrick, S.J., 'Ivan Illich as we knew him in the 1950s',
　　　　Lee Hoinacki and Carl Mitcham (ed.), The Challenges of Ivan
　　　　Illich, State University of New York Press, 2002)

2장
산업적인 것과 버내큘러한 것: 사상의 기반

일리치 사상의 기반은, '산업적인 것(the industrial)'을 비판하는 데 '버내큘러한 것(the verancular)'을 대항적 존재로 설정한 것에 있다. 우리가 일리치의 사상을 '산업사회 비판 그 이상의 것'이라고 부를 때, 이는 산업사회 비판이 아니라는 뜻이 아니라 '현대 산업문명을 철저히 비판, 부정하는 지점에서 비판 이론을 뛰어넘는 깊고 넓은 사상이 나타난다'는 의미다. 그 급진성은 기존 사상의 지평을 뛰어넘고, 산업사회를 좋게 볼 것인가 나쁘게 볼 것인가 하는 대립의 차원을 넘어, 이러한 사회를 보편화·세계화하는 근거를 밝히고자 하는 것이다.

그의 사상적 전환은 두 가지 지점에서 가능했다. 첫째는 멕시코와 라틴아메리카라는 비서구 세계의 생활에서 존재 기반을 찾아내는 것이고, 둘째는 서구 역사에서 기독교 세계가 추락해 최악의 지경에 이르렀다는 자각을 통해 전(前) 고대적인 것의 존재 의미를 되찾는 것이다. 버내큘러한 것은 이 두 가지 시간 및 공간과 관련된 개념인데, 일리치는 시공론으로 추상화되지 않도록 세심한 주의를 기울였다. 그것은 단순한 근대 비판이 아니다. 무엇을 잃었고 무엇이 중요한지를 대항적으로 보여줌으로써 가치 판단을 명확히 내리고 있다. 그는 선(good)을 대신해 '가치(value)'라는 개념이 들어옴으로써 무엇이 무너졌는지를 포착한다. 그건 가치 자유 따위의 지식주의가 아니다. 현대 생활에 불가피한 가치 판단이 어떻게 만들어졌는지에 대한 근원적 고찰이기 때문에 그는 식자들로부터 미움을 받기도 했다.

　대항 축은 세 가지다. 좌우의 정치상의 대립, 하드 대 소프트의 기술상의 대립(또는 중앙집권 대 지방분권), 그리고 산업적인 것과 버내큘러한 것의 대립이다. 상품과 비상품 간의 대립을 문화상의 대립으로 제기한 것은, 의료 비판이 완성되어 젠더론으로 옮겨가던 도중이었다. 일견 그가 후자(버내큘러와 비상품)를 긍정적으로 가치 판단하는 것 같지만, 컨비비얼(convivial)하게 상반되는 것의 공존과 조화로 해석하는 것이 보다 정확한 인식일 것이다. 일리치가 처음으로 방일한 것이 그 무렵이었다. 우리들이 개최한 세미나에서 그는 이들 대립 항을 X축·Y축·Z축으로 발표했는데, 당시 녹음테이프를 들어가며 번역했던 시절이 그립다.

버내큘러

　버내큘러는 멕시코를 비롯한 라틴아메리카의 생존 기반이며 옛 유럽에도 있었던 것이다. 생존의 가치가 기존과 완전히 다르다. 문제는 환경학과 경제학에서 말하는 subsistence를 vernacular로 바꾸면 무엇이 새로워지는가이다. 어원적으로 vernacular란 '뿌리를 내린 것(rootedness)', '주거(abode)'를 의미하는 인도-게르만어계의 단어다. 라틴어에서는 '집에서 기르다(homebred)', '집에서 짜다(homespun)', '집에서 자란(homegrown)', '집에서 만든 (homemade)' 등의 의미로, 교환에 의해 입수한 것이 아니라 집에서 사용하는 것을 의미한다. 자기 노예의 자식, 아내의 자식, 자신이 소유한 당나귀 새끼, 그리고 정원이나 공유지에서 채취한 주요한 물품 등이 모두 버내큘러한 것들이다.

영국이나 프랑스에서는 라틴어나 그리스어에 대항해 자국의 근대 국가 언어가 만들어졌는데, 그 중심이 된 영어와 프랑스어는 역사적으로 토착어(native tongue), 즉 버내큘러 언어였다는 의미도 있다. 근대 국가 이전의 언어가 근대가 형성되어갈 때 그 기반이 되었다고 생각해도 좋을 것이다. 버내큘러 구어(vernacular speech)가 문어화(文語化)되고, '가르쳐지는 모국어(taught mother tongue)'가 되고, 이어서 근대 국어(national language)가 되어 통일됐을 때, 버내큘러의 본질은 상실되었다. 방언 또는 다민족국가의 소수 언어로서 남아 있는 것이 버내큘러 언어다.

멕시코의 경우 공용어인 스페인어가 국어, 인디오들의 생활 속에서 사용되는 말이 버내큘러 언어라고 이해할 수 있겠다. 멕시코 내에는 약 50개의 언어가 있다. 이를 토대로 문화나 생활 기술 등을 자율적으로 생각한 것이 일리치였다. 버내큘러에는 자율성이 있다. 자율 양식이 있는 것이다. 일리치는 이 개념을 통해 낡은 세계에 새로운 생활의 숨을 불어넣겠다고 했는데, 꼭 그렇지만은 않다. 정확히는 새로운 생활에서 버내큘러한 것을 되찾아 생기 있게 만드는 것이다.

일리치는 처음에는 버내큘러에 대해 '버내큘러 가치'와 같이 가치 척도로 사용하다가, 나중에는 가치 개념에 구속돼버렸다면서 가치 개념을 없앴다. 그 대신 '버내큘러 젠더', '버내큘러 문화'와 같은 것을 구상했다. 두 가지 젠더의 부차적 세트가 버내큘러인 것이다. 그는 남자와 여자의 말에는 보완성이 있다면서 이를 '버내큘러 언어(vernacular language)'라 명명했다. 그는 사회 속의 남자와 여자에 의해 사회 현실이 보완적으로 파악되는 것을 '버내큘러 세계(vernacular universe)'라 부르고, 젠더로 분할된 집단의 도구들을 '버내큘러 도구(vernacular tools)'라 부른다. 그러나 '사회 속의 남자와 여자'에서의 사회를 기존 사회라 간주할 경우, 이 사회에는 섹스화된 수컷·암컷만 존재할 뿐이다. 사회는 젠더가 섹스화된 세계이기 때문이다.[1] 이 사회를 없앴을 때, 즉 사회와 다른 장소를 파악하는 방식이 버내큘러 세계다. 일리치의 사상에는 이런 애매함이 있다.

버내큘러는 '버내큘러 장소(vernacular place)'에만 존재한다고 필자는 생각한다. 그리고 아시아적이라는 것이 버내큘러에 대응한다고 생각한다. 즉, 그것은 비서구적·비근대적인 것이다. '산업적인 것과 버내큘러한 것'의 대립관계는 사회와 장소,[2] 섹스와 젠더와 연관된다.

커먼즈

일리치 사상의 중기에 접어들면, 버내큘러를 대신하는 용어로서 커먼즈(commons, 공유재)라는 개념이 빈번히 등장한다. 사람들의

---

[1] 통상 생물학적 성을 sex, 사회적 성을 gender라 구별하지만, 저자는 이 글에서 생물학적 성을 근거로 고정적·차별적인 성차(性差)를 sex라 하고, 사회적 성을 근거로 기능적·보완적 성차를 gender라 부르고 있다.

[2] 이 글에서 장소(place)는 일반명사가 아니라 제도화된 사회와 대립하는 자율성의 공간, 저자의 표현대로라면 버내큘러 세계를 의미하는 개념어이므로 독해에 주의가 필요하다.

생활, 즉 자급자족(subsistence)[3]을 위한 활동이 그 속에 뿌리내리고 있는 것이 커먼즈다. 현대 사회는 이를 상품 생산에 필요한 '자원'으로 바꾸어버렸다. (근대 이전의) 공동체는 커먼즈에 경의를 표했고, 관습법은 커먼즈에 의해 환경을 인간적인 것으로 만들었다. 커먼즈는 문서화하기에는 너무 복잡하기 때문에 역사 자료가 되지는 않았다. 환경의 어떤 특정 국면에 공동체의 존속을 위해 필요했고, 다양한 사람들과 동물 떼가 필요로 했다. 양치기와 양떼들이 쉬던 나무그늘과 이웃 농부의 돼지먹이가 되는 도토리는 커먼즈다. 조용함과 언어의 침묵도 커먼즈다. 거리 역시 보행뿐 아니라 사람들이 모여 장사를 하고 아이들이 뛰어노는 커먼즈였고, 거리를 따라 늘어선 주거들도 사적인 집(home)이 아니었다. 그랬던 것이 각자의 구역으로 에워싸기(enclosure) 시작하자 커먼즈는 사라지고, 국가와 전문가의 이득을 위한 도구로 변해버렸다. 지역공동체는 자급자족(subsistence)을 위한 물자 공급 능력이 없는 것으로 정의되고, 관료의 보살핌과 관리가 필요한 존재로 간주되었다. 커먼즈의 소실은 장소의 상실, 환경의 상실이다. 장소는 복잡하게 구성된 버내큘러 세계를 형성하고 있었던 것이다.

산업적인 것

산업적인 것은 타율적 지배 양식이다. 근대에 들어 공세적(攻勢的)

---

3   영어로 subsistence는 최저생활, 자급 등을 의미하는 일반명사인데, 일리치와 칼 폴라니 등은 시장경제에 대립되는 용어로 이 개념을 사용한다. 이들은 '사람들의 행위의 근저에 있으며 사회생활의 기초를 구성하는 물질적·정신적 기반'을 의미하는 말로 이 용어를 사용하는데, 본서에서는 자급자족으로 번역하되 최대한 영어를 병기하기로 하겠다.

이 되었지만, 옛날부터 존재했던 양식이다. 현대의 우리 생활이 산업적인 것에 둘러싸여 있다고 할 때, 그것은 산업 생산에 의한 상품에 둘러싸인 생활을 의미한다. '산업적인 것'과 '산업사회적인 것'은 구별해두는 것이 좋다. 산업적인 것이란 타율적 양식을, 산업사회적인 것이란 산업이 획일적으로 사회를 구성한 상태를 의미한다. 단순히 우리가 알고 있는 상품뿐 아니라 미처 알지 못하는 서비스들이 생활세계에서 지배적이 되고, 사람들의 자율성을 마비시켜 이를 불능화(不能化)시키고 있다는 것이 일리치의 논지다. 우리들 생활세계에 산업적 생산 양식이 만들어져 있는 것이다. '산업적인 것'이란 ① 타율 양식 ② 산업 생산 상품 ③ 제도 및 서비스 등 적어도 3중의 세계로 구성된다. 산업적인 것이 산업사회적인 것으로 나아가는 것이다.

생활세계란 알프레드 슈츠[4]의 개념이다. 일리치는 슈츠의 용어들을 빌려와 제도의 행위인 'act'와 자율적 행위인 'action'을 구별하고, 제도가 타율적으로 작용하는 생활세계를 묘사했다. 예를 들면, '행하다'와 '하다'의 차이다. 걷는 것은 '행하는' 게 아니라 단순히 '하는' 것이지만, 행진은 '행하는' 것이다. 한나 아렌트[5]의 경우, 행동(=behavior)이라는 사회적 현상과 행위(=action)을 구별했다. 푸코의 행위 개념은 더욱 다층적인데, 그것은 'pratique'를 대상으로 한 논리로 구성된다. 일리치에게는 프라티크론이 없다. 그의 사상은

---

[4]　Alfred Schutz(1899~1959). 오스트리아 출신의 사회학자. 사회학과 현상학을 융합시킨 현상학적 사회학의 시조로, 20세기 사회과학의 대표적 사상가로 평가받는다. 『사회적 세계의 현상학』, 『생활세계의 구조』 등의 저작이 있다.

[5]　Hannah Arendt(1906~1975). 독일 출신의 정치철학자. 하이데거, 후설, 야스퍼스 아래서 공부했으며, 1941년 나치의 박해를 피해 미국으로 망명했다. 『전체주의의 기원』, 『인간의 조건』, 『예루살렘의 아이히만』 등 정치철학사의 중요한 저작들을 다수 집필했다.

제도 프락시스(praxis) 영역에 머물러 있기 때문에 단순히 자율 행위가 마비되었다는 부정에 그치고 만다.[6] 물론 제도 프라티크라는 영역이 있을 수는 있다. 그러나 그것이 전면 부정당하게 되면, 인간은 자율 행위를 과거의 유물로만 여기게 될 것이다. 타율 양식이 산업적인 것에 비해 버내큘러는 자율 양식(autonomous mode)이다. 일리치는 이와 같은 이항대립을 즐긴다. 일부에서는 단순화한다고 싫어하기도 하지만, 이를 통해 현상들이 명쾌해지는 건 사실이다. 다만 이 상반성은 대비·대항 개념으로써 보완적으로 생각해야지, 일원화해서는 안 된다. 즉, 산업적인 것을 산업사회에 일원화하는 것도, 오래된 버내큘러 세계에 일원화하는 것도 문제다. 산업적인 것/타율적인 것과 버내큘러/자율적인 것의 '상반된 것의 공존'을 다원적으로 균형을 맞출 필요가 있다.

타율 양식과 자율 양식

학교에서는 교사가 타율적인 교육 서비스 노동으로 교육 상품을 제공해 아이들이 배우는 자율성(=자율 행위)을 마비시킨다. 병원에서는 의사가 타율적인 의료 서비스 행동으로 의료 상품을 제공해 환자가 스스로 낫는 자율 행위를 마비시킨다. 모터 수송에서는 타율적인 속도 상품이 제공되어 통근자·통학자의 '걷는' 자율 행위가 마비된다. 이때 서비스 상품은 '교육, 치료, 속도'다. 타율 양식은 '가르치

---

6   praxis와 pratique는 각각 실천을 뜻하는 독일어와 프랑스어지만, 현대철학에서는 전자를 목적의식적 실천으로, 후자를 관습적 실천으로 구별해 사용한다. 특히, 현대 프랑스 철학자들은 마르크스주의 및 구조주의 철학에 대한 반발로 praxis보다 pratique를 강조하는 경향이 있다. 프랑스 현대철학이 일세를 풍미한 일본 역시 유사하다.

다, 치료하다, 나르다'이고, 자율 양식은 '배우다, 낫다, 걷다'다. 그리고 이를 담당하는 주체는 타율에서는 교사, 의사, 운전사, 자율에서는 학생, 환자, 통근자·통학자가 된다. 산업사회에서는 자율 행위가 산업적으로 전도되어 '학습, 치료, 통학통근'이 되어버린다. 그리고 이것들은 산업사회의 서비스 제도가 되어 학교, 병원, 수송 시스템과 같이 장치화된다. 이들 제도가 제공하는 '인지할 수 없는' 서비스 상품이 교육, 치료, 속도다. 이것들은 가치를 만들어내는데, 그것이 '제도화된 가치(institutionalized value)'다. 교육·치료·속도는 가치가 되고, 다양한 가치화가 파생적으로 만들어지며 그로부터 제도화가 나타난다. 바로 '학교화', '의료화', '가속화'다. 이 제도화에 의해 학교 제도, 의료 제도, 수송 제도가 만들어지고, 그 제도 아래서 개인의 '배우다', '낫다', '걷다' 등의 자율성은 마비된다. 즉, 타율 양식의 지배가 이루어진다는 뜻이다. 이러한 3대 제도 장치가 현대인을 산업 인간으로 길러낸다.

우리들은 일리치에 의해, 학교/교육, 병원/의료, 수송/교통 등 완전히 다르다고 생각되는 제도가 실은 같은 원리에 의해 운영되고 있다는 것을 알게 된다. 이것이 '산업적 생산 양식(industrial mode of production)'이다. 일리치가 선명하게 보여주기 전까지 이것은 전혀 생각지 못했던 영역이다. 게다가 사회주의와 자본주의라는 체제와 이데올로기의 차이를 넘어, 동일한 '산업적 생산 양식'이 만들어져 세계화되고 있다는 것이 밝혀졌다. 선진국도, 저개발국도, 자본주의국도, 사회주의국도 동일한 생산 양식을 지향해 사회를 만들고 있는 것이다.

1970년의 학교 비판, 1973년의 모터 수송 비판, 1975년의 의료 비판. 이것들이 모여 전체상이 선명해졌는데, 일리치가 학교 비판을 시작했을 때 이와 같은 문제의식은 이미 사정거리에 들어와 있었다. 산업적인 생활을 구속하고 지배하는 패러다임이다. 이 세 가지는 기회 있을 때마다 언급할 텐데 다음과 같은 차원으로 집약된다.

① 대부분의 사람들에게 학교 제도란, 유전학상의 차이를 비틀어 증명서가 붙은 가치 인하를 강요한다.
② 건강의 의료화는, 가능하고 도움이 되는 한도를 훨씬 넘어 서비스에 대한 수요를 증가시킬 뿐 아니라, 상식적으로는 건강한 신체의 조정 능력을 쇠퇴시킨다.
③ 대다수의 사람들에게 러시아워 외에는 사용할 수 없는 교통기관은, 자유롭게 선택할 수 있는 이동과 상호 접근 기회를 감소시키고, 탈것에 예속되는 통근시간을 늘린다.

이와 같은 '강제적 소비'로부터 제도화된 '욕구불만'이 나오게 되고, 이는 새로운 외부 불경제와 결부된다. 한편, 일리치는 산업문명 비판이라는 차원에 머무르지 않고, 산업 서비스 제도의 비판 차원에도 머무르지 않고, 이것들을 문화 차원으로 심화시켰다. 그것이 버내큘러를 둘러싼 개념과 이를 통해 구성된 이중성, 양극성(dualities)이다. 버내큘러란 버내큘러 문화다. 참고로, 이 버내큘러 문화가 젠더 문화와 겹친다고 지적한 저작이 일본에서 출판된 『젠더』다.

버내큘러와 젠더
일부 페미니스트들은 일리치의 젠더론에 대해 여성 차별을 고정화시키는 것이라고 비판한다. '남성 문화와 여성 문화가 다르다'는 그의 논리는 여성 차별에 다름 아니라는 것이다. 그러나 이 천박한 오해는 세 가지 요점을 무시하고 있다.

첫째, 가사노동이 그림자 노동으로서 부불(不拂)노동 처우를 받고, 게다가 그것이 여성에게만 부과되고 있다는 그의 노동 비판을 무시한 점. 둘째, 산업화에 의해 젠더의 섹스화, 즉 유니섹스화라고 하는 중성인간화가 조장되는 것에 대한 그의 비판을 무시한 점. 여성 차별은 바로 이 섹스화에 의해 발생하는 것이다. 셋째, 버내큘러 문화에는 여성 고유의 힘이 존재한다는 일리치의 발견을 무시한 점이다.

일리치는 산업사회 비판에 타협이 없었다. 그러나 비판자들은 이러한 점을 고려하지 않고 젠더만을 끄집어냈기 때문에 여성 차별 운운한 것이다. 이 무렵에는 젠더론이 아직 활발하지 않았기 때문에 더욱 오해가 컸다. 물론 일리치에게 문제가 없었던 건 아니다. 분명히 말해 일리치는 페미니즘 연구에 소원했다. 페미니즘 연구가 아직 젠더 문제를 깊숙이 다루지 않았기 때문이기도 했다. 너무 빨랐다고 해야 할까. 그러나 때는 늦었다. 젠더론이 본격화되자 일리치의 젠더론은 무시되고 방대한 연구들이 나오기 시작했다.

개념들은 혼란스러웠다. 섹스 개념에 중점을 둔 프렌치 페미니즘은 나중에는 젠더 개념을 포섭하게 됐지만, 젠더와 섹스의 상호 개념은 여전히 혼란 그대로였다. 이에 대해서는 7장에서 상세히 논하도록 하자. 젠더는 남자와 여자의 영역(domain)이 다르다는 것, 그 비대칭성(asymmetry)을 추출하는 것이다. 역사적으로 보면, '젠더 왕국'은 '섹스 체제'로 바뀌었다. 이 체제에서는 남자와 여자가 아니라 수컷(male)과 암컷(female)의 차이만 남는다. 바꿔 말하면, 수컷은 남자도 여자도 될 수 있고, 암컷 역시 남자도 여자도 될 수 있다. 젠더는 문화적으로 만들어지는 것이다. 산업적 소비 사회에서는 여성다움(femininity)과 남성다움(masculinity)의 기호 표징이 요구된다. 행동에서도 남성다움과 여성다움이 요구되고, 이는 도덕적 규범이 되기조차 한다. 학교에서는 같은 교과서, 같은 관습에 의해 남녀가 유니섹스화되고 중성인간이 되지만, 그로부터 '~다움'으로 나뉘게 된다. 산업사회는 '경제 섹스(economic sex)' 사회다.

아무튼 일리치의 젠더론에 대한 평판이 나빴던 것은, 그의 산업사회 비판이 젠더에 대한 긍정으로 여겨졌기 때문이다. 일리치 사상의 기세는 여기에서 멈췄다. 이는 역사의 흐름 속에 사상이 체류할 때 나타나는 하나의 전형이다. 본질적인 것은 현상적인 것과 만날 때 미묘하게 어긋나버린다. 거기에서 발생하는 오해(=사실)이다. 더구나 일리치에게는 본질론이 없었기 때문에 역사 상대주의적으로 해석되었다. 그가 마치 과거의 향수를 바라는 것처럼 간주된 것이다. 그런데 이것을 뛰어넘으면 사상은 이데올로기가 된다. 어느 쪽이 좋은지는 역사가 결정할 문제지만, 그렇다고 역사에 맡기고 있을 수만은 없다. 일리치주의가 아니라 일리치가 제기한 문제에 대해 본질적으로 생각할 필요가 있다. 일리치 자신도 자신의 사상이 이데올로기화되는 것을 싫어했다. 때문에 그는 자신의 산업사회 비판이 교조화(敎祖化)되는 것을 꺼려해, 자신의 고찰 자체를 '낡은' 것이라면서 조금씩 버리는 태도를 유지했다.

일리치 사상에서 이러한 체류가 생기기 전에, 산업사회 비판과 젠더론 사이에 컨비비앨리티(conviviality)론이 위치한다. 이 논문은 일리치 사상 가운데 가장 중요한 것이라고 할 수 있다. 그는 밸런스, 즉 균형의 문제에 몰두했다. 하나의 산업적 생산 양식의 지배에 대항해, 그는 다양한 생산 양식이 가능한 조건을 구상하고자 했다. 컨비비앨리티란 산업적인 것과 버내큘러한 것이 다원적으로 균형을 이루는 세계다. 실제 컨비비얼한 세계는 라틴아메리카에서는 일상적인 것이다.

컨비비앨리티론의 위치와 도구론

컨비비앨리티는 스페인어에서 유래한 말이다. 사상적으로는 토마스 아퀴나스에서 비롯된 것이며, 에라스무스의 『우신예찬』에도 등장한다. 사상과 현실이 교차하는 개념이자 실제적인 것이다. 예를 들어, 라틴아메리카의 어느 산촌에 이질적인 사람(다른 곳에서 온 선교사와 신부)이 찾아와 버내큘러한 생활을 영위하고 있는 마을 사람들에게 도움이 되는 '좋은 이야기'를 했다고 하자. 지금까지 없었던 이질적인 이야기지만 마을 사람들의 생활에 도움이 되는 것이고 화기애애하게 그 시간을 보냈을 경우, '오늘은 매우 컨비비얼했다'는 표현을 쓴다. 타율적인 것이 자율적인 것에 긍정적으로 작용한 것이다. 스페인어에서 컨비비얼은 현재도 일상어로서 살아 있는 말이다. 멕시코시티의 큰 공원인 차풀떼펙 공원에도 convivial이라고 새겨져 있다. 이곳은 아이들과 어른들이 즐겁게 지내는 곳이다.

다른 곳과 이질적인 것, 그리고 어떤 한정된 시간에 상반되는 것과 공존할 수 있을 때, 이것이 컨비비얼한 것의 요소다. 일상적으로 사용되는 말이지만 우연의 '드문 시간'을 말한다. 일리치는 이것을 영어의 conviviality, 프랑스어의 convivialité로 도입했다. 영어나 프랑스어에서는 익숙하지 않은 이질적인 말이다. 그리고 스페인어에서도 convivialidad라 하지 않고 이질적인 뉘앙스를 갖게 하기 위해 conviviencialidad라고 했다. 진행형의 뉘앙스를 갖게 한 것이다. convivial이라고는 하지만 통상 conviviencial이라고는 하지 않는다.

일리치는 이러한 이질적 요소를 도입함으로써 산업사회와 버내큘러한 전통문화 사이의 공존을 말한 것이 아니다. 오히려 사회와 문화의 대립의 근원에 '산업적인 것'과 '버내큘러한 것'이 대항적으로 공존하는 균형 상태, 나아가 '타율적인 것과 자율적인 것'이 공존하는 균형 상태를 하나의 양식(mode)으로서 보여주고자 했다. 한 바퀴 돌아 차원이 더 깊어진 것이다. 양식으로서의 상반공존성(相反共存性)은 보어 양자물리학의 상반공존성을 도입한 것이다. 정확히는 보완성(=complementarity)인데, 그것을 컨비비앨리티로 바꾸었다고 할 수 있다. 아무튼 상반되어 서로 받아들이지 않는 것이 공존하고 서로 교통하는 상태를 의미한다. 서로 보완하고 있기 때문에 상반보완성이라는 견해도 있어서, 후기에는 'mutually constitutive complementarity(상호적인 구성적 보완성)'라는 표현을 사용했다.

필자는 일리치의 사상에 맞게 자율성과 다른 자율성이 공존하고 서로 작용하는 상태(이를 일리치는 '시너지'라고 한다)를 '자율협동성'이라는 용어로 번역한 바 있지만, 어쨌거나 공생과는 다르다. 같이 생활하는 게 아니다. 자립하고 있지도 않다. '우연한 일시적 상태'다. 라틴어권에서는 '밝은 순간'을 뜻한다. 문화를 느끼지 못하면 그 의미를 알 수 없을지도 모른다. 공동체가 아니고, 생활 개념도 아니며, 기생하는 식물의 공생도 아니다. 어디까지나 상호 행위의 관계다. 이것은 언어, 용어의 문제가 아니다.

일리치는 우선 스페인어에서 기본을 생각하고, 이를 영어와 프랑스어에서 재검토해서 완성시킨 후 다시 스페인어로 가져왔다. 이때 독일어의 사고를 가미하기도 했다. 이들 언어를 자유자재로 구사하는 사상가이기 때문에 그는 번역가들이 있어도 자신이 직접 보고 스스로 사고를 작동시킨다. 그는 언제나 문화의 차이에 도전했다. 문화의 심층부에 들어가야만 사상이 살아난다는 신념을 가지고 있었던 것이다. 문화에 대한 도전이란, 문화가(지금 필자는 장소문화로 한정하고 있다) 산업화에 의해 침식되는 것에 대한 투쟁이자 사라져가는 버내큘러를 재구축하는 투쟁이다. 이 비합리적 상황을 합리적 언술로 다루는 것은 쉬운 일이 아니다. 필자가 그 철학적 사고의 의미를 알 수 있게 된 것은 니시다 기타로의 '장소'론을 공부하고 나서였다. 자각적인 장소론은 없지만, 일리치는 버내큘러한 '진정한 장소'를 논하려고 했다.

아무튼 논리상 컨비비앨리티론에서는 산업적인 게 모두 부정되는 것이 아니라, 버내큘러한 것과 공존하는 것으로 다룰 수 있었다. 그럼에도 불구하고 일리치는 이를 회피했다. 그는 산업적인 것이 산업사회적으로 만들어진 것에 대해 일관되게 부정했다. 즉, 그는 '생산성'의 대립 개념으로써 컨비비앨리티를 설정한 것이다. 물론 이를 계기로 일리치는 긍정적인(positive) 것의 발견에 몰두하게 된다. 이때 출현한 것이 테크놀로지 비판의 핵심 개념이 된 '도구(tool)'였다. 도구에는 망치와 같이 손으로 사용하는 도구(hand tool)와 손을 사용하지 않고 기계처럼 타율 에너지로 작동하는 도구(power tool)가 있다. 일리치는 도구와 사람 사이에는 원격성이 있다고 했다. 즉, 손에서 떨어질 수 있는 것이 도구라는 말이다. 그런데 컴퓨터와 같은 시스템은 손에서 떨어질 수 없다. 오히려 사람이 시스템 속에 포함돼버린다. 일리치는 이를 '도구의 상실'이라고 해석한다. 그는 타율 에너지로 조작되는 도구, 즉 파워 툴이 거대한 과학기술 장치로 변해가는 것에 대해 비판적이다. 이 도구에는 법률까지 포함된다. 그리고 그는 근대 과학기술의 타율적 방식에 대해 retooling이 필요하다고 주장했다. Retooling이란 '도구의 배치 전환'이라고 할 수 있는데, 당시 초고의 제목은 「Retooling Society」였다. 그러다가 컨비비앨리티를 위해 도구를 배치 전환하자는 제목으로 바꿔 출판한 것이다.

컨비비앨리티는 생산성에 대한 대항 개념으로 설정된 것이다. 이는 생산성으로 통합되어가는 경향에 대항해 컨비비앨리티로의 통합을 우선시하자는 '전환(inversion)'론이었다. 기본 원리를 뒤집자는 것이다. 일리치는 이를 변혁(=change)도 변용(=transformation)도 아닌 inversion이라고 했다. 필자에게 설명할 때 그는 손바닥에 손수건을 올려놓고 그걸 집어 들면서 이것이 inversion이라고 했다. 즉, 그 자체를 바꾸는 것이 아니라 재배치한다는 뜻이다. 경향성, 지향성 또는 벡터를 바꾸는 것이라고 해도 좋을 것이다. 이와 동시에 그는 존 맥나이트[7] 등과 함께 전문가가 주무르는 조종적(操縦的) 도구의 독점을 비판하고, 이에 대항해 비전문가의 자율적 생활기술과 사용 가치 생산을 제시했다. 전문가들은 늘 '미래'를 설정하고 다양한 것들을 조작 가능한 것으로 관리한다. 출생에서 죽음까지 관리 가능하게 만든다. 일리치는 이들을 disabling professionals, 즉 '불능화(不能化)하는 전문가'라고 불렀다. 일이 불능화됨과 동시에 자기 자신도 불능화되어버리는 전문가들이다.

급진적 독점

어떤 브랜드나 기업이 물건·상품·서비스를 생산하고 판매하는 수단을 독점하는 것이 아니라, 특정 종류의 제품이 지배적이 되어 그 밖의 것을 선택할 수 없게 만드는 현상을 일리치는 '급진적 독점(radical monopoly)'이라고 부른다.

---

[7]　John McKnight. Northwestern 대학 교수로 전문 분야는 community building. 그 연장선에서 전문가 체제 비판을 전개했다.

일반적으로 독점이란 소비자의 선택 기회를 제한한다. 독점은 소비자에게 시장에 있는 상품을 사도록 강제할 수는 있지만, 동시에 다른 영역에서 소비자의 자유로운 행위를 제한하는 일은 없다. 목이 말라 마실 것이 필요해졌을 때 청량음료가 코카콜라밖에 없다 하더라도 맥주나 물 혹은 다른 것으로 목을 축일 자유는 있다. 그런데 아예바꿀 만한 것이 없게 되었을 때, 이때 독점은 급진적이다.

예를 들면, 학교 이외에 배울 곳을 선택할 수 없게 된 상태가 전형적이다. 특정 산업의 생산 형태가 수요를 충족시키는 행위에 대해 배타적 지배력을 행사해, 산업적이지 않은 그 밖의 활동들을 경쟁에서쫓아낼 때, 그것은 급진적 독점이 된다. 건강도 마찬가지다. 의사가건강하다는 건강진단서를 발급하지 않으면 건강하다고 인정받을 수없다. 급진적 독점 상황에서는 거대한 제도만이 공급할 수 있는 표준적 제품의 소비를 강제적으로 강요하는, 일종의 독특한 사회 관리가만들어진다. 인간 생래의 능력은 거대한 도구에 의해 배제되는 것이다. 학교, 자동차, 병원 의료가 이를 실행하고 있다. 이 사회에서는 수고의 증대와 자기에 대한 신뢰 저하가 일어난다. 병을 스스로 해석하는 일은 허용되지 않고 조작적 조건이 붙게 된다. 사람은 보호되고돌봄을 받는다. 급진적 독점은 손을 쓰기에 너무 늦은 단계에 도달했을 때 비로소 인식된다. 급진적 독점에 의해 발생한 비용은 이미 우리들이 부담하고 있다.

역생산성

제도가 목표에 반하는 결과를 낳는 것을 '역생산성(counterproductivity)'이라 부른다. 학교에 가면 배우는 능력이 없어지고, 병원에 가면 병이 만들어지고(의원병), 가속화되면 교통에 필요한 시간이 더 걸려 교통체증이 일어나는 따위의 현상들이다. 이것들은 더욱 확장된다. 예를 들면, '인간'이 필요하기 때문에 여성 차별이나 섹시즘이 더욱 진행되고, 건강을 원하기 때문에 병에 걸리게 되고, 개발하기 때문에 빈부의 격차가 심화되고, 생명을 원하기 때문에 비신체화가 생기고, 최선을 원하기 때문에 최악이 돼버리는 등 일리치 특유의 뒤집기가 이어진다. 이런 지적들은 정곡을 찌른다. 사회가 확실히 그렇게 되고 있다. 어떤 임계를 넘으면 그렇게 된다. 일리치는 임계치를 수치로 보여줄 수 있는 것은 수치로 보여주지만, 수치화할 필요가 없는 것 역시 존재한다. 일리치의 사고회로는 모든 면에서 이와 같다.

역생산성은 구매한 상품 내부에서 생기는 새로운 종류의 실망이다. 때문에 소비자가 원하는 것에 지불한 가격의 '외부'에 있는 비용을 뜻하는 외부 불경제와는 다르다. 그것은 '내적'인 것이며, 고객은 끊임없이 욕구불만을 느끼게 된다. 하층계급은 역생산성의 부담 전체를 져야 하는 데 비해, 특권계급은 그 보살핌을 거부할 수 있는 사람들이다. 사회는 이렇게 양극화되어간다. 이것은 '사회에는 한계역치(threshold)가 있어서 일정한 수치를 넘으면 목적과 반대되는 결과가 발생한다'는 발견이기도 하다. 알기 쉽게 예를 들어 설명하자면, 영어를 6년간 공부해도 영어책을 못 읽고 회화도 못하는 현상, 의사가 병을 고치면 환자가 줄어들어야 마땅한데 점점 늘어나고, 고속열차나 특급열차가 도입되자 점점 더 먼 곳으로 이사를 가 출퇴근 시간이 더 늘어나는 현상 등이다. 이 점은 사회제도에서 확실히 드러나는데, 그 외의 확장도 가능할 것이다.

그런데 환상 영역과 제도 영역을 혼동하면 이 점이 흐릿해진다. 물질적 증거가 없기 때문에 많은 사람들은 동의하기보다 반발한다. 초기 반응은 문자 그대로 '놀람'이었는데, 나중이 되자 당혹감만 남게 되었다. 일리치가 12세기로 거슬러 올라가 이를 보여주었기 때문에 사람들은 과거의 일이려니 하는 인식만 하게 되었다. 일리치 본인 역시 고찰이 충분치 않아서 문제제기만 했다고 인정했다. 필자 생각에는 버내큘러한 존재가 분명하지 않고 서구를 서구로만 보았기 때문에 발생한 한계다. 그 결과, 논리와 자의적 역사주의에 불과하게 되었다. 더구나 (일리치 스스로) 초기 논문들을 팸플릿으로 치부했기 때문에 이 문제에 대해서는 더 이상 거론하지 않게 되었다.

'역(逆)', '협(協)', '비(非)': 번역의 의미 작용

지금까지 소개한 것들이 일리치의 산업사회 비판 체계의 기본 개념이자 기본 장치다. 요컨대 타율 양식이 우위에 선 산업적 생산 양식의 구조화에 따라, 그 체제에서는 산업적 조작 기술이 생산성을 높이는 과잉효율성의 도구 체제를 만들어내 급진적 독점과 역생산성을 낳고, 자율성을 마비당한 경제 섹스 인간을 만들어내고 있으며, 버내큘러 문화와 버내큘러 존재는 파괴된다는 내용이다. 이들 개념을 사용하면 산업사회에 대한 비판적 고찰이 가능하다. 산업사회의 부정성을 간결하게 뽑아낸 것이다.

그러나 일리치에 의한 비판을 '부정'으로만 해석하면, 사고와 분석과 해석은 거기에서 정지되고 완결돼버린다. 학교는 배우는 힘을 마비시키고 있다! 끝. 모터 수송은 걷는 신체성을 마비시키고 있다! 끝. 의료 장치는 건강을 파먹고 있다! 끝. 본인 역시 그렇게 해석함으로써 일리치는 자신이 탐구하고 주장해온 것을 '팸플릿'이라고 비하하면서 주의, 주장의 노예가 되기를 거부했다. 그러나 비판은 부정으로 끝나는 것이 아니라 새로운 가능 조건을 여는 것이다.

Counter-productivity는 '반(反)'이 아니고 '역(逆)'이다. 생산성에 반하는 것이 아니라 생산성이 역방향으로 향하는 것이다. 번역상의 오해는 사상을 풍화시킬 수 있다. 사상에 대한 정확한 해석 여부는 일리치주의가 되느냐 아니냐의 분기점이라고도 할 수 있다. Conviviality의 'con-'을 '공(共)'이라고 이해하는 것도 필자에게는 어색하다. 같이 모이는 집합성을 의미하는 것이 아니기 때문이다. 'de-'를 '탈(脫)'이라고 하는 것도 그렇다. 탈학교나 탈신체가 아니라 '비학교화'이며 '비신체화'다. '비(非)'의 방향으로 일들이 만들어지고 조직화되는 것이다. 반, 공, 탈은 그렇게 상황이 완결돼버린다는 뜻인데 비해 역, 협, 비는 그와 같은 방향으로 가는 움직임이다. 부정적인(negative) 것과 긍정적인(positive) 것이 각각 만들어져 '조직화(편제)'와 '비조직화(비편제)'의 장을 형성하는 것이다. 반복하지만, 편제(establishment)는 비편제(disestablishment)를 동시에 낳는다. 그리고 조직화(편제)된 것은 비조직화(비편제)를 인식할 수 없게 만들어버린다.

산업사회에 다양성은 없다. 획일적인 세계, 균질화된 세계다. 한편, 버내큘러의 세계에는 똑같은 것이 없다. 다양하고 다채롭다. 인류학적 일반화가 불가능한 세계라고 할 수 있다. 비판의 체계는 가능 조건의 장소를 열어준다. 비판 이론은 그렇게 활용하는 것이다. 필자는 그렇게 일리치와 대면했다. 참고로, 필자는 생산성과 컨비비앨리티의 상반성이 공존하는 사회 환경을 과도적으로 겪지 않고는, 사회를 없애거나 장소적 환경의 현실화를 꾀하는 것이 불가능하다고 보고 있다. 생산성을 무조건 부정할 수는 없는 것이다.

그림자 노동: 노동 비판

일리치가 젠더론을 쓰기 전에 「그림자 노동(shadow work)」이라는 노동 비판이 먼저 나왔다. 필자에게 이 짧은 논문을 보내왔는데, 마침 릿쿄대학에서 시간강사를 할 때라 수업에서 이 소론을 읽었다. 처음에는 무슨 말을 하는 건지 모두 짐작도 할 수 없었는데, 숙독해 나가자 엄청난 세계가 드러나기 시작했다. 현대 자본주의는 임노동에 의존한다기보다 여성의 가사라는 부불(不拂)노동에 의해 성립되었다는 내용이었다. 가사노동에 대해 지불한다면 산업자본주의는 붕괴한다는 뜻이기도 하다.

여성 차별이라는 관점에서가 아니라, 노동 체제가 남(=임노동)·여(=가사노동)의 세트로 성립되어 있다고 하는, 지금까지 없었던 임노동론 비판의 문을 연 것이다. 또한 가사노동 여성과 임노동 남성이 유니섹스로 결합하여 가정이라는 장에서 아이들을 산업 인간으로 길러내고 있다는 주장이었다. 이로부터 학생과 환자의 일도 그림자 노동이라는 것을 알 수 있다. 지불되지 않는 건 물론이고, 수업료·치료비·운임 등을 지불하기까지 하는 일(work)이다. 급진적 독점에서는 민중이 지불한다. 지금까지 소비적 일로 간주되던 것들이 그림자 노동이라는 생산적인, 정확히는 산업생산적인 일로 개념의 전환이 일어난 것이다.

노동론을 여기까지 이해한 사람은 여태 없었다. 그로 인해 노동론은 근저에서부터 뒤집혔다고 할 수 있다. 이는 또한 '창조적 실업'이라고 하는 '비고용'의 권유로 진화해간다. 교육의 단념과 의료의 단념을 넓게 노동의 단념으로 해석하는 임노동 비판이 가능해졌다. 물론 그 속에 들어 있는 그림자 노동을 보지 못하면 이렇게 이해할 수 없을 것이다. Unemployment를 '실업'이라기보다 '비고용'과 같은

'움직임'으로 해석해야 창조적 사고로 이어지는 것이다.

한편, 일리치는 물과 H$_2$O는 다르다는 전제에서 소재(=stuff)에 대한 논의와 에콜로지 비판을 전개했다. Substance에 대한 고찰이다. 그리고 그는 이미 교육 비판에서 엿볼 수 있었던 교육 자체에 대한 비가치화로부터 문자란 무엇인가, 즉 말하는 것과 완전히 다른 문자의 읽고 쓰기에 대한 고찰을 12세기를 축으로 진행했다. 이것은 '텍스트'론과 시선의 시각 비판론으로 이어진다. 산업적인 것을 낳은 토대로부터 신체와 기억의 세계를 되돌아본 것이다.

교회 비판, 개발 및 진보 비판, 교육 비판, 마르크스주의 비판, 페미니즘 비판, 에콜로지 비판, 테크놀로지 비판 등 총체적이고 실질적인 그의 비판은 한때 일리치 붐을 불러일으켰으나, 사람들이 그의 사상을 깊이 이해했다고 보기는 어렵다. 이와 같은 비판을 통해 그가 무엇을 하고자 했는지 이해하지 못한 것이다. 한편으로는, 일리치가 비판 대상의 차원과 장소에 대한 차별화 없이 하나의 총체로서 비판했기 때문에 부정적으로 변용돼버린 측면도 있다. 산업사회 비판에서는 대상이 확고히 존재했다. 그러나 그 이후는 사상 비판인지 역사 비판인지 종교 비판인지 초점을 알 수 없게 된 것이다.

일리치가 말하고자 했던 바는 단순 명쾌하다. 자율성을 되찾자, 버내큘러 문화를 되찾자, 인간으로서의 존엄을 되찾자, 희망을 갖자는 것이다. 그리고 배우는 힘, 치료하는 힘, 걷는 힘, 그리고 장소문화의 힘을 되찾자는 것이다. 이는 과거로 돌아가자는 뜻이 아니라, 지금부터라도 산업적 도착에서 벗어나 새롭게 건설해가자는 것이다. 그는 '진보 신화'에 대한 비판에서 출발해, 산업사회와 그 기술로 인해 종합적 감각이 마비돼가는 숙명의 근원에 대한 탐구로 깊이를 더해갔다.

'현대화된 빈곤': 수요의 역사와 결여성의 역사

1977년 일리치는 「Toward a History of Needs」라는 논문을 통해 유효한 비고용론과 에너지론, 수송론을 포함한 수요의 역사를 밝히고자 했다. 이 같은 생각의 발전에서 역사에 대해 거론했지만, 정작 일리치 자신에게서는 역사가 사라져버렸다. 산업사회를 역사화하고자 할 때 나타나는 역사성의 곤란함이다. 그 키워드가 '현대화된 빈곤(modernized poverty)'이다. 이 개념으로 산업적 생산 양식의 3대 패러다임을 총괄적으로 정리할 경우 역사성이 애매해진다.

'시장 의존'에 대한 강도가 어떤 경계에 도달했을 때 현대화된 빈곤이 나타난다. 현대 사회가 산업적 생산성의 풍요에 압도적으로 의지하게 되면, 개인들에게는 욕구불만을 낳는 풍요(frustrating affluence)가 나타나고, 자율적 행동의 자유와 힘을 빼앗기게 되고, 창조적으로 살 수 없게 되며, 시장 관계에 플러그가 꽂혀버린다. 이 새로운 불능은 너무나 깊어 표현하기가 매우 어렵다. 동사적 행위는 명사화되어 수동적 소비 패키지에 불과하게 된다. 경제 전문가들이 관습적 수단으로 이 빈곤을 표현하는 것은 불가능하다. 전문적으로 공학화된 상품이 문화적으로 형성된 사용 가치를 대신하고, 시장 밖에서 경험할 수 있던 개인적 만족은 파괴된다.

이 새로운 '불능을 생산하는 빈곤(impotence-producing poverty)'을, 부자와 가난한 자 사이의 소비의 갭 확대와 혼동해서는 안 된다. 일리치는 이를 산업사회의 빈곤이라는 전통적 용어도, 계급투쟁을 통해 극복하고자 하는 관습적인 용어도, 증대하는 생산 수준이 환경에 토해내는 외부성(外部性)의 견디기 힘든 비용도 아니라면서 차별화한다. 물론 오염·스트레스·조세 부과 등이 불평등하게 강요되고 있으며, 이러한 수탈에 대한 방어도 불평등하게 분배되어 있다는 것은 분명하다. 그러나 이와 같은 사회적 비용에서의 불평등은 경제적 지표를 통해 객관적으로 입증할 수 있는 산업화된 빈곤일 뿐이다. 개인들이 느끼는 새로운 빈곤은 측정될 수 없다.

이제는 소비 없는 생산이 불가능해졌고, 상품에 대한 접근 없이는 생활이 불가능해졌으며, 심지어 이로 인해 범죄가 발생하기까지 한다. 이와 같은 불능의 빈곤이다. 부자에게도 가난한 자에게도 똑같이 분배되는 빈곤, 시민적 불능이다. 예를 들면 근대 이전에는 주거를 자유롭게 디자인할 수 있었지만, 이제는 표준화된 주거의 관료적 제공으로 바뀌어 고용 조직, 기능, 건설 자재, 규칙, 쉘터 등은 활동성이 아니라 상품이 돼버렸다. 빈곤의 현대화된 경험이다. 임노동에 고용되지 않으면, 그리고 소비에 포함되지 않으면 자신은 쓸모없는 존재로 간주된다. 자격이 부여된 전문가의 컨트롤 없이는 어떤 것도 할 수 없다. 아이를 낳는 것도 마찬가지다. 남편이 고용되지 않으면 사회서비스에 접근할 수 없기 때문에 전문 케어를 받을 수 없고, 낳는 것조차 불가능하게 된다. 전문적으로 공학화된 분배 모델이 자립한 여성들에게 침투한 결과, 자율적 행동에 필요한 소원·능력·조건이 모두 파괴된 것이다.

선진국에서는 현대화된 빈곤의 결과, 전문가들의 보증이 없으면 명백한 사실조차 인지할 수 없게 되었다. TV의 정보 없이는 날씨를 감지할 수 없게 되었고, 전문 치료자에 의존한 의료 없이는 신체의 불쾌함을 견디기 힘들다. 모터기관의 수송 없이는 이웃이나 친구들과도 만날 수 없게 되었다. 다시 말해, 자신의 세계를 만질 수 없고, 느낄 수 없고, 자신의 일의 결과로 만들어진 것이 보이지 않게 되었다는 말이다. 그림자 비용과 소비 사이의 갭의 증대는 새로운 빈곤이지만, 위에서 제시한 것은 현대화의 또 다른 부산물들이다. 자율성이 침식되고, 만족이 무뎌지고, 경험이 평탄화되고, 수요가 욕구불만이 되는 것이다. 시간 소비의 가속화, 병을 만드는 건강 케어, 사람을 바보로 만드는 교육 등은 현대성의 부정적 표출인데, 이는 이익의 불평등한 분배와 부정적 외부성의 불평등한 강요와 연관된다.

일리치의 이와 같은 총괄은 충분치 못한 상태로 사실화되어버렸다. 지적된 개개의 현상들은 물론 사실이지만, 그는 3대 패러다임을 시사만 했을 뿐 검증은 없었다. 이 패러다임을 만든 전문가들과 이를 용인하고 이에 종속된 대중들도 환상에 대해 납득해버렸다고 할까, 아무튼 환상을 완전히 없애지는 못했다. 그저 '현대화된 빈곤'에 빠질 것이라는 계몽만 있었고, 풍요로움은 빈곤으로 뒤집혔을 뿐이다. 이것은 이론이 아니다. 협박성 계몽에 불과하다. '새로운 빈곤'이라고 해도 어쩔 수 없다. "빈곤해도 괜찮다, 나는 쾌적하니까!"라는 대답이 돌아올 뿐이다.

일리치는 마르크스가 '물상화'라고 정의한 차원에 들어간 셈인데, 그렇다면 그는 물상화론을 새롭게 해명하거나 또는 물상화론을 뛰어넘는 이론화 작업을 해야 했다. 그런데 '빈곤'이라는 계몽에서 멈춰버린 것이다. 심적 좌절감과 물질적 상품화 사이의 관계를 새로운 이론으로 개척해야 했지만, 새로운 개념이 아닌 계몽적 용어, 즉 '현대화된 빈곤'과 '전문가 지배'로 정리해버렸다. 그는 마르크스적 용어를 '현대화된 빈곤'이라는 서술어로 바꾸고 이론화를 회피해버린 것이다. 그는 "최근 10년간 전문가들에 의해 만들어진 '권리가 만연한 사회에서는 자유(freedom)가 쇠퇴한다'는 것을 밝혀왔다."고 했지만, 문제는 그 관계를 이론화하는 담론의 생산이다. 그것이 총괄이다. 그러나 그는 상품 생산을 강화하는 새로운 도구와 사용 가치를 생성하는 도구 사이, 상품에 대한 권리와 창조적 개인 표현을 허용하는 자유(liberty) 사이, 지불노동과 유효한 비고용 사이, 타율적 관리와 자율적 행동 사이의 상쇄관계(trade-off) 중 특히 후자에 대해 언어화하는 것이 어렵다고 인정한다. 대신 그가 제기한 것은 '컨비비앨리티의 정치'다. 정치 과정을 통한 제한된 자유에서의 평등한 공유(共有)와 향수(享受)다. 애매한 결말이 아닐 수 없다.

자율적 행동의 경계는 버내큘러한 것이자 아시아적인 것이고, 장소적인 것, 나아가 술어적인 것이며, 비분리 관계에 있는 것이다. 그것은 장소의 버내큘러 문화에서 물질적으로도 심적으로도 잔존할 수 있으며, 비분리의 철학에서 담론화할 수 있다. 그러나 일리치는 이를 명백히 밝히지는 않았다. 한편, 수요의 역사는 산업적 생산 양식을 이론화하는 데 불가결한 작업이다. 그런데 그것 역시 체계적으로 구성되지 않았다. '현대화된 빈곤'이라는 선동에서 끝나버린 것이다. 그리고 젠더론(1982년)에서는 수요의 역사가 결여성(scarcity)의 역사로 바뀐다. 이 두 가지 역사 인식 방법이 불분명한 채, 그는 12세기 역사에 대한 고찰로 이동했다. 수요와 결여성(=희소성)의 관계는 젠더에서도 선명하게 해명되지 않았다. 이 점에 대해서는 8장에서 다루도록 하자.

'민중의 평화' 대 '팍스 에코노미카': 개발, 발전, 진보에 대한 근원적 비판

산업적인 것은 발전(=개발, development)과 진보(progress)를 좋은 것으로 간주하고, 나아가 거기에 인간적 척도를 적용시킨다. 즉, 저개발은 비인간적이고, 발전과 진보는 비인간적인 것을 인간적으로 바꿔가는 것이라는 가치 판단을 내리는 것이다. 그러나 과연 발전과 진보의 풍요로움이 정말 인간적인 것일까? 일리치는 이에 대해 계속 의심했다. 특히, 이것이 평화와 어떻게 연결되는지에 대해, 경제적 평화가 민중의 평화와 근원적으로 대립하는 경계에 대해 집중했다. 문제는 전쟁 자체가 아니다. 평화를 위한 비전쟁 형태의 전쟁이 우리들 일상생활 속에 파고들어와 우리를 파괴하고 있는 것이다.

개발(= 발전)의 본성

개발과 발전 중 어느 쪽이 development의 번역어로 적합할까. 일본의 논자들은 이를 구별해서 사용하는데, '외적 발전은 비판하지만 내적 발전은 중요하다'고 보는 츠루미 가즈코[8]와 같은 주장이 나오기도 한다. 일리치는 개발(=발전) 그 자체에 대해 철저히 부정적이다. 개발(=발전)은 희소성(scarcity)의 세계를 만들어내고, 민중들의 자급자족(subsistence) 능력을 소모시킨다는 그의 논리 축은 일관된다. 그는 라틴아메리카의 현실로부터 산업적 발전이 민중들을 점점 더 살기 힘들게 만든다는 것을 인식했다. 그는 "학교화가 발전, 개발, 진보의 무한 성장 신화를 계속 만들어내고 있다"면서 성장 신화와 무한 소비 신화를 비판하고, 개발과 발전의 한계를 설정하기 위한 재도구화를 제시했다. 산업적 발전은 수요의 창출, 나아가 희소성의 창출을 낳고, 이것이 비약적으로 심화되어 '평화'에 대한 논의와 연계된다. 1980년 일리치가 요코하마에서 〈평화와 개발의 비링크화(De-linking)〉라는 제목으로 발표한 논문은 이를 다루고 있다. 그는 이 발표에서 민중들이 평온하게 지내는 '민중의 평화(people's peace)'와 '경제 평화(=팍스 에코노미카, pax economica)'는 완전히 대립되는 이질적인 것이라고 지적했다. '평화'의 존재 방식을 뒤

---

[8] 鶴見和子(1918~2006). 일본의 대표적 비교사회학자이자 진보적 지식인. '내발적 발전론'으로 유명하다.

집은 이 지적은 중요하다.

그런데 "개발(=발전)이란 자급자족 지향의 문화들(subsistence-oriented cultures)을 경제 시스템에 맞춰 변화시키는 것을 의미한다"는 일리치의 말이 일본어 번역에서는 '개발은 인간 생활의 자립과 자존을 지향하는 문화들을 변화시켜 하나의 경제 시스템으로 통합시키는 것을 의미한다'로 표현되었다. 독자들은 이 작은 차이의 의미를 이해하기 어려울 것이다. 버내큘러 문화는 '인간' 생활을 지향하지 않는다. 자급자족(subsistence)을 지향한다. 인간을 지향하는 것은 바로 산업 발전이다. 또한 문화들이 통합되는 것은 버내큘러 문화와의 공존 상태로, 개발은 이를 경제 시스템으로 바꿔버린다. 경제 시스템은 버내큘러 문화를 퇴화시키지 통합(integration)할 수 없다. 이 문맥을 벗어나 인간과 경제 시스템에 가치가 있는 것처럼 번역하는 것은 subsistence와 버내큘러의 존재를 이해하지 못했기 때문이다. 누구나가 멕시코의 현실을 피부로 체험할 수는 없기 때문에 어쩔 수 없다고 이해할 수도 있지만, 이론적으로도 그렇게 되지 않는다. 라틴아메리카의 버내큘러 문화는 해체 위기에 있긴 하지만, 비참한 상태이긴 해도 잔존하고 있어 경제시스템과의 통합은 불가능하다. 그것은 실제 치아파스 반란과 같이 국가 통합과 완전히 대립되어 나타난다.

"개발은 항상 자급자족(subsistence) 지향의 모든 활동을 희생시키는 형식적 경제 영역의 확대를 불러일으킨다."

"개발은 항상 희소한 것으로 인식된 상품과 서비스에 대한 결여의존(scarcity-dependence)의 증식을 함의한다."

"개발은 필연적으로 모든 상품의 생산과 유통을 위한 환경을 만들어내는 과정에서 자급자족(subsistence) 활동의 모든 조건들이 일소된 환경을 창조한다."

"개발은 그 때문에 불가피하게 민중적 평화의 모든 형태를 희생시킨 팍스 에코노미카를 강요한다는 것을 의미한다."

개발과 발전은 민중의 문화, 커먼즈, 여성을 공격한다.

팍스 에코노미카

팍스 에코노미카는 자급자족(subsistence)에 '비생산적(unproductive)'이라는, 자율적인 것에 '비사회적 (asocial)'이라는, 전통적인 것에 '저개발(underdeveloped)'이라는 낙인을 찍는다. 팍스 에코노미카는 환경에 대한 폭력을 증가시키고 커먼즈를 파괴하는 전쟁이다. 환경은 상품 생산을 위해 채굴된 자원으로써, 상품 순환을 위해 준비해둔 공간으로써 사용된다. 개발과 발전은 소비에 대한 의존 없이 생존하려고 하는 사람들을 폭력적으로 배제하고, 환경의 유용화 가치(utilization values)에서 떼어낸다.

팍스 에코노미카는 섹스 간의 전쟁을 새롭게 촉진해 남녀를 젠더 없는 인간으로 만든다. 산업적·생산적 노동은 중성적인 젠더 없는 노동으로 정의되고, 희소(=결여)가 된 임노동을 위한 경쟁을 부추겨 그림자 노동을 회피하는 투쟁을 만들어낸다. '그림자 노동의 회피'란 학생으로부터, 환자로부터, 가사로부터 벗어나 임노동자가 되는 것을 의미한다.

무릇 평화란 소를 지키고, 수확 전의 밭을 지키고, 비상용 곡물과 종자의 저장 창고와 수확 기간을 지키는 것이고, 가난한 사람과 일용할 양식을 갖지 못한 사람들을 위해 물과 목초지와 숲과 가축을 이용할 수 있는 상태로 보호하는 것이다. 평화는 전쟁의 휴전 상태를 의미하는 게 아니다. 커먼즈를 폭력적 간섭으로부터 지키는 것이고, 평온한 생활을 확보하는 것이었다. 민중의 평화(pax populi)는 버내큘러한 자율성과 그것이 번성한 환경, 그 재생산을 위한 다양한 패턴을 지키는 것이었다. 그런데 팍스 에코노미카는 이 버내큘러한 평화를 생산을 지키는 것에 불과한 것으로 만들어버리고, '1인당 소득을 높이자', '선진국을 쫓아가자', '종속에서 벗어나자' 등 희소성의 범위 안에 있는 개발 조건으로 바꾸었다. 개발, 발전, 발달 등으로 풀이되던 development는 사람, 국가, 경제 전략과 관련해 사용하게 되었다.

일리치는 '평화'를 '산업적 평화'와 '버내큘러 평화'로 완전히 구분했다. 진정한 평화는 발전과 개발로부터는 오지 않으며, 발전과 개발은 '평화를 위한 전쟁'을 낳을 뿐이라는 것이다. 개발 개념은 다음과 같은 것을 함의한다.

① 자급자족(subsistence) 활동에서 의심의 여지없는 능력을 상품의 사용과 소비로 치환하는 것
② 다른 모든 노동에 대한 임노동의 독점
③ 전문가 디자인을 따라 양산된 재화와 서비스의 용어로 수요를 재정의하는 것
④ 공간, 시간, 재료, 디자인이 생산과 소비에 적합하게 기능하도록 환경을 재편성하는 것

이것들에 의해 직접적 생활의 필요를 충족시키는 사용 가치 지향의 활동은 퇴화되고 마비되어간다. 진보의 관념은 2천 년에 걸쳐 서구를 특징지어 왔는데, 그것은 서구와 아웃사이더의 관계를 결정지었다. 국경의 건너편에 있는 사람들을 우리와 구별 짓고, 자신과 타인을 이분시켜온 것이다. 그것은 여섯 단계를 거친다.

① 인간 이하의 '야만인(the barbarian)'

② 아직 세례를 받지 않은 '이교도(the pagan)'

③ 반기독교적인 '불신자(the infidel)'

④ 수요를 갖지 않은 '미개인(the wild man)'

⑤ 문명과 다른 수요를 갖고 있는 '원주민(the native)'

⑥ 성장, 진보가 뒤쳐진 '저개발민(underdeveloped people)'

이와 같은 타자의 이미지는 발전 프로세스 그 자체를 표상하고 있다. 일리치는 생각도 못하고 있었지만, 이를 통해 그는 현재 이곳에서 일어나고 있는 사실을 명확히 하고 그 실제를 보여주었다. 필자가 보기에는 당연한 것을 당연하게 보여준 것이다. 현대사회는 사회 규범을 더 강고하게 만들어, 필자가 말하는 사회'이즘(ism)'이 되었다. 일리치가 말하는 제도화를 훨씬 뛰어넘어 고착화되고 있는 것이다. 사회 자체를 물상화하는 '사회의 물상화'다. 일리치는 비신체화가 더 진행되어 '알고리즘화, 수학화된다'고 종말론적으로 말했는데, 사람들이 자기 자신을 추상물·추상적 범주(abstract notions)에 투기(project)함으로써 '감각적 본성(sensual nature)을 근절시키려고 하는' 지경에 이른 것은 사실이다. 이를 '생명을 소중히 여기자'거나 '지구를 소중히 다루자'거나 하는 '인식적 감상성(epistemic sentimentality)'에서 나온 선의로 바꿔서는 아무것도 바뀌지 않는다.

현실이 이와 같은 차원에서 진행되고 있을 때 한 번 더 일리치의 고찰을 읽어 보면 무언가를 재발견할 수 있을 것이다. 철저한 비판적 사고 앞에 '희망'이 열린다. 비판은 어중간한 감성적 인식이 아니다. 그것은 인식의 차원과 다른 차원에 있는 '감각'의 신체성의 회복이다. 1991년 브레멘대학을 거점으로 한 후기 일리치 사상은 이로부터 형성된 것이다. 산업적인 것과 버내큘러한 것과의 균열 사이에 희망이 깃들어 있다. 버내큘러한 것 자체가 희망이 아니라, 대립의 피안에야말로 희미한 희망이 있는 것이다. 필자는 자성의 자세로 30년 만에 일리치의 작업 전체를 다시 읽기로 했다.

[본장의 주요 논문]

1980/The De-linking of Pease and Development

1982/Silence in Commons

현대 일상생활 비판
: 산업의 3대 패러다임

산업적 생산 양식의 3대 패러다임인 학교 제도, 병원 제도, 수송 제도에 대해서는 이미 졸저 『학교, 의료, 교통의 신화』(신평론, 1979년)에서 논한 바 있기 때문에, 여기에서는 그 후의 일리치의 저술들에서 보이는 관점을 정리하기로 하겠다. 본질적인 비판에는 변함없지만, 후기의 일리치는 과거의 주장에 부족함이 있었던 것처럼 평가하는데, 필자 생각에는 시각이 더 깊어졌을 뿐이다. 일상에서는 전혀 다른 이 세 가지 제도는 동일한 방식으로 우리에게 작용하는데, 이는 각각의 개별성이 없다는 뜻이 아니다. 일반성과 개별성 사이의 관계에 대해서는 재검토할 필요가 있다.

한편, 학교 비판은 '교육' 그 자체에 대한 비판이 되고, 의료 비판은 생명과 신체에 대한 비판이 되고, 수송·에너지 비판은 환경·에콜로지에 대한 비판이 되었다. 보다 근원적 실체에 대한 급진적 비판인 것이다. 이 비판은 '관념' 그 자체의 성립에 대한 비판으로, 제도 비판을 뛰어넘는다. 이데올로기 비판이 아닌, '이데아' 자체가 성립하는 것에 대한 재검토이다. 그리고 비판을 통해 회복되어야 할 '자율성(autonomy)'이 항상 설정되어 있다는 것을 놓쳐서는 안 된다. 제도화는 타율 양식으로 자율성을 돕는다는 명목 하에 실제로는 마비시키고, 제도는 스스로가 천명한 목적과 전혀 상반되는 결과를 낳는다. 교육과 의료와 속도를 필요로 하는 수요의 생산이 끝없이 이루어짐과 동시에 역생산성이 축적된다.

일리치는 "교육은 문자적 정신에 의해 지탱되고 있고, 의료는 신체의 비신체화를 낳고 있으며, 에너지/환경은 물질의 보조화에 의해 성립한다."고 주장하면서, 자신의 고찰을 새로운 차원으로 심화시킨다. 그 첫 사고의 지평을 후기 일리치에서 재확인해보도록 하자.

3장
'학교화 사회' 비판에서 교육 비판으로

'학교를 폐지하라', '학교를 파괴하라'라는 선동적 분위기에서 첫 논문을 썼다는 것은 일리치 본인이 아무리 부정하고 싶어도 부정할 수 없는 사실이지만, 책 제목은 출판사 의향대로 'Deschooling Society'가 되었다. "학교를 없앨 필요가 없는 사회를 논한 것"이라고 일리치 본인이 밝히고 있듯이, 이 논문은 단순한 학교 폐지론이나 '탈' 학교론이 아니다. 학교를 비국가화하고자 하는 의도를 포함해, 산업적 생산 양식을 비판한 사상서다.

필자는 귀국 후 연구 보고를 겸해 쓴 첫 논고에서 '배우는 자율성을 회복하자'는 것이 그 본의라고 지적한 바 있다. 학교를 없앨 것인가 말 것인가 하는 논의가 아니라는 것, 학교화의 비판적 분석이지 학교 부정이 아니라는 것을 강조한 것이다. 이는 일리치를 진지하게 읽으면 쉽게 알 수 있는 부분이다. 일리치 역시 1992년의 인터뷰에서 "나는 학교에 반대하지 않는다. 강제적인 학교화에 반대할 뿐이다. 자유롭게 다닐 수 있는 학교는 각자 자신이 의도하는 특정한 학습 과제를 조합할 자유를 부여한다."고 밝힌 바 있다. 다만 1971년 에버렛 라이머의 『학교는 죽었다』와 거의 동시에 출판된 데다 충격적 제목 때문에 전 세계가 동요한 것은 사실이다.

일리치에 의해 견인되었다고 할 수 있는 학교(화) 비판은 지금까지 없었던 교육 비판이었을 뿐 아니라, 비판의 질이 근원적으로 바뀐 것을 의미했다. 이전까지는 제국주의 비판, 국가 권력 비판, 자본주의 경제 비판, 식민지주의 비판 등 거시적 주제에 대한 마르크스주의적 비판이 주된 것이었다. 물론 사회 문제들에 대한 다양한 비판 사상도 있었다. 개별적이고 어떤 의미에서는 외재적인 비판도 있었고, 실존적으로 자신을 자책하는 비판도 있었다. 그런데 자기 자신도 관여된 가까운 문제, 게다가 누구도 의심하지 않았던 문제에 대한 의심이 제기된 것이다. 학교가 무슨 일을 하고 있는지가 분명히 밝혀짐에 따라 전혀 다른 차원의 비판 체계가 갑자기 나타났다.

학교 교육이 불충분하다는 등의 비판은 이전에도 있었지만, 학교 자체를 의심하는 일은 없었다. 그런데 민중들에게 좋은 것이라고 긍정적으로 생각하던 것, 아니 인류에게 불가결한 존재라고 생각했던 것이 의심을 받은 것이다. 자신의 생활 세계 자체, 자신(=세계)이 구성원이기도 한 지금의 '사회' 자체가 의심의 대상이 되고, 학교라고 하는 세계 종교가 근저에서부터 비판당한 것이다. 이전 러시아혁명에서도 '학교 폐지론'은 있었지만, 그것은 학교의 이데올로기 기능에 관련된 것으로, 학교라는 제도 자체에 대한 비판은 아니었다. 학교 비판은 의료와 병원에 대한 비판으로까지 확장되었을 때 그 급진성의 정점에 섰다. 즉, 발전과 진보 자체가 인류에게 무엇을 초래했는지를 묻는 것이다. 학교화 비판은 교육 비판으로 확대될 뿐 아니라, 문자의 읽고 쓰기의 존재 의미를 묻는 차원으로 심화된다.

학교 사멸론, 교실 위기론, 아이들의 학습 능력이 위기에 빠졌다는 등의 다양한 비판은 이미 1960년대 말에 제기되었다. 문화교류문헌자료센터에서는 그 주장을 검증했고, 그 주장을 제기한 당사자들 역시 센터를 방문해 논의에 참가했다. 이러한 주장들과 일리치의 학교화 비판은 어떻게 다를까? 전자가 보이는 실체를 부정했다면, 후자는 보이지 않는 양식을 드러내 보였다. 일리치에 의해 학교가 '신화를 만들어낸다'는 사실이 분명해졌다. '학교의 신화'가 밝혀지자, '교육의 신화'를 밝히는 길이 열렸다. 신화는, 교육을 믿어 의심치 않는 교육 신앙과 학교 신앙을 만든다. 일리치는 매일매일의 의례적 행위가 교육 종교, 학교 종교 등 '세계 종교'를 만들고 있음을 밝혀냈다. 그는 정신적·심적 생각의 구조에 대해 의문을 제기한 것이다.

대상이 부정된 것이 아니다. 대상이 어떻게 구성되어 있는지가 드러난 것이다. 일리치는 학교(=school)와 학교화(schooling)의 차이를 분명히 했다. 이 구별이 중요한데, 학교를 없애자는 것이 아니라 학교화를 '非, de-'하자는 것이다. deschooling을 '탈-학교'로 이해하면 잘못이다. 탈학교라는 개념은 학교화와 똑같은 폐해를 초래한다. 그건 학교의 변용에 불과하기 때문이다. '학교화'라는 기성 체제(establishment)와 동시에 '비학교화'라는 체제의 해체(disestablishment)가 만들어지는 조건들을 이해해야 한다. 즉, 비학교화는 학교화의 다음에 오는 게 아니다. 비학교화는 학교화와 동시에 존재한다. 기성 체제(편제)와 체제의 해체(비편제)가 공존하는 것이다. 필자는 교육이라는 영역 속에 학교화와 비학교화라는 상반된 현상이 동시에 공존할 수 있다고 생각한다. 즉, 교육을 비학교화한 '학교'가 있을 수 있으며, 실제 비학교화라는 행위를 학생들은 실천(pratique)하고 있다.

학교화란 학교의 국가화이자 학교의 사회화다. 학교와는 다른 차원에서 만들어져 작동하는 것으로, '교육이 필요하다'는 수요를 생산하는 제도화 양식이다. 이 '학교화'의 실체가 일리치에 의해 분명히 밝혀진 것이다. 학교화 비판은, 교육이라는 틀 안에 갇혀 있는 게 아니라, 인간의 존재 의미로까지 확장될 수 있는 사상이기 때문에 세계를 뒤흔들었다. 일리치는 인류의 생존 양식의 의미를 되묻는 회로를 열어젖힌 것이다. 그는 우리가 전혀 의심하지 않았던 문명의 유산을 합리적으로 의심했다. 그 결과, 합리적이라고 생각했던 것이 실은 불합리하고, 불합리라고 생각했던 것이 합리적임이 밝혀졌다. 세계의 모든 어린이들이 학교에 다니는 것은 불가능하다. 아이들도 어른들도 학교가 아닌 곳에서 많은 것을 배운다. 오히려 그 가치를 깎아내리는 것이 학교다. '학교'는 있어도 좋다. 그러나 '학교화'는 필요 없다. 그의 이런 주장은 세계의 많은 사람들을 놀라게 했을 뿐 아니라 그들을 납득시키기까지 했다. 물론 그것이 일리치의 개인적 사상이었다면 그렇게까지 되지는 않았을 것이다. 이미 다양하게 교육 비판이 진행되고 있었기 때문에, 그런 토대 위에서 비로소 일리치의 고유성이 빛났던 것이다.

필자가 처음 문화교류문헌자료센터를 방문해 놀란 건, 거기에 소책자에서 선집까지 무수한 교육 비판 도서가 있다는 점이었다. 필자는 한쪽 끝에서부터 체크 가능한 한 닥치는 대로 읽었는데, 그중 일리치보다 급진적이고 뛰어난 사상은 없었다. 수준 있는 교육 이론이 나타나기 시작한 것은 대략 1975년 무렵이었다. 일리치를 전후한 1970년 무렵에는 소위 교실 비판, 교육 위기론 등 다양한 비판 담론이 제시되었는데, 1975년을 전후해 '재생산'론이 소개되면서 신(新)교육사회학의 학문적 지평이 열린 것이다. 단순한 비판을 넘어 이론 체계가 나타난 것은 필연적인 일이었다. 그러나 어떤 이론 체계도 사상적으로 일리치를 뛰어넘지는 못했다. 이 학문화 과정에서 일리치의 사상은 공교롭게도 무시되었는데, 그의 사상이 도대체 무엇이었는지 분명히 해둘 필요가 있겠다.

일반적으로 아이들은 학교에 가지 않으면 안 되고, 학교를 통해서만 사회인으로 인정받을 수 있다고 믿고 있다. 부모들은 아이들을 자신이 가지 않았던 학교(저개발국), 자신이 갔던 학교(선진국)에 보냄으로써 아이들에 대한 책무를 다하고 있다고 착각한다. 교사들은 학교에 온 아이들에 대해 중세 주교들보다 더 절대적인 권력을 갖고, 지금으로 말하자면 판사·행정관·입법자의 모든 권력을 갖고, '아이들을 위해' 가르친다. 학교는 학교에 가지 않는 것을 선택할 수 없게 만드는 힘과 신화를 작동시키고 있다. 학교에 간 사람보다 가지 않은 사람이 학교의 필요를 더 느끼는 것도, 학교에 가지 않는 사람이 더 많은 손해를 보는 사회가 만들어져 있기 때문이다. 현실에서는 세계 사람들의 절반이 학교에 가지 못하고 졸업하지 못한다. 도대체 왜, 그리고 어떻게 이런 일이 일어나고 있는가. 학교는 실제 무엇을 하고 있는가.

일리치의 관점은 사람들의 진학을 축하하는 게 아니다. 그는 진학할 수 없는 아이들이 만들어지고 배제되는 것을 축하한다고 뒤집는다. 물론 진학할 수 없어서 입는 피해는 진학해서 입는 피해와 마찬가지로 크다. 둘 다 '자율성을 불능화시킨다'. 그는 인류의 뿌리 깊은 근원으로 파고든다. 도대체 어째서 이렇게 돼버렸는지, 그는 문명사의 큰 척도로부터 고찰한다.

1. 교육 비판과 학교 비판의 회전

교육 비판과 학교 비판은 차원이 다르지만 서로 얽혀 있다. 이 얽힘은 실로 복잡하지만 이론적 지평은 착실히 열리고 있다. 우선 이에 대해 살펴보도록 하자.

교육 비판에서 학교(화) 비판으로

1960년대 후반 교육 비판들이 나오기 시작했다. 존 홀트[1]의 아이들의 학습 행위에 관한 저작들, 실버먼[2]의 『교실의 위기』, 폴 굿먼[3]의 『의무교육 비판』, 코졸[4]의 『흑인 교육론』 등 교육의 근원에 대해 문제를 제기하는 저서들이 잇달아 간행되었다. 이들은 실제 교실과 교육 현장에서 일어나고 있는 현상들에 대한 자세한 조사를 통해, 교육제도를 운용하는 학교 시스템 자체가 세계적으로 원만히 작동하지 않고 있다는 사실을 밝혀냈다. 절반 가까운 아이들이 학교에 가지 않는 현실, 특히 저개발국의 현실이 문제가 되었다. 이들은 작은 교실

---

[1]   John Caldwell Holt(1923~1985). 미국의 작가이자 교육가. 홈스쿨링과 청소년 권리의 옹호자로 『How Children Fail』, 『How Children Learn』, 『The Underachieving School』 등의 저작이 있다.

[2]   Charles E. Silberman(1925~2011). 미국의 저널리스트이자 작가. 『Crisis in the Classroom』, 『Criminal Violence, Criminal Justice』 등 미국 사회에 대한 비판적 저술을 다수 남겼다.

[3]   Paul Goodman(1911~1972). 미국의 소설가, 극작가, 문예평론가, 무정부주의 사상가. 다양한 비평 활동 중에는 『Growing Up Absurd』, 『Compulsory Mis-education』 등 교육 관련 비평도 들어 있다.

[4]   Jonathan Kozol(1936~). 미국의 작가, 교육가, 활동가. 특히, 미국의 공교육에 대한 비판으로 유명하다. 『Death at an Early Age』, 『Savage Inequalities』 등의 작품이 있다.

안에서 일어난 일에서부터 세계의 발전에 이르기까지, 교육에 대한 검증을 실시한 것이다.

일리치는 에버렛 라이머와의 교류를 통해, 마이크로와 매크로의 양극화된 현상을 '학교 시스템'을 문제화하는 데 활용했다. 수십 명의 아이들을 가두고 있는 교실에서 일어나고 있는 현상과, 달러 통화보다 널리 통용되는 학력 자격의 세계 시장에서 일어나는 현상이 연관된다는 것이다. 이 교류의 성과를 기초로 일리치와 라이머는 각각 저서를 출판했다. 라이머는 간단 명료한 '시스템의 사회 기능'이라는 개념을 중심으로, 일리치는 '학교화'라는 제도적 생산 양식을 중심으로였다. 상이한 사고방식에서 출발했지만 결과적으로 같은 지점에 도달한 셈인데, 이로 인해 비판의 의미와 장이 넓어졌다. 홀트와 굿먼, 그리고 코졸은 모두 이 새로운 학교 비판을 받아들였다.

교육에 대한 비판이 학교 제도 비판으로 비약하는 과정에서 학교 시스템의 '학교화(=schooling)' 방식이 드러난다. 이것이 바로 비판의 질의 비연속이라는 의미다. 그 중간에 위치하는 핵심적 인식이 학교 기능으로서 ① 사회적 선발(social selection) ② 교화(indoctrination) ③ 아이들의 보호(custodial care) ④ 학습을 추출한 것이다. 이는 그때까지의 교육 비판을 정리한 것으로 특별히 새로울 것은 없다. 여기에 새로운 학교화 양식으로서 ① 단계적 커리큘럼 ② 연령별 집단으로 구별된 학생 ③ 연간 정해진 교육 시간 ④ 자격을 가진 교사 등이 '숨겨진 커리큘럼(the hidden curriculum)'으로써 추출된다. 이것들은 'schooling(=학교화)'에서 새롭게 지적된 숨겨진 커리큘럼으로써, 지금까지의 커리큘럼론이 아니다. 학교화의 숨겨진 기능을 구성하는 요소이며, 이 네 가지의 연관에 의해 학교화가 구조화된다. 그리고 이 학교화(=schooling)에 의해 '제도화된 가치

(institutionalized value)'가 만들어진다. 즉, '학교에서 배운 것에만 가치가 있고, 학교 밖에서 배운 것에는 가치가 없다'고 하는 가치의 생산과 제도화다. 어떠한 제도 과정과 기술 과정이 있으면, 그것은 반드시 가치를 만들어낸다. 나아가 수요는 생산과 동일시되고, 그 결과 무한 생산이라는 가치가 생성된다. 이는 제도가 무엇인지 분명해지는 것을 의미한다. 경제적 생산으로도 국가 지배로도 환원되지 않는, 제도 고유의 영역이 있다는 것을 제도주의로서가 아니라 제도에 의한 생산 양식으로 뽑아낸 것인데, 그것이 바로 '산업적 생산 양식으로서의 학교화'다. 이는 학교의 근원에 학교화 기능이 작동하고 있으며, 그것에 의해 발전과 진보의 신화가 작동하고 있다는 발견이다.

제도와 소비의 세계로부터

학교화론은 세계적 관점과 문명사적 관점이라는 공간과 시간 속에서 고찰되었다. 학교와 닮은 기관이나 기능은 어느 시대에나 존재했지만, 근대는 '어머니 같은 학교,' '여가로서의 학교'를 '강제적(＝의무적)'인 세계 시스템으로 만들어냈다. 학교 졸업 자격은 달러의 통용보다 더 보편적이다. 소멸되거나 소모되는 일 없이 평생 따라다니고, 세계 어디에서도 통용된다. 그리고 그것은 영원히 끝나지 않는 발전과 성장이 존재한다는 신화로 이어진다. 학생들은 학교에서 오로지 교육을 소비한다. 그 무한 소비가 상품의 무한 소비와 손잡고 진행되는 것이 산업사회다. 일리치는 "산업사회는 인류사상 유례가 없는 특수한 상황"이라고 지적한다. 산업사회에서는 '진보'의 의식이 개화된다. 진보와 발전은 가장 좋은 것으로 여겨질 뿐 아니라 '인간적'이라는 가치를 부여받는다.

그러나 이 의심의 여지없는 신화에 대해 다름 아닌 아이들이 의심을 제기하고 있다. 필자가 『학교의 환상, 환상의 학교』를 간행할 무렵 스스로 목숨을 끊은 스기모토 오사무[5](초등학교 5학년) 군은 일기에 이렇게 적었다.

…학교는 사람이 만든 거니까 사람들은 필요한 거라고 생각할 것이다. 그런데 학교에 다니면 행복해질까. 한 단계씩 상급학교에 올라가 가장 좋은 회사에 취직해 사장이 되면 뭐가 달라지나. 그저 나이만 먹었을 뿐 능력도 없으면서 회사를 제 맘대로 움직이는 게 뭐가 재미있나. 돈이 있을 뿐, 한가할 뿐이다. 옛날에는 학교가 없었다. 그래도 그때 사람들은 자유롭게 지낼 수 있었다. 진보를 위해서라고, 학교가 없으면 진보가 없다고 하지만, 돈은 필요 없다. 이쯤에서 진보를 멈추는 게 낫다고 생각한다.

그는 학교의 본질을 꿰뚫어본 것이다. 아이들의 자살은, 학교라는 제도적 메카니즘에 의해 아이들이 살해당하고 있다는 것을 의미한다. 범인 찾기를 하자는 게 아니다. 범죄를 낳는 그 근원에 대해 문제 제기를 해야 한다는 것이다. 우리는 아이들 자신이 의심하는 진보의 신화와, 학교에서 진보를 향한 의식이 매일 치러지고 있다는 사실을 자각하게 되었다. 스기모토 군은 일리치나 필자의 책을 읽지는 않았지만, 그는 우리와 똑같은 말을 하고 있다. 11살 소년이 본 것, 실은 누구나 느끼고 있었던 것이지만 우리들은 이를 못 본 척 해왔을 뿐이다.

---

5 杉本治(1973~1985). 1985년 2월 16일 학교 교육 및 교사에 대한 불만을 이유로 요코하마의 고층아파트에서 투신, 일본 사회에 큰 충격을 주었다. 그의 일기는 이후 『바보 같은 마 선생』(세이슌출판사, 1985)으로 출판되었다.

일리치는 "진보와 발전을 긍정적으로 평가하는 것은, 폭탄으로 죽일 수 있는 사람 수가 증가하는 것을 좋게 평가하는 것과 같다."고 꼬집었다. 이는 나중에 '평화를 위한 전쟁'이라고 표현된다. 즉 평화라서 전쟁이 없는 게 아니다. 평화를 위해 학교에서 아이들이 살해당하고, 평화를 위한 전쟁이 서비스 제도에서 일어나는, 그 본질을 묘사한 것이다. 아이들의 자살은 2006년 다시 한 번 언론에서 화제가 되었다가 사라졌다.

교사들에게 주어진 권위와 권력은 종교적으로는 교황·선교사·주교를 합친 것과 같고, 법적으로는 판사·검사·변호사, 나아가 카운슬러를 합친 것과 같다. 어디에도 없는 방대한 권력이 부여된 것이다. 교사들은 이 폭력성을 자각하지 않으면 안 된다. 아이들에게 좋을 거라고 생각해서 하는 일이 얼마나 아이들에게 상처를 주는지 그들은 모른다. 오야마 나나[6](중학교 2학년) 양은 유서로 남긴 항의문에서 다음과 같이 말했다.

…교사들은 믿을 수 없습니다. 그들이 가르쳐주는 건 시험점수를 따는 방법이나 마음의 겉과 속을 나눠 사용하는 방법 정도입니다. 학생들에게 미치는 자신들의 너무나 큰 영향력에 대해 아무런 생각 없이 행동하는 일도 흔합니다. 그들이 갖고 있는 것은 사람을 측정하기 위한 거대한 잣대. 그게 아무리 낡은 것이더라도, 사람들이 뭐라고 하더라도 절대 바꾸지 않습니다. … 그런 사람들에게 평가를 받고, 그 결과가 평생 따라다닌다는 건 슬픈 일입니다. 저는 학교 교육에 대해

---

[6] 尾山奈々(1969~1984). 1984년 12월 3일 시험 위주의 학교 교육과 집단 따돌림 등의 이유로 자살. 그녀의 유서는 『꽃을 장식해준다면-나나 15세의 유서』(고단샤, 1986)로 출판되었다.

진짜 불만입니다.

올바른 것은 부정할 방법이 없다. 그것은 최대의 폭력이다. 즉, '올바르다'는 기준에 의해 무엇이든 할 수 있게 된다. 신체적으로 아이들의 죽음을 초래할 뿐 아니라, 심적으로 아이들이 매일 죽임을 당한다고 해도 결코 과장이 아니다. 말을 듣지 않는 학생에게 교사는 "너 따위는 죽어버려. 살아 있을 자격이 없어!"라고 말한다. 판사나 검사조차 못하는 말이다. 교사들은 '학교'라는 장소에서는 '아이들을 위해'라는 명분 하에 인격 부정, 인간 부정까지 할 수 있는 것이다.

우리들은 학교에서 벌어지는 일들에 대해 전혀 자각하지 못하고 있다. 일리치는 이를 제도의 장치로서 명백하게 드러냈다. 그것은 매일매일의 의례와 의식에 기초한 신화 생성의 세계다. 학교를 나오면 자신에게 이득이고 나오지 못하면 손해라는 생각, 즉 자신이 가난한 것은 학교를 다니지 못했기 때문이라는 생각을 우리는 자연스레 한다. 학교를 문제 삼거나 의심하지 않고, 노력하지 않고 학습 능력이 없는 자기 자신의 문제로 여기는 것이다. 1970년경 전 세계의 절반쯤 되는 아이들이 학교에 가지 않고 있었다. 사실 학교에 다닌 아이들 중 아주 적은 수만 성공할 뿐 압도적 다수는 실패한다. 그런데 이 소수자가 획득한 가치가 세계에 널리 알려지는 것이다. 학교에 얼마만큼의 비용을 썼는지와 생애 소득 사이에는 상관관계가 있긴 하나, 실제 직업 능력과 학교 졸업 자격 사이의 관계는 애매하다. 거의 관련이 없다고 할 수 있다. 다만 학교를 졸업한 사람의 이득보다 학교를 졸업하지 않은 사람이 받는 피해가 훨씬 크다. 이것이 세계적 관점에서 이루어진 학교화 비판이다. 일리치는, 인류사상 유례없는 거대 시스템으로 자란 '근대 학교 시스템은 현대 사회의 신화 시스템의 일부'임을 보여주었다. 이념과 현실 사이의 간격을 메우는 이 신화 생성 시스템은 고대 신화의 본질을 내재화하고 있는 것이다.

신화 생성으로서의 학교화

신화가 만들어진다는 것은, 현실이 현실로서 인지되지 않고 의심받지 않는 부동의 지위를 차지한다는 말이다. 실제로 우리는, 학교에 다니면서 어떤 능력도 키우지 못했음에도 불구하고 능력이 형성되었다고 믿는다. 학교에 다니지 않으면 인간조차 될 수 없다고 착각한다. 대학에서 '전공'이라고 부르는 것도 기껏해야 4년간의 학부 또는 학과를 경험한 것에 불과하지만, 그것은 평생에 걸쳐 딱지가 된다. '당신의 전공은 무엇인가'라는 질문은 실제 능력이 아니라 그 자격을 묻는 것이다. 딱히 공부하지 않았다는 걸 스스로는 잘 알고 있지만, 외부에서는 그렇게 인정한다. 그것만을 판단 재료로 삼는다.

① 사회적 신화의 보관 창고이자 ② 신화가 안고 있는 모순을 제도화로 구성하고 ③ 신화와 현실 간의 불일치를 재생산하면서 동시에 그것을 감추는 것. 일찍이 이 3중의 기능을 맡았던 것은 교회였다. 현대 세계에서 이를 대신한 것이 학교 제도다. 즉, 학교는 학생들에게 끝없는 향상심을 자극하여 실현 불가능한 상황 속에서도 노력하도록 만들고, 또한 그 불가능은 노력이 부족했기 때문이라고 믿게 만든다. 구원을 받건 못 받건 자기가 하기 나름이라는 것이다.

일리치는 글룩스만[7]의 사상을 받아들여 학교를 '의례'로 본다. 의례란 그것에 참가하는 사람을 어떤 신앙으로 이끄는 잘 확립된 행동

---

7 André Glucksmann(1937~2015). 프랑스의 철학자이자 작가. 프랑스 신철학의 대표적 멤버로 전체주의, 사회주의에 대한 비판으로 유명하다.

형태이자, 참가자에게 실제 일어나는 일을 보지 못하게 하는 절차다. 의례는 신념에 깊이 집착하게 하는 것, 의문을 갖기보다 신념이 커지도록 하는 것이다. 학교화라는 완전히 새로운 의례는, 전 세계에서 큰 성공을 거두고 확산되어 누구에게나 자명한 것이 되었다. 그 결과, 학교 신앙과 학교 신화가 만들어졌다. 분명 유해한 효과를 낳고 있음에도 불구하고 신앙의 대상이 된 것이다. 의례는 신앙을 낳고 신화를 만든다. 학교 신화는 학교 종교가 되고 교육 신앙에 의해 지탱된다. 당초 일리치는 학교와 교회를 비유에 불과하다고 생각했다. 그러다가 엄격히 조직된 의례를 통한 관리가 중시되는 교회식 방법을 어떤 의미에서 가장 잘 살린 것이 학교라는 것, 그리고 이것이 신앙 자체를 만들어내고 있다는 것을 인식하게 되었다. 사람들이 '시민으로서의 의무를 다해야 하는, 구체적 현실에 들어가기 위해서는 제도적 출발점이 필요하다'고 믿는 것은 왜일까? 일리치는 이에 대해 질문한 것이다.

일리치의 학문은 신학에서 출발했다. 그중에서도 그는 교회학을 전공했다. 성령의 강생으로서 눈에 보이는 공동체인 교회와, 이와 전혀 다른 공동체인 도시와 국가, 이 이원론이 교회학의 본질이다. 일리치는 이로부터 교회와 국가 사이에 기본적 연속성이 있다는 것을 발견하고, 특히 의례의 역할에 주목했다. 알머 마터(Alma Mater, 어머니 같은 교회), 젖이 흐르는 어머니는 교회이자 국가다. 그리고 교회라는 현상을 만들어내는 데는 예배의 역할이 크다. 그는 엄숙한 행동과 성가, 위계 제도와 의식의 모든 도구가 신앙뿐 아니라 신앙의 대상인 교회공동체의 현실을 만들어내는 것에 대해 연구했다. 이로부터 신화를 만들어내는 데 본질적인 의식과 비본질적 의식을 구별하는 날카로운 시선이 길러졌고, 그 감각이 몸에 뱀으로써 학교에서

행해지는 것들이 의례의 일부라는 것을 눈치 챈 것이다. 학교 의례에 대한 연구에 주의를 집중하면서 그는 학교화라는 의례가 근대의 구성물들이 만들어지는 데 어떤 역할을 했는지, 이러한 의례가 '교육의 수요'를 어느 정도 만들어냈는지, 학교화 의례에 참가하는 사람들의 정신에 학교는 어떤 흔적을 남겼는지에 대해 탐구했다. 이를 통해 "학교화 의례가 '교육은 필요한 재화'라고 간주하는 사회적 현실을 어떻게 만들어냈는지를 알게 되었다."고 그는 회고했다. 또한 그는 학교화 시스템이 국제적으로 표준화된 빈부의 계층화이고, 생활의 모든 면에서 서비스 의존도를 심화시키는 역할을 하며, 역생산적 전문화를 강화시키고, 소수의 이익을 위해 다수의 생활을 악화시키고 있다는 발견을 이끌어냈다.

일본어에도 '모교'라는 말이 있지만, 알마 마터는 어머니 같은 교회이자 젖이며 기독교도들이 그리스도의 젖을 마시기 위해 온다는 신앙을 표현한다. 학교는 이를 교육을 통해 만들어내는 것이다. 제도 시스템과 신화 생성이 합쳐진 것이 학교제도다. 그렇게 되면,

- 지식에 신뢰를 두고 지식의 패키지화가 가능한 사회가 만들어진다.
- 지식이란 쉽게 낡는 것이라서 지식이 계속 늘어나고 변하는 사회가 만들어진다.
- 지식을 가치로 보고 산업적 언어로 표현하는 사회가 구축된다.

오늘날 여기에 컴퓨터가 들어와 데이터만이 지식이며 진리라고 주장하고 있다. 한편, 개인 차원에서는 현혹되는 사람들, 학식이 있는 것으로 간주되는 사람들, 정신적으로 우쭐대는 사람들을 만들어 낸다. 정신적으로 불능화된 사람들이다. 일리치도 반성했듯이, 학교만이 교육 기능을 갖고 있는 것은 아니다. 사회에는 다양한 교육 기

능이 산재되어 있다. 즉, 사회가 학교화되어 어디에나 교육이 존재하게 된 것이다. 일리치의 학교화 비판은 이 점을 밝혔다. 진보의 의식화가 문제가 되었고, 고대 신화가 재해석되었다. 문명이라는 관점에서 '학교의 신화'를 드러낸 바로 이 점이 지금까지의 학교 비판과 다른 '학교화 비판'이다.

'학교가 없는 사회'와 deschooling

영어판은 『Deschooling Society』, 프랑스어판은 『Une societe sans ecole』이다. '학교가 없는 사회'와 '학교를 없애는 것' 사이에는 미묘한 차이가 있는데, 이 점은 이 책이 쓰인 시점에서는 그다지 구별되지 않았다. 영어판에서는 학교를 '폐지하다(disestablish)'로 되어 있고, 프랑스어판에서는 '종언시키다(finir)'로 되어 있듯이, 일리치의 논문에는 폐지와 종언에 대한 언급이 분명히 들어 있었다. 오해가 불가피했던 것이다. 그 후 그는 강연 등에서 "비학교화할 필요가 없는 사회를 고려해야 한다"고 주장했다. 그의 사상의 핵심은 학교의 폐지나 종언이 아니라는 것을 새롭게 주장한 것이다. 어디까지나 학교의 강제화에 반대한 것이지, 학교 자체에 대한 반대는 아니라는 주장이다. 즉, 학교에 가는 것과 마찬가지로 학교에 가지 않는 것도 당연히 선택할 수 있어야 한다는 뜻이다.

'탈학교', '탈학교화'로 해석되는 '비학교화'라는 주장이 다양한 해석과 오해를 불러일으킨 것은 필연적이었다. 생각지도 못했던 이야기가 갑자기 제기되자 사람들은 당황하지 않을 수 없었다. 필자 역시 그중 한 명이었다. 솔직히 처음 이 책을 읽었을 때, 필자는 너무 거친 주장이라고 생각했다. 그러다가 문화교류문헌자료센터에서 일리치와 직접 만나 이야기를 나누고, 학교화 비판에 관한 초고들을 읽은 다음, 비로소 그의 주장이 얼마나 꼼꼼하게 검증된 것인지를 알게 되었다. 그의 주장에는 어떤 본질이 들어 있다. 교육이라는 관념이 학교라는 관념과 겹쳐져 정신적 공간이 구조화된다는 것이다. 제도의 수용에 관한 한층 더 깊이 있는 탐구. 이와 같은 그의 문제의식은 당초에는 겉으로 드러나지 않았다. 잠재해 있었다고 할 수 있다. 다만 그는 교육의 사회적 영향 쪽에 너무 큰 비중을 둔 나머지, 교육이 역사 속에서 어떤 존재였는지에 대해서는 자각하지 못했다.

『학교가 없는 사회』는 최종적으로 7장으로 구성되었다. 각 장은 논문으로도 초고로도 계속 수정, 가필되는 바람에 구성 자체가 어딘가 뒤죽박죽인 느낌이다. 특히 5장, 6장, 7장은 다른 장들에 비해 이질적이다. 5장 「부조리의 일관성(Irrational consistencies)」은 제목처럼 부조리임에도 불구하고 수미일관되어 있다는 내용인데, 제도 비판과는 다른 내용이다. 초고 단계에서는 순서도 여러 가지 시행착오를 거쳤다. 6장 「학습망(learning webs)」[프랑스어판에서는 「지식의 망(les reseaaux du savoir)」]은 컴퓨터와 전화에 대해 높이 평가한 내용이고, 7장 「에피메테우스적 인간의 재생(Rebirth of Epimethean Man)」[프랑스어판에서는 「에피메테우스적 인간의 르네상스」]은 신화에 대한 전환적 해석을 담고 있다. 첨단 기술과 고대 신화의 관계에 대한 내용이다. 4장은 「제도적 스펙트럼(Institutional Spectrum)」, 3장은 「진보의 의례화(Ritualization of progress)」, 2장은 「학교의 현상학(Phenomenology of school)」, 그리고 1장은 「왜 학교를 폐지해야 하는가(Why we must disestablish school)」이다. 이것들은 모두 학교화에 대한 해석들인데, 이렇게 보면 다양한 시각을 대충 모아놓은 것임을 알 수 있다. 상식을 근원에서부터 의심하는 것은 쉬운 일이 아니다. 이론적으로 체계화된 것이 없기 때문이다. 일리치의 고찰에서는 어떤 사상 체계가 드러나 있다.

Deschooling은 '학교 해체론', '학교 폐지론'으로 오인되어 제멋대로 확산되어갔다. 일본에서는 일찌감치 '탈학교'로 번역되었다. 일리치의 주장에 학교 개혁과 관련된 내용이 들어 있다는 것을 인식한 것이다. 때문에 그의 주장은 학교 개혁의 하나로 왜소화되었다. 소개자들의 의도적 전략이었던 것 같다. 학교 신앙을 좋게 평가하고 '탈학교(화)'의 핵심은 빠져버렸다. 이를 필자가 '비학교화'라고 주장하면서 학교 비판이 아닌 '학교화 비판'에 집중하자, 필자는 교육학계에서 노골적으로 배제되어버렸다. 학교 교육을 비판하는 사람은 교육학자로서 실격이라는 이유에서였다. '비학교화'의 목적이 학교를 없애느냐 마느냐가 아니라 '배우는' 자율성을 회복하자는 것임을 강조했지만, 이 점은 무시되었다. 학교는 없어지지 않는다. 학교가 신화적 제도이기 때문에 당연하다. 학교화 비판자들이 이에 대해 가장 잘 알고 있다. 학교화는 여전히 유지되고 있다. 일리치는 "설마 이 정도로 계속해서 도덕적으로 관용적일 수 있으리라고는 생각도 못했다"고 했지만, 그의 판단은 틀렸다. 신화 생성이라고 한 이상 신화가 없어진다는 것은 있을 수 없는 일이기 때문이다. 학교에 의해 교육이 독점된다는 비판은 충분치 않다는 것이 서서히 밝혀졌다. 교육 자체가 문제라는 인식, 즉 문제의 차원이 바뀐 것이다. 일리치의 학교화 비판의 본질적 지평은 거기에 있다.

학교 비판에서 교육 비판으로

일리치는 "학교가 학교화를 만들어낸다고 해독한 것이 제1기라고 한다면, 학교화된 교육이 아니라 교육 자체가 문제라는 것, 이를 위해 성인 교육의 부차적 효과 분석이 필요하다는 것을 인식하게 된 것이

제2기, 교육은 희소성(=결여성)이라는 전제 속에서의 학습으로 이해해야 한다는 것이 제3기"라고 말했는데, 그렇지 않다. 그의 주관적 인식은 그럴지 몰라도 객관적으로는『비학교화 사회』자체가 처음부터 그런 세 개의 시기에 걸친 비판의 가능성을 갖고 있었다.

학교화 비판은 '제도화 비판'이다. 그것은 외재적 사회제도에 대한 비판이 아니라 일상적이고 내재화된 생활 세계에 대한 비판이다. 외재하는 제도가 아니라 심적으로 제도화된 그 생산 양식이 처음부터 질문의 대상이다. 때문에 일리치의 비판이 학교화 비판을 거쳐 교육 자체의 근원적 비판으로 심화되어가는 것은 필연이다. 학교 비판이 한 바퀴 돌아 교육 비판으로 발전하는 데는 파울로 프레일리와의 '대화'가 큰 역할을 차지했다. 은행형 교육에 대해서는 통렬하게 비판했지만 교육의 인간적 가능성에 대해서는 아직 희망을 버리지 않았던 프레일리에 비해, 일리치는 교육 자체가 문제라는 태도를 잃지 않았다. 그들의 대화는 이 점이 대조적으로 나타난 기념비적 담론이다. 프레일리는 문화교류문헌자료센터에서도 세미나를 개최했는데 엄청난 성황이었다고 한다. 프레일리의 사상이 남미뿐 아니라 세계적 담론이 된 것은, 이와 같은 일리치의 연출이 있었기 때문이다. 그런데 이후 일리치는 사라지고 프레일리만 남았다. 이것은 근대의 미완을 상징하는 것이다. 근대가 진정 완결, 종언되었을 때 프레일리가 사라지고 일리치가 되살아날지 모를 일이다. 아무튼 이 두 사람은 교육 비판의 거두로 서로 신뢰하고 있었다. 필자의 교육 이론 역시 이 둘에 대한 평가로부터 성립된 것이다.

그들 대화의 본질적 논점은 교육 자체의 양의성에 관한 것이다. 교육은 지배 수단임과 동시에 해방의 수단이 될 수 있다. 그것은 또한 리터러시(글자의 읽고 쓰기)가 갖는 의미와 힘과도 연관된다. 즉, 쓰기를 역설한 프레일리와, 문자를 씀으로써 잃어버리게 된 '말하기'를 강조한 일리치의 차이로 나타난다. 일리치가 리터러시 자체를 부정한 것은 아니다. 그는 문자적 정신 공간에 스며든 학교화의 교육적 공간을 신중하게 비판, 검증해야만 진정 '글을 쓰고 읽을 수 있는 (literate)' 인간이 될 수 있다는 점을 강조하고자 했다. 또한 "식자 교육에서 세속 리터러시가 갖는 역사적 의미를 분명히 인식해야 한다"고 강조했다. '문자적 정신' 공간에 대해서는 후술한다.

일리치는 학교의 disestablish에 대해 논했다. 그것은 교회의 disestablish와 상통한다. 그는 왜 '세속화(secularization)'라고 하지 않고 '폐지(disestablishment)'라고 했을까. 그것은 학교가 교육과 학습에 대해 갖는 '독점을 없애는 것'과 관련된다. 그는 아이들의 절반이 학교에 가지 않는 것을 선택할 수 있게 될 것이라고 전망했다. 학교가 기성 체제(establishment)가 된 것에 대해 이를 '폐지(非編制)'하는 것이 필요하다는 것이다. '비공립화'가 아니다. 오히려 폐지(disestablishment)를 공적으로 이루는 것이다. 이는 상반된 '체제'와 '체제 폐지'가 공존하는 상태로, 쉽게 말하면 학교가 있는 영역과 학교가 없는 영역이 동시에 존재한다는 뜻이다. 체제의 실체성의 가면을 벗겨내고, 체제 폐지의 장을 밖으로 드러내는 것이다. 그것이 가능한 것은 교육이 양의성을 갖기 때문이다. 교육은 학교화된 교육과 비학교화된 교육, 양쪽 힘을 다 가질 수 있다. 이 점이 프레일리와 일리치가 열어젖힌 새로운 지평이다. 배우는 힘은 교육의 양의성을 발휘하게 한다. 교육이 주도하는 게 아니다. 교육은 어디까지나 배우는 것을 보조할 뿐이다.

일리치에 의해 학교화(=schooling)와 교육(=education), 그리고 학습(=learning)은 서로 다른 차원에 있다는 것이 분명히 밝혀졌다. 그들 상호 간에 다양한 관계성이 만들어질 수 있는 것이다. 교육의 결과로 배움이 가능하다고 믿는 것이 '학교화'라면, 교육과 관계없이 배울 수 있고, 굳이 말하자면 교육은 매개적으로 이를 보조할 뿐이라고 믿는 것이 '비학교화'다. 배우는 행위 자체는 교육이 없더라도 자율적으로 가능하고, 물론 교육의 보조를 받아도 가능하다는 뜻이다. 이렇게 되면 교육이라는 관념 자체가 질문의 대상이 된다. 학교를 없앨 것인가 말 것인가 하는 차원에서 논의되던 학교화는 더이상 문제가 아니다. 왜 '교육이라는 관념'이 이렇게 확고하게 작용하고 있는가, 그것이 문제가 되는 것이다.

신화 생성의 의례화로 인해 학교에서 교육에 대한 신뢰가 만들어진다는 것이 밝혀짐에 따라, 교육이라는 관념 자체를 낳은 환경과 사회적인 모든 가정들이 질문의 대상이 되었다. 일리치는 여기에 '희소성의 역사'라는 관점을 도입했다. 그러나 그는 역사적 사실을 주관화하는 바람에 '엉터리 관념이 어떻게 만들어지는가'라는 식으로 문제를 제기하고 만다. 가정을 결론인 것처럼 고정하고, 그 근거를 역사에서 정당화하려고 한 것이다. 이것은 역사 연구도 역사 이론도 아니다. 역사에 대한 사상적 결단이자 사상적 야망이다. 이것으로는 대중들과 지식인들을 설득하지 못한다. 교육이라는 관념을 의심하는 것과 교육 실천의 양의성을 작동시키는 것은 별개의 차원이다. 이 비판의 가능 영역을 일리치 스스로 부정해버린 것이다. 물론 그렇다고 해서 그가 제시한 이론적·사상적 문제의 중요성이 반감되는 것은 아니지만 말이다.

교육 그 자체를 의심하다: 교육의 희소성(=결여성)
새뮤얼 보울스[8]와 허버트 긴티스[9] 등 급진파 경제학자들은 학교화 비판이 소비론의 영역에 머물러 있다고 비판하면서 'schooling' 기능은 생산 영역에서 작동한다는 점을 지적했다. 마르크스주의 교육론이 크게 바뀌었음을 알리는 하나의 현상이다. 그들의 비판은 일찌감치 문화교류문헌자료센터 자료에도 수록되었는데, 그들의 논문과 일리치의 논문을 같이 넣어 간행한 논문이 「After deschooling, what?」이다. 보울스의 저작 『자본주의 미국의 교육』은 경제학자들에 의해 비교적 이른 시기에 일본어로 번역되었다. 학교와 교육을 재생산하는 경제사회 메커니즘에 대한 이론화로, 이로 인해 비로소 교육의 생산과 소비를 동시에 다루는 지평이 열린 것이다.

제도화론에서는 학습을 소비로 간주한다. 이에 비해 경제학적 접근은 그 내부에 제도 소비의 관점이 없기 때문에, 이를 보완하기 위해 제도 생산과 경제 생산의 관계를 '재생산론'으로서 만들어냈다. 직업 능력과 자격 사이에는 실제 아무런 관계가 없지만, 다른 차원에서 사회적 관계들을 재생산한다는 것이다. 어떤 의미에서는 알튀세르의 '재생산론'을 의식한 듯한데, 알튀세르는 생산 관계의 재생산에서 '재생산의 관점'의 중요성을 지적, 이데올로기의 재생산을 강조했고, 피에르 부르디외는 자의성이 정통화되는 문화적 재생산을 이론화했다. 보울스와 긴티스, 알튀세르와 그의 제자 에스타블레와 보들로(학교 시스템에 의한 재생산구조의 해명), 그리고 부르디외의 세 그룹이 교육의 재생산론의 기반이 되는 이론들을 만든 것이다. 이 이론들에 의해 학교 제도 하에서의 '교육의 재생산'을 종합적으로 이해

---

8   Samuel Bowles(1939~). 미국의 경제학자. 대표적인 급진파 경제학자로, 교육
     과 불평등 문제에 대한 연구로 유명하다.
9   Herbert Gintis(1940~). 미국의 경제학자. Samuel Bowles와 함께 교육, 불평
     등, 자본주의 등에 관한 다수의 저작을 발표한 급진파 경제학자다.

하는 지평이 열렸다. 필자는 이들을 매우 의미 있게 평가한다. 그러나 제도화론은 '배우는 행위' 자체를 문제로 설정한다. 이 의미가 밝혀지기 위해서는 그림자 노동이 제시되기까지 기다려야 하지만, 배우는 자율성의 회복은 생산 행위화되지 않은 창조 행위를 열어 보이고 있다. 학교화론에는 '생산의 관점'이 빠져 있다고 마르크스주의자들은 지적했지만, 그들의 논리는 경제 관계로의 환원에 불과하다. 일리치가 사회주의를 포함해 산업적 생산 양식 자체를 문제로 삼았다는 것을 보울스와 긴티스는 이해하지 못한 것이다. 애초에 일리치에게는 마르크스주의적 이론화가 체질에 맞지 않았다. 때문에 그는 "결여성이야말로 교육이라는 관념을 만들어낸다"는 단계로 고찰 수준을 끌어올렸다. 교육 수요론 앞에 '결여성의 역사'를 설정한 것이다.

교육이라는 관념은 어떻게 만들어졌는가. 그것은 모든 사람들에게 모든 것을 완전히 가르친다고 하는 코메니우스[10] 이래의 '호모 에듀칸두스(homo educandus)'의 역사에 대한 질문이다. 즉, 알아야 할 것, 해야 할 것은 '모두 배워야 할 것'이라고 전제하는 교육학 자체에 대한 질문이다. 교육이란, 학습은 모든 인간 활동에서 사전에 있어야 하고, 학습할 기회는 언제나 희소하고 결여되어 있기 때문에 계속 공급되어야 하며, 인간은 문화와 장소의 차이와 무관하게 학습 능력을 발달시킬 수 있다는 등의 '관념'이다. 학생들은 '배운다는 것은 누군가에게서 가르침을 받는 것'이라는 전도된 사실에 익숙해져간다. 그 결과, 가르침을 받지 않은 것에 대해서는 진지하게 고려하지 않는다. 우리는 이에 대해 의심해야 한다. 경제학이 희소성/결여성의 관념을

---

[10] Johann Comenius(1592~1670). 체코의 종교 개혁가이자 교육 사상가. 근대 교육, 특히 교수학의 시조라 불린다.

객관화하여 경제적 역사의 절단면을 인식했듯, 일리치는 교육 또한 교육의 희소성/결여성을 밝히는 '호모 에듀칸두스의 역사', '교육 인간의 역사'를 보여주어야 한다고 생각했다. 그것이 어떻게 사회적으로 만들어졌는지, 희소한 가치들을 몸에 익히는 과정인 교육은 어떤 사회적 배경과 결부되어 있는지, 이러한 사회는 어떻게 성립해왔는지, 인간 사회는 어떻게 정보와 프로그램을 필요로 하게 되었는지를 역사적으로 분명히 밝혀야 한다고 주장했다.

비교교육학회를 대상으로 한 이 강연(1984년)은 그다지 큰 반향을 불러일으키지 못했다. 당시 사회사의 일부로 다양한 개별사가 연구되고 있었는데, 이를 '호모 에듀칸두스'라고 뭉뚱그린 방식 자체가 의미 없는 일이었다. 연필의 역사라든가, 책상의 역사라든가, 독서법의 역사라든가, 일리치 자신도 탐구했던 문자의 역사라든가… 그런 것들을 체계적으로 '교육 인간'의 형성사로서 제시하지 않고, 그저 사상적으로 총괄하자고 하는 제안이자 바람이었다. 그리고 이에 대해 듣는 쪽은 대응할 필요가 없다고 판단한 것이다. 학설사·사상사·사회사가 뒤섞인 담론 방식은 일리치의 독특한 수법이긴 하나, 그것은 추상적 인간론으로, 호모 에코노미쿠스와 차별화된 내용도 없고 개별화되지도 못한 애매한 것이었다.

교육 관념의 기원과 계보

일리치는 만년에 다음과 같이 말했다.

교육이란 우선 키케로에게는 젖을 먹이는 것이었다. 트렌트공의회 (1545~1563)에서 신도는 일요일마다 미사에 가야 하고, 1년에 한 번은 고해성사를 해야 한다는 법제화가 이루어졌다. 의례에 결석하는 것은 죄로 여겼는데, 가장 간단하게 따를 수 있는 의례가 바로 교육이었다. '인간은 자신이 태어난 세계에 대한 계시의 필요에 의해 태어났다고 하는 관념(=이데아)'과 함께 교육은 시작된 것이다. 그리고 계시는 교사라 불리는 선교사들에 의해서만 전해졌으며, 미사에 꼭 참여해야 하는 것과 마찬가지로 교실에도 꼭 앉아 있어야 했다.

무엇이 선(善)인가를 사람들에게 이해시키는 능력을 갖추려면 조직된 제도가 필요하다. 지식은 생활이 아닌 교육에서 나오는데, 그것은 제도의 유방에서 흘러내린 지혜의 젖이다. 교육의 기원은, 개인의 소명으로 시작된 것을 횡령하고 이에 세속적 견고함과 영속성을 부여함으로써 그것을 관리하고 보증하려고 하는, 교회의 시도에서 찾을 수 있다. 현대의 교육 광신자들을 관찰해보면, 그들은 교육이란 2천 년에 걸친 기독교 커뮤니티의 교의문답집이나 교수적 기능이 제도화된 성과라고 생각한다. 그들은 명확한 가르침을 통해, 그리고 가르침이 주요한 부분을 차지하는 의례를 통해서만 우리가 우리들의 커뮤니티에 적응할 수 있다는 신념을 강요하고 있다.

— 일리치, 『살아가는 희망』 「학교」 중에서

일리치의 고찰의 근원에는 기독교의 사랑과 자유가 존재한다. 누구나 사랑하라고 우리들을 불러들임으로써 기독교의 메시지는 사랑의 영역을 폭발적으로 확대시켰다. 거기에는 새로운 자유가 포함되어 있고, 인간의 자유에 대한 새로운 신뢰가 포함되어 있다. 이 자유는 새로운 배신을 가능케 한다. 일리치는 이와 같은 본질적 이중성을 지적한다. 교육에 대한 사랑과 배신은 거기에서 유래한 것이다. 교사는 아이들을 사랑하고 교육을 사랑하지만, 그것이 아이들에게 해악이 되는 커다란 배신을 낳는다. 그는 신앙의 본질로부터 교육을 설명했다. 그리고 그것이 서구의 고유한 현상이라고 말했다. 그러나 우리들, 예를 들면 일본의 경우 기독교는 보편적이지 않고 기반도 없지만 왜 동일한 현상이 나타나고 있는가.

일리치는 이에 대한 고찰이 없다. 즉, 그것은 신앙의 문제도 기독교의 문제도 아닌, 기독교 신앙이 인류를 대상으로 끄집어낸 어떤 형식의 문제다. 어떤 보편적 형식을 기독교는 조직화, 현재화했을 뿐이다. 푸코는 '사목(pastoral)'의 방식으로부터 교육적 관계를 명확히 보여주었는데, 사목은 기독교 이전에 이미 있었던 것으로 기독교는 이를 도입했을 뿐이다. 버내큘러한 형태가 현재화, 조직화된 것이다. 이를 파악하지 못한 것이 일리치의 한계다. 이런 문제는 후기에도 줄곧 남아 있다.

일리치는 『비학교화 사회』에서 기독교 이전의 경계를 제대로 보여주었는데, 바로 '에피메테우스적 인간'이다. 그는 이 마지막 장이 가장 어렵다고 필자에게 강조했었는데, 당시 필자는 내용이 간단 명료해서 무엇이 어렵다는 것인지 잘 몰랐었다. 지금 생각해보니 '기독교 세계를 벗어난 아시아적이며 버내큘러한 존재를 어떻게 생각할 것인가'에 대한 어려움을 말했던 것 같다. 학교화론이 세계를 석권할 수 있었던 것은 보편적 힘을 가지고 있었기 때문이다. 이와 같이 초기부터 후기에 걸쳐 일리치를 이해한 다음 다시 요점을 정리해보기로 하자. 비학교화론의 교육 이론상의 의미, 교육 인간의 현재적 구성, 그리고 '가르침을 받는 모국어'의 국가어화(=국어화)의 의미를 다시 생각해봐야 한다.

2. 비학교화의 의미 지평

교육 이론의 지평

일리치의 교육 비판을 계기로 급속히 교육 비판 이론이 형성되었는데, 특히 알튀세르의 '국가와 이데올로기적 국가 장치'가 수행한 역할이 컸다. 그것은 보들로/에스타블레의 『프랑스의 자본제 학교』와 긴티스/보울스의 『자본주의 미국의 교육』에 영향을 주었는데, 학교 교육을 '재생산 이론을 통해 들여다본다'는 것을 의미한다. 그러나 재생산론이 그들 신마르크스주의에 국한되었더라면, 경제적 재생산과 사회적 재생산을 보다 엄밀하게 정리한 것에 불과할 뿐, 커다란 이론 혁명으로 이어지지는 않았을 것이다. 알튀세르파에 대항해 피에르 부르디외가 '재생산'을 완성했다. 이것이 결정적으로 이론 수준을 높였다고 할 수 있다. 재생산 이론으로서의 학교 교육은 '사회적 재생산'과 '문화적 재생산'으로 구성되는데, 부르디외의 재생산론은 이후 논자들의 이론화를 도왔다. 문화 이론의 경계가 열린 것이다. 어떤 의미에서 교육 비판은, 미셸 푸코의 『감시와 처벌』에서 문화사적으로 깊어지고 확고해졌다. 그리고 슈나이더의 학교론과 애플[11]의 이론적 총괄로 완결이라고 할 만한 수준에 도달했다.

필자는 졸저 『교육의 분수령』에서 이상의 교육 이론들에 대해 정리해보았다. 이는 문화교류문헌자료센터에서 이루어진 이론적 지평에 대해 나름대로 총괄해본 것인데, 영어권에서는 조엘 스프링이, 스페인어권에서는 카를로스 알베르토 토레스[12]가, 그리고 일본어권에

---

[11] Michael Apple(1942~). 미국의 진보적 교육 이론가로 교육과 권력, 커리큘럼 이론 등에 관심이 깊다. 『Ideology and Curriculum』, 『Education and Power』 등 다수의 저작이 있다.

서는 필자가 그런 역할을 한 것이다. 모두 문화교류문헌자료센터에서 나온 내용으로, 기본 축은 동일하다. 문화교류문헌자료센터에서 나온 내용이 아니었다면 정리 방식이 바뀌었을 텐데, 1975년까지의 기본 축은 문화교류문헌자료센터에서 공부한 사람들에 의해 집약되었다고 봐도 좋다. 그리고 그 후 마이클 영[13]을 중심으로 한 신교육사회학이 포스트모더니즘의 영향을 받아 융성하게 된다. 다소 장황하게 설명했는데, 전체적인 교육 이론의 정리로는 이안 리스터[14]의 작품이 가장 좋은 것 같다. 관심 있는 독자들은 참고하기 바란다.

아무튼 교육 이론은 180도 전환되었다. 그것은 근래 보기 드문 이론 혁명이었는데, 그 도화선은 누가 보더라도 일리치였다. 그러나 신교육사회학이 형성될 무렵 일리치는 무시되었다. 일리치 자신이 "학교화 비판은 이미 과거의 것"이라며 돌아보지 않은 것에 가장 큰 원인이 있지만, 한 치의 틈도 없는 그의 완고함에 모두 질려버리지 않았나 싶다. 필자는 이론적 담론 생산의 총괄로 신교육사회학을 나름대로 평가하지만, 그것은 일리치, 부르디외, 보울스/긴티스, 푸코 그리고 프레일리의 지평을 뛰어넘지 못한다. 다른 교육학보다 이론적 수준이 높다는 정도로만 언급해두자.

일리치의 교육학 비판 재고(再考)

『Deschooling Society』는 대단한 저작이다. 세계의 상식을 뒤바

---

12   Carlos Alberto Torres(1950~). 아르헨티나 출신의 교육사회학자로 현재 UCLA 교수.

13   Michael Young(1934~). 영국의 교육사회학자로 신교육사회학의 리더.

14   Ian Lister. 영국의 교육사회학자. York대학 교수 역임. 『Deschooling a Reader』 등의 저서가 있다.

126 **2부** : 산업의 3대 패러다임

꿰 놓은, 역사적으로 남을 작품이다. 그 의미를 다시 한 번 살펴보고자 하는데, 그 후의 일리치의 사상은 이로부터 열렸다는 점을 염두에 두자.

『Deschooling Society』는 단순한 학교 비판이 아닌 산업문명 비판이었다. 즉, 진보와 발전, 개발 등은 그 자체가 인류에게 선(善)이 아니라는 비판이며, 교육이 학교화되었다는 주장은 제도화와 산업 서비스 제도에 대한 비판이다. 학습은 교사의 타율 행위에 의존하여 성립하며, 이를 통해 제도화된 가치를 얻게 된다. 제도에 대한 의존이 심화될 뿐 아니라 '제도의 수용'이 신체화된다. 그로 인해 산업적 생산 양식은 자본주의와 사회주의에 공통된다는 것이 밝혀졌다. 학교화에 의해 배우는 행위는 불능화되고, 제도의 목적에 반하는 결과가 역생산성으로서 만들어진다. 궁극적으로 이것들은 교육이라는 관념에 의해 만들어지는데, 교육은 인간에게 필요하다는 착각에서 비롯된 것이다. 지식을 신뢰하고, 지식을 상품으로써 패키지화한다. 지식은 항상 갱신되어야 하기 때문에 지식을 늘려가야 한다는 믿음 속에서 지식은 상품의 용어로 표현된다.

지식을 획득하는 수단이 결여되었다(=희소하다)는 가정 하에서 이루어지는 학습은 '교육'이 된다. 아동기, 어린이기, 문자의 읽고 쓰기와 같은 시기 구분과 과제들은 교육이라는 관념 세계를 만들어내는데, 그 관념의 핵심은 본질적으로 '가르침을 받는 것에서부터 시작해야 한다'는 것이다. 이에 대해 의심하는 것, 되묻는 것이 필요하다. 이 탐구의 여정이 바로 일리치의 사상이다. 일리치의 사상은 고대 신화가 현대 신화로 재구성되는 것에 질문을 던지고, 신화 생성의 근거를 찾아내 신화 해체에 이르고자 하는 여정이다.

교육이 만들어낸 믿음은 '우리가 현실을 인식하기 위해서는 도움이 필요하고, 인생을 살아갈 준비를 하기 위해서도 사람들의 도움을 받아야 한다'고 말한다. 이 착각은 신념이 되고 교육 신앙이 된다. 사람은 돌봄이 필요하고, 사람들의 수요에 부응하는 서비스 제공이 필요하다는 인식이 형성되는 것이다. 이것이 '선(善)'이 되어 엄청난 해악을 끼침에도 불구하고, 이러한 인식과 믿음은 겉에서는 보이지 않는다. 종교를 벗겨내는 행위는 그것이 마치 새로운 종교라도 되는 양 반격을 당하기 십상이다. 알게는 되었지만 이해하려고 하지 않는 신념에서 비롯된 반격이다. 일리치는 이 점을 극단적으로, 그리고 격렬하게 지적했기 때문에 엄청난 사회적 거부에 부닥쳤다. 그리고 결국 그는 자신의 신앙 세계로 돌아갔다. 그러나 우리들은 일리치처럼 신앙으로 돌아갈 수 없다. '나는 나'라는 것에 회귀할 뿐이다. 그것이 바로 에피메테우스다.

에피메테우스적 인간의 탄생과 역사관의 확장

일리치는 자신의 학교화 비판을 팸플릿이라 치부하면서도, 그 후에도 교육에 대한 재검토 작업을 회피하지 않았다. 다만 학교화 비판이 갖고 있던 본질적 관점이 사라져버렸기 때문에 단순한 역사상대주의로 흘러버린 감은 없지 않다. 그는 교육이 없던 시대도 있었다고, 교육 인간은 이후에 등장하게 되었다며 그 차이를 지적했지만, 이것들은 역사적 장식에 불과하다. 역사 이론이 없기 때문에 그런 것이다. 유물사관과 사회사관을 뛰어넘는 역사 이론이 필요했지만, 그의 사상은 토인비 역사학에 기반을 두고 있었기 때문에 이를 기대할 수는 없었다.

학교화가 어떤 것인지에 대해서는 필자가 여러 번 밝혔으므로 여기에서 반복할 필요는 없겠다. 근원적인 문제는 '학교화의 틀을 벗어

난 존재란 무엇인가' 하는, 그야말로 학교화 비판의 존재론적 문제
제기다. 일리치는 그것을 역사시대를 초월한 신화 속에서 이끌어냈
다. 교육적이고 현명한 프로메테우스가 아니라 어리석은 자로 간주
되는 에피메테우스가 바로 그것이다. 본인은 자각하지 못했을 수도
있지만, 여기에서 매우 중요한 사관이 드러난다. 학교 신화는 교회의
의식을 적용함으로써 만들어진 것이다. 때문에 그는 기독교회의 제
도화에 대해 역사적으로 고찰하면서 기독교의 틀을 벗어나고자 했
다. 그리고 그는 전(前) 고대적인 지점에서 '에피메테우스'의 의미를
찾아냈다. 즉, 그는 로마적인 파이데이아[15]에서 신화의 전환이 이루
어졌다고 보고, 고대 이전의 전 고대에서 버내큘러한 존재를 찾아낸
것이다. 사관의 확장이다. 만약 이 부분이 없었다면 비학교화 사회에
대한 그의 분석은 힘이 반감되었을 것이다. 학교화 비판의 역사적 기
준이 전 고대까지를 포괄하고 있었기 때문에, 결과적으로 현재의 왜
곡을 정확하게 자각할 수 있었던 것이다. 전 고대는 인간의 본질을
보여준다. 그리고 그것은 제도로 구성된 구조의 자의성을 반사하고
성찰하게 만든다. 이후의 일리치의 논고에서는 전 고대를 거의 다루
지 않고 그리스도 이후의 시대만 다루지만, 전 고대는 버내큘러한 존
재로서 현재에도 존속하는 것이다.

  만년의 일리치는 그리스도를 기본으로 삼아 자신의 사관의 위치
를 12세기 기독교 시대에 고정해버렸다. 이 무렵 그의 영향력은 이
미 사라져버렸다고 할까, 사상으로서의 힘은 사회적으로 존재하지
않았다. 'ABC'나 '시선'의 역사를 논할 때 전 고대적인 것에 대한 언

15　Paideia. 고대 그리스에서 이상적인 도시 구성원을 키우기 위한 양육과 교육을
　　의미한다.

급이 보이기는 하지만, 버내큘러한 존재에 대한 관심은 사라져버렸다. 전 고대의 버내큘러한 것에까지 사관을 확장하지 않는 한 사상의 비판력은 힘을 갖지 못한다. 『Deschooling Society』에는 그런 힘이 있었다. 에피메테우스적 인간이란 전 고대적이기도 하지만 동시에 멕시코의 버내큘러한 인간들에게도 적용될 수 있는 것이다.

판도라는 '모든 걸 주는 존재'다. 모든 죄악을 넣은 상자를 안고 지상에 보내진 대지의 여신으로, 자신의 상자에서 모든 죄악을 놓치고 말았지만 '희망'이 사라지기 전에 뚜껑을 덮었다. 일리치는 "근대인의 역사는 판도라 신화의 추락에서 시작되고 스스로 뚜껑을 덮은 작은 상자에서 끝난다."고 말했다. 즉, 원시시대의 모든 죄악을 하나하나씩 덮기 위한 제도를 만들고 이를 통해 더 좋은 세상을 만든다고 하지만, 실은 죄악을 가두고 뚜껑을 덮었을 뿐이라는 뜻이다. 근대는 암흑 속에서 희망을 기대로 바꿔 희망을 쇠퇴시키는 대신 기대를 키운다. 에피메테우스는 '나중에-생각한다'는 의미로 우둔함과 어리석음을 뜻한다. 합리적이고 권위주의적인 사회를 만든 사람들은 만연한 죄악에 대처하기 위해 제도를 창조했다. 그들은 세계를 인위적으로 만들고, 세계 속에서 서비스를 만들어내는 자신의 힘을 의식하기 시작했다. 개인을 신성한 의례에 참가시킴으로써 생활 습관과 지식을 가르쳤던 원시시대와 달리, 고대 그리스인들은 '파이데이아'를 통해 이전 세대 사람들이 만든 제도에 스스로를 적응시키는 시민만을 진정한 인간으로 인정했다. 이 신화의 변용은 꿈을 '해석'하는 세계에서 신탁이 '만들어지는' 세계로의 이행이다.

대지의 여신은 대지의 중심부, 즉 대지의 배꼽에 해당하는 파르나소스 산의 사면에 모셔졌다. 델포이(자궁의 의미)에는 카오스의 여동생 가이아와 에로스가 잠들어 있었다. 가이아의 아들이자 큰 뱀인 퓨톤은 어머니가 달빛 아래 밤이슬에 젖은 채 꿈을 꾸며 잠자는 것을 지키고 있었다. 그런데 태양신 아폴론이 동방에서 온 퓨톤을 죽이고 가이아의 동굴 주인이 된 것이다. 아폴론의 신관들은 그 지방의 소녀를 고용해 연기로 졸리게 만든 다음, 그들이 황홀한 상태에서 내뱉는 말을 자기 실현적 예언으로 간주해 신탁을 만들었다. 전염병과 기근을 막는 방법, 스파르타의 올바른 헌법의 채택, 나중에는 비잔틴과 칼케돈이 된 축복받은 장소의 선택 등 사회적 선택을 위해 신탁이 필요했던 것이다. 아폴론은 절대 빗나가지 않는 화살을 쏘았다. 모든 것에는 목적이 있고, 유용한 것만을 신탁하는 것이다.

　이와 같이 어머니 대지에 의해 신화적 생활 속에 있던 것들이 시민의 파이데이아로 바뀌었다. 시민들은 포럼(광장) 가운데서 편안함을 느끼게 되었다. 세계는 원래 운명(fate), 사실(fact), 필연성(necessity)에 의해 지배되고 있었는데, 신으로부터 불을 훔친 프로메테우스에 의해 사실은 '문제(problem)'로, 필연성은 '의문(question)'으로, 운명은 '도전받는(defied)' 것으로 바뀌었다. 운명과 자연 그리고 환경에 도전하는 것은 자신에게 발생할 리스크를 각오한다는 뜻이다. 그럼에도 불구하고 현대인들은 자신들의 이상에 맞추어 세계를 만들고 인공적 환경을 구축하려고 한다. 그리고 자신들의 욕망을 만족시키기 위해 제도를 만들 수 있다고 믿는다. 여기에서 뒤바뀜이 일어난다. 수요가 있으면 어떤 것이든 생산될 수 있다. 그렇다면 생산된 것에는 수요가 생길 것이라는 기대가 만들어지는 것이다. 모든 수요는 일단 충족되면 더 많은 수요를 만들어낸다. 높아지는 기대의 법칙은 욕구불만이 커져간다는 뜻이다. 서비스와 서비스에 대한 수요가 동시에 생산되어가는 이것이 바로 현대 사회의 원동력이다. 그것은 '지옥'이다.

현대의 도시 주민들의 정신 상태는 신화 속의 '지옥'의 모습과 같다. 시시포스는 무거운 돌을 언덕 위까지 굴려 올리려고 하지만 돌은 미끄러져 떨어지고, 불사의 음식을 신에게서 훔친 탄탈로스는 먹으려고 하면 멀어지는 과일나무 가지에 가려지고, 마시려고 하면 멀어지는 강 가운데 서서 영원히 배고픔과 갈증에 괴로워한다. 일리치는 "끊임없이 수요가 증대하는 세계는 불행이라기보다 지옥"이라고 말한다. 핵폭탄 발사 스위치가 지구의 생사를 쥐고 있는데, 이는 인간이 카오스를 가지고 에로스와 가이아의 양자를 압도하는 힘을 획득했다는 뜻이다. 군대의 근대식 병기가 자유와 문명과 생명을 지킨다는 것은, 그것들 모두의 희생을 통해서만 지킨다는 뜻이다. 현대는 농업 경작, 공업 생산, 학교 교육, 병원 치료를 통해 세계를 소멸시키고 있는데, 이 생태상의 대파괴를 억지할 스위치는 어디에도 없다. 이것은 프로메테우스적 형벌이자 지옥이다.

제도화 사회에서는 제품, 서비스의 생산과 수요는 동일시된다. 그 생산물이 필요하다고 착각하게 만드는 교육 비용은 생산물 가격에 포함된다. 보이는 대로의 사회가 필요하다고 믿게 만드는 선전기관이 바로 학교다. 이러한 사회에서는 한계 가치가 점점 커지고, 소수의 엄청난 자원 소비자들은 지구를 고갈시키는 능력을 획득하기 위해 경쟁한다. 이들은 자기 배를 채우고, 약한 소비자를 규율에 따르게 하고, 자신이 가지고 있는 소박함으로 충분히 만족하는 사람들을 소멸시킨다. 만족할 줄 모르는 에토스가 물리적 환경 파괴와 사회적 분극화와 심리적 수동성을 만들어낸다. 필요한 가치를 사회가 결정하는 제도를 통해 좋은 생활이 가능하다고 믿게 되고, 제도의 가치는 제도의 산출(output) 수준에 의해 결정된다. 제도의 산출을 소비하고, 그로부터 새로운 수요를 만들어내는 능력이 인간의 가치로 측정된다. 인간은 스스로를 '자신의 도구에 의해 만들어진 가치를 연소시키는 소각로'로 정의한다. 그 능력에는 한계가 없는데, 이것이 프로메테우스적 행동의 극단화다. 본래의 가치를 제도화하는 것, 즉 '어떤 조치를 취하기 위해 계획된 과정은 그 조치를 받을 사람들이 바라는 결과를 낳는다'는 신념은, 소비자의 에토스이자 프로메테우스적 오류의 중심이다. 프로메테우스는 '앞을-본다'. 북극성을 움직이는 그는, 불을 독점하고 있던 신을 속여 불을 훔쳐내고 인간에게 불을 사용하는 법을 가르쳐주었다. 그 때문에 그는 기술의 신이 되었는데, 신의 벌칙에 의해 쇠사슬에 묶여 매일 밤 독수리에게 살점을 뜯겼다.

이와 같이 현대를 신화 속에 놓고 보면 지옥 세계가 보인다. 일리치는 이를 희망에 찬 예언으로 바꾸자고 말한다. 일찍이 지구의 마지막을 예감하고, 새로운 노스텔지어를 꿈꾸며 지구와 판도라를 결혼시킨 에피메테우스의 선택을 이해해보자는 것이다. 프로메테우스의 아들 데우칼리온은 방주의 조타수로 노아처럼 홍수를 이겨냈다. 그리고 에피메테우스와 판도라 사이에 태어난 퓰러와 함께 대지의 흙을 재료로 새로운 인류를 만들어낸 조상이다. 판도라의 상자와 반대되는 데우칼리온의 방주인 것이다. 기대가 아닌 희망에 가치를 두고 제품보다 인간을 사랑하는 사람들, 사람들은 각자 고유하다는 것을 믿고 지구 위에서 만나 그 지구를 사랑하는 사람들, 타인의 옆에서 그를 돌보는 자신의 능력을 키우는 사람들, 자신의 세계가 사적인 세계임을 아는 사람들… 그러한 희망에 찬 형제자매들이 '에피메테우스적 인간'인 것이다.

여기에서 필자는 역사적으로가 아니라 이론적으로, 즉 현재를 대상화하여 다음과 같이 생각한다. 교육 인간이 존재함으로써 비로소 경제 인간은 사회적으로 기능할 수 있으며 일할 수 있다. 즉, 노동 인간이 될 수 있다. 교육 인간이 되지 않으면 경제 인간이 될 수 없는 것이다. 그리고 그 때문에 경제 인간은 상품 경제를 사회적으로 관리하고 운영할 수는 있으나, 자율적으로 비즈니스를 해나갈 수 없는 전도 현상이 일어난다. 아이들을 교육하는 바람에 아이들의 자율성을 마비시키는 것처럼, 경제 인간은 비즈니스 자체에 대한 배신 행동을 하게 되는 것이다. 교육 인간은 '서비스 인간'이다. 그것을 대신하는 것, 교육 인간을 대신해 경제 인간의 존재 방식을 바꾸는 것, 그것이 '호스피탤리티(hospitality) 인간', 에피메테우스적으로 배우는 인간이다. 이것이 필자가 생각하는 이론 구조다.

교육 인간   술어적 자기 기술

+ (사회적인 것) − 서비스 인간(중성인간) ↔ 호스피탤리티 인간(남녀) − (버내큘러한 것)

경제 인간   장소인

이것을 언어화하면 된다.

그렇다면 '교육 인간(＝호모 에듀칸두스)'이란 어떤 것일까.

3. 교육 인간(home educandus)

교육 인간이란 교육의 관념을 갖고 있는 인간이다. 그 관념이란 이렇다. 시작도 없고 끝도 없다는 전제 하에 교육은 언제나 존재했고, 교사들은 시대에 맞게 무언가 교육을 해왔으며, 교육은 인간 존재에 불가결한 것이고, 가르치는 것은 인간의 성장에 필요한 것이라고 믿는 관념이다. 교육을 실행하는 장소가 학교이며, 학교는 사회생활에

필수적인 것으로 간주된다. 케인즈주의자도 마르크스주의자도, 커리큘럼 계획자도 프리스쿨 지지자도, 중국인도 미국인도 모두 '인간(homo)은 교육받아야 한다(educandus)'고 확신한다. 인간에게 좋은 상태란 교육 영역의 서비스에 의존하는 것이라고 믿는다. 교육 영역이 존재한다는 것, 그리고 그 속에 교육 인간이 존재한다는 이 세계관을 뒤집은 것이 일리치였다.

교육 영역

일리치는 '교육 영역(educational sphere)'이 어떻게 만들어졌는가에 대해 탐구했다. 서비스 제도는 사회제도와 함께 '영역(sphere)'으로 설정된다. 사회 영역 속에서 교육 영역은 어떤 위치를 차지하고 있는가. 일리치는 제도를 영역으로 보고, 버내큘러한 것은 도메인(domain), 즉 공간적인 것으로 이해한다. 1979년 그는 「교육 영역(The Educational Sphere)」이란 제목의 논문을 발표했다. 이 논문은 천동설과 지동설을 둘러싼 프톨레마이오스와 코페르니쿠스 그리고 케플러의 천문학적 전환을 소재로 삼아 교육 영역에 대한 생각을 정리한 것이다. 이는 교육을 통해 모국어를 배우는 과정과 버내큘러 언어를 사용하는 것의 차이와 중첩된다. 버내큘러 언어를 배우는 것은 교육학적 개념에 의해 모국어를 교육받는 것과 다른데, 16세기 이후에는 후자가 전자를 압도하게 된다. 모든 사회의 신화와 실제 행위, 구조, 전제 등은 마치 교육이 특수한 활동인 것처럼 이를 독립시켜 하나의 영역으로 만들었다. 일리치는 '교육에서의 in 리서치'와 '교육에 관한 on 리서치'를 구별한다. 그는 교육에 대해 재고해야 할 것은 바로 후자라고 생각한다.

중세의 정신이 '천국'의 존재에 있었다면 현대의 정신은 '사회'의 존재에 있다. 교육 영역을 생각한다는 것은 현대의 다른 영역을 생각한다는 뜻이다. 이때 코페르니쿠스적 사고와 케플러적 사고라는 두 가지의 다른 모델이 있다.

코페르니쿠스와 케플러의 차이

현대 세계는 인간이란 교육 받는 존재라고, 인간의 좋은 상태는 교육 영역의 서비스에 의존하는 것이라고 믿고 있다. 그런데 이 패러다임의 전환은 여전히 분명치 않다. 일리치는 교육 커뮤니티가 르네상스 시대의 천문학과 같은 단계에 있기 때문에 그런 것이라고 지적한다. 천동설과 지동설은, 태양이 지구를 도는가 아니면 지구가 태양 주위를 도는가 하는, 단순한 생각의 차이가 아니다. 코페르니쿠스(1473~1543)에서 케플러(1571~1630)에 이르기까지는 100년이 걸렸다. 생각과 질서 전환의 어려움을 나타낼 때 일리치는 흔히 코페르니쿠스에서 케플러까지, 콜럼버스에서 코르테스까지, 그리고 네브리하[16]에서 라트케[17]를 거쳐 코메니우스까지의 500년간의 역사를 예로 들곤 한다. 세계관의 전환은 그렇게 간단히 이루어지지 않는다는 뜻이다. 물론 그 배후에는 일리치 자신의 생각이 용인되기까지 수백 년이 걸릴지도 모른다는 생각도 있을 것이다.

세계관의 패러다임 전환을 논할 때의 사례로 흔히 코페르니쿠스가 인용된다. 그는 지구가 움직인다는 주장을 제기했는데, 축 주위를 자전한다고 가정하는 것은 수학적으로 큰 문제가 없음을 입증했다.

---

[16] Antonio de Nebrija(1441~1522). 스페인의 학자로 유럽 최초의 문법서인 『카스티야어 문법서(Gramática de la Lengua Castellana)』를 집필했다.
[17] Wolfgang Ratke(1571~1635). 독일의 교육학자로 교과서 제작과 학교 개혁 등 유럽의 교육 발전에 큰 영향을 끼쳤다.

즉, 행성과 천구의 중심에 태양이 있다고 하는 피타고라스파의 전통으로 돌아간 것이다. 그는 수학적으로 행성 시스템을 창조한 최초의 인간이다. 그의 선배들은 각각의 행성이 떨어져 있다고 보았는데, 그는 그것들을 통합한 것이다. 그러나 그의 이론은 프톨레마이오스의 방법 및 기본적 가정과 별반 다르지 않다. 천국의 존재를 인정한 것이다. 그는 천체에 하나의 원형의 움직임이 있다는 것을 철학적으로 부활시킨 것을 자랑으로 여기기까지 했다. 그런데 이로 인해 프톨레마이오스가 생각한 것 이상의 원의 존재가 필연적으로 드러나게 되었다.

젊은 케플러와 그의 동료들은, 천국의 완전한 운동과 지상의 죄 많은 세계 사이에 본질적 차이가 없다는 것을 믿는 데까지는 도달하지 못했다. 덕분에 그들은 이단 심문의 대상이 되지 않았다. 그러나 부르노[18]의 경우, 1600년 화형에 처해졌다. 그 역시 젊은 케플러와 마찬가지로 코페르니쿠스로부터 영향을 받았는데, 그는 자연의 관찰자도 아니었고 수학도 잘 몰랐다. 그러나 그는 코페르니쿠스의 영향으로 "우주는 거대하고 많은 별들이 모여 있으며, 그 본성으로 보아 단일하다"고 주장했다. 영역으로 구분되는 것이 아니라 우주가 있을 뿐이라고 생각한 것이다. 때문에 그는 처형당했다. 당시의 세계관에서는 영역이 있느냐 없느냐는 본질적인 것이었다. 케플러 이전의 하늘은 철학적 우주와 천문학적 하늘이었다. 철학과 천문학의 공통 과제는, 별 자체가 아니라 행성을 나르는 영역(sphere)과 천공이었다. 이들의 공통 관심은, 명백한 동심원적 물질의 완전한 원주운동에 있

---

18   Giordano Bruno(1548~1600). 이탈리아 자연철학의 대표자. 코페르니쿠스의 천문학을 비롯해 다양한 분야의 학문을 섭렵했다. 그러나 열정적이고 독립적인 성향 때문에 이단으로 고발당해 화형에 처해졌다.

었다. 행성을 나르는 각각의 영역은 별 다음으로 이름이 지어졌다. 영역이 영향력을 갖게 된 것이다. 코페르니쿠스는 천체의 개혁자이자 이들 영역의 재배치자였다.

티코 브라헤[19]는 천체 관측계의 선두주자로 평생 기존의 천문학에서 용인되고 있던 오류들을 바로잡았다. 그는 대기의 굴절을 인정한 최초의 인간이었으며, 기구적 오류를 고치는 방법을 도입했고, 신성(新星)의 본질에 대한 수정을 제창했으며, 육안으로 7천 개 이상의 고정된 별들의 위치를 파악한 실제적인 천문학자였다. 코페르니쿠스가 옳다는 것을 증명하는 데 필요한 관찰 능력을 가르쳐줄 사람은 브라헤밖에 없다고 느낀 케플러는 그에게 사사받았는데, 브라헤는 처음에는 어리석은 계획이라고 케플러를 말렸다. 브라헤는 코페르니쿠스에 의해 도입된 수학적 전환은 별의 위치를 예측하는 정확성을 높여주기보다 계산과 천체 메커니즘의 복잡성을 늘릴 뿐이라고 지적했다. 그는 프톨레마이오스에게도 코페르니쿠스에게도 만족하지 못하고 양자 사이에 제3의 시스템을 디자인했다. 처음에 브라헤는 지구의 부동설을 다시 정립하되 다른 행성들은 태양을 돈다고 생각했었다. 물론 나중에는 다른 행성과 마찬가지로 지구 역시 1년을 주기로 회전하고 있으며, 모든 행성은 고정된 별의 영역과 함께 일주운동을 한다고 생각을 수정했다. 이것은 코페르니쿠스의 복잡한 시스템과 비교해 쉽고 수학적으로도 심플했다.

이 3개의 시스템은 실험적으로 증명되지는 않았지만, 지속적 개선

---

19 Tycho Brahe(1546~1601). 덴마크의 천문학자. 근대 별자리의 아버지라고 부를 만한 인물로, 망원경이 없던 시대였음에도 불구하고 가장 정밀한 관측 결과를 남겼다. 1600년 요하네스 케플러를 만나 제자로 삼았다. 1601년 브라헤가 사망한 뒤 그가 남긴 방대한 관측 자료는 케플러에게 남겨졌다.

에 의해 프톨레마이오스적 편견을 구석으로 밀어냈다. "세 가지 중 하나를 선택할 수밖에 없다는 것은 우주적 편견"이라고 지적한 파스칼은 옳았다. 고정된 별의 시차를 관찰하는 기구가 사용된 건 300년이나 지난 후의 일이다. 브라헤의 임종 무렵 케플러는 별에 관한 기념비적 카탈로그를 편찬하고 있었다. 그는 자기보다 앞선 위대한 3인인 프톨레마이오스, 코페르니쿠스, 브라헤에게 오류가 있음을 발견했다. 그들 중 누구도 천국의 영역에서 하늘의 움직임이 떨어져 있다는 생각을 하지 못한 것이다. 케플러는 이 영역을 무언가로 치환한 게 아니다. 그냥 배제해버렸다.

케플러는 시적이고 비판적인 정신의 소유자였다. 학생 신분이었던 그는, 1593년 매스틸린[20]이 달의 그림자를 측정함으로써 달 표면의 높이를 추정하려 한 시도에 대해 비판했다. 1609년 여름 그는 달에 상륙할 생각까지 했는데, 과학소설에서조차 생각지 못했던 이 계획을 그는 갈릴레이에게 보낸 편지에서 밝힌 바 있다. 지구에서 태양계의 다른 행성으로 가는 여행은 당시의 지적 분위기에서는 근거 있는 주제였다. 세계는 새로운 신화의 등장에 의해 새로운 코스모스가 되었다. 케플러는 영역이라는 금기에 대한 공격을 꿈의 형식으로 일기에 남기기도 했는데, 『꿈(Somnium)』은 케플러 사후에 출판되었다. 주의 깊은 코페르니쿠스는 하느님의 질서 속에서 지동설을 재구축했지만, 케플러는 '하느님의 천국'의 영역을 없애는 지동설을 분명히 했다. 이 방식은 교육 영역뿐 아니라 영역(=sphere)에 대한 새로운 접근 방법을 보여준다. 코페르니쿠스는 교육 영역이 재구축될 가

---

20   Michael Maestlin(1550~1631). 독일의 수학자이자 천문학자로, 케플러의 스승이기도 했다.

능성을 열었다. 그 중심성을 재정의하고, 그 넓이를 재계측하고, 보다 많은 원들을 그 커리큘럼에 통합하고, 사회의 위계질서 내부에 새로운 장소와 질서를 다시금 할당한다. 그러나 케플러는 패러다임 자체의 기원을 탐색해, 천국의 영역과 마찬가지로 현대의 사회 영역은 언젠가는 소멸한다는 것을 인지하고 있었다. 코페르니쿠스는 영역을 없애지 못했지만 케플러의 모델은 영역을 없앤 것이다.

일리치는 교육 영역이 '사라질 수 있다'고, '없앨 수 있다'고 말한다. 1971년 그는 '교육의 장소(lie)에서'와 같이 장소라는 개념을 사용했었는데, 이 장소가 '영역(sphere)'으로 바뀌었다. 이를 통해 비판의 본질에 접근함과 동시에 장소는 사라져버리고 말았다.

교육적 구성

일리치는 교육에 관한 논의가 아무리 급진적이라 해도, 그것은 케플러 이전의 천문학자(=점성술사)들의 모델과 마찬가지로 사회 영역의 재배치 차원에서만 이뤄지고 있다고 지적했다. 하나의 영역 내부에서 새로운 원들이 재정의되고, 관련지어지고, 발전하고, 적절히 덧붙일 필요성에 대한 의논과 리서치가 보기 좋게 이루어질 뿐이라는 것이다.

케플러의 예에 따르면, 교육 영역은 화성의 영역과 유사하다. 인간은 교육받을 필요가 있다고 하는 믿음은, 인간은 우주의 정태적(靜態的) 중심에서 살 필요가 있다는 말과 같다. 이 교육적 구성은 호모 에듀칸두스에 대한 확신을 낳은 이데올로기에 의해 묘사된다. 이 구성은 모든 제도의 개별적 세트에 의해 사회적으로 만들어지는데, 어머니 같은 교회가 그 원형이다. 그것은 이중적 경험에 의해 각 개인에게 심어진 세계관이다. 첫째는 모든 교육 프로그램의 숨겨진 커리큘

럼에 의해 버내큘러한 배움이 필연적으로 줄어드는 경험이다. 둘째
는 생활이 불투명하고 수동적이 됨에 따라 필요의 정의와 충족을 전
문가들이 컨트롤하게 되는, 라이프 스타일의 마비가 불가피하게 조
장되는 경험이다. 이러한 교육 영역의 구성은, 교육적 수요를 학교의
안팎에서 제도로써 해결하는 다양한 형태의 교육자들에 의해 보호
된다.

코메니우스는 교사들이 모든 인간에게 모든 것을 완전히 가르치
는 방법을 익혀야 한다고 주장했다. 교육은 자궁 속에서 시작되어 죽
을 때까지 끝이 없다. 알아야 할 모든 것은 그 주제에 맞는 특별한 방
법으로 가르쳐야 하고, 그 목표에 바람직한 조직으로써 학교가 만들
어진다. 배움은 가르친 결과일 때만 개인의 인간성을 향상시킬 수 있
고, 가르침 없이 배우는 자는 동물과 다름없다. 학교 제도는 모든 사
람들이 효과적으로 가르침을 받는 조직이다. 그렇게 코메니우스는
교육학을 만들어내었다. 나중에 소개할 네브리하와 코메니우스 사
이에는 1세기 반의 간격이 있다.

성서 대 교육

지금까지 일리치의 교육 인간에 관한 논의를 보면 그다지 깊이 있
는 통찰로 이어지는 것 같지는 않다. 1988년에 행한 〈복음의 빛 속
에 있는 교육 기업〉이란 제목의 강연에서도 새로운 고찰은 눈에 띄
지 않는다. 다만 몇 가지 경청할 만한 내용이 들어 있는데, 일리치다
운 그 내용들을 중심으로 살펴보도록 하자.

순종 또는 충실(obedience)이란 성서적으로는 '조심스럽게 귀를
기울이는 것, 듣는 것에 무조건적인 준비를 하는 것, 놀라움에 족쇄
를 채우지 않는 마음을 갖는 것'을 의미하는데, 오늘날의 '종속(sub-

mission)'처럼 개나 사람에게 모두 적용되는 의미가 아니다. 타인에게 마음과 정신과 몸을 따르게 한다는 것은, 무조건적으로 존경심을 갖고, 용기를 갖고, 근원적인 놀라움을 불러일으키는 타인에게 귀를 기울인다는 뜻이자 무언가 다른 것을 한다는 말이다. 누군가의 완전한 타인성을 섬긴다는 것은, 타인과 자신 사이의 거리를 인정하고, 그 사이에 다리를 놓으려고 하지 않는 것이다. 이 깊은 틈 사이에 들어가는 것은 고독의 깊이를 자각하게 만들고, 타인과 자신 사이의 실질적인 유사성을 견딜 수 있게 만든다. 자신에게 닿는 모든 것은 그(하느님)의 말 속에 있는 것으로, 그 말의 힘 덕분에 제도적 힘에 휩쓸려 들어가는 일 없이 땅 위를 걸어가는 자신을 신뢰할 수 있는 것이다. 베드로가 그랬던 것처럼. 이러한 충실함이야말로 복음의 실체이자 가르치는 제도 권력의 반대편에 존재하는 것이다. 충실함이란 사랑하는 세계에 안겨 있는 것을 사랑하는 반응이다. 이에 비해 교육 시스템은 적과 권력에 안기는 것을 의미한다.

일리치는 이어서 바울과 그리스도의 순종에 대해서도 논한다. 그리스도에 의한 권력의 거절이 권력 세계에 문제를 불러일으킨 것은 그가 부분으로서가 아니라 전체로서 권력에 순종했기 때문이다. 그의 종속은 사랑이다. 이 새로운 종류의 관계는 바울이 로마서 12장에서 말하고 있는데, 적을 사랑하는 것, 악을 쳐부수지 않고 사랑하는 것, 권위라는 최대의 악에 자신을 주체화(＝종속화)함으로써 사랑에 의해 악을 이기는 것이다. 그리스도는 항상 권위에 순종했다. 기독교 신자들은 이를 성서의 이름으로 시스템에 통합하는 것으로 해석해, 본래의 순종과 충실의 의미를 바꿔버렸다.

제도로써의 교육은, 사람들이 각자 계약 사회에 개인으로 태어난다고 가정하고, 책을 통해 구제가 이루어진다고 가르친다. 그 책은 물론 성서가 아니라 책상 위에 꽂혀 있는 책이다. 민주적 사회화, 책을 좋아하는 문화, 인재 훈련 등은 초국가적인 교회, 즉 학교를 위해 합리적으로 혼합되고 조립된다. 교육 역사가들은 '교육에는 시작도 끝도 없다'는 식으로 역사를 쓴다. 교육사는 학교에서 떨어져 나간 사람들(dropout)을 결함이 있는 인간, 자기 책임 또는 사회의 책임에서 실패한 인간, 모든 인간이 항상 필요로 하는 지도(instruction)가 결여된 인간이라고 묘사한다. 그러나 일리치는 dropout을 자랑스러운 '거절하는 사람(=refusnik=거절족)'이라고 평가한다. 학교를 버리고, 자신의 시간과 자신이 열중할 것을 갖고, 독서의 자유를 가진 사람들이라고 평가하는 것이다.

문자적 정신의 교육 공간

일리치는 「세속(世俗) 리터러시」('lay literacy'로 『삶의 사상』에 수록)에서 매우 중요한 시사점들을 명확히 보여주고 있는데, 여기에서는 이를 이론적 차원으로 끌어올려 정리해보기로 하자.

이 논고에서는 세 가지의 비학교화, 비교육화의 차원이 제시되어 있다.

①학교의 폐지 ②학교의 비국가화 ③교육 수요의 뒤집기 등이다. 일리치는 ①에 대해서는 말한 적이 없고 ②에 대해서는 언급한 적이 있다고 말했다. 그리고 ③은 미처 인식하지 못했다고 했다. 그는 ③과 관련하여 "교육이 여가의 무상 이용으로 우리들에게 주어진 선물이 아니라, 무언가 절박한 수요가 되어버린 지금의 풍조를 뒤집고 싶다"고 말했다. 그는 학교화를 대신하는 것이란 '도구에 대해 사람들이 다른 태도를 취할 수 있게 되는 것'이라고 정의한다.

호모 에듀칸두스는 호모 에코노미쿠스와 거의 동시에 태어났다.

칼 폴라니는 재화의 교환이 상품 시장보다 수세기 전에 이미 존재했으며, 상품 시장은 형식적 경제 영역에서 독립된 것이었음을 보여주었다. 이와 마찬가지로 파이데이아라는 교육 영역 역시 사회로부터 독립해서 형성된 것이다. 경제학의 경우, 루이 뒤몽[21]이나 엘리 알레뷔[22] 등이 지적한 것처럼 경제학자들이 당연히 받아들이고 있는 가정을 역사적 구성물이라고 비판, 분석하는 전통이 있다. 호모 에코노미쿠스 역시 최근의 산물인데, 교육학의 경우 '교육 인간'이라는 개념에 대해 전혀 의심하지 않고 있다. 다음과 같은 점들을 이해할 필요가 있다. 즉, 교육이란 학습의 생산 수단이 희소하다는 가정 하에 이루어지는 학습이라는 점, 교육 수요는 사회화를 위한 수단이 희소하다는 사회적 신념과의 합의에서 나타난 결과라는 점, 교육이라는 의식(儀式)이 반영하고 강화하여 만들어내는 것은 희소성이라는 조건 하에서 추구되는 학습의 가치에 대한 신앙이라는 점 등이다.

교육에 대한 수요는 교육의 희소성으로 연결되는데, 그렇다면 먼저 희소성 이론을 명확히 이해해야 한다. 왜냐하면 일리치는 "교육은 역사적으로 만들어진 산물"이라고 하면서도 그 이상의 것은 말하지 않았기 때문이다. 여기에서 '유클리드 공간'이 사례로 이용된다. '2개의 평행선은 절대 만나지 않는다'는 공리가 있다. 이것은 어떤 전제를 세운 것인데, 그 전제에 대한 음미 없이 확실한 사실이 돼버렸다. 그 후 2000년간 이 전제는 자연적 사실로 간주되어왔다. 그러다가 리만(Bernhard Riemann, 1826~1866)이 2개의 평행선이 만나

---

21   Louis Dumont(1911~1998). 프랑스의 인류학자로, 서구의 사회사상과 이데올로기에 대한 연구로 유명하다.
22   Élie Halévy(1870~1937). 프랑스의 역사가이자 철학자. 영국사 및 공리주의 역사에 대한 연구로 영국 역사학계에 큰 영향을 끼쳤다.

지 않는 공간은 수학자에게는 특수한 경우에 불과하다는 것을 밝혀냈다. 상대성이론의 수학적 기초를 증명한 것이다. 리만의 연구에 자극을 받아 인류학자들은 많은 문화들에서 유클리드적 시각과 다른 눈으로 사물을 보고 있다는 것을 보여주었고, 민속언어학자들은 많은 언어들의 공간과 방향 표현이 인도유럽어에 의한 표현보다 쉽게 공간의 휘어짐을 표현할 수 있다는 것을 확인했으며, 역사가들은 고대 문헌에서 공간을 기술할 때 시각적 경험보다 냄새와 소리 등으로 기술했음을 발견했다. 한편, 파노프스키[23]는 "예술가는 자신과 자신의 시대가 보고 있는 공간을 그려낼 뿐으로, 원근법이란 자기를 중심으로 세계를 보는 새로운 능력을 표현한 것"이라고 지적했다.

　이와 마찬가지로, 교육이란 관념에 의해 형성된 정신 공간 역시 존재한다. 이와 관련해서는 "소리 문화의 세계와 알파벳에 의해 형성된 세계는 공존할 수 없는 이질적 영역"이라는 밀만 패리[24]의 발견을 참고할 만하다. '문자적 정신'의 교육학적 공간이 존재하는 것이다. 이 공간 속에서 교육학적 관념들의 네트워크가 변환되어간다. 알파벳과 문자적 정신에 대한 자세한 내용은 본서 제10장을 참고하기 바란다. 여기에서는 눈으로 텍스트를 보고 내용을 파악하는 '텍스트의 기술과 쓰기 기술이 문자적 정신을 만들어낸다'는 점 정도만 이해해두자. 일리치는 소리의 문화 세계, 문자 기호에 의해 형성된 세계, 사이버네틱스 정신세계 등 크게 세 개의 역사적 세계를 설정했는데, 여기에서 필요한 것은 이론적 심화다. 특히, 교육을 둘러싼 도구, 정신 공간, 그리고 희소성의 관계 문제다. 교육이 희소하다는 것은 교육에

---

[23] Erwin Panofsky(1892~1968). 독일 출신의 미국 미술사가. 프린스턴대학 교수 역임. 도상해석학과 원근법 연구가 대표적 업적이다.

[24] Milman Parry(1902~1935). 미국의 서사시 학자이자 구전문학 연구의 창시자.

경제 원칙이 적용된다는 것만을 의미하는 게 아니다. 문자가 쓰이는 것 자체가 희소하다. 즉, 문자적 정신 공간 자체가 경제라는 뜻이다. 배운다고 하는 사용 가치에는 희소성이 없다. 배운다는 것 자체만 있을 뿐이다. 경제적 전제는 다음과 같은 세 가지 측면에서 개입한다.

① 학습을 생산하는 수단이 희소하다.

② 사회화하는 수단이 희소하다.

③ 문자적 정신/글쓰기의 리터러시가 희소하다.

이와 같이 기술과 사회, 문화의 희소성이 설정되면 교육의 희소성, 즉 교육의 필요(＝수요)가 만들어지게 된다. 희소성(＝결여성)이 만들어지면 이들을 채우지 않으면 안 된다. ①을 위한 도구에는 학습 프로그램과 커리큘럼이, ②를 위한 도구에는 학교 시스템이, ③을 위한 도구로는 펜, 연필, 종이 그리고 무엇보다 교과서라는 텍스트가 설정된다. 이들 도구는 생산 수단이다. 학교와 시장 경제는 분리되어 있기 때문에 노동력 형성을 위한 교육의 상품화가 진행된다. 학습 가치가 학력으로 산출되고 자격화가 이뤄진다. 총체적으로 '세속 리터러시'의 정신 공간을 갖는 교육 인간이 만들어지는 것이다.

현재 이 교육 인간을 둘러싼 세계는 사이버네틱스 정신 공간과 비트 문자의 컴퓨터 도구에 의해 전환기를 맞고 있다. 컴퓨터 세계는 이 세 개의 희소성을 ① 데이터/검색의 희소성 ② 프로그램의 희소성 ③ 컴퓨터 리터러시의 희소성 등으로 바꾸어 컴퓨터 경제를 구성한다. 이 역시 희소성의 경계에서 빠져나오지 않고 있는 정보 기술 세계다.

한편, 앞서 설명한 세 가지 생산 양식을 통합한 세계가 있다. '가르침을 받는 모국어'의 세계다. 모국어의 국가어화(＝국어화)가 이루어지는 세계이기도 하다.

4. 가르침을 받는 모국어: 학습의 근원

교육, 즉 가르침의 근원에 있는 것은 '언어를 가르치는 것'이다. 언어 일반이 아니라 그 나라의 국어, 국가어, 모국어를 가르치는 것이다. 사람들은 언어를 가르치는 것을 학교에 가는 것보다 당연하다고 생각한다. 그런데 '가르침을 받는 모국어'는 버내큘러한 말을 습득하는 것과는 전혀 다르다. 일리치의 고찰은 언어를 가르치는 것 자체에 대한 문제 제기다. 교육 비판이 한층 더 근원으로 파고들어간 탐구인 것이다.

언어 교육이란 읽고 쓰기의 국어 과목에만 국한된 게 아니다. 수학도 물리도 화학도 생물도, 음악과 체육조차도, 언어(＝국어) 내에서 교육이 이루어진다. 학교 교육은 모국어로 간주되는 국가어로만 진행된다. 영어 교육과 같은 외국어 교육조차 국어에 의해 이루어진다. 이 국가어(＝국어)의 기본이 되는 것, 그것이 바로 '가르침을 받는 모국어(taught mother tongue)'다. 그것은 랭귀지(＝언어) 이전에 존재한다. 일리치의 문제 구성을 보면, 「학교 교육」에 대한 문제 제기와 「문자의 알파벳화」에 대한 문제 제기(10장) 사이에 「가르침을 받는 모국어」에 대한 문제 제기가 위치해 있다. 「가르침을 받는 모국어」는 1978년 논문인데, 동일한 내용이 『그림자 노동』의 「버내큘러 가치」 부분과 『젠더』의 「젠더와 스피치」 부분에서도 다뤄지고 있다.

언어 비용

언어에는 돈이 든다. 언어를 가르치는 것은 직업이 되었고, 많은 돈이 그곳으로 몰리게 되었다. 언어는 GDP의 일부를 만든다. 이는 시장화된 가치의 두 가지 큰 카테고리 중 하나다. 무엇을 말하고, 누가 그것을 말하는지, 언제 어떤 사람들이 어떻게 말할 수 있는지를 결정하는 데 돈이 사용되는 것이다. 언어의 비용이 커질수록 더 큰 노력이 필요하다. 가난한 사람이 부자처럼 말할 수 있기 위해, 병자가 건강한 사람처럼, 흑인이 백인처럼 말할 수 있기 위해 돈이 사용된다. 아이들과 교사들의 언어가 개선되고, 바로잡히고, 풍부해지고, 업데이트되기 위해 돈이 사용된다. 처음에는 사람들이 배타적 표준의 단일 언어, 교육적 구어체를 구사하기 위해 돈을 사용했고, 이후에는 그다지 성공하진 못했으나 소수의 지방어와 외국어에 돈을 사용했다. 이들 대부분은 교육이란 명목 하에 이루어져 언어 교육으로 간주되었는데, 공적 기관에 의해서가 아니라 관리자나 엔터테이너, 광고와 뉴스 보도자들에 의해서였다. 미국에서 언어를 만드는 데 얼마만한 돈이 사용되는지 짐작도 할 수 없을 정도다. 비용이 드는 언어 형태는 높은 수준의 문명을 가리키는 지표가 된다. 구조적으로 방향 지워진 언어 경제는 가치 있는 개발인 것이다.

일상 언어(everyday language)를 가르치는 것은 이전의 문화들에는 없었던 일이다. 급여를 받는 교사나 독자적인 말하기 방식을 갖는 모델에 의존하는 것은 산업 경제 특유한 특징들이다. 언어는 에너지와 마찬가지로 세계적 규모에서 수요가 되었다. 모든 사람들을 위해 계획되고 프로그램화된 개입에 의해 만족되는 수요인 것이다.

버내큘러한 말과 '가르침을 받는 언어'

태양을 숭배하는 문화들은 버내큘러 언어에 기초를 두고 있다. 언어는 문화 환경에서 유래한다. 오늘날에도 가난한 나라의 다수의 사람들은 무언가 지불하는 일 없이 말하기를 배운다. 자기 의식과 자기에 대한 중요성 없이도 말을 배우는 것이다.

일리치는 가르침을 받는 구어체(taught colloquial)와 버내큘러한 말하기(vernacular speech)를 구별하고 대비시킨다. 비용이 드는 언어와 비용이 들지 않는 언어다. 버내큘러 언어에 의해 '존재와 행위의 버내큘러한 양식의 존재(the existence of vernacular mode of being and doing)'를 논의하자는 것이다. 엘리트 언어와 현지 하층에서 사용되는 말, 권역 언어와 권역을 뛰어넘은 언어, 비식자층와 식자층의 언어 등 지리적 제한과 사회 수준, 성 역할, 계층 등과 무관하게 언어는 '버내큘러한 것'과 '가르침을 받는 것'으로 구분된다. 가르침을 받는 언어는 매우 최근의 상품이다.

엘리트 언어 또는 표준 언어의 지배적 위치는 쓰기와 인쇄술에 의해 강화되었다. 편집, 인쇄, 출판물의 분배는 인쇄된 표준을 만들고, 이로 인해 특수한 버내큘러한 형태가 중심화되었다. 그리고 나머지 형태들을 식민지화하고, 기술적 조치를 통해 서서히 통합해갔다. 물론 표준적 구어체의 강요에 인쇄술이 사용된 것과 언어가 가르침의 형태가 된 것은 별개의 일이다. 버내큘러한 것은 실제 사용에 의해 확산된다. 사람들이 뭐라 말했고, 그게 무엇을 의미하는지는 사람들로부터 배운다. 이것은 가르침을 받는 언어가 아니다. 가르침을 받는 언어에서의 핵심 모델은 직접 대면하는 사람이 아니라 전문적 발화자다. 사람들이 무엇을 말했는지가 아니라, 타자가 의도한 것을 정확히 암송할 수 있는 사람이다. '가르침을 받는 구어체'란 위원회가 결정한 것을 홍보 담당자가 편집자에게 문서로 전달하고, 이에 의거해 말해진(announced) 언어다. 가르침을 받는 언어는 죽은 말이며, 타자가 만든 텍스트를 읊었을 뿐인 비인격적 레토릭이다. 가르침을 받는 언어를 말하는 사람들이란 아나운서, 코미디언, 교과서를 따르는 교육자, 엔지니어화된 리듬으로 노래하는 가수, 대필 작가의 글을 대독하는 사람 등 보통 사람들이 친근감을 느끼는 사람들이다. 그들은 당신의 얼굴을 보고 말하는 것이 아니다. 추상적으로 설정된 적절한 시청자를 향해 말할 뿐이다. 버내큘러한 것은 자신이 그곳에 있어서 얼굴과 얼굴을 맞대고 서로 무언가를 말하고 배우는 것임에 반해, 가르침을 받는 언어는 주어진 일로써 말을 하는 발화자에게서 배우는 것이다.

언어는 가르치는 것이 되면 완전히 비인간적인 것이 된다. 언어는 커뮤니케이션으로 퇴화되고, 일종의 교환에 불과하게 된다. 근대성이란 버내큘러한 가치가 상품으로 바뀌었다는 뜻이다. 상품에 의해 자연이 지배되고, 상품에 의해 환경이 지배되며, 상품에 의해 필요가 형성된다. 상품에 의해 결정된 필요가, 사람들로 하여금 필요를 바라는 사람, 가르침을 받는 사람, 욕구불만에 빠진 사람이 되게 한다.

언어 변화의 3단계
버내큘러한 것이 산업적인(industrial) 것으로 진화하는 데는 세 가지 단계가 있다.
① 모국어라는 용어(term)의 출현. 수도사가 버내큘러한 말에 대해 가르치게 된다.
② 모국어가 문법가들에 의해 국가 언어가 된다.
③ 텍스트를 통해 학교화되고 교육화된 표준 언어로 치환된다.
중세 중기까지는 모어 또는 모국어라는 용어가 없었다. 자신들의 토지를 '어머니(母)'와 연관시킨 것은 크레타인들이었다. 정치적 현실로서 그리고 이데아로서 유럽이라는 실체가 나타났을 당시, 민중은 '민중의 언어'를 쓰고 있었다. 그리스인들이나 중세 초기의 사람들에게 지방어(dialects)와 다른 '언어(language)'와의 구별은 없었

다. 버내큘러한 것은 11세기까지 문제가 되지 않았다. 그런데 갑자기 모국어(mother tongue)라는 용어가 출현했다. 고흐즈 수도원[25]의 몇몇 수도사가 설교 중 사용한 것이다. 지금부터의 내용은 『그림자 노동』 제4장에 보다 자세하게 기술되어 있는데, 아무튼 버내큘러한 것들 사이의 대립을 뛰어넘어 어머니와 같은 언어가 발명된 것이다.

모성(母性, maternity)이란 원래 남성 성직자들의 권력을 주장하는 원리로부터 소외된 것이었다. 대신 '어머니'는 명예를 부여받아 소중히 간직되고, 그 순수성에 의해 보호받았으며, 무기로 단련되어 불결에 대항하는 방패로 사용되었다. 모국어라는 말은 11세기에 라틴어로 번역되어 유럽 전체로 퍼져나갔는데, 15세기 초 다양한 비속어 속에서 재발견된 것이다. 모국어라는 개념은 지역의 구어체를 뛰어넘어 높은 감정적 가치와 폭넓은 청중을 동반한 채 타자기와 인쇄의 발명을 불러왔다. 모국어는 아이들이 처음으로 배우는 언어라는 의미이자, 국가가 '시민의 최초의 언어'여야 한다고 결정한 언어라는 뜻이다. 모국어는 닥치는 대로 배우고 익힌 최초의 언어가 되었다. 가르침을 받는 모국어에 대한 의존은, 상품으로 정의된 수요의 시대에 살고 있는 인간들에게 전형적인 '모든 것을 남에게 의존'하는 패러다임이다. 이 의존 이데올로기를 정식화한 것이 네브리하다. 그는 근대 유럽 언어 최초의 문법을 만들어낸 인물이다. 네브리하는 여왕에게 언어를 통일해서 가르칠 필요가 있음을 건의했다. 그것은 가르침을 받는 모국어가 어떤 것인지를 보여준다. 거기에는 통치 언어와 언어 자체의 정치적 의미가 들어 있다.

---

[25] 고흐즈(Gorze) 수도원은 프랑스 동북부의 도시 메스에서 서남쪽 15km 지점에 위치한 수도원으로 749년 설립되었다.

지구의 크기를 작게 예측한 콜럼버스가 1492년 10월 13일 산토도밍고(Santo Domingo)에서 중국 해변에 사는 나이팅게일의 울음소리를 들었다고 착각할 무렵, 네브리하는 지식인이 사용하는 '문법'이라는 '신민 통치의 새로운 무기'를 여왕에게 선물했다. 민중이 사용하는 말 대신에 여왕의 말(lengua)을 강요하는 것, 즉 신민이 사용하는 말을 식민지화할 것을 제안한 것이다. 이는 민중을 위한 것이 아니었다. 민중들은 버내큘러한 말에 의해 무법·무질서 상태에 빠져 있는데, 이를 대신할 언어를 민중에게 강요하고 통치해야 한다는 것이다. '제국의 동반자이자 해외정복을 위한 도구, 민중들이 사용하는 말을 제압하기 위한 무기'라고 생각했다. 해외정복 기관과 왕국 내의 다양한 과학적 지배 조직을 포함한 칼과 전문 지식 간의 협정이었던 것이다. 네브리하는 주장한다. 버내큘러 언어와 인쇄술에 의해 민중들을 타락시키고 있는 무정부 상태가 다양하게 발생하고 있는데, 이를 여왕의 언어에 의해 통제함으로써 국가 통일이 가능하다고. 그것은 어머니 교회를 대신해 국가가 모성적 기능을 갖는 것이다. 또한, 특정 국가에서 태어나 국가의 품속에서 자라는 근대 시민이 만들어지는 것이며, 국가가 제공하는 언어에 의해 신민은 시민이 될 수 있다는 것이다. 버내큘러 언어를 모국어(mother tongue)로 바꾸기 위해서는 문법 체계를 통해 모국어를 인공적으로 만들어야 한다. 그리고 그것을 성서의 언어(헤브라이어, 그리스어, 라틴어)가 아닌 카스티야어로 표준화해야 하고, 표준화된 국어에 의해 의무교육을 실시해야 한다. 모국어를 말하기 위한 교육의 필요가 만들어진 것이다. '버내큘러 언어'를 '가르침을 받는 모국어'로 바꾼 것, 이것이야말로 보편적 교육의 최초의 발명품이라고 일리치는 지적한다. 여왕의 권력을 키우기 위한 문법의 사용과 사람들의 일상생활을 국가가 관리할 필요를 제기한 것인데, 네브리하는 민중들의 자급자족(subsistence)에 대한 선전포고의 초석을 만들어낸 것이다.

아직 국가어(=국어)가 아닌 모국어라는 tongue의 차원이기는 하나, 그것은 이후 language로 발전하고 국어가 만들어지는 기반이 된다. '가르침을 받는다'는 것이 문법 체계와 함께 출현해, 언어는 교육받지 않으면 개개인이 획득할 수 없는 것이 되었다. 오늘날 언어 능력은 충분한 가르침을 받는 것에 의존하게 되었다. 이 점은 부르디외에 의한 언어 교환 이론과 겹쳐보면 더욱 확실해진다. 버내큘러 언어가 공용어가 되어 공식적으로 사용되고, 이로부터 표준어가 형성되고, 그것이 국가 언어로서 통일 언어가 되었다. 이처럼 언어 교환 양식이 분명히 드러나는데, 그 근원에 있는 사고방식을 일리치가 지적한 네브리하에서 볼 수 있는 것이다. 버내큘러 언어와 국가어의 차이를 명백히 이해할 필요가 있다. 또한 파울로 프레일리는 지배 언어인 국가어 아래에서도 코드 해체가 가능하며, 민중들이 의식적으로 스스로 언어를 표현할 수 있다는 것을 보여주었다. 이것은 언어 기술로서 중요한 점이다.

학교에 대해 문제 제기를 하고, 학교를 성립시키고 있는 교육의 관념에 대해 문제 제기를 하고, 교육을 성립시키는 '가르침을 받는 모국어'에 대해 문제 제기를 하고, 그리고 모국어의 기본이 되는 문자에 대해 문제를 제기한다. 일리치의 고찰은 점점 더 깊숙이 인류의 근원으로 파고들었다. 교육 영역뿐 아니라 다양한 제도의 '영역'이 사라져가고 있다는 것을 알아야 한다. 그 힘이 희망을 만들어내는 것이다.

[본장의 주요 논문]

1979/ Educational Sphere(Lecture at Teachers College, Columbia

University, Spring, 1979, New York)

1988/ The educational enterprise in the light of the Gospel(13. 11. 1988, Chicago)

1978/ Taught Mother Tongue(General Institute of Indian Languages, India)

The History of Homo Educandus(07. 1984, Paris)

In Lie of Education(1971/1977)

4장

속도 사회의 수인(囚人): 모터 수송기구와 교통과 이동

비행기보다 걷는 게 빠르다

산업사회의 물질적 토대는 무엇으로 구성되어 있는가. 일리치는 이를 '교통과 에너지'에서 찾는다. 물질적 세계이자 물질적 토대다. 우리는 그의 '과잉 장비'와 '과소 장비'라는 대조로부터 선진국 대 저 개발국이라는 도식의 근거를 볼 수 있다. 그의 논리는 단순히 자동차 사회 비판이 아니고 자동차를 대신할 '자전거 사회'에 대한 주장도 아니다. 우리들의 물리적이고 물질적인 기반은 어떤 것인가, 그리고 물질적 생활 세계는 어떻게 구성되어 있는가를 분석한 것이다.

소책자이긴 하나 자료적으로는 가장 심도 깊게 고찰되고 검증된 이 자료집은, 문화교류문헌자료센터 ANTOLOGIA B시리즈 전8권 으로 정리되었다. 참고로 A시리즈는 의료다. 문화교류문헌자료센터 에서 편집된 이 교통 자료집은 매우 흥미롭다. 바퀴가 어떻게 발명되고 사용되었는지, 말이 어떻게 마구의 발달에 의해 생산 구조를 바꾸었는지, 자전거 사회의 공간 구성은 어떻게 되어 있는지 등 자동차뿐 아니라 교통과 수송의 세계를 둘러싼 다양한 자료들이 정리되어 있다. 바퀴가 발명되었음에도 불구하고 일반인들은 거기에 탈 생각을 전혀 하지 않았다거나 '자전거의 속도 세계'가 어떻게 구상되었는지 등 흥미 있는 자료들도 수집되어 있다.

일리치는 교통(=traffic), 수송(=transportation), 이동(=transit)을 구별한다. 그런데 그의 관심은 mobility가 아니라 locomotion이다. 즉, 자동차와 같은 물체가 이동하는 것이 그의 주된 관심이다. Locomotion에서 인간의 보행이나 물체가 무언가에 의해 움직이던 것이 모터에 의해 그 자체가 움직이는 것으로 바뀌었다. 이로부터 무슨 일이 일어났는가가 문제다. 타율 에너지에 의해 움직이는 것/날라지는 것과 자율 에너지에 의해 자기 자신이 이동하는 것의 차이다. 일리치는 후에 인간을 에너지로 본 것은 잘못이었던 것처럼 이야기하지만, 그렇지 않다. 현실의 대상과 이론적 대상의 차이에서 인간의 사회 행동을 분석·해석하는 데 있어서 자율 에너지로 움직이는 것과 타율 에너지에 의해 '움직이게 되는 것'은 분명 차이가 있으며, 이로부터 행동과 행위의 관념에 차이가 생긴다는 지적은 중요한 시사점이다. 인간을 에너지로 환원한 것은, 인간의 물질적 존재 방식의 토대를 보여주는 것이다. 문제는, 인간을 에너지화한 것이 아니라, 인간을 에너지화한 이동 사회를 모빌리티로써 체계적으로 분석하지 않은 것에 있다. 자기의 사상을 자기가 수습할 필요는 없다. 사상의 정당화는 사람들에게 맡겨두면 된다.

아무튼 우리들은 모터 수송 없이는 이동이 불가능한 생활에 빠져 있다. 비행기의 속도로 공간을 이동하는 것은 고통스럽지만, 그 고통을 뛰어넘는 편리함이 있다. 그리고 자동차가 아무리 CO_2를 배출하고 자율성을 마비시키더라도, 그 물체적 매력은 사람을 끌어당기기에 충분하다. 어찌됐든 모터 수송은 편리함을 넘어 쾌락을 준다. 이런 점을 감안하되, 본질적 부분에서 일어나고 있는 일을 비판적으로 고찰하면 될 일이다. 이와 같은 인식이 결여되어 있으면, '모터 수송에 대해 비판하는 당신 역시 비행기를 타고 오지 않았느냐'와 같은 어처구니없는 비난이 생긴다. 학교 비판을 하면서 대학교수를 하고 있지 않은가, 문자 비판을 하면서 문자를 쓰고 있지 않은가 등의 비난은 비판적 고찰을 죽이는 파시즘적 사상이다. 이 폐쇄된 굴레에서 탈출할 수 있는 한 가지 방법은 물질적 근거를 명확히 하는 것이다.

오토 스톱

1992년 〈자전거의 자유〉에 관한 심포지엄에서 일리치와 그의 동료 장 로베르토(우리들은 스페인어 발음으로 그를 이렇게 부르는데, 프랑스어로는 '로베르'다)의 공저인 「AUTOSTOP」이라는 논문이 발표되었다. 이것은 교통론의 하나의 집대성이라고 할 수 있다.

논문의 기본 축은, 수송의 증대가 어떤 한계치를 넘으면 여객 마일(passenger mile)이 늘어날수록 개인의 모빌리티는 감소한다는 것이다. 이 논리는 교통 분야뿐만 아니라 산업 서비스 제도의 여기저기에서 일어나고 있는 '역생산성'에 관한 것이다. 여객 마일이란 여행 수송량의 단위로 '총 여객수 × 총 주행거리'로 계산된다. 교통의 역생산성이란 교통 정체가 그 사례인데, 수송 시스템이 완비되고 통합될수록 사람들은 아침 일찍 일어나 조깅하는 시간을 제외하면 나머지 대부분의 시간을 다리에 쥐가 날 정도로 차 속에 갇혀 지내게 된다. 이동수단이 빨라지면 빨라질수록 보다 멀리 가게 되고 이동시간이 늘어난다. 가속화되면 될수록 시간이 더 많이 걸리게 되고 더 느려지게 되는 역설이 일어나는 것이다. 고속도로는 오래 함께 살던 이

옷들을 갈라놓고 생판 모르던 사람들을 모아 이웃으로 만든다. 그리고 인구의 상당히 많은 부분이 장거리 수송 수단에 갇혀, 걸어서는 도저히 갈 수 없는 장소에 가게 된다.

철도는 '분'이라는 시간에 대한 감각을 낳고, 여객 마일에 대응하는 시간 비용을 계산해 '운임'이라는 관념을 만들어냈다. 이 기초적 관념들은 모터화된 수송에 의해 충분한 타당성을 얻었다. 이로부터 인간의 수송이 상품화되는 '상품으로서의 인간 수송'이라는 개념이 출현했다. 초기에는 물론 운전사가 따로 있어서 사람들은 수송될 뿐이었다. 그런데 T형 포드가 판매되면서 모든 것이 바뀌었다. 모빌리티는 산업적 생산품이 되었고, 이 제품(자동차)의 소비는 소비자 자신에 의한 부불(不拂)노동, 그림자 노동이 되었다. 자신의 노동력을 스스로 공장이나 회사 정문까지 나르는 특권이 부여됨과 동시에, 임금이 지불되지 않으면서도 시간을 잡아먹고 훈련이 필요한 노동(운전)이 요구되었다. 그림자 노동에 의해 상품을 쓸모 있게 만드는 노동이 산업사회 생활의 기반이 된 것이다. 자신을 노예로 떨어뜨리는 (self-enslavement) 이 방식은 오히려 개인의 자유를 만족시키는 매혹적인 심벌로 인식되었다.

일리치는 버내큘러한 보행과 자전거 이동이라는 자율 에너지에 의한 모빌리티를 대안으로 제시한다. 그것은 자신이 서 있는 장소는 자신의 발로 도달한 장소라는 경험에서 유래한 것이다. 일찍이 거리 측정은 걸을 때 걸리는 날수로 쟀고, 인생에서 차지하는 시간으로서 지각되었다. 여객 마일이라는 관념은 존재하지 않았다. 걷는 것은 한편으로는 위험하고 힘들고 실망시키기도 하지만, 다른 한편으로는 모험에 가득 차고 즐겁고 기분을 고양시키는 것이었다. 그리고 무엇보다 자신의 발을 사용하는 데는 돈이 들지 않았다. 길 위나 쉼터에는 다른 곳에서 온 사람들에 대한 관용, 환대, 자선, 그리고 컨비비앨리티(conviviality)가 있었다. 이동의 자유가 있었고, 편의를 봐줄 수 있는 환경이 있었다. 통치자들이 이를 감시한 것은 그런 자유의 위험성이 있었기 때문이다.

여기까지의 내용은 이전의 수송 비판과 별반 다르지 않다. 그런데 일리치는 갑자기 다음과 같은 얘기를 시작한다. "이성적인 진중함이 정치 속에서 실현될 수 있다고 생각한다면, 내일 아침 일찍부터 당장이라도 우리들은 자동차의 소음이 없는 자전거 중심 사회에서 생활할 수 있다."고 단언한다. 그리고 정신적 실험에 관한 이야기라고 하면서 그는 "대법원이 '세금으로 유지되는 도로의 사용은 공적 서비스를 제공하는 수송기관에 한정한다'는 결정을 내리고, 의회는 '운전면허의 발행은 여객 마일을 생산함으로써 수입을 얻는 운전사에 한정한다'는 법률을 정하고, 시민들은 모두 승차 카드를 받아 어디에서든 전문 운전사가 운전하는 차를 탈 수 있고 사용료는 납세신고서로 지불하되 전화요금처럼 공제된다."는 등의 예를 제시한다.

그러나 이렇게 말하면 안 된다. 새로운 사회 규칙에 대해 애초에 한계를 설정해버린 것이다. 수송에서의 작은 변화가 이동 시스템 자체의 대전환을 만들어낸다는 것을 그는 무시하고 있다. 또한 이것은 '이성'이 문제를 해결한다고 보는 지식주의다. 멕시코인들이 승합차를 신사적으로 사용하는 것은, 이성이 아니라 버내큘러한 문화 감각에서 온 것임을 무시하고 있다. 자명하다는 이유로 이성을 작동시키는 것만으로는 현실을 바꿀 수 없다. 버내큘러한 감각을 무시한 채 서구적 해결책을 제시하는 것에 불과하다. 이 대목은 일리치의 이름을 빌려 로베르토가 서술하지 않았나 추측되는데, 어쨌거나 일리치가 이를 용인한 것 또한 사실이다. 그러나 이성으로 자동차 문제는 해결되지 않는다. 모터 기관이 장악한 욕망과 향락, 그리고 쾌락은 이성의 차원에는 없기 때문이다. 이쯤에서 일리치의 초기 논고들을 재검토하기로 하자.

교통의 세 가지 양상

교통(traffic)이란 사람이 집 밖으로 외출할 때, 장소를 이동하는 것 일체를 말한다. 교통에는 타율적인 것과 자율적인 것이 있다. Transit은 인간의 신진대사를 이용해 이동하는 것으로 자율적 교통이고, transport/transportation(수송)은 다른 에너지에 의존한 이동, 즉 타율적 교통이다. 전자는 걷기 또는 자전거와 같이 기계를 사용하더라도 자율 에너지로 움직이는 것이고, 후자는 모터 수송, 즉 석유나 석탄 등 타율 에너지에 의해 움직이는 것이다. 자동차, 열차, 비행기 등에 의한 이동이다. 이는 매우 의미 있는 이론적 구별이다. 이 자율 교통과 타율 교통은 전혀 다른 원리로 작동한다. 후자에는 '수송', 전자에는 그저 '이동'이라는 번역어를 적용하기로 하자. '움직여지는 것'과 자신의 힘으로 '움직이는 것'이다.

주목할 점은 일리치가 '자율 에너지'를 설정했다는 점이다. 이는 자신의 신체와 신진대사 에너지를 사용한 움직임을 의미하는데, 이 자율성은 타율 에너지인 모터 수송에 의존하게 되면 마비돼버린다는 문제가 발생한다. 그는 이 이질적 에너지 간의 균형을 잡는 것이 필요하다고 주장한다. 이론적 대상으로서의 자율 에너지에 대해 '사람은 에너지만의 존재가 아니다' 같은 비판을 제기하는 것은 완전히 잘못이다. 분석에서 '이론적 대상을 대상화하는 것은 의미가 없다'고 말하는 것과 같기 때문이다. 에너지라는 용어는 인간과 사회를 '일하는 기계'로 해석하는 경제적 시점에서 접근한 것으로, 정치적 측면이 감춰지고 자연 자체를 드러내는 것처럼 보여 문제가 있다고 일리치는 말했지만, 정치적·사회적 존재 방식을 해명하는 개념으로서 충분히 사용될 수 있다고 생각한다. 비판적 개념으로서도 유효하다.

마츠모토[1] 시내에서는 자전거로 이동하는 것이 가장 빠르고 효율적이기 때문에, 학생들은 속도와 사회와의 관계에 대한 이야기를 바로 이해할 수 있다. 일정한 인구 규모의 사회 공간에서 자전거는 대단히 유효한 교통 수단이다. 다만 도시가 확대됨에 따라 자전거로는 역까지만 가고 이후에는 모터 수송기관으로 갈아타고 이동하는 생활로 바뀐다. 자율 에너지는 보조적 수단이 되는 것이다. 모터 수송 없이는 생활이 성립하지 않는 사회가 만들어진다. 장소가 원격화되고, 이동하는 사람은 수송의 소비자로 변한다. '최적의 속도는 자율 에너지 주도의 공간에 존재한다'는 지적은 장소적 환경을 설계하는데 매우 중요한 포인트로, 설계 원리의 기준으로 삼아 마땅하다. 그러나 일리치는 장소에 대한 인식을 상실한 채 '사회'라는 문맥에서만 논의를 전개하고 있기 때문에, 생각의 가능성과는 다른 차원에서 한계에 직면하게 된다.

도로는 길과 다르다. 길에서는 자율적 교통 이동이 지켜진다. 길은 이동뿐 아니라 생활의 다양한 일들이 이루어지는 공공재(commons)다. 그러나 도로에서는 자율 이동이 배제된다. 때문에 자동차 한 대 다니지 않아도 빨간 신호라서 멈추서 기다리는, 일본과 같은 전형적 규칙 사회가 만들어져 자율성이 완전히 마비된다. 이는 확실히 건전하지 못하다. 이런 사회는 사람의 생명을 중시하지 않는다. 규칙을

---

[1]   松本市. 일본 나가노 현에 속한 인구 24만 명의 도시로, 경제금융이 발달했으며 최근에는 소프트웨어 산업도 활발하다.

따르지 않으면 생명은 보호받지 못한다. 자기와 타자의 생명을 중요시하는 감각이 마비되는 것이다. 체험적으로도 자명한 일이다.

신슈대학[2]의 교문 앞 좁은 도로는 등하교 때 학생들이 많이 건넌다. 그게 위험하다며 신호기를 설치하자고 젊은 교수들이 나섰다. 필자는 신호기를 설치하면 지금까지 없었던 교통사고가 반드시 일어난다고 지적했지만, 아무도 필자의 말을 이해하지 못했다. 실제 지금까지 한 번도 사고가 없었다. 스스로 자동차를 보고 길을 건너고 자동차 쪽도 항상 사람들을 살피기 때문에 사고가 안 났던 것이다. 자신과 타자를 주의해 몸을 지킨다. 그런데 신호기가 설치되면 신호만보게 되어 자동차도 사람도 서로 보지 않게 된다. 교차점에서 사고가 많은 것은, 신호기만 보고 자동차를 보지 않기 때문이다. 자율적 동작이 없어지고 타율적 동작이 되기 때문이다. 신호기의 증설이 교통사고를 감소시킨다는 주장은 거짓이다. 프랑스나 영국조차 교차점은 신호기가 아니라 원형 로터리다. 그것이 가장 안전하고 효율적이기 때문이다. 신호기 경제는 일부를 제외하고는 없애야 한다.

교통의 산업화에서는 인간의 운동보다 탈것의 속도와 배치, 정지에 맞춰 환경이 만들어진다. 그리고 건설에서는 공공기관과 공공시설의 이름 하에 도로나 다리가 만들어진다. 주민들이 보기에는 쓸모없는 도로나 고가교, 고속도로가 만들어지는 것이 사회복지인 것처럼 위조된다. 수송이 교통을 방해한다는 것은 ① 교통의 흐름을 끊는것 ② 고립된 목적들이 만들어지는 것 ③ 교통에 의해 시간 손실이만들어지는 것을 의미한다. 수송은 탈것과 도로로 환경을 오염시키고 혼란시켜 교통 자체를 저해하고, 지형을 변형시키고, 생활 시간을

---

2   信州大學. 일본 나가노 현 마츠모토 시에 있는 국립대학.

뺏는다. 최고 속도가 무제한으로 지배적이 되면, 수송이 이동을 독점하게 되고 걷는 힘을 마비시켜버린다. 풍요로운 사용 가치가 제약될 뿐만 아니라 파괴되기까지 한다.

자동차의 급진적 독점

자동차는 교통을 독점한다. 자동차에 의한 교통이 '걷는 사람의 권리'를 빼앗고, '도보와 자전거의 환경'을 파괴한다. 속도가 신체성을 빼앗고 무력화시키는 것이다. 자동차는 음식을 조리하기 위해 사용하던 가솔린을 연소하는 기관으로, 때로는 살인을 저지를 수도 있는 위험하고 비싼 물건이다. 자동차의 배기가스는 환경을 오염시킨다. 많은 사람들이 이에 대해 느끼고 있다.

이런 자동차의 급진적 독점이 더 근원적인 환경 파괴를 일으키고 있다. 우선, 자동차는 '거리'를 만들어낸다. 공간을 자동차의 먹이로 바꾼다. 비인간적 속도는 인간의 타고난 이동 능력을 퇴화시키며 많은 시간을 이동에 쓰도록 강제한다. 더구나 자동차는 속도가 가속화되는 것을 미덕으로 삼는다. 속도는 모터 수송기관 이외에는 가속되지 않는다. 걷는 속도는 사람에 따라 그다지 차이가 없다. 그런데 가속화된 사회에서는 더 빠른 속도를 갖고 있는 사람이 더 부자가 된다. 자동차가 없으면 물건을 살 수도, 사람을 만날 수도 없게 된다. 자율성은 점점 마비돼간다. 수송되지 않으면 움직일 수 없게 되는 전도(顚倒), 즉 뒤바뀜이 일어나는 것이다.

과잉 장비, 과소 장비, 적정 장비

일리치는 기술이 배분되는 상태를 세 가지로 나눈다. 그는 자전거 속도조차 주어지지 않은 과소 장비는 극복되어야 하지만, 모터 수송이 교통을 지배하고 교통을 마비시키는 과잉 장비 역시 한계를 설정할 필요가 있다고 지적한다. 그리하여 적정한 속도의 교통이 최적 에너지 정량에 의해 이루어지는, 다원적 균형의 실현을 제창하고 있다. 이것은 부(富)로부터의 해방과 가난으로부터의 해방을 동시에 이끄는 것이다.

　과소 장비란 시민들에게 자전거 한 대 줄 수 없고, 5단 변속 자전거로 다른 사람을 태울 수 없는 상태이다. 또 일부 사람들만 자동차 속도를 갖고 다수는 이를 갖지 못한 채 걷는 것의 보조 수단으로써 그 편리성을 공급받지 못하는 상태다. 멕시코에서 인디오들은 고속도로를 맨발로 건넌다. 고속도로가 생활권을 가로지르고 있기 때문이다. 우리들은 멕시코시티에서 쿠에르나바카까지 무정차 고속버스로 이동하지만, 인디오나 농민들은 마을들을 지나는 완행버스로 이동한다. 필자도 한 번 타봤는데, 그 버스에는 커다란 짐과 닭을 안은 인디오들이 타고 내렸다. 4~5배 시간이 더 걸렸다. 속도는 빈부의 차에 의해 완전히 계층화된 것이다. 이에 반해 과잉 장비란 사회생활이 수송 운반 산업에 지배되고, 속도 접근에서 계급 차이가 구조화되고, 시간이 점점 결핍·결여되는 상태다. 산업이 깔아놓은 궤도에 국민을 묶어놓는 것이다.

　성숙한 기술의 적정 장비 세계란, 사람들에게 자전거와 자전거 속도의 3배쯤이 제공되고, 보조적 모터 기관이 공정성과 자유를 제약하지 않으면서 이를 지탱해주는 시스템이다. 걷는 것은 수송과 분리되지 않으며 장소는 살아 있다. 일리치는 다소 리버럴한 톤으로 "적정 장비 세계가 정치 프로그램에 의해 이루어져야 한다. 정치적 결의에 의해 이루는 수밖에 없다."고 지적하고 있다. 타당한 말이다. 프로그램화, 공간의 왜곡, 시간의 결핍, 불공정 등을 '장소의 정치'가 확인하고, 이에 대한 적정 수준을 결정하는, 즉 정치적으로 실현하는 것이다. 세계의 중심은 스스로 서서 걷고 생활하는 장소라는 것을 우리들은 각자 경험하고 있다. 일리치는 무의식적으로, 그러나 분명히 장소를 설정하고 있는 것이다.

비행기 속도가 가장 빠른 게 아니라는 것은 실제 드러나고 있다. 물리적 속도만으로 비교해서는 안 된다. 계산에 의하면 1974년 시점에 미국인은 7,500마일을 달리는 데 1,600시간을 쓰고 있었다. 시속 5마일에 불과하다. 걷는 것보다 2배 정도 빠를 뿐이다. 제네바에서 파리로 가는데 비행기를 이용한 시간과 열차를 이용한 시간 사이에는 거의 차이가 없다. 비행기는 1시간, 열차는 3시간 반이 걸리지만, 비행장까지 가고 기다리는 시간과 역이 시내에 있다는 것을 감안하면, 최종적으로 같은 장소에 도착하는 종합적 시간은 거의 같다. 생활적 속도 시간은 다양한 조건의 총체로 구성되는 것으로, 추상적 물리적 속도가 아니다. 이동을 해치는 수송과 이동을 돕는 수송의 구별은 단일한 속도가 아니다. 다양한 속도가 다양하게 제공되는 것과 관련된다.

일리치의 제안은 단순히 자동차 파괴나 자전거 사회에 대한 제안이 아니라, 성숙한 기술로 인간의 자율 속도를 지원하자는 것이다. 단순한 에콜로지가 아니라 에콜로지 비판이 담겨 있다고 할 수 있다.

에너지 위기의 본질

에너지 위기의 저변에는 어떤 본질적 문제가 숨어 있는가. 일리치는 이로부터 논의를 시작한다. 에너지 위기를 떠들어댐으로써 감춰지는 현실, 키워지는 환상은 공정성과 산업의 관계를 보이지 않게 한다. 그것은 기계의 힘이 인간의 힘을 대체할 수 있다고 믿는 환상이다. 대량의 에너지 소비는 자연 파괴뿐 아니라 사회적 관계들을 황폐하게 만든다. 기계에게 모든 것을 맡기려는 생각은 노예에게 모든 걸 시킬 수 있다는 생각에서 유래하는데, 번영을 자랑하며 서로 경쟁하는 것은 불공정과 황폐 그리고 무력을 낳는다. 고도의 에너지 소비는 기술을 낳을 뿐이다.

에너지 정책에는 세 가지 길이 있다.

첫째, 1인당 에너지 사용량을 증대시키면 개인의 복지를 키울 수 있다는 믿음 아래 산업화를 계속 촉진하는 것이다. 이는 파괴성 있는 연료의 엄격한 관리가 필요해진다는 것을 의미하는데, 특히 원자력 에너지에 집중되고 있다.

둘째, 사회의 유력한 멤버들이 에너지 변환 효율을 높이거나(일리치가 말하는 제2의 길), 기계 에너지의 사용을 절약하자는 것(일리치가 말하는 제3의 길)으로, 이는 산업의 재조직화를 추진하는 것이다. 이것은 '에너지 절약'이란 명목 하에 오히려 국민들의 방대한 소비를 만들어내는 동시에 사회 관리를 강화하는 정책으로, 오늘날 대기업들이 가전과 모터 수송 분야에서 불경기 대책으로 국가정책에 편승해 진행하고 있는 것이다. 절약이 더 큰 소비 확대를 만들어내는 이 모순을 아무도 눈치 채지 못한 채 오히려 좋은 일이라고 착각하고 있다.

셋째, 에너지 사용을 최소로 설정하는 것이다. 공정성과 에너지 소비는 일정한 경계 내에서는 동시에 진행되지만, 그 경계를 넘어서면 공정성이 희생된다고 하는 지적은 매우 중요하다. 이때 에너지 변환이 물적 파괴를 만들어낸다는 것과, 고도의 에너지 소비량에 의해 사회가 붕괴된다는 것은 구별해야 한다. '원자력은 폭발 위험이 있다'는 것은 전자를 뜻한다. 그러나 에너지 소비의 증대가 사회를 좋게 만든다는 환상 자체에 대한 문제 제기는 없다. 때문에 원자력은 CO_2를 배출하지 않는다거나 환경에 좋다거나 등의 속임수가 나타나는데, 깨끗한 에너지가 사회를 풍요롭게 한다는 논리 자체에 대한 문제 제기가 있어야 한다. 에너지 대량 소비는 육체적으로 무해하더라도 심적으로 사람을 노예화하는 문제를 일으킨다.

사회 질서의 한계는 에너지 소비량에 의해 결정된다. 부의 증대는 사람에 대한 사회적 관리의 증대를 야기하고, 1인당 에너지가 적정 임계 수준을 넘으면 어떤 사회든 그 정치 체제와 문화 환경은 황폐화된다. 이것이 현재 일본이 직면하고 있는 경계다. 경제기구 내부에서는 스탈린주의적 조직 관리가 불가피하게 이루어진다. 금융 위기가 문제가 아니다. 금융 위기를 불러일으킨 임계 수준을 뛰어넘은 에너지 소비가 사회 붕괴를 초래하는 것이다. 이 사회에서는 불공평과 비능률과 무력화가 초래된다. 유효 에너지가 낭비되기 때문도, 사용법이 불합리하기 때문도, 연료 부족과 기술 미숙 때문도 아니다. 에너지를 사회에 집어넣는 것 자체가 사람들에게 욕구불만을 초래하는 것이다. 과식을 생각해보면 쉽게 이해할 수 있다. 먹는 것은 건강을 위해 중요하지만 과식을 하면 건강을 해친다. 적정한 양이 필요한 것이다. 열량이 과잉되지 않고 적정량에 머무를 때 비로소 생명에도, 사회적으로도 건전하다. 잘사는 나라들이 한계치 내로 되돌아가기 위해서는 기득권의 손실을 각오해야 한다.

에너지 사용량에 대한 한계 설정은 어디까지나 이론적 인식이다. 그 임계 범위를 명확히 하는 것, 사회 성원이 받아들일 수 있는 불공정, 수탈, 자기 규제의 수준을 사회적으로 명확히 하는 것이 필요하다. 어디쯤에서 사람들은 견딜 수 없게 되는 걸까? 교통에서 에너지 소비는 속도로 변환된다면서 일리치는 "속도 억제가 정치 제도와 사회 선택의 적절성을 이끌어낸다"고 지적한다. 이러한 물질적 분석과 고찰은 윤리의 차원으로 환원할 수 없는 유효한 사고다. 이를 사회와 개인들에게 강요할 필요는 없다. 자율 에너지를 살리기 위한 물질적 제안인 것이다. 그러나 일리치의 담론은 그 경계를 넘어가버리고 만다.

자율 에너지와 타율 에너지

일리치는 타율적인 것과 자율적인 것이 균형을 이룬 자전거 속도는 측정 가능하다고 생각했다. 이 낙천성은 일리치에게 항상 나타나는 것으로, 때로는 이것 때문에 불가능성과 무력함을 초래하기도 한다. 문화교류문헌자료센터가 있던 쿠에르나바카는 시속 40킬로미터라는 표지판이 무색할 정도로 걸어서 이동할 수 있는 거리의 작은 마을이다. 필자는 여기에서 4년 정도 살았는데, 쾌적한 마을이었다. 버스는 사람들의 이동을 효과적으로 도왔다. 그런데 필자가 살던 집 앞의 흙길이 간선 자동차도로가 되자 갑자기 자동차 사회로 오염돼가는 모습을 볼 수 있었다.

제네바에서는 버스와 노면전차가 시내를 운행하지만 걸어서도 충분히 이동할 수 있는 쾌적한 공간이다. 그러나 마츠야마 시의 경우 노면전차는 걷는 공간으로부터 분리되어 있다. 즉, 차도 중심이다. 제네바의 노면전차는 걷는 곳과 분리되지 않는다. 정차하는 노면전차 앞을 사람과 차들이 유유히 지나간다. 방해하지 않는 것이다. 런던에는 버스와 자동차의 공간이 걷는 공간을 가로지르듯 울타리가 만들어져 있다. '사회'는 차와 사람을 분리하는 규칙과 규범의 이동 세계를 만들어낸다. 그러나 자율 에너지가 주도하는 환경에는, 장소는 있지만 사회가 없다. 그곳은 사회 공간이 아니라 사적인 사람들의 이동이 보증되는 공적 공간이다. 타율 에너지가 주도하는 공간에는 사회가 있고 장소는 없다. 일리치의 고찰은 이렇게 고찰을 심화시켜가는 것이 가능하다.

파리에서는 얼마 전에 여기저기 자전거를 배치하고 자전거를 이용해 이동할 수 있도록 했다. 그러나 이 정책은 이중으로 잘못된 구조이다. 우선 '카드 환금'이라는 사용 시스템이 계속 트러블을 일으킨다. 환금 제도가 컴퓨터 시스템에 종속된 것이 문제다. 그리고 자전거와 자동차를 동질의 것으로 간주해 걷는 것과 구별하는 바람에, 자전거는 일방통행 길을 거꾸로 갈 수 없다. 자전거가 보도에서 달릴 수 없는 것은 물론이다. 이는 자동차의 논리로 모든 걸 설계했기 때문인데, 자전거를 사용한다고 해도 정작 자전거 속도의 환경은 만들어지지 않았다. 타율 에너지 주도 그대로이기 때문에 이렇게 돼버린 것이다. 필자는 그 후 파리에서는 두 번 다시 자전거를 사용하지 않는다. 설계 원리가 완벽하게 잘못되었기 때문이다.

자율 에너지와 타율 에너지의 균형은 자동차 속도가 보조적으로 작동되는 공간/시간이다. 걷는 것이 도시의 중심이 된 공간은 활력이 넘친다. 그러나 자동차가 중심에 들어온 공간은 죽는다. 이것은 도시 형성에서 경험적으로 밝혀진 것이다. 걷는 인간은 평균적이다. 걷는 속도에는 큰 차이가 없다. 게다가 자유롭게 가고 싶은 곳에 갈 수 있다. 탈것의 사용이 과잉 경계를 넘어가게 되면 격차를 낳는다.

가속화라는 상품화

산업 서비스 제도로 수송이 제공하는 서비스 상품은 '속도'다. 속도는 '가속화'된다. 가속화는 제도화다. '가속화되는 것은 좋은 것'이라는 믿음이 산업사회다. 늦는 것은 능력이 없는 것으로 평가된다.

이것은 사람의 존재 방식으로서도 가치화된다. 빨리 이동할 수 있는 사람은 능력 있고 잘사는 사람이고, 늦게 이동하는 사람은 가난하고 능력 없는 사람으로 간주된다. 공부와 일에서도 속도에 가치가 부여된다. 일과 학습이 늦는 사람은 가치 없고 능력 없는 것으로 취급된다. 가속화는 탈것에만 국한되는 게 아니다. '속도'의 상품화에 대한 일리치의 비판 역시 중요한 시사를 제공한다. 도심과 교외의 관계에서 거주와 교통의 관계는 흥미롭게도 불가피한 현상을 낳는다. 특급 열차와 급행전철로 속도가 가속화되면, 거주자는 먼 곳으로 집을 옮긴다. 빨라진 만큼 더 먼 곳으로 가게 되고, 통근과 통학 시간은 이전보다 더 걸린다. 결과적으로 늦어지는 것이다. 그리고 이동을 위한 교통비는 비싸진다. 이것이 속도 경제다. 속도가 상품 자체라는 것이 가장 확실히 드러나는 경우다.

　지방도시에서는 시내 백화점이 문을 닫고 시외에 마트가 생기고 있다. 그러면 걸어서 쇼핑을 하던 사람들이 자동차로 쇼핑을 하러 가게 되고 도심은 공동화된다. 마츠모토 시처럼 걸어다닐 수 있던 시내에 자동차가 들어오자 도심 가운데에 주차장이 지어지고 도로가 확장되었다. 그러자 도심이 공동화됐다. 걷는 속도의 생활을 없앴기 때문에 경제는 사용 가치를 없애고 교환 가치만의 공간을 만들었다. 가속화에 의해 편리해진 게 아니다. 모터 수송기관은 일정 속도를 넘으면 새롭게 거리를 만들어내고, 실제 생활 시간을 빼앗아간다. 속도의 가속화는 상품화를 진행함으로써 사용 가치 경제를 없애고, 경제 자체의 존립 근거를 위협한다. 도시 재생과 마을 재생은 걸을 수 있는 환경 만들기를 통해서만 힘을 얻을 수 있다.

공정의 개념

공정(equity)이란 도덕 개념에 대한 비판이다. 인간이 아닌 제도와 시스템이 공정하다는 것은 무슨 뜻인가. 공정은 평등이라는 이념도, 정의라는 판단도 아니다. 가속화와 에너지 소비의 확대는 일정 수준까지는 공정을 만들어내지만, 일정 경계를 넘어서면 공정에 반하게 된다. 공정이란 모든 사람에게 일정한 속도가 쾌적하고 다양하게 제공되는 것이다. 이는 속도와 에너지 소비에 한계를 설정함으로써 실현될 수 있다. 다양성이 존재한다는 말이다. 동일한 평등이 제공되는 것이 아니다. 평등한 속도가 주어지는 게 아니라, 걷는 것을 기준으로 다양한 속도가 보증되는 것이다. 즉, 이념이 아닌 실제로 공급되는 방식이며, 사용 가치를 보증하는 것이라고도 할 수 있겠다. 그런데 사회에서 시간에 가치를 부여하고 가격을 붙이면, 공정과 속도는 반비례하게 된다.

공정(equity)은 분배가 어떤 상태로 이루어지는가에 관한 것으로, 한자로는 '공(公)'이 붙는다. Equity는 그 밖에 재산과 물건의 순수 가격과 보통주(普通株)를, 법적으로는 관습법(common law)의 결점을 공정과 정의로 보충하는 법체계를 의미하며, 주식 자본과 자기 자본을 뜻하기도 한다. 사전적으로는 일 처리가 도리에 맞는 것, 공평, 공명정대, 무사무욕 등으로 번역된다. 일리치는 정치에 의해 실행되는 것에 이 개념을 사용한다.

필자는 일리치의 논의에서 현실적 주제로 옮겨 핵심적 내용들을 짚어봤다. 중요한 것은 교통, 에너지 등의 개별적 문제들이 아니다. 일정 경계를 넘으면 역생산성이 만들어지는 현상들의 물질적 조건에 주의할 필요가 있다. 제도의 '물질 기반론'이라고 할 수 있겠다.

환경론의 언어 : 엔트로피 비판

에너지론과 속도론은 환경론의 물질적 토대가 된다. 자율 에너지가 죽은 곳의 환경은 확실히 파괴된다. 가속화를 긍정적으로 평가하는 곳에서도 환경 파괴는 진행된다. 장소적 환경은 자율 에너지와 타율 에너지가 다원적으로 균형을 이루도록 도구들이 배치된 상태에서 만들어진다. 산업주의적 과잉 장비는 결코 환경을 개선하지 못한다. 가속화된 사회에서 장소는 살아날 수 없다. 또한 모터 수송 장비에 의한 물류가 재화의 분배를 지배하는 곳에서도 장소적 환경은 파괴된다. 이러한 사회에서 장소는 환경적 아름다움을 잃게 된다. 엔트로피(entropy)란 이를 지적한 것이다.

경제학적으로 에너지 소비와 환경 파괴에 대한 논의가 엔트로피론으로 소개되었는데, 일리치는 이 엔트로피 용어를 교통에 대한 비유를 섞어가면서 비판한다. 1986년 도쿄의 엔트로피학회에서의 강연에서도 그랬다. 이 무렵 그는 어디를 가더라도 주최자의 주제와 의도를 부정적으로 뒤집는 모습을 보이곤 했다. 아직 역사 이론이라고할 만한 깊이에는 도달하지 못했지만, 과거를 거울로 현재를 뒤집어보는 사색의 여행이었다.

일리치는 '비유로서의 엔트로피'와 '환원적 비유(reductive analogy)로서의 엔트로피'를 대립시킨다. 즉, 엔트로피를 추상적 기술과학 용어로서가 아니라 물리적·환원적 비유(버내큘러한 장소, 문화, 공유재)를 통해 이를 비춰봐야 한다는 뜻일 것이다. 아름다운 자연이 파괴될 때 아름다움의 파괴를 엔트로피의 심급에서 논하는 것은 곤란하다. 은유(metaphor)는 사악함을 숨긴다. 기술적 용어로 만들어진 말은 비유적 사용에는 맞지 않다. 기술적 용어가 윤리적 담론을 대신하게 되면, 도덕적 의미가 지워져버린다. 실제 언어는 빛을 가지고 있으나 기술 용어는 언어의 함의를 상실한다. 함의의 빛은 소리에 의해 울리는 풍경소리처럼 말을 둘러싼다. 엔트로피는 이런 말이 아니라 기술 용어로, 날카로움도 힘도 없다. 사람들이 무언가 중요한 것을 말하려고 할 때 사용하는 말은 죽은 언어가 아니다. 뭔가 의미를 부여하기 위해 정의를 내리는 말도 아니다. 뛰어난 말은 들판의 식물과 같이 뿌리를 갖고 있으며, 토착의 장소를 갖고 있다. 그러나 엔트로피란 말에는 아무런 명확성도 없다. 때문에 사람들에게 그 의미가 제대로 전달되지도 않는다. 통상의 회화에서 기술 용어를 사용하는 것은 잘못이라고까지 할 수 있겠다.

일리치는 엔트로피를 대신해 '비가치(disvalue)'라는 보다 적절한 말을 사용한다. 엔트로피가 에너지의 퇴화와 관련이 있다면, 비가치는 가치의 퇴화와 관련된다. 엔트로피는 에너지가 가용할 수 없는 형태로 변해버린 것을 측정한다. 이에 비해 비가치는, 전통적 노동이 자급자족(subsistence)을 만들어내는 힘을 잃어버린 결과, 공유재와 문화의 낭비가 벌어지는 것을 가리키는 말이다. 비가치는 물론 사전에 없는 말이다. 이전에는 귀중했던 것이 가치를 잃었다, 재고가 그 가치를 잃었다, 낡은 화폐의 가치가 올라갔다, 비판사회학이 가치중립의 입장을 취한다, 보여주기식 사랑은 가치가 없다 등등의 말로 우리는 가치를 표현한다. 가치 개념은 당연한 듯 모든 장면에서 사용된다. 선(善)이란 말 대신에 '가치'란 말이 사용되기 시작한 것이다. 그리고 노동력, 낭비, 에너지, 엔트로피 등에도 가치라는 말이 사용된다. 비가치의 개념은 사회적 퇴화와 물리적 퇴화 사이의 동질성과 모순성을 나타낼 수 있다. 물리적 일(work)이 엔트로피를 증대시키는 경향이 있듯이, 일의 경제적 생산성은 이전의 문화 노동의 비가치화를 초래한다. 낭비와 퇴화는 가치 생산의 부산물이다. 경제적 가치는 이전 문화의 낭비의 결과 축적되는 것이다. 그것은 비가치의 창조라고 할 수 있다.

1830년 이전에는 오늘날 우리들이 사용하는 의미의 '낭비'라는 말이 없었다. 그것은 동사로서도 명사로서도 황폐, 파괴, 사막화, 퇴화와 결부된 말로, 다시 움직일 수 없는 상태를 의미한다. 낭비를 창출하는 인간 사회는 향토의 땅과 물을 파괴하고 주변을 황폐화시킨다. 엔트로피는 문화와 공유재의 파괴의 결과로 나타난다. 발전이란 다양한 전통적 보호 장치를 계획적으로 황폐화시키는 것이다. 세계적 규모의 성장은 경제적 이익에 집중되어 사람과 장소를 비가치화하고, 화폐경제 밖에서는 생존이 불가능한 것처럼 만들었다. 비가치의 그늘에서 경제의 진보가 이루어지는 것이다. 화폐경제의 성장을 위해 필연적으로 만들어진 상태가 자기-퇴화, 자기-쓰레기화, 자기-낭비화다.

일리치가 가치 개념 자체를 포기한 것은 나중의 일이지만, 그는 과학기술 용어로 환경을 논하기보다 가치 개념을 뒤집어 부정적으로 사용함으로써 필연적으로 '낭비'를 낳는 현실 사회를 되돌아보게 했다. 물질적 고찰을 사회적 고찰에 연관시킬 때 사용하는 방법인데, 그는 언어적으로 윤리까지 포함하여 고찰하고 있다. 비가치라는 개념은 산업사회에 대한 그의 분석이 정신적·심적 차원으로 심화되어 가는 데 필요했던 것이다.

「Energy and Equity」는 대단히 간단한 논문인데, 인간의 존재 방식과 관련한 물질적 기반에 대해 이 정도로 논의된 것은 유례가 없다. 일리치 스스로 이를 살리고 활용하는 길을 막아버리긴 했지만, 우리들은 이에 구애받지 않고 자각적으로 활용해야 할 것이다. 이 논고는 나중에 『Toward a History of Needs』 속에 수록되었는데, 이 논문집을 시작으로 이후 일리치의 저작들은 여러 논문을 모아놓는 논문집 형식이 되었다. 문화교류문헌자료센터 자료집처럼 집요하게 구성을 고민하면서 하나의 논술과 담론으로 완성도를 높여가는 일은 사라져버렸다. 이 때문에 그의 저작들의 영향력은 확실히 사라졌다. 기존 상식을 근본에서부터 뒤집는 일이 없어지고, 개념과 용어의 뒤집기 정도에 그치고 만 것이다. 수요의 역사는 기존 역사를 뒤집는 수준까지 가지 못하고, 단지 다른 관점과 개념이 있을 수 있다는 정도에 그쳤다. '수요의 역사'와 '결여성의 역사'의 상호관계도 분명치 않다. 환경 문제를 대상으로 한 '낭비의 역사'라는 대단히 어정쩡한 역사가 그 사이에 끼어든 것이다.

속도에 갇힌 사람에게서 속도 자체를 지우다

1998년 일리치는 〈속도: 스피드란 무엇인가?〉란 제목의 심포지엄에 참석해 속도가 모든 것을 포섭하고 있다고 믿는 '속도의 전문가들'에게 도전하는 듯한 발표를 했다.

그는 '스피드의 역사'를 제기했다. Speed라는 동사는 원래 '빨리 가다'가 아니라 '번영하게 하다'란 의미였다. 17세기까지 교역, 의학, 건축은 속도와 관계없이 번성했다. 그는 아리스토텔레스, 아르키메데스, 알베르투스 마그누스 등에게 속도는 의미가 없었다고 지적한다. 속도에 대한 관심은 중세 말기부터 나타나 착실하게 기계와 동력의 시대로 이어졌다. 호모 테크놀로지스트는 속도의 경험에 협박을 받아 자택, 공장, 학교, 일, 노동, 휴가 등 모든 것이 긴밀하게 짜인 스케줄 위에서 '시간 부족' 사태에 직면하고 있다. 그리고 메가헤르츠의 시대는 빛의 속도에 기반한 근대인의 속도 중독을 가중시키고 있다.

속도에 시작이 있었듯 끝도 있을 것이라는 생각에서 '속도에 갇힌 전문가들은 속도에 적절한 제어가 필요하다'는 주장을 쏟아내고 있다. 이는 마치 다음의 비유와 같다. 교도소 전문가들의 모임에서는 교도소 조례가 그 의도를 제대로 살리지 못하고 있다거나, 범죄 예방이 되지 않는다거나, 행동의 교정이 이루어지지 않는다거나, 죄수에게 희생된 사람들을 만족시키는 형 집행이 이루어지지 않는다는 등 모두들 현행 교도소의 무익함을 역설하지만, 동시에 그들은 한결같이 업무 개선을 위해서는 자금이 더 필요하다고 주장한다. 일리치는 이와 같은 관행을 '기우제 춤'이라고 야유한다. 비를 바라는 것처럼 보이지만, 실은 춤의 필요성을 확실하게 하고자 할 뿐이라는 것이다. 중요한 것은 제도가 무엇을 하는가가 아니라 제도가 무엇을 말하고 있는가이다. 즉, 생산 행위로서의 서비스 제도가 아니라 신화 생성 의례로서의 서비스 제도를 이해하는 것, 설계의 의식적·의례적 기능을 해명하는 것이다.

설계자들은 통합의 외형을 제공할 뿐 아니라, 전체를 구성하는 요소가 따라야 할 원리의 지침이 되는 생각을 불가피하게 퍼트린다. 속도가 신체성을 빼앗고 무력화시키는 것을 설계하는 것이다. 속도가 빠를수록 좋다는 생각에 대해 느린 속도가 더 훌륭하다고 주장해도, 그들은 s/t(속도/시간) 개념과 시공 개념의 환상에 사로잡혀 살아 있는 신체성을 보지 못하고, 운율적인 박자를 띤 리듬에 속도를 적용하고, 장소의 실제를 지나치는 풍경으로 바꿔치기하고 있다.

일리치가 주장하는 것은 속도가 없는 영역이다. 즉, 속도의 환상을 쫓아낼 수 있는 곳은 어디인가를 묻는 것이다. 우리들이 노래를 부르거나 라이브로 연주를 들을 때 속도는 사라진다. 속도에 갇히지도 않고 속도를 제어해야 한다는 강박도 없다. 리듬이 모든 걸 결정하

는 것이다. 속도는 실제 체험에 반하는 것이다. 속도는 필요도 없는
데 마치 자연적인 것처럼 인식된다. 속도는 근대사회 속에서 다양한
생각들의 심층에 깔려 있으며, 신체를 갖지 않은 충동에서 발생한다.
범죄, 교육, 건강, 보험 등을 적절한 제도 하에서 처리하는 게 필요하
다고 착각하는 것이다. 이러한 인식은 흐르는 시간에서 잠깐의 시간
을 떼어냄으로써 지금 여기에서, 인생을 즐기려고 하는 장소에서, 추
상적 공간을 만들어낸다.

　일리치는 "나는 순례자처럼 살고자 했다. 걸음을 한 발짝 한 발짝
걸으면서 자신의 시간 속으로 들어가 내가 갖는 지평선 내부에서 사
는 것, 그 지평선에 걸어서 도달하고 싶다. 죽기 위해 내딛는 놀라운
걸음에 의해 도달하고 싶다."고 말한다. 1998년 일리치는 이와 같
이 속도 자체를 지울 수 있다는 것을 보여주었다. 속도의 한계 설정
이 아니다. 속도라는 개념 자체를 없애는 것이었다. 이 점이 일리치
사상의 핵심이다. 오토 스톱의 실제 제언은 본의가 아니었다. 희망은
자전거 사회에 있는 게 아니라, 산업적으로 자연화된 '개념 자체'가
사라짐으로써 비로소 나타나는 것이다.

[본장의 주요 논문]

Energy & Equity

1992/ Auto-stop/ Jean Robert와 공저

1996/ Speed? What speed?(08. 11. 1996, Amsterdam)

Disvalue(09. 11. 1986)

5장
의료 발생병의 사회: 의료, 건강, 생명에 대한 비판

지금까지 세계관과 관련된 영역(교육 영역, 사회 영역)과, 물리적 근거와 관련된 개념(속도) 및 그 근원에 대해 분석하고 검증했다면, 이와 나란히 진행돼온 일리치의 의료 비판은 어떤 영역으로 심화되어 갔을까? 쉽게 표현하자면, 의사 또는 병원에 의한 의료는 병을 고치기는커녕 거꾸로 병을 만들고 있다고 말한다. 왜냐하면 해마다 환자 수가 늘고 병의 종류도 늘고 있기 때문이다. 의료가 병을 고치는 것이라면 그 결과는 반대가 돼야 한다. 의료는 건강과 반대다. 이러한 생각으로부터 일리치의 의료 비판은 시작된다.

『의료 네메시스(Medical Nemesis)』에서 일리치는, 자신이 한 일은 의료에 대해 논하는 것이 아니라, '공급이 일정 기준을 넘었을 때 발생하는 상품 생산의 역생산성에 대해' 논하는 것이라고 했다. Iatrogenetic[1]이란 의사가 원인이 되어 발생한 것들을 의미한다. 이

---

1   정확하게는 iatrogenic이다. iatro는 그리스어로 doctor를, genic은 producing,

로 인한 질환을 '의원성(醫原性) 질환(iatrogenetic disease)'이라고 하는데, 필자는 이를 '의료 발생병'이라고 번역한다. 거기에 담겨진 의미는 이중적인데, 의료적 처치에 의해 발생한 병임과 동시에 의료를 생성, 발생시키는 병이기도 하다는 뜻이다. 일리치에게 건강과 의료화는 처음부터 대립 관계에 있었다.

『의료 네메시스』는 일리치의 저작 가운데 가장 체계적인 책이다. 임상적 차원과 사회적 차원, 그리고 문화적 차원 등 세 가지 차원으로 구성되는 타율 지배가 자율 양식에 어떻게 관여하는지가 명확하게 논의되고 있으며, 그 결과인 목적에 반하는 역생산의 발생이 체계적으로 제시되었다. 『의료 네메시스』는 방대한 자료를 간단 명료하게 정리한 역작으로서, 의료의 실태에 대해 교육 비판 이상의 충격을 주었다. 극한에 가깝게 상식을 뒤집은 것이다. 그렇지만 교육 비판과 같은 파급력은 없었다. 의료 분야는 교육 이상의 관심사임에도 불구하고 전문가들에 의해 점유된 상태라 그 정도에서 그친 게 아닌가 생각된다.

고찰의 대상은 '의원성 질환'이다. 즉, 의료가 병을 만들기만 했지 고치는 게 아니라는 사고의 전환이다. 일리치는 의료적 처치가 원인이 되어 부작용을 일으키고, 그것이 병이 된다고 하는 '의원성 질환'의 의미를 확장한다. 그는 보다 본질적 차원에서 상품 생산이 일정 경계를 넘었을 때 야기되는 역생산성, 즉 목적에 반하는 결과가 나타난다고 지적하면서 산업사회의 본성을 극명하게 드러냈다. 구체적으로는 임상적 의원성 질환, 사회적 의원성 질환, 문화적 의원성 질환이 제시된다.

---

generating을 의미한다.

필자가 이 iatrogenesis를 '의료 발생'으로 이해하고자 하는 이유는, 의료 발생 질환(=iatrogenetic disease)이 임상적·사회적·문화적 차원에서 발생한다고 하는, 일종의 발생 이론을 구축하기 위해서다. 병은 sick, illness, disease 등으로 표현되는데, 일리치가 다룬 것은 질환(=disease)이다. 비판의 본질적 타깃은 '건강 관리(care)'다. 그는 건강이라는 자율성과 건강 관리라는 타율성을 대립하는 것으로 놓고, 관리(care)라는 서비스에 대해 비판한다. 병원은 의료 케어라는 서비스 행위를 한다. 그 서비스 상품이 '치료'다. '건강'도 상품이 된다. 의사가 건강하다고 증명하지 않으면 건강할 수 없다. 건강 관리라고 하는 타자의 작용이 있고 나서 비로소 건강해진다는 전도 현상이 발생한다. 그 제도화가 '의료화'고, 제도적 장치로서 전문 기관이 만들어지는 것이 '병원화'다.

일리치는 '의료적 체제가 건강에 주된 위협이 된다'는 것을 논증한 것인데, 1974년 당시에는 충격적인 주장이었다. 지금은 신선함을 잃었지만 말이다. 일리치는 50대에는 건강을 '자율적 대처 능력의 강도(the intensity of autonomous coping ability)'라고 정의했지만, 70대에 들어서는 "시스템에서 자기 지각이라는 용어는, 즐기는 기술과 괴로워하는 기술을 실제 수행하는 육체를 소멸시킨다"고 하면서 병에 '대처(coping)'한다는 말은 잘못이었다고 지적했다. 건강 자체가 부정된 것이다. 말년에는 '의원화(醫原化)된 신체'라는 범주를 통해 신체의 비신체화, 시스템에 포섭되어가는 신체의 상실에 주목했다. 필자의 용어로 바꾸면, '의료 발생화의 신체'라는 신체론이다.

1995년 일리치는 「죽음, 피할 수 없는 것(Death undefeated)」에서 "만약 지금 의료에 대해 논한다면 다른 식으로 썼을 것"이라고 말했다. 즉, 초기의 의료화는 자기 감각을 신체에서 떼어내지 않왔지만, 오늘날 시스템에서는 자기 감각과 신체가 분리된다. 사람들은 신체보다 기계의 파라미터 곡선 쪽을 주시한다. 그것의 작동 종료(breakdown)는 죽음을 나타낸다. 생물학적 시스템에서 생명이 회복 불가능해졌다고, 즉 breakdown되었다고 간주하는 것이다. 이런 체제에서는 죽음의 기술(art)은 완전히 사라진다. 그리고 죽은 자는 어디에도 없다. '죽음이 없는 사회(amortal society)'가 되었다. 단지 생명의 끝이 관리되고 연장되다가 breakdown되는 것이다. 이 죽음이 없는 사회에서는 죽을 수가 없다. 바꾸어 말하면, 살 수도 없게 되었다고 그는 지적한다.

의사가 병을 치료하기는커녕 병을 만든다는 이 충격적인 지적은 '학교화 비판'에 이어 세계를 크게 뒤흔들었다. 그리고 철저한 의료 비판 가운데 살아가는 기술로서의 자율성, 고통에 견디는 것, 즐기는 것의 의미가 탐구된다. 그리고 비신체화된 세계, 죽음이 없는 세계로까지 고찰이 진행돼간다. 먼저 의료 비판의 지평을 돌아보고, 그리고 나서 신체론에 이르는 궤적을 따라가보도록 하자.

의료 비판과 푸코

일리치에 의한 의료 비판은 학교화 비판보다 더 큰 충격을 주었다. 『의료 네메시스』의 초고가 쓰이고 출판될 때 필자도 마침 문화교류 문헌자료센터에 있었기 때문에, 초고가 간행본으로 다듬어지는 과정을 엿볼 수 있었다. 타이핑을 하는 사람들이 서너 명 있었는데, 일리치가 손을 본 곳을 잇달아 타이핑하고 있었다. 일리치는 해외의 지인들과 전화로 토론을 계속하면서 이를 참고하여 가필했다. 또한 세미나에서는 각 장의 핵심에 대해 토론이 벌어졌다. 필자는 '책은 이렇게 쓰는 것인가 보다' 하고 감동하면서 이 광경을 지켜봤다. 사실 1973년의 conviviality론(Tools for Conviviality)에서 이미 의료의 분수령에 대한 언급은 있었다. 1913년 의학교를 졸업한 의사들로부터 전문적 효과가 있는 처치를 받을 기회가 50%를 넘어섰고, 1950년대 중반 의료는 제2의 분수령을 넘어 의원성 질환을 낳게 되었다는 내용이었다. 상당히 상세하게 이 두 가지 분수령에 대해 언급했었는데, 이것을 체계화한 것이 『의료 네메시스』다.

푸코는 일리치의 의료 비판에 대해 꽤 의식적으로 자신과의 차이를 강조했다. 필립 아리에스[2]와 에스프리 편집장이었던 도메나흐[3]의 주선으로 이 둘은 직접 만났다고 하는데, 그것도 아마 푸코가 의식했기 때문일 것이다. 한편 일리치 쪽은 푸코의 섹슈얼리티론을 의식해 젠더에 대한 담론을 준비하고 있었다. 푸코와 일리치의 유사성은 매우 흥미롭다. 『감시와 처벌』과 『비학교화 사회』의 교육론, 『성의 역사』와 『젠더』의 섹스론, 『임상의학의 탄생』과 『의료 네메시스』의 의료론, 그리고 재판론과 언어론에 대해서도 똑같이 다뤄졌고, 또한 일리치의 도구론과 푸코의 담론(discourse)은 쌍을 이루는 것처럼 보인다. 푸코의 자기 훈련(askesis)과 전혀 다른 위상에서 일리치는 askesis를 논했다. '시선' 역시 푸코와는 이질적이지만 같은 대상(對象)이다. 이와 같이 둘의 서구 근대 비판의 '대상'이 불가피하게 짝을 이루고 있는 것은, 서구의 존립 기반에 동일한 문제를 제기하고 있기 때문이다. 둘의 결정적 차이는, 권력 관계를 철저히 물질적 존재로 해석하는 푸코에 반해, 일리치는 '권력은 공허하다'는 입장이다. 권

---

2 Philippe Ariès(1914~1984). 프랑스의 역사가. 가족과 어린이의 역사 등 생활사 연구로 유명하다.

3 Jean-Marie Domenach(1922~1997). 프랑스의 작가이자 좌파 지식인. 1957년부터 espri지 편집장으로 활동했다.

력을 향해 '없다'고 단정 짓는 일리치의 사상적 결정 방식을 푸코의 신중함은 도저히 받아들일 수 없었을 것이다.

푸코에게는 「근대 기술에 대한 병원의 편입」, 「사회 의학의 탄생」, 「18세기의 건강 정책」 등 의료에 관한 세 개의 논고들이 있다. 물론 그는 그 한참 전에 『임상의학의 탄생』을 썼는데, 이와 일리치의 『의료 네메시스』를 모두 파악해두면 의료 비판의 기본적 관점을 얻을 수 있다. 둘의 의료론이 어떻게 다르고, 서로 어떤 대응 관계에 있는지는 졸저 『미셸 푸코의 사고 체계』에서 지적해두었다. 저작으로 보면 푸코가 대단하나, 인간적으로는 일리치 쪽이 박력이 있다. 푸코도 틀림없이 일리치에게 압도당했을 텐데, 아마 위화감도 크지 않았을까 싶다. 단정적으로 쭉쭉 밀어붙이는 일리치 고유의 말투는 신부 및 주교 경험에서 나온 것이다. 긴 손을 흔들면서 말하는 그의 태도가 푸코는 아마 마음 편치 않았을 것이다. 거칠지만 힘 있게 자기가 생각하는 오두막집을 세우는 일리치와 타일을 한 장 한 장 붙여가는 치밀한 푸코…. 필자는 동일한 것을 대상으로 한 이 상반성이 좋다. 섬세한 푸코와 대담한 일리치, 이질적인 양자의 상동성과 상반성이다. 같은 것이 이렇게나 다르게 표상될 수도 있다니, 재미있다. 푸코를 다룬 책은 200권이 넘는데 일리치를 다룬 책은 몇 권밖에 안 되는, 이런 결정적 차이가 있음에도 불구하고 말이다.

일리치의 의료 비판의 상세한 내용에 대해서는 원저를 직접 읽어보기 바란다. 여기에서는 그 이론적 의미를 정리해보기로 한다. 우선 역생산성의 제도 생산 이론이다.

1. 세 가지의 의료 발생병: 역생산성의 세 가지 양식

네메시스

고대 그리스인들은 신들에게 자연의 힘이 존재했다고 믿었다. 네메시스는 특권을 침해한 인간에게 초래되는 신의 복수를 표상한다. 네메시스는 인간이기보다 영웅이 되고자 하는 시도에 내려지는 불가피한 처벌이다. 이는 오만함(hubris)에 대한 자연의 반응을 표상하는 것으로, 신의 속성을 얻고자 노력하는 개인의 주제넘음에 대한 처벌이다. 오늘날 우리들의 위생적 오만함은 의료 네메시스의 새로운 징후를 초래한다. 의료 네메시스는 의료적 수복(修復)에 대한 저항이다.

즉, 의료적 오만함은 부작용 및 의원성 질환이라는 복수를 불가피하게 낳고 구조화한다. 이 의료적 치료와 의료적 역생산성이 공존하는 경계를 뛰어넘어야 한다. 『의료 네메시스』라는 표제는 '의료의 복수'라는 뜻으로, 의료의 부작용과 의료의 역생산성을 의미한다. 나중에는 수정, 가필되어 『의료의 한계: 의료 네메시스 – 건강의 수탈』로 바뀌었다. 이 네메시스의 전환은 전문가에 의해서는 이루어질 수 없다. 인간의 내부에서만 이루어진다. "초심자성(初心者性, the laity) 속의 자기 관리의 의지를 회복함으로써만 이루어진다"고 일리치가 처음 제시한 것이다.

임상적 의료 발생

의사는 임상으로 병을 고치지 않는다. 안전한 물이 있어서 사람들이 건강하게 지낼 수 있는 좋은 환경 조건에 의사가 모일 뿐이다. 역사적으로도 전염병이 사라진 후에 의료상의 발견과 발명이 이루어졌지, 의료가 병을 고쳤던 것은 아니다. 실제 해마다 질병의 숫자가 늘고 환자 수도 늘고 있다. 이러한 임상 기술상의 의료 발생이 데이터의 뒷받침에 따라 이루어지고 있다. 방대한 자료 수집이 진행되고 있다. 임상적 차원의 의원성 질환이란 실제 기술이 적용되는 상황에서 발생하는 불가피한 현상이다. 기술이 목적으로 내걸고 있는 것에 반하는 결과를 낳는 현상은 보편적으로 일어나고 있다. 건전하고 전문적인 치료가 이루어지지 않았기 때문에 생긴 질병, 이것은 의사가 전문적으로 장려되는 치료를 실시하지 않고 자기 개인의 잘못된 생각 때문에 환자를 병에 걸리게 한 경우다. 또한 치료법, 의사, 병원이 병의 원인이 되어 질병을 만들어낸 임상적 상태를 지적한다. 약물에 의한 부작용은 다양하다. 의사에 의해 가해지는 통증과 질병은 원래 의료에 수반되는 것이지만, 전문가의 무감각을 '과학적 냉정함'으로 포장하고, 태만은 '우연한 인간적 오류'로, 무능은 '전문 장치의 부재'로 치부하는 등 잘못된 의료는 윤리적 문제를 기술적 문제로 바꾸어버렸다. 의료 소송에서는 경제적 이익을 위한 탐욕이나 나태 때문에 의무에 태만이 있는 경우에만 비난받는다. 그런데 실은 병원 사고의 빈도가 다른 사고보다 훨씬 높아졌다.

여기에는 환경이라는 조건, 치료 기술 체계, 그리고 의사 개인 등 세 가지 차원이 얽혀 있다. 우리에게는 이에 대한 이론적 재고가 남아 있다. 의사가 질병을 치료하고 있느냐 아니냐 하는 차원을 뛰어넘은 것이다.

사회적 의료 발생

사회적으로는 의사가 의료를 독점하고 있다. 의료 관리가 '사회'를 컨트롤한다. 사회 자체가 의료화에 의해 관리된다. 이것은 질병에 대해서 뿐만 아니라 건강에 대해서, 나아가 위생과 예방에 대해서, 즉 지금은 아니지만 앞으로 일어날 수 있는 것에까지 확장되어 관여하고 간섭한다. 사회 자체가 의료화되는 것이다. 그런데 바로 그 사회가 질병을 만들어낸다. 사회가 질병의 생산자가 되는 차원이다. 환자는 질병과 고통과 죽음을 소비하는 존재가 된다. 이것이 사회라는 차원에서 일어나고 있다. 사회가 학교화되고 가속화되는 것과 동질의 현상이다. 우리는 학교가 없는 사회를 상상할 수 없는 것 이상으로 병원이 없는 사회를 상상할 수 없다. 병원 의료가 인간을 인간으로서 결정하는 생활이 의료화된 사회인 것이다.

의료가 사회 전체, 환경 전체에 끼치는 손해가 사회적 의원성 질환이다. 개인의 건강에 끼치는 의료적 손해(damage)가 사회 정치적 전달 양식에 의해 생산될 때, 그것이 바로 사회적 의료 발생이다. 사회 경제적 변용에 의해 발생하는 모든 건강에 대한 손상(impairments)을 의미한다. 이 형태의 다양성은 사회란 어떠한 것인가를 거꾸로 보여준다. 기존의 사회학과 다른 각도에서 '사회란 어떤 것인가'를 보여주는 것이다. 사회가 질병의 원인이 되는 게 아니라 의료가 병원체가 되어 사회 자체를 질병으로 만들어낸다는 말이다. 일리치의 사고에서는 이러한 반전이 가능하다.

우선, 전문가의 자율성이 급진적 독점에 의해 퇴화적으로 생성(degenerate)되고, 사람들은 잘 대처하던 자신의 환경에 잘 대처하지 못하게 된다(impotent to cope with). 전문가도 비전문가도 자율성이 불능화되는 곳이 바로 사회다. 자유와 독립에 악영향을 끼치고, 환경을 변형시키고, 환경에 대처하던 사람들의 성격을 장악함으로써, 사용 가치를 대신해 상품을 사회적 규모로 확산시키는 것이 사회라는 것을 이해해두자. 의료 시스템을 주요한 경제 활동으로 바꿈으로써 인구를 사회적으로 컨트롤하는, 병적으로 과민한 사회(morbid society)가 강화된다. 이로 인해 다수의 사람들에게 적합하지 않은 사회적 배치를 정당화하고, 장애자를 부적격자로 처리하여 새로운 카테고리의 환자로 취급한다. 산업적 노동과 레저에 의해 스트레스를 받고, 질병에 걸리고, 상처를 입은 사람들은 의료적 감시 아래에서의 생활에서 벗어날 수 없게 된다. 또한 보다 건강한 세계를 위한 정치적 투쟁을 포기하게 되고, 그럴 자격을 빼앗긴다. 이것이 의료 독점의 사회다.

치료는 가치 중립적이지 않다. 정상적인 것, 적절한 것, 바람직한 것을 정의하고, 정통 질병인지 아닌지 낙인을 찍고, 요청하지도 않았는데 질병이라고 선언하고, 고통·불구·죽음에 대한 사회적 인지를 거부하기도 한다. 전문가들만이 피폭자인지 아닌지, 미나마타병 환자인지 아닌지를 결정하는 권위를 갖는 것이다. 무엇이 증상이고 누가 질환자인지를 결정하고, 도덕기업가(=청부인)로서 범죄·죄·질병 속에서 도덕을 만들어내기조차 한다. 새로운 진단 기준을 만들 때마다 새로운 아웃사이더 집단을 만들어내는 것이다. 그들은 싸움에서 승리하는 것이 아니라 신뢰를 얻는 것이 목표다. 무엇이 질병을 구성하고 누가 질환자인지, 환자에게 무엇을 해야 하는지, 누가 특별한 리스크가 있는지 등은 의사만이 알고 있다. 전체주의적 파워가 의사에게 부여된다. 치료는 착취 수단이 되고 진단은 제국주의적이다.

인간을 분류하고, 인생의 시간을 의료화하고, 노인의 의료화를 추진하고, 예방을 시장화하고, 건강 관리를 상품화한다. 질병의 원인 제거와 약물 투여는 마술에 불과하다. 환자에게 연기를 씌워 치료의 방관자로 만들고, 환자의 소원을 과학과 의료 기기에 의존시키고, 전문적 환경에 격리시켜 자기 치유력, 다른 사람에 의한 돌봄, 시적(詩

的) 정신과 도덕, 사회적 관용, 인간적 존엄을 송두리째 빼앗는다. 자율적 생활의 현실주의적 희망은, 의사가 외부로부터 건강을 배달해 줄 것이라는 망상으로 변질돼버린다. 환자와 건강한 사람 사이의 거리는 좁혀지고, 임노동은 치료적 의미에서 감시되고 치료된다. 모든 사람들은 어떤 형태로든 환자로 간주되고, 건강까지도 의료의 대상이 된다. 모든 것이 의료화되는 것이다. 인지와 지각, 감각까지 의료적 사고방식으로 이해된다.

문화적 의료 발생

『의료 네메시스』에서는 통증·질병·죽음 등 세 가지 문화사가 소개되고, 그것들에 대해 '진통·치료·연명'이라는 의료적 처치가 사람들의 자기 치유력을 마비시키는 것에 대해 다루고 있다. 치료의 의료화이자 신앙의 발생이다. 사람들은 의료를 신앙하는 것이다. 또한 기독교의 의례가 의료의 의례로 변용되는 것을 문화적으로 보여주는데, 포스트 기독교적인 전례(liturgy) 분석이라 할 수 있겠다. '죽음의 춤'은 테크놀로지로 대체되었다. 통증을 없애버리면 사람들은 자기만 느낄 수 있었던 통증을 느낄 수 없게 된다. 동시에 타인의 통증에 대한 공감 능력도 잃게 된다. 통증을 '견딘다'는 것은 자신의 자율성(autonomy)으로서, 그리고 타자에 대한 공감으로서도 중요한 것이다. 죽음의 연명이 일반화되면 사람들은 자기 집에서 가족들에 둘러싸여 죽을 수 없게 되고, 병원 침대에서 차갑게 죽어간다. 죽음을 눈앞에 두고 방대한 의료비만 드는 것이다.

문화 차원은 신체를 둘러싼 현대 종교의 신앙 발생에 대한 논의다. 일리치는 고뇌(suffering)와 죽음(dying)의 기술(art)을 문화에서 중요한 심신 행위로 규정한다. 통증, 손상, 쇠퇴 그리고 죽음을 받아들이는 능력은, 인간의 존엄과 관련된 윤리적·자율적 힘이라는 것이다. 그것을 제거하는 무국적의 의료 문명에 의한 식민지화는, 현실과 환경에 맞서 싸우는 힘을 마비시키고 관료적 프로그램을 강화시킨다. 인류는 통증의 문화, 질병의 문화, 죽음의 문화를 버내큘러한 장소 문화로써 갖고 있다. 이 귀중한 문화를 되돌아보고 검증하는 것은 매우 중요한 역사 작업이다. 건강이란 현실과의 대처에 성공해 이를 향수하고 기쁨과 괴로움을 느끼며, 살아 있다는 것을 느낄 수 있는 것이다. 그런데 일리치는 그 후 건강 자체를 부정하고, 생명을 부정하고, 더욱 급진적 고찰에 들어가게 된다. 세 가지 문화 차원에 대해서는 차분하게 원저를 읽어보기 바란다. 그럴 가치가 충분히 있는 책이다.

제도 생산의 세 가지 양식

유기체의 싸우는 능력이 타율 관리로 치환되는 임상적 의료 발생, 개인·가족·이웃이 스스로의 내부 상태와 환경에 대한 통제 조건을 빼앗겨버린 사회적 의료 발생, 의료 기업이 자신의 현실에 대해 고뇌하는 사람들의 의지를 빼앗아버린 문화적 의료 발생. 이 세 가지 차원, 즉 기술적·사회적·문화적 차원은 타율 양식이 자율 양식에 대해 작동하는 세 가지 양식으로, 다른 분야에도 적용할 수 있는 이론적 잠재력을 갖고 있다. 각각의 차원에서는 요소들이 변용 또는 전환되어 각각 존재한다. 필자는 이론적 패러다임으로서 이 책은 완벽에 가깝다고 평가한다. 말, 즉 언표(énoncé)와 요소들을 바꾸면 푸코 이상으로 현재를 이해할 수 있는 해독 도구를 가지고 있으며, 응용 역시 가능하다.

이 세 가지 양식 사이에 상호 연관성이 만들어지면 의료 발생의 장치화, 구조화가 진행된다. 다만 일리치에게는 이에 대한 이론화가 없다. 기술적 생산, 사회적 생산, 문화적 생산이 제도화되고 구조화되고 상징화되어가는 구성은 이론적으로 조립해볼 수 있다. 이를 통해 사회 구성체를 보다 치밀하게 고찰할 수 있을 것이다. 즉, 제도적 생산 양식은 기술 양식, 사회 양식, 문화 양식 등에서 개별적 차원과 상황에서 이루어진다. 일리치는 이들의 발생 이론에 대해서는 서술했지만, 그것은 어디까지나 분절화된 양식이다.

남은 과제는 이것들을 패러다임적으로 적용하고 종합적(holonic) 방법, 즉 개별적 사례로부터 전체를 구성해가는 것이다. 일반론이 아닌 개별 이론이야말로 사회나 조직 등 어떤 통합적 전체성을 해명할 수 있다. 경제적 생산과 정치적 지배의 논리로는 파악할 수 없었던 생산 양식의 경계를 파악할 수 있게 되는 것이다. 기술이 먼저냐 사회가 먼저냐, 문화가 토대냐 아니냐 하는 문제가 아니다. 각각 개별적으로 작용하면서 전체적으로도 영향을 미친다. 나아가 그것은 제도에 국한되지 않고 물질과 상징에 동시적으로 작용한다. 필자는 이 점을 물상화의 기반인 제상화(制象化) 양식으로서 개념화하고자 한다. 물상화는 사회화와 공동으로 제도화를 만들어낸다. 즉, 제상화 → 물상화 → 제도화 그리고 상징 제어가 되는 것이다. 이를 통해 경제 환원론을 극복할 수 있다고 생각한다.

2. 건강 비판

건강의 정치와 신체

'의료 제도가 건강과 질병을 낳는다'는 견해를 발표하고 10년 후, 일리치는 "신체에 대한 의식도 의료가 만들어낸다"고 지적하는 한편, "의료 독점이 쇠퇴하여 하이테크의 신체 감각이 사람들을 점거하고 있다"고 주장했다. 의료의 힘이 사라지고 있다는 말이다. 그러나 필자가 보기에는 그렇지 않다. 그것은 점점 더 자연스럽게 인식되고 일반화되고 있다. 그리고 그 위에 사이버 신체가 올라타 있다고 이해해야 할 것이다. 타율화가 철저히 진행된 결과, 비로소 컴퓨터화의 부정적 측면이 나타나기 시작했다. 하이테크와 약초 처방, 생명공학과 자율 운동인 체조가 혼합되어 있는 게 현실이긴 하지만, 그것은 의료가 힘을 잃어버렸기 때문이 아니다. 건강 영역으로 의료화가 확대, 이동하고 있는 것이다.

건강이란 통증, 질병, 죽음과 분리되는 것이 아니다. 그것들과 공존함으로써 비로소 자기 심신의 생활 기술이 성립하는, 자율성의 자기 기술이다. 그러나 '건강 관리'는 서비스 상품화의 영역에서 한 발자국도 벗어나지 않은 의료화에 불과하다. '건강 관리'는 질병에 걸리지 않도록 하는 것이 아니라, 아예 질병의 원인을 갖지 않도록 예방하는 것이다. 거기에서는 죽음과 관련된 모든 것을 피하고 있다. 한편, 사람들은 사람을 죽이지 않고 고통을 죽일 수 있다는 이상을 갖게 되었다. 그 결과, 사람들은 죽음이 사라진 세계, 즉 주위에 사자(死者)가 없는 세계에서 산다. 이것이 인간에게 어떤 결과를 가져올지는 아무도 생각하지 않게 되었다. 의료 기구가 고도로 발달됨에 따라 어떠한 질병이나 결함도 고칠 수 있다는 신앙은 확대되고, 또한 장기 이식이 인도주의적인 것처럼 여겨지게 되었다. 사람들은 죽음을 슬퍼하는 게 아니다. 죽음에 대해 관여할 수 없는 것을 슬퍼하는 것이다.

2009년 멕시코에서 돼지 인플루엔자가 발생하자 WHO는 세계에 경고 신호를 발표했다. 일본 정부는 입구에서부터 막겠다고 공항에 의료 감시 체제를 구축했고, 몇 명인가 의심이 가는 사람들을 발견했다고 미디어는 소란을 떨었다. 불과 몇 명이 일본을 전멸시킬 것 같은 소동이었다. 사람들은 이러한 패닉과 같은 현상이 자연스러우며, 그 소동이 마치 자신들을 지켜줄 것처럼 여긴다. 이러한 관료들의 선동에 동조한 것은 웬일인지 아시아 국가들이었다. 광기로 가득 찬 의료 춤사위에 일본도 동조했다. 불과 몇 명이 전체를 위협한다는 방식이 예방의 정치다. 그러나 독감에 걸렸을 뿐인데 마치 세계의 적, 범죄자인 것처럼 취급받는 것은 비극이다. 건강과는 아무런 관련도 없는 일이다.

건강이 의료화되자 인간 조건의 부정적 측면에 대해 어떻게 논할 것인가에 대한 '고뇌의 기술'이 사라져버렸다. 사람들은 비통(woe), 불쾌 또는 괴로움(discomfort), 고문(torture), 고민(anguish), 다양한 발작(paroxysm), 나아가 고통, 불능, 피로, 두려움 등이 만들어지고, 나누어지고, 덜어지고, 나아진다 같은 말로 표현되어야 비로소 질병에 대한 대처(coping)가 이루어진다고 간주한다. 이 대처(coping)라는 말은 15세기에는 누군가를 때려눕히는 것을, 17세기에는 다소 부드럽게 바뀌어 여성과 원만하게 지내는 것을 의미했다. 제2차 세계대전 후에는, 아이들의 경우 사랑이 넘치는 생활에 대응하는 것으로, 나머지 사람들은 남편·일·처우·실업 등에 대항하는 법을 배운다는 뜻으로 바뀌었다. 일리치는 건강은 coping이 아니라면서 반(反)coping을 주장했다(1994).

『의료 네메시스』 후의 생각

일리치는 의료 제도와 의료 기관에 의한 의료화가 통증, 질병, 죽음을 어떻게 의료 발생적으로 다루고 있는지를 『의료 네메시스』에서 고찰했다. 그런데 거기에서 빠진 것이 있다며, 신체 자체가 의료 발생적이라고 자기 비판적 논조로 지적하고 있다(1985년 논문). 즉 신체가 어느 시대에나 객관적으로 존재했다고 믿는 것은 착각이라는 것이다. 당시는 신체에 대한 역사적 고찰이 사회학적으로, 역사학적으로, 또한 철학적으로도 진행되던 시기였다. 노르베르트 엘리아스[4]의 「부르주와 신체의 역사학」은 이미 있었고, 실링[5]의 「종합적인 신체론」과 푸코의 「의료론」, 「신체 형벌론」도 이미 있었다.

의료 권력은 학교와 마찬가지로 3중으로 되어 있다.

① 질병이란 무엇인가를 정의하는 권력

② 누가 질병에 걸린 것으로 진단되어야 하는가를 결정하는 권력

③ 모든 공적인 치료 절차상의 권력

의료는 이것들을 한꺼번에 손에 넣으려고 사회와 싸우고 있다고 일리치는 지적했다. 애당초 민주주의는 권력을 세 개로 분리하여 성립된 것이다.

① 배제의 카테고리를 '입법'에 의해 결정하는 권력

---

4   Norbert Elias(1897~1990). 독일 출신의 사회학자. 근대화에 대한 분석을 위해 동작, 습관, 말투, 폭력, 성 등에서 나타난 미세한 변화들에 주목했다. 대표 저작으로 『문명화 과정』이 있다.

5   Chris Shilling. 영국의 사회학자로 현재 켄트대학 교수. 『The Body and Social Theory』(1993) 외 신체와 사회, 문화 관계에 대한 다수의 저작이 있다.

② 누가 배제되어야 하는가를 '판결'에 의해 결정하는 권력

③ 배제된 자에 대해 행사되는 경찰 권력

각각의 다른 집단이 이를 행사하고 서로 견제하는 곳에 민주정치는 성립한다. 그런데 전문 권력은 의료이건 교육이건 이 세 가지를 하나로 통합시킴으로써 민주주의를 위태롭게 한다. 일리치는 이들은 옛날의 승려 계급과 다름없다고 비판한다. 그들은 자신들의 말을 듣지 않는 자들을 사회에서 배제하고, 사회를 좌지우지한다. 구두 제조를 독점하는 조합은 사람들이 맨발로 걷는 것을 금지할 수 없었지만, 의료·교육 권력은 그와 같은 일을 금지하고 전문가에 의한 정치를 만들어내는 것이다. '위생적'이라는 것은 무엇이며, 언제 어떻게 환경을 소독해야 하는지를 규정하고, 마지막으로 직접 손을 쓴다. "철학자는 어떠한 미래도 알지 못한다. 역사가는 옛날 일어난 일을 파악함으로써 현재를 보다 잘 이해하려고 할 뿐이다. 그런데 전문가는 언제나 미래를 결핍으로 간주하며 산다." 일리치의 묘사다.

1982년 일리치는 독일의 병원 직원들을 상대로 한 강연에서 생활의 질에 대항해 '생활의 기법'을, 건강에 대항해 '좋은 상태'를, 병원에 대항해 '우리 집'을 배치해야 한다는 내용의 병원 비판을 전개했다. 생활의 질이란 생산물, 즉 신화적 생산물이다. 이는 서비스를 수행하는 공무원들이 스스로 정의하고 가치를 평가하고 만족하기 위한 잡탕에 불과한데, 중요하고 좋다는 모든 것이 이 속에 들어간다. 이 속에 들어가는 '건강' 역시 의료적 보호와 욕구에 불과하다.

이에 비해 '생활의 기법'이란 즐기는 기법과 고생하는 기법으로 구성된다. 낮과 밤 양쪽 모두 있는 셈이다. 고통이란 내가 그로 인해 고생하는 것이고, 기쁨이란 그로 인해 내가 즐길 수 있는 것이다. 기쁨을 만나건 고통을 만나건 나는 누군가가 내 옆에 서 있기를 바랄 뿐

이다. 그런데 의료적 관리는 고통을 쓸모없는 것으로 여겨, 고뇌의 기법을 시대에 뒤떨어진 것으로 간주한다. 기분이 좋다 나쁘다와 같은 주관적 지표는, 건강과 질병이라는 객관적 지표로 치환된다. 일리치는 이때 '쾌락이 신체에 놓이고 고뇌가 신체에 놓인다'는 사실을 무시했었다고 나중에 반성했다. 의료적 효과보다 더 깊은 '상징적 의료 발생 효과(symbolic iatrogenic effect)'가 있다는 것을, 즉 신체자체의 의료 발생을 놓쳤다는 것이다. 신체의 지각 자체가 의료가 만들어낸 의료 발생적인 것이다.

서구적 '자기'가 피와 살을 갖춘 것으로 경험되면, 자기의 탄생과 함께 유례없는 신체 경험을 갖게 된다. 서구적 신체가 '자기'라는 것을 스스로에게 통합하는 것이다. 신체기법의 문화에 따른 차이는, 일찍이 마르셀 모스[6]가 인류학적으로 지적한 바 있다. 일리치는 자신이 말하는 생활의 기법에(이 '기법art'은 푸코에서 유래한 것이다) 즐거움과 고통이라는 추상 개념을 사용하고 말았다고 반성했다. '즐거움과 고통은 신체에 놓인다'고 하는 의료 발생적 관점을 덧붙여야 했다는 것이다. '즐거움'이란 쾌락에게 신체라는 장소를 주는 것, 괴로움이란 억울함·권태·성냄·고통 등에게 신체라는 장소를 주는 것이라는 해석은 일리치 고유의 관점이다.

일리치는 사회적 구성물로서의 신체론을 받아들여, '쾌감이 신체에 놓이고 괴로움이 신체에 놓인다'고 하는 신체론의 역사적 관점을 채택했다. 이러한 관점이 새로운 것은 아니다. 신체의 사회 구성론에 불과하다. 굳이 일리치다움을 찾자면, 역사로서의 신체라는 관점일

---

[6] Marcel Mauss(1872~1950). 프랑스의 인류학자. 원시사회 및 고대사회에 대한 분석을 통해 교환과 사회 결속의 관계를 논한 『증여론』은 인류학과 사회학의 고전으로 꼽힌다.

것이다. 그는 그리스도의 신체가 왕후의 의복을 걸치고 있다가 이후 나체가 되어 피 묻은 십자가에 걸렸고, 교회 내부에 있던 동물들이 고딕식 예술에서는 바깥의 빗물받이에 설치되었으며, 혼인이 신체를 교환하는 법적 계약으로 치환되었다는 등의 사실을 지적하고 있다. 그나마 새로운 점이라면, 오늘날 '의료 발생적 신체'에서 '시스템으로서의 신체'로 분리가 일어나고 있다는 지적 정도다. 아무튼 그는 자신의 관심이 신체의 역사로 이동했다고 밝혔지만, 『의료 네메시스』의 철저하고 체계적이며 지반을 뒤집어엎는 것 같은 급진성은 보이지 않는다. 일리치적인 담론 세계가 열렸다고 하기는 어려울 것이다.

한편, 푸코는 병원에 대한 역사적 고찰을 통해, 병원이 공간의 시설화된 전형이라는 일리치의 지적을 뛰어넘었다. 푸코는 영국과 독일 간의 의료 정책 차이가 어떻게 현재를 구성하게 됐는지를 훨씬 더 명확하게 보여주었다. 일리치의 만년의 '건강'에 대한 논의도 그 연장선상에 있다. 특히 죽음과 어떻게 관계를 맺을 것인가에 대한 의미의 강조, 그리고 인격과 개인이 '하나의 생명'으로 일반화되는 것에 대한 비판적 고찰 등이 그것이다.

자기 책임으로서의 건강(Health as one's own responsibility)

- No, thank you

일리치는 1990년 논고에서, 자신의 건강에 책임을 갖는다거나 자기 책임으로서의 건강 등의 주장에 대해 "이런 건강과 책임이라면 포기하겠다"고 밝혔다. No, thank you에는 다섯 가지 의미가 있다.

① 전문적 가부장제(paternalism)에 대한 No

② 결여성 이데올로기에 대한 No

③ 시스템 사고/에콜로지에 대한 No

④ 해방심리학(카운슬링)에 대한 No

⑤ 새로운 상식에 대한 No

이러한 윤리적인 No는 일리치다운 부정의 윤리다. No의 철학적 태도가 보인다.

첫 번째는 교육 지도의 필요성에 대한 No, 그것을 뛰어넘는 No다. 건강은 매우 가치 있고 신성한 것이기 때문에, 세속 사람들의 자유 재량에 맡겨져 있다. 일리치는 건강화를 진행하는 거만한 무력화를 논리 필연적으로 거부한다. 그는 약의 소비와 비관습적이고 비규제 적인 치유를 규제하는 모든 법적 조치를 완전히 배제할 것을 주장한 다. 약자의 존엄을 존중하는 논리를 마련해야 한다는 것이다.

두 번째는 치료 기관의 결여성을 가정하는 것에 대한 No, 그것을 뛰어넘는 No다. 오늘날 사람들은 굶주림으로 죽는 것이지 의료의 결핍이나 외과적 개입이 없어 죽는 것이 아니다. 사람들은 더 가난해 짐으로써 저렴한 의료의 희생양이 되고, 도움은 더욱 없어진다. 의료 소비는 술과 담배, 복권 같은 사치품과 마찬가지로 세금을 더 부과 해야 한다. 투석, 바이패스, ACT에 세금을 부과함으로써 맹장수술과 같은 의료 처치가 모든 사람들에게 공급되도록 해야 한다.

세 번째는 에콜로지 독재를 방해하지 않는 길을 찾는 글로벌 사고 의 소유자들에 대한 No, 이를 뛰어넘는 No다. 인간과 동물을 이전 보다 더 병에 걸리게 하는 독과 방사선, 상품과 서비스의 홍수로부터 우리들을 구해주는 힘 있는 컨트롤 기관이 없다는 것을 연상하면 된 다. 지금까지 없던 제조화된 현실에서, 우리들을 위협하는 것들이 넘 치는 이 세계로부터 벗어날 길이 없어 보인다. 일리치는 "수십 년 전 나는 이 제조화된 세계의 재구성에 책임이 있다고 생각했지만, 지금 은 아무 힘도 없음을 알게 되었다."고 고백한다. 책임은 이제 환상이다. '건강하다'는 표현은 기술의 혜택, 환경의 보호, 기술의 적용이라는 조합으로 환원되는데, 그것은 특권에 다름 아니다. 유독한 시스템의 관리를 동반한 건강 교육학에 대한 No인 것이다.

네 번째는 '건강을 위한 책임'이라는 새로운 윤리에 대한 No, 그것을 뛰어넘는 No다. 질병과 죽음은 자기 자신을 발견할 기회가 된다. '보다 높은 수준의 건강으로 후기산업시대의 피하기 힘든 유행병을 받아들여야 한다'는 주장은, 교육학자들의 뻔뻔함의 극치다. 고뇌와 죽음에 대한 가르침은 부끄러움으로 가득 차 있다. 사별에 대한 카운슬링, 죽음에 대한 교육, 건강 플랜의 작성을 통한 케어는 수백 년간 유지돼온 고뇌와 죽음의 전통적 기법을 파괴한다. 이 시대를 결정하는 히틀러나 스탈린도 도달하지 못한, 바닥 없는 악을 사실로 받아들이는 것이 성장이다. 핵, 독, 건강, 성장에 대한 논의가 그렇다. 우리들이 표현할 방법이 없는 악과 범죄다. 죽음이나 전염병, 악마와 달리 이들 악에는 의미가 없다. 그리고 이것들은 비인간적 질서에 속해 있어서 우리들을 불능의 상태, 즉 도움도 없고 힘도 없는 상태로 밀어넣는다. 이러한 악으로 인해 우리들은 고통 받을 수 있고 파괴될 수 있다. 그러나 그것에 의미를 부여할 수도 의미를 끌어낼 수도 없다. 진보에 동반되는 제2의 이것들을 긍정하는 모든 것으로부터 보편적으로 벗어나는 No다.

다섯 번째, 시니컬하고 냉담한 No에 대해 No라고 낙인을 찍는 것은 어리석고 악의가 있을지 모르지만, 실상은 정반대다. 최근 40년간의 발전은, 고뇌와 죽음의 고유한 기법을 길러온 문화·기술·건축의 공간을 파괴했다. 희생된 많은 사람들을 앞에 두고 우리들의 생각이 형성된 것이다. 오늘날 매우 많은 사람들이 가난하며, 이들은 더욱 가난해지고 있다. 4억 명의 인구가 비참한 상황에 있다. 노 땡큐부터 시작함으로써 우리들은 그들과 함께 그곳에 있을 수 있다. 종말론적인 No를 뛰어넘는 No가 필요하다. 괴로움을 공유하는 건 불가능하다고 착각하는 풍요로운 사회에서 이것은 너무나 절실한 진리가 아닐까. 건강과 풍요가 인간으로서는 가장 가난해진 현재를 만들어낸 것에 대한 철저한 No다.

자조(self-help), 자기 관리(self-management), 자기에 대한 책임(responsibility for oneself) 등은 글로벌 시스템을 자기 안에 내재화한 것이다. 이들에 대립하는 것이 '자기 한계 짓기(self-limitation)'다. 건강의 포기는 윤리적, 미학적, 행복학적으로 오늘날에 부합한다. 일리치는 이 자기 한계 짓기를 '자기 자신에 대한 책임'으로 간주하는 것을 거절하겠다고 말한다.

건강의 역사

고대 그리스 철학자들에게 건강함이란 조화로운 혼합, 균형 잡힌 질서, 기본적 요소의 합리적 상호 작용이었다. 사람이 건강하다는 것은, 자신이 태어난 세계의 시간과 장소에 맞춰 자기 세계의 전체성 조화에 스스로가 통합되는 것이었다. 플라톤에게 건강은 신체적(somatic), 정신적 건강이라는 덕(德)이었다. 그런데 17세기 이래 자연을 정복하려는 시도는 사람의 건강 이념으로 전환되었다. 이 전환은 조작(engineering)할 수 있는 존재의 출현을 의미한다. 18세기의 마지막 사반세기에 소유로서의 건강이 용인되어 19세기에는 내 몸, 내 건강에 대해 논하는 것이 상식이 되었다. 행복에 대한 권리와 병행하여 건강은 물질화되었고, 근대의 건강은 개인의 소유물이 되었다. 민주주의 사회에서 '개인의 책임'이라는 개념이 형식적으로 받아들여지자, 책임은 윤리라는 힘의 겉치레가 되었고, 행복을 나르는 서비스 배달꾼들의 특화된 형태가 되었다. 19세기와 20세기에 책임과 건강은 여전히 믿을 수 있는 이상이었고, 규범적 개념이 되었다. 우리들은 이 되돌릴 수 없는 이상에 맞춰 자신의 생활을 구조화하려고 하고, 자신이 질병에 걸리면 이 규범들이 상처 받은 것으로 간주한다.

건강을 '생존의 내용'이라거나 '대항하는 행동의 강함'이라고 간주하는 것은 잘못이다. 건강이 외부로부터 주어지면, 그것은 감각 파괴의 원인이 된다. 일리치는 '이와 같은 논리는 아무것도 말한 게 아니며 아무것도 한 것이 없다'고 지적하면서 건강을 부정하는 차원으로 접어든다. 세계의 오염은 무책임한 결정의 결과가 아니다. 비행기로 여행하고 고속도로를 왕복하는 상호 교감의 부절적한 그물망에서 우리들 개인이 출현한 것이다. 건강과 책임이 기술적으로 불가능해지자, 윤리적 책임론은 형식성을 정당화하는 것으로 환원되었다. 새로운 건강은 나의 면역 시스템을 사회 경제적 세계 시스템에 매끄럽게 통합할 것을 요청한다. 책임을 묻는 것은, 감각과 자기 파괴를 위한 요구이자 세계의 적을 죽음으로 밀어넣는 자기 소멸에 다름 아니다. 정치적 사기다. 죽음을 적으로 간주하는 서구적 건강 개념은 비서구세계에도 강요되었다. '나의 신체, 나의 건강'이라는 개념은 천박하고 무례한 요구인 것이다.

1979년경 '생명의 질'이라는 개념이 갑자기 나타나 의사들은 생명에 책임이 있다고 간주되었다. 생명 의료는 생명에 대한 능력이라는 것이 발견되었고, 건강은 면역 시스템이 살아 있는 정도를 재는 잣대가 되었다. 지금 생명에 대한 모독이 일어나고 있는 것이다.

위생학적 자율성
건강은 배분되는 상품이 아니며, 관리는 시스템에서 이루어지는 것이 아니다. 건강 관리라고 불리는 무언가에 대한 권리 따위는 없으며, 전문가의 진단에 의한 기술적 치료에 의지하거나 스스로 자격을 부여하는 전문가(expert)에 의한 특별한 처치를 바라는 것도 아니다.

본질적으로 다음의 명제들은 명백한 사실이다.

- 우리들은 결코 통증을 제거할 수 없다.
- 우리들은 모든 질환을 고칠 수 없다.
- 우리들은 확실히 죽는다.

우리들은 통증으로 괴로워하고, 질병에 걸리며, 죽는다. 그러나 또한 희망을 갖고 웃고 축하한다. 서로 보살피는 기쁨이 있고, 때때로 많은 수단에 의해 치유되고 회복한다. 건강에 대해 걱정하는 것에서 살아가는 기법으로 시선과 사고를 돌려야 한다. 또한 괴로워하는 기법, 죽는 기법도 마찬가지로 중요하다. 일리치는 이전의 의료론과 같은 결론으로 정리하고 있다. 근본적으로는 아무것도 바뀌지 않았다. 의료 비판의 『의료 네메시스』가 건강 비판으로 더욱 심화되었을 뿐이다.

3. 생명 비판

의료 비판, 건강 관리 비판은 나아가 '생명' 그 자체를 중시하는 것에 대한 비판으로 심화되어간다. 생명(life)이란 나라고 하는 개인과 인격(person)을 무시하고, 일반적 생명 속의 '하나의 생명'으로 추상화시키는 사고다.

생(生) 관료제: 자궁에서 무덤까지의 건강관리

1994년의 논문 「Brave New Biocracy: Healthcare from Womb to Tomb」에서는 의사가 생(生) 관료제의 관료가 되어 자궁에서 무덤까지 규칙화하고 있음을 논하고 있다. 인격과 개인(person)이 '하나의 생명(a life)'으로 변형되면 이 '생명'은 운영 가능하고, 개선 가능하며, 평가 가능한 것이 된다. 개인이나 특정 환자와는 관계없는, 일반적이고 추상적인 생명이 되어 조작되고 희소화되는 것이다.

논문 앞부분의 「생명은 희소하지 않다」와 「생명의 역사」는 1989년 논문이고, 뒷부분의 「건강의 역사」, 「책임의 환상」, 「위생학적 자율성」은 앞에서 소개했던 1990년 논문인데, 이 두 부분을 합해 약간 수정한 후 이들을 '의사의 관료화'라는 시각에서 재정리한 것이다. 논문에서는, 생과 사의 전통적 유대가 매우 희미해졌으며 개인의 성역에 과학이 침입했음을 지적하고 있다. 천사가 춤을 추던(tread) 곳을 의료시설에서 다루게 되었으며(treat), 그 결과 생과 사의 유대는 의료 케어에 의해 개념화되었다고 지적한다. 새로운 점은 '생 권력'이 아닌 '생 관료제(biocracy)' 정도지만, 더 이상 일리치의 고유성이 제시되는 수준은 아니다. 이 무렵부터 그의 사상적 정체가 본격화된 것 같다.

우상으로서의 '생명' 비판

만약 의료에 관한 책을 쓴다면, 의료 산업이 건강을 위협하는 것에 대해 논하기보다 '18세기에 탄생한, 대학에서 훈련받은 치료자들의 태도에 나타난 근본적 변화에 대해서'일 것이라고 일리치는 말했다. 그 이전 의사들은 환자의 이야기를 듣고 질병 기록을 작성했다. 환자에게 자기 자신과 주변의 세계에 대한 느낌이나 기분을 묻고, 환자의 말에 귀를 기울였던 것이다. 그리고 환자들이 균형을 되찾는 것을 도왔다. 그러나 18, 19세기가 되자 환자 속에서 징후를 찾기 시작했다. 진단 테스트와 의학에서 사용되는 영상화 기술이, 내면화된 신체 이미지를 공급하게 되었다. 의료 발생병의 신체를 얻을 수 있게 된 것이다. 의사에 의해 발생한 손상, 과잉 의약품, 잘못된 약품, 잘못된 약 조제, 의사의 무책임, 의사의 실험·오진·오치료 등의 의료 발생병이 나타나게 되는데, 이는 『의료 네메시스』에서 밝힌 대로다. 그러나 일리치는 후에 "그때까지는 생활 경험 자체가 현대 의학에 의해 엄청나게 바뀐다는 것을 충분히 인식하지 못했다"고 회고했다.

의학은 분단된 요소들을 억지로 하나의 체계로 끌어모아, 구성된 신체를 만들어낸다. 의학과 철학은 분리되었고 대학이 탄생했다. 11세기 그레고리우스 개혁 때다. 성직자의 독신이 강요되고, 의학적 안건에 관여하지 못하게 되었다. 의학은 신학으로부터도 분리되어 제3의 학문 분야가 되었고, 법률은 제4의 분야가 되었다. 갈레노스[7]의 전통은 사라졌으며, 신체의 해석은 외적 관찰과 원자화된 신체 조작으로 대체되었다. 철학으로부터 신체가 사라졌으며 신체의 우주적 구속은 소실되었다. 현대인의 신체는 의학적 관찰에 의해 구성된 신체, 간주되는 신체, 귀속된 신체(attributed body)가 되었다. 이것은 죽음이 사라진 세계다. 사람들은 사자(死者)가 주위에 없는 세계에 살고 있다. 죽음에 관여하지 않는 게 아니라 죽지 않으려고 연명을 위해서라면 뭐든지 하는 세계다.

---

[7]   Claudius Galenus(129~199?). 고대 로마의 의학자이며 철학자. 히포크라테스 이래 최고의 의학자로 꼽으며, 고대 의학의 완성자로 널리 알려져 있다.

일리치는 여기에서 신체의 소생을 제기한다. 사자의 소생이다. 이를 광신적 기독교도들의 신앙에 불과한 것으로 생각하지 말라고, 영혼의 구제와 건강의 관계를 재고해야 하지 않느냐고, 어떤 신체를 소생의 대상으로 생각하느냐고 문제를 제기한다. 부활의 대상이 되는 신체는 느껴지는 신체(felt body)다. 당신의 신체임과 동시에 나와 대면하고 있으며 이론적 서술이 불가능한 신체, 이 느껴지는 신체는 죽지 않는다고 일리치는 말한다. 당신의 할머니가 죽었을 때 그녀는 그리스도가 소생한 신체의 일부, 또는 성처녀 마리아의 승천한 신체의 일부로서 주위에 계속 존재한다. 그것은 진단된 신체와 전혀 다르다. '신체의 소생'이라는 신비에 대한 신앙은, 서구문화의 행로에서 신체에 대한 새로운 경의로 향하는 문을 열었다. 너와 나의 양자 관계에서 이를 소중하게 여기자고, 다시 복원하자고 일리치는 말한다. 이 경의가 사라지자 빈 구멍만 남았고, 이 빈 구멍에는 어떤 구성물이라도 빠져버린다. 그것은 살아 있는, 느껴지는 신체가 아니라고 그는 지적한다. 그는 그리스도의 강생(降生, 受肉)과 살로서의 신체 등을 생각하게 되었고, 그 생각들이 사상적 기반에 존재하게 된 것이다(11장과 종장 참조).

의료에서 시스템으로

일리치는 의료(medicine)에서 의료화(medicalization)로, 나아가 시스템화(systematization)로 진행되어가는 사태에 대해 비판적이었다. 근대 초기에는 의료에 대한 의존이 심화되긴 했지만, 자기 지각을 신체에서 분리하는 사태까지 진행되지는 않았다. 그런데 오늘날 탄생과 죽음은 시스템으로 간주되기 시작했다. 죽음은 breakdown되는 것으로 이해되고, 죽음으로부터 자신이 분리되어 단지 기억 메모리가 멈춘 것으로 간주된다. 즉, 이제는 죽는 것조차 불가능하게 된 것이다. 그것은 신체의 상실, 자기의 상실, 생의 상실, 죽음의 상실을 의미한다. 대신 (자기 지각을 갖는 보통의 인간은) 시스템으로 데이터화된 인간이 되고, 감각적이고 살아 있는 인간은 관리 가능한 생명(life)으로 바뀌고, 탄생 전부터 전문적 관리 아래 놓인 생명이 되었다. Homo가 life로 바뀌었다는 논리다.

일리치는 두덴[8]과 함께 신체를 면역 시스템으로 간주하는 것에 대해 부정적이었다. 1978년 '면역 시스템'이란 용어가 처음으로 출현했다. 같은 해에 마이크로소프트는 운영시스템인 DOS를 출시했다. 그 5년 후에는 대중적인 과학서적에서조차 건강을 생물학 시스템으로 기술하고, 죽음을 생이 회복 불가능한 breakdown으로 기술하게 되었다. 사람들이 '자신의 시스템 상태'로 건강을 표현할 정도로, 시스템이라는 개념은 우리들의 자기 지각을 바꿔버린 것이다. 일리치는 면역학에 대해, '덕(德) 다음에 오는' 도덕적 에고에 면역 시스템으로서의 에고를 겹쳐놓은 것이라고 비판했다. 살아 있는 존재를 면역 시스템이 제공하는 거짓(擬似) 정통성에 의해 '하나의 생명(a life)'으로 취급해버렸다는 것이다(1994년).

생명 윤리는 1970년 이래 유행병처럼 퍼졌다. 비윤리적 문맥에서 윤리적 선택이라는 외견을 창조한 것이다. 이 조작의 새로운 영역이 주어짐으로써 의료는 아픈 사람들의 고뇌를 들여다보기를 멈추었고, 관리 대상은 인간 생명으로 바뀌었다. 윤리와 제도 기관, 프로그램, 교육 코스 등은 생명을 의료적 전문 관리 대상으로 만들어내

---

8   Barbara Duden(1942~). 독일의 의료사학자이자 젠더 연구자. 신체의 역사에 대한 개척자이기도 하다.

는 담론(discourse)을 창조했다. 의료 윤리는 고뇌와 죽음에서 더 이상 덕(德)의 행위를 보이지 않게 만든다. 안전한 섹스, 핵 방위, 군대의 지성 등에 신경을 쓰는데, 이것들은 의미가 대립하는 어구를 늘어놓은 수사법(oxymoron)⁹에 불과하다. 생명 윤리는 살아 있는 것에 대해 방향을 잘못 잡은 것이다. 살아 있다는 것은 고통, 고민, 단념, 죽음에 직면하는 것이다(Medical Ethics: A Call to De-bunk Bio-ethics, 1987).

　　의료론에서 항상 느끼는 거지만, 어떤 것이 일리치 본연의 모습이고 어떤 것이 그렇지 않은지를 구별하는 것은 의미가 없다. 의료의 본성을 파악하는 데 있어서 다양하게, 그리고 자기 방식대로 자신에게 맞게 사용하면 된다는 것을 통감한다. 즉, 사회 비판으로서의 정통성보다 자기 기술로서 사용하는 편이 의미가 있다는 것이다. 학교론에서는 다른 논자와의 차이를 구별함으로써 이론상으로도 깊은 의미를 추출할 수 있었지만, 의료론은 역의 벡터를 갖고 있다. 이 점이 중요하다. 실태에 대한 판단 따윈 아무래도 좋다. 자신이 무엇을 받게 될지, 무엇을 받지 않고도 끝날 수 있는지, 생활의 장에서 자율적 자기 기술을 가지고 결정, 사용하면 된다고 필자는 생각한다.『탈병원화 사회』와 같은, 영문을 알 수 없는 제목의 오역투성이 번역서는 도움이 안 된다. 일리치가 미묘하게 말과 용어를 골라 표현한 것을 의미만 통하면 된다고 생각해서인지 사상의 핵심이 빠져버렸다. 일리치의 부활이 일어난다면『의료 네메시스』의 일본어 번역 개정부터 시작해야 할 것이다. 역사적 명저이기 때문이다. 기술, 사회, 문

9　모순어법 또는 형용모순. Oxymoron의 oxy는 날카로운, 예리한 등을 의미하며 moron은 저능아를 의미한다. 결국 '똑똑한 바보'라는 뜻으로 단어 자체가 모순이다.

화를 종합적으로 재검토하는 도구로서 최고의 책이다.

　의료의 불가피적 중요성은 20~30% 정도다. 나머지는 의미도 없는데, 사람들은 그 나머지 세계에 의존하고 있다. 쓸모없는 것이니 없애라고 해도 없어지지 않을 것이다. 물론 의료 때문에 실질적인 20~30%가 살 수도 있다. 이와 같은 신화 생성의 토양과 관련 있는 부분은 일리치의 비판으로는 해체할 수 없다. 실질은 비실질이 있어서 비로소 존재 근거를 갖는다. 1970년대와 1980년대 일리치에 대한 많은 언급들이 90년대 이후 사라져버린 것도 이 점을 고려한 비판이 아니었기 때문이다. 1990년대 일리치의 의료론은 신체론의 의미 부여로 비약, 심화되면서 다른 한편으로는 시스템 비판으로 축소됨으로써 그 의의가 반감돼버렸다.

　『의료 네메시스』의 한계에 대한 일리치의 자기 비판의 핵심은, 산업사회 비판에서 사용된 '정보공학의 시스템 용어를 사용한 점'이라는 것이다. 그러나 필자는 그것이 『의료 네메시스』의 논점을 왜곡했다고는 생각지 않는다. 프로그램 개념에 의해 기술된 내용들이 사이버네틱스적 정보화로는 포섭할 수 없는 영역을 열었기 때문이다. 게다가 그의 고찰은 의료 영역에 국한되지 않는다. 문제는 오히려 시스템 비판에 대한 고찰의 깊이가 얕다는 점이다. 『의료 네메시스』는 후기 일리치 자신의 언술들과 무관하게 문명의 존립 근원을 드러낸 역사적이고 충격적인 저작이다. 이 유산은 불후의 저작으로서 우리가 스스로 활용하면 된다. '죽는 기법'은 '즐기는 기법'과 함께 중요한 정서·감각과 관련된 자기 기술이다. 건강 관리 또는 건강에 책임을 진다는 차원을 뛰어넘은 지점에 있다. 고뇌·통증의 기법과 쾌락의 기법, 그것들은 금욕의 기법을 뛰어넘은 곳, 네메시스의 피안에 있다. 그리고 그곳에 희망이 있다.

[본장의 주요 논문]

Medical Nemesis

1990/ Health as one's own responsibility; no thank you!(14. 09.
    1990, Hanover, Germany)

1994/ Pathogenesis, immunity and the quality of public
    health(11.06.1994, Pennsylvania)

1994/ Brave new biocrasy; health care from womb to tomb(New
    Perspectives Quarterly, Winter 94, vol.11)

1995/ Death undefeated(British Medical Journal, 23-30. 12. 1995)

The Institutional Construction of a New Fetish; Human Life(1989)

Twelve Years after Medical Nemesis; A plea for Body History(1985)

Medical Ethics; A call to De-bunk Bio-ethics(1987)

2부 소괄

산업사회의 서비스 제도로서의 3대 패러다임은 이미 필자의 처녀작인 『학교, 의료, 교통의 신화』(1979)에서 논한 바 있다. 그 책에서는 컨비비앨리티(conviviality)론까지 다루었는데, 여기에서는 일리치의 후기 저작들을 포함하여 다루었다. 일리치는 버려도 된다고 했지만, 이 3대 패러다임에 대한 고찰이 버려질 만큼 낡지는 않았다. 산업사회 질서가 이런저런 방법을 동원하여 살아남으려고 하는 한 여전히 유효하다.

산업적 생산 양식에 대한 비판은, 한편으로는 전문가 지배의 불능 현상으로서 전문주의 비판에서 다시 거론되고, 다른 한편으로는 도구론·기술론·노동론으로서 총괄된다. 그리고 경제 섹스화된 남녀의 존재 방식으로서 젠더론으로 비약한다. 그는 산업적인 것과 대치되는 세계를 연 것이다. 이 점은 3부에서 중기 일리치와 관련하여 다시 정리하도록 하자. 아무튼 이를 통해 산업적 생산 양식을 만들어낸 사람들에 대한 비판과 그 문화적 기반이 해명되었다고 봐도 좋을 것이다.

전문주의의 불능화 지배

산업 서비스 제도를 낳고 이를 유지하는 것은 전문가 집단이다. 관료주의와 손잡고 기술 관료(=테크노크라시)가 지배하고 있는 것이 산업사회다. 산업사회는 불능화된 전문가들과 그들의 산출물을 지지하고 받아들인다. 정부의 정책 결정은 전문가의 위원회나 심의회에 의해 이루어진다. 뿐만 아니라 도시 계획과 과학기술 개발 등 모든 분야에서 산업 기술을 사회화하는 방식이 실행된다. 전문가가 기획하고, 계획하고, 창조하고, 수정·개선하고, 그리고 파괴하는 일련의 순환이 이루어진다. 교사나 의사, 교통관계자 등 서비스 노동자들을 규제하고, 총괄하고, 지배하는 전문가 헤게모니라는 차원이 존재한다. 그것이 '급진적 독점'을 구성한다. 전문가만이 문제를 만들고, 처방을 내고, 해결하는 것이다.

거기에서 사용 가치는 파괴된다. 그리고 '가치의 제도화(institu- tionalization of values)'에 의해 '빈곤의 현대화'가 진행된다. '시장 의존의 강도가 일정 경계에 달하면 현대화된 빈곤이 출현한다'고 했을 때 제시되었던 영역이다. 방대한 산업적 생산력에 의존함에 따라 풍요로움은 욕구 충족을 넘어 빈부 모두에게 욕구불만을 만들어낸다. 각 개인은 자율적 행위를 통해 창조적으로 살 수 있는 자유와 능력을 빼앗긴다. 풍요로운 자에게도 가난한 자에게도 '자율성이 침해당하고, 충족이 깎이고, 경험이 평탄해지고, 필요가 저해되는' 일이 닥친다. 시간을 소비하는 가속화, 질병을 낳은 건강 관리, 인간을 마비시키는 교육 등의 역생산성이 뒤덮어버린다. 문화적으로 형성된 사용 가치를 대신해 전문가의 손으로 만들어진 산업 상품이 생활을 뒤덮는 것이다. 또한 일반적으로 사람들은 직업을 갖거나 소비에 참가하지 않으면 인간이 될 수 없는 사태에 놓인다. 스스로 무언가를 하는 것은 일탈 정도가 아니라 범죄로 취급받기까지 하는 관리가 이루어진다. 아이들을 병원 밖에서 낳는 것도 불가능하게 되고, 죽는 것도 병원 밖에서는 불가능하게 된다. 학교 밖에서 배운 것은 가치 없는 것이 된다. 희소성의 세계가 만들어지면 전문가에 의해 희소한 것으로 정의된 상품만이 사람들의 필요를 충족시키게 된다.

그런데 이러한 독점이 무너지기 시작한 것 역시 사실이다. 전문가의 독점이 붕괴되면 전문가들은 더욱 이런저런 방법으로 독점을 합법화하고 규칙화하려고 한다. 일리치는 이를 대신할 컨비비얼한(convivial) 정치를 제기한다. 물론 일리치의 주장에는 자의적 표현으로 기우는 경향이 없지 않다. 비판의 체계적 깊이에 비해 그가 제시하는 가능성은 다소 피상적이다. 그 이유를 밝히도록 하자. 참고로, convivial이라는 단어는 일리치가 소생시킨 말이다. 매우 매력적인 말이다.

3부

사상의 비약적 전환

산업적인 3대 패러다임을 포괄하는 또 다른 차원의 기준이 있다. 그것은 도구 및 기술, 남녀(＝젠더), 그리고 전문가 지배다. 비판의 기준과 긍정의 기준을 나누는 기반이 되는 것들이다. 컨비비얼한 도구가 산업적 기술·기계가 되고, 남녀의 젠더 문화가 유니섹스화된 문명이 된다. 이 산업적 전환의 기반에 있는 인간(＝남녀)의 버내큘러한 존재를 비판적 기준으로 자리매김하기 위해 'convivial'론이 제기되었고, 젠더의 역사가 서술되었다. 일리치는 산업적인 것의 제도화될 수 없는 전통이자 장소의 버내큘러한 문화인, 과거의 문화성의 힘을 되돌아봄으로써 다원적 균형의 가능성을 열고자 한 것이다. 이것은 나아가 '역사'의 근원이 되어 12세기에 대한 역사적 재검토의 소재가 되었다. 그는 과거와 현재를 조응시킴으로써 현재의 우연성을 상대화하고자 한 것이다.

그리고 컨비비앨리티의 보론(補論)으로서 전문주의에 의한 불능화 지배가 산업사회 비판의 총괄로 설정되었다. 산업사회의 특징으로 '전문가에 의한 독점적 지배'를 끄집어낸 것이다. 일종의 사상적 비약이 시도된 셈인데, 결과는 그다지 성공적이지 못했다. 너무 산만해져서 지반의 심화에 이르지 못했기 때문이다. 그러나 근원적, 시사적 제시는 날카롭다. 비록 체계화되지 못했지만 말이다. 산업적 서비스 제도는 산업적 생산 양식으로 총괄된 다음 필요의 역사로 집약될 예정이었다. 아울러 젠더의 섹스화는 희소성의 역사로 총괄될 예정이었다. 그러나 일리치의 역사 연구는 개별성으로 다원화, 다양화된 채 확산돼버렸다. 여기에서는 그 사상 수준을 파악하고, 일리치의 사상적 비약과 한계를 밝히도록 하겠다.

6장
컨비비얼한 것과 도구

비판은 비판에 불과하다. 비판은 부정적으로 흐르는 경향이 있다. 특히 일리치의 사상은, 산업사회와 산업문명에 대한 전면 부정으로 해석된다. 이 점을 탈출하는 것, 비판적 부정성이 아니라 비판적 긍정성의 차원을 이끌어내는 것이 필요하다. 그것은 어떤 가능 조건을 비판 체계 앞에 열어놓는 것인데, 새로운 사상의 내용은 거기에서 결정된다. 예를 들면, 마르크스는 자본주의 세계를 비판하면서 공산주의라는 이상 세계를 제시함으로써 마르크스 '주의'가 되는 경계를 열고 말았다. 사회주의와 공산주의를 긍정적으로 제시하는 등 나름대로 가치 설계를 했지만, 역사적 결과로 볼 때 이는 큰 잘못이었다. 물론 사회주의 혁명을 통해 역사를 크게 움직였고, 이를 통해 자본주의 사회에 큰 영향을 미친 것은 부정할 수 없는 사실이다.

마르크스주의와 관련해서는 부르디외가 제시한 것처럼 두 가지 이론적 효과가 나타났다. 첫째, 마르크스의 해석을 둘러싸고 마르크스주의는 다른 사상과의 상호 교통을 통해 칸트주의나 헤겔주의, 실존주의, 프래그머티즘 등으로부터 사상적 흡수 효과를 낳았다. 마르크스주의는 마르크스가 아니라고 할 정도의 변용을 겪은 것이다. 둘째, 사상의 현실 효과라고 할 수 있는 것으로, 현실에 관여하는 disposition(배치 전환)이 일어났다. 실제 사회주의 혁명과 공산주의 운동 등 현실의 여러 관계들에서 사상은 변용된다. 사상의 담론 구조 자체의 변용과 사상의 현실화에서 나타나는 변용은, 더 이상예전의 사상이 아니지만 현실 역사에서는 필연적으로 일어나는 이론 효과다. 이러한 이론 효과를 앞에 두고 비판 이론의 초극, 그리고 비판 사상의 초극이 각각의 레벨에서 요구된다. 공상이 아니라 현실적인 '이데아'와 '비전', 그리고 '실제화'를 향한 설계다. 일리치 역시불가피하게 여기에 직면하게 되었다. 비판이 철저했던 만큼 구상되어야 할 것 역시 마르크스주의보다 철저해야만 현실성을 가질 수 있다. 이 점에서 과연 일리치는 성공했는가 아니면 좌절했는가.

무엇이든 비판하고 부정하는 것처럼 보이는 급진주의 속에서 일리치는 다음 시대의 가능성을 긍정적으로 구상하고자 했다. 산업사회의 종언을 예고하고 새로운 세계가 어떤 것인지를 구상하면서 사회주의를 뛰어넘는 미래를 열고자 했다. 이미 지적한 것처럼, 일리치는 현실 역사에서 "사회주의는 자본주의와 다를 바 없는 '산업적 생산 양식' 안에 있다"고 비판했다. 이로부터 '산업적 생산 양식' 자체를 전환하는 경계를 열어젖혀야 한다. 이를 위해 생산성(productivity)을 대체하는 컨비비앨리티 원리가 제기된 것이다. 그것은 학교가 없는 사회, 병원이 없는 사회, 자동차가 없는 사회와 같이 부정 언술에서 전망되는 것이 아니다. 이들 부정 언술을 필요로 하지 않는 사회, 긍정적으로 구상되는 사회, '희망'이 존재하는 사회다.

일리치는 '기대'가 아니라 '희망'을 바랐기 때문에 그에게는 늘 '유토피아 논자'라고 불릴 만한 무언가가 있었다. 학교 비판에서는 에피메테우스의 어리석음에 거는 희망(=판도라)이었고, 의료에서는 복수의 여신 네메시스 앞에 있는 희망이었고, 교통에서는 자전거 속도였다. 후기의 '문자의 읽고 쓰기'에서는 기억의 여신 므네모시네를 제시했다(10장 참조). 이런 것들이 유토피아의 환상으로 끝나지 않도록 하기 위해 일리치는 『Tools for Conviviality』에서 산업적 도구 배치를 대신하는 retooling이란 물질적 구상을 제시했다. 도구(tool)를 재배치하자는 것이다. 그는 제도와 정신적 공간 사이에 도구의 재배치를 놓은 것이다. 거기에서 작동하는 원리가 '컨비비앨리티'다. 산업사회의 '생산성'을 대체하는 대항적 개념으로 제시된 컨비비앨리티라는 개념은 3대 패러다임인 교육, 교통, 의료를 포괄하는 것으로 이해하면 좋을 것이다.

초고는 「Retooling Society」였다. '정치적 전환'이란 제목의 논문에서 시작되어 「Retooling Society 2」, 그리고 완성본에 가까운 「Retooling 3」가 문화교류문헌자료센터의 CUADERNO 시리즈로 간행되었다. 프랑스어판은 『La convivialite』, 스페인어판은 『La Conviviencialidad』, 독일어판은 『Selbstbegrenzung: eine politische Kritik der Technik』이다. 참고로, 일리치 본인은 이 책이 가장 마음에 든다고 밝힌 바 있다.

컨비비앨리티라는 말

영어에서 conviviality라는 단어는 그다지 익숙하지 않은 말로 '연회 기분' 정도로 사용되는데, 일상적으로 사용되는 말은 아니다. 프랑스어에서도 흔치 않은 말이다. 그러나 스페인어에서는 일상적으로 사용되는 말로, 일리치가 이를 사상 용어로 다듬은 것이다. con-

이란 '함께'라는 뜻이며 vivial이란 '활기 넘치는' 모양을 의미한다. 즉, '함께 활기 넘치는 것'이다. 그렇다고 이를 '공생(共生)' 등으로 안이하게 생각해서는 안 된다. '공생'이란 symbiosis다. 컨비비앨리티는 그런 생물학적 현상을 의미하는 것이 아니다. 환경적 현상을 나타내는 말도 아니고, 공동생활을 의미하는 것도 아니다.

일리치는 에콜로지를 싫어한다. "인류의 생존 원리는 에콜로지에는 없고 컨비비앨리티에 있다"는 것이 그의 주장이다. 즉, 환경 파괴 이상으로 파괴되는 것들이 있다는 의미다. 또한 그는 집단주의를 싫어한다. 그의 사상의 기반에는 개개인의 자율이 존재한다. 이 때문에 그는 개인주의로 분류되기도 하는데, 그러나 그는 근대주의적 자기 개념에는 부정적이다. We에 속하는 I를 잃어버린, I의 집합화에 대해 그는 거부한다.

컨비비앨리티론은 정치론이기도 하다. 최초의 초고는 '정치적 전환'이라는 제목의 장문의 논문이었다. 이 글에서 일리치는, 정치의 최전선인 분배를 둘러싼 정치 프로세스를 묘사하고 재편하고자 했다. 이를 통해 산업사회를 대체하고자 한 것이다. 그러기 위해서는 도구(tool)를 바꿔야 한다. 산업적 도구를 대신해 사용 가치의 도구를 회복해야 한다. 컨비비앨리티론은 다음 단계의 초고집에서는 「Retooling Society」로 제목이 바뀐다. 즉, 정치 전환이란 권력의 탈취가 아니라 도구의 재구성이라는 것이다. 권력이 아니라 테크놀로지와 관련이 있다는 의미다. "산업주의 시대의 종언이라는 테마에 도전해야 한다"는 일리치의 말 속에서 그가 물질 기반의 도구 구성을 바꾸고자 한다는 것을 알 수 있다. 후기산업주의에 적합한 생산양식을 도구 배치에서부터 확실히 재편하겠다는 것이다. 그는 사람과 도구와 협동성(서로 함께 일하는 것)이 정치적으로 서로 결부됨으로써 개인에게 도움이 되는 사회를 '컨비비얼'이라고 부른다. 그것은 도구에 한계가 설정된다는 것을 의미한다. 사물에 한계를 설정하는 컨비비얼한 도구다.

일리치는 토마스 아퀴나스로부터 'eutrapelia'[1]라는 용어를 끄집어냈다. 이는 graceful playfulness, 즉 품위 있는, 우아한, 순결한, 은혜가 넘치는 즐거움이 가득한 것, 다시 말해 '절제된 즐거움'이다. Austerity(＝절제, 절도, 엄정)는 우정을 토대로 한 훈련에 의해 창조적 즐거움이 넘치게 된다. 사람과 사람의 관계에서 신경을 딴 데로 돌리거나 파괴하는 것을 배제한, 엄정(嚴正)하고 엄격한 절제와 절도다. '친한 사이에도 예의가 있어야 한다'는 의미다. 즐거움을 배제하는 것이 아니다. '우애, 엄정, 기쁨'이다.

『Tools for conviviality』는 최종적으로 5개의 장으로 구성되었다.

1장 두 개의 분수령(two watersheds)
2장 컨비비얼한 재구축(convivial reconstruction)
3장 다원적 균형(the multiple balance)
4장 복구(recovery)
5장 정치적 반전(political inversion)

제1장의 두 개의 분수령에서는, 새로이 산업적인 것이 출현하여 이전의 것을 제치고 절반 이상을 차지하게 되는 제1의 분수령, 그리

---

1   Eutrapelia란 우리말로는 재치(wittiness)에 가깝다. 원래 아리스토텔레스가 『니코마코스 윤리학』에서 거론했던 덕의 하나로, 자신의 삶에 심각하지 않을 수 있는 능력을 의미한다. 토마스 아퀴나스는 『신학대전』에서 이 용어의 덕으로서의 가치는 살리되 개인주의적 자율성은 없애고자 했다.

고 산업사회적인 것이 전체를 차지하자 이로부터 부작용이 절반 이상을 차지하게 되는 제2의 분수령 등 한계치를 뛰어넘는 산업사회의 상태를 보여준다. 역사의 진보와 발전을 분수령으로 설정한 사관이 독특하다. 제2장에서는 산업사회의 도구에 대항하여 사용 가치 중심의 컨비비얼한 도구의 존재 방식을 보여준다. 제3장은 산업사회가 불가피하게 초래하는 다섯 가지의 퇴행을 보여주고, 그것들이 심적 욕구불만을 일으킨다는 것과 이를 대신할 '다원적 균형'을 제시하고 있다. 제4장에서는 복구를 위해 과학을 비신화화하고, 언어의 힘을 회복해 재판을 배반의 도구로 사용할 수 있음을 논하고 있다. 자의성을 상반되게 사용할 수 있다는 뜻이다. 제5장에서는 정치적 반전(=inversion)이 제기된다. '위기'를 기회로 삼아 변혁과 전환의 방식을 바꾸는 대안이 제시되고 있다.

이 저작은 대단히 중후한 저술이며, 일리치 사상의 중간점에 위치하는 총괄이기도 하다. 생존 원리를 바꾸려고 하는 그의 강한 의도가 보이며, 마르크스주의적/사회주의적 혁명론에 대한 비판이 될 수도 있다. 지금까지 제도 혁명 혹은 문화 혁명이라고 했던 것에서 제도의 물질적 기반인 '도구'로부터 정치적 전환을 하자고 방향을 바꾼 것이다. 나중에 일리치는 "도구에서부터 분석하려고 한 것이 한계였다"고 회상했는데, 그렇지는 않다. '도구'론은 일리치가 말하는 테크놀로지가 아니다. 자기(自己) 테크놀로지를 포함한 광의의 테크놀로지론으로서, 디자인론으로서, 지금도 충분히 활용할 수 있는 분석 개념이다. 도구라는 사회 관계의 본질은, 도구 배치를 바꿈으로써 비로소 전환이 가능하다.

컨비비앨리티론(1973년)은 에너지론/수송론(1974년), 의료론(1975년) 이전에 쓰인 것이지만, 산업사회 비판의 3대 패러다임을 총괄한 것으로 자리매김하는 편이 알기 쉽다. 이 3대 패러다임은 예시적으로 이해할 수 있기 때문에, 본서에서는 컨비비앨리티론을 여기에 배치했다. 일리치는 학교 비판 및 교육 비판을 전개할 때 이미 수송 비판과 의료 비판을 염두에 두고 있었다. 이에 대한 상세한 논의가 뒤로 미뤄졌을 뿐이다. 한편으로는 컨비비앨리티론을 먼저 이해하고 나서 학교 비판, 수송 비판, 의료 비판을 읽는 게 더 생산적일 수도 있다. 이 컨비비앨리티의 기준이 없다면 비판은 비판으로 끝나기 때문이다.

컨비비앨리티는 사람과 사람의 관계를 좋게 만드는 도구의 재배치에 관한 논의다. 결함투성이의 과학기술에 점유되고 제도에 의해 독점된 도구를, 사람들에게 유익한 것으로 되돌리자는 것이다. 도구란 사회적 관계에서 본질적이다. 각 개인은, 행위와 그 행위를 수행하기 위해 효과적으로 숙달된 도구를 통해 사회와 관계를 맺는다. 스스로 도구에 숙달된 정도에 따라 자신의 이미지가 결정된다. 도구는 개개인을 규제한다. 산업적 도구의 지배 하에 있는 개인은 스스로 자기를 결정할 수 없지만, 컨비비얼한 장소의 개인은 스스로 자신을 행사할 수 있다.

1. 도구의 철학

'도구'의 논리

'도구(=tools)'란 무엇인가. 손으로 사용하는 도구, 예를 들면 망치·톱·칼·낫 등 다양한 도구들이 전통적으로 생활을 위해 존재해 왔고, 그것들은 과학기술이 발달한 지금도 사용되고 있다. 일리치는 이것들을 '사용 가치의 도구'라고 표현한다. 사물이 아니라 '사용하는' 도구와 그 행위를 중시한 것이다. 그런데 사람에 의해 작동하는 게 아니라 과학기술에 의해 사람이 조작할 수밖에 없게 된 산업적 도구의 세계가 열렸다. 비행기가 그 궁극적 사례라고 할 수 있다. 비행기뿐 아니라 모든 것이 단지 조작될 뿐이고, 사람들은 기계를 따라 움직이게 되었다. 이것은 교환 가치라는 차원을 넘어 사람을 지배하고 통제하는 조작적 도구/테크놀로지다. 사람과의 관계가 없어질수록 도구는 정밀해지는데, 이것을 진보라고 한다. 의료 기구가 그렇고 교통에서도 산업적 기계가 중심이다. 이에 비해 자전거는, 타율과 자율이 균형을 이룬 기계적 구성이긴 하나, 자율적 도구의 궁극적 전형이다. 결국 중요한 것은 hand tool과 power tool, 이 양자의 상반된 성질이 어떻게 공존하는가이다.

도구란 어떤 목적을 달성하기 위해 디자인된 장치다. 사람이 계획하고 디자인하여 목적에 맞춘 수단이 도구인 셈이다. 그런데 도구를 제도론에서 보면, 일리치는 서비스 생산자가 사용하는 제도(=도구)가 사회에 무엇을 하고 있는지를 문제 삼는다. 사람이 바라는 것을 해주던 도구가 서비스를 만들어내는 도구로 바뀌자, 도구는 수단에서 목적으로 변해버렸다. 게다가 그 목적은 달성되지 않고 반대의 결과만 만들어냈다. 예를 들면, 학교라는 도구(=제도)는 배우기 위한 수단이었는데, 학교에 가는 것 혹은 학교에 소속되는 것이 목적이 되었다. 게다가 소수만이 성공이라는 보수를 얻을 뿐 대다수는 멸시를 당하는, 목적에 반하는 결과가 나타났다. 일리치는 일정한 강도, 일정한 경계를 넘으면 목적에 반하는 역생산성이 나온다고 지적한다. 사람들이 제도라는 도구를 따르고 되고, 그에 따라 이용당하게 된다는 것이다. 도구는 제도와 법률을 포함한 포괄적인 것으로 해석된다.

손 도구, 하드웨어, 큰 기계, 생산 장치, 그리고 만져서는 알 수 없는 형태까지를 포함한 포괄적 개념이다. 합리적으로 고안된 모든 것이다. 도구는 기구(instrument)도, 장치(apparatus)도, 기계(machine)도, 설비(equipment)도 아니다. 그것들과 구별되는 것이다. 즉, 나 대신에 움직여주는 도구와 나와 함께 움직여주는 도구의 차이다. 우리가 추구해야 할 것은, 도구의 노예가 되는 것이 아니라 각 개인이 갖고 있는 에너지와 상상력을 충분히 끌어내는, 기술 작용을 하는 도구를 재배치하는 일이다.

사람들은 물건(상품)을 얻는 자유만 필요한 게 아니다. 생활을 가능하게 해주는 물건을 만들어내는 자유, 자신의 기호에 맞게 모양을 만드는 자유, 타인을 돌보거나 보살피는 데 그것을 사용할 자유 등을 필요로 한다. 이것들은 개인 간의 자율적이고 창조적인 교류와, 각 개인과 환경 사이에 그와 유사한 교류를 만들어내는 도구가 된다. 이 같은 도구를 산업적으로 바꿔 인간을 종속시킨 세계, 그것이 'tooling된 사회'다. 이 산업적 도구(=상품)를 컨비비얼하게 바꾸기 위해 재구축하는 것이 re-tooling이다. 일리치는 도구라는 개념에 부정적 의미와 긍정적 의미를 모두 담았다. 이 '상반성'의 공존이 일리치 사상의 핵심인데, 이와 관련해 그는 complementarity라는 용어를 사용한다(참고로 일리치의 사고에는 변증법이 없다. 변증법이라는 단어를 사용하기는 하나 사고방식에는 없다). 서로 상반되는 것이 구성적으로 공존하는 것, 배타적으로가 아니라 다양하고 다원적으로 서로 균형을 이루는 것, 그것이 컨비비얼이라는 말이다.

도구론의 의미는 도구를 사용하는 '행위'가 설정된다는 점에 있다. 자율 행위를 회복하고자 하는 일리치의 사상은 항상 행위론이다. 교육, 속도, 치료의 상품화(=사물화)는 행위를 불능화시키고 타율 의존의 '행동'으로 바꾸어버렸다. 이에 대항해 자기의 힘인 자율 행위를 되찾기 위해서는 retooling이 필요하다는 것이다. 일리치의 도구론은 자크 엘륄[2]의 테크놀로지 비판과 겹치는 부분이 많은데, 일리치는 도구가 무언가를 수행하는 것을 넘어 도구가 '이야기하는 것'으로 자신의 생각을 밀고 나간다. 즉, 도구/제도가 이야기하는 것을 사회가 고정관념으로 받아들인다는 것이다. 제도를 도구라고 생각할 때, 도구가 사람의 행위를 바꾸도록 이야기한다는 뜻이다. 도구의 의례적 의미에 대한 고찰인 것이다. 후기의 일리치를 감안해 표현하자면, '도구적 정신 공간'이라고 해도 좋을 것이다.

일리치는 도구와 비적(秘蹟)을 대응시킨다. 그에 따르면, 사람이 바라는 것을 하는 도구와 신이 바라는 것을 하는 비적은 모두 서구적 개념으로, 13세기 이후의 현상이다. 관념을 불어넣는 의례적인 것이 도구의 본성에 있다는 말이다. 비적이란 세례, 견신, 성찬, 고해, 종유, 서해, 혼인 등 7개의 의식으로 이루어진다. 서비스 제도는 이 비적을 현대적인 것으로 치환하여 수행한다. 그것이 바로 도구다. 일리치는 도구의 양의성을 개념적으로 설정하고 있는데, 여기에서는 도구와 테크놀로지를 대립적으로 다루기로 하자. 테크놀로지란 과학 우위가 아니라 기술 우위에 과학이 따라가는 것이기 때문에 '기술과학'이라고 하는 게 맞다. 의료 기구 같은 것이 정말 기술과학이다. 기계는 인간을, 그저 기계의 파괴적 진보 앞에 선 무능한 협력자 역할에 머무르도록 만들어왔다. 도구론을 통해 이를 뛰어넘어야한다.

---

[2] Jacques Ellul(1912~1994). 프랑스의 법 역사학자이자 사회학자. 기술과 소외의 사상가로 불릴 만큼 근대 기술에 대한 분석과 비판으로 유명하다.

도구의 철학

사용하는 주체와 직업, 즉 구두 장인이나 기예 장인의 손에서 떼어내 도구 일반으로서 도구를 생각하게 된 것은 1128년 테오필루스 프레스비터[3]에 의해서였는데, 비슷한 시기에 성 빅토르 후고[4]가 도구의 철학을 수립했다고 일리치는 말한다. 후고는 앞에서 언급한 7개의 비적을 수백수천의 의식에서 끄집어내 명확히 설명한 최초의 인물이다. 그의 성과는 그 후 1215년 제4회 라테라노 공의회에서 교회의 교리가 되었다.

신이 바라는 대로 하는 비적과 도구의 관계는 무엇인가. 일단, '사용하는 주체'와 관계가 없다는 것과 서구사의 문맥에서 논해지고 있다는 것이 공통점이다. 즉, 일리치는 신과 도구를 결부시킨 것이다. 이는 도구를 제도와 의례 및 의식과 관련시켰다는 말이다. 다시 말해 도구의 유물론을 기각했다고 할 수 있다. 의식적 설계를 통해 의도한 효과를 만들어내는 증표가 비적이다. 사람들이 시스템으로 생각하는 것을 도구로 생각하는 것이다. 학교가 일부의 사람들에게만 특권을 부여하고 많은 사람들의 사회적 지위를 떨어뜨리는 부차적 효과를 만들어내는 도구(=제도)가 되었다고 할 때, 그것은 의례라는 시각에서 본 제도 도구론이다. 어떤 목적을 달성하기 위해 설계된 장치를 도구(=tool)라고 할 경우, 여기에는 심적 행위까지 포함된다. Installment도 implement도 아니고 material도 아니며 utensil(= 기구, 가구용품)도 아닌 tool이다. 사람이 기획, 설계하여 목적에 맞

---

3   Theophilus Presbyter(1070 - 1125). 독일 출신의 성직자. 중세 예술 및 그에 필요한 도구들에 대한 상세한 저술이 있다.

4   Hugo von St. Viktor(1096~1141). 기독교 신학자. 신학과 세속 학문을 집대성하고자 했다. 본서의 10장에서 자세히 다루고 있다.

춘 수단이 tool이다.

일리치는 책에서 쿠에르나바카에 망명 중이던 브라질 농민운동 지도자 프란시스코 줄리안의 이야기를 소개하고 있다. 줄리안은 필자와 이야기를 나눴을 때도, 다른 문맥이긴 했지만 똑같은 것을 강조했었다. 줄리안은 일리치에게, 교도소 습격 때 돌과 막대기를 주워 사용한 일은 있지만 자신들의 품위를 떨어뜨리는 폭력에는 결코 손대지 않았다고 말했다. 필자는 줄리안에게 무장 혁명을 어떻게 생각하느냐고 물어본 적이 있다. 그는 총을 드는 순간 농민들은 타락한다고 했다. 그 대신 주위에 있는 돌과 벽돌을 사용하거나 자신들의 도구를 사용한 반란 행동은 정당하고 농민들을 타락시키지 않는다고 의연하게 대답했다. 일리치는 "사람을 타락시키지 않는 유일한 폭력은 도구를 사용하지 않는 폭력"이라고 말했다. 즉, 일리치가 말하는 도구와 줄리안이 말하는 도구는 서로 다르다. 각각 폭력의 절대적 거부와 불가피한 폭력을 의미한다고 할 수 있겠다. 실제 줄리안은 작은 체구의 온화한 지도자였다.

일리치는 도구를 사용하지 않는 것도 존재할 수 있음을 찾아내려고 했다. 예를 들면, 서로 이야기를 나눌 때 '이야기를 한다'는 행위가 있을 뿐 언어(=도구)를 사용하는 것은 아니라는 생각이다. 이 생각은 역으로, 도구가 일정한 강도를 넘어 성장하면 이점을 누리는 사람들보다 훨씬 많은 사람들이 도구에서 멀어지는 결과를 낳고, 나아가 도구가 수단이 아니라 목적으로 바뀌어 목적 달성을 저해하게 된다는 도구관으로 이어졌다. 그는 후기에는 도구의 물질성 자체를 부정하게 되는데, 컨비비앨리티론에서는 아직 그렇지는 않았다. 아무튼 이렇게 역생산성의 다양한 국면을 다루게 되면서 정작 사용 가치로서의 도구라는 측면은 보이지 않게 되었다. '자기 대신 일해주는 도구가 아니라 자기와 함께 일해주는 새로운 도구'를 바랐음에도 불구하고 말이다.

우리들은 도구를 사용 가치로써 사용할 수 있는 조건을 생각하고, 실제 사용 가치로써 사용하는 데 필요한 서술어 테크놀로지 세계를 만들 수 있다. 즉, 같이 일할 수 있다는 것은 주어적 도구 관계가 아니라 술어적 도구의 사용 방식을 의미하는 것이다. 버내큘러한 도구가 있고 젠더 도구도 있다. 이것들은 도구로서 중요한 존재들이다. "나는 그런 의도로 말한 게 아니다"란 것은 일리치의 주관일 뿐이다. 덕분에 우리들이 파악하게 된 실제는 구체적이며 사실이다. 우리들은 그저 그것들을 사용하면 된다. 일리치를 무작정 받아들였기 때문에 나중에 그를 잊게 된 것이다. 필자는 무작정 받아들이지 않는다. 사용할 수 있는 것을 스스로 생각해 사용할 뿐이다. 과잉 효율의 도구(over-efficient tools)는 근원적 독점을 초래해 환경을 망친다. 이는 도구의 이중성에서 기인한 것인데, 도구는 인간이 스스로 해야 할 필요가 있는 것과 이미 만들어진 것을 얻어야 할 필요 사이의 관계를 뒤집는다.

자크 엘륄: 기술적인 것의 위치

신학자이자 사회학자인 자크 엘륄에게서 많은 것을 배웠다고 말하는 일리치는, 철저한 기술 비판 및 기술 부정과 기독교의 타락을 연관시키는 엘륄의 방식을 나름대로 따라하고 있다. 현대 기술의 역사적 과잉은 복음을 파괴한다는 논리다. 일리치는 1964년 엘륄의 영어 번역본을 번역가로부터 받았다고 회고했는데, 그가 배운 것은 엘륄의 사상적 내용이라기보다 철저한 비판 태도다. 어떻게 인간이 기술의 노예가 돼버렸는가에 대한 탐구와 비판 담론의 창출이다. 신학자이자 신자이기도 한 엘륄이 어떻게 그런 사고를 하게 되었는지, 일리치로서는 무관심할 수 없었을 것이다. 엘륄 사상의 핵심은, 현대의 기술이 다른 물질문화와는 비교할 수 없는 추악한 결과를 초래한다는 것, 그리고 이 역사적이고 극단적인 기괴함은 기독교(Christianity)라 불리는 이데올로기로 변해버린 복음의 파괴에서 기인한다는 것이다. 일리치는 'la technique(기술적인 것)'라는 엘륄의 개념을 사용해 '최선의 타락이 최악이 된다'는 것을 분석하고 있다.

① 지금의 체제는 성서 속에서 읽어낼 수 있다.

② 이 체제의 기원은 기독교에서 출현한 제도화, 표준화, 조작화다.

③ 이 기술 체제는 새로운 개념으로 보지 않으면 이해할 수 없다. 기존 사회를 분석하는 개념으로는 파악할 수 없다.

기독교 관계자와 연구자들은 '성서 이해와 기술 발전 사이의 관계를 어떻게 이해할 것인가'라는 과제를 안고 있다. 이는 성서와의 정합성(整合性) 문제가 아니라 현실을 어떻게 정확하고 날카롭게 파악할 것인가, 이로부터 제기되는 윤리적·철학적 과제에 대해 어떻게 대답할 것인가 하는 문제다. 수용소나 히로시마 원폭 투하 등 자료화된 것 혹은 인간이 만든 무서운 인공적 생산물에서 악을 찾는 게 아니다. 일상생활이 기술 환경 속에 놓인다는 것은 선악의 저편에 놓인다는 뜻이다. 각 개인의 발이 땅에서 떨어져 수송이 이동을 독점하게 되고, 다리는 액셀러레이터와 브레이크의 종속물로 퇴화하는 근본적 변화다. 엘륄의 생각에 기술 체계는 그 자체로 어떠한 통제도 뛰어넘고, 자기 완결적인 문화를 바꾸는 강제력을 가지고 있으며, 가치관 위에 군림하는 차원에 존재한다. 일종의 운명론으로 간주되기도 하는데, 아무튼 지배 체제에 의해 테크놀로지가 사용된다고 하는 도구적 견해는 아니다. 핀버그[5]는 이에 대해 "우리들의 윤리적·정치적·인간적 존재는 이제 부와 권력 획득을 위한 수단으로 타락해버렸다고 분석하는 하이데거의 기술론과 같은 위치에 있다"고 지적했다. 정치적 이데올로기와 무관하게 '기술적인 것'이 결정적 역할을 하게 되었다는 뜻이다.

일리치는 이 '기술적인 것'의 개념을 교육, 교통, 의료, 과학적 활동 등의 '경계(threshold)'에 적용했다. 자본주의와 사회주의의 구별을 뛰어넘는, 산업적 생산 양식이 작동하는 방식을 고찰한 것이다. 사람이 사물로, 기술이 시스템으로, 환경이 구성인자의 하나로 뒤바뀌는 경계다. 기술적인 것은 환경, 사회 구조, 문화, 종교 등에 어떻게 작용하는가. 그것들은 제도의 사악한 비적(秘蹟)인 상징적 성격으로서 교육, 수송, 건축, 건강 관리, 고용 등에 스며들어 제도의 역생산을 만들어내고 있다. 일리치는 그러한 숨은 기능을 탐구하면서 '기술적인 것'이 갖고 있는 상징 권력을 보고 깜짝 놀랐다고 스스로 회고하고 있다. 기술의 상징 기능, 즉 기독교에서 파생된 이데올로기의 작동은 에콜로지적 손해보다 더 크게 육체와 감각에 영향을 준다. 확대 일로로 설계된 기구(器具)에 의해 사회에서의 기술은 시스템이 되고 감각은 상실된다. 만져보거나 현실을 파악하지도 않고 프로그램화되는데, 그로 인해 지각은 치환되고 감각은 파괴된다. 일리치는 이로부터 '지각의 신체 활동의 역사'에 대한 고찰을 본격화했다고 회상했다. '기술적인 것'이 제도로, 도구로, 그리고 신체에 의한 지각으로 점점 더 본격적인 고찰을 유도했다는 것이다.

'눈'은 현실에 익숙해져 분리되지 않는다. 이로부터 두려움이 생

---

5 Andrew Feenberg(1943~). 미국의 철학자로 현재 Simon Fraser University 교수. 전문 분야는 기술철학, 과학기술 연구 등.

기고, 영혼이 움직인다는 물신화된 감각이 생긴다. 현실을 응시할 때 마음도 동시에 응시하게 되는 것이다. 그런데 지금은 뇌의 자극에 의해 동공에서 빛이 나오고 이를 통해 현실을 본다는 사실을 알게 되었다. 이 때문에 우리는 '보는 것'을 하지 않게 되었다. 비디오카메라처럼 작동하는 '보는 것'이 되었다. 대상과 완전히 분리된 '보는' 기능이 보편화된 것이다. 눈을 정복함으로써 세계는 파괴된 것이다(11장). 읽기도 마찬가지다. 목소리는 침묵하게 되었고, 성스러운 장소에서 분리되었으며, lect divina(성스러운 강연)은 사라졌다. 건축에서도 기도하는 장소와 탐구하는 장소가 분리되었고, 대학이 만들어졌다. 그 결과 '이해를 탐구하는 신앙'(=신학)과 '신앙을 탐구하는 이해'(=철학)가 분리되었다. 지각의 문화가 추상화된 것이다(10장). 지각을 되찾는 것은 그 후 일리치의 주요한 테마가 되었다.

인공물(artifacts)

1996년 논문 「Philosophy, Artifacts, Friendship」은 가톨릭 철학에서 인공물을 어떻게 이해할 것인가에 대해 다루고 있다. 일종의 사물(things)론이다. 인공물이란 도구와 물건의 관계를 매개하는 것으로, 이는 도구성(instrumentality)이기도 하다. 일리치는 '기술의 철학'을 아스케시스(askesis)를 위한 본질적 요소로, 특히 기독교적 아스케시스에서 단련을 위한 요소로 자리매김한다. 아스케시스란 명상(숙고)에 집중하는 습관을 획득하는 것을 의미하는데, 명상이란 신이 인간적 얼굴로 전환(개종)하는 것이다. 그것은 또한 절제된 우정, 자동사적 죽음, 숙고적 생활을 바라는 것이다. 단순한 금욕이 아니다.

물건이란 중요한 matter이다. 즉, 빵이건 키보드건 콘돔이건 자동차건 "물건이란 신앙을 형성하는 의례의 중심에 영원히 놓여 있고, 우리들의 강생의 순간 피할 수 없는 결정적 원인"이라고 일리치는 말한다. 그런데 20세기 들어 소위 발전이라는 것이 세계를 인간이 만드는 물건으로 바꾸어버렸다. 진보와 성장이란 보다 많은 물건이, 즉 보다 많은 인공물이 전례 없는 방식으로 만들어지는 것이다. 경제적/기술적 발전은 두 가지 효과를 만들어냈다.

① 창조자(=신)에 의존하는 우주적 실질·대상물로부터, 우리들 존재가 의존하게 된 인공물로 존재적 균형을 이동시켰다.

② 발전은, 공감각적으로 인식되는 대상물로부터 그림자가 나타나는 대상물로, 인식적 균형을 이동시켰다. 그리하여 우리들은 인공물에 의존하게 되었다.

이 효과들은 물건의 저편에서 기술에 의해 만들어진 지각을 낳았다. 지각된 물건도, 지각 양식도 인공물의 결과인 것이다. 신의 출현이라 믿었던 물, 햇빛, 땅, 날씨 등의 물건으로부터 사람들은 크게 멀어졌다. 물건은 시스템이 되었고, 대상은 시스템적인 것이 됨으로써 사람과의 거리감이 사라졌다. 눈과 귀는 시스템의 구성물(component)이 돼버렸다.

대상(objéctum)이란 원래 현실적이고 외적이며 분리된 것으로 지각되었다. 그것은 인간적 조건 아래 있었고, 전통적 현실성 속에 있었으며, 역사를 갖고 있었다. 기구적 인공물이 감각적 환경 안에서 결정적 존재가 되었다 하더라도, 기술은 아직 목적 달성을 위한 도구일 뿐 최후의 목적은 아니었다. 인간은 도구의 사용자지, 엔지니어의 공동 진화의 산물이 아니었다. 대상의 본성은 인간을 당혹스럽게 만들지 않았다. 그것은 수세기에 걸쳐 존재해온 것이다. 그러나 이제는 그렇지 않다. 선과 악의 정신을 통찰하던 낡은 규칙은 좀비에서 물건을, 그림에서 대상을 구별하는 새로운 규칙으로 바뀌었다. 절제는, 구체적 물건으로부터 마음을 지키는 것에서, 단순히 이미지와 필요의 매력에 대한 건전한 인지(認知)를 안내하는 것으로 바뀌어버렸다. 물건을 합리적으로 식별하는 것은 사람에 대한 관계성의 기본이다. 각각의 에토스는 생활을 여는 문(門)이자 방법이다. 에토스는 어떤 정취를 향해 모든 인간 행위를 만들어내는 것이다. 요리·고뇌·즐거움의 기술·예의·공평·스타일의 수행 등은 덕(德)을 길러내는 요소들인데, 이 덕의 정점은 사랑이다.

지금까지 후기 일리치의 저술들에서 도구, 기술, 물건, 인공물 등에 대해 살펴보았다. '도구'론이란 무엇인가. 그것은 과학 기술에 의한 테크놀로지를 어떻게 자리매김할 것인가 하는 문제 설정이다. 일리치의 도구론은 소위 테크놀로지의 '도구적 이론(instrumental theory)'도 아니고 'substantive theory(실체적 이론, 자립 존재론)'도 아니다. 그러한 대립 이후에 열리는 도구론이다. 굳이 말하자면, 후자의 연장선상에 나타나는 'matter'론이라고 할 수 있지 않을까. 그것은 제도론이자 스탭론(9장)이고, 또한 신체 지각론이 되어 심적 의미까지 포함하게 된다. 그 시초가 되었던 이론 체계를 살펴보도록 하자.

2. 도구와 사회

사용 가치로서의 도구가 기술과학으로서의 도구로 변할 때 사회의 산업적 조직화가 이루어진다. 그리고 사회, 경제, 법의 규제를 넘는 도구의 작동이 나타난다. 도구의 사회적 생성에 대한 비판적 고찰이 요구되는 이유다. 도구의 배치는 사회의 배치 그 자체다.

분수령의 역사화

전 근대적인 것과 근대적 과학 기술이 각각 절반을 구성하는 제1의 분수령, 그리고 근대적인 것과 그 부정적 부산물이 각각 절반을 구성하는 제2의 분수령—이 제2의 분수령이 현재다. 이를 뛰어넘는 것은 생산성의 세계와 컨비비얼한 세계가 각각 절반을 구성하게 될 때라고 할 수 있는가. 이 분수령의 논리는 무엇을 의미하는 것일까. 거기에는 몇 가지 요점이 들어 있다.

우선, 사회[6]가 출현했다는 점이다. 그에 따라 전(前) 사회적인 것과 '사회'의 형성이 반반을 구성하게 된다. 제2의 분수령에서는, 사회가 정상적으로 작동하는 상태와 이에 반하는 결과가 나오는 상태가 반반을 구성하게 된다. 생산성과 역생산성이 반반이 되는 상태, 사회와 비사회가 반반이 되는 상태다(필자는 이를 social한 것과 public한 것이 반반이 되는 것으로 해석한다). 기술과학적 차원에서는 미신적인 주술적 세계와 과학적인 세계가 반반, 과학의 플러스 성과와 마이너스 손해가 반반, 그리고 과학 기술 기구와 정보 기술이 반반인 상태라고 표현할 수 있을 것이다. 이러한 현상은 다양한 장면에서 찾을 수 있는데, 본질적으로 상반된 양의성이 반드시 나타난다고 하는 사관이다. 필자는 이를 '분수령의 역사화'라고 이해한다. 목적과 상반되는 것이 불가피하게 나타나 변천한다는 필연적 변화의 논리이기

---

[6] 이 글에서 사회는 혼재되어 사용된다. 일반명사로서의 사회로 사용되는 경우와, 컨비비얼한 특성 및 버내큘러한 특성을 의미하는 '장소'와 대립되는 개념으로서, 즉 근대화·제도화된 질서를 의미하는 '사회'로 사용되는 경우가 있다. 주의가 필요하다.

도 하다. 일리치는 이를 실증적으로 논증하기 위해 취학생 수나 의원성 질환율, 교통마비, 그리고 물 사용량 등 다양한 개별 케이스에서 측정치를 사용해 이를 정당화하고자 했다.

필자는 일리치의 접근 방법은 시대 변화에 대한 개념적 사고 기술로 충분하다고 생각하며, 실증적 검증 여부와 무관하게 '불가피하게 발생하는 부정적 역생산을 고려해 판단해야 한다'고 생각한다. 그 이상의 것을 놓고 정통성을 다투는 일은 의미가 없다. 이것은 어디까지나 사상적 판단 기준이다. 기술과학이 모두 좋은 결과를 낳는 것은 아니다. 그 실제를 인식하고 있느냐 없느냐에 따라 접근 방법이 바뀐다. 일리치는 역생산성의 부작용을 측정 가능한 여러 현상을 예로 보여주곤 했는데, 그다지 설득력이 있는 것 같지는 않다.

의료 제도에 의한 독점이 진행됨에 따라, 한계 비효용이 대다수 사람들에게 증대하는 고통의 지표가 되었을 때 제2의 분수령을 넘게 된다. 그러나 사회는 진료에 의해 발생한 환각, 사회 관리, 연장된 고통, 고독, 유전자 열화, 욕구불만 등의 부정적 가치의 합계를 계산하는 어떠한 수단도 갖고 있지 않다. 몇몇 증거들은, 동일물을 더 많이 투입할수록 실패를 자초할 뿐이라는 것을 보여주고 있다. 하지만 성장을 계속하는 사회는 더 많이 투입하는 것을 가치 있는 것으로 여겨, 기술적·관료적 대응을 한층 확대, 강화한다. 과학과 기술이 문제를 만들어내더라도 보다 많은 과학 지식과 기술에 의해 이를 극복하겠다는 과학의 생산 확대는, 에스컬레이션에 의해 위기를 해결하겠다는 기획의 증대에 다름 아니다.

역생산의 6가지 결과
산업사회와 과학 기술의 도구 사회는 반드시 그 목적에 반하는 역생산의 결과를 낳는다. 일리치는 처음에는 5가지, 나중에는 6가지 균형을 깨는 역생산의 결과를 제시한다.

① 생태적 퇴화(biological degradation)

② 급진적 독점(radical monopoly)

③ 과잉 계획/심리적 불능화(overprogramming)

④ 차별적 양극화(polarization)

⑤ 노후화(obsolescence)

⑥ 욕구불만(frustration)

이것들은 환경 파괴, 사회의 차별적 양극화·격차 확대, 개인 자율성의 마비, 물건·상품의 소모화(용도 폐기) 등의 영역에서 일어나는 부정적 결과다. 발전과 진보를 추구하면 불가피하게 일어나는 불균형이다. 생태계가 균형을 잃고, 사회가 균형을 잃고, 개인이 균형을 잃고, 물건들의 체계가 산산조각 난다. 이 불균형을 환경 파괴 일반으로 뭉뚱그려서는 안 된다. 산업사회 전체의 연쇄적 역생산성이 다원적으로 출현한다는 사실을 비판적, 부정적으로 이해해야 한다. 이것들은 수단과 목적이 뒤바뀐 것에서 초래된 파괴적 작용이다.

① 과잉 성장이 환경의 기본적 물질 구조를 위협한다.(결함 있는 과학기술은 사람들이 살 수 없는 환경을 만든다.)

② 산업화가 컨비비얼한 일을 위협한다.(급진적 독점은 풍요로움에 대한 요구를, 일할 능력을 마비시킬 정도까지 자극한다.)

③ 과잉 계획화가 창조적 상상력을 마비시킨다.(세계를 끊임없이 교화되고, 사회화되고, 정상화되고, 시험되고, 개량되는 치료 병동으로 변형한다.)

④ 생산력의 새로운 수준이 정치 참여를 위협한다.(제도적으로 산

출된 가치의 집중화와 패키지화는, 되돌릴 수 없는 구조화된 전제 정치를 향해 사회를 양극화한다.)

⑤ 낡은 것의 강제적 폐지가 언어, 신화, 도덕, 심판에서 전통을 위협한다.(계획적 노후화는 참고가 될 만한 과거와 연결되는 모든 다리들을 잘라버린다.)

⑥ 강제적인 만족의 강요가 광범한 욕구불만을 낳고 있다.

생물학적·생태적 퇴화는 인구 과잉, 풍요로움의 과잉, 과학 기술의 결함 등 세 가지 요소가 연합하여 환경 밸런스를 무너뜨린다. 인구 과잉은 제한된 자원에 의존하는 사람 수를 늘린다. 그것은 학습 밸런스가 왜곡된 결과다. 풍요로움은 각 개인이 더 많은 에너지를 사용하도록 강제한다. 그것은 개인적 가치에 대한 제도적 가치의 근원적 독점의 결과다. 결함 있는 과학 기술은 비효율적 방식으로 에너지를 열화시킨다. 그것은 수단이 목적으로 바뀐 무자비한 결과다. 기술적 완결성에 의한 공학적 계획화라는 일차원적, 산업주의적 해결로는 가치의 제도화를 진전시킬 뿐이다. 그 결과, 환경보호운동은 인간의 생식, 기대, 생산, 소비의 수준을 관료제가 조작할 수 있도록 길을 열어줄 뿐이다. (생태계의 보호는) 인구 증대, 오염, 풍요로움 등에 대한 기술주의적 대응으로는 불가능하다. 가치의 물질화를 무력화하는 능력이 요구된다.

급진적 독점에 대해서는 이미 제2장에서 지적한 바 있다. 인간을 받아들여주는 환경이 파괴되고 버내큘러한 활동이 불가능해지는데 왜 사람들은 이 독점을 받아들이게 되는가. 그 이유는, 배우는 밸런스가 무너지고, 양극화라는 힘의 분극이 만들어지기 때문이다. 배우는 것에는 두 종류가 있다. 보통의 생활로부터 배우는 것과 의도적 교육의 결과로 배우는 것. 혼자 힘으로 배우는 학습은, 컨비비얼한 도구가 힘을 잃어갈수록 가르침을 받는 학습으로 바뀐다. 지식은 분리되어 알고 있는 것을 실행에 옮기는 것이 불가능해진다. 지식의 집중화와 전문화는 일정한 수준을 넘으면 고도로 계획된 조작자와 그에 대한 의존자를 필요로 한다. 타자로부터 강요된 것에 어쩔 수 없이 따르는 일이 늘어난다. 주입된 지식은 알고 있지만, 자신이 하는 일에서는 거의 아무것도 배우지 않는다. 그러면 교육이 더 필요하다고 느끼게 된다. 교육은 시장화되고, 희소화되어간다. 그러나 이 희소성은 감춰지고 제공자에 의해 독점된다.

과잉 계획화는 교육화와 산업적 도구에 의해 배우는 밸런스를 무너뜨린다. 이에 대항하기 위해서는 컨비비얼하게 구조화된 도구를 사용할 필요가 있다. 회복, 즉 컨비비얼한 구축이란 이 5가지 차원이 다극적으로, 다원적으로 균형을 이룬 것이다. 그것들을 일원화해서는 안 된다. 다원적 밸런스(multiple balance)가 균형(equilibrium)을 낳는다.

도구의 경제와 법

기초적 생활 물자가 산업의 주요 상품이 되면 빈곤 레벨이 올라가는 현상이 발생한다. 상품 가격이 대다수 사람들이 지불할 수 있는 수준 이상이 되기 때문이다. 소득은 늘지만 생활에 드는 비용은 그보다 더 늘어 실제 얻는 것은 점점 감소한다. 이것은 산업의 산출(output) 구조의 문제다. 한편, 생산 관리가 최대 다수의 사람들을 위한 최대량의 상품을 만드는 것에 집중되면, 힘의 격차가 벌어진다. 이것은 투입(input) 구조의 문제다. 산업사회에서는, 일부 소수에게 권력과 이익이 집중되고 다수는 빈곤에 놓이는, 양극화가 불가피하게 진행된다. 이런 상황에서는 수입의 평등화를 요구할 것이 아니라, 창조적 일의 다양성과 평등을 요구해야 한다. 하나의 생산 양식을 확대하는 게 아니라, 다양한 생산 양식의 공존을 만들어야 한다. 임노동의 개선으로는 답이 없다. 산업주의적으로 생산되고 광고된 생산물의 도를 넘는 비용 상승, 고도로 생산적인 것이라고 여겨지는 일의 도를 넘는 희소성의 확대, 이것이 양극화를 낳는다.

　모든 소비자들은 대규모의 노후화(폐용화)에 익숙해져 있다. 의사 결정을 하는 극소수의 기업 중심부가 전(全) 사회적으로 강제적 기술 혁신을 통해 항상 새로운 것을 만들어낸다. 산업주의적 기술 혁신은 계획의 산물이며, 사소하고, 보수적이다. 똑같은 것을 미세하게 혁신할 뿐이다. 신규 갱신은 거대한 기계 설비의 갱신이고, 그에 맞는 거대 시장이 신제품을 위해 만들어진다. 시스템화된 계획에 의해 시장을 바꾼 것이다. 새로운 것의 사용은 특권이 되고, 끝없는 성장과 무한 소비라는 이데올로기가 작동한다. 새로운 것은 무엇이든 좋다는 '신앙'이 된다. '더 좋다'는 것은 기본적 규범 개념으로서 '지금 좋은' 것을 대체한다. 대부분의 사람들이 사용하는 물건은 이미 그다지 좋지 않은 것이 돼버린다. 신제품은 끊임없이 빈곤을 상기시킨다. 만족시킬 수 있는 것 이상의 결여감이 확대된다. 주민 참가를 허용할 여지는 없어지고, 사회 관리는 전문가가 맡는 역할에 의해 독점된다. 사회 환경이 일정 속도를 넘어 변화하면 사회 환경에 맞춰 인간을 도구화하는 것이 주요한 산업이 된다. 이제는 3개월마다 신제품이 나오고, 컴퓨터 주도의 사회 환경이 만들어진다.

　이때 도구로서 유효하게 사용해야 할 것이 언어다. 그리고 '재판' 제도다. 재판에서는 상반되는 적절한 조치(due procedure)를 갖고 대항할 수 있는데, 이것을 도구로 사용할 수 있다. 법에 호소하는 것은 강력한 행위다. 도구의 재배치를 위해 재판을 유효하게 활용할 필요가 있다. 법에 대항하는 법을 만들 수 있다. 법에 대립되는 법을 역으로 이용하자는 것이다. 이는 일견 율법주의(legalism)로 이해하기 쉬우나, 일리치가 말하는 법이란 헌법과 같은 최상위법 혹은 자연법과 같은 윤리를 의미하는 것으로, 근대법에 대립하는 '법'을 생각하는 것이다. 그리고 '재판'이라는 연속성 있고 '적대적 본성(adversary nature)'을 가진 제도를 본질적으로 사용하자는 것이다. 도스 산토스[7]가 『법에 대항하는 법』이라는 책을 문화교류문헌자료센터 자료집에 실었는데, 그것 역시 민법을 역으로 사용하자는 내용이다. 법과 재판에 대한 일리치의 리버럴하고 낙천적인 사고에 비해, 푸코는 재판의 감시와 처벌에 관한 권력 관계를 치밀하게 고찰했다. 범죄자와 무관하게 "정신분석가와 법률가들에 의해 사회적으로 범죄가 만들어지는 감시 사회는 결코 낙관적으로 생각할 수 없는 무서운 체제"임을 분석한 것이다. 일리치에게 언뜻언뜻 보이는 일종의 낙관주의(optimism)를 어떻게 보아야 할까. 그토록 비관적으로 현대 산업사회를 들여다보고 있음에도 불구하고, 그에게는 권력 이론이 없기 때문에 어쩔 수 없이 사상의 허약성이 드러난 것이다.

도구의 정치

도구론은 분배를 둘러싼 정치론이자 한계 설정의 정치론이다. 도구의 능력에 관한 인식은 정치적 절차를 어떻게 할 것인가와 관련된다. 도구는 환경에 간여(干與)하는데, 이에 대한 한계를 설정

---

[7]   Boaventura de Sousa Santos(1940~)를 가리키는 것 같다. de Sousa Santos는 예일대에서 법사회학 박사를 받고 현재 포르투갈 Coimbra대학 경제학과 교수로 있다. 마르크스주의에 기반한 진보적 법 이론 연구자다.

해야 한다. 일리치의 주장은 어떤 의미에서는 예언자적 대재앙론 (catastrophe)에 가깝다. 이대로 진행되면 '다차원적인 파국과 파괴가 초래될 것'이라는 의미와 동시에 '위기를 극복하는 선택의 호기'이기도 하다는 양의성이 제시된 것이다. 산업주의적 환상의 붕괴는 선택의 호기가 되는데, 이때 새로운 컨비비얼한 생산 양식을 선택할 수 있는 필요조건을 논증할 수 있도록 모든 것을 준비해야 한다. 논리적 일관성이 있는 분석을 제공하고, 이를 보통의 언어로 사람들에게 전달할 준비를 해야 한다. 모든 이들의 마음에 호소할 수 있는 실제적 언어가 필요하다. 언어는 신화를 깨고 법을 역으로 사용하는 주요한 도구다.

컨비비얼한 것으로의 이행을 위해서는 훈련을 쌓은 절차의 자각적 행사, 대립하는 여러 이해들의 합법성, 대립을 만들어낸 역사적 선례, 동료들의 결정에 따를 필요 등을 인식해야 한다. 컨비비얼하게 행사되는 절차에 의해 우리는 목표 달성을 법제화할 수 있는 도구로 사용할 수 있으며, 이를 통해 반관료적으로 그리고 자각적으로 변화와 혁명을 이룰 수 있다. 비전문가의 의견과 참가는 전문주의의 지배에 대항하는 것으로, 기존 시스템에 참가하는 것이 아니라 새로운 도구의 배치에 관여하는 것이다. 소수자는 이를 적절히 파악하고 언어화할 것을 요청받는다.

맨 처음 쓰인 초고 「정치 전환」은 『Tools for Conviviality』의 마지막 장이 되었다. 이 전환은 '역전 또는 반전'이라고 할 수 있는데, 모든 관계의 가치 우열이 뒤집히고, 상식과 고정관념이 뒤집힌다는 뜻이다. 이때 가장 중요한 것은 '정치적 전선은 배분 영역에 있다'고 하는 지적이다. 이로 인하여 배분 영역이 모터 수송에 의해 지배되고 있다는 것을 비판적으로 고찰할 수 있게 된다. 배분 영역은 원래 환경 그 자체였지만, 어느새 유통의 도로가 돼버렸다. 조세 수입은 관료가 결정하고 배분하며 주민들의 참가는 없다. 이런 것을 역전시키는 것이 정치임을 일리치는 시사하고 있다. 그것이 retooling인 것이다. 다만, 일리치 자신도 반성하고 있지만, 이를 '사회에서(in society)' 고찰한 것이 실수였다. 장소에서 고찰해야 함에도 불구하고, 일리치는 12세기와 현재 사이를 왔다 갔다 하는 책읽기에 머물러버렸다.

도구의 정치는 장소의 문화 기술을 활용하는 정치를 통해 역전시켜야 한다. 일리치는 곳곳에서 지역 주민들의 비제도에 대한 참가와 관여를 제시하고 있지만, 그것만으로는 충분치 않다. 장소를 활용할 수 있는 논리와 기술을 개발하지 않으면 안 된다. 필자의 생각으로는, 도구의 정치는 '장소의 정치'에서 비로소 기능할 수 있다.

창조적 비고용의 권리

일리치는 『Tools for Conviviality』의 보완으로 「창조적 실업의 권리」를 썼다고 하는데, 이는 전문가 지배를 비판한 내용이다. 상품 집중 사회에서는 전문가가 모든 걸 결정한다. 거기에서 사람들은 일(work)을 잃어버린다. 비고용 상태로는 있을 수 없게 된다. 전문가가 사람들을 불능화(=disabling)하고 있는 것이다. 그런데 왜 이것이 컨비비앨리티론의 보완일까? 일리치는 무엇을 보완하려고 했을까? 일리치의 문제 설정은 다소 뜬금없어 보인다. 산업사회 비판으로 돌아가서 공정성에 대한 문제 제기는 희미해지기까지 했다. 참가의 정의가 분배의 정의를 지배한다거나, 개인이 자유를 행사할 때 공정을 지켜야 한다는 등의 표현은 아무 말도 안 한 것과 마찬가지다. 빈자에게나 부자에게나 똑같이 분배되는 '현대화된 빈곤'이 있다고 말해보았자, 빈곤에 대한 빈자의 현실적 비참함을 극복하는 데는 아무 도움도 되지 않는다. '전문가 헤게모니에 의한 지배'라는 주장도 베버의 지배론 수준으로 되돌아간 것 같은 느낌을 지울 수 없다. 이는 전문가가 도구를 설계하고, 개선하고, 파괴하고, 재창조하는 것에 대한 비판인데, 지배론이 단지 전문가 주체로 이동했을 뿐이다.

필자는 이 초고를 접하고, 그의 비판의 선명성이 이제는 사라졌다는 느낌을 받았다. 다만 비고용이라는 문제 제기, 즉 실업이라기보다 고용되지 않는 것, 급여를 받고 그 제도적 약속에 구속되는 것을 거부하는 것이 갖는 본질적 의미는 크다.

우리는 고용이 되어야 비로소 생존이 가능하고, 사회적으로 의미 있는 생산 활동을 할 수 있다고 착각하고 있다. 임노동 조건의 향상이 자신을 풍요롭게 만든다고 착각한다. 고용을 인간적 조건의 하나로 간주하고, 급여에 의해 빈곤을 측정한다. 이 얽매임(呪縛) 혹은 물상화(物象化)는 그리 쉽게 사라지지 않는다. 컨비비얼한 세계는 도구의 재배치와 임노동의 폐기에 의해 만들어질 수 있을까? 일리치의 임노동론은 '그림자 노동'이 제시되고 나서야 비로소 힘을 갖게 되었다. 일리치는 존 맥나이트와 함께 작업한 책[8]에서도 전문가에 의한 불능화 지배에 대해 주장했지만, 이는 베버의 전문가론의 연장선상에 불과하다. 이와 같은 일리치의 사상적 정체 후에 놀라운 사상이 나타났다. 바로 그림자 노동이다. '정체 후의 비약'이라는 표현이 어울리는 대단한 일이다.

---

[8] 『Disabling Professions』 by Ivan Illich, Irving Zola, John McKnight(Marion Boyars Publishers Ltd, 2000)를 가리킨다. John McKnight는 Northwestern 대학 교수로 전문 분야는 community building. 그 연장선에서 전문가 체제 비판을 전개하고 있다.

3. 도구와 전환

도구의 사용에는 두 가지 방식이 있다. 하나는 인간의 능력을 확대하기 위해 기계를 사용하는 것이다. 이 경우 인간은 개인으로서 자기 자신을 위해 권위를 행사하고, 이에 대해 책임을 질 수 있게 된다. 또 하나는 기계가 인간의 기능을 편협하게 만들고, 아예 없애버리거나 대체해버리는 것이다. 기계는 조작자와 고객 쌍방에게서 선택과 동기의 범위를 후퇴시키고, 쌍방에게 기계의 논리와 요구를 강요한다. 파괴적인 도구와 제도를 폐지하고, 도구와 제도를 유용하게 제어할 수 있도록 우리들에게는 도구와 제도에 내장된 구조를 정확하게 평가하는 절차가 요구된다. 나쁜 도구를 배제하고 좋은 도구를 조작하는 것은, 오늘날 두 가지 주요한 정치 사항이다. 그것은 과잉 효율성에 대항하는 다원적 한계 설정이기도 하다. 이때 우리는 세 가지 장애를 극복하지 않으면 안 된다. 과학에 대한 우상숭배, 통상 언어의 부패와 타락, 형식 처치에 대한 무례함이 그것이다.

❶ 과학의 비신화화(非神話化)

사람들은 과학에 결함이 있다는 걸 느끼고 있지만, 이것 역시 과학에 의해 극복될 것이라는 신화가 무너지지는 않는다. 이때 과학과 기술은 동일한 것으로 여겨진다.

과학은 더 이상 인간적 활동 또는 창조적 활동이 아니다. 과학은 제도의 사업, 수수께끼 풀이, 더 좋은 지식을 생산하고 제도화하는 활동으로 타락했다. 즉, 사람들은 자신들 대신 과학이 지식을 생산해 주는 것에 의지하게 되어 도덕적·정치적 상상력이 마비되었다. 개개의 시민은 지식보다 가치를 낮은 것으로 간주한다. 가치는 주관적이고 지식은 객관적이기 때문이다. 지식은 정의되고, 전문가에 의해 보급되고, 세련되고, 끊임없이 개선되고, 축적됨에 따라 '지식의 재고(stock)에 의한 통치'라는 신화가 만들어진다.

'더 좋은 지식'에 대한 과잉 신뢰는 사람들의 자기 판단에 대한 믿음을 막고, 자신이 알고 있는 것이 진실인지 아닌지 외부에 확인하고 싶게 만들고, 스스로 결정하는 능력을 흔들어 스스로는 결정할 수 없다는 자기 결정을 내리게 한다. 결국 각 개인은 사회의 끊임없는 갱신에 공헌할 수 없게 된다. 스스로 모을 수 있는 증거로 스스로 생각하고 판단하기보다, 패키지화된 프로그램의 주입을 바라게 되는 것이다. "세계는 어떠한 정보도 포함하고 있지 않다. 세계는 있는 그대로의 모습으로 거기에 있다."고 일리치는 지적한다. 세계에 대한 정보는, 유기체와 세계의 상호 작용 과정에서 유기체 속에 만들어진다. 즉, 정보는 해독하거나 조작함으로써 나타나는 것이다. 인간 신체의 외부에서 만들어진 정보에 대해 이야기하는 것은 의미론적 함정에 빠지는 것과 같다. 배우는 것과 인지하는 것 사이의 관계를 둘러싸고 지적 불능화에 빠지는 것이다.

사회는 성장에 한계를 설정하는 일을 전문가들에게 맡겨놓는다. 주민들이 무엇을 참고 견뎌야 하는지가 과학 실험이 미치지 않는 곳에서 진행되고 있음에도 불구하고, 또 사회가 허용하는 부자유는 측정할 수 없음에도 불구하고, 전문가들은 주민들의 불평이 극심해지기 일보 직전 수준으로 기준을 정해 음험하게 민중을 침묵시키고 있다. 한편, 장소의 주민들은 '일상에서 얻은 증거'라는 훨씬 복잡한 기반에 서서 사려 깊게 행동한다. 충분한 정보에 근거해 판단할 수 있는 것이다. "과학은 우주에서 인간 영역의 크기를 알아낼 수는 있다. 하지만 정치공동체만이 각각의 구성원이 지닐 수 있는 지붕의 크기를 대화 속에서 선택할 수 있다."

❷ 언어의 재발견
언어에는 지각과 동기에 대한 산업적 생산 양식의 독점이 반영된다. 그 결과, 창조적 일과 인간적 노동의 성과를 산업 산출물과 동일시하게 된다. 이는 동사에서 명사로의 기능 전환이라 할 수 있다. 일(work)에 대한 소유의 언어는 행위의 언어와 상이한 제도를 만들어낸다. 감수성과 건강, 일과 즐거움, 나아가 성(性)조차 '갖는(have)' 것이다. 사물의 속성은 상품의 언어와 소유의 언어로 표현되고, 권리는 희소한 자원을 바라는 경쟁의 언어로 표현된다. '나는 배우고 싶다'는 '나는 교육을 받고 싶다'가 되고, '나는 낫고 싶다'는 '나는 의료 관리를 받고 싶다'가 된다. 언어의 타락은 정치적 상상력을 약화시킨다. 도구에 대한 소유를 나타내는 표현은 도구의 생산물, 자본이 낳는 이자와 상품 일반을 지배하는 능력을 의미한다.

그런데 일리치는 이 시점에는 language와 언어의 차이를 인식하지 못하고 있다. Language의 재발견이라고 할 단계는 아직 아닌 것이다. 언어는 문자화·알파벳화에 의해 만들어지는 것으로, '이야기하는 말'과는 근원적으로 다르다. 그의 논의에서는 '문자적 정신 공간'에 대한 재검토가 아직 이루어지지 않았기 때문에 소유 언어와 행위 언어의 차이로밖에 논의가 진행되지 못한 것이다. 때문에 주어적 언어와 술어적 언어로 전환될 수 있다는 것은 아예 염두에도 없었다.

❸ 법적 처치의 회복
법적 조직체는 더 많은 생산, 더 많은 지식과 의사 결정, 더 많은 상품과 서비스 생산을 원하는 이데올로기에 영합하게 된다. 경찰, 법원, 사법 제도까지 산업주의적 국가에 봉사하는 도구가 된다. 의사 결정 구조는 인격적 가치를 명시하고 제도적 지지대 역할을 하는데, 그 심층에 존재하는 자각을 회복해야 한다. 제도의 방향을 바꾸고 사회를 전환하기 위해 법률을 도구로 사용할 수 있음에도 불구하고, 다음과 같은 세 가지 관념이 이를 방해하고 있다.

① 아무나 법률가가 될 수 없고, 자기 자신은 법률을 다룰 수 없다고 여긴다.

② 법률을 취급하는 사람들은 성장 사회의 신화에 젖어 있기 때문에, 법률을 한계 설정에 사용하는 것은 불가능하다고 여긴다.

③ 법률은 모든 관련자에게 심적 경향을 강요하고, 법률의 내용은 법 작성자와 재판관의 이데올로기를 체현(體現)하고 있기 때문에, 이를 바꾸는 것은 불가능하다고 여긴다.

일리치는 이것들에 대항해, 법전과 법률을 만들어내는 순수한 형식으로서의 구조를 구별하고, 정책과 형식으로서의 정치 과정을 구별하고, 적법 절차가 아니라 '적절한 절차'를 구별하여 법률을 도구로서 유용하게 사용해야 한다고 말한다. 절차(procedure)라는 형식은 컨비비얼한 도구이다. 관습법의 연속성과 적대적 본성(adversary nature)을 적극적으로 사용해야 한다. 대립적 절차는, 자신들의 기본적 권리에 대한 산업적 위협에 시민들이 대항하기 위한 모범적 도구다. 인간보다 법인 조직이 공익에 도움이 된다는 이상한 사회적 합의는 법 형식을 타락시키고 말았다. 이를 회복시켜야만 한다.

컨비비얼한 구성

정의는 제도화된 상품의 평등한 분배로는 이룰 수 없다. 생존, 공정, 자율적 일이라고 하는 세 가지 가치를 가지고 컨비비얼한 재구축을 해야 한다. 컨비비얼한 일이란, 일에서 자신을 표현하는 개개인의 능력이 타자에게 강제적 노동과 교육의 주입, 소비의 강요를 조건으로 삼지 않도록 만드는 것이다. 이성적으로 설계된 컨비비얼한 도구가 필요하다. 산업적 도구로부터 컨비비얼한 도구로의 이행 과정에서는 출산의 고통을 피할 수 없다. 이행 과정에서의 희생과, 개인 및 집단 모두의 무제한적 번식·번영·능력의 전반적 단념이라는 비용을 지불하지 않으면 안 된다. 컨비비얼한 구성을 위해, 기쁨에 넘친 절도와 사람들을 해방시키는 금욕의 가치가 재발견되어야 한다. 또한 사회 전반의 뒤바꿈(逆轉)은 정치 과정의 대립되는 통찰과 관심 하에 조정되어야 하고, 수단에 대한 구체적 제한을 놓고 합의가 이루어져야 한다.

컨비비얼한 구성이란,

① 행동을 위한 지침, 각각의 장소가 독자적 배치가 될 수 있는 절차의 제안이다.

② 도구의 기준을 설정하고, 컨비비얼한 생활 스타일을 절멸시키는 제품과 제도를 없애고, 모든 것에 한계를 설정할 수 있는 진정한 기쁨을 만드는 것이다.

③ 도구의 한계를 설정하고, 공공의 복지를 컨비비얼하게 만드는 다원주의에 의해 도구의 구조를 바꾸고, 라이프 스타일의 다양성을 장려하는 것이다.

④ 제도의 뒤바꿈은, 완전히 자각한 사람들이 책임 있는 행위를 할 수 있도록 개인이 접근할 수 있는 기술 수단의 사용을 조장하는 제도의 배치를 필요로 한다. 이것은 권력을 가진 도구 관리자를 바꾸는 것으로는 불가능하다. 일정 수준의 권력·강제·

계획화를 배제하는 것으로, 도구적 재조직화가 달성되는 기본적·구조적 기준을 명확히 해야 한다.

⑤ 수단을 목적에 종속시키고, 분배와 참가의 양면에서 공정을 추구한다.

⑥ 제도적 구조를 뒤바꾸는 데 도움이 되는 경제학은 정치적으로 정의된 한계 설정 기준에서 출발해야 하며, 생활을 제어하는 모든 차원을 밝히는 정치 과정이 요구된다.

조작적 도구, 노동에 종속되는 도구가 아니라 충분히 만족을 주고, 풍요로운 상상력을 자극하고, 자율적인 일을 위해 정상적으로 사용할 수 있는 도구를 컨비비얼하게 재편해야 한다.

공정한 세계란, 한 사람의 자유가 타자의 동등한 자유에서 나오는 요청에 의해서만 제한되는 세계다. 일리치는 이것이 '사회'가 아니라는 것을 자각하지 못했기 때문에, 여기에서 말하는 세계를 '공정한 사회'라고 해석했다. 그 결과, 오늘날 도구의 기본 구조가 인류의 생존을 위협하고 있다는 것을 보여주는 쪽으로 논의가 후퇴해버렸다. 이래서는 컨비비얼한 라이프 스타일의 이론적 가능성은 새로운 도구를 위한 정치적 프로그램이 되지 못한다. 우리들이 해야 할 일은, 공정하고 다양한 '고유의 장소' 만들기다. 컨비비얼한 구성은 '컨비비얼한 사회'가 아니다. 장소의 미분리, 술어성, 장소 의지의 hospitality 설계에 의한 도구의 재배치라는 것을 각각의 장소 정치에서 제시해야 한다. 이 도구의 재배치에서 또 한 가지 검토해야 할 것이 있는데, 바로 젠더와 도구의 문제다.

젠더와 도구

『젠더』에서 일리치는 도구를 남녀의 이중성에서부터 다시 자리매김한다. 버내큘러한 도구는 남자의 도구와 여자의 도구를 명확히 구별하는데, '도구'라는 추상성을 문화의 구체성으로 자리매김한 것이다. 거기에는 여성의 종속성은 없다. 독립된 고유성이 있을 뿐이다. 젠더와 단순한 도구와의 협동은 쉽게 관찰할 수 있는데, 젠더와 임무(tasks)의 관계는 관찰자에 따라 달라질 정도로 잘 안 보인다. 그러나 도구는 실체적이기 때문에, 그것이 남녀와 어떻게 결부되어 있는지에 대한 물질적 증거는 분명하다.

사람들은 도구를 잡고 사용하는 것을 통해 적절한 젠더와 관련된다. 같은 도구라도 디자인과 모양이 다른 경우가 있다. 이 같은 지적은 일리치 이전에도 있었지만 그 의미를 제대로 이해하지 못했던 것은, 젠더와 도구가 만들어내는 사회가 대상화되지 않았기 때문이다. 젠더 간의 상호 관계는 사회적이다. 남자의 도구에 여자는 손대지 못하고, 마찬가지로 여자의 도구에 남자는 손대지 못하는 명확한 구분이 존재한다. 만약 여자가 남자의 사냥 도구에 손을 대면, 남자다움을 잃어버린 화살은 사용할 수 없게 된다거나 남자의 성적 파워가 사라진다는 등의 믿음이 있었다. 이를 여성차별이라고 지적하는 건 자유다. 젠더 분할 세계에서 고유성을 발견할 것인가, 아니면 차별적 속박을 볼 것인가. 그것은 관찰자의 관점과 논점일 뿐이다. 중요한 것은, 이 두 가지 영역(정의역)을 뛰어넘는 권위는 누구에게도 부여되지 않는다는 것이다. 젠더는 한쪽이 없으면 다른 쪽도 존재하지 않는 상보적(相補的) 이중성 속에 존재한다.

젠더 분할은 일반론으로 존재하는 것이 아니라 버내큘러한 장소문화마다 상이하다. 그 다양성은 일원적 생산 양식을 만드는 것이 얼마나 이상한 일인지를 보여준다. 컨비비얼한 생산 양식은 다양한 장소에 맞는 생산 양식을 보증한다. 그러나 산업사회는 한 가지 생산 양식밖에 허용하지 않는다.

뒤바꿈(逆轉)과 뉘우침(回心)

산업사회 비판이 한창일 때, 라틴아메리카에서는 실제 투쟁에서 '혁명'이라는 환상이 아직 존재하고 있었다. 쿠바혁명은 어떤 의미에서는 제도화되었지만, 체 게바라는 자신의 저술인 『게릴라 전쟁』을 입수한 그린베레와 그들이 지도한 군대의 토벌작전에 의해 볼리비아의 산중에서 살해당했으며, 도시 게릴라들은 패배하여 산악 게릴라로 숨어들었다. 한편, 세계 최초 합법적으로 탄생한 아옌데 사회주의 정부는 피노체트의 군사 쿠데타에 의해 무참하게 붕괴되었다. 1960년대 문화교류문헌자료센터에 모여든, 혁명을 통한 재생에 몰두하는 젊은이들이 왜 그런 관념에 사로잡히게 되었는가에 대해 일리치는 진지하게 고민했다. 기존의 사회 변혁과 정치 혁명을 꿈꾸는 이들에게는 산업사회 비판이 전혀 선명하지 않고, 아예 염두에도 없음을 인정한 그는, 그렇다면 어떻게 회복과 전환이 가능한지를 생각했다. 그 결과물이 컨비비얼에 대한 논문이다. '희망'의 현실화·구체화가 가능하려면 어떻게 해야 할 것인가, 그것이 문제였다. 그가 사상적으로 분명히 한 것이 몇 개 있다.

① 사회를 '바꾼다, 개선한다'는 것은 결국 제도화와 규범화를 추진하는 것에 불과하다.
② 세계의 비참한 상태에 공감하고 이를 돕겠다는 선의는, 비참한 사람들에게 서비스화를 강요하는 결과를 낳는다. 그리고 불가능한 현실에 고통 받고 배회하고 무기력해져서, 진정한 인간이 느끼는 상호 공명을 잃어버리게 된다.

③ 중요한 것은 스스로가 자신에 대한 자율성을 되찾는 것이다.

④ 자율성을 되찾는 것은 희소성이 지배하는 현실로부터 가능한 한 '플러그를 뽑는 것'이다.

⑤ 불가능하다고 해서 불능일 필요는 없기 때문에 희망을 잃지 말아야 한다.

이것들은 사상적 태도라기보다 자율성에 관한 정치적 태도이며, 정치적 자율성의 자기 기술이라고 필자는 이해한다. 타자를 위해 타자에게 지시한다거나 자기를 종속시키는 것이 아니라, 혹은 자기를 버리고 타자를 위해 몸을 던지는 것이 아니라, 자신이 자신에게 행위하는 것이다. For oneself가 아니라 by oneself다.

Revolution이란 revolutio, 즉 회전, 빙글빙글 도는 것, 그리고 혁명이라고 번역된다. 한편, reformation이란 reformare, 즉 '원래의 모양으로 돌리는 것'이다. 일리치는 게하르트 라드너[9]의 세 가지 해석 방식을 참고해 그 나름대로 다음과 같이 설명한다.

① 낙원으로 돌아간다. 세계가 창조된 순간으로 돌아간다. 그곳에 도달하기 위해 피하기 힘든 대학살과 파괴적인 사회 발전조차 정당화하는 천년왕국을 향해 가고 있다.

② 주기적으로 찾아오는 형태의 재생이다. 봄이 올 때마다 초목이 푸르게 되살아나는 것과 같다.

③ 스스로 자신의 인격을 재생한다. 수도사들처럼 스스로의 책임

---

9 Gerhart B. Ladner(1905~1993). 오스트리아 출신의 중세 역사가이자 예술사가. 나치의 박해를 피해 캐나다로 이주. 이후 미국으로 활동무대를 옮겨 UCLA 교수를 역임했다.

하에 자신의 문화와 관념에 등을 돌리고, 신의 왕국 또는 새로운 무언가를 향해 자신을 전환하는 것이다. 이것은 역사상 갑자기 발생한다.

이 가운데 제3의 형태는, 예측 불가능하고 설명 불가능한 놀라운 지각과 행동으로 나타나는 규범적 관념 형태다. 혁명과 사회 변혁을 바라는 관념은 여기에서 유래한다. 세계에 대해, 그리고 타자에 대해 할 수 있는 가장 중요한 행동은 '자기 자신의 마음을 회전시키는 것'이라는 관념 역시 여기에서 유래한다. 그런데 기독교의 복음을 통해 서양 역사에 들어온 이 전례 없는 관념이 도착(倒錯)을 일으켜, 잔혹하고 소름끼치는 사악한 관념으로 변모했다. 나와 너의 관계에 영광을 주던 것이 뒤바뀌어 교회에 의해 제도화되고, 다른 어떤 개념들보다 더 파괴적이고 사악한 것이 돼버렸다. 이는 나중에 '최선의 타락은 최악이 된다'는 생각으로 다듬어지게 된다.

혁명이란 스스로를 버리고 이상의 나라를 향해 가고 그렇게 사육된다고 하는, 기독교적 구제 관념에서 유래된 것임을 우리는 알고 있다. 자기 포기를 통해 피안으로 가버리는 것이 아니라 갔다 돌아오는 것, 즉 이상을 상정하고 고민하되 현실로 돌아와 이곳을 무언가의 모습으로 회전시키는 것이다. 그것이 revolver, revuelta라는 것을 우리는 미하엘 엔데나 옥타비오 파스 등을 통해 알고 있다. 사회주의 혁명에 대한 검증을 거친 자각이자 인식이다.

일리치는 도구의 균형을 위해 필요한 도덕적·정치적·법률적 절차의 원칙으로 다음의 세 가지를 제시한다.

① 개인적 모순의 정통성을 재인식하는 것

② 현재의 수순에 대항하여 역사의 변증법적 권위를 부여하는 것

③ 정책 결정에서 비전문가와 동료들에게 의지하는 것

주요한 제도들의 근원적 기능 전환과 관련된 이 원칙들은, 소유와 권력의 이동보다 훨씬 더 근원적이다. 일리치는 산업을 도구 면에서 재편성하자는 게 아니라, 도구의 기본 구조를 뒤바꾸자고 주장한다. 그는 말한다. "사람을 사랑하는 것은 지금 현재 하는 일을 모두 포기하고 그 사람을 안아주는 것이다." 기술을 분리의 철학으로 구성하는 한, 그 기술은 반드시 목적에 반하는 결과를 낳는다. 근래 들어 '분리된 기술을 통해 환경에 공헌한다'고 자랑하는 기술들이 많이 만들어지고 있지만, 그것들은 반드시 환경 부하를 초래하는 사이비 기술들이다. 도구와 기술의 컨비비얼한 구성이 이루어진다는 것은, 비분리의 술어적 기술이 만들어진다는 뜻이다. 일리치는 이를 암묵적으로 시사하고 있다. 그에게는 비분리와 술어성이라는 아시아적 개념이 없었을 뿐이다.

[본장의 주요 논문]

Tools for Conviviality

1993/ To honor Jacque Ellul(13. 11. 1993. Bordeaux)

1996/ Philosophy, Artifacts, Friendship(23. 03. 1996, LA)

7장

그림자 노동과 젠더

『그림자 노동』과 『젠더』는 『의료 네메시스』와는 다른 차원에서 일리치의 저작 중 가장 뛰어난 작품이다. 임노동론을 뛰어넘는 지평을 열었기 때문이다. 그러나 세계적으로는 그다지 평가가 좋지 않았다. 그 진의를 제대로 이해하지 못했기 때문이다. 일리치와 깊이 있는 작업을 같이 한 바바라 두덴도 처음에는 일리치의 젠더 문제 제기에 대해 자세히 알지 못해 화를 냈다고 회상하고 있다. 후에 그녀는 "중성적인 사회과학 개념들이 실은 아무것도 보지 못하고 있으며, 때문에 젠더를 통한 인식이 그만큼 중요하다는 것을 인식하게 되었다."고 말하고 있다.

『그림자 노동』은 임노동론을 비롯한 노동론에 대해 근본적 전환을 요청하는 새로운 일(work)론으로, 가사노동에 그치지 않고 소비 행동의 근원을 밝힌 획기적 저작이다. 또한『젠더』는 젠더 세계를 사회과학적으로 고찰한 선구적 저작으로, 비록 오해와 무시는 존재하지만, 재고해야 마땅한 문제의 지평을 열어젖혔다. 이 두 권의 저작을 여성론에 국한시켜서는 안 된다. 이는 학교 비판을 교육론에 제한해서는 안 되는 것과 마찬가지다. 차원과 장소가 다른 것이다. 일리치 자신은 페미니즘 측에 젠더 문제를 제기하려고 했는데, 여기에 문제가 있었던 것 같다. 여성론으로서의 젠더가 아니라 '인간' 개념에 대한 비판에 한정했어야 했다.

필자는 귀국 후 「그림자 노동」의 소논문을 받았다. 릿쿄대학의 세미나에서 학생들과 함께 철저히 탐독했다. 일찍이 학교화 비판을 읽었을 때 머리칼이 곤두서는 체험을 했는데, 이를 능가하는 놀라움이 다시금 찾아왔다. 처음에는 예전과 마찬가지로 무슨 말을 하는 건지 전혀 몰랐다. 생각해보지 못한 세계에 끌려들어갔기 때문이다. 그러다 서서히 저변에 깔려 있던 것들이 떠올라 선명해졌다. 일단 떠오르면 늘 그렇듯 간단 명료해진다. 요컨대 숨겨진, 지불되지 않는 노동이 존재하는데, 그것은 서비스 노동의 뒤편에 존재한다는 것이다. 예를 들면, 교사의 서비스 노동에 대해 학생의 소비 노동(work)이 있고, 의사의 서비스 노동에 대해 환자의 소비 노동(work)이 있으며, 운전사의 서비스 노동에 대해 통근·통학자의 소비 노동(work)이 있다. 이것들은 '어쩔 수 없이 하는' 행위, 즉 타율 행위의 작용에 의한 수동적 소비 행동이다. 지금까지 산업적 서비스 상품의 소비로 생각했던 것들을, 일리치는 숨겨진 '그림자 노동'이라고 뒤바꾼 것이다. 즉, 그것들은 산업적 가치를 만들어내는 노동(work)이자, 소비가 아닌 생산이라고 하는 사고의 전환이다. 마르크스를 깊이 독해하면 생산적 소비와 소비적 생산을 다루는 내용이 있는데, 그 '생산적 소비 =소비적 생산'의 세계가 그림자 노동으로 제시된 것이다.

임노동화된 서비스 노동에 대해서는 임금이 지불되지만, 그림자 노동은 거꾸로 비용을 지불한다. 이렇게 보면 단순한 뒤바꿈이지만,

그림자 노동의 근원에는 가사노동이 존재한다. 여기에서 서비스 노동과 그림자 노동의 관계와는 다소 위상이 다른 가사노동이 등장하는데, 이들 사이의 관계가 문제로 구성된다. 가사노동은 임금이 지불되지 않으며, 여성들에게 할당된 노동이다. 일견 서로 다르게 보이지만 본질적으로는 같다는 것, 나아가 임노동보다 가사노동이 근원적인 산업 노동이며, 산업사회를 지탱하고 있다는 것이 분명해진다. 진정한 임노동론 비판의 차원이 열린 것이다.

두덴은 다음과 같이 지적한다. "곡괭이를 드는 게 남자인지 여자인지를 무시해버리면, 땅을 파는 일을 수행하는 것은 곡괭이가 된다. 살아 있는 신체를 빼버린 채 생산을 위한 조건으로서 '노동'과 '기술'만이 고찰 대상이 되는 것이다. 이렇게 되면 여성의 신체는 노동력으로 환산되고, 기계 도구의 개념은 암묵적으로만 사용될 뿐 그 의도는 물상화된다." 나아가 그녀는 "동사는 '여기 무를 잘게 자르는 여성이 있다'와 같이 신체와 물건을 직접 연결하는 데 비해, '야채를 잘게 자르는 것'이라고 명사화해버리면, 명사가 손과 무 사이에 들어가 행위를 사물로, 즉 노동력의 투입을 요구하는 노동량으로 이해하게 된다."고 지적한다. 생산을 기본 틀로 삼는 개념을 사용하면, 체험하는 신체 혹은 살아 있는 신체를 마치 젠더 차이를 빼버린 '모터'와 같이 취급하게 된다는 말이다.

문제 구성의 시작은 다음과 같다. 비공식적 영역에서 산업적 식민지화가 진행되면 자급자족(subsistence)에 어울리는, 문화적 규정을 받은 일의 방식이 침식당하게 된다. 무급이라기보다 급여를 필요로 하지 않는 자급자족을 위한 일이 경제화되는 것이다. 이를 확실히 구별하지 않으면 안 된다. 바꿔 말하면, 버내큘러한 일과 상품 집중 사회에서의 무급 노동은 구별되어야 한다. 후자에서는 상품의 유효화를 위한 일들이 어쩔 수 없이 제도화되는데, 그것이 바로 가사노동이다. 주부들은 가정에서 상품을 소비하는 일(work)을 하는데, 그것은 버내큘러한 일이 아니다. 산업적 일(work)로 바뀌어버린 것이다.

가난한 남자들은 급여를 받는 임노동에 종사하고, 주부들은 가정에서 가사노동을 하는 분업 체제가 만들어진다는 것은 마르크스와 엥겔스가 지적한 바 있다. 하지만 이는 성(性)의 노동 분업에 대한 것이지 살아 있는 신체에 대한 고려는 아니었다. 이로부터 일리치는, 경제가 굴러가기 위해서는 상품을 만들 뿐 아니라 그 상품을 유용하게 만드는 노동이 있어야 하며, 상품을 소비해 유용하게 만드는 일이 바로 '그림자 노동'이라고 정의한다. 우선 그는, 임금을 지불할 수 있는 것은 그림자 노동이 수행되고 있기 때문이라고 논리를 뒤집는다. 그동안 이 점을 전혀 인식하지 못해왔다는 것이 오히려 이상할 정도다. 임노동의 임금으로 가사가 성립된다는 생산 중심적 관점에 지배당해왔기 때문이다. 아무튼 소비가 생산적이라는 것은 이를 뜻하는 것이다. 더구나 지불되지 않는 노동이 이를 실행하고 있다. 예를 들면, 임노동자는 노동력을 스스로 공장으로 옮긴다. 얼마간 교통비가 지불된다고 해도 그것은 운임으로 지불되는 것이지 임노동자가 받는 것은 아니다. 산업사회 경제의 교묘한 장치인 것이다.

이러한 일리치의 주장은 바바라 두덴의 '가사노동' 비판이 계기가 됐는데, 두덴은 이때 아직 중성(中性) 개념에서 벗어나지 못하고 있었다. 이후 두 사람의 듀엣이 시작된다. 일리치의 사상은, 자율적 양식으로 설정돼 있던 것이 산업적으로 얽히게 되면 어떻게 그 구성이 구조화되는가를 밝히고 있다. 또한 남자의 임노동, 여자의 가사노동이라는 노동 분업 논리가 간과하던 차원을 명백히 드러냈다. 덕분에 일리치의 산업사회 비판은 체계성을 확보했다고 할 수 있다. 그러나 겉은 임노동, 속은 그림자 노동이라는 표리 관계만으로는 산업사회에서 한 발자국도 나갈 수 없다. 이 표리 자체를 뒤집어야 하는데, 그것이 바로 젠더 체계의 세계다. '19세기에 확립된 섹스라고 하는 해부학적·생리학적 특징의 양극화가 지속되는 것에 불과한'(두덴) 세계를 뒤집어, 젠더 구분이 만들어낸 압도적 다양성을 찾아내야 하는 것이다.

노동 비판: 비고용의 세계

일리치에게는 『그림자 노동』 이전에 '창조적 실업'이라는 임노동 지배에 대한 비판 논문이 있었다. 노동과 일에 임금이 지급되는 것, 즉 일이 화폐에 흡수되는 것에 대한 비판이다. 급여를 받고 노동하는 것은 19세기 초에 시작되어, 마르크스가 임노동을 비판한 19세기 중엽에는 상당히 일반화되었다. 이것은 노동과 일의 존재 방식을 근본부터 바꾸었는데, 문제는 이를 어떻게 볼 것인가이다.

임노동론으로부터의 탈출이 일리치의 커다란 과제였다는 것은 의미가 있다. 그것은 노동론 자체에 대한 비판의 지평을 여는 것으로, '노동은 인류의 생존 기반'이라는 전제에 대한 비판이다. 마르크스의 경우도 '유적(類的) 존재로서의 노동'관은 상품론과 잘 어울리지 않았다. 결국 그것은 기각되지 않고 노동 가치설로 남게 되었다. 푸코에게는 애초에 '유적 노동' 같은 개념이 없었다. 그는 "자본주의 체제에서만 임노동이 출현하기 때문에 마르크스는 틀렸다"고까지 말한다. 그러나 그 역시 임금 노동과 유적 노동의 대비를 시도했는데, 거기에서는 노동이 보편화되고 있다. 한편, 한나 아렌트는 『인간의 조건』에서 노동론에 이의를 제기하고 '액티비티(activity)'를 중시하는 견해를 제시했다. 아렌트를 높이 평가한 일리치는, '창조적 실업'이라는 개념을 통해 라틴아메리카처럼 비고용이 다분히 존재할 수 있는 세계를 고찰하고자 했다.

흔히 급여를 받는 피고용의 노동만 생산적이고, 나아가 인간적이기까지 하다고 생각한다. 급여를 받지 않는 일은 재생산에 관련된 것이거나 착취라고 간주한다. 이는 생산에서 본 관점인데, 상품 생산만이 경제 생산이라는 관점에서 비롯된 것이다. 우리들은 급여를 받지 않으면 생존할 수 없는 지경에 내몰려 그렇게들 착각하고 있다. 농업에서도 농산물을 상품으로 팔지 않으면 생존할 수 없게 되었다. 이런 현실 자체를 돌아봐야 한다. 자급자족(subsistence)을 위한 일, 버내큘러한 일은 임노동(=고용)과 대립된다.

대략 2년마다 책을 간행하던 일리치가 『창조적 실업』 간행 후 4년이 지난 1981년에 『그림자 노동』을 간행했다. 이 기간은 그림자 노동의 초고를 집필하던 시기로, 뭔가 새로운 지평을 여는 격투의 시간이지 않았을까 짐작된다. 필자가 『그림자 노동』을 마르크스를 뛰어넘는 저작이라고 평가하는 것은, 임노동론에 지배당한 경제 이론이 이로 인해 뒤집어졌기 때문이다. 그러나 그 가치는 충분히 이해되지 못한 면이 있다. 명확한 위상이 정립되지 않았기 때문인데, 적어도 필자에게는 명확하다. 제도론과 경제론을 연결하는 데 이 노동관의 전환이 경제(학) 비판의 새로운 지평을 연 것이다.

1. 그림자 노동

제도론에서 소비 행위의 자리에 있던 것을 생산의 자리로 바꾼 것이 그림자 노동이다. 실제로는 학생의 행위, 환자의 행위, 통근·통학자의 행위다. 제도론적으로는 산업 서비스 제도가 제공하는 교육, 치료, 속도를 소비하는 것으로 여겼다. 한편 교사, 의사, 운전사가 제공하는 서비스 노동이 존재한다. 이 서비스 노동은 마르크스가 『잉여가치학설사』에서 다룬 것이다. 생산물을 만들어낼 때 감지되지 않는 일에 종사하는 노동이다. 서비스 노동의 대상에 해당되는 이들이, 그림자 노동이라는 임노동이 아닌 일을 한다. 전자가 노동(=labour)인 데 반해 후자는 일(=work)이다. 아렌트의 labour와 work 구별을 산업 서비스 경제에 적용한 것이다. 실체적으로 전혀 생각할 수 없었던 것을 생각할 수 있게 된 것이다. '제도화된 가치'는 서비스 노동만으로는 만들어질 수 없다. 그림자 노동이 있어야 비로소 완결된다. 대가는 물론 그림자 노동자가 지불한다. 서비스 노동은 아직 임노동의 틀 내에 있지만, 그림자 노동은 임노동의 틀 밖에 있다. 임노동에 종사하기 위한 일(work)이다. 이상이 임노동과 노동/일을 반반씩 나누고 있는 거대한 구조라는 것을 일리치는 지적했다. 산업 사회는 그림자 노동 없이 성립할 수 없다. 이로써 하나의 일 시스템(work system)에 대한 이론 체계가 명확해졌다.

정리하면 다음과 같다.

서비스 제도	서비스 노동	서비스 상품	그림자 노동	그림자 노동자
학교	교사	교육	학습	학생
병원	의사	의료	치료	환자
모터 수송	운전사	속도	이동	통근자·통학자

실로 명쾌한 구성인데, 세계적으로는 이에 대해 그다지 논의가 이루어지지 않았다. 그림자 노동=가사노동으로 간주되었기 때문이

다. 논점은 학생, 환자, 통근·통학자와 주부의 가사노동 사이의 관계다. 이 점이 분명하지 않기 때문에 전자의 위치가 보이지 않게 된 것이다. 그리고 그 사이에 존재하는 것이 바로 젠더의 위치다. 필요한 것은, 임노동＝남자, 가사노동＝여자라고 하는 젠더에서 독립된 '섹스화된 노동 분업을 둘러싼 재검토'다. 문제는 산업 서비스 제도와 남녀 분업 간의 관계인데, 전자에서 문제가 되는 것은 유니섹스(unisex)다. 유니섹스와 젠더라는 관점이 없으면 이 관계는 분명해지지 않는다.

산업 서비스 제도는 그림자 노동에서 유니섹스화를 촉진한다. 그 결과 남＝임노동, 여＝가사노동으로 섹스 간 분업화가 이루어지는데, 거기에서 젠더는 보이지 않게 된다. 유니섹스 남자는 임노동에 종사해 가정 밖에서 일하고, 유니섹스 여자는 가사노동으로 가정 내에 갇힌다. 전자에는 임금이 지불되고 후자에는 임금이 지불되지 않는다. 임금을 기준으로 한 분업 구조가 이루어지는 것이다. 그림자 노동은 '임금이 지불되지 않는 일'로 정의되고, 임금을 지출함으로써 그림자 노동은 수행된다. 즉, 형태적으로 학생, 환자, 통근·통학자와 가사주부는 다르지만, 이론 대상으로는 똑같은 것이 '그림자 노동'이다.

현실 대상과 이론 대상 사이에는 명확한 구별이 필요하다. 그림자 노동을 실체적으로 인식하려고 하면 영문을 모르게 된다. 애당초 '임노동'이라는 것도 이론 대상인데, 임노동자라는 실체와의 구별이 없어져버렸다. 어디까지나 임노동이라는 이론 대상에서 '노동력'을 팔고 있는 것이며, 마찬가지로 그림자 노동이라는 이론 대상에서 서비스 상품을 구입, 소비하고 있는 것이다. 가사노동이라는 현실 대상을 '그림자 노동'이라는 이론 대상에서 이해함으로써 비로소 유니섹스화라는 이론 세계가 추출된다. 젠더가 없는(genderless) 세계가 분명해진 것이다. 젠더의 일에서 '임노동과 그림자 노동'으로의 역사적 대전환이다. 일리치 자신은 이러한 이론 영역을 분명히 제시하지 않았고, 논점을 애매하게 처리해(캐리커처화)버렸기 때문에 젠더를 실체화, 실태화한 것처럼 돼버렸다. 그러나 생각지도 못했던 영역이 분명해진 것은, 알튀세르가 밝힌 것처럼 이론 대상과 현실 대상이 구분되어 있기 때문이다. 이 점은 마르크스 이론에서조차 명료하게 처리되지 못했던 점이다.

이론 대상과 현실 대상

마르크스가 그려낸 자본주의 세계는 이론 대상이지 현실 대상이 아니라고 알튀세르는 말한다. 이는 중요한 지적으로, 개념론의 핵심이다. 현실은 현실 그 자체를 서술해도 현실이 되지 않는다. 현실을 보려면 현실을 이론적으로 대상화하지 않으면 안 된다. 컵이라는 '물건'의 현실이 '상품'이라는 이론 대상이 되었을 때, 컵의 숨겨진 현실이 출현한다. 이론 대상=상품과 현실 대상=물건은 같은 것이지만, 대상적으로는 다른 차원에서 구성되고 표현된다. 마르크스가 그린 자본주의 세계는 실체적으로는 존재하지 않는다. 영국에도 프랑스에도, 미국에도 일본에도 없다. 그러나 영국을 현실 대상으로 삼고 프랑스를 매개적 현실 대상으로 삼아 독일이라는 현실 대상을 생각했을 때 '자본주의적 생산 양식'의 이론 대상이 추출되는 것이다. 이 이론 대상은 영국·프랑스·독일을 분석할 때 사용할 수 있을 뿐 아니라, 미국과 일본을 분석할 때도 활용할 수 있다.

일리치가 그려낸 학교화 사회나 병원화 사회는, 현실 대상과 이론 대상이 분리되지 않았기 때문에 여러 가지 오해를 낳았지만, 이해하기는 쉬웠다. 이에 비해 그림자 노동은 이론 대상의 차원에서 추출된 것이기 때문에 버내큘러와 젠더를 고려하지 않으면, 경우에 따라서는 일리치를 비난하게 될 수도 있다. 일리치의 젠더는 현실 대상과이론 대상 사이에 있기 때문이다. 젠더를 실체화해 젠더 차별을 고정시킨 것이라고 비난하고 싶은 사람은 비난해도 좋다. 우리는 버내큘러와 젠더라는 이론 대상을 고려함으로써 섹스/젠더의 사회 관계를 대상화하고자 한다. 사회사 연구의 성과를 소재로 활용한 탓에 일리치의 젠더는 현실 대상인 것처럼 여겨지는 경향이 있지만, 이 점에집착하면 생산적 논의가 이루어지지 않는다. 우리는 남녀/인간을 고찰하는 이론적 실천(pratique)을 하고 싶은 것이다.

『그림자 노동』은 다섯 개의 장으로 구성되어 있다.

1장 공적 선택의 세 가지 차원
2장 버내큘러 가치
3장 자급자족(subsistence)에 대한 전쟁
4장 민중에 의한 과학
5장 그림자 노동

초고는 1980년 4월 12일 발표한 「버내큘러 가치들(vernacular values)」이란 제목의 논문으로 1장, 3장, 2장이 주된 내용이었다. 이를 '그림자 노동'을 주된 테마로 재구성한 것이다.

지금까지 언급되지 않았던 것을 어떻게든 언어화하려고, 해독하려고 한 것이 이 책의 요점이다. 좌 대 우, 하드 대 소프트의 익숙한 X/Y축 구성이 아니다. 일리치는 새로운 Z축으로 '산업적인 것 대 버내큘러한 것'의 차원을 고찰하기 위해 장소의 위치를 설정하고, 버내큘러한 존재, 자급자족적 존재, 민중의 존재를 밝히려고 했다. 이들의 실체를 소거한 것은 임노동이 아니라 그림자 노동이라고 하는, 지금까지 생각지도 못했던 세계다. 경제인류학은 어떻게든 가치 형식이 물상화된 경제 이론을 뒤집기 위해, 자급자족의 세계로 통찰을 심화시키고자 노력했다. 일리치는 경제인류학에서 미처 표현하지 못하고 놓쳐버린 것들을, 칼 폴라니에 앞서 제시한 것이다. 아무리 실체론이라고 비판 받더라도, 이 점을 모두 드러내지 않으면 앞이 보이지 않는다. 아무튼 필자는 이 책을 실체론으로서 읽는다. 나중에 일리치자신은 버내큘러한 것을 '가치'론으로 간주한 것은 잘못이었다고 인정했는데, 이 책은 가치론을 뛰어넘는 실체론으로서 비판 기준이 될수 있을 뿐만 아니라 가능한 조건의 제시로 해독할 수도 있다. 근대의 '노동론' 전체에 대한 비판이 될 수 있는 것이다.

공적 선택에서 '사회' 자체에 대한 비판

공적 선택은 자율 행위에 의한 선택을 의미한다. 선택을 사회적으로 하는 것이 아니다. 일리치 자신은 사회라는 것을 명확히 비판하진 않았지만, 문제로 구성된 것은 사회적 선택으로는 할 수 없는, 사적 자율성에 의한 공적 선택이다.

공적 선택의 세 가지 대항 축의 설정은 일본에서 개최된 학술행사에서 일리치가 보고한 내용인데, 『그림자 노동』에 새롭게 수록되었다. 즉, Z축 위에서 임노동을 보완하는 그림자 노동과 자급자족 노동(subsistence work)이 대립한다는 것이다. 당초 Z축은 산업적인 것 대 버내큘러한 것, 상품 대 유용화 가치(utilization value)라는 대항 축이었다. 유용화 가치란 사용 가치(use value)와 유용성(utility)의 중간적 개념이라 할 수 있는데, 사용 가치적 성격은 점차 사라져갔다. 경제학적 용어를 싫어하는 일리치의 취향에서 비롯된 것이다. Z축은 만족의 본성과 관련된 축으로, 갖는 것(having/소유)과 행위하는 것(doing) 또는 존재하는 것(being) 사이의 대항 축이다. 상품 및 서비스의 표준화와 경제 성장이 진행되는 사회와, 자급자족 지향의 공동 환경의 유용화(the subsistence-oriented utilization of common environments)와의 대립항이기도 하다. 호모 에코노미쿠스와 호모 아티픽스(homo artifix) 간의 인간 대립으로 볼 수도 있다.

이 Z축 위에서 선택을 할 때 우리는 노동에 대한 생각을 바꿀 필요가 있다. 일이 고용과 동일시되고 명예로운 일이 남자에게만 제한되면, 실업은 비참한 사회적 재해가 되고 여자는 임금이 지불되지 않는 가사노동에 갇히게 된다. 이 가사노동을 실업과 함께, 임금을 지불받을 수 있는 노동의 보상에 포함시키는 것을 전도(轉倒)라고 할 수 있을까? 즉, 실업이란 유익한 권리이며, 가사는 임노동을 보완하는 그림자 노동의 차원이 아니라 자립과 자존으로 복원시키는 것이라고 말이다. 요컨대 사람의 활동을 소비재의 사용, 즉 소비로 바꾸어서는 안 된다는 것이다.

한편, 노동의 차원과 관련하여 '집'이라는 또 하나의 차원이 존재한다. 일찍이 집은 집 전체가 하나의 틀로 움직였다. 구성원들이 사용하는 것은 거의 다 자신들이 만들었고, 그 밖에도 무엇이든 스스로 해결했다. 가정(household) 자체가 전체로서 기능했던 것이다. 그러던 것이 '노동하는 남자'와 '가사를 하는 여자'라고 하는, 보완적이면서 동시에 상호 배타적 성격을 지닌, 양분된 존재들을 경제적으로 맺어주는 매개물이 되었다. 가정이 마치 경첩과 같아진 것이다. 또한 성별 역할 분할이 결정적으로 굳어졌다. 호모 에코노미쿠스는 노동하는 남자와 가사를 하는 여자로 구분된, 한 쌍의 커플로 만들어진 호모 인두스트리알리스(homo industrialis)가 되었다. 상품에 의존하는 섹스 인간인 것이다. 버내큘러한 일과 산업적 노동(industrial labour)의 긴장과 균형이 Z축 위의 핵심 항목이다.

버내큘러한 것과 자급자족

버내큘러한 것은 자급자족이라는 일반 개념을 보다 장소화한 개념이라고 할 수 있다. 자급자족은 생존의 일반적 양상을 가리키는데, 버내큘러라고 할 경우 생존 기술을 포함한 '버내큘러한 장소 문화'를 의미하는 것이다. 우리는 경제인류학이 추상화한 실체적인 자급자족 경제를 보다 구체적인 장소의 버내큘러로 심화시켜야 한다. 이 장소의 실체를 찾아내는 일은 현재에도 의미가 있다. 과거로의 회귀가 아니라, 여전히 남아 있는 장소의 힘을 재확인함으로써 버내큘러는 산업적인 것, 타율적인 것에 대한 대항 개념이 될 수 있다.

그런데 자급자족 생활을 '생활의 자립과 자존'이라는 목표 지향적 의미로 번역해버리면 의미가 바뀌어버린다. 그것은 과거 '공유재(commons)'에 들어 있던 실체적인 것이 파괴되었다고 하는 입장에서 제시된 대상과 개념이다. 그러나 공유재에는 자립도 없고 자존도 없다. 전혀 다른 원리에서 존재했던 것이다. 이를 버내큘러의 장소적 개념, 젠더의 이원제 개념에서 재해석하자는 것이다. 나아가 산업화의 발전·진보·개발·성장이라는 방식이 자급자족 생활을 파괴했고, 그로 인해 생활 환경이 근원에서부터 뿌리째 뽑힌 것에 대한 비판의 도구로 사용하자는 것이다. 이러한 실체를 논의 가능한 영역으로 끌어와 개념화해서 대상들에 대해 생각하고 재창조할 수 있도록 활용해야 한다. 그러기 위해서는 버내큘러한 가치를 그림자 경제와 구별하여 다른 기반에 두어야 한다. 당시 일리치는 '버내큘러한 가치'라고 표현했는데, 필자는 이를 '버내큘러한 존재'로 바꾸고자 한다. 그것은 경제학에서 다뤄온 것처럼 경제의 부정적 유산으로서 환경을 고려한다거나, 비공식적 조건에서의 암거래를 다룬다거나, 비공식적이고 사적인 영역에 있는 경제 현상을 고려하는 등의 내용이 아니다. 일리치는 버내큘러한 장소들 간의 차이를 다양하게 살펴봐야 한다고 지적한다. 정통이 아닌 영역에 있었던 것, 생각할 수 없었던 것, 문제로 제기하면 안 된다고 여겨졌던 것, 전혀 의미가 없다고 여겨지던 것들을, 논의할 수 있게 조건을 열어놓는다는 것이다.

경제학적 고찰은 지금까지 비경제 영역으로 간주되어왔던 것들을 계측 가능한 영역에, 동일한 시장 원리에 포함시킬 뿐이었다. 그러나 그렇지 않은, 계측할 수 없는 비(非)시장의 경우, 실체로써 다뤄야 한다. 예를 들면, 화폐(money)가 통화(currency)가 아닌 곳에서의 화폐 개념은, 그곳에서 만들어진 것으로 이해해야 한다. '그림자 가격(shadow price)'이라고 칭하는 것처럼, 그들(경제학자들)은 화폐를 지불하지 않지만 움직이는 재화와 서비스를 환산하는 데 필요한 화폐를 나름대로 염두에 둔다. 낡은 개념과 모순되지 않도록 하기 위해서다. 가격이 없는 것조차 상품 세계와 모순되지 않도록 하는 것이다. 조작, 관리, 관료적 개발이 가능한 영역으로 끌어내기 위해서다. 지불되지 않는 것은 그림자 노동으로 간주하고, 상품 경제와 동일한 논리를 가지고 고찰, 검증, 진단한다. 노동, 가격, 필요, 시장이 그림자 경제 속에 들어온다. 전통적 경제 분석이 확장되어 새로운 경제 영역이 도출되었다고 생각하는 것이다.

버내큘러 현실(vernacular reality)은 '자급자족 생활의 정의역(the domain of subsistence)'이기도 한데, 경제학적 개념의 확장으로는 파악할 수 없는 고유의 세계다. 이것은 그림자 경제라고 하는, 임금이 지불되지 않는 비공식적 부문이 아니다. 별개의 현실이자 산업사회에 대항하여 존재하는 것이다. 즉, 임노동과 그림자 노동은 상호보완적으로 산업적 현실을 만들고 있는데, 그것들과 다른 차원에서 버내큘러한 존재가 있을 수 있다는 것이다. 그림자 경제도, 버내큘러한 것도 시장 밖에 존재하지만, 그것들은 전혀 다른 것이다. 버내큘러한 것은 지금 현재도 존재하며 제도화되지 않은 것이다. 현대인들이 노동 집약적 소비를 선택할 것인지, 아니면 자급자족 생활의 현대적 여러 형태를 선택할 것인지 스스로 고민하기 시작한 것이 바로 그 증거다.

산업사회 이전과 산업사회의 차이를 밝히기 위해 일리치는 일상적 말(everyday speech)을 네브리하의 논의를 이용해 비판하고 또 설명한다. 이 '가르침을 받는 모국어'의 언어론은 교육과 관련된 장에서 이미 다룬 바 있다. 버내큘러한 말과 가르침을 받는 모국어는 다르다. 예를 들면, 방언과 표준어, 그리고 국가어는 다르다. 이것들을 '일본어=국어'처럼 하나로 묶을 수는 없는 것이다.

자급자족 생활에 대한 전쟁: 모국어를 가르치다

버내큘러 언어를 대체할 '가르침을 받는 모국어'가 제기되었다고 해서 버내큘러 언어가 바로 대체될 리는 없다. 네브리하에서 라드케를 거쳐 코메니우스로 이어졌고, 또 500년의 시간이 지나 현재에 이르렀다. 네브리하는 여왕을 따르는 자들 모두에게 말하는 법을 가르쳐야 한다고 주장했고, 코메니우스는 일군의 교사들이 모든 사람들에게 모든 것을 완전히 가르칠 수 있는 방법을 갖추어야 한다고 주장했다. 네브리하는 스스로 서비스의 중요성을 주장했지만, 코메니우스는 더 이상 그럴 필요가 없을 만큼 충분한 수요가 이미 존재했다. 가르침을 받지 않고 배우는 자는 인간이 아니라 동물에 가깝다는 전제가 있었던 것이다. 공적 교육 영역이 이미 독립해 있었고, 공적 교육의 대상인 모국어는 추상적 법칙에 따라 전문적 취급을 받고 있었다.

현재의 서비스 제도의 기원은 교회의 의례화에 있다고 일리치는 지적한다. 그는 '모국어'의 제도화 기원을 샤를마뉴 대제의 궁정 철학자가 된 수도사 알퀸[1]과 고르츠 수도원[2]에서 찾고 있다. '전문가의 서비스에 의해서만 충족시킬 수 있는 인류 공통의 수요가 존재한다'는 생각은 8세기 교회 개혁에서 시작되었다. 카롤링조 시대에는 '기본적 수요가 존재한다'는 생각이 등장했다.

"사람은 태어나면서 운명적으로 갖고 있는 인간성에 도달하기 위해 전문가에 의한 제도적 서비스를 필요로 한다."

'인간이란 그렇게 태어난 존재'라는 것이다. 수요는 보편화되어 버내큘러한 방법으로는 이를 이룰 수 없기 때문에 표준적 방식으로 만족을 찾아야 한다는 것이다. 이는 성직자들이 의례를 할 때 설교를 하고 성체배령을 주재하는 관리로 행동하는 데 그 기원이 있다. 교사, 사회사업가, 교육자들의 선구가 바로 교회 성직자들에 의한 교구민들의 수요 관리다. '전문가에 의한 개인적 서비스가 없으면 구제는 있을 수 없다'는 믿음은 500년에 걸쳐 완성되었다.

---

1   Alcuin of York(735~804). 잉글랜드의 스콜라 철학자이자 교회학자이자 시인이자 선생. 신학에 대한 것뿐 아니라 문법, 시학 등에 대한 저작들을 많이 남겼다. 당대 '가장 유식한 사람'이라는 평을 받았다고 한다.

2   Monastère de Gorze. 프랑스 Metz 근처에 있는 옛 베네딕도 수도원. 748년 성 Chrodegang이 창설하고 로마 순교자 성 Gorgonius의 유해를 구해 이 수도원에 모셨다. 10세기에 수도생활 개혁파의 하나가 되어, 파리의 Cluny 수도원과 더불어 명성을 얻게 되었다.

① 성직자들은 서비스를 인간 본성에서 나온 수요라고 규정했다.

② 이 서비스 상품은 필연적인 것이라고 간주되었다.

③ 이것 없이 지내려고 하면 반드시 영원의 생명이 위험에 빠지게 된다고 주장했다.

고르츠 수도원은 모국어에 대한 의존이 발생하는 기반을 만든 곳이다. 즉, 말(馬)의 속도에 의해 농업 구역이 확대되고, 교구도 확대되었으며, 그로 의해 정주 형태의 재조직화와 수도원의 학문 규율이 보급됨으로써 '모든 걸 남에게 의존'하는 패러다임이 만들어진 것이다. 이것들을 토대로 버내큘러 언어를 대신해 언어를 가르친다는 것이 시장 가치가 되었다. 무엇을 말하면 좋은지, 누구에게 그것을 말하게 할 것인지, 언제 어떤 종류의 사람들을 타깃으로 정보를 흘려보낼 것인지 등이 돈에 의해 결정되었다. 언어의 자본화가 일어난 것이다.

컨비비앨리티의 탐구: 과학의 본질

버내큘러한 장소에는 민중의 문화가 있다. 그것은 전문가들이 독점하고 있는 과학은 아니지만, 과학보다 뛰어난 지혜다. '민중에 의한 리서치'와 '민중을 위한 과학'은 원리가 전혀 다르다. 후자는 정부, 기업, 대학, 병원, 군대, 재단 등 거대 제도에 의해 항상 남을 위한 서비스를 만들어낸다. 그러나 전자는 자신들에게 직접 도움이 되는 도구와 주변 환경을 만들고, 이를 개선해 아름답게 만드는 일에 힘을 쏟는다. 즉, 시장에서 떨어져 나와 자율성을 바라는 리서치다. 과거로의 회귀도, 외딴 섬의 생활 형태도 아니다. 새로운 종합을 위한 자율성의 탐구이자, 생활상의 쾌적함과 아름다움을 추구하는 것이며, 탐구 성과를 검증하는 비판성을 갖는다. 주의 깊고 신중하며, 훈련된 수단에 의한 리서치다. 자신들의 삶의 방식과 라이프 스타일을 직접 만들어내는 것이다.

일리치는 '민중에 의한 리서치'(프랑스어판에서는 '컨비비앨리티의 탐구'로 되어 있다)라는 새로운 과학 개념을 성 빅토로 후고의 『학습론(Didascalicon)』에서 찾으려고 했다. 처음으로 후고를 끌어낸 것이다. 이후 후고는 일리치 사상의 축이 되는데, 후고에 관한 소개서로써 이 논문은 간명하다. 일리치는 후고가 테크놀로지 철학을 제시했다고 했는데, 그것은 신체의 연약함을 회복하는 철학(=과학)이다. 신체의 연약함은 인간 자신이 만들어낸 환경 파괴에서 기인한다. 따라서 환경의 회복을 위해서는 '인간의 연약함을 치료하고 회복하는 비판적 리서치가 필요하다'고 하는 기계론적 테크놀로지다.

일리치는 후고의 '창세기' 이해를 받아들인다. 아담과 이브가 뱀의 유혹에 넘어가 저지른 일, 즉 지식·침범·권력·소유 등을 의미하는 선악과의 열매를 따먹음으로써 인간은 연약한 존재가 되어 환경에 의존해서 살아갈 수밖에 없게 되었다. 그 환경을 인간 스스로가 파괴한 것이다. 따라서 과학(=지식)이란, 이 고통에 찬 상태를 치료하고자 하는 리서치이자 인간의 연약함에 대한 구제의 시도다. 자연을 제어하고, 지배하고, 정복해, 허위의 낙원을 건설하는 것이 아니다. 즉, 후고에게 에콜로지는 전제이지 목적이나 수단이 아니다. 그러나 R&D에서 에콜로지는 과학적 가설에 기초한 전도된 목적이다. 후고는 『철학에 대한 딘디무스의 대화』에서 바라몬교도를 등장시켜 "과학적 탐구는 인간의 타고난 권리의 일부이며, 경전의 도움 없이도 탐구할 수 있다."고 주장한다. 이에 반론하는 딘디무스는 "모든 과학에 공통된 요소는, 그 과학이 인간의 연약함을 받쳐주는 지팡이가 된다는 사실에 있다."고 주장한다. 무지에 대립하는 영지(英知), 악덕에 대립하는 미덕, 신체의 연약함에 대립하는 강인함, 이 세 가지 악을 쫓아버리는 세 가지 치료법을 얻기 위해 예술(art)과 학문(discipline)이 발견된 것이다. 즉, 지혜에는 이론적 기예(art theorica)가, 덕에는 실천적 기예(practica)가, 그리고 필요성에는 기계적 기예(mechanica)가 대응한다.

① 무지라는 '마음의 눈'의 허약함은 신의 명석한 의지를 비추지 못한다. 이 무지로부터의 구제 수단으로, 사물을 있는 그대로 비추는 비전이 필요하다. 그것이 이론적 과학과 지혜로 사람들을 인도하는 것이다.
② 도덕의 이완이 발생하고 있다. 그것은 영혼의 도움을 필요로 한다. 사람들을 미덕으로 인도하는 실천의 학문이 이를 실현한다.
③ 자연과의 조화로부터 벗어나 있다. 자연을 침해했기 때문에 보복을 당한 것이다. 그 결과, 살아가는 데 필요한 것들이 인간에게 부과되었다. 이 필요에 정면으로 맞서 극복해야 한다.

인간의 행위에 의해 근원적으로 손상당한 환경 속에서, 인간이 생존할 수 있는 치료법으로써 후고는 과학을 고민했다. 이것은 R&D의 과학과는 완전히 대립되는 사이언스(＝철학)이다. 후고의 철학(philosophia)은 지금의 철학보다 과학에 더 가깝다고 일리치는 지적한다. 최초의 커플이 자연의 질서를 해쳤을 때, 영원한 진리의 불이 내적으로 상상력 안에서 타올랐으며, 호기심·놀람·감탄 등 과학의 출발점에 있는 것들을 끊임없이 불태웠다. 후고는 "맛있는 것과 즐거운 것의 미래를 추구하려는 욕구에 자극 받고, 치료에 대한 관심을 뒷받침 해줄 진리 탐구를 해야 한다."고 말한다. 인간으로 말미암아 초래된 인간과 환경 사이의 부조화를, 자연을 모사한 인공물에 의해 복구해야 한다는 것이다. 후고는 '인공물에 의한 지지대를 만드는 작업에 포함되어 있는 지혜'의 연구를 '기계론적 과학'이라 부르고, 철학 속에 자리매김했다.

그리스인들은 자연을 앞지르려고 했고, 로마인들은 신학이나 테크놀로지가 필요 없어서 그저 모으기만 했다. 후고의 시대는 자연을 모사하는 게 일이었다. 그리고 후고 이후 자연을 지배하는 방향으로 나아간 것이다. 후고는 모직물의 제조 자체가 아니라 그 기술과 지혜와의 관계에 관심을 갖고, 직조·교역·의료·연극 상연에 대한 리서치가 탐구자의 지혜를 연마하는 데 도움이 되기를 바랐다. 탐구자가 자기 존재의 연약함을 깨닫고 자기를 회복하는 데 도움이 되기를 바란 것이다. 실용적 기술에 진리를 비추는 거울을 찾아, 과학에 인도된 기술의 실천을 통해 자신의 거울을 갈고닦아야 한다는 것이다.

인간이 만든 인공물을 연구하는 것은, 자연의 작동 원리를 여는 열쇠를 인간에게 제공하는 것이다. 절반은 인간의 창안이고 절반은 자연의 모방이다. 일부는 자연, 일부는 인간의 일이다. 그 거울 속에서 하느님과 똑같은 빛의 반사를 바랐던 것이다. 그것은 하느님의 창조를 연구하는 것이 아니라, 인간의 일을 연구하는 '기계론적 과학'이다. 자급자족을 위해 도구를 혁신할 수 있다고 하는 이론적 주장이자, 그것이 과학의 목적이어야 한다는 도덕적 주장이다. 후고의 이 '치료법으로써의 과학'과 '과학의 일부로써의 기계학'은 당시의 급속한 기술 혁신과 시장 경제의 확대에 의해 무시되었다. 자연을 정복, 지배하는 과학 기술로 바뀌고 있었던 것이다. 과학은 사물 변화의 원인(動因)을 탐구하는 것이 되었고, 어떤 사람들이 다른 사람들을, 그리고 자연을 도구로 지배하기 위한 권력 관계에 놓이게 되었다.

베이컨은 "기술과 과학의 진보는 자연에 대한 지배를 달성하는 것"이라고 말했다. 인간은 자연을 지배할 권리를 하느님의 선물로 받았으며, 부자유스럽고 불편한 생활로부터 인간을 해방하는 기계의 발명은 자연을 정복하고 복종시키고 뿌리째 뽑아 흔들 수 있다고 주장했다. R&D는 외적 자연을 제어하는 과학에서 한 발짝 더 나아갔고, 사람들에게 교묘하고 효과적으로 자기 규제를 강제하는 방법을 탐구하는 쪽으로 변해가고 있다. 이런 상황에서 민중에 의한 컨비비앨리티 탐구가 발전된 에콜로지 지향을 갖고 있는 R&D의 설교 도구로 이용되면 안 되므로, 일리치는 후고의 기술을 발전시키고, 기술에 숨겨진 지혜의 이해를 통해 인간의 연약함을 치료하는 방법을 개선해야 한다고 주장했다. 이를 위한 비판적 테크놀로지를 만들어야 한다고 지적했다.

그림자 노동의 산업적 차원과 실체 차원

그림자 노동 자체는 산업적으로 구성된 학습·이동·치료의 행위로, 서비스 상품을 받아 이루어지는 소비 행동이다. 그런데 실은 거기에 실체적이고 자율적인 배우는 행위, 치료하는 행위, 걷고 움직이는 행위의 문화 및 기술이 들어 있다. 그림자 노동은 이 자율 행위와 자율 기술을 타율적 작용의 결과로 바꿔, 생산적인 것을 소비적인 것으로 바꿨다. 버내큘러한 행위와 기술을 산업적인 것으로 바꾸는 일이 그림자 노동이다. 우리는 임금이 지불되지 않는 그림자 노동을 통해 비로소 임금이 지불되는 노동에 종사할 수 있다. 임노동은 그것까지 하지는 않는다. 기껏해야 생산 수단에 노동력을 결부시키는 정도다. 임노동은 사람이 선택하지만, 그림자 노동에는 사람이 놓이는 것이다. 급진적 독점에 놓이는 수밖에 없다. 임노동은 신청하고 허가

받아 고용되지만, 그림자 노동 안에서 사람은 태어나고 진단받는다. 그림자 노동에서 사람들은 시간과 노고(toil), 존엄의 상실을 강요받는다.

거꾸로 말하면, 임노동의 임금과 급여를 끊어냈을 때, 즉 비고용이 되었을 때, 그림자 노동의 소비 행동은 불가능해진다. 이동에서는 자율 에너지를 사용해 걸을 수밖에 없게 되고, 스스로 배울 수밖에 없게 되고, 죽음을 포함해 병도 스스로 고칠 수밖에 없게 된다. 이것이 창조적 비고용이 된다는 의미다. 어쩔 수 없이 학교에 가지 않고, 병원에 가지 않고, 모터 달린 탈것을 타지 않게 되는 것이다. 이 '플러그를 뽑는 행위'가 바로 자율성의 회복이다. 그 위에 산업적, 타율적인 것을 보조적으로 작동시키면 된다. 학교, 병원, 모터 달린 탈것을 없애버리는 것은 아니지만 표면적인 타협도 아니다. 이는 한계를 설정하는 방식으로 이룰 수 있다.

필자가 사무라이 제도를 고찰하면서 놀랐던 것은, 당시 실로 많이들 이동했다는 점이다. 현재 우리들은 회사와 집을 왕복 이동할 뿐이지만, 당시는 상당히 많이 이동했다. 빠르지는 않았지만 몇 날 며칠에 걸쳐 천천히 이동했다. 모터 달린 탈것이 없으면 이동할 수 없다는 것은 현대인들의 감각에 불과하다. 그림자 노동은 따라서 이중성을 안고 있다. 산업적인 일임과 동시에 자율적 행위이기도 한 것이다.

노동의 역사

가난은 권력에 대한 대립 개념에서 부자들에 대한 대립 개념으로 바뀌었다. 임노동은 가난하고 비참하다는 관념은, 노동을 함으로써 자유롭고 행복해진다는 생각으로 바뀌었다. 임노동으로 생활해야 한다는 것은 원래 낙오됐거나 쫓겨났다는 징표였고, 강제된 노동은 도덕상의 죄나 범죄에 대한 형벌이었다. 그러던 것이 임노동이야말로 가난한 사람들이 부유해지기 위한 근원이자, 게으른 자들에 대한 구제로 간주되었다. 명령 받은 노동을 하도록, 사람들의 의지를 발달시키는 시스템이 조직되고 정비되었다. 쓸모없는 걸식꾼들을 도움이 되는 노동자로 바꾸겠다는 것이다. '나태'라는 병을 치유한다고도 했다. 사실 노동의 속박에 반발한 민중들이 폭동을 일으킬 정도로 받아들이기 힘들었던 임노동이 왜, 어떻게 받아들여지게 되었을까? 이는 여성이 가정 내 가사에 속박되고, 생산적 노동과 비생산적 노동의 경제 분업화가 일어났기 때문이다. 여성의 포위를 통해, 여성들에게 임금이 지불되지 않는 노동을 시키기 위해 가정은 피난처로 간주되었고, 여성은 남성의 아름다운 소유물, 충실한 지지자로 취급되었다.

그림자 노동을 은폐하는 네 가지 방식

그림자 노동을 보이지 않게 숨기는 네 가지 방식이 있다.

① '생물학적' 성차로 여자는 약하기 때문에 '가정'에서, 남자는 강하기 때문에 '밖에서'라고 섹스 분할을 하는 것이다. 동물행동학, 인류학, 사회학, 사회생물학 등은 근대적 섹스를 전제로 이를 일반화하고 있다. 그러나 자급자족 생활의 젠더의 이원성은 그렇게 획일화되는 것이 아니다.

② '사회적 재생산'은 노동 개념에 합치하지 않는 모든 활동을 묶어, 자급자족 경제의 중요한 공헌과 산업적 노동의 재생산을 위해 강요된, 지불되지 않는 노동과의 차이를 보이지 않게 한다.

③ '그림자 가격(shadow price)'으로 임금이 지불되지 않는 노동

을 비공식 부문으로 묶어, 임노동의 관점에서 측정한다.

④ 마르크스주의적 페미니스트들은, 임금이 지불되지 않는 착취당한 가사노동을 비판함으로써 그 불명예를 고발한다. 그러나 바로 그것이 그림자 노동을 보이지 않게 한다.

일리치는 이를 꽤 자세하게 설명하고 있는데, 골자는 위와 같다.

가사노동(housework)과 여성

아이의 탄생, 모유에 의한 양육, 집안 청소, 매춘, 강간, 세탁, 말투, 엄마의 사랑, 아동기, 갱년기 등과 여성의 일 사이의 관계에 대한 연구들 속에서 일리치는 가사노동과 전업주부라는 형태가 '그림자'로 형성되어가는 역사적 정황을 고찰한다.

1810년 무렵, 아직 통상적 생산 단위는 농촌의 가정(household)이었다. 가정은 자기 충족적이었다. 사고파는 것이 화폐에 의해 이루어졌다고는 해도, 기본은 현물 교환이었다. 여성은 남성과 마찬가지로 적극적인 활동을 했고, 동등한 수입을 획득했으며, 가정의 지갑을 장악하는 경우도 있었다. 여성은 식사와 옷을 제공하고 주변의 일을 스스로 정리하는 등 남성에 비해 뒤떨어지는 일이 없었다. 자급자족 생활을 제공해주는 가정의 여주인이었던 것이다. 그러나 자급자족형 농업이 상업형 농업으로 변해감에 따라, 여성은 아이들이 취직 전에 잠깐 머무는 곳, 남편이 일을 끝내고 쉬는 장소, 남편의 수입이 지출되는 공간의 지킴이 역할로 바뀌었다. 여성이 제도의 바깥으로 밀려난(非編制) 것이다. 가정에서 떨어져 나간, 임노동의 생산물로 기본적 필요를 충족시키게 하는 사회의 개입이 이 경제적 비편제를 초래한 것이다.

1850년대에는 현대 여성들의 상태와 유사한 환경이 만들어졌다.

여성은 전통적 교역 무대에서 사라졌고, 조산은 산부인과 의사에 의해 대체되었으며, 전문적 직업에 진입하는 문은 닫혔다. 가사노동이라는 그림자 노동이 현실의 모형이 된 것이다. 그림자 노동으로의 속박은, 경제적인 섹스 짝짓기(sex coupling)에 의해 이루어진다. Femina domestica(가사녀)와 vir laborans(노동남)의 상보성으로 구성된 호모 에코노미쿠스가 된 것이다. 그리고 임노동보다 더 큰 이익을 내는 그림자 노동이 만들어졌다. 사회의 관리자들은 그림자 노동을 진단하고, 전문 직업들은 고객에게 서비스를 제공하고, 고객은 그 서비스를 소비하는 그림자 노동자가 되었다. 그림자 노동의 창출은 비즈니스가 되기도 한다. 이 체제에서 모든 사람들은 다양한 독립을 강요당한다. 민중문화와 버내큘러한 존재에 대항하는 '시민' 전쟁은, 사람들로부터 자급자족 생활을 박탈하고, 서로 다른 영역에 격리시킨다. "가사녀의 창출은 성적 아파르트헤이트(apartheid, 인종격리정책)"라고 일리치는 지적한다. 이 현대적 속박은 비참이나 열등이 아니라, 악마적 규모를 가진 아파르트헤이트라는 것이다.

억압당한 사람들에 대한 감상주의(sentimentalism)

여성, 환자, 흑인, 무학자, 저개발국 사람들, 중독자, 패잔병, 프롤레타리아트 등 지배와 착취의 희생자들, 일리치의 표현으로는 아파르트헤이트의 희생자들에 대한 감상적 공감과 찬가는, 사회가 관리하고 돌보아야 하는 사람들을 진단하는 것에 불과하다. 그 진단은 새로운 억압을 만들어내는 권력을 추구하는 것일 뿐이며, 자급자족 생활에 대한 향수를 부추김으로써 격리 체제를 강화할 뿐이다. 그것은 이후 '인식적 감상(sentimentality)'으로 개념화된다. 산업사회의 생활형태는 희소성, 섹스, 욕망, 노동 등의 개념을 가지고 들여다봐서는 어떤 것도 본질적으로 파악할 수 없다. 그 뒷면의 비편제를 끄집어내야만 비로소 논할 수 있는 영역이다. 그림자 노동론은, 기존 사회과학에 의한 노동론의 비판이다. 노동과 고용을 합체시킨 경제학적 관점에서는 일의 본성이 숨겨져 이를 생각할 수 없게 된다. 노동 이론은 옛날의 연금술 사상을 반영한 것에 불과하다. 노동의 가치, 노동의 존엄, 노동의 기쁨에 대해 쓰는 사람들은, 자신의 이야기가 아니라 남이 하고 있는 노동에 대해 말하고 있을 뿐이다.

노동은 지혜의 돌, 치료의 신 파나케이아,[3] 만지면 금으로 변하는 마법의 연금약 등으로 제시되었다. 이로부터 자연은 이를 변질시키는 노동과 접촉함으로써 가격이 붙는 상품과 서비스가 된다고 하는 사고방식이 나타나는데, 이러한 사고방식 자체가 연금술이다. '자본과 자원이 가치에 기여하는 부분은 노동 외에 없다'고 하는 사고방식은 아담 스미스와 리카르도로부터 밀, 마르크스에 이르는 고전파 경제학자들의 근본 명제가 된다. 마르크스는 연금술적 언어를 당시 유행하던 '교태(coquetry)'라는 화학 용어로 바꾸었다. 가치에 관한 연금술적 인식은 오늘날에 이르는 사회 윤리를 결정지었는데, 노동 가치 이론은 효용설로 바뀌고, 이어 후기 케인즈파의 사상으로 바뀌고, 최종적으로는 "경제학자들은 세계의 본질적 성격을 파악하는 데 실패한 용어나, 혹은 그것을 잘못 표현하는 용어로 이 세계를 사고해 왔다."고 하는 반성을 동반한 혼란에 빠져 있다. 일리치는 "경제학자들은 마치 연금술사들이 금을 생각하듯 노동을 생각해왔다"고 지적한다. 상품 집중 사회를 움직이는 노동 이론은, 공여와 임금을 위한

---

[3]   panacea. 그리스신화에 나오는 치료의 여신. 그리스어로 '모든 것을 치료한다'
는 뜻이다.

일을 정통화하는 동시에 자율적 활동의 가치를 깎아내린다. 뿐만 아니라 자율적 활동을 배제, 마비시킨다.

2. 유니섹스 대 젠더

젠더와 경제 섹스는 대치 관계에 있다. 경제 섹스는 유니섹스에 의한 성차 분할이다.

젠더의 슬픈 상실

1990년의 논고 「The Sad Loss of Gender」는 "우리들은 불가피하게 인간적 존재임을 상실하고 있다"로 시작한다. 이어 "극단적 풍요로움의 피안에는 젠더의 슬픈 상실이 있고, 그 상실로부터 산업시대의 에필로그와 키메라를 읽을 수 있다."고 지적한다. 20세기의 끝무렵 성적 평등의 현대적 신화는 결국 완전히 젠더의 상보성을 꺾었다. 논고에서는 『젠더』의 골자가 간략하게 서술되어 있는데, 젠더란 문화의 다원성, 사는 것, 죽는 것, 고생하는 것 등의 고유한 방식에 뿌리내리고 있다. 버내큘러 젠더의 왕국은 경제 섹스 체제 아래 만연한 것들과는 전혀 다른 존재 양식이다. 경제 섹스는 수컷/암컷의 이중성, 원 플러스 원의 이중성, 똑같은 종류의 존재들의 커플링임에 반해, 젠더는 독특하고 신기하며 중복되지 않는 두 개의 부분으로 구성된 이중성이다.

일리치는 '경제 섹스'에 의한 경제적·정치적·법적·사회적 평등이라는, 절대 실현될 수 없는 환상적 목표를 향해 있는 이중성을 지적한다. 이 체제에서 사람들은 수컷과 암컷의 중성화된 경제 행위자이자, 소비자와 노동자의 기능 이상은 할 수 없는 존재가 된다. 한편 '상보적 젠더(complementary gender)'는 눈에 띄는 장소와 시간, 남성과 여성을 서로 보완하면서 결부된 이중성을 의미한다. 이는 똑같은 것을 말하고, 욕망하고, 지각하는 것과는 요원한 상황에 있으며, 단순히 상호 교환될 수 있는 부품에 불과한 평등의 집합체로는 환원할 수 없는 전체를 창조한다. 일리치는 이를 각각 '다른 본성에 속하는 두 가지의 손'이라고 표현한다. 젠더는 근본적인 세계 내부의 상보성(complementarity)이자, 세계로부터 '우리들'을 닫는 것이기도 하다. 이 '닫는 것'이란 애매하고 취약한 것이다. 아이들을 키우는 것, 요리하는 것, 재봉하는 것, 밭을 가는 것, 망치나 냄비를 사용하는 것에서 '닫힌' 내적 활동 영역은 존엄을 갖고 의례적으로 표현되든가, 신화적으로 표상된다. 이것은 공동체의 생존에 기여함으로써만 가치를 부여받는다.

산업시대 이전의 문화에서는 도구 사용에 젠더 분할선이 없었다. 유럽의 농촌에서는 지금도 젠더 냄새가 난다. 이 분절화는 '살아가는 기법', '고뇌의 기법' 등의 공통된 문화를 갖고 있는 공동체의 생활 속에 녹아들어 있다. 남성와 여성은 서로 보완하는 관계로, 한쪽만으로 할 수 있는 일은 없다. 이와 같은 문맥에서 차별은 아무 의미가 없다고 일리치는 단언한다. 젠더가 공유재에서 떨어져 나오고, 물건을 얻는 방식이 결여성에 기초를 둔 교환으로 변용되고, 노동이 임금에 대한 교환으로써 할당된 생산 임무로 변용되었을 때, 차별은 출현한다. 모든 경제적 측정에서 여성은 사라져간다. 시장의 발전, 자본주의의 침입, 화폐화, 상품 의존은 젠더의 기각을 가속화한다.

그런데 일리치는 젠더의 소멸이 자본주의의 발전 이전, 즉 12세기경 유럽에서 이미 나타났다고 지적한다. 그것은 '결혼 계약'에서 볼 수 있는데, 남성/여성의 평등성 범주의 기원이자 계약 커플에서 보이는 평등한 부분들의 결합이라고 하는 이데아다. 남자와 여자가 하느님 앞에서 맹세하는 결혼식이 나타나기 전, 맹세는 교회에 의해 완전히 금지된 것이었다. 그런데 하느님이 접합제가 되어 두 명의 개인을 이어준다는 증명은, 공동체에서 벗어나 추상적인 법적 실체가 되었다. 다른 편의 젠더를 'you'라고 부르는 기계화는, 공동체의 자기 억제적 한계 설정을 종식시키고, 한계가 없는 결혼의 가능성을 연 것이다. 젠더에 의해 억제되었던 공동체의 제한된 규모는 해제되고, '우리들(we)'의 구체성은 사라져버렸다.

일리치는 "이 이행은 인간 활동에 새로운 종류의 개념화를 만들어낸 인류학적 기원이 되었다"고 말한다. 사회와 문화는 상호 교환 가능하고 치환 가능한 부분을 갖는 시스템이 된 것이다. 그리고 이 이행으로부터 글로벌한 '우리들'이라는 추상적 범주가 나타났다. '우리들'은 구체적 현실에서 독립해, 가능성의 한계가 없는 영역에서 '필요(needs)'가 충족되기를 바란다. 20세기의 마지막에 이르러 '시스템 사고'는, '우리들'의 주요 영역은 평균적 생존을 위한 보편적이고 표준적인 요구의 평등한 제공이라는 지점까지 와 있다. 가장 발전된 것은 정자(精子)에서 벌레까지, 수정(受精)에서 수확까지 인간 생명을 관리하는 '생 관료(biocracy)'를 의미하는 단계까지 와 있다. 모든 사람들이 같은 생활 방식을 지니게 된 것이다.

일리치는 태어나지 않은 존재에 대한 인식의 역사를 재검토한다. 역사적으로 '태아(fetus)'란 존재하지 않는 것이었다. 그것은 보이지 않는 것이며, 태어나지 않은 것이며, '아직(not yet)'이었던 것이다. '아직'이란 근본적인 것이다. 보이지 않는 태아(embryo, 임신 8주까지)가 성숙하기 전에 태어날 경우, 그것은 아이일 수는 있지만 불구자(cripple)거나 기형의 짐승(molecalf, 畸形幼獸) 또는 핏덩어리였다. 지금은 의료기술의 발달로 임신이 가진 '아직'이란 신비성은 사라져버렸다. 초음파영상으로 태아를 볼 수 있게 된 것이다. 그것은 또 하나의 환자이자, 조종할 수 있는 존재 방식의 불연속 부분이 되었다. 죽음의 의료화가 고뇌의 타락이듯, 일리치에게 임신은 희망이 타락한 상징이었다. 희망이 기대로 변용되고, 기술적 개입이 기다리던 결과가 되었기 때문이다. 임신이란 미래가 어떻게 될 것인가에 대한 새로운 표식으로 기능한다. 존재의 모든 순간은 시스템에 의해 측정되고, 기술적 개입에 열려 있다.

'시스템 사고'의 최종 단계는 시간 자체의 삭제다. 리얼타임으로 절대 셧다운되지 않는 컴퓨터에 의해 모든 잠재성은 관리, 선택, 선발, 개입의 과제가 된다. 미래에 더 이상 놀라움은 없다. 왜냐하면 미래는 현재의 부분이기 때문이다. 이와 같은 기본 틀은 『젠더』에서도 바뀌지 않았다. 추가된 것은 시스템 비판 정도다. 격렬한 비판과 비난을 받았음에도 불구하고, 일리치는 자신의 생각에 수정을 가하지 않았다. 오히려 그는 확증을 찾고자 했다.

유니섹스는 명백히 이론 대상이다. 젠더의 대항 개념으로 유니섹스가 자리하면, 젠더는 이론 대상의 위치에 재배치된다. 유니섹스는 '젠더가 없는(genderless)' 것이다. '젠더가 있다'는 것과 '젠더가 없다'는 것은 현실 대상이 아닌 이론 대상이다. 현실 대상이라면 '남녀'라고 하면 된다. 바로 이 점이 혼동과 오인의 이유다. 일리치 자신은 자각이 없었는지 모르겠지만, 담론은 그렇게 되어 있다. 다음으로, 유니섹스는 일원성인데 젠더는 이원성(duality)이다. 이 이원성은 근대적 이원론에 대치되는 전 근대의 이원성이다. 그것은 유니섹스라는 일원성에서 만들어진, 수컷/암컷의 섹스화된 근대적 이원성에 대한 비판이기도 하다. 경제 섹스(economic sex)와 버내큘러 젠더(vernacular gender)는 대항 개념인 것이다.

유니섹스에도 남녀는 있다. 젠더 없는 남녀가 있는 것이다. 그것은 섹스화된 것으로, 남자는 각이 지고 여자는 모나지 않는다 등의 인지 방식이 유니섹스에서 본 남녀다. 젠더의 섹스화는 젠더의 산업화이며, 젠더가 산업적 구성과 조직화의 영향을 받는다는 것을 의미한다. 이 산업적 조직화의 시각에서 "일리치는 남녀 차별을 정당화했다"는 식의 피상적 비판이 나온다. 그런 사고의 경박성은 내버려두면 된다. 일리치는 "젠더 세계에는 차별이라는 문맥이 없다"고 말한다. 평등이란 것은 결혼 계약에 그 기원이 있는데, '산업시대에 만들어진 평등이 바로 차별의 근원'이라고까지 주장한다.

남녀는 'man/woman', 'male/female', 'masculinity/femininity' 등 3층으로 구조화되어 있다. 젠더의 섹스화는 학교 교육을 받는 가운데 이루어진다. 남성/여성의 차이가 없는 교육을 받는 가운데, (그림자 노동을 하면서) 평등이라는 이름 하에 섹스화된 결과, '남녀(man/woman)'는 유니섹스화되고 중성인간이 되고 산업화되어, 임노동남과 가사녀라는 분업화가 이루어진다. 물론 이것은 이론 대상으로 추출된 것이다. 인지적으로 그리고 사회적으로도 유니섹스화되는데 '여성스러움(femininity)/남성스러움(masculinity)'의 세계가 분단되어 구성된다. 그리고 표상적인 남녀의 마크가 만들어지고, 기호론이 조작해낸 남녀의 표상이 나타난다. '수컷(male)/암컷(female)'의 구별이 이루어진 것뿐이다. 문화는 사라지고 사회화가 작동한다. 일리치는 산업적 유니섹스 세계에 대항해 남녀의 문화가 있는 젠더 세계를 제시했다. 그는 '젠더 왕국(reign of gender)'과 '섹스 체제(regime of sex)'로 구분했는데, 이 역시 실체적이 아니라 이론 대상으로 설정한 것이다. 그는 이 이론 대상을 '버내큘러 젠더'라고 지칭했는데, 이는 '산업적인 것 대 버내큘러한 것'이라는 이론적 대치 구조와 겹친다. 이렇듯 산업사회는 학교화, 의료화, 가속화함과 동시에 섹스화되고 유니섹스화된 사회로 규정된다. 여기에서 버내큘러 문화는 상실된다. 상품에 의존한 가사(家事)와 젠더 없는 노동이 이루어지고, 소비 의존의 섹스가 되는 것이다.

Sexism과 인간

젠더가 섹스화된 것이 '인간'이라는 유니섹스 개념이다. 『젠더』는 인간 비판의 책이기도 하다. 인간이라는 중성적 개념은 수컷과 암컷의 두 가지 심벌로 표현된다. 바로 남성/여성이다. 학생들에게 남자와 여자의 차이를 말 또는 그림으로 표현해보라고 하면, 대부분 패턴화된 상징을 보여준다. 여자는 머리카락이 길고 남자는 짧다. 여자는 모나지 않게 그리는 데 반해 남자는 어깨가 각이 져 있다. 남자는 바지, 여자는 치마, 남자는 강하고 여자는 약하다, 남자는 차갑고 여자는 따뜻하다 등등 대부분 차별적인 구분인데, 차별 의식은 자각되지 않는다. 문화의 흔적은 전혀 드러나지 않는다. 이것이 인간에게 부착된 섹스화된 남/여다.

일리치는 젠더가 있는 문화의 남녀와, '인간'에서 보이는 섹스화된 남녀는 전혀 다르다고 주장했다. 후자에서는 차별(=sexism)이 조금도 해소되지 않고, 오히려 깊어지고 비참해졌다고 지적했다. 일부 여성만 혜택을 받았을 뿐, 세계적으로 차별은 확대되었다고 했다. 스스로 이론 대상으로 추출한 것과 현실 대상으로 존재하는 것을 혼재해버린 것이다. 이 때문에 그는 비난을 받는다. 미국에서 일어난 비난에 편승해 일본에서도 선동적 비난이 일었다. 일리치 자신은 여성 연구 문헌을 많이 읽었다고 하지만, 이는 사실이 아니다. 그는 정신 분석 페미니즘에 대해 전혀 이해하지 못했으며, 읽지도 않았다. 베를호프[4]와 두뎅, 베르디에,[5] 세가렌[6] 정도만 참고했을 뿐이다. '젠더는 문화적 차이고, 섹스는 생물학적 차이'라는 정도의 인식에서 책을 쓴 것이다.

그럼에도 불구하고 이론적으로 중성 개념은 여성 차별을 심화시킬 뿐이라는 지적에 필자는 동의한다. 경제 섹스화는 여성을 해방시키는 것처럼 보이지만, 오히려 자유를 옭아매고 있다. 상품에 대한 접근, 노동에 대한 접근은 자유가 아니라는 일리치의 지적은 옳다. 다만 그것이 젠더는 자유인 것처럼 연결되는 부분은 필자도 동의하기 어렵다. 젠더가 있는 사회에서의 속박과 유대가 상품적 차별보다 더 힘든 경우도 있다. 그것은 남자 역시 마찬가지다. 이를 바탕으로 임노동 체제는 배후에 그림자 노동 체제를 수반하며, 자유로운 세계가 아니라는 비판적 고찰을 심화시켜야 한다. 그리고 장소와 버내큘러한 역사성 아래에서 젠더를 검증함으로써 역사의 문화 기술을 어떻게 살릴 것인가에 대해 고민해야 한다.

일리치에 의하면 '인간'이라는 개념은 중성적이고, 근원적으로 이

---

4 Claudia von Werlhof(1943~). 독일 출신의 여성학자. 인스부르크 대학 교수. 『Women: The Last Colony』, 『There is an Alternative』 등 다수의 페미니즘 관련 저작이 있다.

5 Yvonne Verdier(1941~1989). 프랑스의 인류학자. 프랑스 농촌을 대상으로 한 필드워크를 통해 여성의 독자적 문화를 세밀하게 묘사한 저작들로 유명하다.

6 Martine Segalen(1940~). 프랑스의 인류학자. 『Historical anthropology of the family』, 『Love and power in the peasant family』 등 결혼, 부부, 가족 등을 소재로 여성의 지위와 차별 문제에 관심을 기울여왔다.

것이 차별을 낳고 있다. 이 지적은 탁월하다. 젠더론은 근대 '인간' 개념에 대한 비판으로 독해할 필요가 있다. 여성의 실태 연구가 아니다. 현재 '섹시즘은 남녀 차이를 없앰으로써 극복된다'는 전도된 현상이 일어나고 있는데, 이는 거꾸로다. 인간 개념이 중성화됨으로써 섹스화가 일어났고, 이것이 남녀 차별을 만들어낸 것이다. 성차별을 낳는 헤테로 섹슈얼리즘(hetero-sexualism)은 '중성'적 인간 개념에서 나온 것이다. 젠더, 인간, 섹스 사이의 관계는 논자에 따라 다른데, 이를 어떻게 이해할 것인가는 스스로 정하는 수밖에 없다.

3. 젠더

『젠더』는 앞에서 논한 섹시즘과 경제 섹스론에서 시작되어 '버내큘러 젠더', '버내큘러 문화', '젠더 영역과 버내큘러 환경' 등의 공간론, 그리고 젠더 시간론으로 이어지고, 결론에 해당하는 '무너진 젠더에서 경제 섹스로'로 정리되는 이론적 구성이다.

버내큘러 문화, 젠더 문화

그렇다면 버내큘러 문화란 무엇인가. 일리치 자신이 헤매게 된 이유는 이를 실체적으로밖에 표현하지 않았기 때문이다. 즉, 그는 이를 사회사로 환원해버리고 페미니즘의 성적 차이와 femininity 이론을 포섭하지 않았기 때문에, 젠더의 현대적 구성이 버내큘러한 것과 어떻게 얽혀 재구성되었는지를 일면적으로만 고찰한 것이다. 그의 고찰은 과거 역사상의 사실에 불과하게 되었다. 두덴 역시 깊이 있는 젠더의 이질성을 단순화하지는 않았지만, 결국 성적 차이의 이론이 열어놓은 영역을 단순화해버렸다. 섹스가 유니섹스로 변용되었다는 점은 지적했지만, 젠더 역시 만들어진 것이라는 데 주의를 기울이지 않은 것이다. 자연 대 문화라는 대립 구도에 빠져버린 것이다. '섹스는 생물적 자연이고 젠더는 만들어진 문화다', '젠더는 역사적·자연적인 것이고, 섹스는 근대적으로 만들어진 것이다'와 같은 생물/자연/역사의 관계 속에서, 젠더와 섹스가 상호 교환되면서 혼동을 불러일으키는 쳇바퀴에 일리치도 빠져버린 것이다. 성적 차이의 이론을 매개적으로 갖고 있지 않으면 이 경계를 뛰어넘을 수 없다. 이를 염두에 두면서 일리치가 말하는 버내큘러 젠더의 문화를 살펴보아야 한다.

먼저, 그는 '버내큘러 젠더'의 양의적이고 애매한 보완성 개념을 통해 사회생물학적 섹시즘, 사회과학적 섹시즘 등 섹스 구별로만 보는 기존의 인식에 대해 비판한다. 성 역할과 노동 분할이라고 하는 섹스 체제로 구조화된 현대 경제 속의 남녀 차이로는 젠더의 이중성을 파악할 수 없다는 것이다. 이어서 일리치는 '버내큘러 문화'에서의 기본적 도구 사용을 통해 젠더 구별을 한다. 행위 목적과 그 행위에 사용되는 도구는, 서로 다른 위치에 있는 남녀 간의 구별이 있는 도구다. 그의 도구론은 지대·무역·장인 등의 경제 영역, 나아가 친족론·결혼론 등으로 보완된다. 일본에서 소위 민속문화라고 일컬어지는 것에 대응하는 것인데, 인류학과 사회사의 경계를 없애는 지점에서 논의가 이루어진다. '역사학과 민속학이 갈라지게 된 불가피성을 어떻게 뛰어넘을 수 있는가' 하는 문제의 해결에 버내큘러한 것과 젠더가 시금석이 될 수 있다. 즉, 현대의 중성인간을 통해 고대와 미개 사회를 이해하는 한계를 뛰어넘어야 한다. 이를 위해서는 젠더의 지역적(local) 관습을 고증해야만 한다. 즉, 버내큘러한 장소다.

그런데 우리는 국가적 사회 공간이 균일하다는 전제와 형식 아래, 예를 들면 '일본의 역사'나 '일본의 민속'을 쓴다. 장소의 역사, 장소의 민속은 버내큘러하게 그리고 젠더로서 존재할 뿐임에도 불구하고 말이다. 과거에는 '일본'이라는 것도, '사회'라는 것도 없었다. 젠더와 도구의 관계가 밀접했을 때 여자의 일과 남자의 일은 분할되어 있었고, 같은 도구를 사용하더라도 디자인과 모양이 달랐으며, 다른 쪽이 이를 만지면 힘이 빠지는 것으로 여겨졌다. 심적인 것들을 포함해 도구와 일의 전체가 구성되었던 것이다. 그러나 산업화와 함께 도구는 기계로 바뀌었고, 도구 자체도 중성화되었다. 도구의 젠더 이중성은 앞으로 도구의 재조직화를 구상해 나가는 데 근원적으로 재검토되어야 할 것이다. 이는 도구론의 비판 기준이 되어야 한다.

젠더의 영역

버내큘러 환경(milieu)이라는 것이 존재한다. 일리치는 environment라는 용어를 싫어해 프랑스어인 milieu를 사용하는데, 이는 lieu(＝장소)의 사이라는 의미를 갖고 있다. 버내큘러한 장소 환경을 기초로 젠더 도메인(gender domain)이 문화적으로 구성된다. 젠더의 모든 정의역(定義域)이다. 젠더는 버내큘러와 상호 규정 관계에 있다. 젠더로 공간이 분할되고 침입할 수 없을 만큼 분명하게 나뉘어 있는데, 부부의 섹스화된 분할이 아니라 장소로 구분된다. 이에 따른 행위로 요리, 세탁, 제봉 등이 있다. 이는 이본 베르디에와 마틴 세가렌의 조사연구서에서 인용한 것들이다. 부르디외조차 1일, 1년, 한 평생의 이항 대립 세계를 묘사하고 있듯이, 민속적 생활에 보편적으로 존재하는 시간과 공간의 이원 대응 분할이다.

개인과 마을 커뮤니티 사이에 가정이 존재한다. 여기에서도 젠더 분할이 패턴과 농도에서 확실히 존재한다. 희소성의 현대적 규범과는 다른 규칙이다. 이는 개인이 아닌 공동 행동의 지고의 규칙이자, 자급자족의 윤리(subsistence ethics)이며, 젠더 선(line)에 따른 주체의 지각인 'probity/honnêteté(정직, 성실)'로 규정할 수 있다. 부르디외와 카스탕[7]이 검증한 바이기도 한데, 수치심과 죄 그리고 명예와 관련해 남자와 여자는 의미와 행위가 다르다. 비대칭적 지배가 있는 것이다. 르 로와 라뒤리[8]는 『몽테이유』에서 domos(집), 즉 두 개의 젠더가 만나는 지붕 아래에서 부엌, 재산과 토지, 아이들과 가족, 노예와 손님을 포함한 세계가 생활의 중심이라는 것을 상세하게 조사했다. 젠더의 영역은 이러한 가정/집으로 구성되는데, 이는 home이 아니다. 홈은 다른 차원에서 형성된다.

젠더와 홈(home)

행동하는 신체, 움직임과 리듬, 제스처와 박수가 홈을 형성한다. 홈은 쉘터(shelter)도 텐트도 하우스도 아니다. 아이들을 길러 세상에 나갈 수 있도록 하는 곳으로, 나무를 심거나 벽을 만들거나 하는 곳이 아니다. '홈'에 사는 것이 '인생'을 사는 것이다. 과거의 생활은 육아로부터 전승된다. 가정적(domestic) 생활을 위해 밀가루와 당나귀와 박테리아로 밭과 목초와 버터를 만든다. 홈은 젠더가 없는, 인간의 희소성의 공간으로 추상화될 수 없다. 사는 사람의 신체에 의해,

---

7 Yves Castan(1924-). 프랑스의 사회사가. Toulouse-Le Mirail대학 교수 역임. 『honnêteté et Relations Sociales En Languedoc 1715-1780』 등 가족과 젠더에 대한 다수의 저작이 있다.

8 Emmanuel Le Roy Ladurie(1929~). 프랑스의 역사가. 농촌, 지방, 고대사 등에 조예가 깊어 '아날학파의 제3세대 적자'로 불린다.

버내큘러한 생활의 환경적 궤적으로 만들어지는 것이 홈이다. 홈은 특히 여성의 신체 생활이 하나의 세계가 되는 곳이다. 장소에 사는 것이 홈을 만든다. 버내큘러한 공간을 만들고, 아이들과의 시간을 보낸다. 버내큘러한 공간은 풍경(landscape)과 집(house)을 만들고, 과거와 이를 뛰어넘는 것에 다다르고, 나아가 신체 그 자체로 이어진다.

자궁이 공적 영역(territory)이 되어 의료화의 대상이 됨으로써 자궁은 아기를 생산하는 섹스화된 기관이 되었다. 젠더가 없는 병원의 탄생 속에는 홈이 없다. "집중적·전문적 관리 하에서의 임신은, 버내큘러한 시공에 대한 최후의 승리로서 의례적으로 축하하게 되었다."고 일리치는 말한다. 젠더의 상실은 남성보다 여성에게 더 큰 손해를 끼친다. 홈은 여성과 아이들의 젠더 공간과 시간이었지만, 지금 홈은 상실되었다. 인간은 홈리스가 된 것이다.

젠더에 의한 개념 세계

유아(infant, '말을 하지 못한다'는 뜻)는 신체적 파악에 의해 개념을 형성해가는데, 이 움직임은 자발적인 것이 아니라 유아를 둘러싼 문화에 의한 것이다. 엄마의 눈빛조차 남자아이와 여자아이를 볼 때 다른데, 이와 같이 버내큘러 젠더에 의해 신체는 만지거나 안기면서 다양한 것들을 배워간다. 논리적 중성인간이나 젠더 없는 인간, 특수성 없는 학생이 되는 것이 아니다. 젠더에 구속된 지각 스타일은 젠더 도메인과 젠더 도구에 대응한다. 즉, 똑같은 것이라도 보는 방식과 느끼는 방식이 달라 사물에는 또 하나의 면이 있다는 것을 알게 된다.

젠더가 결여된 언어는 이 두 가지 면을 섹스 전쟁으로 묘사한다. 젠더냐 섹스냐에 따라 같은 사물에 대한 개념 세계가 전혀 다른 것으로 구성된다. 섹시스트는 남성의 눈으로 보는 세계만을 인류학적으로, 사회학적으로, 역사학적으로 구성한다. 한편, 여성 조사자는 과학이란 이름 아래 여성의 상징 조작과 힘을 발견하고자 하지만, 비서구세계의 젠더를 포괄하지는 못하고 있다. 오히려 남성 관점의, 환상의 거울을 뒤집은 '여성 섹시스트(fem-sexist)'가 대부분이다. 선진국 사람들은 희소성의 가치를 기준으로 남자도 여자도 평등한 욕망을 갖고 있다고 여기기 때문이다. 일리치는 에드윈 아드너[9]의 연구가 남성과 사회의 바깥에 있는 여성, 그리고 자연의 세계를 잘 포착하고 있다고 지적한다. 다만 그는 사회(society), 야생(the wild), 자연(nature) 등의 용어를 다소 혼란스럽게 사용하고 있다. 젠더가 자연에 대립되기도 하는데, 젠더가 자연/문화와 어떻게 관련되는지는 어려운 문제다.

신화/과학에 언어가 부여되면, 신화/과학은 지금의 현실이 마치 자연인 것처럼 이미지를 부여한다. 자연은 젠더가 없는 카테고리로서 신화적·과학적으로 연구되는 것이다. 여성의 남성에 대한 관계는, 자연의 문화에 대한 관계로 비유된다. 자연과 여성 사이의 연결(link-up)이 자연적 요인보다 문화적 요인에 의한 것이라고 해도, 자연/문화의 패러다임을 사용하는 것은 문제다. 자연에 대치되는 인간성을 전제로 한 진보사관은 젠더 세계를 파악할 수 없게 된다. 우리는 남성과 여성을 '인류/인간(anthropol)'으로 취급해, 과학이 되고자 하는 인류학적 조사에 대해서도 의심을 품고 접근해야 한다.

문제는 젠더의 비대칭성에 대한 인식이며, 어떻게 개념을 구성할 것인가이다. 피아제의 발생 인식론은 인식의 기반에 다가갔지만, 젠

---

[9]   Edwin Ardener(1927 – 1987). 영국의 인류학자이자 사회사가. 부인인 Shirley Ardener와 함께 여성을 포함한 소수자들이 침묵이 강요당한다고 하는 Muted Group Theory (MGT)를 만들었다.

더 규정성은 전혀 들어 있지 않다. 촘스키의 생성문법도 마찬가지다. 그런 조건 위에서 양자 간의 논쟁은 젠더 없는 과학에 대한 논쟁일 뿐이다. 사람은 자연스레 언어 생성으로 발달한다는 자연화(自然化)에 불과하다.

젠더와 말하는 것

현실 파악과 개념화는 언어에 의해 이루어진다. 우리는 옹알옹알 말하는 것에서부터 젠더의 영향을 받은 스타일과 형식을 몸에 지니게 된다.

음운, 억양, 문장 구성, 어휘, 대명사와 명사 등 여성 언어와 남성 언어 사이에는 많은 차이가 존재한다. 버내큘러 언어와 가르침을 받은 모국어의 차이와 같이, 버내큘러한 말하는 방식과 섹시스트 언어 사이에 대립이 나타난다. 그러나 언어가 표준화됨으로써 남녀 차이는 문법 젠더에만 존재하게 되는데, 버내큘러한 말하는 방식이 가르침을 받은 국가어에 의해 파괴돼버렸다는 뜻이다. 한편, 젠더 지배에서 여성은 조용히 옆에 있도록 강요당하는 '여성 종속'이라는 문제가 있다. 이는 단순히 젠더를 회복하자고 외쳐서는 해결되지 않는다. 여성이 말하는 가십·화제·노래 등 남녀 간의 차이가 조금씩 밝혀지고는 있지만, 가르침을 받은 모국어, 즉 국가어의 관점에서 접근해서는 심층부를 볼 수가 없다.

여자들만의 장소가 있었고, 거기에서 여자들은 자유로웠다. 이 점을 간과해서는 안 된다. 도구 사용에서, 집에서, 전통 계승 행위에서, 현실 파악에서, 말하는 방식에서, 여성들의 장소가 있었다. 젠더의 경계는 어떤 문화에도 존재했으며, 이 경계가 없어지자 여성들의 리듬도 무너져 산업 시간의 단조로운 리듬에 지배당하게 되었다. 이런 것들이 버내큘러 문화론으로 다뤄져야 하는 것이다. 헤테로 섹슈얼의 발흥에 대한 비판이 계기가 되었다고 하더라도, 이것을 젠더론에서의 여성 자유의 문제로 다뤄서는 안 된다. 두덴에 따르면, 두 가지 서로 환원할 수 없는 전혀 다른 존재가 공존하고 있다. 이 둘은 서로 모순적이기까지 하고, 서로 어떤 관계인지 비교할 수도 없다. 두 가지 성의 비대칭적 균형의 역사가 존재해온 것이다.

『젠더』는 특히 주석이 흥미롭다. 125개나 되는 주석들은 생각해볼 만한 다양한 것들을 시사하고 있다. 본문은 없어도 되지 않을까 싶을 정도로 의미 있는 주석이다. 사상의 도구에 관한 기본적 용어가 풍부하게 제시되어 있다. 젠더론은 도구론이자 행위론이고, 신체론, 언어론이며, 장소론이기도 하다. 남녀의 도구는 기술에 의해 중성화되고, 남녀의 신체는 비신체화되고, 남녀의 언어는 텍스트화되고 국어화된다. 이와 연관되어 자궁은 사회화·제도화되고, 버내큘러 젠더의 장소는 사라지고, 계약 사회가 만들어진다. 버내큘러한 남녀의 혼인은 '결혼 계약'이라는 합의 하에 자신의 신체적 권리를 서로 주고받는 계약으로 바뀐 것이다. 아무튼 젠더(=남녀)의 기준에서 세계의 변용을 들여다보는 관점은 여전히 유효하다고 할 것이다.

경제론으로서의 젠더

일리치는 젠더의 상실을 역사상 커다란 변화로 생각한다. 경제·과학·기술도 그와 관련하여 크게 변하고 있으며, 그 지표가 젠더라고 지적한다.

경제에는 널리 알려진 경제가 있는가 하면 잘 알려지지 않은 경제도 있다. 이를 하부경제 또는 외부경제라고 하는데, 경제 자체의 그늘에는 보다 본질적인 경제 영역이 존재한다. '젠더를 상실한 경제'

라는 관점에서 비로소 포착될 수 있다. 그것은 이미 그림자 노동으로써의 가사와 서비스 노동 대상자들의 일에서 추출된 바 있는데, 일리치는 젠더라는 지표에서 이를 고찰한다. 자본주의와 산업경제를 젠더라는 관점에서 다시 해석한 경제론이다. 상품과 소비 의존 경제는 젠더 없는 주체들에 의한 경제라는 것이다.

『젠더』를 『그림자 노동』과 연결시켜 읽어보면, 희소성/결여성의 역사를 둘러싼 경제론이 부각된다. 젠더가 있는 경제에서 젠더가 없는 경제로의 이행 과정에서 'scarcity'가 나타난다. Scarcity를 경제학적으로 '희소성'이라고 단순화하면 곤란하다. '결여'라고 해야 한다. 교육이 모자라고, 의료가 모자라고, 속도와 에너지가 모자란다고 하는 결여가 그 충족을 추구하는 경제 세계를 구성한다. 이 결여를 메우는 것이 제도화인데, 필자는 이를 '제도 생산 양식'이라고 부른다. '제도 경제 생산 양식'이라고 하는 편이 나을지도 모르겠다. 제도의 가치가 생산되기 때문이다. 이러한 토대 위에서 '결여'는 '희소한 것'으로 바뀐다. 특히, 저개발국에서는 교육·의료·속도가 결여되어 있는데, 그것들은 '희소 가치'로 바뀐다. 조금밖에 없는 게 아니라, 결여 자체가 생산되는 것이다.

이 점을 잘못 보면 경제학적 사고방식이 된다. 경제 관계는 경제학적 세계에만 머무는 것이 아니다. 오히려 제도가 만들어짐으로써 제도의 목표를 실현하기 위해 경제화가 진행된다. 필요(needs)의 역사와 결여성의 역사. 이것이 바로 일리치가 쓰고 싶었던 것이었는데, 안타깝게도 충분히 이루어지지는 못했다. 필요는 원래 바꿀 수 없는 것, 따르지 않으면 안 되는 것, 받아들일 수밖에 없는 것이었다. 그런데 교육의 필요, 의료 투약의 필요, 교통 수송의 필요 등이 충족되자, 선진국들은 저개발국에 없는 그것들을 제공해야 한다고 주장한다.

일리치는 르네 지라르[10]의 모방적 욕망론을 이용해 욕망이 필요로 전화되고, 필요가 결여(=희소성)가 되고, 상품을 바라는 필요, 채울 수 있다고 믿게 된 필요가 되었다고 지적한다. 타자가 필요를 원하기 때문에 자신도 그 필요를 생각하게 되는 것이다.

필요를 둘러싼 산업적 생산 양식의 경제는, 젠더의 생존문화의 경제와 완전히 다르다. 중성적 유니섹스 노동 경제와 남녀의 일 경제와의 차이다. 생산적 경제가 됨에 따라 남자도 여자도 홈리스가 되어 젠더 없는 경제 공간으로, 개인으로 쫓겨나게 된다. 차고와 같은 아파트에서 상품 생활을 하게 되고, 젠더 없는 병원과 같은 서비스가 제공된다. 이것은 비신체화된 상품 경제와, 신체가 사물을 매개하는 현실 범위의 신체 경험이 있는 경제와의 차이다. 서비스 경제와 hospitality 경제의 차이이기도 하다. 필자는 이것을 '사회의 경제'와 '장소의 경제'의 차이로 해석한다. 이는 결국 섹스 경제와 젠더 경제의 차이에서 비롯된 것이다. 이 지점까지 고찰을 발전시키지 않으면, 현재의 경제와 과거의 경제의 차이로 환원하는 꼴이 된다.

두덴의 젠더 절대 논리의 경우, 신체적으로 만들어지고 신체를 만드는 물건의 세계와, 광범위하게 비신체화되고 비신체화하는 상품의 세계, 즉 전통적 사물의 세계와 산업적 사물의 세계라고 하는 대립 구조로 닫히게 된다. 때문에 인류가 후자를 '선택해온 것'은 허망한 것이 되는 셈이다. 자본과 호스피탤리티와 장소를 구출하지 않으면, 비판은 현재의 부정과 과거의 긍정밖에 되지 않는다.

결국 젠더의 섹스로의 전환이라는, 이론적 주제(=역사적 주제)를

---

[10] Rene Girard(1923~2015). 프랑스의 문학평론가이자 사상가. 인간의 욕망과 폭력을 주로 연구했으며, 특히 욕망의 모방에 대한 분석으로 유명하다. 『낭만적 거짓과 소설적 진실』 등 국내에도 번역서가 다수 출판되었다.

다루지 않으면 안 된다. 그것은 성적 차이의 이론을 도외시해서는 이룰 수 없다. 젠더 체제에서 섹스 시스템으로 역사적 전환이 이루어졌다고 지적하는 것은, 단순한 역사 환원의 역사주의이다. 두덴이 버틀러[11] 비판에서 보이는 왜소화를 '레즈비언끼리의 논쟁'이라고 왜곡해서는 안 되는 것과 마찬가지다.

젠더 이론의 세계는 가능한가

일리치 이전에도 젠더론은 있었지만, 1985년 무렵부터 급속하게 확산되었다. 그러나 그 과정에서 일리치는 무시되었다. 바람직하다고 할 수는 없을 것이다. "프랑스 옛 마르크스주의자들의 멋없는 추종자들에게 증명해 보이겠다"(두덴)는 식의 마르크스주의적 페미니즘은 논외로 친다고 해도, 젠더는 너무나 피상적으로 사용되고 있다. 추상화되지 않는 실체적인 것이기 때문에 그렇겠지만, 성적 차이의 이론처럼 심화되지 못하고 젠더론자들 스스로가 이론화를 하지 않기 때문이다. 이 글은 일리치에 대한 고찰이 목적이기 때문에 일리치의 사상에서 무엇이 이론적으로 가능한지를 정리해두겠다.

『젠더』의 마지막 장에서 일리치는 "이 저작은 젠더의 역사가 아니"며, "결여성의 역사 내부에서 섹스와 젠더의 얽힌 실타래를 풀 수 있도록 개념을 세련화해야 한다"고 지적했다. 새로운 경제 질서가 의식을 통해 사람들의 영혼 속으로 서서히 스며들어왔으며, 그 의식이 섹스가 이를 대체하기 전에 버내큘러 젠더의 보호자들을 이미 약화시켰다. '무너진 젠더'는 오랜 시간에 걸쳐 결혼으로 맺어진 부부

---

11 Judith Butler(1956~). 미국의 철학자이자 젠더 이론가로, 현대 페미니즘에 막대한 영향을 미쳤다. 현재 UC Berkeley 교수. 『Gender Trouble』과 『Bodies That Matter』 등 다수의 저작이 있다.

의 유대 관계를 임노동과 그림자 노동의 산업적 양극화로 갈라놓았다. 이 자급자족 생활에 대한 전쟁이 민족국가의 융성을 불러올 수 있었다고 그는 정리하고 있다.

공동 젠더(common gender)의 영역이 젠더 없는 생산적 자원으로 변용되었다. 이 섹스 탄생의 고통은 '의식(conscience)'이 처음으로 유행할 때 시작되었고, 섹시즘이 넘쳐나는 시기에 끝났다. 젠더 개념이 없는 역사가들은 이를 '자본주의적 생산 양식으로의 이행'이라고 부르는데, 이는 소비 의존의 생산자들이 필연적으로 섹시스트임을 숨기고 있다. 여기에서 일리치는, "자본주의라는 젠더가 없는 개념에 대항하여 전(前) 자본주의 사회는 젠더에 기초를 두고 있었다는 것, 자본주의로의 이행은 '무너진 젠더'에서 '섹스 체제'로의 전환이라는 것, 젠더 왕국이 파괴되고 젠더 없는 주체가 산업적 생산자가 된 것이 자본주의적(capitalistic)이라는 것을 역사적으로 분명하게 증명해야 한다."고 말한다. 이것들을 '자본주의'라는 기묘한 용어로 포괄하는 것은 섹시스트에 다름 아니다. "1870년 엥겔스가 '자본주의'라는 용어를 사용했을 때, 마르크스는 이 개념을 사용하지 않았다."고 일리치는 덧붙이고 있다.

전 자본주의와 자본주의의 구별은, 젠더 왕국과 섹스 체제를 구별하고, 그 이행을 확인하는 지표로서 의미를 갖는다. 일리치는 버내큘러한 라이프 스타일의 젠더 왕국과 '무너져가는 젠더'를 구분하면서 다음과 같은 세 가지 단계를 제시한다.

① 버내큘러 젠더의 상보성에 기초를 둔 자급자족 생활의 단계. 상품은 이차적 역할밖에 하지 못한다.

② 무너져가는 젠더의 단계. 경제적 혼인의 결과, 증가하는 생산성이 단순 상품 생산의 레벨을 크게 증대시킨다.

③ 자본주의적 상품의 단계. 전혀 다른 가정(household)에 기초를 둔 사회의 산물, 젠더 없는 경제적 일의 산물 등.

나아가 그는, 임노동에 의존하는 산업주의의 최초의 단계이자 가정이 자본주의적 상품에 의존하는 단계와, 20세기의 끝 무렵 그림자 노동에 완전히 의존하는 단계를 추가하여 단계를 설정한다. 이 이론적 지표는 중요하다. 논점은 단순하다. 젠더화된 자급자족 생활에서 희소한 산물에 대한 의존으로 역사의 이행이 있었다. 희소성과 결여성은 역사적 현상이며, 젠더와 섹스 역시 역사적 현상이다. 이 '역사의 주체'의 변용을 분명하게 파악해야 한다. 결여성의 시대에 '인간'이란 개인이며, 물질적 생존을 위해 소유하는 존재이자, 젠더가 없고 경제적 개념에 사로잡힌 주체다. 그것은 더 이상 남자와 여자의 자기 한정적 세트와 일치하는, 양의적이고 비대칭적인 존재를 나타내지 않는다. 주체는 이데올로기적으로 구성된 허울뿐인 '우리'로, 구체적으로는 계급이나 국민, 민족(nation), 회사 또는 커플이다. 이 복수 개념에 대해 의문을 제기하는 것은 중요하다. 그런데 아쉽게도 일리치는 여기에서 '감상적인 것(sentimentality)의 거부' 또는 '놀라움의 제시' 등과 같은 생각으로 일탈해버린다.

젠더가 있는 버내큘러한 장소 문화의 문화 기술/술어 기술을 역사의 변용 속에서 어떻게 정확하게 파악할 것인가. 이것이 관건이다. 이를 위해서는 개념을 분명하게 정의하고, 이론 구성을 해나가야 한다. 일리치는 이를 위한 계기를 던져준 것이다.

[본장의 보충적 논고]

1990/ The Sad Loss of Gender

8장

일리치의 역사론: '필요의 역사'와 '희소성의 역사'

중계 지점을 찌른 창: 이행에서 멈춰버린 일리치

일리치의 저작들은 『젠더』까지는 특정한 개별 테마를 대상으로 하면서도 어떤 체계성을 갖고 있었다. 그러나 강연 등으로 세계 각지를 순례하듯 돌면서 개별 테마와 체계성의 양립이 무너지게 되었다. 체계적 문제 구성을 위해서는 '필요의 역사', '희소성의 역사' 그리고 '신체의 역사'라는 틀로 정리되어야 하는데, 일리치는 돌연 현대를 규정하는 역사에서 '12세기의 역사'로 이동해버린 감이 없지 않다. 논의 자체도 이쪽저쪽 산만하게 튀고 자의성이 강하다. 그림자 노동에서 이미 그런 낌새가 나타나고 있었지만, 그래도 아직은 이전 논의와의 연계 또는 연속성 아래 기존의 서비스 체제를 비판하는 차원 안에 있었다. 체계적 논의로부터 개별적 논의로의 이행 과정에서 나타난 이 분열적 상태는 다음과 같은 사정 때문에 불가피했다고 할 수 있다.

첫째, 학교화 비판에서는 교육이라는 관념에 대한 비판이 이루어졌고, 이어서 '모국어'를 가르치는 것과 관련해서는 버내큘러 언어와 국가어에 대한 논의가 이루어졌다. 여기까지는 괜찮았다. 그런데 문자와 문자 해독(literacy)이라는 분야로 들어가자, 컴퓨터에 관한 문제와 겹치기 시작해 문자 자체에 대한 비판적 고찰이라는 개별적 테마로서는 성립하지만, 체계성은 보이지 않게 되었다(학교화 비판에서는 산업적 생산 양식이라는 체계성이 존재했다).

둘째, 의료화 비판이 건강이라는 개념 자체에 대한 비판이 되고, 의원적(醫原的) 신체론이 하이테크적 신체론으로 이동하는 과정에서 의료론과 컴퓨터론의 관계 설정이 어렵게 되었다. 신체의 위치가 애매해진 것이다.

셋째, 버내큘러 환경, 젠더 환경이라는 기초적 과제가 에콜로지에 대한 비판이 되자 희소성 혹은 필요성이라는 차원과, 환경 혹은 에콜로지 비판이라는 차원 사이의 관계 설정이 불분명해졌다. 경제학적 비판과 환경론 비판 사이에서 비판의 축을 잃어버린 것이다.

게다가 이것들은 서로 단편적으로 자리를 바꾸면서 다른 논리를 정당화하는 근거로 사용되어, 논의의 맥이 집중되지 못하고 확산되기 시작했다. 나아가 '12세기'라고 하는 자신이 좋아하는 시대와 현재와의 비교 고찰을 자의적으로 하게 되면서, 신학적 야심이 역사에 투영되는 암묵적 경향이 나타났다. 덧붙이자면, 그에게는 잠재적으로 '강생'이라는 기독교 신앙과 관련된 문제가―이는 나중에 케일리와의 인터뷰에서 확실해지는데―기독교와 교회의 타락이라는 문제로 존재하고 있었다. 본인은 꽤 의식적으로 이 문제를 고찰한 모양인데, 아직 논리가 선명하지 않은 상태에서 갑자기 이를 통해 현재를 비판하곤 했다. 어떤 암묵의 비판 기준이 '이데아'를 둘러싸고 작용하기 시작한 것이다. 그의 넓은 식견은 단편적 사항으로 분산되었고,

개별성에서 전체를 보는 방법론은 사라져버렸다. 요컨대 일종의 개별적 고찰들의 혼재 상태가 된 것이다. 다만 이 혼재는 일리치 특유의 깊이 있는 서술로 이루어졌기 때문에 알기 어렵다. 이 가운데 유일하게 문자론과 텍스트론이 일정한 형식을 갖추고 제시되었지만, 과거의 논리 정연함은 더 이상 찾아볼 수 없었다.

두 개의 논문집(『과거의 거울 속에서』, 『의미의 상실』)이 생전과 사후에 간행되었다. 모두 개별 논문집 또는 강연집들이다. 굳이 내용들을 정리하자면, 다음과 같다.

- 교육론의 재고
- 의료론의 재고
- 에콜로지/스탭론/도구론/인공물론
- 문자/텍스트론(대학론)
- 신체(시선/빛), 생명론
- 희소성의 경제 비판론과 정치론
- 호스피탈리티/콘스필라치오론

이것들은 서로 변용 및 교환되기도 하기 때문에 구분하기 쉽지 않다. 왜 이렇게 되었을까. 여러 가지 이유가 있겠지만, 그는 변함없이 앞으로 나아가는 산업사회의 붕괴와 파멸을 향한 종말적 상태에 혐오감을 느끼면서도, 역사가로서 12세기에 머물러 있을 수만도 없는 딜레마에 빠진 것이다. 이런 상황에서 이러쿵저러쿵 단정적으로 이야기해봐야 대중적으로 귀 기울여 줄 사람은 없다. 이미 알고 있다, 달리 어찌할 수 없지 않느냐, 설교는 그만하라는 식이 되어버리는 것이다. 설교나 과거에 대한 향수가 아닌, 체계적이고 수준 있는 이론화가 이루어지지 않았기 때문에 나타난 당연한 귀결이기도 하다.

이론적으로 또는 사상적으로 파탄났다는 뜻이 아니다. 더 이상 기초를 뿌리째 뒤집어엎는 것 같은 체계적 작업이 보이지 않게 되었다는 의미이다. 초기에는 단순한 논문들의 모음이라도 체계가 있었고, 실제 일리치는 이를 추구했었다. 그러나 이제는 야심만이 신학적으로 배회하기 시작했다. 그것은 역사를 통해 현재를 해명하겠다/재단하겠다는 신학적 야심이지, 철학적 야심이 아니다. 헤겔은 철학적 야심을 갖고 역사를 재단하긴 했지만 철학 체계를 구축해놓았다. 그러나 일리치는 철학적 체계를 구축하지 않았다. 신학 자체를 싫어했기 때문에 더더욱 위치를 잡기 어려웠는데, 만약 신학 체계에 대한 비판을 시도했다면 그는 큰 사상적 성과를 거두었을 텐데 그렇게까지 하지는 않았다. 게다가 일리치 특유의 뒤집기 또는 반전의 논리 구성이 형식화되어갔다.

학교 제도가 교육을 상품화하고 병원의 의료 제도가 건강을 상품화한다는 지적은 좋다. 이로부터 일리치는, 교육 그 자체의 관념이 문제적 반전을 낳았고, 건강이란 개념 자체가 의료와 병을 만드는 것이라고 지적한다. 이는 근거를 심화시키는 것처럼 보이지만 그렇지 않다. 의미하는 것과 의미되는 것의 관계를 단순히 논리 구조를 통해 뒤집고 있을 뿐이다. 이러한 논리라면 어떤 것에도 적용할 수 있다. 이를 닦기 때문에 충치가 생긴다, 우산을 쓰기 때문에 비가 온다 등등. 이를 '기호론적 반전'이라 부르는데, 의미하는 것과 의미되는 것의 관계의 자의성을 통해 관계의 독재와 전횡(專橫)을 드러내, 기존의 의미와 가치의 지배를 뒤집으려고 하는 논법이다. 젠더 이후의 일리치의 논법이 그렇다. 현재의 사회 문제들과 역사적으로 상이한 사실들을 찾아내 이를 비판 또는 정당화하는 것이다. 어떤 개별적 현상이든 그것이 목적으로 삼고 있는 것 자체에 문제가 있으며, 이것이 문제가 되어 폐해와 왜곡을 만들어낸다는 논리다. 그러나 인과론은 자의성의 관계를 뒤집는 것으로는 뛰어넘을 수 없다. 이러한 논리는 마침내 그리스도가 사랑을 찾은 것, 바로 그 때문에 악을 낳게 되었다고 하는 자의성까지 확장된다. '최선이 최악'이라고 하는 이 프로세스에 '타락'의 제도화를 둔 것이다. 역생산성의 논리가 보편적 형식이 되어 모든 곳에 적용되는 것이다. 왜 이렇게 되었을까? 인과론을 모두 빼버리고 추상적 형식화를 통해 단순화하기 때문이다. 이것은 단순한 지식주의에 불과하다.

그러나 그렇다고 해서 일리치가 처음으로 우리들에게 명확하게 보여준 것들이 무의미하다거나, 만년의 일리치로부터는 배울 만한 것이 없다는 뜻은 아니다. 요컨대 지금 우리들이 '좋다'고 생각해 추진하려고 하는 것들이 거꾸로 뒤바뀔 위험성은 반드시 있다. 산다는 것은 그러한 뒤바꿈이나 과거의 전철에 빠질 위험성이 있음을 자각하는 것이다. 필자가 일리치에게 실천(pratique)이 없다고 지적하는 이유는, 그의 작업이 이러한 단순한 추상적 논리와 형식을 통해 실천(praxis)을 비판하는 것에 불과하며, 우리들이 이것을 이해하지 못하면 의미 있는 작업이 불가능하기 때문이다. 필자가 제도화의 근원으로서 '제상화된 물상화'라고 표현하는 것은, 상대방이 벌거벗었다고 말해봐야 아무것도 변하지 않기 때문이다. 그러한 실제에 어떻게 맞설 것인가에 대한 이론/사상의 지평이 반드시 필요하다는 뜻이다. 제도화의 생산 양식이 작동하는 것은 실제다. 옴진리교[1]처럼 필요가

---

1   1984년 생성된 일본의 신흥종교단체로, 1995년 3월 20일 도쿄 지하철에 사린 가스를 살포하는 테러를 저지르면서 널리 알려졌다. 절대 자유 및 절대 행복 상태로 혼을 진화시킬 수 있는 갖가지 비법을 통해 해탈 상태가 가능하다는 설법으로,

희소성을 낳는다고 아무리 되뇌어 봐야 논리의 추상화가 만들어질 뿐이다. 제도화의 생산 양식 앞에 어떤 실제 현실이 구조화되어 작용하는지, 그것을 보여주지 않으면 안 된다.

분명히 말하건대, 1985년 이후의 일리치는 현실도 역사도 제대로 보지 않았다. 단지 많은 지식을 가지고 있었을 뿐이다. 일리치를 읽을 때 우리들이 자각해야 할 점은, 후기의 사상은 그가 초기부터 젠더에 이르기까지 보여주었던 사상을 좀 더 심화시켰을 뿐이라는 것이다. 사실 그것만으로도 충분하다. 필자가 처음 그를 만났을 때 그는 나이가 들어 힘들다고 했었는데, 그때가 50세 무렵이었다. 60대 이후의 일리치에게 새로움을 바라는 것은 어쩌면 가혹한 일일지도 모른다.

사회제도 비판보다 '근원을 추구한 사상가'라고 일리치를 평가하는 순간, 일리치를 죽이는 꼴이 된다는 것을 우리는 유념해야 한다. 즉, 비판이라는 작업 없이 새로운 구성은 없다. 이는 나아가 '탈(脫)'이라는 무의식적 사고를 불러와 암묵적 현실 긍정을 초래한다. 일리치에 의한 서비스 비판은 인류사상 최대의 사상적 성과다. 그 비판에서 끄집어낼 수 있는 가능성들을 찾아내는 것이 일리치를 살리는 기반이다. 깊이가 얕은 비판을 해서는 안 된다. 그리고 희망을 피상적인 것으로 만들어서도 안 된다. 깊은 비판에 의한 절망의 끝에서야말로 힘 있는 희망의 프라티크(pratique)가 보이게 된다. 비판 대상 자체가 현실이 만들어내고 대중적으로 받아들여진 역사적 결과일 뿐, 이보다 깊이 있는 것은 현실적으로 존재하지 않기 때문이다. 허구가 아닌 실체이며 '견디기 힘든 것'이긴 해도, 사람들은 견디기보다 오

신비주의와 초능력에 관심을 가진 많은 젊은이들을 끌어들였다.

히려 받아들이고 있고 심지어 즐기기까지 한다.

마르크스는 자본주의적 생산 양식을 심층적으로 철저히 고찰했기 때문에 그 사상은 이론력을 현실화할 수 있었다. 현실 대상과 이론 대상은 구별되지만, 이론 대상은 현실을 변혁할 정도로 강하게 작용할 수 있다. 이를 피상적 사회주의나 공산주의에 이용했기 때문에 잘못이 일어난 것이다. 사회주의가 실패하더라도 상품론의 의미는 지속된다. 일리치에 의한 산업적 생산 양식에 대한 심층적이고 철저한 비판으로 인하여, 우리는 컨비비얼(convivial)한 세계를 엿볼 수 있게 되었다. 그러나 엿볼 수 있게 되었을 뿐, 그 전모를 그려내지는 못했다. 버내큘러한 가치뿐 아니라 버내큘러한 장소의 존재를 보아야 하는데, 일리치가 이를 심화시키지 못했기 때문이다. 그리하여 그는 사람들로부터 잊혀진 것이다.

필자는 본서를 쓰면서 후기 일리치에게서 어떻게든 체계적인 틀을 찾아내고자 한다. 비판을 심화시키기 위해서, 그리고 비판과 부정을 대신해 안이하게 대립물을 제시하는 일이 없도록 하기 위해서다. 어떤 비판과 비난을 받더라도 일리치는 역시 깊이가 있다. 일리치를 이해하는 데 한 가지 신경 쓰이는 것은, 일본 특유의 분위기다. 구체적으로 말해 '탈(脫)'이라는 개념이 문제인데, 예를 들면 탈학교, 탈병원화, 탈신체화 등으로 사용된다. 그러나 '탈'이 아니다. '비(非)'라고 해야 한다. 번역 용어들을 보면 전체적으로 이 점을 놓치고 있다. dis-나 de를 탈실체화시키고 있는 것이다.

비학교라는 실체의 영역이 있고, 비의료화라는 실체의 영역이 있으며, 비신체화라는 실체의 영역이 있다. 이것들은 제도화(編制化)된 구조에서 튕겨져 나와 '비제도화'의 영역에서, 개개인의 자율성 속에 존재할 수 있다. 제도화된 시각에서는 보이지 않지만, 지금 여기에 '존재'하는 것이다. 나중에 나타나는 것이 아니라 대립적 균열 속에, 금이 간 곳에 지금 존재하고 있다. 제도화된 것들에 지배적 자리를 양보한 것도 아니다. 그것들과 다원적 균형을 만들어내고 있다. 상반된 것들이 공존하는 컨비비얼한 상태인 것이다. 혹시나 단선적(單線的) 변화를 생각할 수도 있지만, 그러한 해석으로는 일리치 사상의 심층부에 도달할 수 없다. 그렇다고 공시적(共時的)인 것도 아니다. 이 점이 어려운 부분이다. 하나의 생산 양식과 하나의 실체적 양식이 지배하고 있는데, 이에 대항해 다양한 것들, 다양한 생산 양식을 만들어내는 것이다. '실체'를 둘러싼 이론의 전환이 요구된다.

1. 필요의 역사

'필요의 역사'를 써야겠다고 일리치가 예고했을 때 우리들은 큰 기대를 가졌다. 사회사의 방법과 기반이 사상적으로 뒤집어져, 푸코의 치밀한 역사를 뛰어넘는 새로운 역사가 제시되지 않을까 기대했다. 그런데 『필요의 역사를 향해』라는 제목을 한 1978년 저작은, 기존의 에너지론과 실업론 등을 묶어놓은 논문집에 불과했다. 예상했던 것보다 너무 작은 책이었다. 우리들은 실망했다. 많은 사람들이 '일리치는 이제 끝났다'고 느낀 건 당연했다. 그 후 그의 작업은 『그림자 노동』과 『젠더』로 이어졌다. 필자는 흥분했지만, 세계의 많은 사람들은 그 의미를 깊이 해독하려고 하지 않았다. 오히려 냉소적인 눈으로 보거나 무시하기도 했다. 오히려 이 저작들은 일본에서 가장 높이 평가해준 게 아닐까 싶다.

필요의 역사란 무엇인가. 그것은 필요를 충족시키는 수단이 역사적으로 만들어지고, 변화하고, 제도화되는 과정을 밝히는 일이다. 필요와 상품이 합체된 현재의 시장에 대한 의존을 비판적으로 부각시켜서, 역사적 조건으로부터 새로운 가능성을 추출하고, 그 한계를 설정하는 것이다. 또한 상품과 필요와 충족의 관계를 정당화하는 전문 엘리트의 권위를 뛰어넘는 것이고, 생산성 중심의 사회로부터 컨비비얼한 공공의 장소 환경을 만들어내고, 그 역사적 조건을 밝히는 것이기도 하다.

생활이 최저 수준에 있더라도, 사람들은 교육이나 의료의 필요 없이 생존할 수 있었다. 그럴 필요가 없는 역사의 존재가 밝혀져야 했다. 필요의 출현에 대한 비판을 통해, 사람들이 필요 인간(needy)으로 태어나는 근대의 근저를 뒤집어야 했다. 그것은 중성화된 인간의 인간론 비판에까지 도달할 수 있는 가능성을 갖고 있었고, 푸코의 『말과 사물』을 뛰어넘을 것으로 기대되었다. 경제 섹스 개념은 푸코에게는 보이지 않기 때문이다. 교육의 역사, 교통의 역사(혹은 이동의 역사), 의료의 역사가 신체의 역사로서 구성되고, 노동·언어·생명의 근대 인간 체계가 담론사로서가 아니라 프라티크한 역사로서 장대하게 그려져야 했다. 그런데 임노동을 대신하는 그림자 노동의 중요성, 중성인간을 대신하는 남녀의 젠더, 그리고 물의 H_2O로의 전환과 같은 물질성의 전환, 문자 및 텍스트의 출현에 의한 전환 등이 개별적이고 단편적으로 다루어지는 데 그치고 말았다. 이 때문에 정작 이들 개개의 의미조차 제대로 전달되지 못하고 말았다. 필요에 대한 체계적 비판이 이루어지지 않은 것이다.

'필요는 요구(demand), 욕망(desire), 쾌락(pleasure) 등과 어떤 관계인가' 하는 테마는 정신분석학 체계를 뛰어넘는 것으로, 꽁시앙스(conscience)의 '의식', '양심'과 관련된다(칸트 철학을 뛰어넘는 것이다). 나아가 이 테마는 행동화되는 '행위(action)'의 종합적 고찰을 불가피하게 요구한다. 사람들이 살아가는 것이 제도의 수용으로 전도되는, 그 역사의 궤적을 그려내야 하는 것이다. 크게 보면, 다음과 같은 생존 원리가 전혀 다른 세 가지의 커다란 역사 변천을 가정할 수 있다.

① 비필요(非必要)의 역사 시대: 버내큘러한 생존

② 필요의 역사 시대

③ 사용 가치가 살아 있는 컨비비얼한 시대

이것들은 보다 세분화되고 명확해질 필요가 있다. 그런데 일리치는 이를 더욱 단순화해 '최선의 타락은 최악'이라는 테제로 간명화해버렸다. 신앙의 차원이 기준이 돼버렸고, 일리치 본인은 12세기를 즐기는 데 머물고 말았다. 필요라고 하는 개별적 대상의 문제가 아니라, 생존 그 자체의 근원을 캐는 문제 구성이 되었어야 했는데 말이다. 「필요의 역사」는 1977년 『창조적 실업의 권리』에 처음 실리고 이후 『필요의 역사를 향해』에 수록되었는데, 고찰의 수준은 산업사회 비판에 머물러 있다. 결과적으로 필요의 역사는 희소성의 역사라는 작은 틀(경제학 비판)로 축소되어버렸다.

필요(Needs)

「Needs」는 1990년에 쓰인 장편 논문이다. 하나의 총괄이라고 할 수 있겠다. 환경의 변화 속에 사는 곤란보다 필요에 쫓겨 사는 공포가 더 심각하다고 보는 일리치는, 필요가 지구의 약탈과 오염을 정당화할 뿐 아니라 인간성마저 왜곡하고 있다고 지적한다. 보통의 사람들이 'needy man(필요의 인간)'으로 변질되었고, 이들은 문화와 자연 속에 '자원'이 있다고 생각해 이를 가치로 바꾸는 일을 저질러버렸다. (일리치는 이를 homo sapiens[현명한 인간]가 homo miserabilis[비참한 인간]가 되었다고 표현하는데, 이런 표현은 필자에게도 익숙하지 않은 선동이다.)

Needs와 necessity는 구별된다. Necessity(=불가피한 일)들은 각각의 버내큘러한 장소에 다양하게 존재하지만, 거기에 필요(needs)라는 것은 존재하지 않았다. 생활은 불가피한 것들을 참고 견디는 기술의 범위에서 한도를 갖고 영위되었다. 욕망을 모두 채우는 것이 불가능함은 자명했다. 그런 불가피한 것들이 필요로 바뀌어 갔다. 필요란 재화와 서비스에 의존하는 것이다. 진화, 진보, 발전, 성장 등의 깃발 아래 필요는 발견되고 처방되었다. 일리치에 의하면, 발전이란 약속이다. 새로운 과학 기술과 정치의 힘을 이용해 '필요의 지배'를 타파하기 위해 끄집어낸 담보다. 이렇게 되자 불가피한 것들은 인간의 적 또는 해악으로 변모했다. 전 세계에서 불가피한 것들의 종언을 알리는 의식이 거행되었다. 학교와 병원, 공항, 교정원, 정신병원, 매스컴 등은 불가피한 것들을 해체했고, 욕망을 필요로 개조하는 것을 찬양하는 '사원들의 네트워크'가 되었다.

모든 사람들이 필요를 체험하게 된 것은 1960년 이후의 일이다. 그때만 해도 배가 고플 때 "식재료가 필요하다"고는 하지 않았다. 필요는 피부색과 성별을 넘어 공통적으로 존재하는 것, 인간의 조건을 결정하는 것, 세계 각지에 공통된 사회적 확신의 기반이 되었다. 필요는 인간의 한계를 대대로 전해내려온 문화적·종교적 전제 영역에서 개인적 가치관의 영역으로 몰아내고, 그저 단순히 관대한 경의를 표하면 되는 것으로 만들어버렸다. 선을 행하고자 하는 희망은 필요를 채우고자 하는 기대로 바뀌어버렸다.

기대와 희망의 차이

기대는 '아직'이란 뜻이다. 기대는 발전이라는 약속에서 길러진 필요에서 태어났고, 주장과 요구를 향해간다. 기대는 식료, 의료, 교육, 안전 등을 나눠주는 비인격적 제도에 의거한다. 기대 앞에 있는 것은 개연성이다. 이에 비해 희망은 욕망을 기르는 불가피성에서 태어났고, 생각지도 못한 것을 향해가며, 인간이든 신이든 인격을 가진 타자의 자의성에 의지한다. 희망 앞에 있는 것은 예측할 수 없는 무엇이다.

발전이 각광을 받고 불가피성이 퇴색하게 되면, 희망은 기대로 욕망은 요구로 변화한다. 희망과 욕망은 암흑시대의 비합리적 유물로 간주된다. 그 결과, 인간을 둘러싼 현상은 '우리들은 무엇이고, 무엇에 직면해 있고, 무엇을 할 수 있고, 무엇을 꿈꾸고 있는가'에 의해서는, '필요 속에서 참고 견디는 기술'에 의해서는 정의할 수 없게 된다. 대신 무엇이 결여되어 있는지를 측정함으로써 이해하게 된다. 이 결여성(scarcity)이 바로 필요다.

희망이란 좋은 상태에 있는 자연에 대한 신앙인 데 비해, 기대는 인간에 의해 계획되고 통제된 결과에 의거한다. 희망은 선물을 기다리는 사람에게 집중되지만, 기대는 요구할 권리를 갖는 사람에게, 생산의 예측 과정으로 만족을 기다리는 사람에게 집중된다. 희망은 인위적이지 않지만 기대는 인위적이다. '기다리는 방식'이 전혀 다른 것이다. 희망은 필요의 세계와 산업적인 것을 바라는 가운데 쉽게 기대로 바뀐다. '희망을 기대한다'는 표현까지 나타난다. 그러나 희망은 버내큘러한 장소, 자급자족 생활, 사용 가치 등 전혀 다른 원리에서 생각해야 한다. '희망학'이라는 것이 그 본래의 의미를 뒤바꿔버렸는데, 반드시 주의해야 할 포인트다.

필요의 개념

이제 개발이라는 정치적 과제로부터 필요가 만들어진 1950년대, 1960년대의 과정을 검증해보자. 애초에 '필요'는 경제학적 개념이 아니라 심리학이나 철학에 맡겨져 있었는데, 인간주의적 경제학이 등장하고 나서부터 경제학적 의미를 갖게 되었다.

필요의 개념에 나타나는 불균형한 권력 관계는 주인-노예 관계로 공식화된다. 주인은 (타자를 위해서가 아니라) 자신의 행위를 통해 필요를 충족시킬 수 있는 권력을 갖고 있다. 그러나 노예는 그 의존 관계로 인해 희망과 공포 속에서 '주인을 위해서'라는 필요의 의식을 갖는다. 쌍방이 똑같이 필요를 원한다고 해도 그것은 억압자를 위한 것이지 피억압자의 이익에는 반하여 기능한다. 필요는 교섭적인 것이 아니고, 동일 기준으로 측정된 것도 아니다. 인간 본성의 상호적인 모든 요청(requirements)이라는 정의 하에, 인간의 존재론적 사양에 뿌리내린 경제 이론이 만들어졌다. 경제학자들은 경제적 선호·선택·욕구 이전에 기본적 필요를 경제학적으로 공식화해야 한다고 생각했다. '인간의 기본적 필요는 이를 인정하는 새로운 경제에 의해 비로소 충족된다'고 하는, 인간성의 세계 질서를 상정한 것이다. 1975년의 ILO 회의에서 '기본적 필요'는 중심적 테마가 되었다.

육체적 안전과 애정, 존중, 궁극적으로는 자기 실현의 필요가 오늘날 필요론의 근저에 존재한다. '욕구(wants)'란 인간이 욕망하는 것에 불과하다고 지적한 홉스 이래, 욕구는 서로 대등한 것으로 간주되어왔다. 이에 비해 필요는 객관적 위계와 합치하는 것으로 여겨져 왔다. 프롬과 같이 필요에서부터 윤리의 기초를 쌓으려고 하는 시도들도 나타났다. 프롬은 "건전한 사회란 인간의 필요와 일치하는 배열(arrangement)"이라고 했다. 각자의 주관적 필요와 일치하지는 않지만, 객관적 인간 연구에 의해 밝혀진 것이라고 주장했다. 필요는 달성되어야 마땅한 것으로, 사회적 필요의 선택은 목표를 향해 프로그램된 행동이라는 것이다. 필요는 개인을 정의하고, 개인은 자신의 필요로 환원된다. 이미 1951년에 탈코트 파슨즈[2]는 "퍼스낼리티란 상대적이고 개별적이며 수미일관된 필요의 배치가 제도화된 것"이라고 지적한 바 있다. 일리치는 "필요에 대해 가장 비판적으로 검증하고 연구한 이는 마리아네 그로네마이어[3]"라고 지적한다. 그로네마이어에 따르면, "필요는 '보편적 희소성'이라는 가정을 공식화한 새로운 방법으로, 일견 과학에 의해 정의된 것 같지만, 필요를 관리하고 제공하는 전문가들의 형편과 관심에 의해 '인간 본성을 재정의하는 것을 허용한 것'에 불과하다."는 것이다. 기본적 필요에 의해 경제 인간은 필요한 사람(needy man)으로 변용되고, 필요에 대한 사회의 관리가 정당화될 뿐이라고 지적한다. 인간이라는 현상 자체가 분할 가능해져서 인간적 존재든 비인간적 존재든 어느 쪽이든 될 수 있게 되었다. 한편, 윌리엄 리스[4]는 "필요의 발생은 상품에 집중된 욕망이 변용된 것"이라고 주장했다. 그리고 존 맥나이트는 "서비스 시스템은 사람들에게 '자신의 가치는 자신의 결핍 상태(deficiency)에 달려 있다'고 가르치는데, 자신의 가치는 자신의 필요를 제공하는 사람에 의해 현실화된다."고 했다. 이에 대해 일리치는 "필요는 발전 담론의

---

[2] Talcott Parsons(1902~1979). 미국의 사회학자. 하버드대학 교수 역임. 구조기능주의의 대가로 평가받는다.

[3] Marianne Gronemeyer(1941~). 독일의 사회학자. 『필요의 힘, 풍요와 희소성』 등의 저작이 있다.

[4] William Rees(1943~). 캐나다의 공공정책학자. 특히 지속 가능한 발전을 위한 생태계 연구가 전문이며 '생태 발자국'의 창시자이기도 하다.

내부에서 사용되는 휴머니즘적 발명인 것처럼 들리지만, '기본적 필요'라는 용어는 '인간 자원'이라는 상품의 본성을 강조하지 않고서는 경제 담론이 될 수 없는 용어"라고 지적했다.

이와 같이 일리치는 영문 원고의 수많은 주석을 통해 '필요'라는 단어 및 용어의 변천을 사전과 학자들의 용례를 통해 검증하고 있는데, 체계적이지는 않다. 기본적 필요가 본래의 '필요'가 갖고 있던 관습적 위치를 상실한 채 상품 세계에서 나타나고 있다는 것과, 전문가들이 그것을 주무르고 있다는 것을 예증하는 데 초점을 맞추고 있다. 그는 '비밀리에 재해석되고 있는 말의 계보'를 들춰내고자 했지만, 미완에 그쳤다고 할 수 있다. 타자와 타자 사이의 도덕적 관계를 나타내는 데 최적의 단어인 필요는, 그러나 이제는 '시스템의 요건(requirements)'으로 변해버린 세계에서 신뢰성을 상실했다. 필요는 이 '시스템'의 문맥 속에서 인구의 하위 시스템으로 재개념화된 국민을 관리하기 위한 완곡 표현으로 기능하고 있다. 이렇듯 일리치의 지적들은 다분히 계몽적 성격에 머물러 있다.

발전과 필요

1949년 대통령에 취임한 트루먼은, 산업의 발전과 저개발지역의 생활 수준 향상은 가난한 사람들의 짐을 덜어줄 것이고, 이는 식료·의복·건축자재 및 기계의 증산을 통해 실현될 수 있다고 믿었다. 즉 평화와 번영의 열쇠는 생산력에 있다고 믿었다. 이에 비해 1961년 케네디 대통령은, 세계 절반의 사람들이 곤궁의 멍에를 벗어나려고 노력하고 있기 때문에 이들의 자조 노력을 돕는 것이 중요하다고 말했다. 즉 사회의 진보는 성장의 조건이긴 하지만, 경제개발로 대체할 수 없는 것이 있으므로 사회 그 자체가 발전하지 않으면 안 된다고 주장했다.

1962년 UN은 빈곤 문제를 제기하고 나섰다. 인류는 일정 수준 이상의 생활을 하는 사람들과 그 이하의 생활을 하는 사람들로 구분되고, 용인할 수 있는 수준과 용인할 수 없는 수준으로 구분되었다. 그 기준으로 사용된 것이 바로 GNP다. 1971년 세계은행 총재인 맥나마라는 "진보는 GNP만으로는 측정할 수 없고, 오히려 소득 배분의 불평등을 만들어낼 뿐"이라고 주장하며, "개발 정책은 절대적 빈곤에 대한 투쟁"이라고 정의를 내렸다. 그리고 인간으로서의 품위를 유지하는 기준으로 '필요'를 제시했다. 경제개발과 사회 발전 사이에 혼동과 대립이 일어난 것이다. 그렇게 되자, 단순한 성장과 진정한 혹은 인간적인 발전 사이의 대립이라는, 공공연한 레토릭과 발전 담론이 형성되었다. 이 차이를 이해하고 제도화하려는 전문가들의 노력에 의해 '필요'는 처음으로 논의의 대상이 되는 힘을 획득했다. 발전의 인간주의적 정치 이론은, 인간 본성의 존재론적 개념 내부에 뿌리를 내릴 장소를 찾게 된 것이다.

먼저 빈곤(poverty)의 개념이 새롭게 정의되었다. 이어 민중(people)의 개념이 발전 담론 속에 들어갔다. 원래 '빈곤'에는 결핍(lack)이라는 의미가 없었는데, 진보가 불가결성에 대한 혁명을 일으키는 바람에 불가결성의 왕국 저편으로 인간성을 인도하게 되었다. 19세기 말이 되면 사회는 조작적 공학화의 주체가 되어, 생산의 양과 질이 시민들에게 진정한 인간적 존엄을 부여하고, 인종 간의 공통된 발전을 도와준다고 믿게 되었다. 1970년 무렵이 되면 빈곤은 경제적 영역을 뛰어넘어, 우선 필요한 수입이 없는 것으로 간주되었다. 가난하다는 것은 수입이 없는 것이며, 그 수입은 필요를 채워줄 수 있는 상품으로 인식되었다. 결국 빈곤은 '소비 수준이 낮다'고 하는 추상적이고 보편적인 측정에 의해 결정되었고, 절대적 빈곤이란 경제적 합리성에 맞는 행동이 불가능한 것, 호모 에코노미쿠스의 성격에 충분히 맞출 수 없는 것, 그리고 경제와 일치하지 않는다기보다 인간성에 도달하지 못한 것으로 간주되었다. '희소성의 가정 아래 선택할 수 있는 능력'이 '인간성'이라고 정의된 것이다.

1950년대 초반 발전도상국의 문제는 생산적 부의 문제로 생각되었으나, 결국 생산이 아니라 생산 능력, 즉 인간의 문제가 결정적 요인이라는 생각으로 바뀌었다. '민중'이 경제 성장의 구성 요소 중 하나가 된 것이다. 당시 발전은 사회적 발전과 경제적 발전의 대립이 아니라 양쪽 모두를 포함한 것으로 인식되었고, 민중이라는 요소는 발전의 계산 내에 포함되었다. 50년대 중반 영향력 있던 경제학자들은 "의료와 교육 서비스는 개인적 소비로 이해해서는 안 되고, 경제 발전 이전에 필요한 것들"이라고 주장했다. 경제 발전은 일에 대한 민중의 사회적 관계와 결부된 것으로 여겨졌으며, 훈련, 육체적 상태, 사회 규율, 참가 수준 등의 잔여 요소들이 중시되었다. 이 인간 자본 개념은 70년대에 두 가지의 경제적 관찰에 의해 변질되었다. '교육과 의료 서비스의 가치가 맨 파워의 질에 반영된다'는 가정이 신뢰성을 잃었고, 노동 가치 이론도 의미를 잃었으며, 근대화된 섹터가 경제적으로 필요한 충분한 일자리를 제공할 수 없다는 것이 명백해졌다. 고용 중심의 발전 전략은 하층민들에게 고용을 제공할 수 없었던 것이다.

이어 80년대에는 비공식 부분(informal sector)의 경제적 식민지화가 진행되었다. 암시장(black market), 물물교환(barter), 자활 등 사람을 바쁘게 만드는 활동들에 인센티브를 제공하는 정책들이 제시되었다. 시장 집중 사회에서 임금이 지불되지 않는 활동, 즉 그림자 노동이 양적으로 보다 중요해졌다. 그것은 구매한 상품을 소비 가능한 물건으로 변용하는 활동이다. 그리고 자조활동이 바람직한 성장으로 간주되었다. 즉, 전통적인 문화 공공재로부터 떨어져 나가는 과정이 발전으로 간주된 것이다. 사람들을 친근한 공간에서 떼어내 인위적인 플랫폼, 즉 새로운 생활 구조에 집어넣는 것이다. 그리고 형식에 대한 교육, 공적 건강 측정, 수송의 빈번한 사용, 임대 거주 등 새로운 최소한의 소비 수준이 강제되었다. 이로 인해 필요에 의한 희생자가 만들어졌다. 이 현대화된 중퇴자들은 거지가 아니라 빈곤 라인에서 떨어진 자, 다시 그 라인 위로 올라갈 기회가 없어진 자다. 빈곤은 채워지지 않는 필요, 조작된 필요의 용어로 정의된 것이다. 필요는 도덕적인 것으로 전제되었다.

오늘날 바람직한 사회란 '필요 충족의 지속 가능한 시스템'으로 정의된다. 발전은 죽었지만 전문가들은 지금도 우리들에게 주는 선물을 재개념화하고 인간성을 재정의하려고 한다. 그들은 우리들에게 "생존하기 위해서는 스스로를 시민으로서가 아니라 사이보그로서 생각하라"고 말한다. 필요가 아니라 각 시스템을 위한 복잡한 요청으로 모든 요인들을 해석한다. 발전에 대한 기대와 실망 속에서 필요는 인간성과 관련된 것으로 변모했는데, 선진국에서는 산업적 상품 개발의 지표로 소비자의 필요를 사용하고 있다. 사치품과 잉여 상품에 대한 요청으로 여기는 것이다. 일리치는 이를 '사이보그'라고 표현한다. 얼굴도 없는 일반적 필요가 사람의 욕망과 쾌락이 되었다. 즉, 비개인화된 것이다. 선진국에서 필요는 사람의 얼굴을 지우는 것이 되었고, 저개발국에서는 임금 수입에 사람을 종속시키는 것이 되었다. 어느 쪽이나 버내큘러한 장소는 상실되고 파괴당했다. 양쪽 모두 필요라는 영역을 뛰어넘었다고 할 수 있다.

2. 희소성(＝결여성)의 역사

필요란 대중적이다. '불가결성'의 필요로 생활의 기반을 구성하는 것이다. 한편, 희소성이란 희귀한 것, 귀중한 것이라는 의미다. 때문에 필요와 희소성은 정반대의 위치에 있는 것처럼 보인다. 그러나 일리치는 "필요는 희소성이라는 사고에서 만들어진 것"이라고 지적한다. 교육이 모자란 것은 교육이 희소하고 결여되어 있기 때문이다. 즉, 다수의 사람들에게 결여되어 있기 때문에 교육은 필요하고 보급되어야 한다는 논리다. 오지 마을에는 의료가 결여되어 있고 희소하기 때문에 더 많이 보급하지 않으면 안 된다. 이 논리의 연장선에서 희소성은 필요가 된다. 일리치에게 희소성이란 결여인 것이다. 이것은 그림자 노동과 젠더를 고찰했을 때 나타났던 논리다. 이 논리를 조금 더 파헤쳐보자.

필요의 역사와 희소성의 역사는 어떤 관계인가. 일리치를 연구하는 이들은 반드시 이 문제에 직면하게 된다. 이 문제에 직면한 사람은 일리치를 깊이 있게 이해한 사람이라고 해도 좋다. 희소성의 역사에 대한 구상은 『그림자 노동』(1981년)에서 이미 나타났으며, 『젠더』(1982년)에서 본격적으로 등장했다. 희소성과 필요는 양쪽 모두 교육, 의료, 교통, 노동, 나아가 가족 등 모든 것의 근원에 존재한다. 사고와 지각, 감각까지 심층적으로 형성해온 것으로, 어떤 보편적 형식으로 고찰되어야 한다. 필요가 희소성으로 변해가는데 본질적으로 무엇이 문제고 어떻게 해명되었는가, 그리고 각각의 개별성은 상호 어떤 관계에 있는가가 중요하다.

희소성은 경제학적 개념에서 나온 것으로 생각하기 쉬우나 실은 문학 연구에서, 즉 르네 지라르의 '모방적 욕망'에서 나온 것이다. 그리고 "상품 집중 경제 체제의 기반에는 모방적 욕망에 의한 희소성이 존재한다"고 지적한 뒤피[5]의 고찰에서 나왔다. 경제적 차원과는 다른 것이다. 필자는 앞서 교육을 다룬 장에서 희소성의 이론을 경제 이론처럼 적용했다. 그 이유는 기존의 경제 이론을 바꾸기 위해서였고, 한편으로는 교육의 현재 모습이 경제 이론처럼 바뀌고 있기 때문이었다. 여기에서는 보다 본질적 위치에서 희소성을 생각해보자. 정확히는 경제 이론의 확장으로, 경제학적 범주를 뛰어넘어 고찰함으로써 경제학적 한계를 뛰어넘고자 하는 것이다. 희소성이란 희소하기 때문에 소수만이 소유한 것이고, 결여성은 대중적으로 결여되어 있는 것이다. 대중적으로 소유될 수 없어서 항상 결여되어 있다. 희소성에서는 이런 반전이 일어난다. 소수자에게 희소한 것은 대중에게는 결여되어 있다. 즉, 소수자 측에서 본 반전이다. 이로부터 희소성은 사회의 논리에 의해 보다 많은 사람들에게 제공되어야 할 것, 즉 서비스에 의해 제공되어야 할 '필요'가 된다. 대중들에게 희소성은 선망이자 갖고 싶은 환상이다. 이 선망은 어떤 목적을, 즉 없는 것을 갖게 되기를, 이웃보다 더 많이 갖게 되기를 지향한다. 이 모방적 욕망이 경제를 불러들이는 것이다. 그 역이 아니다.

모든 경제적 결정에는 희소성의 감각(=의미)이 들어가 있다. 근대적 생산 제도는 '질투하는' 개인주의에 초점이 맞춰져 있다. 그것은 선망을 낳고 그 외관을 바꾸도록 한다. 기능이 전환되고 치환되는 것이다. 지라르는 19세기 소설에서 욕망의 역사적 변용을 찾아내, "필요의 진화는 타자의 절망과 비교되는 개인을 기초로 이루어진다"고

---

5   Jean-Pierre Dupuy(1941~). 프랑스의 공학자이자 철학자. 스탠포드대학 및 Ecole Polytechnique 교수 역임. 사회철학과 과학철학의 양 분야에 정통한 특이한 경력을 갖고 있다.

지적했다. 일리치는 경제적 개인주의가 선망의 근대화와 표리 관계에 있다는 것을 보여주는 여러 문헌으로부터 '선망의 역사'를 시사하고 있는데, 그다지 선명하지는 않다. 젠더가 사회로부터 쫓겨나자 선망은 섹스의 특징에 자리잡게 되는데, 젠더 없는 개인들이 평생 서로 비교하고 질투하는 관계의 제도화는 역사적으로 선례가 없다고 지적할 뿐이다. 즉, 욕망과 욕구 그리고 필요에서 떼어내, 선망/질투의 심적 개인주의에서 경제 섹스의 경제론을 보고자 한 것이다. 그러나 그것은 어디까지나 시사에 그치고 말았다. 앞에서 소개한 임노동 비판과 희소성 비판은 그의 경제학 비판의 양대 축이다.

일리치는 희소성에 대한 고찰을 통해 그다지 선명하지 않은 희소성(=결여성)의 논리를 정리해보려 했지만, 결론적으로 말해 그는 희소성을 지표로서 사용했을 뿐 희소성의 논리를 만들지는 못했다. 역사관으로까지 승화시키지 못한 것은 물론이다. 따라서 희소성의 역사는 필요의 역사와 함께 미완성 상태다. 일리치의 중심적 개념임에도 불구하고 말이다. 때문에 중기 이후의 일리치는 사람들에게서 잊혀지게 되었다. 그러나 이 개념을 비판적으로 재검토하는 것은 대단히 중요하다. 현대의 경제적·사회적 기반이 되고 있기 때문에 역사적으로 더욱 중요한 것이다. 기본적 필요로 간주되는 불가결한 것들은 버내큘러한 활동에서는 스스로 충족되었지만, 산업사회가 되자 이것들은 희소한 것(=결여된 것)이 되었다. 개인적 대응은 표준적 상품 패키지로 대체되고, 사람들은 거기에서 만들어진 다양한 희소성(=결여성)과 소비 수준에 의해 분류되었다. 가치 있는 서비스는 단가가 인상되고, 특권은 차별적으로 분배되고, 자원에 접근할 수 있는 권리는 제한되고, 사람들은 의존적이 되었다. 개인적 방식으로 필요를 충족시키는 능력을 박탈당함으로써 개인적 서비스의 급진적 회소화가 일어났다. 이러한 변화를 이론적으로 해명해야 했던 것이다.

희소성이 먼저인가 필요가 먼저인가 하는 문제 구성은 올바르지 않다. 이들의 상호관계가 얼마나 중층적으로 이루어져 있는가가 중요하다. 경제학은 희소성의 가정 위에 서 있다. 희소성은 가치와 계산에 관여할 뿐, 주어진 조건에 놓여 있는 특수한 개인에게 좋은 것(善)을 의미하지는 않는다. 이 수학적 공준(公準)의 조작 아래 놓여 있는 사람들은 자신의 윤리적 귀를 잃어버리게 된다. 그 결과, 가치의 최대화를 통해 경제를 만들고, 기술문명을 위한 한계 없는 연료를 제공하고, 선한 인간적 본성에서 벗어나 인간 조건을 변용시키고 만다. Necessity-needs-scarcity의 관계는 서비스가 사회에서 어떤 작용을 하는지 결정하는데, 여기에 선망의 모방적 욕망이 개입한다. 일리치는 「필요」의 주석에서 필요의 역사에 대해 다음과 같이 서술하고 있다.

① 필요 중심의 담론이 사회적으로 생성된 것은 20세기 중엽 자료에서 찾을 수 있다.
② 상품 지향의 필요의 역사는 '무너진 젠더'의 시기로, 『젠더』에서 찾아볼 수 있다.
③ 12세기의 끝과 원(原)산업적 생산의 시작 사이 어디쯤인가에서 근대적 필요의 전사(前史)가 관찰된다.
④ 칼 폴라니는 아리스토텔레스의 시장 연구를 희소성의 초기 역사라고 인정했는데, 필요의 고고학에 대한 조사로 인정할 수 있다.

이는 대단히 흥미로운 지적이다. 필요의 고고학에 대한 저술은 이루어지지 않았지만, 아무튼 매우 커다란 시기 구분이다. 일리치는

『젠더』의 마지막 페이지에서 "젠더화된 자급자족 생활에서 희소한 생산물로의 이행"이 자신의 논점이라고 밝혔다. 그는 희소성은 역사적이며, 희소성의 시대는 '인간'을 개인으로 가정할 때 비로소 찾아온다고 지적했다. 이것은 희소성이 근대적 특성임을 의미하는 것이다. 앞의 주석은 이에 대한 수정이다. 희소성은 고대에도 존재했다는 것이다. 필요의 역사에 대한 구상이라고 할 수 있겠는데, 그러나 이것은 역사가 아니다. 희소성은 근대에 본격적으로 제도화되었지만, 그 기원은 고대에 있었던 것 같다는 일반적 사실을 언급하고 있을 뿐이다. 역사화란 쉽지 않다. 사관과 역사 이론이 없으면 그려낼 수 없는 것이다. 일리치는 결국 이를 이뤄내지 못했다.

현대의 내부에서 산업화된 문명사회의 현재를 봤던 일리치는, 현대의 외부에서 현대를 조망하고자 했다. 그는 두 가지 방법을 시도했었다. 하나는 멕시코의 기원인 고대 아스테카로부터, 또 하나는 비유럽 언어의 눈을 통해서다(필자에게 일본어를 배우려고 했던 것도 그 때문이다). 그러나 그는 버내큘러한 장소에서 시간화(시간적 상대화)하는 것에 성공하지 못했고, 다른 장소로 공간화(공간적 상대화)하는 것 역시 실패했다. 그는 유럽의 12세기에서 비로소 안착할 장소를 찾은 듯하다. 특히 1120~1140년에 관심이 많아서, 릴의 알랭[6]이나 리보의 엘레드,[7] 그리고 성 빅토르 후고에 관심을 기울였다. 역사의 초점이 전혀 다른 것으로 바뀐 것이다.

이 시점이 후기의 기준점이 된다. 이러한 징후는 이미『그림자 노

---

[6] Alain de Lille(1128~1202). 프랑스의 신학자이자 시인. 그의 신학은 스콜라철학에 대해 비판적이었으며 신비주의적 경향이 강했다.

[7] Aelred of Rievaulx(1110~1167). 영국의 시토회 신부이자 작가. 리보수도원 원장 역임.『은둔자 규칙서』,『영적 우정론』등의 저작이 남아 있다.

동』에서 엿볼 수 있었는데, 본격적으로 씨름한 성과는 텍스트론이다. 그는 텍스트론에 그치지 않고 텍스트의 변화에 덧붙여 도구와 기술의 변화, 교육·의료·교통은 물론 안전과 환경, 이미지(＝대상의 시선/빛)의 변화, 나아가 기독교와 교회 제도의 변화 등 종합적 변화를 보고자 했다. 그러나 서술은 체계화되지 못했고 단편적이다. 감각과 감정의 변화를 근저에서 보고자 했기 때문에, 이 애매한 것들을 어떻게 파악할까 곤란에 직면한 것이다. 결과적으로는 시선의 변화나 감각의 변화 같은 신체의 역사론으로 흘러버려서, 필요의 역사나 희소성의 역사가 아닌, 12세기가 기준이 된 감각과 신체의 역사가 돼버렸다.

고독했다기보다 좋아하는 일에 빠진 기분 좋은 시간이었을 테니, 편안해하는 일리치의 모습이 눈에 선하다. 특히, 성 빅토르 후고의 저작에 몰입한 것은 두말할 필요도 없다. Saint Victor Hugh, 빅터로 표기하기도 하고 빅토르라고 표기하기도 하며, 또한 휴그 혹은 위고라고도 하는데, 이탈리아와 프랑스, 독일에도 있었다는 이 인물에 대해 일리치는 누구보다도 애착을 보였다. 푸코가 고전주의 시대를 통해 근대의 기준을 상대화한 것처럼, 일리치도 그 나름의 기준점을 찾아낸 것이다. 다만 그는 체계화에 이르지는 못했는데, 이 개별적 기준점을 전체화하려고 했던 게 아닐까 짐작된다. 그러나 그 이상으로 그는 개인적으로 몰입하는 것이 즐거웠던 것 같다. 그리스도와 후고 그리고 자기 자신, 이 세 가지를 잇는 무언가를 스스로 찾았던 것 같다. 우리들은 여기에서 조금 더 큰 의미의 세계를 끌어내야 한다. 숨겨진 체계가 있기 때문이다.

3. 일리치의 사고 체계

　행위적으로 보면 '쓰다/만들다/움직이다'라고 하는 주어적 실천(praxis) 차원과 '보다/냄새 맡다/듣다' 등의 술어적 실천(pratique) 차원이 있다. 대상물을 기준으로 보면 텍스트·도구·계약 등이 분리된 체계이며, 또한 '자기의 분리'와 '죄의 분리'가 자리잡고 있다. 후자는 감각의 차원이다. 이 비분리 신체에서 사물이 분리되는 기술이 역사적으로 출현한 것이다. 이때 이데아가 변해 개념이 새롭게 만들어진다. 이 부분이 푸코의 개념 체계와 차별화를 엿볼 수 있는 대목인데, 일리치는 이를 확실히 매듭짓지는 못하고 있다. 대상, 개념, 기술, 주제 등의 담론 체제를 대신하는 것들이 바로 행위, 생산물, 기술, 이데아, 개념 그리고 감정이다. 푸코는 이러한 담론 체제 하에 분절화, 지시, 전이, 파생 등의 평행사변형을 구성했는데, 일리치에게는 이에 대응할 만한 것이 없다. 이론이 없는 것이다. 과연 이론화할 수 있는 것을 뽑아낼 수 있을까? 필자 나름대로 정리해보겠다.

　우선, 근대 산업사회라는 체계가 존재한다. 의료, 교통, 교육의 삼각형이다. 이것들이 구조화되어 산업사회의 체계가 만들어진 것이다. 이를 출현시킨 것이 무엇인지 찾아야 한다.

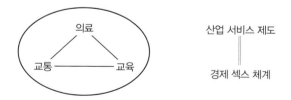

노동에는 임노동과 그림자 노동이 존재한다. 그리고 남성과 여성의 젠더가 경제 섹스화된다고 하는 중성화의 표출이 존재한다. 즉, 앞의 삼각형은 섹스 체계로서 존재하며 그 아래에 젠더 체계가 있는 것이다. 섹스 체계는 서비스와 상품 체계를 구성한다. 이에 반해 젠더 체계는 호스피탤리티 체계가 기반이 된다.

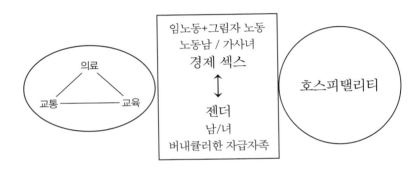

현대의 상부 구성은 분명한데, 과거의 하부 체계는 아직 분명치 않다. 호스피탤리티 체계와 젠더 체계 사이쯤에 만들어진 것일 게다. 호스피탤리티는 후기 일리치가 도달한 사상 세계인데, 그것은 신앙 체계에 놓여 있다.

필자 나름의 개념으로 나타내면 다음과 같다.

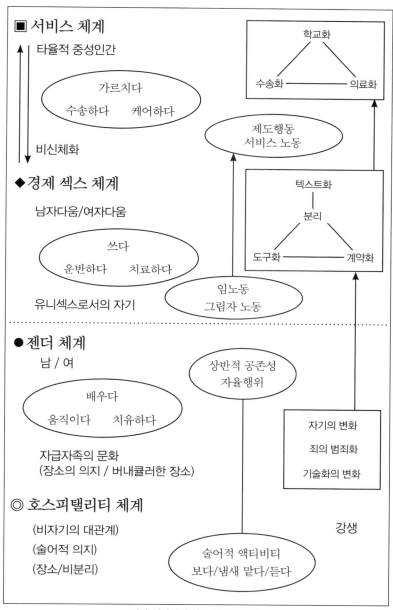

■ **서비스 체계**

타율적 중성인간

가르치다

수송하다　케어하다

비신체화

◆ **경제 섹스 체계**

남자다움/여자다움

쓰다

운반하다　치료하다

유니섹스로서의 자기

학교화

수송화 ——— 의료화

제도행동
서비스 노동

텍스트화

분리

도구화 ——— 계약화

임노동
그림자 노동

● **젠더 체계**

남 / 여

배우다

움직이다　치유하다

자급자족의 문화
(장소의 의지 / 버내큘러한 장소)

◎ **호스피탤리티 체계**

(비자기의 대관계)

(술어적 의지)

(장소/비분리)

상반적 공존성
자율행위

자기의 변화

죄의 범죄화

기술화의 변화

강생

술어적 액티비티
보다/냄새 맡다/듣다

이반 일리치의 사고 체계의 세계

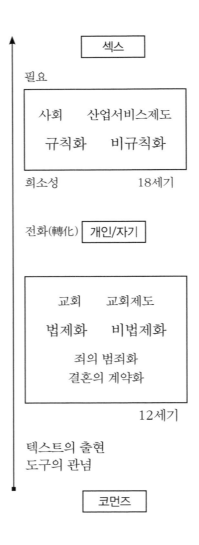

　　두 개의 벡터가 존재한다. 하나는 강생의 신체와 관련된 벡터(감각)
고, 또 하나는 제도화의 벡터(기술)인데, 이 둘은 상반된다. 이 위에
텍스트화, 도구화, 계약화가 존재한다. 사람과 사물의 분리다.

이것은 자기의 변화와 죄의 범죄화라고 하는 변화를 기반으로 하는데, 거기에 기술화의 변화를 포함시켜야 한다. 다만 이것들을 추출하는 이론과 개념의 구성은 보이지 않는다. 요소들의 배열에 지나지 않는다. 역사적 결절점은 12세기와 18세기로 생각해도 좋을 것이다. 양자 모두 그 시점을 중심으로 수세기의 폭을 가지고 있기 때문에, 애매하긴 하지만 중심점이라고 봐도 좋을 것이다. 이상을 시간적으로 배열하면, 공유재(common goods)에서 희소성으로, 그리고 필요로 변해가는 환경의 변화가 드러난다. 이러한 변화에서 제도화된 것과 제도화되지 않은 것은 상반 관계임과 동시에 서로 공존하고 있다는 점을 놓쳐서는 안 된다. '탈'이 아니라 제도화(편제)와 비제도화(비편제)다. 이는 임노동(편제)과 그림자 노동(비편제)의 관계와 같다. 법제화와 비법제화, 규칙화와 비규칙화와 같이 일반화해서 설정할 수도 있을 것이다.

희소성의 역사는 이와 같이 역사의 변화를 재검토하는 작업이 되었어야 했다. 필자는 이러한 방식을 역사 연구의 방법적 기준으로 사용한다. 현대를 드러낼 수 있도록 역사를 파악하는 방법이다.

4. 논문집의 구성

여기에서는 상당히 자의적으로 정리된, 그러나 한편으로는 그럴 수밖에 없었던 논문집 세 개를 비교, 검증하기로 하자

1) Toward a History of Needs 『필요의 역사를 향해』(1978)
1978년에 편집된 것으로, '필요의 역사'의 근원을 체계화하겠다

는 야심에서 만들어진 것이다. 그러나 결과적으로 그렇게 되지는 못했다. 여기에서 일리치는 처음으로 난관에 봉착했다고 할 수 있다. 내용은 다음과 같다.

① Useful Unemployment and its Professional Enemies(1977)
② Outwitting Developed Nations(1968)
③ In Lieu of Education(1971)
④ Tantalizing Needs(1974)
⑤ Energy and Equity(1973)

보다시피 실업론, 선진국 비판, 교육론, 의료 필요론, 에너지 및 교통론이다. 개발과 발전에 대한 비판을 위해 산업의 3대 패러다임을 망라하고 있는 이 책은, 산업사회 비판의 총괄적 내용을 담고 있으나 어딘가 약하다.

서문에서 그는 다음과 같이 말한다. "산업적 생산 양식에 대해 10여 년간 고민해왔는데, 대량 생산에 대한 의존이 증대됨에 따라 컨비비얼한 생활에 필요한 필요조건들은 배제된다. 경제 성장이 상이한 지역들에서 일반적 법칙을 찾을 수 있다." 이는 산업적 생산 양식이 일리치가 '급진적 독점'이라고 지칭하는 수준에 도달하면, 사용 가치가 불가피하게 파괴된다는 것이다. 이 책은 산업적 성장이 어떻게 빈곤의 현대화를 낳고 있는지를 논하고 있다. 즉, 경제 성장의 그늘에서 현대화된 빈곤이 만들어지고 있으며, 그 전형이 바로 교육과 교통과 의료다. 그러나 이러한 의미 부여는 어떤 체계성으로 구성되지는 않았다. 멈추지 않고 성장을 계속하는 세계에서, 똑같은 요소들을 모아 똑같은 이론 틀을 가지고 수사적 확장만 거듭하고 있을 뿐이다.

여기에서 논한 것들을 필요의 역사로 체계화하고 이론화했더라면 상황은 크게 바뀌었을 것이다. 사상이란 이론화된 체계성으로 담론이 생산되고 구축되지 않으면 의미를 만들어낼 수 없는데, 그런 실패 사례가 되고 말았다. 필요는 노동, 발전, 교육, 에너지, 의료 등에서 논해져야 할 것이다. 그것은 산업적 대상이자 산업적 기술, 산업적 개념 체계이며 발전과 진보의 전략에 들어 있다. 이 다섯 가지의 개별성을 관통하는 이론 체계가 메타 이론으로 요구되었음에도 불구하고, 그러한 이론화 작업은 없었다.

2) In the Mirror of the Past 『과거의 거울 속에서』(1992)

1992년에 정리된 저작으로 1978~90년까지의 논문을 수록하고 있다. 모두 4부로 구성되어 있는데, 제1부는 경제와 정치, 제2부는 교육, 제3부는 환경과 리터러시 및 컴퓨터, 제4부는 의료다. 에너지와 교통을 대신해 3부에 들어온 환경은 불투명성에 빠진 느낌이다. 이론적·사상적으로 버내큘러한 환경과 첨단 과학 간의 상반 관계에 대한 비판 사상이 불명확해진 것이다. 또한 1부에서는 세계에 대한 용맹한 비판성을 보여주던 일리치가 '침묵'이라는 개인적인 정치적 자율성을 표명하기 시작했다. 이는 『젠더』를 완성할 무렵부터 나타나기 시작한 경향이기도 하다. 그러나 전체적으로 보면, 다시금 산업 사회 비판이라는 색채가 강해진, 다소 후퇴한 논문집이라는 것을 부정할 수 없다. 즉, 후기 일리치의 모습은 여전히 보이지 않는데, 산업 사회 비판은 힘을 잃은 듯한 느낌이다.

Part One

The De-linking of Peace and Development(1980)

The Right to Dignified Silence(1982)

I Too have Decided to Keep Silent(1983)

Alternatives to Economics: Toward a History of Waste(1988)

Silence is a Commons(1982)

Dwelling(1984)

The Message of Bapu's Hut(1978)

Disvalue(1986:1987)

The Three Dimensions of Public Opinion(1979)(『그림자 노
동』의 제1장과 거의 동일함)

Part Two

The Educational Sphere(1979)

The History of Homo Educa(1984)

Taught Mother Tongue(1978)

Part Three

H_2O and the Waters of Forgetfulness(1984)

A Plea for Research on Lay Literacy(1986)

Mnemosyne: The Mold of Memory(1990)

Computer Literacy and the Cybernetic Dream(1987)

Part Four

Twelve Years after Medical Nemesis: A plea for Body History
(1985)

The Institutional Construction of a New Fetish: Human Life

(1989)

Medical Ethics: A Call to De-bunk Bio-Ethics(1987)

『과거의 거울 속에서』라는 제목은 역사 속에서 과거를 거울삼아 현재를 본다는 뜻이다. 현재의 자신을 거울에 비춰본다는 상호적 성찰 방법이기도 하다. 이 저작에서는 아직 현재에 대한 비판적 고찰이 주된 내용이지만, 『Mirror 2』로 예정됐던 차기 논집에서는 과거에 대한 논문들이 정리될 계획이었다. 이 두 권의 저작에 의해 거울이라는 관계가 성립하는 셈이었다. 브레멘 대학에서 진행한 강의록과 강연록은 『Mirror 2』에 수록될 논문들로 이미 지정, 선택되어 있었다. 만약 이 두 권의 책이 세트로 간행되었더라면 일리치 사상은 좀 더 광범위하게 검증되었을 것이다. 사후 브레멘 대학과 이탈리아, 제네바 등지에서 일리치 사상에 대한 세미나가 개최되었지만, 깊이 있는 검증과 고찰은 이루어지지 않았다. 일리치가 무엇을 하고자 했는지에 대한 충분한 탐구가 이루어지지 못한 것이다.

『Mirror 2』가 2009년까지도 출판되지 못한 것은, 독일어 및 기타 언어로 진행된 강연의 번역이 어렵기 때문이기도 하지만, 이들을 정리할 수 있는 관점이 서 있지 않았기 때문이기도 하다. 프랑스에서는 일리치의 전집이 나왔고, 이에 대한 보완으로 『Mirror 2』에 해당하는 『La perte des sens: inedit』(Fayard, 2004)가 출판되었다. 이 책은 영문 원고를 번역한 것인데, 정작 영어본은 2009년 현재까지도 미출판 상태다.

3) La perte des sens: inedit 『의미의 상실』(2004)

이것은 산만한 논문 모음집으로, 연대순으로 1978~98년까지 17

편의 논문이 수록되어 있는데, 나중에 발견되었기 때문인지 1992년의 논문이 제일 뒤에 수록되어 있다. 논문 자료집이라고 해야 할 정도로 산만한 데다 원래의 영어 제목조차 기재되어 있지 않다. 일단 프랑서어 제목과 발표 연도, 그리고 찾을 수 있는 범위에서 영문 제목을 정리해두었다. 일리치는 영어, 독일어, 프랑스어, 이탈리아어, 스페인어 등 여러 언어로 논문을 발표했고, 또 일부 내용을 수정해 다른 언어로 강연하기도 했기 때문에 어떤 것이 원래 논문인지 알기 어렵다. 필자 나름대로 정리 가능한 범위에서 정리해보았다.

① Lorigine chretienne des services(1987)/ Hospitality and pain(23.11.1987, Chicago)

② Lentreprise educative actuelle vue par le marginal a la lumiere de lEvangile(1988)/ The educational enterprise in the light of the Gospel(13.11.1988, Chicago)

③ Lhistorie des besoins(1988)/ Needs(09.1988, Penn State University)

④ Longevite poshume(Epihanie, 1989)/ Posthumous Longevity(06.01.1989)

⑤ Le haut-parleur sur le clocher et le minaret(1990)/ The loudspeaker on the tower(01. 1990)

⑥ Auto-stop(1992)/ Jean Robert와의 공저

⑦ La perte du monde et de la chair(1992)/(19.11.1992, Berlin)/ The loss of world and flesh

⑧ Hommage dIvan Illich a Jacques Ellul(1993)/ To honor Jacque Ellul(13.11.1993, Bordeaux)

⑨ Lectio divina dans la haute Antiquite et lAntiquite tardive
(1993)/ Text and University(Munchen)

⑩ Surveiller son regard a lage 여 show(1993)/ Guarding the
eye in the age of the Show(19.01.1993, Hambourg)

⑪ La sagesse de Leopold Kohr(1994)/ The wisdom of
Leopold Kohr(10.1994, Yale University)

⑫ Soins medicaux pour systemes immunitaires?(1994)/
Pathogenesis, immunity and uality of public
health(11.06.1994, Pennsylvania)

⑬ La societe amortelle. De la difficulte de mourir sa mort
en 1995(1995)/ Death undefeated(British Medical Journal,
23-30. 12. 1995)

⑭ Lascese a lage des systemes. Propedeutique a lusage
chretien des instruments(1996/2002)/ Philosophy...
Artifacts... Friendship(23.03.1996, Los Angeles)

⑮ Passe scopique et ethique du regard. Plaidoyer pour
letude historique de la perception oculaire(1995)/ The
scopic past and the ethics of the gaze; a plea for the
historical study of ocular perception

⑯ Ne nous laissez pas succomber au diagnostic, mais
delivrez-nous des maux de la sante(1998)/ And do not
lead us into diagnosis, but deliver us of the pursuit of
health(24.10.1998, Bologna)

⑰ La culture de la conspiration(1998)/ The cultivation of
Conspiracy(14.03.1998, Breme)

이상의 정리는 프랑스어판 『의미의 상실』에 대한 확인은 될지 모르지만, 문헌록으로는 미흡하다. 영문 원고를 기준으로 다시 정리해 『Mirror 2』가 출판될 경우의 체계를 가정해보자.

4) Mirror 2

1987년 이후의 논문은 다음과 같다. 이것들이 기본 문헌이 될 것이다.

① 1987/ Hospitality and pain(23.11.1987, Chicago)
② 1988/ The educational enterprise in the light of the Gospel(13.11.1988, Chicago)
③ 1988/ Needs(09.1988, Penn State University). 최종 원고는 03.1990, Cuernavaca

(Wolfgang Sachs(ed.), The Development Dictionary(Zed Books, 1992)에 수록
④ 1989/ Posthumous Longevity(06.01.1989)
⑤ 1989/ The shadow that the future throws(conversation with Nathan Gardels)
⑥ 1989/ ASCESIS: Introduction, etymology and bibliography
⑦ 1990/ The loudspeaker on the tower(01.1990)
⑧ 1990/ Health as one's own responsibility: no thank you!(14.09.1990, Hanover, Germany)
⑨ 1990/ Declaration on soil(06.12.1990, Germany)
⑩ 1990/ The Sad Loss of Gender

⑪ 1991/ Text and University(23.09.1991, Bremen)

⑫ 1992/ Auto-stop(1992)/ Jean Robert와 공저

⑬ 1992/ The loss of world and flesh/ La perte 여 monde et de la chair(19.11.1992, Berlin)

⑭ 1993/ To honor Jacque Ellul(13.11.1993, Bordeaux)

⑮ 1993/ Guarding the eye in the age of the Show(19.01.1993, Hamburg)

⑯ 1994/ The wisdom of Leopold Kohr(10.1994, Yale University)

⑰ 1994/ Pathogenesis, immunity and the quality of public health(11.06.1994, Pennsylvania)

⑱ 1994/ Brave new biocracy: health care from womb to tomb(New Perspectives Quarterly, winter 94, Vol.11, Issue1)

⑲ 1995/ Death undefeated(British Medical Journal, 23-30.12.1995)

⑳ 1995/ The scopic past and the ethics of the gaze: a plea fro the historical study of ocular perception

㉑ 1996/ Philosophy.....Artifacts......Friendship(23.03.1996, Los Angeles)

㉒ 1996/ Speed? What speed?(08.11.1996, Amsterdam)

㉓ 1996/ We the people, KPFA-Ivan Illich with Jerry Brown

㉔ 1997/ The immortality of bioethics(07.09.1997, State College)

㉕ 1997/ Homo educandus lost Education and Technology: asking the right question(20.09.1997, State College)

㉖ 1997/ Ivan Illich in conversation with Majid Rahnema
㉗ 1997/ Land of Found Friends(Whole Earth, summer 1997, Issue 90)
㉘ 1998/ And do not lead us into diagnosis, but deliver us of the pursuit of health(24.10.1998, Bologna)
㉙ 1998/ The cultivation of conspiracy(14.03.1998, Bremen)
㉚ 1999/ The conditional Human(25-27.02.1999, Bremen)
㉛ 2000/ The Loudspeaker on the Tower
㉜ 2000/ "The Oakland Table" Conversations between Ivan Illich and Friends

필자가 조사한 바로는 이상과 같다(독일어 논문은 미포함). 이상의 문헌들은 인터넷에서 찾을 수 있으며, 그중 상당히 많은 논문은 다운로드도 가능하다. 위 논문들은 『Mirror 2』가 만들어진다면 이에 수록될 논문들이라 할 수 있다. 아무튼 2009년 시점에서는 아직 영문판이 간행되지 않고 있지만, 환경, 생명, 컴퓨터 기술 등 시대의 조류를 비판적으로 살피면서 동시에 이를 역사의 흐름 속에서 파악하는 시각은 지금까지 없었던 서술 방식이다.

한편 이즈음 세 권의 중요한 저서가 간행되었다. 물(1985), 문자(1988), 텍스트(1993)에 관한 것들이다. 이것들은 에콜로지 비판의 환경론으로서, 그리고 문예 비평 및 해체(deconstruction) 비판 등 포스트모더니즘에 대한 비판 성격을 갖는 텍스트론으로서 중요한 저작들이다. 필자의 견해로, 이것들은 버내큘러한 장소론이자 교육 세계를 뛰어넘는 문자와 텍스트론이다.

후기 일리치

후기 일리치는 난해하다. 연구 대상이 바뀌었을 뿐만 아니라 언표도 어려워졌다. 새로운 담론 세계를 구성하고 있는 데다가 명확한 체계도 없기 때문에 개개의 논문들이 다양한 방향으로 확산되는 느낌이 든다. 그러나 사고의 깊이는 한층 깊어졌다는 것을 느낄 수 있다. 산업사회 현실에 대한 비판에는 변함이 없지만, 그 성립 근원에 접근하고 있기 때문에 난해해진 것이다. 그는 지식의 세계가 아니라 감각의 세계로 접어들었다. 다만 감각에 대한 감각 이론이 없기 때문에 무엇을 논하고 있는지 알기 어렵고, 산업사회 비판에서 보여주었던 사고와 담론의 창조가 여기에서는 보이지 않는다. 일찍이 그는 아무도 생각지 못했던 사상 세계를 창조했었다. 그런데 후기에는 그런 모습은 보이지 않는다. 그러나 그럼에도 불구하고 그는 아무도 말하지 않았던 세계를 말하고 있다. 이것은 읽는 이들에게 기묘한 체험을 선사한다. 때문에 난해한 것이다.

1989년 「ASCESIS」라는 논문에서 일리치는 다음과 같이 말했다. "비판적 학습과 단련적 학습을 동시에 진행해 '좋은 역사'를 쓰고 싶고, 배움을 급진적으로 개혁할 수 있는 가능성을 개발하고 싶다."고, 그리고 "배움과 지혜의 내부에서 단련의 이론을 찾아내, 정신성이 아니라 단련주의(asceticism)를 회복하고 싶다."고 말이다. '단련적 훈련의 형성을 이끄는, 자기와 타자의 지각 회복'인 것이다. 거기에서는 정신이 아니라 '신체'가 중요하다. 마음, 눈, 팔다리, 위, 살, 귀 그리고 정신이 있다. 그는 금욕적 개념과 이미지 그리고 노력에 대해 쓰고자 했다. 여기에서 단련이라고 번역한 것은 아스케시스(ascesis)인데, 그리스어인 이 단어는 ① 신체 문화 ② 의지의 지성을 개발하는 것 ③ 종교적 의무의 수행 등을 의미한다. 일리치에게는 금욕적이라는 뉘앙스가 짙어서 금욕이라고 번역하기도 하지만, 이는 잘못된 것이다. 그것은 예술적 작업이자 신체를 강하게 만드는 연습, 혹은 운동선수나 병사의 훈련을 의미한다.

플라톤은 체육교사의 지도를 받는 학생 훈련으로 이 용어를 사용했으며, 크세노폰은 지혜를 찾는 것으로, 아리스토텔레스는 용감하고 도덕적인 덕의 훈련으로 이 단어를 사용했다. 소크라테스는 "의료적 관리가 신체를 강하게 만드는 것처럼 철학적 단련은 영혼을 강하게 만든다"면서 덕과 건강은 나란히 길러진다고 생각했다. 키니코스학파[8]에서는 도덕성이 아스케시스에 환원되어, 단련된 지성은 도덕적·종교적 영역에서의 방법적 노력이라고 간주했다. 참고로, 신약성서에는 이 단어가 한 번밖에 나오지 않는다. 아무튼 이 단어와 관련해서 욕망을 억제한다는 논의는 전혀 보이지 않는다.

자유는 욕망과 나태와 무지의 포기에 의해 달성된다. 역사는 아스케시스의 목표가 자기 충족, 자기 통치임을 보여주고 있다. 일리치에게 아스케시스는 연구 대상이었을 뿐 아니라, 후기 작업은 아스케시스 자체였던 것 같다.

서구적 현상

일리치는 '이것은 서구적 현상이다', '서구 특유의 것이다' 등의 표현을 자주 한다. 역사적 현상을 지리적 장소로 한정하고 있는데, 이는 금욕적·한정적이라는 수식어를 달고는 있지만 실은 서구 보편주의를 뒤집은 것에 불과하다. 정확히 표현하자면, 서구에서 기원한 것

---

8   Kynikos(영어로는 Cynicism). 어원은 '개와 같은'이라는 뜻으로 일명 견유학파라고도 불린다. 자연과 덕, 소박한 생활을 강조하며, 엄격한 정신적·육체적 단련을 통해 행복을 얻을 수 있다고 믿는다.

이라고 해야 할 것이다. 후기에 특히 이러한 한정적 표현이 현저해지는데, 겸손한 것 같지만 실은 불손하다. 마치 서구밖에 없다고 말하고 싶은 것 같다. 실제 서구 문명은 세계로 퍼져갔으며 이익이 되었건 해악이 되었건 인류사적으로 선택되었다. 그러나 동시에 서구 역시 다른 곳으로부터 다양한 것들을 받아들여 자신의 것으로 녹여냈다. 서구에 국한된 사관은 이러한 교류의 가능성을 일방적으로 차단한 사관이다. 서양이 동양으로부터 얼마나 많은 영향을 받았는지, 그 사실을 무시하고 있다. 동양 역시 동양이라는 틀로 묶일 수 없는 고유한 역사들을 갖고 있다.

학교와 교육이 서구 특유의 현상이라고 지적하는 대목에서는 즉각 반발하고 싶어진다. 교육과 학교의 서구적 모델에서는 어찌어찌했다는 식으로 서술해야 했다. 가끔씩 이슬람에 대한 것들이 부가적으로 다뤄지기는 하나, 결국 서구 고유의 특징은 이러이러했다는 식의 서술이다. 기독교만이 세계의 전부가 아님에도 불구하고 무의식적으로 보편화하고 있는 것이다. 멕시코나 라틴아메리카를 에피소드적으로 다룰 때는 필자 역시 멕시코 역사를 연구하는 사람으로서 반발심을 금치 못하겠다. 피상적 측면만 훑고 있기 때문이다.

초기의 일리치는 이렇지 않았다. 그는 오히려 멕시코 측에 존재 가치를 두고 미국을 바라보았다. 중세로 연구 분야를 옮기고 나서 그의 마음속에 가치의 전환이 일어난 게 분명하다. 이것은 본질적으로 무엇을 의미하는가 하면, 서구에도 역사의 한 단계로 존재했을 아시아적인 것이 서구의 역사 속에서 지워지고 있다는 말이다. 즉, 암묵적으로 진보적 역사관을 택함으로써 민중의 생활은 사라져버리고, 서구 지식 계층과 서구 그리스도교 세계가 우위를 점하는 역사가 되는 것이다. 그는 부정하고 있지만, 그의 인식 토대에 있는 것은 진보적 사관이다. 이 점을 염두에 두고 후기 일리치에 대해서는 한정적 글 읽기가 필요하다. 개개의 논문이 매혹적인만큼 이 점을 주의하자.

푸코와 일리치의 차이는, 역사를 대상으로 객관적으로 파악하고 있는지 아닌지의 여부다. 푸코는 역사를 있는 그대로 대상으로 삼아 서술한다. 일리치는 역사를 지금은 없는 것, 잃어버린 것으로써 서술 하기 때문에 지금의 자신이 뒤집히게 된다. 이 점이 그를 어렵게 만 드는 것이다. 우리는 이 둘의 견해를 자신에게 유효하게 사용하면 된 다. 일본의 역사가들에게는 이런 점이 전혀 없다. 용어만 다를 뿐 담 론은 완전히 똑같다. 이에 대해 큰 기대를 하긴 힘들다. 그들조차 찾 지 않는 사료를 우리 스스로 찾아 읽으면 된다. 역사의 질서는 그들 에게 있는 게 아니다. 우리 스스로 만들어가면 된다.

그렇다면 일리치는 역사를 어떻게 논하고 있는지 물질과 독서, 시 각의 세 가지 관점에서 살펴보도록 하자.

[본장의 주요 논문]

1988/ Needs(09.1988, Penn State University)

1994/ The wisdom of Leopold Kohr(10.1994, Yale University)

1989/ ASCESIS: Introduction, etymology and bibliography(correct. Sep. 9, 1989)

4부

후기의 사상 지평

일리치가 후기에 여기저기서 보고했거나 강연한 논문들은, 초기나 중기처럼 정리된 체계를 갖고 있지는 않다. 그의 근원적 사상 기반은 역사관의 확장 속에서(초기부터 갖고 있었던 역사관이기는 하지만) 보다 심화되었지만, 그 결과 현재에 대한 비판은 단편적으로만 다루어지게 되었다. 게다가 테마 자체가 중층적이라, 솔직히 무엇이 연구 대상인지 알아내기 힘든 면도 있다.

이 점과 관련해 필자는 단순화의 위험을 무릅쓰고 에너지와 속도라는 과제는 '환경'이라는 과제로, 교육은 '문자 및 텍스트'라는 과제로, 의료는 '신체'라는 과제로 정리해 고찰하기로 하겠다. 전체적으로 '신체-환경'이라는 현재적 테마에 대해 일리치 고유의 방식으로 접근했다고 할 수 있겠다. 다만 생각의 무대는 더 이상 현재가 아니라 과거의 역사 무대로 초점이 옮겨졌다. 그 결과, 관련성이 확실히 보이지 않아 이해하기 힘들어졌을 뿐 아니라, 일리치 자신이 '금욕주의의 르네상스'라고 공언하기 시작했기 때문에 사실성·실재성은 더 멀어진 느낌이다. 다만, 『의미의 상실』이라는 만년의 마지막 논문집 서문에서 밝힌 것처럼 '쇼에 의해 황폐해진 대지'에 나타난 '압도적인 정보, 영구적 조언, 집중적 진단, 치료적 관리 운영, 조언자의 침입, 터미널 같은 배려, 숨을 끊을 듯한 속도 등의 환경'에 대한 비판은 변함없이 유지되고 있다. 그것은 산업사회적인 것들이 더욱 가속화된 현실에 대한 비판이자, 산업적 영역을 뛰어넘어 출현하고 있는 정보 집중 사회, 컴퓨터 사회에 대한 비판이다. 그 생성의 역사적 지반에 대한 물음을 제기한 것이다.

굳이 표현하자면, 환경의 역사, 텍스트의 역사, 신체 감각의 역사 등과 같이 일리치의 역사 사상이 전개된 것이다. 이는 완전히 새로운 사관의 탄생인데, 이 사관이 헤겔의 역사관이나 마르크스의 역사관을 어떻게 뛰어넘었는가에 대한 논의는 없다. 그는 금욕적인 역사적 검증을 시도했을 뿐이다. 다채로운 표상의 역사 밑에서 우리들의 감각 차원으로 끌어올릴 수 있는 본질적 사고의 가능성은 무엇인지 찾아보도록 하자.

9장
일리치의 환경론: 물과 흙과 터 잡고 사는 것

일리치는 에콜로지를 싫어한다. 에콜로지는 환경을 산업적·경제적 획일성과 동일한 토대에서 다루고 있을 뿐, 새로운 환경적 토대는 아무것도 만들지 않기 때문이다. 그는 '환경'이라는 용어를 사용하는 것 자체에 비판적이다. 그리고 에콜로지 전문가들에 대한 비판에도 가차없다. 철학적 깊이를 갖춘 사람들은, 본질적 사상 없이 '인류의 생존 위기' 운운하는 에콜로지스트들의 허식을 받아들이기 어려운 모양이다.

"에콜로지에서 말하는 환경은 생산 자원으로서의 환경이라는 시각에서 한 발짝도 못 벗어났다"고 하는 그의 지적은 정곡을 찌른다. 일리치의 환경 비판론은 소재론에서 생명 비판 쪽으로 비약해간다. 물과 흙에서부터 터 잡고 사는 것, 그리고 살아가는 것이 문제가 되고, 나아가 신앙을 향한 새로운 존재가 문제가 된다. '환경 위기에 대처할 때 생산의 총산출이 감소하지 않는 한 오염 방지 대책은 효과를 발휘할 수 없다'는 주장은, 컨비비앨리티론을 제기할 때부터 이어져

온 것이다. (기업들과 정책 결정자들은) 오염 방지 대책이 의무화되면 제품 단가가 올라간다고 협박하고, 이산화탄소 배출이 문제가 되면 '원자력발전소는 이산화탄소를 배출하지 않는다'고 선동해, 결국 방사능이 우리 생활을 덮게 되었다. 폐기물은 보이지 않는 곳이나 미래로, 혹은 가난한 곳으로 이전될 뿐이고, 제련소를 해외로 옮기는 것은 선진국만을 악취에서 벗어나게 할 뿐이다. 즉, 도구의 과잉 성장으로 인해 불법 행위가 새로운 위협이 되어, 결국 위협을 주는 쪽과 받는 쪽이 같아지는 구조가 되었다.

흙 선언

1990년 일리치는 친구들의 도움을 받아 'Declaration on Soil'이라는 한 장짜리 선언문을 발표했다. 우리들은 흙에서 태어나 흙으로 돌아간다. 우리들은 흙 위에 서 있는 것이지 지구 위에 서 있는 것이 아니다. 혹성, 지구, 환경, 에너지 시스템 등 추상화된 물체 위에 사는 것이 아니다. 이러한 실체를 지표로 삼아 생존 방식에 대한 문제를 제기할 때, 예전의 비판 기준이었던 '버내큘러한 존재'가 사라져 버린 것은 왜일까. 관심의 중심을 서구적인 것으로 옮기는 과정에서 서구에도 존재했던 역사적 단계로서의 아시아적 요소들을 일리치는 찾아내지 못한 것이다. 그는 서구적 요소만을 가정하고 있다. 그러나 그럼에도 불구하고 '터 잡고 사는 것'과 '주거/하우징'이 다르다고 한 그의 지적은 날카롭다.

1. '터 잡고 사는 것'[1]

일리치는 '터 잡고 사는 것(dwelling)'과 거주(residence), 그리고 주거(housing)를 구별한다. 이 지적은 중요한데, 일반적으로는 거의 인식하지 못했던 것이다. 1984년 건축가들 앞에서 한 강연이다.

"야생동물은 서식지를, 가축은 우리(stables)를 갖고 있으며, 탈 것들은 창고(sheds)에, 자동차는 차고에 들어간다. 이에 비해 터 잡고 사는 것은 인간적이다. 인간만이 터 잡고 살 수 있다. 터 잡고 사는 것은 예술적 기술(art)이다. 터 잡고 사는 예술적 기술은 생활 기술의 일부다. 집은 서식지도 차고도 아니다. 그러나 상품으로 구입하는 주거가 돼버리면 차고와 같아져 버린다. 레지던스의 소비자는 위상학적으로 다른 세계에서 생활하는 것이다. 거주는 '터 잡고 사는' 힘을 잃게 한다. 예를 들면, 신도시에 거주하는 고령자들은 불경기가 닥쳐 마트가 철수하기라도 하면 식품을 구입하는 것조차 불가능해진다. 상품인 환경에 거주했음에도 불구하고 상품으로부터 버려지게 되는 사태가 발생하는 것이다. 하우징이란 거주가 주거화된 큰 상자(=상품)를 제공할 뿐 아니라 상품에 둘러싸인 환경을 제공하게 된다."

그렇다면 '터 잡고 사는 것'이란 어떤 본질을 갖는가? 우선, 살아갈 자유(liberty to dwell)에 내재되어 있는 활동(activity)이다. Habitable environment, dwellable habitats라고 표현할 수 있다.

---

1 이 글에서 dwelling이란 일반명사가 아니라 개념어다. 구조물로서의 집과 이를 둘러싼 환경, 그리고 이웃들과의 관계를 유지하고 문화를 창조하는 활동 모두를 포괄한 개념이다. 마땅한 단어가 없어 여기에서는 다소 길지만 '터 잡고 사는 것'으로 번역했다.

House가 아니라 habitats로 생명체가 살 수 있는 거주 환경이다. 거기에는 장소가 포함돼 있고 공유재가 존재한다. 터 잡고 사는 것이 창조해내는 공간의 중심은 가정(home)과 공유재(commons)다. 가정들(household)이 사는 공간이 공통(common)된다. 집이 구성원들을 지붕으로 가려주듯 공유재는 커뮤니티를 에워싸고 있다. 참고로, 일리치는 "간디의 '오두막(choza)'은 인간 존엄의 공간"이라고 평가했다.

공유/공유재(common/commons)는 일리치의 주요 개념 중 하나다. 공유지라고 표현하면 좀 부족한다. 공유재는 같은 장소에서 공유되고 있는 것 전체를 표현하는 말로, 거기에 살고 있는 사람들을 포함한다. 일리치는 이를 환경이라고 하지 않는다. 여기에는 사람, 장소, 기술, 도구, 관습, 언어, 의례까지 모두 포함된다고 해야 할 것이다. 공유재는 공유성(commonality)의 궤적이다. '버내큘러 장소의 민속'이라고 개념화할 수 있을지도 모르겠다. 요컨대, 사람은 공유재에 터 잡고 산다는 뜻이다. 공유재 없이 산다는 것은 불가능하다. 공유재란 개인의 문턱을 넘은 곳에 존재하며, 개인 소유의 외부에 있지만 개인이 사용할 수 있는 것이고, 상품을 생산하기 위해서가 아니라 친족의 생존을 위해 제공되는 것이다. 야생의 땅이 아니다. 관습법이 커뮤니티 존중의 특수한 형태로 확정해주는 곳이다. 거기에는 '터 잡고 사는 것'에 의해 만들어진 문화와 관습이 존재한다.

이 공유재가 파괴된 곳이 바로 산업적 공간이다. 산업적 공간은 터 잡고 살 수 없는 환경이기 때문에 사람들은 결여의 대상인 하우징을 찾지 않을 수 없다. 커뮤니티가 터 잡고 살아가는 기법을 파괴당해(일리치는 이를 '겁탈당했다'고 표현한다), 사람들은 '결여(희소)된 생활 공간의 감각(sense of scarce living space)'에 놓이게 된다. 우리들은 도시에서 자신이 생활할 공간을 찾기 위해 부동산업체를 찾아다니고, 그 공간에 임대료를 지불하며, 전입신고를 한다. 터 잡고 살수 있는 곳이 없기 때문이다. 하우징으로써 주거를 구입하는 것 역시마찬가지다. 일리치는 공유재를 겁탈하는 하우징은 수질오염보다더 야만적이라고 했다. 하우징 프로그램에 의한 공간의 침략은 스모그를 배출하는 것보다 더 추악하다고도 했다. 환경 파괴는 '터 잡고사는 것' 자체가 붕괴되었다는 의미다. '터 잡고 사는 것'에 대해서는아무런 문제 제기 없이 세상은 수질오염이네, 이산화탄소 배출이네, 스모그네, 온난화네 하며 소란을 피우고 있다. 상품화된 하우징 속에서 '에너지 절약 상품에 의해 환경에 공헌할 수 있다'는 따위의 위장으로는 환경 개선을 기대할 수 없다. 하우징의 지붕에 태양광 패널을붙여 환경 공헌을 주장하는 것에 '터 잡고 사는 것'은 존재하지 않는다. 에너지의 구입 방식이 바뀌었을 뿐이다.

공유재는 공용 사용, 공공성, 공적 유용 등과 혼동되고 있다. 일본에서도 유행 중인 공공성론은 산업사회의 개념을 그대로 사용하는것에 불과하다. 행동에 대한 상품의 독점과 희소성의 시장 체제가 공공성을 덮고 있다. 때문에 public을 '공공(公共)'이라고 번역하는 것은 잘못이다. 오히려 public을 없애고 사회와 연결 짓는 것이 공공성이다. 공유재는 public이지만 공공은 아니며 사회도 아니다. 터 잡고 살 자유는 일부 특권층에게만 허용된다. 특권층이 아닌데도 터 잡고 살 자유를 누리는 사람들은 일탈자로 간주된다. 빈곤국의 가난한사람들 역시 터 잡고 살 자유를 빼앗기고 있다고 일리치는 지적한다. 물론 도시에서 살 자유가 없을 뿐 '시골에서 사는 것'을 통해 터 잡고살 수는 있다. '플러그를 빼면(unplugged)' 가능한 일이다. 일리치의 비판성은 과거에 비해 약해지긴 했지만, 터 잡고 사는 것과 거주를 구별하는 것의 의의는 크다. 주택 시장에 대한 비판은 부르디외에 의해 이론적·체계적으로 전개되었는데, 그동안 비판 수준은 상당히 높아졌다.

버내큘러한 생활의 주거 공간은 관습에 의해 조정된 버내큘러한 공유재다. 그 주거 공간은 ① 한정적(defining)이며 ② 동심원적이고(concentric) ③ 젠더화되었으며(gendered) ④ 관습에 의해 통치(governed by custom)된다. 그것은 남자와 여자의 영역 간의 비대칭적 보완성(dissymmetric complementarity) 가운데 존재하는 젠더화된 환경(gendered milieu)이다. 이에 반해 산업적 건물은 형식적 법률에 의해서만 조정되는 경제 상품이다.

2. 물과 H2O

「H2O와 잊혀진 물(H2O and Water of Forgetfulness)」(1986)에서 일리치는, 환경에 대한 생각이 근대 산업적인 물체에 대한 도식에서 만들어진 것에 불과하다는 것을 역사적으로 보여주었다. 논문에서 다루고 있는 것은 소재/물질이라고 할 수 있는 stuff다. Tools(=도구)가 아니라 stuff의 '역사성(historicity)'을 고찰하고 있다. 일리치는 단순한 물체에 불과한 'H2O'와 사람의 내면에까지 상상력을 만들어내는 '물(water)'을 구별한다. 현대 사회는 물을 잃어버리고 단순한 물체를 다룰 뿐이며, 내면의 정신성과 상상력을 상실해버렸다. '죽음'에 이른 것이다. 몸을 씻는 것이 H2O라면, 영혼을 정화하는 것은 물이다. 씻는 것과 정화하는 것은 다르다. 정화에서 심적 상상력은 기억과 연결된다.

그렇다면 stuff란 무엇인가. 왜 물건(thing)이나 물체(material)가 아닌 stuff라고 했을까. 물은 확실히 도구는 아니다. 자원(resource)도 아니다. 사물의 '소재'가 되는 물질(matter)이다. 어떤 특이한 존재다. 일리치는 바슐라르[2]의 논의가 힌트가 되었다고 말하고 있지만, 이 말은 내용을 이해하는 데 그다지 도움이 되지 않는다. 물론 바슐라르적인 발생적 인식론을 '역사화'한 것은 분명하다. 그는 물을 다룬 역사를 보여준다. 사물에도 역사가 있음을 당연하게 인식하고 있는데, 그렇다면 이 책에서 새롭게 제시된 것은 무엇인가. 그 계기는 댈러스에 호수를 만들 것인가 말 것인가를 둘러싼, 에코 시티 구상에서 비롯되었다. 이 문제는 경관 조성과 마을 만들기 프로젝트를 둘러싸고 여기저기서 벌어지는 문제들과 유사한데, 결국 도시 환경 설계의 핵심에 '물'을 배치하는 문제와 관련된다.

일리치는 댈러스에 분수를 만들거나, 화장실 배수나 공장 배수를 재활용하는 것, 호수를 만들어 관광자원으로 삼아 상업적 이윤을 올리려는 발상 등은 도시의 미관 조성이 될 수 없다고 지적한다. 이것은 명확한 지적임에는 틀림없으나 무언가 부족하다. H_2O의 환경적 공간화는 문화가 될 수 없다는 뜻인데, 그것은 stuff의 문제에만 국한된 게 아니다. 즉, '장소'론이 결여되었다. 1985년 시점에서는 아직 일리치에게 장소론이 구체화되지 않았다고 두둔해서는 안 된다. 이런 논리는 환경 비판으로서 너무 약하다는 것을 자각하지 못한 것이 문제다.

일리치는 또한 '공간'의 의미와 '순환'이라는 개념을 비판하고 검

---

2 Gaston Bachelard(1884~1962). 프랑스의 과학철학자이자 시인. 인식론적 단절, 인식론적 장애 등의 개념은 푸코, 알튀세르, 데리다, 부르디외 등에게 커다란 영향을 미쳤다.

증한다. 냉소적 제목으로 현재를 야유하는 경향이 있긴 하지만, 고전 지식이 뒷받침된 일리치 특유의 깊이가 보인다. 물론 아직 금욕적 역사론이 아닌 선동에 가깝기는 하지만 말이다.

소재(stuff)와 물질

일리치는 물질(matter)의 역사성(historicity)에 대해 고찰하고자 했다. 그 기초가 되는 stuff에는 역사가 없다고들 하는데, 그는 stuff(=소재)의 역사성을 이끌어내고 싶다고 했다. 물과 H_2O에 대해서도 이 소재라는 관점에서 접근하고 있는데, 물질과 소재의 관계에서 역사적 변화가 나타난다. 여기에서는 어떤 이론적인 틀이 만들어지는지에 주의해볼 필요가 있다. 또 하나의 개념은 substance, 즉 '물체'다. Stuff/ matter/ substance는 서로 어떤 관계인가.

Substance는 상상력에 의해 만들어진 것으로, 따라서 그 자체가 사회적 창조물이다. 물이나 불로 연상되는 것은 substance다. '실체'라고 해도 좋을 것이다. 물이라는 실체, 불이라는 실체다. 그것은 문화와 시대에 따라 달라지는데, 그도 그럴 것이 불의 표현 방식, 물의 표현 방식, 그리고 불과 물의 사용 방식이 달라지기 때문이다. 실체는 사회적·문화적 관계를 떠나서는 존재할 수 없다. 한편, 소재라는 것은 어떤 상상력의 재료, 그 근원에 있는 것을 의미한다. 예를 들어 '불을 마신다'고 할 경우, 물이 소재와 재료가 되어 그렇게 표현하는 것이다. 불을 물처럼 마신다고 하는 표현 방식이다. 이것은 실체가 아니다. '형태의 원천이 되는 상상'과 '형태 없는 소재의 근원으로서의 상상'의 차이, 즉 형체가 있는 것과 없는 것의 차이에 주목해야 하는데, 후자가 바로 stuff(=소재)다. '이제 모든 걸 씻어버리자' 즉, 나쁜 감정을 없애자고 했을 때 물의 형태는 없지만 물을 소재로 그렇게 표현하는 것이다. 실체로서의 물은 아니지만, 물의 물질성(=흘러가는 것)을 심적 관계성에서 표현한 것이다.

물질(=matter)이란 물의 실체가 갖는 물질로서의 성격을 의미한다. 물질적 특징이라고 해도 좋을 것이다. 이 물질적 특징 역시 문화와 역사에 따라 바뀐다. 형태와 물질은 떨어질 수 없다. 상상의 형태와 물질은 서로가 서로를 구성하는 것이다. 애정 또는 분노가 불꽃처럼 타오른다고 할 때 이 불꽃의 소재가 '불'이다. 실체로서 불이 있는게 아니라 불이 물질적으로 타는 것처럼 마음이 움직인다는 것, 이때 불이 소재로써 존재하는 것이다. 소재는 냄새, 외견, 맛, 감촉 등을 말한다.

물은 순수성을 나타내는 소재로 인식되어왔다. 물을 접함으로써 사람들은 순수성을 경험할 수 있다. 물은 정신적 더러움을 씻어내는 신비한 힘을 갖고 있다. 그런데 오늘날 H_2O는 인간 생존이 걸린 순수성으로, 즉 오염된 물을 정화해야만 하는 새로운 소재가 되었다. 물은 산업 및 기술용 세제가 되었고, 피부에 유해할 수 있는 소재가 되었으며, 부식물로써 사람들에게 두려움을 주는 존재로 바뀌었다. H_2O는 근대의 사회적 창조물이며 결여돼 있는 것, 기술적 관리를 필요로 하는 것이다. H_2O에는 상상의 물에 존재했던 힘이 남아 있지 않다. 일리치는 바로 이 역사를 그려내고 있는데, 물과 H_2O는 둘 다 소재지만 소재로서의 존재 양식과 드러나는 방식이 다르다. 기존의 환경론은 실체와 물체만을 문제삼아 인간의 주관(지구를 보호하자 등)을 말할 뿐 소재를 문제삼지 않았으며, 상상을 문제삼지도 않았다. 이것은 결국 환경을 말하는 것이 아니거나, 물이 아닌 H_2O를 소재로 한 생각에 지나지 않는다. 아무튼 물을 소재로 한 사고는 아닌 것이다. 일리치는 이로부터 도시 공간 및 도시에 흐르는 물, 즉 공간과 물을 소재로 다루어야 한다고 주장한다.

공간과 도시

문화는 독자적 공간을 형성하며, 공간 자체가 문화가 된다. 공간은 모든 것을 포함한 비대칭적 보완성으로 구성되는 사회적 창조물인 것이다. '당신은 어디에서 생활하고 있습니까'라는 질문은 '어디에서 삽니까'와 같은 의미다. 산다는 것은 생활하는 한 순간 한 순간이 자신이 소속된 커뮤니티의 독자적 공간을 형성한다는 뜻이다.

상상이란 현실의 이미지를 만든다기보다 오히려 보이지 않는 것의 이미지를 만드는 능력이다. 고대의 전통에서 도시의 건설은 창시자가 꿈에 나타나 신탁을 내려주는 것에서 시작된다. 많은 도시 창조 신화는 이러한 이야기들로 넘쳐난다. 이 창조의 꿈은 운명(destiny)을 잉태하고 있어서, 그 땅에 공간을 창조하는 점술사의 예언을 필요로 한다. 도시의 성역(templum)을 하늘이 허락해주면 신이 선택한 땅에 투사된다. 그것이 명상(contemplatio)이다. 명상을 통해 천상의 성역은 이 세상에 모습을 드러낸다. 또한 성역의 모양에 대해서는 별들이 늘어선 선 위에서 면밀하게 숙고된다. 숙고(con-sideratio)는 성역의 축을 도시의 별과 연결한다. 명상 뒤에 숙고가 오는데, 이를 통해 도시의 전후좌우가 결정되고 mundus로 불리는 지하세계로 들어가는 입구가 지정됨으로써 식은 끝난다.

이런 의식과 주문은 지상에 흔적을 남기지 않는다. 눈에 보이는 어떤 것도 남지 않는다. 도시의 창건자는 이 비대칭적 성역과 지상의 풍경을 성혼시켜야 한다. 이를 위해 소에게 수레를 끌게 해 바퀴자국을 그린다. 바퀴자국은 하늘과 땅의 성스러운 결혼이다. 이 자국은 내부 공간을 지각 가능하게 해주고 경계를 통해 외적 공간을 배제하는데, 벽이 만들어지는 곳에서 이 두 개의 공간은 연결된다. 바퀴자국과 벽은 불사의 신에 의해 보호를 받는다. 한편 집의 문턱과 문은 민법의 영역이다. 문은 사는 공간(domi)과 집 밖(foras)의 접점이다. Domi는 안쪽에 사는 것을, foras는 그로부터 배제된 모든 것을 가리킨다. 이 두 개의 말은 전혀 관계가 없는 다른 어군에 속한다고 반베니스트[3]는 지적한다. 이렇듯 도시의 공간은 의례에 의해 만들어진다. 그러나 근대인은 실체로서의 공간에 대한 감각을 모른다. 공간을 소재로서 느끼지 못한다. 공간의 냄새를 맡거나 느끼는 것이 불가능한 것이다. 무취의 공간이 돼버렸다.

플라톤의 『티마이오스(Timaios)』는 이해를 가능하게 하는 세 가지 원리를 밝히고 있다. ① 생성 과정에 있는 것이 있다 ② 생성이 일어나는 장소가 있다 ③ 생성된 것이 모델로 삼은 것이 있다. 이중 두 번째 것이 어머니(=자궁) 혹은 어머니와 같은 그릇인데, 꿈과 상상의 이미지가 가득 찬 소재다. 아리스토텔레스는 그릇이 아니라 넓어지는 공간에 대한 인식을 만들어냈다. 그 결과, 이데아로서의 도시는 법적 픽션이 되었다. 서구의 공간 지각의 토대가 만들어진 것이다.

산업사회 이전에는, 신체·도시·원 등 이들 모두에게 안팎의 구별이 있었다. 좌우·남녀 등 비대칭적 보완성은 사회의 근저와 관련된 경험들을 만들어냈다. 그런데 이것이 근대 사회에 들어와서는 '동질적 공간(homogeneous space)의 연속체(continuum)'가 된 것이다. 기하학적 연속체의 사회에서는, 외부와 내부는 동일한 하나의 공간에서의 두 개의 위치(location)에 불과하다. 사람들은 위치가 정해

---

3   Émile Benveniste(1902~1976). 프랑스의 구조주의 언어학자. 인도-유럽어에 대한 연구와 소쉬르의 언어학에 대한 비판적 재구성으로 유명하다. 부르디외나 데리다 등 프랑스 철학자들에게도 많은 영향을 주었다.

진 주소를 부여받지만 터 잡고 살 수는 없다. 일리치는 이것을 '불도저화된 공간(bulldozed space)'이라고 부른다. 그리고 이 데카르트적 차원으로 환원된 외적 공간에 대해 자기 방어 가능한 내적 공간을 가져야 한다고 주장한다. 일리치는 우리가 사는 장소로서 상상하는 도시에 필요한 물을 생각한다. 터 잡고 사는 공간은 소재(stuff)라는 뜻이다. 도시는 물을 H2O로 바꿔버림으로써 터 잡고 사는 소재 역시 없애버리는 역사의 궤적을 지나고 있다.

물의 역사로

물은 공간보다 감각적이며 비유의 대상으로 무한한 힘을 갖고 있다. 또한 물은 이원성을 갖고 있기 때문에 대단히 이해하기 힘들기도 하다. 물은 '변해가는 거울'로 시대의 변화를 반영하지만, 동시에 그 아래에 드리워진 소재가 어떻게 되었는지를 감춘다. 물의 자유자재한 표정보다 소재 자체의 깊이가 이러한 애매함을 만들어낸다. 물은 정화(purification)와 세정(cleansing)이라는 이원성을 갖고 있다. 마음의 때를 씻어내는 힘과 몸의 때를 씻어내는 힘이다. 물은 대상의 핵심을 건들거나 각성시킴으로써 순수성을 전파하고, 표면의 더러움을 씻어냄으로써 몸을 깨끗하게 해준다.

일리치는 신체·옷·도시에 붙어 있는 것들을 씻어내는 물의 힘을 규명하는 것이 목적이지, 신체와 영혼에 침투해 자신의 청신(淸新)함·밝음·순수성을 전하려고 하는 물의 힘은 자신의 주제가 아니라고 밝힌다. 로마는 기억을 문자로 성문화하고 도시 용수의 수도화를 실현했다. 이어서 런던과 파리의 물이 어떻게 H2O로 변하게 되었는지 소재의 역사가 그려진다. 여기에서는 역사적 사실에 대해서 상술하지는 않겠다. 논점만을 뽑아보기로 하자.

수도와 순환의 튜브 시스템

수도관을 통해 도시로 들어온 물은 하수도를 통해 도시를 빠져나
갈 거라고 생각하지만, 이런 것이 가능해진 것은 도시에 기차역이 생
기고 도로변에 가로등이 켜지게 되면서부터다. 여기에서 '순환'이라
는 관념이 출현했다. '순환'이라는 개념은 중력(뉴턴), 에너지 보존
(헬름홀츠), 진화(다윈), 섹슈얼리티(프로이트) 등의 개념과 마찬가지
로 새롭지만 기본적인 개념이다.

순환이라는 생각은, 원에 중심이 있다는 감각을 잃었을 때 생긴다.
그 감각 대신 튜브 시스템이 만들어졌다. 맨 처음에는 혈액이(17세
기), 이어서 사회에서의 화폐와 부(富)가(18세기), 그리고 도시의 물
이(19세기) '순환'한다. 물리·화학의 과학적 순환에 대해서는 이 책
주석에서 설명하고 있는데, 일리치는 윌리엄 하비[4]의 혈액순환론이
중요한 역할을 차지한다고 지적했다. 이것은 사회는 튜브관으로 구
성된 시스템이라고 하는 사고로 발전하고, 액체가 지배적 비유 대상
이 되어 사상·신문·정보·가십·교통·공기, 나아가 권력까지 '순환'
하는 것으로 간주되었다. 채드윅[5]은 도시에서는 물의 순환을 통해
위생이 보장될 것이라고 생각했다. 그는 물의 흐름의 세기가 강할수
록 부와 건강이 증대되고 위생도 향상된다고 믿었다. 이로부터 '항상
적인 세정의 필요'가 발견된 것이다.

---

[4]   William Harvey(1578~1657). 영국의 의사이자 생리학자. 심장 판막을 발견하
     고 최초로 혈액순환론을 체계적으로 제시한 인물이다.
[5]   Sir Edwin Chadwick(1800~1890). 영국의 사회개혁가로 구빈법과 공중위생의
     개혁에 진력했다. 그는 공중위생이 개선되면 사회적 부가 증가한다는 신념을 갖
     고 있었다.

냄새와 위생, 수도와 하수

도시는 역사상 일관되게 악취를 풍기는 곳이었다. 분뇨 처리는 특히 어려운 문제였다. 변소가 가정에 보급된 것은 런던에서도 19세기 중엽이나 되어서였다. 중세 도시에서는 돼지가 청소부였다. 오늘날에도 쓰레기 처리가 큰 문제인 것처럼 폐기물·오물·쓰레기 문제는 도시를 괴롭혔다. 그러나 산업적 오염과 과거 도시의 오염을 동일시할 수는 없다. 버내큘러한 분위기가 만들어낸 악취는 근대 도시 안의 거주 공간에서 나는 악취와 다르다. 악취의 감각은 역사적으로 변한다.

교회 속에, 그리고 도시 속에 매장된 죽은 자의 악취는 사람들의 불쾌감을 자극할 뿐 아니라 사체에서 나오는 독기의 치명적 위험으로 인하여 법률적·철학적으로 죽은 자를 거주 공간에서 배제해야 한다는 논의를 낳았다. 18세기가 되자 죽은 자는 산 자와 같은 공간에 있는 것을 거부당하기 시작했다. 이와 같이 배제되는 과정에서 죽은 자는 지금까지 존재해왔던 인간의 잔해로 변질되어 더 이상 신화가 아니게 되었다.

악취란 인간의 거주로 인해 환경에 남기는 흔적이다. 코는 악취를 풍기는 내면의 질을 포착한다. 19세기는 살아 있는 자신들의 아우라를 제거함으로써 냄새를 없애는(脫臭化) 데 전력을 기울여 도시 공간의 대청소를 실시했다. 또한 악취가 나는 개인이 소멸되어감으로써 비로소 개인이 개인으로서 무한히 자유롭게 순환할 수 있는, 세상 어디에도 없었던 장소(=유토피아)를 꿈꾸게 되었다. '터 잡고 사는 것'을 불가능하게 만들고, 대신 번지가 붙은 주거를 상품으로써 구입하도록 계획되었다. 악취가 없는 피난 장소가 만들어진 것이다. 악취는 기체로서 인식되었고, 그 기체 가스를 조사 또는 검사하게 되었다.

배설의 장소는 시각으로부터 차단되어 문 저쪽으로 감추어지게 되었고, 배설물과도 거리를 두게 되었으며, 남녀 각각의 변소가 만들어졌다. 이어서 신체도 악취를 낸다는 사실이 발견되어 속옷은 보온이나 보여주기 위한 용도에서 땀을 제거하는 용도로 바뀌었다. 속옷을 자주 빨고, 침대에는 시트를 깔고, 개인용 침대, 변기, 그리고 묘지를 준비하는 것이 시민들의 존엄의 요건이 되었다. 배변의 프라이버시화, 사람들로부터 아우라를 벗겨내는 것, 시민 공간을 무취화하는 것 등 도시의 toilet화(=화장화, 化粧化)가 진행되었다. 맨 먼저 멀리서도 악취를 맡을 수 있는 감옥과 정신병원이 악취 제거의 타깃이 되었고, 도로의 배설물 제거와 감옥의 환기가 실시되었다.

사회적 진보는 높은 청결도와 동일시되었고, 계급에 따라 상이한 냄새와 인종의 냄새 등 체취를 없애고 집안의 악취를 없앰으로써 누구나 높은 계급으로 올라갈 수 있게 되었다. 물은 악취를 씻어내는 세제로 변했다. 비누가 몸 세정에 사용된 것은 19세기에 들어서부터였다. 비누는 첫 공업 제품이었으며, 학교 제도를 광고 대리인으로 삼아 널리 보급되었다. 발전과 개발도 물과 비누와 연결되었다. 교육은 청결을 좋아하는 개인주의 감각을 심어놓았으며, 냄새 없는 공간에 살고 피부 안쪽에 아우라를 갈무리하도록 가르쳤으며, 냄새 나는 것은 부끄러운 것이라고 가르쳤다. 냄새에 의해 출신 성분이 드러나고, 냄새가 기분을 상하게 한다는 관념들이 시민들을 새로운 공간에 배치하였다.

냄새의 사회적 탄압은 ① 수치심(자신의 불결함 때문에 굴욕적으로 모욕당하는 것에 대한 공포) ② 곤혹스러움에 대한 공포(출신 성분이 드러나 자신의 더러운 과거를 깨닫게 되는 고통) ③ 악취를 가두는 청결함으로 인해 타자의 사적 공간을 멀리 하는 태도 등을 낳았다. 사람들은 모두 남들에게는 스컹크가 된 것이다. 향수는 악취를 제거한 신체에 이차적인 남녀별 냄새를 인공적으로 부여했다. 향기의 섹스화다. 향수는 동물성과 식물성 사이를 오가며 가벼운 향기일수록 품위를 갖게 된다. 부유층은 가능한 한 옅은 향수를 몸에 뿌리고, 중산계급은 몸을 구석구석까지 씻게 되었으며, 빈민 대중의 탈취화가 교육자와 의료 감시 기관의 주요 목표가 되었다.

원래 화장실에 물은 금물이었다. 물로 여러 번 씻고 몸단장을 하는 것은 19세기 이전에는 없던 일이었다. 화장실의 뜻이 욕조에서 목욕을 하는 것으로 바뀌면서 목욕용 방이 생기고, 목욕·신체 세정·옷 갈아입기가 합쳐지고, 변기가 놓이고, 남성들은 이발소에서가 아니라 스스로 수염을 깎게 되었다. 비누 거품을 씻어내고 배설물을 하수로 흘려보내는 수돗물이 부착된 화장실이 나타났다. 욕실(bathroom)의 출현이다.

파리와 런던은 하수에 관해서는 대조적이다. 파리에서는 '퇴비'가 사용되어 도시 내에서 농원을 가꾸게 되었다. 길에 떨어져 있는 배설물을 모아 퇴비를 만들고 그 부식토를 판매하자는 안까지 나왔을 정도다. 런던은 반대였다. 상층 계급이 설치한 수세식 변소에서 오수통을 거쳐 하수도로 흘러내려가 옛날부터 있었던 수로를 따라 템즈강으로 흘러갔다. 오물을 밖으로 내보낸 것이다. 한편, 미국은 가정에서 물을 넉넉히 쓸 수 있었다. 쇠파이프와 수압을 조합한 소화용 수도시설이 수돗물을 가정에 보낸 것이다. 나중에는 대량의 물을 버리는 것이 물 확보보다 몇 배나 더 비용이 든다는 것을 알게 되었고, 오수를 흘려보내는 것이 병의 원인이 된다는 것도 알게 되었다. 더러워진 공기와 접촉하는 것보다 몸속에 세균이 들어가는 것이 더 위험하다는 인식이 퍼지면서 무균의 물을 공급하는 것이 우선시되었다.

이상 서둘러 요점만을 나열했는데, 일리치는 상당히 야유 섞인 태도로 이 냄새의 무취화와 물의 위생화 역사를 기술하고 있다. 중요한 포인트는, '냄새'나 물을 처리하는 방식에서 역사를 물질적으로 바라보는 관점이다. 그는 "환경은 물리 현상만이 아니기 때문에 냄새의 감각과 지각에서 바라보아야 한다"는 것을 시사하고 있다. 일리치는 "물질의 역사와 상상력을 고찰하는 데 항상 실패해왔지만, 그래도 도전해야만 한다"고 말했는데, 역시 성공적이라고 하긴 어렵겠다. '실재'에 휘둘렸다는 점을 부정할 수 없다. 다만 그는 물을 소재로 하는 생각 혹은 상상과, H_2O를 소재로 하는 생각 혹은 상상은 전혀 다르다는 것을 밝혔다. 시사점을 제공하는 것으로는 충분히 성공한 셈이다. 개별 논문들을 모은 책일 뿐 본격적 고찰로서는 완성되지 못했지만, 이 저작은 현재의 환경론자들과 에콜로지스트들이 물 환경이 아닌 H_2O 환경론을 만들어내고 있음을 간파할 수 있는 기점을 제공해주었다. 이 저작은 일리치의 사고방식이 실체와 이로부터 파생돼 떨어져 나간 것들을 함께 기반에 두고 있음을 보여준다. 그는 실체와 상상이 분리되지 않는 것이 바람직하다고 생각한 것이다.

3. 버내큘러한 장소 환경

환경이 역사적으로 이러저러했다고 하는 인식은 이미 바뀌어버린 환경에서는 아무 의미가 없다. 자연 과정처럼 붕괴 일로로 향해가는 추세를 막을 수는 없다. 그렇다면 어떻게 해야 하는가. 해답은 일리치가 제시했던 버내큘러한 장소의 문화를 자신들의 생활에서 재발견하는 것이다. 과거에 나타났던 것은 현재에도 남아 있다. 비록 표면적으로는 사라졌지만, 심층에는 잠재되어 있다. 장소의 환경, 문화, 기술 등 어떠한 형태로건 남아 있는 법이다. 사람들이 강에 접근할 수 없게 되어도, 댐에 의해 막혀 있어도, 강 흐름의 흔적과 역사는 반드시 남아 있다. 이를 어떻게 자신들이 생활하는 장소에, 자신들의 생활로 되찾아와 도움이 되는 방법을 찾을 것인가를 생각하고 설계를 바꿔야 한다. 이 어려운 일에 사회적 규칙과 가치관이 비집고 들어온다. 즉 사회 일반을 내세워 장소 이기주의가 된다는 논리를 편다. 이에 대항하기 위해서는 장소 경제를 개발해가도록 연동하면 된다. 장소의 경제는 장소의 형태와 규모, 살고 있는 주민들의 크기에 맞게 이루어지는 것으로, 상품 경제나 서비스 경제가 아니다. 미분적이고 한계적인 호스피탤리티 경제다. 장소의 경제란 자신들이 생활하고 있는 장소의 역사를 공부하고, 장소 환경의 의미를 찾아낸다는 뜻이지, 일리치가 표현한 것처럼 '레테 강가에 앉아 있기만 하는 것'은 아니다. 장소론이 확립되면 이 점이 보이게 된다.

일리치의 저술로부터 버내큘러한 것들, 젠더가 있는 생활, 자율 에너지 우선, 배우는 환경, 장소의 신화와 의례 및 습속(習俗), 도구의 균형 등을 구성해가면 장소마다 필요한 가능 조건들을 만들어낼 수 있다. 그러나 일리치 본인은 이 저술들을 과거의 팸플릿에 불과하다면서 그 의미를 부정해버렸다. 때문에 그는 위에서 논해온 것들의 존재 근거를 '신앙'이라는 외부 세계에서 찾을 수밖에 없었던 것이다. 상상력과 소재/물질 사이의 분리되지 않는 영역을 스스로 찾을 수 없게 된 것이 바로 H_2O와 물에 관한 저작이다. 앞으로 나가야 할 지점에서 후퇴하고 만 것이다. 거꾸로 말하면, 서구적 사고방식의 한계에 도달했다고 할 수 있다.

장소

버내큘러적 장소 환경을 생각하고 설계하기 위해서는 비분리, 술어성, 장소 의지 등의 인식 체계가 필요하다. 이를 통해 일리치가 벌여온 작업의 의미를 재구성할 수 있을 것이다. 그렇지 않으면 단순히 산업 제도에 대한 비판과 부정에 불과해져버린다. 일리치 식으로 말하면, 장소를 없애버린 것은 알파벳 문자와 수도에 의해 길러진 정신이 만들어낸 기술이다. 과거의 말들을 고정하는 문자 기록에 의해 기억이 유지되고, 상하수도의 개발에 의해 물의 도덕적 정화 작용이 사라짐에 따라 장소의 기억과 물이 장소로부터 분리된 것이다. 물의 흐름은 사람들의 생활과 생명으로부터 완전히 떨어져 나갔다.

일리치의 버내큘러한 장소에 대해서는, 특히 프랑스 역사가들이 주목했다. 프랑스의 마을은 세 개의 중심적 원들에 둘러싸인 공간이다. ① 계곡에 둘러싸인 마을 ② 3시간이면 횡단 가능한 거리의 마을 ③ 밀집되어 있으며 상호 혼인 관계를 맺고 왕래하는 사람들(forains)이 살고 있는 몇 개의 마을로 구성된 지방(pays) 등이다. 이것들의 하위에는 가정이 있고, 밖에는 외부 세계가 있다. 환경의 중심에는 집이 존재하고, 공간적 이중성에 의해 문화가 전달된다. 버내큘러한 공간은 각각 젠더화된 환경의 위계 구조(hierarchy)로 이해할 수 있다. 물론 이런 틀은 과거의 장소에 불과하다. 지금도 여전히 존재하는 장소는 다양하다. 이를 요소적으로 지적하면 다음과 같을 것이다.

• 걸어서 생활할 수 있는 범위의 크기, 혹은 자전거 속도의 공간에서 이동이 가능한 범위
• 특정 장소의 주민이 생활하는 영역, 인구 20~30만 명 규모로 가정할 수 있다.

- 장기 파동의 역사가 존재할 수 있다.
- 장소의 문화 기술이 존속할 수 있다(농업 및 어업 기술을 포함).
- 젠더화된 것들이 실제 사라졌더라도 장소의 기억으로 회복 가능하다.
- 자연 경관이 산업적으로 왜곡되더라도 부분적으로 남아 있을 수 있다(강의 형상과 숲속의 삼림).

이러한 '~할 수 있는 장소'로써의 장소에는 버내큘러한 역사와 기술이 있다. 이 '~할 수 있는 장소'에서는, 역사를 되돌아보면서 무엇이 가능한지를 구상할 수 있다. '상대적으로 ~할 수 없는 장소'를 상상하면서 장소의 자본을 찾아내고, 장소의 문화적 기술을 이용해 지금까지 없었던 새로운 '절대적으로 ~할 수 없는 장소'를 설계해낼 수 있는 것이다. 물의 회복이 결정 기준이 될 것이다. H_2O가 아니라, '터 잡고 사는' 데 필요한 물의 회복이다. 장소에 흐르는 물이 장소 환경의 소재가 되어야 한다. 첨단 기술은 보완, 보조 역할을 하면 되므로 이를 배제할 필요는 없다. 그리고 장소 시장의 장소 경제를 장소 통치해야 한다. 버내큘러한 환경은 자연보호용 환경이 아니다. 인공적이고 인위적인 것들이 장소에서 터 잡고 사는 것을 파괴하지 못하도록 한계를 설정하는 것이다.

실체와 소재와 장소

여기에서 일리치가 처음 설정했던 실체(substance)와 소재(stuff)의 개념에 대해 다시 생각해보자. 중세는 이 실체(substance)를 둘러싸고 많은 논의가 벌어졌다. 홉스를 축으로 살펴보기로 하자.

실체는 신체와 등질적인 것으로 간주되었는데, 이로부터 비물질적 실체(immaterial substances)라는 문제 영역이 나온다. 예를 들면 '천사'다. 천사는 아기와 같은 얼굴과 몸에 날개가 달려 있는 이미지로, 신체성의 실체와 이미지(像)를 갖고 있다. 홉스는 초기에는 천사의 존재를 믿고 있었다. 그러나 나중에는 완전한 기하학적 형상, 진리, 도덕 가치, 최종 원인, 감각적 종류, 초능력(occult power), 덕, 비물질적 영혼, 천사, 정신, 유령, 그리고 비물질적 신 등을 시간과 공간, 우주, 본질, 수(數) 등과 마찬가지로 그 존재를 부정하게 되었다. 자연과 인간 경험의 모든 현상은 움직이는 물질(matter in motion)이 만들어낸 산물에 불과하다고 본 것이다. 중세라는 틀을 넘어 소재(stuff)를 논하려고 한다면, 홉스의 이 같은 생각을 무시하고 건너뛰는 것은 실체와 소재에 관한 논리를 자의적으로 사용하는 것이 된다. 실체 역시 역사적 상상으로 만들어진 것이라고 주장하려면, 이를 위한 이론이 필요하다. 그런데 그런 이론은 서구가 싫어하는 본질론의 세계에 해당된다. 이러한 이론이 없기 때문에 일리치는 홉스와 같이 유물론의 연장선상에서 전개해오던 논리를, 데카르트적 연속체로서의 '불도저적 공간'이라는 선동으로 흘려버린 것이다. 이렇게 되면 서구의 식자들로부터 무시당할 수밖에 없다.

필자라면 실체와 그 물질성을 잇는 중간에 소재(=stuff)를 두고, 이를 근원으로 상상이 만들어진다고 하는 관계성을 먼저 설정하고, 실체와 물질성이 역사적으로 변화하는 개별적 표상을 고찰하겠다. 그러면 불이나 물 같은 물질적 소재와, 거주 공간과 같은 공간적 소재는 동일하게 취급할 수 없게 된다. 비물질적 소재로써의 지각이나 감각은 더욱 그렇다. 소재의 구성 방식은 각각 상이한 것이다. 그리고 장소란, 이와 같은 총체가 복잡하게 그리고 술어적으로 구성된 것이다. 물질적 실체로서의 장소와 비물질적 실체로서의 장소가 '~할 수 있는 장소'를 만든다. 이 장소의 물질성과 실체로서의 장소의 관계가 다양한 요소로 구성되는 장소의 소재가 되어, 장소의 상상 세계를 상대적 무(無)의 장소로 만든다. 이 같은 반전을 통해 '절대적으로 ~할 수 없는 장소'가 된다. 거기에서 물은 주요한 소재다. Matter in motion이라는 홉스의 지적은 유효하다. 이 점을 건너뛴 채 물과 H_2O를 소재로써 대립적으로 구별하는 것은 이미 분리의 논리가 전제되어 있기 때문이다. 환경론의 어려운 점은 소재의 애매함에 있는 게 아니라 소재의 복잡한 구성에 있다. 장소마다 이를 해독하는 수밖에 없다. 물의 문제가 아니라 '물의 장소'의 문제, 보다 정확히는 '물의 버내큘러한 장소'의 문제다. 그것은 불도저에 의해 파괴된 단순한 실체가 아니다.

일리치는 그 후 소재에 관한 논리를 문자와 텍스트로, 나아가 시각으로 확장시켜가는데, 소재라는 개념은 더 이상 사용하지 않게 되었다. 그러나 논리 구조 자체는 소재의 논리에서 추출된 실체적인 것이다. 장소에 대한 언급은 점점 보이지 않게 되지만, 중요한 것들을 시사하므로 그 점은 놓치지 말아야 할 것이다.

4. 에콜로지 비판과 '생명'의 물신 숭배

일리치의 에콜로지 비판은 이미 교통론을 집필할 무렵부터 나타났는데, 특히 『젠더』에서는 "에콜로지는 경제적 균질 공간을 전제로 한 환경만 생각하고 있다"고 본질적 지점을 지적한 바 있다. 즉, 버내큘러한 환경, 버내큘러한 젠더 환경을 고려하지 않은 유니섹스 경제의 에콜로지에 불과하다는 말이다. 이것은 에콜로지스트에 대한 비판으로, 가장 본질적 부분을 지적한 것이다. 나아가 그는 "에콜로지스트들은 가이아[6]에 대해 '책임'을 지려는 듯 광적인 춤을 추고 있다."고 야유했다. 객관성과 주관성, 양극에서의 비판을 통해 정곡을 찌른 것이다.

에콜로지는, 인식론으로서는 근대적 이원론의 한계 내에 머물고 있고, 경제적으로는 상품 생산 중심에 머물러 있으며, 정치적으로는 국가 정책으로서의 환경 정책에 머물러 있다. 여기에서 벗어나야 함에도 불구하고 산업경제 및 국가 사회제도와 동일한 일을 하고 있을 뿐이다. 애초에 '에콜로지'는 경제학적 개념을 환경 분야에 시스템론으로 적용시킨 것이다. 식물의 생태는 식물의 사회학 및 경제학으로 해석되고, 에코 시스템은 생물·광물·기체를 포함한 자연의 물질적 교환으로 이해되었다.

에콜로지의 시조인 헤켈[7]은 에코노미의 어원인 오이코스(oikos)로부터 에콜로지를 창시했다. 에콜로지란 생활 형태와 주거 환경의 관계에 대한 연구라고 할 수 있는데, 알 수 있는 모든 현상들을 연관시키는 것으로 확대되었고, 오늘날에는 모델과 현실의 양쪽을 의미하는 사이버네틱스 시스템의 용어로 이해하게 되었다. 그것은 스스로를 관찰하고, 정의 내리고, 규제하고, 유지하는 프로세스다. 생명을 시스템과 동일하게 놓고(等値), 생명을 깎아내림과 동시에 구성하는 추상적 페티시(fetish)다. 우주적 프로세스와 실체 사이의 경계가 개념적으로 붕괴되고, 생명의 페티시 속에서 양자가 신화적으로 합체하는 지점에서 인식적 감상(epistemic sentimentality)이 만들어

6   Gaia. 그리스 신화의 대지의 여신. 보통 지구를 상징하는 말로 쓰인다.

7   Ernst Haeckel(1834~1919). 독일의 유명한 생물학자이자 박물학자, 철학자, 의사, 교수, 화가. 1866년 에콜로지라는 말을 처음 사용했다.

지는 것이다. 즉, 시스템으로 간주함으로써 우주는 합리적으로 분석하고 조작할 수 있는 실질과의 유추를 통해 상상할 수 있게 된다. 그것이 낭만적으로 생명과 일치하게 되면, 생명은 신비롭고 다형적(多形的)이며, 연약하고 조심스럽게 보호해야 할 것이 된다. 이러한 관계가 환경, 생명, 시스템에서 에콜로지로서 구성되는 것이다.

환경과 생명

환경 개념은 생명 개념과 밀접하게 관련된다. 환경은 물질성에서 생명 환경으로 확대되고, 동식물의 생명에서 인간 생명으로, 그리고 이와 관계되는 모든 것으로 확장된다. 생명은 시스템으로 간주되기 때문이다. 거기에서는 생명의 우상숭배, 물신숭배가 형성된다.

일리치는 '생명(the life)'과 '하나의 생명(a life)'을 구별한다. 주님은 '나는 생명이다(I am the Life)'라고 했지, '나는 하나의 생명이다(I am a life)'라고 하지는 않았다. 서구에서 생명이란 개념은, 생명을 가진 하느님이 인간이 됨에 따라 발생한 것이다. 우주에서 떨어져 나와 '소유하는 개인'을 위한 기본적 카테고리가 만들어지는 계기가 되었다. 자연과 사회에 대항해 사람들은 '생명을 위해' 싸우게 되었다. '자연의 죽음'이 있기 때문에 생명 개념이 만들어진 것이다. 자연은 살아 있고, 민감하고, 때로는 애니미즘적으로 인간의 행위와 관계를 맺고 있다고 여겨져 왔다. 하지만 과학혁명에 의해 기계적 모델이 지배적 사고방식이 되자 자연은 죽은 것으로 간주되었다. 이 '자연의 죽음'은 인간의 세계관에 있어서 근본적 전환이긴 하지만, 가장 미치기 어려운 영향을 가져왔다. 이제는 죽은 우주(cosmos)에서 생명이라는 개념을 어떻게 설명할 수 있는가가 문제가 되었다. 생명의 실체적 개념이 만들어진 것이다.

"생명의 허구적 성격이 에콜로지 담론에서 특히 고통스럽고 역겨운 단어가 되었다"고 일리치는 지적한다. 에콜로지는 더 이상 살아 있는 모든 형태와 그것들이 살고 있는 환경 사이의 관계가 아니라, 따로 떨어진 실체의 사이버네틱스 시스템이 되었다. 생명은 시스템과 동일해져 추상적 페티시가 되었다. 이로부터 '하나의 생명'은 개선·개량되고, 이용 가능한 자원의 하나로서 평가의 대상이 되었다. 생명은 무언가 귀중한 것, 위기에 직면해 있는 것, 희소한 것으로 표현된다. 그것은 자원에 대한 제도적 관리를 확대하는 데 좋은 구실이 된다.

일리치는 1989년 교인들을 대상으로 한 강연에서 "교회는 '생명'이라는 것에 협력하는 타락에 빠져서는 안 된다"고 경고했다. '인간 생명(human life)'이란, 역사가 얼마 안 된 사회적 구조물에 불과하다. 기독교의 가르침이 왜곡된 결과 만들어진 실체적 '생명'에서 교회는 손을 떼야 한다. 이 생명 개념은 인간을 '관리할 수 있는 자원'으로 여기며, 인간의 본성에 대한 새롭고 의심의 여지없는 전제를 몰래 만들어낼 뿐이다. 의학이 유전자에서 미생물에 이르는 생명의 관리를 조종하는 가운데, 교회는 의학적 활동을 사이비 윤리의 틀에 포함시켜 생명 관리를 위한 새로운 입각점을 만들어내고 있다. '생명'을 하나의 재산으로, 가치로, 국가 자원으로, 권리로 바라보는 생각은 서구문화의 사고방식이다. 법에 의해 보호받는 '하나의 실체적 인간 생명'이라는 사고방식은, 신학에 근원을 둔 법학·의학·종교·과학 등의 논의를 통해 고통스러운 방식으로 만들어져왔다. 일리치는 이 불길한 유혹, 우상숭배의 사회적 형성에 협력하는 것은 '계시된 생명을 우상으로 타락시키는 것'이라고 단언한다.

생명의 역사

일리치는 생명의 역사성을 파악하는 데 필요한 핵심을 다섯 가지로 제시하고 있다. 「새로운 페티시의 제도적 구축: 인간 생명(The Institutional Construction of a new Fetish: Human Life)」(1989)과 「용감한 새로운 바이오 관료(Brave New Biocracy: Health care from Womb to Tomb)」(1994)에도 거의 같은 내용이 들어가 있다.

① '생명'이라는 말은 1801년 라마르크에 의해 발명되었다.
② 우연성의 상실, 자연의 죽음, 그리고 생명의 출현 등 동일한 의식에서 나온 상이한 현상.
③ 소유적 개인주의의 이데올로기에 의해 생명이 하나의 재산인 것처럼 표현되었다.
④ 에콜로지에서 생명이라는 수상한 개념이 출현했다.
⑤ Pop science가 '하나의 생명'이라는 페티시를 만들어내 인격이라는 개념을 무효화한다.

이 논고는 의료 비판의 연장선 위에서 에콜로지/환경 비판이 겹쳐진 하나의 역사 고찰이다.

성서학자들은 헤브라이어인 '피와 숨'이라는 말과, 그리스 용어인 '혼과 심리'라는 말 사이의 대응에 한계가 있다는 것을 눈치 챘다. 생명이란 개념은 그리스 로마 시대에는 존재하지 않았다. 비오스(bios)라는 것은 운명의 진로를 의미했으며, zoe는 살아 있는 존재의 빛에 가까운 말이었다. 헤브라이어에서 이 개념은 완전히 하느님 중심의 것으로, '하느님의 숨'을 함의하고 있다.

❶ 생명의 출현

'생명'이 실체적 범주로 출현한 것은 그로부터 2천 년 후의 일이다. 생명을 연구할 목적을 가진 과학과 함께였다. 생물학 용어는 19세기 초 라마르크에 의해 만들어졌다. 식물학과 동물학의 바로크적 진보에 반응해 이 두 가지 교의를 단순한 분류로 환원시키고, 새로운 용어의 발명으로 인해 그는 '생명의 과학'이라는 새로운 연구 영역을 만들어낸 것이다. 자연은 결국 세 개의 왕국으로 분할되었는데, 광물/식물/동물이다. 야채와 짐승에도 영혼이 들어 있다는 전통에 대응해 라마르크는 '생명'의 존재를 보이는 구조에 의해서가 아니라 '기관 조직(organization)'에 의해 비기관적 물질(inorganic matter)과 구별했다. 라마르크 이래 생물학은 '기관 조직의 자극적 원인'을 찾게 되었고, 그 위치를 조직 세포, 원형질, 유전 코드, 형태 발생 분야 등에 둔 것이다. 나폴레옹 전쟁 중 '생명'은 생물학자들이 기계론자, 생기론자(生氣論者), 물질론자 등을 뛰어넘기 위한 공준(公準)이 되었다. 19세기 중엽 형태학적 · 생리학적 · 유전적 연구들이 엄밀해짐에 따라, 생명과 그 진화는 의도하지 않는 부산물로 간주되었고, 일반적 담론의 추상 수준도 높아지게 되었다.

❷ '자연의 죽음'

멀리 아낙사고라스[8]까지 거슬러 올라가는, 다양한 견해의 철학 시스템을 연결하는 하나의 테마가 '자연은 살아 있다'는 것이다. 이러

---

8   Anaxagoras(500-428BC). 고대 그리스 철학자. 천체 현상을 비롯한 세상 만물을 자연적 방법으로 이해하려 했으며, 원소들의 혼돈에 질서를 부여하여 만물을 이루게 하는 정신이자 운동 원리인 누스(Nous)를 강조했다. 조합의 왕(lord of assembly)이라 불린다.

한 자연의 감각적 반응에 대한 이데아는 16세기에도 이어져 애니미즘적이고, 관념적이며, 명상적(gnosis)이고, 살아 있는 형태의 비전이 되었다. 자연은 모든 것들이 태어나는 매트릭스로서 경험하게 되었다. 자연이 만들어내는 힘은, 하느님의 창조적 의지에 의존하는 우연적 세계의 존재에 뿌리를 두고 있다. 13세기, 특히 프란체스코파의 신학에서 세계의 존재는 단순히 하느님의 창조에 의한 우발적 사건일 뿐만 아니라, 자신의 존재, 자신의 생명이라는 은혜를 나누어 갖는 것(分有)이었다. 단순한 가능성에서 자기 존재의 필연성이 만들어진 것은, 하느님 자신의 친밀성의 기적적 분유를 찾는 일에 다름 아니다. 그런데 이처럼 우연성에 뿌리를 두던 생각들은 과학혁명에 의해 사라지고, 기계 모델이 지배적 인식이 되었다. 그 결과 '자연의 죽음'이 초래된 것이다. 이것이야말로 우주에 관한 인간의 비전과 인식이 전환된 가장 중대한 사건이었다고, 캐롤라인 머천트[9]는 지적한다. 그런데 여기에서 귀찮은 문제가 발생한다. 죽은 우주로부터 살아 있는 생명체가 존재하게 된 것을 어떻게 설명할 것인가? 실체적 생명이라는 범주는 이 문제에 대한 직접적 대답이 되지 못한다.

❸ 재산으로서의 생명

소유의 개인주의 이데올로기는 생명을 재산으로 인식하는 길을 만들었다. 19세기 이래 사회의 법적 조직화는 자기 인식의 새로운 철학적 급진주의에 점점 더 반영되었고, 그 결과 윤리의 단절이 초래되었다. 그리스 이래 서구 역사에 정보를 제공해온(형태를 내화해온)

---

[9]   Carolyn Merchant(1936~). 미국의 에코페미니스트 철학자이자 과학사가. 자연의 죽음에 대한 이론으로 유명하다. 동명의 저작 『The Death of Nature』가 있다. UC Berkeley 교수 역임.

윤리는, 선(善)에서 가치로 바뀌었다. '인간은 필요를 갖고 태어난다' 고 하는 효용주의적 가설로 사회는 조직되었고, 필요해진 가치는 희소(=결여)였다. 생명의 소유는 지고지상의 가치가 되었다. 호모 에코노미쿠스는 윤리적 성찰이 지향하는 바가 되었고, 산다는 것은 생존을 위한 투쟁, 더 급진적으로는 생명을 위한 경쟁이 되었다. '생명의 보존(conservation of life)'을 인간 행위와 사회조직의 궁극적 동기로 인식하는 것이 당연해졌다. 오늘날 생명 윤리주의자들은 더 앞으로 나가고 있다. 법은 개인이 살아 있다는 것을 함의하고 있는데, 그들은 생명을 갖는 것과 단순히 살아 있는 것 사이에는 큰 차이가 있다고 주장한다. 이 소유와 영유 행위를 수행하는 증명된 능력은, 개인성과 법적 주체의 존재를 위한 기준이 된다. 같은 시기 호모 에코노미쿠스는 내밀하게 표식과 징표가 되었고, 모든 살아 있는 존재의 유사물이 되었다. 기계적인 인류 형태주의가 유행하고, 박테리아까지 경제 행동을 모방하는 것으로 여기며, 환경에 도움이 되는 회소한 산소를 위해 동료들끼리 경쟁하는 사태가 벌어지고 있다. 보다 복잡한 생활 형태 간의 우주적 투쟁이 과학시대 인류의 근본적 신화가 된 것이다.

이 지적은 매우 중요해 원문을 인용하듯 소개했는데, 일리치가 이 논의를 근원적으로 확장했더라면 생명·노동·언어로 이루어진 푸코의 삼각형을 능가하는 수준에 도달했을 것이다. 그랬더라면 얼마나 좋았을까 싶은 건 필자만이 아닐 것이다. 일리치는 자신보다 금욕적 아스케시스를 실천했던 푸코가 언급하지 못한, 현대적 비판 영역에까지 접근했다. 그는 사회와 자기와 생명이 실체화되는 현재의 기반을 흔들었던 것이다.

❹ 에콜로지로서의 생명

에콜로지라는 용어는 상호 관계되는 모든 현상들의 철학적 방식에 사용되고 있다. 이는 리얼타임이 모델이자 현실인 사이버네틱스 시스템의 용어로 사고하는 것을 의미한다. 관찰되고 정의되는 프로세스가 그 자체를 규제한다. 이러한 사고방식 속에서 생명은 시스템과 동일시된다. 생명에 그림자를 드리우고 동시에 이를 구성하는 추상적 페티시(fetish)다. 인식적 감상(epistemic sentimentality)은 우주적 프로세스와 실체 사이의 경계가 개념적으로 붕괴된 것에 그 뿌리를 갖고 있다. 생명의 페티시에서 양자는 신화적으로 신체화된 것이다. 시스템으로 개념화하는 것은, 우주를 합리적으로 분석하고 조작할 수 있는 실질과의 유사성을 전제로 해서 이미지로 그려내는 것이다. 동시에 이 추상적 메카니즘은 낭만적으로 생명과 동일시되고, 조용한 톤으로 무언가 신비롭고 다형적(多形的)이며 약하고 부드러운 보호를 요구하는 것으로 묘사된다.

병적으로 조작된 환경에서 히포크라테스적 전통의 건강은 불가능해졌으며, 밸런스는 가망 없는 것이 되었다. 아직 태어나지 않은 신비로 상징되던 희망은 붕괴되었고, 초음파로 모니터되는 임신의 법적 실질만이 있을 뿐이다. 현재 요구되는 보편적 건강에서는 존엄을 찾을 수 없다. 존엄은 위생적 자율성과 고뇌, 죽음의 기법에서만 찾을 수 있다.

❺ 생명이란 무엇인가

이 질문은 더 이상 영원한 질문이 아니게 되었다. 생식(재생산), 생리학, 유전 형질, 기관, 진화, 최근에는 fade-back이나 형태 발생 등의 현상이 혼재된 과학 조사 보고에 대항하는 대중과학(pop science)의 메모가 되었다.

환경은 장소(=지구)에 다름 아니다. 언제 거기에 도달할 수 있을지는 모르지만, 비판적 사고만은 잃지 말아야겠다. 일리치가 지적했듯이 공유재와 생산자원을 구별하고, 젠더의 상보적 영역과 젠더 없는 경제 섹스 공간을 구별하고, 필자가 주장하는 장소와 사회를 구별하지 않으면, 환경에 대한 심도 있는 논의는 불가능하다.

[본장의 주요 논문]

H2O and Waters of Forgetfulness (1986)

Dwelling (1984)

Brave New Biocracy: Health care from Womb to Tomb (1994)

The Institutional Construction of a new Fetish: Human Life (1989)

El mensaje de la choza de Gandhi (1975)

10장
'문자적 정신' 공간과 텍스트: 말하기, 쓰기, 컴퓨터

1985년 이후의 일리치

이 무렵부터 일리치의 비판은 다소 엉성해진다. 그는 도구와 테크놀로지 세계로부터 시스템의 시대로 돌입했다고 말했지만, 지적만 할 뿐 산업사회 비판과 같은 깊이 있는 고찰은 없었다. 비판에 지쳤는지 아니면 현대 사회에 정이 떨어졌는지, 현실에 대한 개입은 해학적이거나 회고적으로 바뀌었다. 저서에서는 예전과 같은 힘이 느껴지지 않는다. 논문집도 산만해져서 단편적이라는 느낌을 지울 수 없다. 거꾸로 말하면, 『젠더』까지의 저작들이 얼마나 잘 준비되고 검증된 것인지를 알 수 있다.

그는 조용히 12세기 역사의 세계로 빠져들어간 것 같다. 성 빅토르 후고에게 자신을 투영시켜, 사상가라기보다 역사 속 한 명의 수도승으로서 명상하면서 조용히 자신의 신앙을 그리스도에 겹쳐가는 느낌이다. 대상은 중세다. 그 속에서 교육을 고찰하는 차원을 넘어 인류가 문자를 읽고 쓴다는 것이 어떤 의미고, 또 어떤 것들이 만들어졌는지를 문제삼으려고 하는데, 세속의 우리들에게는 어딘가 명쾌하지 않다. 오히려 거기에서 다루고 있는 옹[1]의 경우가 메시지로서는 분명하다. 즉, 소리의 문화와 문자의 문화를 명확히 구별한 옹을 뛰어넘는 내용이 보이지 않는 것이다. 그는 읽는 것은 듣는 것이었다는 것을 검증하고, 책의 페이지가 어떻게 구성되고 어떤 의미를 갖는지를 논한다. 거기에서 무엇을 발견할 수 있을까?

　학교를 의심하고 교육 자체를 의심했던 일리치는 배움의 대상인 문자를 문제삼는 차원에 접어든다. 리터러시(literacy, 문자의 읽고 쓰기) 자체를 문제삼은 것이다. 그는 성직자의 리터러시와 세속의 리터러시의 차이를 밝히고 있는데, 애당초 '읽고 쓰기'란 무엇인가에 대해 묻는다. 이때 비판의 대상이 된 것이 현대의 컴퓨터 세계다. 산업사회를 뛰어넘은 하이테크 세계가 대상화되자, 그의 사상은 후기의 고유한 특징을 나타내기 시작한다.

　그는 산업사회라는 근대 세계의 규정성으로부터 탈출하고 싶었던 듯 보인다. 산업사회의 무서움에 질려버린 듯하다. 다음으로는, 잠재해 있던 기독교의 타락에 대한 비판이 서서히 떠오르기 시작했다. 가톨릭 '교회' 비판에서 종교 비판으로 방향을 틀었다. 이 시기에 두 개의 논문집이 간행되었다.

　① 『과거의 거울 속에서 1978~1990』, 1978년부터 1980년대에 진행된 강연록이다.
　② 일리치 사후 프랑스어판으로 나온 『의미의 상실』, 1987년부터

1　Walter Jackson Ong(1912~2003). 미국의 예수회 신부이자 영문학자, 종교사가, 철학자. 소리에서 문자로의 이행이 인간 의식과 문화에 어떤 영향을 미쳤는지에 대해 관심을 기울였다.

1998년까지 발표한 논문으로, 주로 1990년대의 논문과 강연록이다.

이것은 생전 『Mirror 2』로 간행하려고 했던 것이다. 그리고 데이비드 케일리와 인터뷰한 두 권의 책이 이를 보완하고 있다.

③ Ivan Illich in Conversation(1990) 『살아가는 의미』
④ The Rivers North of the Future(2005) 『살아가는 희망』

이중 ②와 ④는 사후에 간행되었는데, 수록된 논문 내용은 8장에서 소개한 바와 같다.

이 네 권에서 일리치는 지금까지 전개해온 산업문명 비판을 부분적으로 재고하면서 그 근원을 들여다보고자 했다. 이 저작들에는 일리치 연구로써 별도로 다뤄져도 좋은 내용들이 들어 있는데, 고대를 시야에 넣으면서도 중세에서 그려내는 역사 세계의 새로운 제시다. 필자는 지금까지 논해온 것들이 뒤집힐 것을 우려해 본서에서는 이를 정면에서 다루지는 않았다. 엄청난 어려움이 있기 때문이다. 예를 들면, 일리치는 그리스도의 부활을 긍정한다. 그는 동시에 '기독교' 비판을 신학적·철학적 구분 없이 전개한다. 이는 비기독교 세계의 사람들은 이해할 수 없는 경지라 필자로서는 제대로 알 수 없다. 물론 서구의 논자들이라고 이를 정면에서 다룰 것 같지는 않다. 신자들은 절대적 자기 부정이라는 위협 때문에, 신자가 아닌 이들에게는 밋밋한 신앙 고백으로밖에 보이지 않기 때문이다. 역으로, 그들이 할 수 없기 때문에 외부인인 우리들이 다룰 수 있는 것일지도 모른다. 아무튼 그런 영역에 있는 과제다.

그런데 이런 서술이 힘을 가지려면, 철학과 역사학의 결합과 대치라는 헤겔적 구도를 뛰어넘는 담론의 힘이 필요하다. 그리고 신학과 철학의 대치를 뛰어넘는 사상성이 필요하다. 이를 위해 일리치는 역사의 사실과 사건들을 한편으로는 금욕적으로 조사하고, 다른 한편으로는 주관적으로 무리하게 현재로 소환하고 있다. 하지만 체계적 담론화 시도는 보이지 않는다. 스스로 이론화하려고 하지 않았다. 철학적 야심을 역사에 투영한 헤겔과 마찬가지로 그는 신학적 야심을 역사에 투영하려고 한 것인데, 헤겔과 같은 체계화는 없었다. 이를 두고 일리치를 대단한 사상가라고 해야 할지, 성공하지 못한 사상가라고 해야 할지의 판단은 독자의 몫이다.

이와 같은 인식을 배경에 깔고, 역사에 침잠한 일리치가 그곳으로부터 끌어올려 말한 '의미', 그리고 현대 세계에 대한 비판을 정리해 보자. '문자적 정신 공간과 텍스트, 세속 리터러시'라고 하는 생소한 문제를 설정하는 데 있어서 '대학'이라는 제도 창설이 갖는 의미를 먼저 살펴보는 것이 유효할 것이다. 「텍스트와 대학」이라는 강연 원고는 1991년에 작성된 것으로, 9월 23일 브레멘대학 20주년 기념 강연의 원고다.

1. 대학의 출현

"대학의 출현은 기독교 교회사에서 교회 분열이나 이단, 종교개혁보다 더 크고 깊게 영향을 준 사건"이라고 일리치는 말한다. 대학의 출현에는 기술적 변화라는 배경이 존재한다. 그것은 대학의 본질이 무엇인지를 명백히 보여주는 것이다. 이는 12세기에 일어난 '페이지의 혁명', 즉 눈으로 읽을 수 있는 페이지를 만들어낸 기술의 출현이 새로운 개념과 새로운 사회 형태의 물질적 기초가 된 것에서 비롯된다. 이것은 '읽기'의 존재 방식을 바꿔놓았다.

책의 페이지

책 페이지를 만드는 방식은 12세기를 1/3 정도 지난 시점에 바뀌었다. 문자 레이아웃의 새로운 기법이 등장한 것이다. 두루마리에서 책으로의 이행이다. 띄어쓰기, 즉 공백의 발명, 장·절의 구분, 밑줄을 그어 부제와 구별하기, 구독(句讀) 기호의 등장, 행간에 있던 표주(標注)에서 본문 밖 각주로의 이행, 장·절의 번호화, 목차의 등장, 알파벳순의 색인 출현, 제본술의 변화 등이 나타났다. 이러한 변화를 통해 책은 작고 가지고 다닐 수 있는 물건이 되었다. 페이지는 책을 청각적 악기에서 시각적 도구로 바꿔놓았다. 필사본의 페이지는 운율을 타는 행에서 이미지 속에 만들어진 질서의 반영으로, 명상적 반추에서 시각적 질서의 부여로 바뀌었다. "페이지가 출현한 책을 읽음으로써 우리는 자신이 무엇을 하고 있는지 알게 되었고, 자신의 추론에 질서를 세우는 근대적 독서의 근거를 찾게 되었다."고 일리치는 말한다.

① 페이지 구조가 자신의 사고, 계획, 기억의 윤곽이 된다. 괄호, 구독점, 각주 등을 연상하는 것이다.
② 책 페이지가 자신을 이끄는 끈이 된다. 강연이나 대화를 할 때조차 책의 장정(裝丁)이나 페이지의 어딘가가 머리에 떠올라 그것을 말한다. 자신을 '책을 향하는 사람(bibliotrope)'으로 만든다.
③ 자신의 '책을 사랑하는(bibliophilic)' 성격은 책에 대한 경애심

이 된다. 책을 소중히 여겨 상자 속에 넣어두고 이를 꺼내 읽곤 했던 중세 사람들을 부러워한다.

Biblionome / bibliotrope / bibliophilic 등 독서인들은 책에 갇힌 자신을 자각한다. 텍스트를 읽고 그것을 그릇에 옮겨 담으면서 다른 말로 표현하고, 아주 자연스럽게 강의 노트를 적는다. 강의 노트는 토마스 아퀴나스 시절 만들어졌다. 아퀴나스는 필기체를 발견했으며, 강의 노트에 이야기의 구조를 적어두었다. 텍스트는 정신을 비추는 거울과 같이 자신의 생각을 고정시키는 닻이자 사색의 지도다. 사람들은 페이지의 은유로 길러져 성장한다. 책이 텍스트가 된 것이다. 우리들이 지금 당연한 듯 자연스럽게 넘기는 책장들은, 보잘 것 없어 보이는 여러 기법들이 모인 '페이지' 기술로 인해 가능해진 것이다. 일리치는 이러한 책의 물질문화를 지적하였다.

읽는 방식의 변화

읽기는 소리를 냄으로써 내용을 이해하는 촉각형 심적 모터 (psyco-motor)의 활동이었다. 즉, 소리 내어 읽기는 듣는 사람뿐 아니라 읽는 사람 자신도 듣게 되므로, 중세까지 읽기는 소리를 내는 활동(oral activity)이었다. 목소리와 귀를 사용하는 활동이라는 점에서 자신의 눈으로 읽는 책과 남의 눈으로 읽는 책 사이에는 어떠한 차이도 없었다. 읽는 사람은 행간을 과수원의 나무들 사이를 걷듯 눈으로 걸으며 단어들을 따서 맛보았으며, 순례 여행에서 하나의 마을에서 다른 마을로 이동하듯 매번 새로운 과일을 맛보았다. 읽기는 모든 감각을 동원하는 심적 활동으로서, 이리저리 방황하다 다시 단어의 과일을 따 씹는 것이었다. 먹는 것 같은, 노래하는 것 같은, 소곤거리는 것 같은 독서와 학습이 진행된 곳은 수도원이었다. 수도원의 사본실은 시끄러운 장소였다.

읽기는 신의 역사(役事)를 읽는 것이자, 신의 손으로 만들어진 두 개의 책, 즉 성서와 자연을 해독하는 것이었다. 또한 복종, 즉 과거로부터 전해오는 지식의 울림에 귀를 기울이는 일이었다. 중세 전기에는 신학과 철학의 구별이 없었던 것처럼, 기도와 읽기의 구별도 없었다. 그러다가 페이지의 외관을 만들어낸 새로운 기술 양식과 함께 소리를 내지 않는 '침묵의 독서'로 바뀌었다. 우선, 교사 주위로 학생들이 모여든다. 학생들은 교사의 입술에 못 박히듯 집중하다가 나중에는 앉아서 자기 무릎 위에 책을 펼치게 된다. 교사는 개념에 따라 읽고, 문제와 해답을 정리한다. 텍스트의 페이지는 교사가 마음속 눈으로 보고 있는 개념을 학생들이 내면화하고 심화시키는 것을 돕는다. 이로부터 '이해를 추구하는 신앙(신학)'과 '신앙을 추구하는 이해(철학)'가 구별되었다. 그리고 인쇄가 암묵적으로 말하고 있는 것, 즉 단어의 기술화, 지적(bookish) 읽기의 등장, 그리고 묵독의 세계에 이르렀다. 가시적이고, 조립되고, 묵독 가능하고, 마음대로 접근할 수 있는 텍스트의 등장이다. '텍스트 인간'은 다음과 같은 특징을 갖는다.

① 어제 써서 오늘 읽을 수 있는, 자신의 생각을 기억해낼 수 있는 존재로서 자신을 이해한다.

② 책을 뒤지듯 자신의 의식을 뒤질 수 있는 존재로서 자신을 이해한다.

③ 결혼, 시민권, 직업 등의 안정된 관계를 계약의 결과로 이해한다.

④ 확정되고 시험되고 반증될 수 있는 지식이 존재한다는 신념을

갖는다.

⑤ 개인주의적 자기의 독창성과 저작권에 대한 경의를 갖는다.

대학의 본질

대학의 독창성은, 기도와 사랑의 금욕적이고 신비한 추구를, 진리의 내적·비판적 추구에서 제도적으로 분리했다는 점에 있다. 대학이란 '지식의 획득'을 감각적 자기 단련에서 떼어내는 데 성공한 유일한 존재다. 새로운 제도에서 학문적 독서(academic reading)는 강의(lectiones)로 진행되었다. 스콜라적 독서가 자립해 새로운 장소에 자리를 잡은 것이다. 비판적 사고와 논의와 학습을 위한 장소다. 거기에 육체적 변용이 일어났다. 눈에 대한 귀의 분리와 종속이 일어났으며, 전례(典禮)에서 신학이 분리되었다. 타인에 대한 세련된 도덕 수준에 도달하고자 노력하는 것과, 윤리적 중립을 유지하면서 이론적 진보의 달성을 분리했다가 재결합하는 것이 가능해졌다. 금욕적 전통과 결별할 수 있게 된 것이다. 덕과 기도로부터 기예(art)와 학문을 떼어내 추진할 수 있도록, 학문의 전통과 금욕적 단련의 전통을 사회의 상이한 장소에 할당할 수 있게 되었다. 이런 생각은 모두 대학의 기초가 다져진 후에야 비로소 서구 세계에서 암묵의 전제가 되었다.

그런데 지금 학생들은 지식을 전파에 싣고, 의식을 모델화하고, 생물학적 존재를 공학적으로 조작하려 하고 있다. 텍스트를 코드 문자로 치환한 세계에서 학생들은 자격을 취득하고자 하며, 교수들도 대학은 고도 정보 관리와 '커뮤니케이션' 시설의 역할을 맡고 있다고 착각한다. 지식은 데이터로 추락하고 있다. 패스트푸드 출판물이 범람하고, 텍스트는 주석과 캡션의 지위로 돌아가 하이퍼텍스트의 소나기를 맞고 있다. 메시지를 빛처럼 빠르게 수신하는 것, 문자열을 찾아 처리하고 포맷을 다시 하는 것이 학생들의 능력이 되었다. 필자는 젊은 학생들 사이에서 텍스트에 대한 이해가 갑자기 사라졌음을 경험했다. 대신에 컴퓨터 정보의 출력물에 불과한 리포트가 급증하고 있다.

개혁은 부패에 대한 명료한 처방전이다. 최선의 것이 최악이 되는, 이 부패에 대한 개혁이 필요하다. "중요한 것은 좋은 맛의 음식을 보존하는 것, 즉 내면의 감각에 울림을 주는 책을 즐기고, 몸으로 읽는 것을 받아들이는 것"이라고 일리치는 말했다. 전적으로 동감한다. 「대학과 텍스트」에서 일리치가 말한 것은, 1993년 『텍스트의 포도밭에서』라는 책을 통해 보다 상세히 다루어졌다. 이에 앞서 1988년 '문자'론을 공저로 내놓았는데, 이 두 저서에서 쓰기와 읽기, 즉 현재 교육의 기초와 토대이며 나아가 우리들의 지식과 사고의 토대이기도 한 기술의 존재 양식에 대한 검증이 이루어졌다.

2. 문자론: 알파벳화

『ABC』의 문제 설정은, 쓰인 말(文語)이 12세기 사람들 마음에 어떤 영향을 미쳤는지를 중세 고문서 연구를 통해 밝히는 것이다. 그리하여 20세기 후반의 문제가 두 가지 설정되었다. 첫째, 글자를 모르는 사람들이 증가하고 있는 현실에서 식자(識字) 캠페인은 어떤 영향을 미치는가. 둘째, 커뮤니케이션 이론이 영어를 코드에 불과하다고 여기는 선진국 사람들의 현실 감각에 어떤 영향을 미치는가.

일리치는 원래 양피지와 인장, 잉크와 펜이 800년 전의 세계관에 미친 영향을 조사하다가 하나의 패러독스를 발견하게 되었다. 근대적 교육, 근대적 커뮤니케이션에 의한 리터러시가 위협받고 있다고 해도, 강제적 리터러시가 많은 현대인들에게 부작용을 초래하고는 있다고 해도, 언어를 '정보 시스템' 해소 시도에 맞설 수 있는 방어벽 역시 리터러시에 의존할 수밖에 없다는 역설이다. 우리들이 문자화된(lettered) 존재인 것은 책에 의한 창조물이기 때문이다. 그것은 단순히 책을 쓰거나 읽는 법을 알고 있기 때문만은 아니다. 우리들은 텍스트처럼 서술되고, 동일화되고, 증명되고, 취급되는 것을 피할 수 없다. 자기 자신이 되려고 아무리 노력해도 텍스트가 되는 것이다.

일리치는 이 사회가 언제 어떻게 존재하게 되었는지를 이해하고자 했다. 알파벳에 의해 쓰기를 구성하는 기술(자음 글자, 모음 글자, 단어 사이의 공백, 단락, 타이틀)은, 역사적으로 발전해 오늘에 이르렀다. 이 알파벳에 대해 언급하지 않고서는 사상과 언어, 거짓말과 기억, 번역 그리고 '자기'라고 하는 구성물을 이해할 수 없다. 그것들은 쓰는 기술과 병행하여 발전해온 것이다. 리터러시의 대지(大地)에 확고히 서면, 두 가지의 인식론적 균열이 보인다. 하나는 '입으로 말하는 것(orality)'의 영역에서 떨어져 나온 것이고, 또 하나는 문자를 정보의 비트와 동일시하여 품격을 떨어뜨리는 것이다.

이는 익숙하지 않은 문제 설정이긴 하나 본질적이다. '민중들 마음의 알파벳화'라는 부제처럼 이 책에서는 민중들이 대상에 들어 있다. 제3세계도 포함한 문제 설정인 것이다. 참고로, 스페인어로는 문자의 읽고 쓰기가 가능해지는 식자화, 즉 리터러시를 '알파벳화(alfabetizacion)'라고 한다. '리터러시(literacy)'란 문자에 의한 읽고 쓰기를 의미하는데, '식자(識字)'로 단순화하기는 어렵다. 문자의 읽고 쓰기를 가능케 하는 모든 것을 의미하기 때문에, 이 글에서는 원어대로 리터러시(literacy)라고 하겠다. 'Literate'는 문자에 의해 형성된 문화와 교양까지를 포함해 '학문이 있다', '박식하다'는 의미다. 이는 문자의 읽고 쓰기가 만들어낸 것임을 가리키는데, 알파벳이 만든 세계다. 문자를 기반으로 한 생활이라고 해도 좋다. 본질적이라고 생각되는 내용들을 중심으로 요약하기로 하자.

알파벳은 발화(發話)를 그대로 기록해 내용과 관계없이 음성을 뽑아낼 수 있는 특징을 갖고 있다. 따라서 알파벳으로 쓰인 텍스트는 말하는 사람의 해석에서 떨어져 나와 고정되고, 언제든 다시 읽을 수 있다. 그러나 동시에 알파벳은 표정이 풍부한 이야기를 젠더 없는 소리의 나열로 바꿔버렸다. 선사시대의 이야기는 이야기를 할 때마다 새롭게 재창조되었다. 거기에는 원(原) 텍스트도 현(現) 텍스트도 존재하지 않았다. 알파벳이 발명됨으로써 말은 단어의 집합으로 구성되고, 텍스트가 만들어지고, 창고처럼 생각 속에 지식과 정보를 저장해둘 수 있게 되었다. 가요, 서사시, 격언 등은 구전의 중심으로 생활의 연속성을 유지하는 회상을 도와주었지만, 알파벳의 등장과 함께 더 이상 혈액 역할을 하지 못하게 되었다. 문자의 기술(記述)만이 사회의 권위 있는 준거가 되었다.

문어는 회상과 증명을 문자에 의해 확정하고 보존했다. 그러나 정작 민중의 구어에 맞게 기술된 라틴어 텍스트의 서약문을 민중들은 이해할 수 없었다. 텍스트는 다른 해석을 불가능하게 하는, 외부로부터의 지배 기술이 되었다. 12~13세기의 텍스트는 묵독을 가능케 했으며, 13~14세기에는 독서를 개인적 행위로 만들어 사색과 겸허함을 기르는 수단이 되었다. 다른 한편으로, 텍스트는 문서를 새로운 지식의 지배 수단으로 만들고, 이런 흐름 속에서 문어는 점유권을 갖게 되었다. 이상이 최초의 요점이다. 요컨대, 구어가 천대받고 문어가 지배적이 되었는데, 이를 가능케 한 것이 바로 알파벳이다.

그러나 구어가 사라진 것은 아니다. 지금도 여전히 존재하고 있다. 다만 그 함의가 이해되지 못한 채 풍화돼가고 있을 뿐, 완전히 상실된 것은 아니다. 우리들은 기록하지도 않고, 기억하는 것도 잊고, 그저 일상적으로 말하고 있다. 아무리 학교 교육에서 문어 지배의 교육을 받았다고 하더라도 말이다. 그런데 일리치에게서는 이런 배려가 보이지 않는다. 또한 파울로 프레일리처럼 '알파벳화에 의해 민중의 식을 회복할 수 있다'는 식의 양의성도 보이지 않는다. 『ABC』의 불철저성을 느낀 것은 필자만은 아닐 것이다. 현재적 문제 설정을 하면서도 추진력이 약한 것은 역사관이 확고하지 않기 때문이다. 방대한 지식을 갖고는 있지만, 과거는 과거라는 인식이 아직 확고하게 서 있지 않은 것처럼 느껴진다. 다음의 텍스트론이 갖고 있는 강고함이 아직 없는 것이다. 그러나 이런 의문을 가지면서도 『ABC』를 읽다 보면 묘하게도 눈부신 매혹적 세계에 빠져들게 된다.

『ABC』의 개요

1장에서 우리는 조금 당황하게 된다. 역사시대 전에는 문자가 없었고 쓰는 일도 없었다. 구전문화로 이야기가 있었을 뿐이다. 그 '말하는 것(speech)'을 문어가 중심이 된 지금의 상식으로 봐서는 안 된다. 어떤 것도 기록, 기재되지 않고 그 자리에서 이야기될 뿐 원 텍스트인 소재(subject matter)조차 존재하지 않았다. 이와 같은 신화시대의 일들이 서술되어 있다.

2장의 「기억」에 접어들면서 일리치가 무엇을 말하고자 하는지 조금씩 보인다. 예를 들어, 이야기였음에 틀림없는 호메로스의 말들이 도대체 어떻게 기록되었을까. 그것은 문자가 없는 기억과 문자로 적혀 저장된 기억의 분기점인데, 플라톤은 이 둘의 경계에 있었다. 문자 기록을 통해 우리들은 자기 행위의 기억을 고백하는 양심의 검증에까지 이르게 된다. 이는 푸코의 자기 기술론에 대응하는 부분이다.

3장의 「텍스트」에서 쓴다는 것이 어떤 것인지 분명해진다. 쓰인 문서들은 증거와 증명이 되고 누군가가 이에 서명하게 되는데, 나중에는 말하는 사람 자신이 문서를 쓰게 된다. 텍스트 자체가 독립하는 것이다. 그리고 단어 사이에 공백을 넣는 띄어쓰기가 등장한다.

이상은 '말하기→기억→텍스트'로 이어지는 역사의 변화에 대한 정리인데, 단선적이고 두루뭉술하긴 하지만 논점을 드러내기에는 좋다. 그리고 이것들이 의미하는 바는 본질적으로 심오해서 그 내용을 이해하기가 쉽지 않다.

4장에서는 그리스어와 헤브라이어를 라틴어로 번역하는 것, 다양한 생활 언어로 살고 있는 민중들에게 알기 쉽게 말하는 기술, 그리고 교육을 통해 모국어를 국가 통치의 언어로 만드는 것이 결국 지배의 도구가 돼버리는 양상 등이 묘사되고 있다.

5장부터는 논조가 바뀐다. 아마 공저자인 샌더스[2]가 쓴 것으로 추정되는데, 깊이가 느껴지지 않는다. 자기[the self, 자아(ego)가 아니다]는 말, 기억, 사상, 역사, 거짓말, 이야기 등과 마찬가지로 알파벳이 만들어낸 복합 개념이라는 지적은 중요하다. 그러나 벤자민 프랭클린의 자신에 대한 고찰 부분은 너무 피상적이다. 푸코의 루소론(3명의 루소가 어떻게 관계되어 있는지를 자기 기술로 해독하고 있다)에 비하면 너무 뒤떨어진다. 4장까지는 간결하더라도 푸코의 역사

---

2 Barry Sanders(1938~) 미국의 진보적 작가이자 학자. Pitzer College 교수 역임. 『The Green Zone: The Environmental Costs of Militarism』 등 다수의 저작이 있다.

설정과 견줄 수 있었기 때문에 더욱 그렇게 느껴진다.

6장의 「진짜가 아닌 것과 이야기」는 처음 몇 페이지는 일리치가 쓴 것 같은데, 그 다음의 제프리 초서, 다니엘 데포, 마크 트웨인의 리터러시에 대한 정리는 피상적이다. '거짓말'이라는 것은 입으로 말할 때는 그냥 지나가버리지만, 글로 써서 문자화되면 검증의 대상이 된다. 거짓말은 알파벳화와 동시에 태어난 것이다.

- 본격적인 거짓말은 생각한 바를 말하기 이전에 생각하는 자기 자신을 전제로 한다.
- 기억이 텍스트로 간주될 때만 생각은 형식을 부여받아 만들어지고 변용의 소재가 될 수 있다.
- 자신이 말할 것을 미리 생각한 자신만이 생각지 않았던 것을 말할 수 있다.
- 내가 나 자신의 기억을 적은 문서 상의 말을 묵묵히 따르는 것을 생각이라고 여겼을 때, 비로소 나는 생각을 말하는 것에서 떼어내 생각과 어긋나게 말할 수 있게 된다. … 말하는 것과 구별되는 생각과, 말하는 사람과 구별되는 생각하는 사람은, 말하는 것이 모양을 바꿔 문자화된 기억 속에 저장된 생각으로 응고되지 않는 한 존재할 수 없다.

역사에서 이야기를 분리해내고 거기에 위와 같은 관점을 세우는 것은 이야기를 해독하는 데 매우 중요하다.

7장에서는 피상적이고 현학적인 현실 비판이 전개되는데, 참고할 만한 가치는 없어 보인다. 영어판이 나왔을 때 전반부의 이해하기 힘든 내용들과 후반부의 천박함에 질려, 『H2O』에서부터 느끼기 시작한 실망감이 더욱 커진 필자는, 이 책을 쓰기 전까지는 일리치의 저작들을 읽지 않고 있었다. 세계적으로도 아마 그렇게 느꼈을 것이다.

그러나 어쨌든 이 책을 읽은 이상 의미가 있는 것들을 뽑아내야만 한다. 여러 가지가 섞여 있어 이해하기 힘들지만, 가능한 한 그것들을 구분해서 봐야 할 것이다.

단어(words)와 알파벳

말하는 문화에서는 단어(word)가 존재하지 않는다. 단어로 끊어지는 것이 없다는 뜻이다. 그리고 단어를 엮어서 만든 '텍스트'도 없고, 오리지널도 없고, 주제(subject matter)도 없다. 말이 되어 나온 것은 그냥 스쳐지나간다. 반복되지 않고, 참조도 없으며, 랑가쥬(언어 사용 체계)도 없다. 단어란 글로 기록되지 않는 한 존재하지 않는다. 말하는 것을 특징짓는 것은 단어가 아니라 음절, 구, 절이다. 말의 흔적을 남긴다는 생각은 아무도 하지 않았다. 알파벳만이 언어 사용 및 단어 창조의 힘을 갖고 있다. 음성을 쓰는 것(phonetic writing)으로 기록한다. 알파벳은 소리(sounds)만을 기록한다. 소리를 통해서만 의미를 제공한다. 알파벳 필기자는, 영원히 지나가버리는 순간에서 말한 것을 빼내, 들은 것을 영구한 언어 공간에 저장한다. 그 결과, 지식은 말하는 것에서 분리되어 탄생한다. 그리스인들은 이야기의 흐름 자체를 페이지 위에 동결시켰다. 페이지로부터 소리를 주워내, 문자가 지시하는 소리 속에서 보이지 않는 관념을 추구했다. 그리스적 리터러시다.

말하는 것(speech)과 랑가쥬(=언어 사용, language)의 차이는, 후자는 중립이지만 전자는 젠더화되어 있다는 점이다. 말의 전체적 질은, 듣는 사람(聽者)이 말하는 사람(話者)의 젠더에 주의를 기울인다는 것이다. 말하기에서 젠더에 대한 주의는, 페이지 위의 언어로 고정되면 소멸한다. '말하는 소리의 문화'와 '알파벳으로 기록하기' 사이에 차이가 있다는 점을 우선 제시한 것이다.

기억

단어나 텍스트와 마찬가지로 기억도 알파벳의 산물이다. 기원전 4
세기 이후 기억은 저장고와 마찬가지로 열리거나, 조사하거나, 사용
할 수 있는 것이라고 인식되었다. 기억은 상자나 납판,[3] 책과 같은 것
으로 취급되었다. 호메로스의 이야기는 연기(演技)로 표현될 뿐 단어
의 의미를 찾아내는 것은 불가능했다. 한 번뿐인 묘사로 노래했던 것
인데, 그것을 써서 기록했다는 것은 쓰는 사람과의 협동 작업으로 이
루어졌을 것이다. 중간에 멈추었다가 다 적으면 다시 노래하는 방식
이었을 것으로 짐작된다. 노래하는 사람은 아마도 이 기록의 확인 따
위에는 관심도 없었을 것이다.

기억은 마침내 페이지에 기록되었다. 플라톤의 시대가 되면 기억
은 마치 핀으로 고정하듯 펜으로 기록되고, 이렇게 만들어진 문서는
모사 가능한 원본이 되었다. 자료가 동결되는 것이다. 플라톤은 말한
것을 적었다고는 하지 않고, 자신의 대단한 회상력을 자랑하고 있다.
그는 말한 것을 모방해 기록한 대화의 저술가가 되었다. 그러나 그는
문자에 대해 불안을 느끼고 있었다. 문자에 의한 표현이 명상에 의한
탐구를 위협할 수 있음을 안 플라톤은, 기억과 회상의 문제에 집착했
다. 문자의 능력은 영혼의 기억력을 약화시키고, 자신의 힘으로 기억
하는 것을 없애버린다. 회상에는 도움이 될지 모르지만 기억에는 도
움이 되지 않는다는 생각이 강했던 것이다. 알파벳으로 기록함에 따
라 기억은 자연적으로 생각과 동시에 나타나는 것과, 인위적이고 적

---

3   wax tablet. 나무판자와 밀납으로 만들어진 고대 로마의 메모장.

확한 수단·기술·훈련에 의해 향상시킬 수 있는 것으로 나뉘었다. 그리고 기억은 모든 사람에게 갖추어진 능력으로, 의지와 지성에 버금가는 능력으로 꾸며졌다. 개개인은 누구나 똑같이 읽고 확인할 수 있는 자기 행위의 기록을 자기의 양심으로 짊어지게 되었다. 자신의 마음속에 간직하고 있던 비밀을 입으로 뱉어내는 '고해'라는 새로운 행위가 만들어진 것이다. 흔적을 남긴 행위뿐만 아니라 행위의 계기가 된 과거의 말과 생각까지도 양심의 검증에 의해 되돌아보게 되었다. 여기에서 일리치는 기억의 여신 므네모시네를 등장시킨다.

기억의 여신 므네모시네

"하늘이 아직 지구를 둘러싸고 우라노스(하늘)가 풍만한 엉덩이의 가이아(땅)와 함께 엎드려 있을 무렵, 올림포스의 신들이 나타나기 전 아주 먼 옛날 타이탄들과 함께 기억의 여신 므네모시네(Mnemosyne)가 태어났다."

일리치는 먼저 므네모시네의 시원적(始原的) 신으로서의 위치를 보여준다. 므네모시네는 뮤즈(제우스의 아홉 명의 딸)의 어머니라고 일컬어진다. 아폴론보다 먼저 나타난 최초의 여신이다. 최초의 여신으로 흘러내리는 아름다운 머릿결을 가진 그녀는, 제우스의 옆에서 아홉 명의 뮤즈들을 잉태했다. 그리고 '부끄러운 얼굴을 가진(shamefaced)' 또는 '경외의 마음 가득한(awful)' 요정 마야(Maya)의 아들을 양자로 삼는다. 이 아들이 헤르메스다. 헤르메스는 두 명의 어머니를 갖게 된 것이다. 므네모시네는 헤르메스에게 두 개의 선물, 즉 하프와 '영혼(soul)'을 주었다. 헤르메스가 뮤즈의 노래에 맞춰 하프를 연주할 때, 그 음색은 시인들과 신들을 므네모시네의 추억의 샘으로 이끌었다. 그녀의 깨끗한 물 위에 떠 있는 것은, 과거에 살았던 것들의 잔존물, 즉 레테강이 죽은 자의 발에서 씻어 보낸 모든 기억이다. 거기에서 죽은 자들은 그저 그림자로 바뀌어버린다. 신들에게 축복받아온 필사(必死)의 존재(=인간)는 므네모시네에게 다가갈 수 있어서, 뮤즈들이 다양한 목소리로 노래하는 현재와 과거, 미래를 들을 수 있다. 므네모시네에게 보호를 받아 인간은 그녀의 물에서, 그녀의 가슴속 깊은 곳에 잠겨 있는 침전물을 마셔서 모으는 것(recollect)이 가능하다. 샘으로 떠났던 여행에서 돌아와, 꿈과 비전에서 돌아와, 이 원천에서 끌어낸 것을 말할 수 있다. 그림자(망령)를 대신함으로써 시인은 죽은 자가 망각하고 있던 공적(功績)을 다시 모은다(recollect). 이렇게 함으로써 살아 있는 세계는 죽음의 세계와 접촉을 시도한 것이다.

일리치는 이것이 기억의 본성이라고 지적하면서 므네모시네를 현재에 되살려낸다. 지금 '메모리'라는 기억은 므네모시네에서 유래한 것이 아니라 라틴어의 memoria에서 유래하는 것으로, 창고에 있던 것을 가져오는 것 같은 의미다. 회상(=recollection)의 의미가 달라진 것이다.

텍스트

문자가 사회를 바꿔놓았다. 거래, 신앙 생활, 재판 양식 등은 문자에 의한 말의 보존에 의해 가능해졌다. 이야기될 뿐만 아니라 읽을 수 있게 된 말의 보급이 새로운 질서와 도시, 대학 등을 가능하게 했다. 기록의 사용은 세속의 모든 관계들을 매개하는 구성 요소로, 문자의 강제력에 의한 지배를 가능케 한다. 문자 지식은 관습과 합법성 사이의 긴장 관계를 확대시켰다. 선서가 문서로 바뀌고, 정당하게 구두로 나눈 약속은 법적 효력을 가진 기록으로 바뀌는 등 신뢰의 기반이 바뀌었다. 구두 약속보다 봉인된 기록을 믿게 되었다. 기록에 의해서만 문건의 소유권을 유지할 수 있게 된 것이다. 편지와 서장(書狀)은 계약의 기록이 되었고, 유언으로 남긴 봉인된 문서가 증거 서류가 되었으며, 진술서를 작성하고 서명을 해야 동의를 나타내게 되었고, 그 필사본은 보존되었다. 정확한 필사본을 작성하기 위해 증서류는 형식·읽기 쉬움·어순·정서법 등을 점검받은 동일한 두 개의 문서가 법적 판정 기준이 되었고, 공증인이 이를 보장했다. 신분증명서가 만들어져 사람들을 개인으로 확인할 수 있게 되었으며, 기록에는 날짜가 붙게 되었다. 텍스트 자체가 구독·상속·매각·재산 상실 등 모든 것에 관여하게 되었다. 언어는 말하는 사람으로부터 분리되고, 텍스트는 사건에서 독립되어 그 자체가 진짜가 되었다.

필기 방법은 구술로부터 저자 스스로 적는 것으로 바뀌었다. 구술은 원래 텍스트를 작성하는 행위를 지휘하던 것으로, 필기는 필기용구를 이용한 작업에 불과했었다. 그런데 이로부터 다양한 필기 기술이 나타났다. 문자열에 콜론·콤마를 넣어 끊을 수 있게 되었으며, 단어와 단어 사이에도 분리가 일어나 공백이 만들어졌다. 띄어쓰기가 된 것이다. 각주가 만들어지고 색인이 만들어져, 페이지 수에 따라 페이지를 참조할 수 있게 되었다. 12세기, 텍스트는 눈에 보이는 형태로, 공간적으로 고정된 관계에 놓이게 되었다. '그는 이렇게 말했다'에서 '그는 이렇게 적었다'로 바뀌었고, 소리를 내어 읽고 듣는 활동이었던 독서는 묵독으로 바뀌었다. 도서관은 침묵의 장소가 되었다.

언어 이론상의 문제 설정

『ABC』를 언어 이론으로 보면, 몇 가지 본질적 과제가 나타난다.

① 현대의 언어론 및 언어관은 '스피치(말하기)는 랭귀지(랑가쥬)의 사용'이라고 전제한다. 단어가 존재하지 않는(word-less) 세계에서 랭귀지를 말하는 것은 있을 수 없다.
② 소쉬르부터 촘스키까지 '하나의 언어밖에 말할 수 없는 사람(homo monolinguis)'이 전제되어 있다.
③ '독일어와 프랑스어는 서로 대립한다'고 하는 생각은, 언어를 서로 비교할 수 있는 '자기 완결적 커뮤니케이션 시스템'이라고 전제하기 때문이다.

이 세 가지 전제에 대한 문제 제기에 의해 기존 언어학의 존재 근거는 뒤집어진다. 요컨대 양자 모두 '알파벳이라는 문자로 적는다'는 언어 기술(技術) 체계 자체를 묻지 않는다. 일리치는 언어라기보다 '단어' 기술의 존재 방식을 고찰했다고 할 수 있는데, 이 '단어' 사용의 기술과 랑가쥬(언어 사용)의 관계는 충분치 않다. 그는 문제를 시사하는 데 그쳤던 것이다. 그런데 역사학도 문학 연구도 이 전제에 대해서는 전혀 의심하지 않고 있다.

먼저, 말하는 행위와 쓰는 행위는 본질적으로 다르다. 이는 이미 지적된 부분으로, 문제는 말하는 인간의 정신과 쓰는 인간의 정신에서 말(=단어, word)의 존재가 전혀 다르다는 점이다. 단어를 그 의미에서부터 찾아내는 일은 전자에는 존재하지 않는다. 일리치는 다른 원고인 「가르침을 받은 모국어」에서 콜럼버스가 이탈리아 혹은 스페인에서, 그리고 신대륙에서 인디오들과 이야기를 나눌 때 그는 언어를 말한 것이 아니라 그저 이야기했을 뿐이라고 했다. 이해한 바를 전달하는 것과, 내용을 그릇에 옮기듯이 번역해 전달하는 것은 전혀 다르다. 그것은 쓰인 말의 기술이 말하는 것과 다르기 때문이다. 언어를 서로 분리된 것으로 생각하게 된 건 문법 체계를 가르치는 국가 어화된 모국어가 생기고 나서부터다. 단어를 서로 나누는 것, 이야기를 서로 나누는 것은 커뮤니케이션도, 이해도 아니다. 서로를 받아들인다(혹은 서로 거부한다)는 것이다. 감각으로 소통하는 것과 인식으로 소통하는 것은 전혀 다르다. 이 근원에 대한 문제 제기가 중요하다.

필자는 의심과 당혹감을 갖고 『ABC』를 읽어왔다. 후반부의 위화감 때문에 어쩔 수 없이 그렇게 된다. 필자의 의문이 잘못된 것일지도 모르지만, 기존의 집착이나 이론 설정에서 불가피하게 의문이 생겨난다. 이를 불식시키려고 해도 어쩔 수 없이 납득할 수 없는 무언가가 남는다. 자기(the self)에 관한 대목부터 '꾸며낸 이야기'로 진행되는 과정은 전형적인 서구적 사고방식으로, 아시아적인 것들을 버리지 않으면 불가능한 고찰이다. 자기가 아닌 비자기(非自己) 영역이 존재하지 않는 것이다. 꾸며낸 이야기는 비자기가 하는 것이지 자기가 하는 것이 아니다. 일리치는 샌프란시스코(1986년 8월)와 일본(1986년 11월)에서 각각 '세속 리터러시'의 강연을 한 바 있는데, 이 강연의 문제 구성이 보다 간결하고 정확하다. 『ABC』와 다음 장의 시각 변모를 알고 난 후 이 논고를 읽으면 전체적인 위치 관계가 명확해진다. 일리치의 문제 제기는 역시 깊이가 있다. 『ABC』를 읽고 명확치 않았던 지점을 이 강연 원고를 통해 재정리할 수 있다.

- 이야기하는 소리의 문화가 존재한다.
- 알파벳화된 기술로부터 만들어진 것이 존재한다.
- 쓰기 기술의 세계가 존재한다.
- 텍스트를 만들어낸 기술들이 존재한다. 그리고 이로부터 태어난 정신 공간이 존재한다.

- 문자 문화의 세계는 소리의 문화와 전혀 다른 기술과 정신의 세계다.

이상의 명제들의 미묘한 차이와 유사점을 해독해내야 한다.

세속 리터러시(lay literacy)

성직자 리터러시(clerical literacy), 즉 실제로 문자의 읽고 쓰기가 가능했던 계층과 달리 일반인들에게는 정신적 틀(mind-frame)을 구성하는 '세속 리터러시(lay literacy)'라는 것이 있었다. 사물을 보거나 알게 될 경우 근본적 전제가 되는 정신의 장치(mind-set)가 만들어지는데, 그것이 '문자적 정신(literate mind)'을 만들어낸다. 일리치는 '리터러시 능력'과 '문자적 정신'을 구별한다. 이 둘 사이의 우연적 연관성을 전제로 한 연구들이 지금까지 진행되어왔을 뿐이라고 그는 지적한다. 문자의 읽고 쓰기가 가능한 사람들은 물론 불가능한 사람들, 조금 가능한 사람들, 그리고 읽고 쓰기를 하지 않겠다고 하는 사람들까지도 두루 퍼진 사회 현실, 즉 새롭게 만들어진 공간이 있다. 이것이 '세속 리터러시'의 '문자적 정신' 공간이다. 리터러시 능력이 없더라도 문자에 관여하는 정신적 공간은 만들어진다. 그것은 고대에 만들어져 지금까지도 계속 이어져오는 정신적 틀이다.

이 '문자적 정신'은 다음과 같은 의심할 수 없는 전제를 갖는다.

① 말은 문자로 나타냄으로써 고정될 수 있다.

② 기억은 저장할 수 있고 나중에 다시 꺼낼 수도 있다.

③ 말로 표현할 수 없는 것도 양심에 새겨 검색·검증할 수 있다.

④ 대부분의 경험은 적어둘 수 있다.

먼저, 이 '쓰기 리터러시(writing literacy)'를 익히면 어떻게 되는가. 구체적 정황에 따라 사물을 인지하는 대신 추론을 하기 시작한다. 자신의 실제 경험에 근거해 추론할 뿐 아니라, 언어로 표현된 모든 가정들에 기초해 추론하기 시작한다. 지각, 표상, 추리, 상상력, 자기 감각 등에 변화가 일어난다. 기원전 6세기에서 5세기 무렵, 그리스에서는 추론 방식과 세계를 지각하는 방식에 중대한 변화가 일어났다. '소리의 문화에 뿌리내린 문화'로부터 '문자적 정신'으로의 이행이 일어났기 때문이다. 이로부터 문학과 과학이 만들어지게 되었다(Eric Havelock[4]). '야생 정신의 알파벳화'(잭 구디[5])라고도 하고, '언어의 기술화(技術化)'(월터 옹)라고도 하는데, 이는 아직 '문자적 정신의 역사'와 '쓰기 리터러시의 역사'를 구별하지 못한 것이라고 일리치는 지적한다.

소리 문화 세계와 문자 문화 세계 사이의 인식론적 단절의 깊이는, 1926년 밀먼 페리[6]에 의해 밝혀졌다(일리치는 이 발견이 아인슈타인의 발견보다 더 크다고 표현한다). 그리고 그의 제자 앨버트 로드[7]는 구승(口承) 시인이 시를 만들어내는 과정은, 문자로 시를 쓰는 시인이 시를 만들어내는 과정과 전혀 다르다는 것을 밝혀냈다. 구승 서사시의 세계와 문자로 쓰는 시의 세계는 공존 불가능하다는 뜻이다. 이 점은 『ABC』에서도 상세히 다루고 있다. 호메로스는 적절한 단어를 찾아 시행착오를 겪지 않았다. 단어 자체가 없었기 때문에 단어를

---

[4] Eric Alfred Havelock(1903~1988). 영국의 고전 연구가로 생애 대부분을 캐나다와 미국에서 보냈다.

[5] Sir John Rankine Goody(1919~2015). 영국의 사회인류학자. Cambridge 대학교수로 명강의로 유명했다.

[6] Milman Parry(1902~1935). 미국의 서사시 연구가이자 구승 학문의 창시자. 하버드대학 교수 역임.

[7] Albert Bates Lord(1912~1991). 미국의 비교문학자. 밀먼 패리의 사후 하버드대학에서 패리의 서사시 연구를 계승했다.

찾아내는 일 역시 필요 없다. 그저 흐르는 대로 노래할 뿐이다. 『일리아드』는 노예였던 도공이 구승 시인의 노래를 도자기 조각에 적었던 것에 불과하다. 그러나 베르길리우스[8] 시대가 되면 죽을 때까지 고쳐 쓰고 퇴고하는 시인, 즉 작가가 등장하게 된다.

알파벳화에 의한 기록은 과학과 문학의 조건이자, '사상'과 '말하는 것'을 구별하는 데 불가결한 것이다. 플라톤은 특히 이 분리에 대해 고투했는데, '상기(recall)'의 경험이 문자의 도움을 받는 '기억(memory)'으로 이행함에 따라, 문어(文語)는 말하는 데도, 타자에게 진리를 전달하는 데도 불충분하다는 것을 의식하게 되었다. 문자의 사용과 함께 새로운 정신 공간이 태어난 것이다. 텍스트가 만들어지고 '텍스트라는 관념'이 만들어졌다. 이것은 책의 관념과도, 구승의 낭독이라는 관념과도 다른 정신 공간을 낳는다.

표의문자는 특별한 훈련을 받지 않으면 읽을 수 없지만, 알파벳은 입 밖으로 나온 단어의 소리를 그저 눈에 보이는 형태로 기록해두는 기술이다. 따라서 알파벳만으로도 정확한 읽기가 가능하다. 단어와 단어 사이에 공백을 넣기 시작하자, 보는 것만으로도 필기가 가능해졌다. 이전까지는 공백이 없었기 때문에 소리를 내 읽지 않으면 읽을 수 없었고, 일반적으로 보는 것만으로는 필사가 불가능했다. 알파벳으로 기록된 텍스트는 소리를 고정시킨다. 텍스트는 과거의 이야기가 부호화되면서 눈으로 페이지에서 뽑아올릴 수 있게 된 것이다. 다양한 기술을 거쳐 필사본에서 독립한 '텍스트'가 탄생하게 되었다. 보면서 찾을 수 있게 된 것이다.

---

8   Publius Vergilius Maro(BC70~BC19). 로마의 국가 서사시 「아이네이스」의 저자. 로마의 시성이라 불릴 만큼 뛰어난 시인으로, 이후 전 유럽의 시성으로 추앙받게 된다.

텍스트의 기술

'문자적 공간(literate space)'과 동일한 것으로 '텍스트'가 등장하는데, 이와 관련하여 다양한 기법이 개발되었다.

① 장마다 표제를 붙이고, 각 장은 다시 소표제를 붙여 나누고, 장과 절에는 번호를 붙인다.

② 인용구에는 다른 색깔 잉크로 밑줄을 긋는다.

③ 단락 구분의 도입, 단락마다 내용 요약이 별도로 첨가된다.

④ 목차 및 알파벳 순서의 색인.

⑤ 참조 부분의 지정.

이러한 기술에 의해,

① 어디에서나 읽을 수 있게 되었다.

② 손에 잡고 읽을 수 있게 되었다.

③ 묵독하게 되었다(지금 무엇을 읽고 있는지 들을 수 없게 됨에 따라 모독적이고 이단적인 서적들이 늘었다).

④ 서적에서 정확하게 인용하는 숙련이 형성되었다.

⑤ 기록하는 관행이 만들어졌다.

즉, 구술을 필기하고 한 행 한 행 읽어가면서 적는 오래된 쓰기 기술은, 눈으로 텍스트를 보면서 어구를 파악하는 기술에 의해 보완되었다. 또한 종이의 발명(양피지를 대체한다)과 자신만의 노트(필기법의 진보)에 의해 텍스트는 더욱 발전하게 되었다.

텍스트와 자기

일반 신도의 기억력을 훈련시킬 의무, 즉 성직자는 신도들이 주님의 기도 문구를 성경대로 반복할 수 있게 만드는 의무를 부여받았고, 고해를 하는 사람들은 한 글자 한 문구가 각인된 기억을 테스트 받음으로써 '양심(=꽁시앙스)'이라는 장소를 음미하게 되었다. 자기 자신을 텍스트로 보는 정신 공간이 만들어짐으로써 무슨 일이 생기는가. 거기에는 '문자가 되어 응고된 과거'가 있다. 자신에게는 '기억과 양심'으로, 사회에는 '증서와 감정서'로 남는다. 이로부터 받아쓰고 서명을 한 고해라는 '새로운 과거'가 나온다. 개별적 주체(individual subject)는 법적 주체가 되고, 마침내 '인격'이 만들어진다. 문자적 정신 속에서 새로운 사회가 만들어진 것이다. 사회 속에서가 아니라 문자적 정신 속에서 '사회'가 만들어진다는 것이다. 일리치는 살짝 언급했을 뿐이지만 그 의미는 대단히 중요하다. 사회는 자신의 외부가 아닌 내부에 있다는 의미에서 그렇다.

선서와 고문과 재판

자신의 말을 보증하기 위해 사람들은 '맹세'했다. 맹세는 자신에 대한 저주다. 만약 자신의 말에 반하는 결과가 생기면 자신은 저주받아야 하며, 자신의 육체를 바쳐 성실을 입증해야 했다. 그 선서에 대해서는 어떤 이의도 제기될 수 없었다. 문자의 시대에는 기록이 증거가 된다. 기록이 없을 경우 재판관에게 피고의 마음을 읽을 권한이 주어진다. 재판 절차 가운데 고문이 도입되어 심문을 하고 지렛대로 마음을 연다. 선언과 시죄법(試罪法, 시련을 견딘 자는 무죄)을 대신해 고문에 의한 자백이 텍스트로 제출된다. 법정에 제출된 텍스트와 피고의 마음에 각인된 텍스트가 동일하다는 것을 억지로라도 인정해야 한다. 이 두 가지 텍스트는 비교되고, 사본이 원본과 동일하다는 것을 인정해야 하는데, 이때 서기(書記)의 어깨 너머로 두 가지 증서의 동일성을 확인해주는 정정계(訂正係, corrector)의 모습이 등장한다. 서기 기술과 똑같이 재판관은 피고의 마음속에 있는 진실과 진술을 비교, 조사하지 않으면 안 된다. 이 대목은 푸코의 재판 형태론에는 빠져 있는 점이다. 알파벳의 서기 기술이 재판에 끼친 문자적 정신의 영향이다.

문자적 정신은 일반인의 자기와 꽁시앙스('양심'이라고 한정할 수 없지만 번역어가 없다), 그리고 기억을 심각할 정도로 재구성했다. 염라대왕 앞에 서야 한다는 '두려움'뿐만 아니라 정신 공간을 근원에서부터 바꿔버린 것이다. 역사가들이 밝혀낸 것들은 이차적인 것에 불과하다. 눈으로 읽을 수 있는 '텍스트'가 12세기 알파벳의 사용에 의해 형성된 개념들의 네트워크(자기, 꽁시앙스, 기억, 소유 관계의 기록, 자기 증명 등)에 큰 영향을 미쳤다. 중세 후기의 '이야기(narration)'와 '허구(소설, fiction),' 르네상스 시대의 텍스트 편찬, 인쇄기, 속어 문법, 독자 등은 이로부터 재검토할 수 있을 것이다. 알파벳 문화 공간의 내부에서 일어난 세속 리터러시의 탐구다. 이리하여 우리들은 일찍이 학교나 교육, 병원, 치료 등 당연시되던 것들의 지반이 흔들린 것 이상으로, 사물과 사건들은 언어에 의해 기록되고, 말과 언어는 원래 존재했던 것이라는 너무나 당연시되던 지반이 흔들리는 경험을 하게 된다. '말의 본질은 무엇인가'에 대해 생각지도 못했던 장소로 끌려나오게 된 것이다. 이 경험은 쾌락은커녕 너무나 어색하고 불안정한 것이다. 제도적 기반의 변화와는 전혀 다른 장소로의 이동이다. 이것은 자율적 기술과 행위의 지반 변화다. 더구나 이에 적합한 담론이 만들어지지 않았기 때문에 너무나 마음이 불편하다. 일리치에 대한 상당한 공감을 갖고 있지 않으면 더 이상 읽고 싶지 않은 영역에 들어왔다고 할 수 있겠다.

『ABC』는 중간 중간에 의문을 끼워넣는 방식으로 서술되었다. 그 때문인지 다음의 텍스트론에서는 의문을 끼워넣을 여지가 없는, 철저하게 역사를 파고드는 금욕적 서술이 된다.

3. 텍스트론/서적론

일리치의 텍스트론은 왜 세계적으로 무시당했을까. 두 가지 이유가 있다. 하나는 서구에 한정되는 바람에 정작 서구 자체가 보이지 않게 되었기 때문이고, 또 하나는 역사관이 너무 주어적(主語的)이기 때문이다. 보편성을 끌어내겠다고 했지만, 보편에서 멀어져 개별이 된 것이다. 현재와의 비교는 자의적으로만 이루어졌고, 이를 표현할 이론적 탐구도 없었다. 그 결과, 버내큘러한 존재로부터 괴리된 세계만 보이게 되었다. 왜 일리치는 굳이 이렇게 했을까? 그의 저작 자체에서 답을 찾을 수 있다.

『텍스트의 포도밭(In the vineyard of the text)』(1993년)은 '뭐가 포도밭이지?' 하는 소박한 의문이 들기도 하는데, 주석이 절반 가까이를 차지하고 참고 문헌만 30페이지에 이르는 저작이다. 그의 이전 저작들과는 완전히 다르다. 전반부는 학습, 특히 독서한다는 것, 안다는 것, 지식 등에 대해 다루고 있다. 후반부는 책이 텍스트가 되는 과정, 구술 기록이 생각의 기록으로 바뀌는 과정을 다루고 있다. 기록 기술과 독서의 사회적 능력 간의 관계가 어떻게 바뀌는지에 대해, 그리고 기술과 문화의 상징적 상호 행위에 대해 다루고 있다. 우리들이 당연한 듯 하고 있는 독서가 어떤 행위와 기술에 의해 가능하게 되었는지를 상세하게 논하고 있다.

문제 설정은 간명하다. 조지 스타이너[9]와 월터 옹을 거론하면서

bookish와 묵독에서 기술이 어떻게 변용되었는지를 다룬다. 이를 통해 대상의 변화와 행동의 변화가 인쇄 기술의 변화보다 더 본질적인 기술의 발명이라는 점을 시사하고 있다.

bookish/bookishness의 의미

이 용어는 여러 가지 의미를 함축하고 있어 다소 성가시다. 먼저 책 모양의 사물, 즉 문자(letters)가 적혀 있고 페이지가 만들어져 보면(譜面, score)에서 텍스트로 바뀐 기술적 발명과 변용을 의미한다. 또한 알파벳 세계를 의미한다. 그리고 이러한 책의 형태에 덧붙여 책을 읽는 방식이 수도사적 독서로부터 학자적 독서로, 소리를 내어 읽는 방식에서 묵독으로 바뀐 스타일을 포함한 독서 습관(reading habits)을 함의한다. 여기에는 책을 애호하는 습관도 포함된다. 책이 놓인 장소가 집에서 제도적 저장고(교회의 장서, 공적 도서관 등)로 바뀐 것, 서점에서 팔리게 된 것 등도 암묵적으로 포함된다. 이와 같이 책의 성립에서부터 책의 사용 방식, 독서 행동, 습관과 문화 전체를 'bookish'라고 한다. 번역서에서는 문맥에 맞춰 단어를 바꾸기 때문에 이 키워드가 보이지 않게 되었다. 번역하기 곤란하니 어쩔 수 없다고 해도, '독서주의'란 말은 전혀 어울리지 않는다. 일리치는 책 형태의 변화에 의해 개념과 사회 현실 사이의 관계가 변해버렸다는 것을 보여주려고 했다. 그리고 기술의 역사가 '마음의 역사(the history of heart)'로 귀결되는 것을 추출하고자 했다. 때문에 '독서주의'는 아니다.

---

9 Francis George Steiner(1929~). 프랑스 출신의 미국 작가 겸 철학자, 문예비평가. 프린스턴, 옥스퍼드, 하버드, 캠브리지, 제네바 대학 등의 교수 역임. 다양한 언어 능력과 학문 분야를 섭렵한 르네상스형 인물로 평가받는다.

Universal bookishness는 서구 세속 종교의 핵심이 되어 교회를 학교화했다. Bookishness에 대한 신앙은 기독교와 함께 서구적 현실이 되었다. 그리고 이제 bookishness의 시대가 문을 닫으려고 하고 있다. 결국 bookishness란 '책 형태의 상태'다. 몇 가지 기술에 의해 만들어진 물건의 상태, 일리치는 이를 대상으로 고찰, 검증하겠다는 것이다. Bookish reading(책으로 읽기)은 다양한 종교의 시발점이 되었으며, 사회의 위상학적 차원에서 보면 전문가들의 독점을 만들어냈다. 책을 읽는 것은 사회적 지위를 결정하고, 사회 계층의 분화를 결정하기까지 했다. 사실 '글자가 쓰인 페이지'를 읽는 행위는, 보편적 합리성이 아니라 특정 시대의 특유한 현상에 불과하다. 알파벳 기술을 사용하는 많은 방법 중의 하나이다. 다만 그것이 450년간 계속되었을 뿐이다. Bookish text(책의 형태가 된 텍스트)는 기술적 대상에 초점을 둔, 금욕적 훈련으로서의 독서술에 필요한 추상을 물체화한 것이다. 페이지는 bookish text가 되어 학문적 정신을 형성한다. 책 모양을 한 텍스트를 읽는 대학의 시대가 열린 것이다. Bookish text는 새로운 세계관을 강력하게 결정했다.

일리치는 읽기가 지혜가 되고, 질서·기억·역사를 기록하게 되고, 수도사의 독서에서 라틴어로 된 강의를 거쳐 학자적 독서가 되고, 기록된 스피치에서 생각의 기록으로 바뀌게 되고, 책에서 텍스트로 옮겨가는 역사를 묘사하고 있다. 이로부터 자신이 개척한 새로운 역사관을 제시하고 있는데, 이 점을 확인해두자. 이 저작은 성 빅토르 후고론을 겸하고 있는데, 이 점은 우리들과 그다지 관련이 없기 때문에 생략한다. 관심 있는 분들은 직접 읽어보기 바란다.

서문의 문제

서문은 언제 덧붙여졌는가. 이 별것 아닌 듯한 문제는, 고전·고문서에서는 대단히 중요하다. 필사본이기 때문에 위작인지, 저자 본인이 썼는지, 아니면 다른 사람이 쓴 것인지를 판단하는 소재가 되기 때문이다. 일본에서는 『고사기(古事記)』가 이 문제에 직면해 위조인지 아닌지 논란이 되고 있다. 후고의 저작도 어느 것이 진짜인지, 또 서문을 본인이 썼는지 다른 사람이 덧붙인 것인지 문제가 되고 있다. 일리치는, 후고의 시대에 일어난 교인들의 타락을 보고 "후고 자신이 이를 걱정해 나중에 덧붙였을 것"이라고 추측하고 있다. 즉, 본문이 의도한 바와 본문이 쓰인 후의 정황 변화 등을 비판적으로 고려해, 자기 저서의 의미를 다시 한 번 자리매김하기 위해 서문을 덧붙였을 거라는 것이다.

별것 아닌 듯 보이지만, 문서가 역사적 의미를 가질수록 이 판정 방식은 중요한 점을 시사한다. 인쇄라는 양산 기술이 없던 시대, 필사본 방식으로 한 권 한 권 필사하는 기술과 방법에 의미를 부여할 때 기본이 되는 점이다. 이때 기록된 내용을 검증하기는 하지만, 쓰기라는 행위와 기술을 문제삼는 경우는 거의 없다. 기록이 텍스트가 되는 중대한 변화가 일어났음에도 불구하고 말이다. 구술의 경우, 구술하는 저자는 기록된 내용의 진위에 대해 관심이 없었다. 필기한 사람이 두 명 있으면 두 개의 다른 필사본이 만들어지는 셈이다. 스스로 책을 쓰게 된 이후 책이 어떻게 읽히는지에 대해 비로소 관심이 생기기 시작했다.

『고사기』를 예로 들면, 『고사기』가 역사 문서로서 텍스트가 된 시기를 살펴보면 문서가 갖는 의미가 바뀌었음을 알 수 있다. 서문은 그 판정 소재가 되는 것이다. 이때 쓰기의 의미와 기술 변화가 대상화되지 않으면 이에 대한 판단은 불충분하다. 일리치는 역사 문서를 역사적으로 읽는다는 것이 어떤 것인지를 보여준다.

학습(stadium): 지혜를 향해 읽기

중세 영어에서 study라는 명사는 어떤 의미를 갖고 있었을까?

① 애정, 우정, 타자의 복리에 대한 헌신, 동지애, 욕망, 애호, 특정 사물에 대한 쾌락 또는 흥미의 감정. → 이런 의미들은 1697년 이후 버려졌다.

② 고용, 직업. → 이 의미들은 1610년 이후 버려졌다.

아무튼 지금과는 전혀 의미가 달랐는데, 지금 우리들이 스터디라고 말하는 것에는 없는, 문화적으로 잃어버린 활동성이 들어 있었다. 돌은 가능한 한 지구에 다가와 지구의 가슴속에서 쉬고 싶다는 마음에 지구로 떨어졌다. 돌과 식물, 그리고 읽는 사람들에게도 근저에 감추고 있는 모든 소원의 주요한 동기, 주요한 목적인(目的因)이 존재했다. 그러나 그것들은 이제 근본적으로 이해가 불가능해졌다. 우리들은 현실을 단일한 인과 관계(mono-causal)로 경험하고, 결과를 초래하는 원인(efficient causes)만 알고 있을 뿐이다. 옛날 진·선·미의 모든 것을 존재하게 만드는 궁극적 근거를, 밀기(pushing)에 의해서가 아니라 끌어당기기(tugging)로 이야기해야만 한다.

지혜와 빛과 눈

12세기 수도원에서 요구한 학습이란, 정신과 감성을 갈고닦는 것이지 두뇌와 체력을 요구한 것이 아니었다. 읽는 학습이 수도사를 만들어낸다. 근면 각고(刻苦)할수록 읽기는 완벽해진다. 주위에 자랑하는 지식의 집적이 아니라 지혜를 지향하는 것이다. 읽는 사람은 자신의 모든 관심과 욕망을 지혜에 집중하기 위해 유랑을 떠나, 마침내 안주할 수 있는 집에 이르게 된다.

지혜(sapientia)와 빛(lumen)으로부터 우애(amicitia)로 이르는 길에서 페이지는 거울이 되고, 새로운 자기(self)가 등장한다. 지혜(wisdom)는 사람을 비추고(illuminate), 사람은 자기 자신을 재인식(recognize)하게 된다. 이것이 바로 계발(enlightenment)이다. 지혜에 대한 접근은 읽는 사람을 밝게(radiant) 하고, 사람을 빛나게(glow) 하며, 읽는 사람의 '자기'에 불을 붙여(kindle) 반짝이게 된다. 이것이 학문적 노력이라고 하는 활동성이다. 12세기의 세밀화는 그 자체로 빛이(luminous) 났다. 촛불을 갖다 대면 빛이 났다. 르네상스 시대의 화가들은 그림자를 좋아해, 빛은 다른 곳에서 물체와 대상을 비추었을 뿐이다. 그러나 중세에는 그 자체가 빛의 근원으로, 중세적 사물의 세계 속에는 빛이 있었다. 고유의 빛, 방사하는 빛이다. 중세의 책에서는 빛이 사람의 눈을 찾았고, 신이 영혼에 손을 뻗었다. 페이지는 빛을 내뿜고, 눈은 반짝인다. Lumen으로서의 빛은 '눈에서 빛이 나온다'는 것을 의미한다(11장 참조). 독서는 회복이다. 죄 때문에 빼앗긴 빛을 독서가 이 세상에 되돌려준다. 책은 눈을 위한 약이다. 책의 페이지가 회복을 불러오는 것이다. 페이지에서 방사된(emanating) 빛에 자신을 비춰, 스스로를 인지하고(recognize) 자신을 인정(acknowledge) 하게 된다. 페이지에 반짝임(glow)을 불어넣어주는 지혜의 빛 속에서 읽는 사람 자신은 불(fire)을 찾아 그 빛 속에서 자신을 인지하는 것이다. 읽는 사람은 페이지 앞에서 지혜의 빛에 의해 양피지 거울 속에서 자기 자신을 발견한다. 타인이 보는 자신도, 직함이나 통칭으로 불리는 자신도 아닌, 자기 자신의 눈에 비친 자신을 인정하게 되는 것이다.

크세노폰이 말한 '너 자신을 알라(know thyself)'를, 일리치는 thyself가 아닌 'thy Self'로 해석하려고 한다. 왜냐하면 오늘날 우리들이 말하는 자기(self)와 개인(individual)이라는 것은 12세기의 대발견 중 하나이기 때문이다. 그리스 로마 시대에는 이 말에 합치되는 표현이 보이지 않는다. 후고는 자신이 살펴본 모든 책 가운데서 이 새로운 자기를 표현할 수 없을까 모색했던 것이다. 후고는 "책 페이지를 넘기는 '순례' 여행에 나서라"라고 말했다. 그것은 공동체에서 벗어나 자신을 찾아가는 '고독'으로의 여행인데, 그 기나긴 고독의 길 가운데서 자신을 발견하라는 것이다. 이것은 현재 우리들이 서로를 '경계선을 가진 인간'으로 생각하고, 개성은 '서로 만질 수 없는 신체 속에 들어 있다'고 생각하는 것과 연관된다. 공동체에서 떨어져 내적으로 격리된 존재는 지금의 사회 현실 자체라고 일리치는 지적한다. 이는 근대적 자기가 12세기에 출현했다는 뜻도, 이 새로운 자기가 거슬러올라갈 시초가 없다는 뜻도 아니다. '정신적 유랑이 필요하다'는 후고로부터 본질적 개인(essential individual)의 의미를 볼 수 있는데, 그것은 독특한 개성·육체·심리를 가진 사람이다. 라틴어의 페르소나에 새로운 의미가 출현한 것이다. 이에 대하여 일리치는, "person으로 이해되는 자기성(selfhood)의 출현과, 페이지에서 텍스트의 출현이라는 현상 사이에 존재하는 특별한 대응 관계를 지적하고 싶었을 뿐"이라고 말한다. 읽는 사람은 자기가 나타나는 빛 속으로 나아가는 것이다.

"현인의 말을 찾아 그것을 항상 마음의 눈앞에 두고 자기의 얼굴을 비추는 거울로 삼아라."

후고는 시각적 관점을 가지고 눈이 제일 중요하다고 생각한다. 눈으로 아름다움을 지각할 수 있으며, 철학자는 그림자에서 나와 빛으로 향하라고 가르친다. 죄는 어둠이라는 말로 묘사된다. 계발은 세 가지 눈으로 이루어진다.

① 육체(flesh)의 눈: 지각할 수 있는 물체의 형상 속에 있는 물질을 찾아내는 눈.

② 정신(mind)의 눈: 자기와 자기가 비추는 세계를 응시하기 위한 눈.

③ 마음(heart)의 눈: 지혜의 빛 속에서 하느님의 마음속까지 들여다보는 눈. 아버지 하느님의 무릎 아래 궁극의 책 모양으로 숨겨져 있는 하느님 아들의 모습을 찾아내는 눈.

후고에게 독서는 우애(friendship)였다. 학습에 대한 궁극적 동기를 부여하는 우애의 은유다. 사랑의 추구, 지혜의 우애와 닮은 '무언가'이다. 친구의 지식을 즐길 수 없는, '우애 없는 지식은 불완전하다'는 플라톤적 교의를 부활시켜 기독교화한 것이다. 학생의 정신을 둘러싸고 있는 지혜의 빛은 항상 타자를 친구 삼아 그를 자신에게 돌아오게 한다. 진정한 읽는 자는 보이지 않는 것 속으로 들어가 세계를 보이는 것으로 만듦으로써, 영광 가득한 하느님의 품속에서 결합하기 위해 마음속 여행을 떠나 내면의 계단을 끝까지 올라간다. 이와 같이 배움/학습/연구란, 선(善)을 파악함으로써 지혜에 다가가는 정신적 활동이었다. 필자도 그런 학습을 하고자 했지만, 그것은 푸코적 쾌락이었지 일리치적 금욕의 훈련은 아니었다. 일리치는 후고와 함께 기독교 세계에 들어갔다.

질서와 역사와 상징

후고에게 독서는 기억이었고, 기억술은 독서술이었다. 고대의 변론술에서 사용되던 기억술을 부활시켜, 수도사를 위한 독서술로 제시했다. 후고는 기억의 매트릭스를 '건축 기술적-정적(architectonic-static)' 모델에서 '역사적-관계적(historic-relational)' 모델로 바꾸었다.

이 세상 모든 사건은 창조와 구원의 역사 속에서 사건이 놓인 장소로부터 본래의 의미를 획득한다. 읽는 사람은 스스로 독서를 통해 얻은 모든 것을, 창세기에서 요한계시록에 이르는 역사 속에서 마땅히 위치해야 할 곳에 놓아야 한다. 이를 위해 주의 깊은 독서는 항상 부분들을 모아 골라내고, 묶고, 나누어 정리한다. 그리하여 지혜를 향해 앞으로 나아가는 것이다. 지혜란 보물이고, 마음속은 보물을 보관하는 장소다. 각자 가상의 내적 공간을 만들어 잊지 않도록 사건들을 기억의 축에 따라 보관하고, 언제든지 끄집어낼 수 있도록 정신이 명하는 무의식의 행동, 육체의 행동을 작동시킨다. 책을 보지 않고도 세부까지 암송할 수 있도록 많이 읽으면, 머릿속 방주(方舟)를 이용해 상상하는 것과 생각하는 것을 원활히 나르는 경험을 재현할 수 있게 된다. 사용하고 싶은 문장을 한 문장씩 마음속에 등록하고 라벨을 붙여두었다가, 각자의 내적 공간으로부터 대응하는 구조적 특징을 단서로 즉시 목적한 문장을 끄집어낼 수 있다.

이 내적 공간 구조는 후고가 '역사'라고 부른 시공간 구조를 나타내는 것이자, 고대의 건축학적 기억 훈련법에서 비롯된 것이었다. 독자의 마음속 방주에 역사의 직물을 다시 짜내는 것, 모든 일들을 시간의 질서 속에 자리매김하는 것, 매크로 코스모스인 교회와 읽는 사람 마음속의 마이크로 코스모스를 독서가 매개하여 인물·장소·사건을 글자 그대로 이해하는 것이었다. 하나의 글자, 하나의 문구에 따른 기초가 놓이고, 그 위에 유추를 기초한 구조가 조립되고, 마지막으로 구조물에 채색을 입히는, 3단계 건축 계획이다. 성서의 해석이란 ① 충실한 독서에 의해 성서의 구체적 의미가 마음의 방주에 정확하게 들어가고 ② 비유적 해석이 이루어지고 ③ 읽는 사람이 시간의 질서 속에 몸을 두고 실행하는, 개인적 인지의 3단계로 구성된다. 그리하여 하느님이 만들어낸 역사라는 이야기를, 문자를 통해 알 수 있게 되는 것이다.

실제와 역사, 그리고 기억된 실체는 다르다. 역사가들은 이 점을 혼동하고 있다. 기억을 불러오는 방법과 기억하는 방법, 그리고 기록하는 방법은 다르다. 일리치는 후고와 고대·고전 시대를 다루면서 이 점에 대해 주의를 호소한다. 역사상의 커다란 변화, 즉 기원전 5세기의 '단어'와 '구문론(構文論)'에 대한 발견, 그리고 12세기의 대학 창설 직전의 페이지 레이아웃과 색인의 발견 등에는 유사점이 있다.

그리스어에는 단일하게 고정된 단어가 없었다. 소리, 몸짓, 표현 등에 대응하는 많은 용어들이 있었을 뿐이다. 발화는 혀와 입 전체가 내뱉는 것이었고, 마음으로부터 내뱉는 것이었다. '단어'는 알파벳이 사용되기 시작한 최초의 1세기 사이에 알파벳과 의미가 각각 부여되었고, 그 결과 마음속 사전으로부터 개개의 단어를 골라낼 수 있게 되었다. 알파벳은 소리를 기록하는 것이지 의미를 기록하는 것이 아니다. 아주 단순한 기술이지만 독자는 이전에는 들어보지 못했던 소리까지 훈련을 통해 발성할 수 있게 되었다. 알파벳을 이용해 구어(口語)를 잘게 쪼개 눈에 보이는 형태로 고정할 수 있게 되었고, 알파벳은 세상을 사색할 수 있는 새로운 수단이 되었다. 알파벳의 존재 자체가 사람들에게 영향을 미치게 된 것이다. 플라톤과 아리스토텔레스는 구어의 알파벳적 분석과 존재의 철학적 분석 사이에 존재하는 유사성을 지적하고 있다.

아이들의 탐구심에서 어른들의 독서에 이르는 여정은 '질서

(order)'에 의해 지배된다. 읽는 사람은 질서(order)를 갖고 전진해야 하고, 조화로운 발걸음으로 전진해야 한다. 질서를 만들어내는 것이 아니다. 그저 사물과 사건을 따라 관찰하고 질서를 찾아야 한다. '질서를 세운다(to order)'는 것은 하느님이 정한 우주와 상징의 조화를 내재화하는 것이다. 미리 정한 주제에 따라 지식을 조직하는 것도, 체계를 세우는 것도, 관리하는 것도 아니다. 독자(讀者)의 질서를 성서의 이야기 속에 세우는 것이 아니라, 이야기가 독자를 그 질서 속에 세우는 것이다. 지혜의 탐구란, 페이지 위에서 만나는 질서의 모든 상징들을 탐구하는 것이다.

상징은 원래 '나르다, 던지다, 모으다', '요약, 물표(物標), 쪽지'였고, 고대 후기에는 '인장(印)'이었다. 디오니시우스[10]는 "우리들과 천사를 포함한 모든 창조물은 상징(symbols)과 기호(signs)"라고 해석하고, "신이 상징을 창조한 것은 이를 통해 우리들이 신을 알게 하기 위함"이라고 말했다. 후고는 "상징이란 보이지 않는 것을 표현하기 위해 보이는 모습을 모아놓은 것"이라고 했다. 그 시대에 감지할 수 있는 체험과 이를 초월한 형이상학적 세계에서의 체험을 잇는 연결고리인 것이다. 상징은 넓고 깊은 의미를 가진 우주의 모든 모습들을 객관적으로 대표하고, 또 충실히 표현하는 것이었다.

후고는 말한다. "상징이란 사실이자 사건이다. 자연과 역사와 그 피안의 현상이다. 그리고 그것들이 신앙과 신학으로 둘러싸인 메타 물리적, 메타 역사적 왕국(realms)으로 인도하는 것이다." 우주의 질서를 하느님이 부여한 것으로 이해하는 것은 지금의 질서와는 다른

---

[10]   Pseudo-Dionysius the Areopagite. 5세기 말부터 6세기 초까지 활동한 기독교 신학자이자 철학자. 그가 작성한 작품의 모음은 『디오니시우스 위서(Corpus Dionysiacum)』로 알려져 있다.

데, 일리치는 그런 후고의 질서 속에 서 있다.

독서/읽기(reading)

여기에서는 '수도사의 독서'로부터 '라틴어로 독서하기'를 거쳐 '학자적 독서'로의 이행을 설명하고 있다. '읽기'의 근원이 바뀌는 것이다.

❶ 수도사적 독서

독서는 지혜를 추구하는 험난한 언덕을 올라가는 것이고, 기억 훈련에서 역사에 이르는 언덕길 훈련이었다. 이런 독서를 통해 지각적 인식에서 명상에 도달하게 된다. 명상은 고도의 집중을 요하는 육체와 정신의 읽는 활동이자, 떨리는 입술과 혀가 만들어내는 울림에 공명하는 낭독이었다. 수도사는 한 줄 한 줄을 심박에 맞춰 움직이면서 이해하고, 그 리듬에 따라 기억한다. 그리고 그것을 입에 넣고 씹으면서 사색한다. 항상 중얼거리는 것이다. 반추하는 소와 같이 계속 되풀이하면서 씹는다. 입을 움직이는 동작은 눈의 역할을 결정한다. 알파벳 문자를 골라내 한 단어로 묶는다. 문자를 묶은 단어를 내뱉는 폐, 목구멍, 혀, 입술을 위해 눈은 봉사한다.

영어로 읽기는 '충고하다', '정리하다', '탐구하고 해석하다'를 의미하고, 라틴어로 읽기의 어원은 '따다', '묶다', '수확하다', '모으다'를 의미한다. 후고는 한 줄 한 줄로부터 과일을 따 수확한 것이다. 책은 포도밭이자 낙원이었다. 페이지는 한 줄로 묶여진 포도나무의 열(列)이고, 각 행은 선반 속의 가느다란 막대기다. 육체 전체를 움직이는 읽기란 인생의 존재 방식 자체로, 수도사는 낮에도 밤에도 읽을 뿐이었다. 하루는 기도와 노동으로 나뉘는데, 노동을 하면서도 중얼중얼 낭독했다. 평생 읽는다. 내뱉은 단어는 눈과 귀뿐 아니라 몸통과 손발의 전후좌우에 새겨졌다. 또한 수도사는 한가한 시간을 찾아내서도 독서를 한다. 한가한 시간은 해방된 자유이기 때문에 현세의 시끄러움에서 영혼을 빼내 명상적 독서로 영혼을 평안하게 한다. 독서가 시작이고 명상이 마무리다. 이 두 가지는 학습으로 통합된다. 이와 같은 '성스러운 독서'는 나중에는 '정신의 독서'로 바뀌어간다.

❷ 라틴어를 이용한 독서

알파벳은 라틴어에만 사용되는 것이지, 버내큘러한 말들을 알파벳으로 표기할 수 있다고는 아무도 생각지 못했다. 라틴어는 문자와 소리가 일체여서 생각 역시 같은 것이라고 여겼다. 수도원은 라틴어의 세계였다. 회화체가 아닌 양식화된 제창과 응답의 연속이었고, 단선율(單旋律) 성가의 엄밀한 규칙에 따른 억양이 붙어 있었다. 라틴어는 사본실뿐 아니라 성가대에서도 사용되었다. 리듬, 공간, 몸동작의 복합적 구성으로 이루어진 청각적 현상이 만들어진 것이다. 학생들은 교사의 음절에 따라 음절과 단어를 소리 맞춰 반복하고, 밀랍이 칠해진 서판을 들고 자신의 손을 향해 구술했다. 입술과 귀, 손과 눈이 협력해 라틴어의 맞춤법을 기억했다. 라틴어는 문자를 독점했다. 실제 말하는 그대로의 라틴어를 적는 일은 없었으며, 알파벳이 실제 말하는 단어를 기록하는 일도 없었다. 알파벳은 공적인 구술을 필기하기 위한 도구에 불과했다.

12세기 말이 되면서 게르만어, 로망스어, 이탈리아어를 알파벳으로 기록하게 되었다. 드디어 현실에 있는 일상적 말의 표음 기록의 도구가 된 것이다. ABC의 기호는 라틴어에서 독립했다. 쓰고 분석하고 가르치고 번역할 수 있는 '언어'라는 추상 개념이 나타났다. 이는 현실을 새롭게 규정했다. 모든 인간은 이야기할 때 언어를 사용한다는 상식이 만들어진 것이다. 알파벳은 이전에 이미 존재하고 있었지만, 상징적 중요성을 띤 역사적 순간이 찾아왔을 때 비로소 알파벳은 작업을 실행하는 도구로 성장할 수 있었다. ABC는 일상적 말을 적고, 책은 텍스트를 만들어내고, 신앙심 있는 사람들은 윤리적 자기와 법적 인격을 만들어냈다.

❸ 학자적 독서

성 빅토르 수도원은 수도원의 안팎이 따로 없었고, 도시 주민들과 수도회원들 사이의 사회적·물리적 경계도 없었다. 독서 학습은 모든 이들에게 주어진 사명이었다. 어리석건 똑똑하건, 재능이 있건 없건, 의욕이 약하건 강하건, 누구든지 배움의 걸음을 멈추면 비난을 받았고, 배움에 대한 보편적 권유가 장려되었다. 후고는 도시의 주민들을 대상으로 삼았다. 수도사들은 스스로 학습하는 모습을 보여 주민들에게 모범이 되도록 요구받았다. 이 세계에 같이 살고 있기 때문이다. 사회적 청각 환경이 만들어졌다. 그러나 후고 사후 50년이 지나자 독해의 기술적 행위는 청중을 만들어내지 못했고, 사회 환경도 만들어내지 못했다. 독서는 개인적 작업, 즉 자기와 페이지가 만나는 장소에 불과하게 되었다. '성스러운 독서'는 기도가 되는 '정신의 독서'와 지식의 취득인 '면학'으로 분열되었다.

학자적 독서는 면학을 신앙자의 전문적 일로, 그리고 특별한 인간이 맡는 것으로 간주해 일반 서민을 배제한다. 성직자라는 계급 의식, 엘리트 의식은 선택된 인간들을 특권화하고, 쓰인 문자를 귀로만 들을 수 있는, 즉 문자를 읽을 수 없는 무지한 인간들은 차별한다. 성직자와 일반인이라는 이원성은, 리터러시 능력이 있는 자와 없는 자의 이원성으로 바뀌었다. 13세기 이래의 독서문화는 성직자와 그들에게 가르침을 받은 제자들을 위한 기술이 되었고, 그들에 의해 점유되었다. 일반인들은 교육을 받지 못한 인간으로 치부되고, 멸시당하고, 관리되고, 감독 받는 위치로 깎여 내려갔다. 사형에 준하는 죄로 잡혔더라도 문장의 읽고 쓰기가 가능하다는 것을 증명하면 극형을 면제받기조차 했다.

후고는 또한 '묵독'이라는 독서 형식이 존재함을 보여주었다. 아일랜드에서 개발된, 단어 사이에 공백을 삽입하는 방법이 묵독을 널리 보급하는 데 기여했다. 이전에는 읽기와 쓰기의 두 가지 행동이 구별되지는 않았지만, 구술자로서의 저자와 필기자로서의 저자가 달랐다. 때문에 사료(史料)를 다룰 때 주의가 필요한 것이다. 구술하는 사람이 비싼 양피지에 스스로 기록하는 것은 생각도 못했다. 구술자는 씨를 뿌리는 사람, 필기자는 농부로 비유하곤 했다. 고전시대 키케로 등에게는 속기사가 있었다. 이에 비해 중세의 구술은 평소보다 천천히, 그리고 되풀이하면서 필기되었다. 베르나르[11]의 구술에는 두 가지 이본(異本)이 있는데, 그것은 필기자가 두 명 있었다는 뜻이다. 필기자는 자신의 손으로 중얼거리며 기록했고, 베르나르는 교정 따위에는 관심도 없었다. 쓰기는 여전히 중얼거리는 활동 그대로였다.

후고가 양피지로 만들어진 책을 앞에 펼쳐놓고 읽었던 데 비해, 아퀴나스는 평평한 종이에 필기체로 요점을 적은 강의 노트를 갖고 이야기를 했다. 후고의 수련생들은 스승의 설명과 담화를 소리 내어 읽었지만, 아퀴나스의 학생들은 조용히 문장을 눈으로 쫓게 되었다.

---

11 Bernard of Clairvaux(1090~1153). 프랑스의 수도사. 12세기에 활동한 수도자로 베네딕트회 개혁의 지도자였으며 시토회를 창립, 제2차 십자군원정 중에 설교하였다. 로마 가톨릭의 성인.

13세기 말이 되면 학생들이 교사의 구술을 필기하는 것이 일반적 형식이었다. 필기한 구술을 되풀이 읽으면서 이해한 것이다. 이와 같이 눈으로 이해하는 도움 없이 학문상의 논의는 앞으로 나아갈 수 없게 되었다. 고대의 청중, 그리고 후고의 수련생들은 일군의 필기자들에 의해 대체되었다.

기록하는 책/갖고 다닐 수 있는 책

여기에서는 '기록된 이야기'에서 '생각의 기록'으로의 이행을 다루고 있다. 알파벳이라는 기술은, 문자를 기록하는 한 묶음의 도구를 계승하고 책이라는 형태도 계승해, 12세기 중엽에는 새로운 기술과 재료로 통합되어간다. 일리치는 기술과 문화의 상징적 상호 행위를 찾아내고자 했다. 읽는 사회적 능력과 기록하는 기법 간의 상호 행위에 의해 형성된 관습과 의미에 대해 이해하고, 읽는다는 것은 어떤 의미인지, 알파벳 기술의 사용이 읽는 습관에 어떤 의미가 있었는지, 특정 시대의 기술이 특별한 역사적 관습에 어떤 상징적 영향을 미치는지를 이해하고자 한 것이다. 그것은 전통과 목적, 재료(materials), 도구(tools), 형식적 규칙 사이의 상호 행위다.

책은 우선 '듣는 것'이었다. 그러던 것이 저자의 구술과 이야기를 기록하게 되고, 나아가 생각을 보여주는 것으로 바뀌어갔다. 책은 저자의 사상을 모아놓은 것이 되었다. 페이지에 기록된 모양은 소리의 패턴을 유발하던 것에서 개념을 나타내는 시각 기호로 바뀌었다. 책은 순례 여행의 풍경에서 보물창고로, 광맥과 저장고로 바뀌었다. 검토할 수 있는 텍스트가 된 것이다. 책은 어디에서나 읽을 수 있는 것으로 바뀌었다. 어떤 곳에서도 목적하는 바를 찾을 수 있는 가능성이 열렸다. 이야기의 흐름은 단락으로 분단되고, 단락의 집합체가 책이 되었다. 기록된 것은 정리되어야 하는데, 이때 자료 정리 기술이 사용된다. 참조 기술이라는 새로운 습관이 만들어지고, 이와 관련된 다양한 기술들이 개발되었다. 이야기의 기록에서 사상의 기록으로, 지혜(wisdom)의 기록에서 지식(knowledge)의 기록으로, 과거로부터 상속된 권위에서 가볍게 사용할 수 있는 잘 주조된 지식으로의 기록으로⋯. 이러한 기록 방법의 변화는 제후들과 입법가들, 상인들의 사무적 일에 대응하는 것이다. 그러나 그 이상으로 기록 기술의 위력이 현실을 어떻게 표현했는지를 살펴보아야 한다.

알파벳 기술은 청구서나 법령의 발행 매수를 방대하게 만들었으며, 실용적·상징적 레벨에서 절대적 결과를 초래했다. 기록된 사실은 증인의 말보다 법적 능력을 갖게 되었고, 결정적 증거는 증언이 아니라 증거 문서가 되었다.

주석은 원래 한눈에 알아볼 수 있도록 행간이나 여백에 삽입되어 있었는데, 12세기의 4반세기에는 이 행간 주석이 사라지고, 본문에 종속되어 작은 글자로 표기되었다. 본문과 주석이 같은 페이지에 들어가도록 레이아웃된 것이다. 스크립트의 레이아웃에 의한 추상적 미(美)는 문자 크기의 계산법을 통해 이루어졌고, 잘 정돈되고 계산된 '지식'의 패턴이 페이지의 공백에 투영되었다. 무엇보다 저자 자신이 '질서(ordinatio)'를 제공하게 되었다. 스스로 주제를 잡고 각 부분에 관련될 것 같은 시퀀스로 질서를 잡았다. 보이는 페이지는 이야기의 기록이 아니라 논의를 통한 생각의 시각적 표상이다. 질서를 깨닫는 작업은 귀를 통해서가 아니라 눈을 통해 이루어진다. 그것은 소리의 운율로부터 인공적(factitious) 공간으로의 변모, 질서의 시각 건축에 대한 의존이다. 사람들은 눈 밑에 책을 두고 읽게 되었다. 빨리 읽을 수 있게, 다 읽기 전에 지치지 않기 위해 빨리 찾을 수 있는 알파벳순의 색인이 만들어졌다.

"중세문화는 알파벳 색인(alphabetic indexing) 이전과 이후로 나누어야 한다."고 일리치는 말한다. ABC라고 하는, 누구나 다 아는 질서를 이용한 이 기술은 개념 혁명의 본질적 요소라는 것이다. 견출·도서 목록·용어 색인 등의 수법, 페이지의 레이아웃, 장 분할, 단락 식별화, 장과 구에 부여된 일관된 번호, 목차, 부제에 대해 장의 첫 부분에 배치된 요약, 서론 등은 질서를 세우는 새로운 의지의 표현으로, 문화의 입김, 정신적 목적, 그래픽 장치가 일체가 되어 전례 없는 새로운 것을 만들어냈다. 알파벳 색인의 창조에 의해 정신적 위상학에서 지식은 미래를 위해 사용하게 되었고, 동시에 학문적 분류가 이루어지게 되었다. 그리고 이야기의 화자는 텍스트의 창조자로 변신하게 되었다.

책은 새로운 정신적 건물을 건축하기 위한 재료가 되었다. 그리고 사용하기 편한 모양으로 만들어지게 되었다. 책은 또한 정신에 의해 만들어진, 질서를 비추는 스크린이 되었다. 신학적·철학적 책은 이야기를 재활성화하는 수단이 아니라 생각의 구조를 외재화한 것이다. 이때의 생각은 사건을 이야기한 기억이 아니라 깊이 숙고한 이성의 윤곽이다. 페이지의 레이아웃은 그 윤곽을 시각적 기억에 새긴다. 각 단락은 저자의 견해를 나타내고, 질문·반론·재반론 등과 같은 저자의 견해를 드러내는 주석이 명기된다. 한 권의 책을 만드는 데는 네 가지 방식이 있는데, 그 각각에 책을 쓰는 사람이 존재한다. 이는 지금도 변함없다.

① 사본가(scriptor): 아무것도 보태지 않고 그냥 타인의 말을 적는다.

② 편집자(compilator): 말을 적긴 하나 무언가를 보태는데, 자기 생각을 덧붙이지는 않는다.

③ 비평가(commentator): 타인의 말과 자신의 견해를 적는다. 전자가 주된 내용으로, 후자는 전자를 분명히 하기 위해 첨부된다.

④ 저작자(author): 자기 및 타인의 견해로부터 무엇이 만들어졌는지를 적고, 타인의 말은 부대 사항 혹은 추인을 위해 이용한다.

양피지는 애초에는 두루마리였다. 이후 사각형으로 잘라 접을 수 있게 되었다. 그러던 중 중국으로부터 종이가 전래되었다. 최초의 종이는 무겁고 글자도 커서 책으로 들고 다닐 수 없었다. 성서는 분책되었는데, 각각 크기도 달라 교회에 비치하는 장소도 달랐다. 그것이 한 권의 책이 된 것은 글자가 작아지고, 종이가 가벼워지고, 잉크가 좋아지고, 제본 기술이 발전해, 가지고 다니면서 언제 어디서나 펼쳐 읽을 수 있게 된 이후다. 생각과 개념을 적어둘 수 있게 된 것은, 다양한 기술 변화와 사회 관계들의 변화, 독서의 방식과 쓰는 방식 등 전체가 변함으로써 발생한 것이다.

책에서 텍스트로

일리치는 세 가지의 커다란 역사적 변화를 지적한다. 첫 번째는 기원전 400년 무렵의 완전한 표음 필기의 도입이다. 이는 그리스어를 화자가 성찰할 수 있게 했다. 두 번째는 12세기 말까지 나타났던, 보이지만 만질 수 없는 bookish text(책의 형태를 띤 텍스트)의 등장이다. 세 번째는 15세기 인쇄기의 보급이다. 이로 인해 텍스트는 새로운 리터러시와 과학적 세계관의 모델이 되었다. 일리치는 "1150년경 텍스트를 만드는 수작업과 1460년경 이를 인쇄로써 물상화하는 기계 작업은 구분되어야 한다."고 지적한다. 그는 두 번째 변화에 대해 역사가들이 충분히 다루지 못했다고 말한다. 인쇄기술의 발명보다 300년 앞서 손으로 적는 필기혁명이 있었기에 비로소 인쇄에 적합한 객체가 만들어진 것이기 때문이다. 활자에 의한 인쇄기술의 발견은, 책의 형태를 띤 텍스트의 역사 속에 자리잡은 것에 불과하다.

알파벳의 사회사에서 읽기, 쓰기, 말하기, 생각하기는 텍스트 출현 전과 출현 후가 완전히 다르다. 이를 필사본에 의한 학문과 인쇄에 의한 학문의 구별로 이해해서는 안 된다. 텍스트의 출현을 기준으로 삼아야 한다. 책에서 텍스트가 분리된 것이다. 물리적 객체에서 텍스트가 분리되었다. 즉, '기록'이 되었으며, 자연에 대한 조작이 가능해졌다. 성스러운 책의 문화에서는 수도원이 우주였는데, 텍스트에서는 대학이 제도적 틀이자 상징적 후견인이 되었다. 텍스트는 원본에서 사본을 분리하고, 의미를 담은 기호를 나르는 배가 되었다. 텍스트가 배, 책은 항구다. 책은 '자연'을 가리키는 물건에서 '정신'을 가리키는 물건으로 바뀌었다. 필사본의 페이지에서 텍스트의 뿌리가 뽑히고, 천년의 라틴어 문자에서 분리되었다. 텍스트는 눈을 감아도 볼 수 있어서 필기자가 펜으로 만들어낼 수 있게 되었다. 책 페이지에서 텍스트가 떠올라 자율적 존재가 되었다. 물질적 존재이긴 하지만 어디에도 없는 존재이며, 그저 그림자만이 책 페이지 속에 나타날 뿐이다. 아리스토텔레스는 분리(separateness, 플라톤적 이데아와 현실의 분리)와 격리(sequestration, 괄호 치는 것, 물적 대상을 따로 둔다는 의미)를 구별했는데, 그것들은 서로 섞여 '추상'이 된다. '개념적 사고란 형식적 격리의 과정'이라는 것을 이해하는 데 한 세대 이상이나 걸렸다. 텍스트의 추상화가 진행되었다.

문자는 라틴어의 구속에서 벗어나 일상의 살아 있는 말들을 기록하게 되었다. 예를 들면 라틴어의 L은 버내큘러한 발화와 대응하지 않는 소리였지만, 24개의 문자는 버내큘러한 소리에 대응하게 되었다. 이때 책은 침묵한다. 문자는 비(非)라틴어 발화에 의한 통상적 기록을 위해 이용되었다. 일리치는 "문자는 페이지 위에서는 침묵한다"고 말한다. 자연을 한권의 책이라고 하는 것, 라틴어만을 유일한 언어라고 하는 것이 여기서는 사라진다. 책이 기록의 상징으로 방향 전환을 하자 버내큘러한 기록들이 급증하게 되었다.

두루마리는 운명을 암시하는 은유였다. '운명의 책', '책으로서의 인생'이다. 구약성서에서 책은 운명, 출석부, 부채 기록부였다. 아우구스티누스는 책을 '하느님의 두 가지 계시를 나타내는 현상'이라고 생각했다. 창조의 책과 구원의 책이다. 후고는 이를 토대로 다음과 같이 말한다.

"하느님에게 이끌린 독자는 책에 쓰인 문장 속에서 의미의 탄생을 기다리는 피조물을 만난다. 만물은 의미를 잉태하고 있으며, 그 의미는 독자에 의해 밝혀진다. 자연 자체가 책이며, 인간이 만든 책은 자연의 유사물이다. 이를 읽는 것은 산파의 행동이자 추상적 행위가 아닌 강생적(降生的) 행위다. 독서는 책 속을 걷는 순례자가 조우하는 모든 것들의 의미를 목격하는, 출산을 거드는 행위다."

독서는 하느님의 보이지 않는 빛 속에서 하느님의 말씀이 담긴 의미를 만들어냄으로써, 사물의 생식적 해독으로서 경험하는 것이다. 후고는 세 권의 책을 제시하고 있는데, 이에 대해서는 원문을 참고하기 바란다.

이상으로 일리치는 책을 마감한다. 텍스트가 아닌 책의 의미를 찾아냄으로써 일리치는 literate에 놓여진 '책 모양의 독서'를 뛰어넘을 가능성을 제시했다. 그러나 지금 현실에서는 텍스트를 스크린화한 추악한 사태가 벌어지고 있다고 그는 경고한다. 어차피 텍스트로서의 책 모양에 불과한 글쓰기를 더 이상 하지 않겠다고 말하는 듯하다. 일찍이 자신이 쓴 저작들을 '팸플릿'이라 말한 것도, 이상의 고찰에서 미루어보건대 수긍이 가는 일이다. 그것들은 더 이상 '책'이 아니기 때문이다.

지금까지 요약적으로 정리해보았는데, 이론적·기술적으로 사용할 수 있게 하기 위함이다. 이 저작은 차분히 읽을 가치가 있다. 자신을 전혀 다른 정신 공간에서 비추고, 자신이 지금 무엇을 하고 있는지 반성하게 된다. 원서를 직접 읽어보기를 권한다.

4. 컴퓨터 리터러시 비판의 관점

이미 '학교 없는 사회'의 학교 네트워크 장에서 학교가 필요 없을 때의 도구로써 컴퓨터의 가능성을 다룬 바 있다. 지식 전달의 조건이 학교라는 무대를 필요로 하지 않는 도구에 있다는 것이다. 그런데 일리치는 그 후 정보와 지식의 전달이 신체성을 박탈한다고 자각하게 되었다. 그는 컴퓨터에 의해 만들어진 세계를 마음속으로부터 혐오한다. 그다지 논리적이지 않은 혐오적 비판이 여기저기에서 보인다. 특히 문자론, 텍스트론, 대학론, 시각론 뒤에는 반드시라고 해도 좋을 만큼 컴퓨터 세계에 대한 비판이 따른다.

• ABC(알파벳 문자)가 아닌 비트 문자

- 텍스트가 아닌 스크린
- 이미지가 아닌 쇼
- 도구가 아닌 시스템
- 사이버네틱스 시스템 세계에 놓인 생명과 환경

이상과 같은 내용으로 비판이 전개된다.

그는 컴퓨터 세계로의 변화를 단순히 산업사회의 발전 형태 또는 비약이라기보다, 보다 역사적 근원에서의 변화로 자리매김한다. 중세적 세계에 기초를 둔 것들의 근본적 변화, 질료(hyle), 이미지, 읽기의 변화. 근대의 부패나 타락이 아니라 인류의 근원적 요소들의 부패와 타락, 즉 '최선의 요소들의 타락이 최악이 된다'는 의미에서 이를 다루고 있다. 젠더, H2O, ABC, 텍스트, 이미지, 대학 등에서 보이던 문화의 근원이 변해버리는 총체적 부패. 1986년경부터 이러한 비판이 두드러지기 시작하는데, 그때 지적했던 것들이 지금은 사회적 현상이 되어 급속하게 나타나고 있고, 체감되고 있다. 물질, 상징, 신체, 생명, 감각 등이 사라지는 것 같은 종말론적 입장인데, 지금 벌어지고 있는 것들이기 때문에 우리들은 충분히 객관화할 수 없다. 일리치는 이것들의 본질을 꿰뚫은 것이다. 이러한 종말론적 붕괴 앞에서 일리치는, 자신은 문자적 정신의 외딴 섬에 있다고, 리터러시의 정신에 머물고 있다고 하면서 점점 신앙으로, 예수의 강생으로 자신의 생각을 토로해간다.

이제 쓰기는 손을 이용해 문자를 적는 게 아니라 자판을 두드리는 것으로 변해버렸다. 필자 역시 이 책을 그렇게 쓰고 있다. 더 이상 손으로 원고를 쓰지 않는다. 그렇게 되면 여러 가지 변화가 생긴다. 무언가를 찾아야 할 때 지금까지는 책을 찾았지만, 이제는 인터넷으로 검색하게 되었다. 사실은 데이터 정보 속에 있다. 문자가 사라진 것이다. 정확하게 말하면, 문자가 손에서 분리되었다. 문자에 영혼이 깃들어 있다는 것을 전혀 느끼지 못하고 있었는데, 거꾸로 문자를 잃게 되자 이를 자각하게 된 것이다. 비트 기호는 문자를 지워버린다. 디지털 기호들이 화면에 제멋대로의 활자를 써서 보존하고 또 지운다. 책은 더 이상 불가사의·기쁨·곤혹·쓰라린 후회로 인도하지 않고, 정보를 가리키는 은유에 불과하게 되었다. 책을 읽지 않게 되었다. 독자들에게 책은 애매한 존재로 천대받는다. 이를 대신해 스크린이 등장했다. 그런데 사람들은 스크린을 보는 게 아니라 데이터로 받아들인다. 스크린 속 데이터의 샤워다. 스크린이 자료를 비출 때 편리해 보이지만, 그것은 플래시와 같이 사라져간다.

일리치는 "쇼란 시스템 간의 인터페이스를 가능케 하는 변환기(transducer) 또는 프로그램을 의미한다"고 말한다. 컴퓨터 프로그램이 시시각각 변하는 상태다. 이미지는 상상력에 의해 만들어진 실질이며, 항상 제작(poiesis)[12]이 포함된 말이었다. 쇼와 이미지는 이질적인 카테고리에 속한다. 일리치가 말하는 쇼는 컴퓨터 스크린 위의 쇼이며, 그 쇼의 존재 방식이 실제 생활에서도 그렇게 되고 있다. 고전적 실재를 필름으로 찍은 영화와 컴퓨터 그래픽에 의해 만들어진 영화가 전혀 다른 것처럼, 쇼는 후자를 의미하는 한정적 쇼다.

컴퓨터에 의한 감각의 부패는 도구가 도구로서의 신체성을 상실하고, 모든 것이 시스템의 세계로 구성되기 때문에 발생한다. 지식은 데이터화되고 결국 쓰레기가 되고 만다. 도대체 무슨 일이 벌어지고,

---

[12] poiesis는 주로 접미사로 쓰이는 말로 그리스어에서 유래된 말이다. 단순하게는 make를, 철학적으로는 creative production을 의미한다.

만들어지고 있는가. 회화와 대화는 커뮤니케이션으로 바뀌고 있다. 기호의 발신과 수신만 이루어지는 것이다. 많은 이들이 커뮤니케이션을 '사람과 사람 사이의 소통'인 것처럼 생각하지만, 그렇지 않다. 기호와 시그널의 주고받기가 사람의 피부를 거치지 않고 차갑고 정확한 데이터의 수발신으로 바뀌고 있는 것에 불과하다. 이렇게 되자 사람들은 이야기와 사상에 대해서는 '모르겠다'는 반응을 보인다. 사람의 목소리를 듣지 않고 데이터 지식의 변환만을 검색하는 정신 공간이 돼버린 것이다. 일리치는 이러한 일은 이미 1964년에 시작됐다고 회상한다. 사람과 사람 사이의 관계를 보지 않게 된 정신 공간은 커뮤니케이션 이론과 함께 만들어졌으며, 그것은 컴퓨터를 갖고 있지 않은 사람들에게까지 영향을 미치게 되었다. 일찍이 문자적 정신이 그랬던 것처럼, 지금 '컴퓨터 정신' 공간이 사람들을 잠식하고 있다.

버먼[13]이 예시한 이야기에서 일리치는 특히 아프리카의 기아 문제에 대한 미국의 교사와 학생들의 에피소드에 주목한다. 아이들은 컴퓨터로 다양한 데이터를 모으고 정리해서 리포트를 제출했다. 교사는 사실 아이들이 기아를 어떻게 느꼈을까 기대하고 있었다. 문자적 정신세계에 있는 교사는 문자에서 환기되는 감정을 기대한 것이다. 그런데 아이들은 정확한 데이터를 어떻게 모아 정리할 것인가를 과제로 생각했기 때문에 기아에 대한 감정 따윈 없었다. 조화될 수 없는 전혀 이질적인 두 개의 정신이 교실에 출현한 것이다. 일리치는 이 아이들의 정신을 '컴퓨터 리터러시'라고 부른다.

13　Morris Berman(1944~). 미국의 역사가이자 문화비평가. 서양 문화사와 정신사를 중심으로 다양한 집필 활동을 하고 있다. 2006년 멕시코로 이주.

지금 학생들은 이 아이들보다 더 형편없다. 리포트 과제에 맞는 데이터를 찾아 그대로 복사한다. 강의 내용은 무시한다. 환경에 대한 강의면 환경을 검색해 정해진 페이지 수에 맞춰 그대로 출력한다. 인터넷에 있는 것이기 때문에 진리요 진실이다. 심지어 데이터화되지 않은 '눈앞의' 교수의 이야기는 부정확하다는 판단까지 갖기 시작했다. 컴퓨터 리터러시의 정신이 의지를 갖게 되면 시스템화된다는 것을 필자는 알게 되었다. 이데올로기가 없는 의지, 데이터를 추종할 뿐 아니라 타자를 데이터에 따르게 하려는 의지다. 일리치는 '자기와 나 사이에 들어온 힘'이라고 표현했는데, 이제 학생들에게는 자기도 없다. 그 결과 거꾸로 '내가~', '내가~' 하고 되풀이하지만, '자기'가 없는 '나'만이 떠다니고 있다. 자기에 대한 확신이 없기 때문에 데이터 의존이 생긴 것이다. 이 전신의 공동화(空洞化)는 불능화(不能化)에 그치지 않는다. '불능화가 의지를 갖기' 때문에 무서운 것이다. 데이터의 규칙에 따라 태연히 사람을 재단한다. 필자는 이를 '포스트모던 파시즘'이라고 부른다.

필자는 이 장에서 모든 것을 이해한 다음 논의를 전개하는 방식 대신에, 읽어가는 대로 자신이 이해한 바를—정리도 채 안 되고 번잡해지는 것을 두려워하지 않고—적어왔다. 현재와의 관계가 바뀌었기 때문에 느끼는 어려움이긴 한데, 많은 사람들은 당시 그 이상의 어색함을 갖고 일리치의 이야기를 들었음에 틀림없다. 일리치는 왜 굳이 기대를 저버리는 방식으로 비약 혹은 탈선했을까? 깊어진 것인가, 아니면 피상적으로 흐른 것인가. 이 모든 것이 해당될지도 모른다. 그는 자신이 표현하기 힘들고 곤란한 테마들을 이야기해야 하는 난관에 맞서 나갔다. 덕분에 우리들은 역사를 이해하는 데 필요한 기본적 시각을 얻게 되었다.

후기 일리치는 이 텍스트론을 마지막으로 자기의 생각을 책 형태로는 표현하지 않게 되었다. 다만 그가 이야기한 것은 이 저작을 전후해 상당한 양에 이른다. 그것들을 가능한 한 본격적으로 짚어보도록 하자. 그는 텍스트론의 '문자적 정신 공간'보다 더 깊이 있는 '감각, 지각의 신체 공간'으로 접어들었다. 텍스트론에서 언급한 바 있는 '빛/시선'에 대해 보다 상세하게 살펴보도록 하자.

[본장의 주요 논문]

ABC: The Alphabetization of the Popular Mind(1988)

In the Vineyard of the Text(1993)

1991/ Text and University(23. 09. 1991, Bremen)

11장
일리치의 신체론: 빛과 시선

의료론, 교육론, 그리고 에너지론에 대해 후기의 일리치는 '신체' 론적으로 접근한다. 의료론 중 병원 제도라는 문제 영역은 신체를 대상으로 하고 있기 때문에 신체, 특히 시선을 둘러싼 역사적 고증으로 심화되었다. '본다(診)'는 것은 신체를 본다(觀)는 것이자 보는(見) 것 그 자체다. 시선과 시각은 역사적으로 복잡한 궤적을 지나왔다. 감각의 존재 방식은 역사에 따라 상이한 것이다.

"현대인은 '비신체화'되고 있다"고 일리치는 말한다. 근원적으로 예수님은 하느님으로부터 강생 받았다. 자신도 그리고 다른 사람들도 그 강생을 받았지만, 우리들은 그 신체화를 잃어버렸다는 것이다. 애초에 일리치가 '놀라움'이라고 표현하면서 자율성(autonomy)의 회복을 이야기했을 때, 그것은 걷고, 치료하고, 배운다는 신체성을 염두에 둔 말이었다. 젠더의 차이 역시 신체적 표상을 지적한 것이다. 또한 중세 역사를 파고들어갔을 때도, 감정의 역사를 밝힘으로써 이를 통해 현대인들이 잃어버린 것이 무엇인지 밝히겠다고 이야기한 바 있다. 현대의 '사회화된 신체'란 살아 있는 신체를 읽어버린 '비신체화'된 상태다. 현대인은 이미지에 점거당해 신체성을 잃고, 도구를 사용하는 테크놀로지의 시대를 거쳐 신체와 도구가 없는 '시스템의 시대'에 내몰렸다고 그는 비판한다. 정보 기술을 기반으로 한 이 시스템의 시대는 신체성과 감각이 없는 사회다. 일리치가 마지막으로 제시한 콘스피라티오(conspiratio)도 입에서 입으로 숨을 불어 넣는다고 하는 신체적 행위다.

일리치의 신체론은 특히 바바라 두덴의 영향이 컸던 것으로 보이는데, 도시나 제도를 자궁으로 이해하는 것과 같이 이전부터 그에게 있었던 생각들이 그녀에 의해 분명해진 것 같다. 그에게서는 인식론과 존재론을 분리하는 서구적 사고방식을 대체하는 요소들을 엿볼수 있다. 그것은 감각론·신체론·감정론 등인데, 이것들은 사랑과 우애의 윤리와 연결된다. 일리치의 신체론은 사회론이나 정치론이 아니다. 즉, 사회 구성적 신체론이 아니라 이콘(영어 icon)의 윤리, 윤리학으로서의 문제 설정이다. 습관의 원천이 되는 자신의 모든 행위에 대한 단련된 반성, 자율적 행위와 대립하는 반성의 윤리학이다. 윤리적 도상해석학(ethical iconology)을 재검토한다는 것이다.

1. 신체의 문제 영역

일리치가 산업사회 비판의 영역에서 탈출해 갈 때 신체를 다룬 글들이 단편적으로 조금씩 나타났다. '시각, 시선(gaze)'에서는 비교적 체계적 고찰을 하고 있지만, 문제의식은 여기저기서 엿보인다. 그것들을 정리해 재구성해보자. 이를 통해 일리치의 신체라는 문제 구성이 어떻게 되어 있는지 추출해보도록 하자. 신체화된 시대와 비신체화된 시대에는 어떤 본질적 문제가 존재하는가. 후자는 컴퓨터 비판, 정보 기술의 부정이라는 좁은 영역에 갇히게 될 수도 있기 때문에, 이 점에 대해서는 신중하게 생각하도록 하자. "이미지를 잃고 쇼의 시대가 되었다"고 하는 표현에는 쇼를 멸시하는 가치관이 들어 있다. 그러나 '쇼'는 신체적 연극이나 뮤지컬의 경우, 이미지 이상으로 신체적 소통을 수행하고 있다. 컴퓨터 게임에 빠진 비신체적 쇼와 쇼의 신체성을 구분해서 재검토해야 한다. 따라서 필자는 일리치가 '쇼의 시대'라고 한 것을 '컴퓨터 게임의 시대', '컴퓨터 그래픽의 시대'로 한정지어 생각한다. 이는 역사에 대해서는 엄밀하지만 현재의 경우에는 조잡한 확장주의에 빠지는 역사가들의 일반적 '버릇'에서 일리치 역시 빠져나오지 못했기 때문에, 그리고 현재에 대한 의미 있는 비판을 선동에서 떼어내 유효하게 만들고 싶기 때문이다.

세계와 살(flesh)의 상실

볼프강 삭스[1]가 일리치의 장례식(2002년 12월 5일)에서 읽었던 글은 1992년 헬무트 베커[2]에게 보낸 편지로, 그 다음 해에 출판되었다. 『Welt-abhanden』라는 제목을 붙인 독일어 저작인데, 영문판은 바바라 두덴 등이 번역을 맡았다.

"인간은 죽음으로써 이 세계를 뜬다. 그때까지는 여기에서 산다. 하지만 이제 사람은 끝없는 죽음의 공포 안에서 이 세계와 단절된 채

---

1   Wolfgang Sachs(1946~). 독일의 사회학자이자 신학자. 베를린 공대 교수 역임. 환경, 개발, 세계화 등에 관한 비판적 저작들이 있다.

2   Hellmut Becker(1913~1993). 독일의 변호사이자 교육학자이자 정치가. 일리치와 친교가 있었다.

살아간다. 이 세계는 이해하기 어렵고 만져서는 알 수 없는 것이 되어버렸다. 사람들은 역사의 매듭으로부터 육체가 분리된 것을 경험하고 있다. 컴퓨터의 가상 장치를 통해 세계와 살의 상실을 직시할 수 있다."

감각적 사실은 어떻게 보고 듣고 맛볼 것인가에 대한 명령 파일 아래 점점 더 깊이 가라앉고 있다. 비현실적 구성물에 대한 교육은 학교 교과서와 함께 시작되고, 자신의 상태를 시험 결과와 연관 짓는 것으로 물들어 있다. 스스로의 신체에서 항상 떨어져 있는 상태로 생활과 지각(知覺)을 분리시키고 있는 젊은이들은, 죽음으로부터의 부활을 믿지 않게 되었다. 죽음에 대해 비우호적인 세계에서는, 마땅히 죽어야 할 존재로 끝나는 것이 아니라 자동사적인 감각으로 죽게된다.

일리치는 그렇게 말하진 않았지만, 영혼과 신체의 미분리, 세계와 감각의 미분리가—그것들은 죽음에 대한 상상력을 구성하는 것들이다—각각 분리되어, 시스템이라는 분리된 세계로 내몰리고 있다. 유적(類的) 존재로서 죽는 것이 아니라, 생명 시스템으로서 다운로드 상태가 되었다. 신체는 본질적으로 분리되지 않는 존재임에도 불구하고 분리되어버렸다는 것이다.

예수가 맨몸이 되다

파리의 Les Hales 옆에 있는 교회 Saint Eustache에는 예수가 아직 왕후의 복장을 하고 있는 낡은 벽화와 벗은 몸으로 십자가에 매달려 있는 조각상이 함께 있다. 이 의복이 벗겨지고 맨몸으로 피투성이가 되어 십자가에 매달린 상으로 변해가는 역사상의 변화는 무엇을 이야기하고 있는가. 거기에는 신체를 둘러싼 시선, 이미지, 빛, 그림

등의 본질적인 변화가 표상되고 있다. 신체의 고고학이라고 할 만한 시선의 역사가 빛의 윤리학으로서 다루어지고 있다.

눈이란 무엇인가, 빛이란 무엇인가, 시선이란 무엇인가, 이미지란 무엇인가, 이미지와 그림은 어떻게 다른가. 이와 같은 질문들이 '이야기하는 것'은 무엇인가. 또한 현대에 우리들은 어떻게 신체를 잃어버리게 되었는가. 신체란 고립된 물체로서의 실체도, 생물 기관의 집합체도 아니다. 신체는 감각과 정서, 이미지 등과 분리되지 않는 총체다. 신체는 또한 하나의 생명이 아니다. 예수를 둘러싼 이미지들은 이와 같은 본질적 문제를 고통·고난의 기예(技藝)와 죽음의 기예로 표상하고 있는 것이다. 일리치는 "인간들은 신체를 강생하고 있다"고 말한다. 거기에는 현상학과 사회 신체론을 넘어 신체라는 것을 들여다보는 철학이 존재한다.

2. 시선의 윤리학

신체 가운데 총체적으로 다루어진 것이 바로 시선(gaze)이다. 푸코의 '시선의 권력론'에 대한 대응은 정치학이 아닌 윤리학으로서 존재한다는 의미일 것이다. 그는 마치 후기 푸코의 윤리학과 경쟁하듯 자신의 생각을 심화시켰다. 그리고 푸코의 자기 기술의 한 가지 용어인 'askesis'는 일리치에게서도 중심적 위치를 차지한다. 우선, 기본적으로 optics와 opsis를 구분해야 한다. Optics는 '광학'이고 신체에서 분리된 것이다. Opsis는 시선(=gaze)을 의미하는 동사적 용어로 신체와 분리되지 않는다. 일리치는 이 감각적 활동성(sense activities)을 역사 속의 변화로 추출해낸다. 참고로, opsis는 perspective

와 다르다. 그는 looking/sensing이라는 자율적 행위가 vision, image, visualization, perspective 등과 어떤 관계 속에서 변화해 가는지를 상이한 'scopic(시각적) 체제'에서 다루고 있다.

다음과 같은 두 개의 주된 장편 논문이 있다.

① Guarding the Eye in the Age of Show(1995)
　→ 1993. 1. 19 함부르크에서의 강연
② Scopic past and the ethics of the gaze: a plea for the historical study of ocular perception(1995)

여기에서는 일리치의 논문들을 철저히 읽어가는 작업에만 집중할 것이다. 전혀 새로운 테마에 대한 서술들이기 때문에 그것들을 이해하기 위해서는 어쩔 수 없다.

문제의 설정: opsis의 역사로

현대 사회는 '디지털화 시대의 이미지(the image in the age of digitalization)' 속에 존재한다. 컴퓨터 스크린 속의 이미지와 언어는 1964년 맥루한의 '인터페이스(Interface)'에서 시작되었다. 이미지와 감각의 관계를 둘러싼 논의에 집중해 있는 것이다. 그것은 역사상 이미지가 놓였던 기능 및 장소와 전혀 다른데, 이 점은 구별해야 한다. 이미지와 여러 세기에 걸쳐 굳게 결부된 유럽인들의 시선과, CG와의 인터페이스에 정신을 잃고 있는 오늘날의 시선을 분명히 구별하겠다는 뜻이다. 이를 위해서는 이미지와 시선 간의 관계를 역사적 구성물로서 재검증해야 한다. '눈 속의 이미지'란 서구문화에서 하나의 특수한 성격을 갖는 것으로, 본질적인 것이 아니다. 게다가 이미지와 시선의 결합은 윤리적인 것에 대응하는 역사적 생성과 변화이기도 하다. 아이콘(icon)의 윤리와 비전(vision)의 도덕적 귀결은 전혀 다르다. 비잔틴 제국의 우상 파괴에서 시작되어 이미지와 시선의 결합은 역사적으로 변해왔다. 그리고 지금은 쇼와 시선의 인터페이스에 비전이 환원되어버렸다. 이에 대해 일리치는, 아이콘의 윤리를 대상적으로 뛰어넘는 '시선의 윤리'라는 넓은 주제에서부터 생각해보자고 한다.

시선의 윤리(the ethics of the gaze)란 seeing이나 looking의 방식이 개인적 훈련(그리스어의 askesis)에 의해 형성된다는 것, 개인의 hexis, 즉 전체적 성격은 자신의 행동 방식에 의존한다는 뜻이다. 윤리란 '나의 모든 행위에 대한 훈련된 반성, 그것이 나의 습관, 나의 hexis의 원천'이라는 것을 의미한다. 개인적 입장과 태도(perspective)다. 일리치는 iconography(성도상학, 聖圖像學), iconology(도상학), perspective(원근법)의 역사, mapping(지도)의 역사 등을 참고하고 있는데, 이런 학문들은 이미지를 역사적으로 규정된 경험으로서 다루지 못하고 있고, 기호학·정보 이론·신경생리학에는 아예 이런 주제가 없다. 그는 이미지의 디자인, 창조, 조작, 판매를 다루는 연구도 전혀 없다고 지적한다. 일리치는 '시각 체제(scopic regimes)'에 관한 연구를 제안한다. 이런 연구 문헌들이 늘어나고 있기는 하나 다음의 것들과는 구별되어야 한다.

① 광학이라는 과학의 역사. X선보다 길고 마이크로파보다 짧은 전자파의 발생, 전달, 기록과 관련된 것들.

② 생리학, 신경학, 인지심리학의 역사.

③ 등불, 시각, 눈의 은유에 관한 철학적 연구.

또한 서로 다른 문화와 시대에 존재하는 감각 활동성의 에솔로지

(ethology, 비교행동학)에 주의를 기울인 '역사적 시각학(historical opsis)'을 수립해야 한다고 주장한다. 여기에는 네 가지의 서로 다른 시각 체제가 묘사되고 있는데, 그 이전에 opsis라는 '시선'에 대한 문제 구성을 정리해두자.

opsis

Opsis란 그리스어의 동명사다. 말하다, 걷다, 먹다, 귀 기울이다 등과 같이 '응시하다(gazing)'라는 인간적 활동을 의미한다. 즉, 자율적 행위에 해당하는 흔한 행위(action)다. 수영을 하거나 사냥을 하는 것은 특정 부류의 사람들이지만, 응시하거나(look) 보는(see) 것은 모든 사람들이 하는 일이다. '응시하다(=시선)'라는 활동은 자연적 발현이다. 이 시선은 특정 시대와 장소에서 성찰과 단련의 주제가 되기도 했다. 이를 고려해 일리치는 "눈 단련의 기능(skills of an ocular askesis)을 재발견하는 역사 연구를 하겠다"고 말했다.

Askesis에서 우리들은 푸코의 '아스케시스'라는 자기 기술의 역사를 떠올리게 되는데, 일리치는 여기에 훈련(training)과 특정 종류의 금욕(asceticism)을 덧붙였다. 선(禪)에 기초한 궁수, 스키트 사격수, 신비적 명상가의 시선, 빅토리아 왕조시대 미혼 여성의 눈을 내리뜬 시선과 같은 '수련(apprenticeship)'뿐만 아니라 그 이상의 많은 것들을 의미한다. 음악이 귀를, 댄스가 걸음걸이(gait)를 훈련시키는 것처럼, 미술 작품을 보기 위해 스케치를 훈련하듯, 각 시대와 기술·환경·장소에서 '시각 기술(ocular techniques)'의 훈련을 요구했다. 주의력을 개선하는 주의 깊은 태도(acuity)뿐 아니라 도덕적 자질도 훈련되었다. 빤히 쳐다보지(stare) 않도록 소년은 부인을 어떻게 보면 좋은지, 어떨 때 눈을 돌려야 하는지… 우리들은 타인에 대한 시선의 좋고 나쁨을 판단하도록 훈련받는다. 예수회에서는 어떤 시선이 모독적인지 느끼도록 가르쳤다. 고해를 할 때 모독적 시선을 보이면 이에 대해 지적하도록 훈련받았다고 한다.

시선은 예의범절의 좋고 나쁨과 관련된 것이었다. 우리들은 '흘깃 보는 것(glance)'을 leery(심술궂은 눈길로 보다), dirty(야비하게 보다), kind(친절하게 보다)라고 말하기도 하지만, 이런 뉘앙스는 생리학 교과서에는 존재하지 않는다. Penetrating(꿰뚫는 듯한), dark(어두운), luminous(빛나는), menacing(위협하는), kind(친절한) 등의 '시선'은 각각 다른 힘을 갖고 있었다. 멕시코인들은 mal de ojo(나쁜 눈)이라는 뜻의 사시(邪視, evil eye)를 두려워한다. 시선이 물리적 힘을 갖고 있다는 뜻이다. 일리치는 시선의 역사를 살펴볼 때 '이미지(=상, 像)'라는 주제를 다뤄야 한다고 지적한다.

이미지의 변화

르네상스 시대의 이미지는 시선 속에서 형성되었다. 세계적 규모의 변화가 일어났다. 감각과 지각이란 인공물(artifact)과 사람(person)으로 구성된, 두 개의 시스템 사이 인터페이스의 결과라는 인식이 생긴 것이다. 능동적 이미지의 형성에서 상호 작용하는 시스템으로 바뀌었고, 이미지란 자연히 주어지는 것으로 간주되었다. 그 결과, 디지털 프로그램에 의한 간시각적(間視覺的, interocular) 산물과, 오래전 화가의 작품에서 영향을 받은 이미지 형성 사이의 구별이 사라졌다. 이미지가 시선에 올가미를 씌우게 된 역사적 과정을 인식하지 못하게 된 것이다.

16세기 이래 시선은 이미지를 무시(neg-lect, 읽지 않다)할 수 없게 되었다. 읽지 않을 수 없게 된 것이다. 우리의 눈은 창문이기를 포기했다. 세계가 자신에게 다가오는, 바로 그 창문 말이다. 이를 대신해 망막에 빛이 그려낸 것들을 읽게 되었다. 눈은 이미지가 각인되는(imprinted) 기구가 되었다. 눈은 더 이상 사물들이 영혼으로 들어오는 문이 아니었다. 그림자를 포착하는 그물(網)의 막(膜) 장치로 변해버린 것이다. 망막은 독일어로는 Netzhaut(그물코 피부)라고 한다. 디드로는 읽은 것을 그림으로 이해하라고 말했다. '보는 것(to see)'은 비주얼화하는 것이다. 뇌의 눈 속에 '그림을 만드는 것', 이 비전과 내적 비주얼화의 동일화가 유럽 근대성의 결정적 달성이다. 현재 쇼와의 인터페이스에서 얻게 되는 복제적 내면화는 매우 특이한 것이라는 뜻이다. 이리하여 일리치의 문제 설정은 '시선 속의 이미지(the image in the gaze)'로 향하게 된다.

- 언제 이미지가 시선의 본질적 요소가 되었는가.
- Bildwelt(그림-세계)는 어떻게 시선 속의 이미지에 작용(affect)하는가.

즉, 일리치는 정치적 이코놀로지(iconology, 도상해석학)가 아니라 윤리적 이코놀로지를, 환경의 형성이 아니라 습관의 형성을 알고 싶은 것이다. '쇼의 한가운데서 어떻게 살 것인가'이지 '쇼 비즈니스를 어떻게 개선할 수 있는가'가 아니다. 이미지의 호칭, 이미지가 갖고 있는 힘, 이미지에 대한 경의도 각각의 아이콘 체제에서 변화한다. 그 기능과 장소가 어떻게 변화하는지를 역사 속에서 찾아야 한다. 일리치는 다음과 같은 과제를 제시했다.

① 이미지에 관한 논쟁적 상태는 서구 역사 특유의 특징이다.
② 이미지의 본성에 관한 불일치가 최근까지 윤리적 과제로 경험되었다.
③ 논쟁의 주제인 이미지가 물러나고 쇼라고 부를 수 있는 시대가

등장했다. 이를 과거에 비추어 쇼가 자생적인 것이 아님(타생적)을 밝혀야 한다.

우리는 현재의 쇼에 대해 역사적 거리를 두고, 다음과 같은 시선 윤리의 두 가지 기본을 견지해야 한다.

① 윤리적 도상학의 전통 속에 스스로를 집어넣는 것.

② 쇼의 시대와 함께 나타난, 전혀 새로운 윤리적 도전을 인식하는 것.

시선이 은유로서 경험되고 사용되는 변화의 방식에 주의를 기울여 weltbild와 bildwelt 사이의 관계를 음미해보자. Weltbild란 image of the world로서 세계관(worldview/Weltanschauung)과 대립적으로 사용되던 말이다. Bildwelt란 전혀 새로운 단어로, 생생한 사물과 사건의 세계를 나에게서 감추는 '그림의 우주'다. 이 두 개의 말은 모두 이미지와 비전이 결합해서 생겨난 말들인데, 세계의 비주얼화에서 세계의 그림으로 환원, 이행될 때 나타나는 대립을 보여주는 말이다.

상징 형식으로서의 이미지와 네 가지 시각 체제

일리치는 상징 형식으로서의 이미지를 다룬 것이지, 만질 수 있는 대상이나 신경학적 상태를 다룬 것은 아니다. 그는 시각적 시대들(scopic ages)의 특정 국면에서 비전에 영향을 끼치는 특정한 선험적(a priori) 매개를 다룰 것이라고 한정 짓는다. 일찍이 파노프스키[3]는 "원근법적 표상이란 새로운 보는/보이는 방식(looking and

---

3   Erwin Panofsky(1892~1968). 독일 출신 유대인으로 역사가, 미술사학자. 나치의 박해를 피해 미국으로 이주. 도상해석학을 제창하고 그 방법론을 확립했다.

seeing)이 표현된 것으로, 그 비전 형식은 새로운 시대의 특징"이라고 지적했다. 이를 통해 르네상스 예술가들의 기능은 있는 것을 보이는 대로 재현한 기술에 불과하다는 해석을 뒤집었다. 일리치는 파노프스키의 논리에 의거해 자신의 논의를 진행시키는데, 그는 15세기 원근법 기술에 대해서가 아니라 '이미지가 서구적 시선을 차지하게 되었다'는 사실에 집중한다. '이미지의 강생 이야기'를 할 때 일리치는 '시각 체제(scopic regimes)'와 '눈의 형식(eye forms)'을 네 가지로 구분한다.

① 고전적 체제. 기원 1000년경 이집트 파티마 왕조시대에 끝난다.
② 고딕 양식의 창문과 세밀화 시대. 초월적 시선의 시대.
③ 초기 르네상스에 나타난 그림과 시선의 결합.
④ 1800년경에 시작된 쇼의 시대.
각 시대의 포인트를 정리해보기로 한다.

❶ 방사하는 시선(The radiating gaze)

유클리드의 저서들이 다루는 것은 눈에서 나오는 선(rays)이다. 알크마이온에서 플라톤, 아리스토텔레스, 에피쿠로스, 유클리드, 프톨레마이오스를 지나 중세에 이르기까지 그들이 연구 대상으로 삼은 것은 눈에서 흘러나오는(ocular effluent) 것, 빛이 아니라 눈동자를 뛰어넘어 발출되는 것, 신체의 연장으로서 튀어나온 원뿔 같은 것이다. 바로 밖을 향한 활동으로서의 시각(vision)이다. 그들의 관심은, 뛰어나오는 육체와 대상 속 색깔이 융합하는 것에 있었다. 사물에 반사되어 눈으로 날아들어오는 빛이 아니라, 시선에 대한 고찰이었다.

'시선을 던진다'는 말이 있듯 시선은 던질 수 있는 것이며, 본다는 것은 대상을 빛나게 할 수 있는 것이다. 인간의 눈은 태양에 비유되었고, 그 빛은 색채와 생명을 빛나게 했다. 막대기 또는 손가락에 비유된 시선(rays)은 '영혼의 손발'이라고 불렸다. 다양한 설들이 제시되었지만, 눈이 기관(器官)으로서 바깥을 향해 나간다는 것은 공통된 전제였다.

아리스토텔레스는 시각에 대해 말할 때 세 가지 조건을 제시했다. ① 햇빛 아래 색깔을 나타내는 대상이 존재할 것. ② 사물이 보이기 위한 조건으로서의 빛, 태양 에너지에 의해 대상에서 색깔이 나타난다. ③ 공기와 물, 눈 속 수정체와 같은 투명한 매체다. 이러한 조건들이 주어졌을 때, 시선(glance)은 특정 사물에 대한 vision이 된다. 아리스토텔레스는 이를 emphasis(나타남)라 불렸다. 출현한 것이 가시적인 것이 되는, vision 감각에 대응하는 세계의 질이다. 눈과 사물 사이의 공본성(共本性, connaturality)이 전제인데, 스스로를 드러내는 세계(self-manifesting world)에서 vision은 관상(觀想)의 형태인 것이다.

아리스토텔레스의 '나타남'은 대상과의 닮음을 뜻하는 게 아니다. 그것은 대상에서 나오는 빛도, 대상에서 반사되는 빛도 아니다. 뇌 속에 생긴 이미지와는 아무 관계가 없다. 나타남은 그것을 통과시키는 투명한 것들(공기·물·수정체)에 영향을 주지 않으며, 그것들로부터 영향을 받지도 않는다. 이 투명한 것들은 '나타남'의 비도구적 매체일 뿐이다. '나타남'이란 세계의 색깔이 매개 없이 출현하는 것이다. 시각적 지각과 대상의 구별이 없다는 뜻이다.

프톨레마이오스에게 '보는 것'이란, 눈에서 나온 시선(rays)이 대상의 색깔과 하나가 될 때 생기는 것이다. 대상과의 거리는 시선의 길이로 느껴진다. 기관과 기능 사이에 구별이 없다. 그는 시선을 올가미로 포착하는 기구들을 시험하기도 했다. 색유리를 이용해 대상의 색깔을 없애거나, 거울로 시선의 방향을 왜곡시키거나, 또는 화살이나 새가 움직이는 속도에 따라 그 모양이 바뀌는 것을 관찰하는 등 그의 시각학은 실재를 파악하기 위한 기술의 기초가 되었다. 눈은 촉각적 기관이기도 해서 주무르거나 애무하거나 찌르거나 긁을 수도 있었다. 아리스토텔레스 등에게는 그림과 같은 것이 걸려 있었던 것이다. 이미지가 없는 것이다.

이미지(The image)/상(像)

우리 현대인들이 이미지로 갖고 있는 것은 재현, 모상(模像), 형태 등의 등가물이다. 스케치, 사진, 기호, 문장(紋章), 원근법적 그림과 같은 것들이다. 이미지는 사물과 감각적 지각 사이의 매개다. 예수님은 보이지 않는 하느님의 닮은꼴이고, 하느님이 자신의 모습을 따라 인간을 창조했다고 하는 성경을 어떻게 이해할 것인가. 여기에서 이코놀로지가 출현한다. 그것은 인간과 하느님에 대한 생각의 기본이자 기독교 윤리의 기초가 되었다. 하느님의 모습을 따라 창조된 인간은 예수님을 따라 성장해야 할 임무를 부여받았기 때문이다.

그리스 종교에는 빛의 신이 없다. 자연이 빛 속에 있는 것으로, 빛은 자연을 구성하는 일부분이 아니기 때문이다. 태양 아래 세계는 그 빛을 받고 있기 때문에 빛은 경험의 차원이나 특수한 차원이 아니다. 태양의 시선의 비교할 수 없는 밝기는, 그 놀라운 반짝임과 함께 인간이 어두운 심층에 들어가는 것을 허락하지 않았다. 헬레니즘 시대에는 이전까지 우주(cosmos)를 하나의 매개처럼 채우던 반짝임이 그 세력을 잃고, 빛은 대상화되었다. 키케로는 빛을 탐구 대상으로 삼는 시도를 하기도 했다. 한편, 테베[4]의 종교에서는 너무 밝아 사람들을 눈멀게 하는 진리의 빛에 다가가기 위한 신비주의적 노력들이 있었다. 이와 같이 빛을 진리의 은유로 생각하는 빛의 역사가 있었다.

이후 도상학의 발견과 이미지의 성격에 관한 연구들이 나타나는 데, 이때 우상 파괴를 둘러싼 논쟁이 발생했다. 기독교 신자들은 이미지(像) 앞에서 무릎 꿇고 기도를 올려도 되는가 하는 문제다. 우상 파괴주의자들은 이미지 앞에 무릎을 꿇는 것은 우상숭배이자 피조물을 받드는 것이라고 주장했다. 이들은, 이교도였던 초기 황제들의 흉상 앞에서 향 피우기를 거부했다는 이유로 순교한 순교자들을 생각하면, 우상은 어울리지 않는다고 주장했다. 한편, 우상 긍정론자들은 이미지의 숭배는 경건함을 보이는 형식으로써 교회의 탄생 이래 습관이 된 기도와 예배 형식이라고 주장했다. 이 논쟁은 시선 속 이미지의 성격을 둘러싼 내전을 일으키기까지 했다. 결국 니케아 공의회에서 기독교의 아이콘은 이교도의 우상과 구별되었다. 이교의 우상은 특정 개인이나 신에 대한 표상에 불과한 것이다.

한편, 아이콘은 모자이크나 프레스코화[5]와도 구별되었다. 아이콘은 계시의 한 형식이자 예수가 부활한 육체의 빛을 나타낸 것으로,

---

4 Thebes. 고대 이집트 신왕국시대(B.C.1567년경~B.C.1320년경)의 수도로 카이로 남쪽 726km, 현재의 룩소르 주변에 해당한다. 테베의 종교란 아몬(Amon) 신을 가리키는 것으로, 대기와 풍요의 신이다. 제11왕조(B.C.2133년경~1991년경)이래 테베의 신이 되어, 최고의 국가신으로서 국왕의 숭배를 받고 '모든 신의 왕'이 되었다. 다른 신과의 융합이 자유로워 그때까지 최고신이었던 태양신 '레'와 결합하여 '아몬 레'라고 불렀다.

5 fresco. 소석회에 모래를 섞은 모르타르를 벽면에 바르고 수분이 있는 동안 채색하여 완성하는 회화. 작품으로는 피렌체의 산마르코대성당의 프라 안젤리코의 명작이나, 그 제자 고졸리에 의한 피사의 칸포산트의 작품 등이 유명하다. 14~15세기 이탈리아에서 크게 발전했다.

이를 테면 문지방과 같은 것이다. 그것을 넘어서면 경건한 눈은 보이지 않는 세계로 들어간다고 믿었다. 아이콘이 신자들에게 준 것은, 하느님 말씀을 믿는 행위를 통해 진리로 이끌어주는 빛이었다.

❷ 방사하는 대상물의 체제(The regime of the radiating object)

빛의 은유들의 변화와 도상학적 생각의 등장을 보완해 기원후 1000년경 이슬람 세계에서 광학(optics)이 탄생하게 되었다. 알 하이삼[6]은, 시선이 대상으로부터 포착한 것을 보는 게 아니라, 대상으로부터 반사된 빛이 눈에 도달한 것을 보는 것이라고 주장했다. 13세기 스콜라 학파는 이 눈에 대한 빛의 행위를 인정했다.

그러나 고딕의 빛은 화가가 아니다. (대부분의 중세인들은) 눈 속에서 이미지가 생성된다는 것을 믿지 않았다. 중세의 opsis는 시선의 직접성을 보존하고 있었다. '마음의 눈'은 윤리적 optics의 전통에 머물러 있어서, 진정한 빛을 받아들이는 데 필요한 올바른 마음가짐과 환상의 유혹에 대한 저항을 강조했다. 빛과 이미지에 대한 지식도, 눈 속 사물의 이미지야말로 비주얼 경험을 일으키는 것임을 아직 확신하지 못했다. 이런 견해는 사물과 '빛이신 하느님' 사이의 관계에도 여전히 남아 있었다. 사물은 하느님으로부터 파생된 빛에 의해 빛나고, 그 빛이야말로 사물 자신의 진리다. 사물은 안에서부터 빛나고, 그 반짝임은 어떤 그림자도 만들지 않는다는 것이다.

13세기 철학은 우연성의 형이상학적 가설에 의거해 시각(vision)

---

6   Ibn al-Haytham(965~1040). 이라크 출신의 학자로 신학, 물리학, 천문학, 수학, 안과학, 철학, 공학, 과학적 방법 등 광범위한 분야에 걸쳐서 수많은 업적을 남겼다. 특히 그는 광학 이론에 가장 큰 공헌을 했는데, 광학과 시각의 연구에 대한 책인 『광학의 서』는 라틴어로 번역, 출판되기까지 했다.

을 설명했다. 토마스 아퀴나스가 이마고(imago)에 대해 언급했을 때, 눈이 하는 일은 이미지를 정신 속에서 창조하는 것이 아니었다. 시각적 감각은 비주얼한 형상(visual species)을 추출하는 목적을 갖고 있었던 것이다. 형상(species)이란 겉보기(the looks)와 같은 것으로, 어떤 물체의 성질 또는 본성을 의미한다. 시각 행위에서 눈이 포착하는 것은 이 형상이다. 즉, 실체 또는 본질이 보이는 표시(visible sign)로, 눈은 대상의 본질적 모양(shape)을 찾아(in-sight)낸다. 색깔이 아니라 사물의 형태야말로 시선이 형상을 끌어낼 수 있는 것이다.

❸ **제3의 시각 체제(The third scopic epoch)**

초기 르네상스에 접어들면, 시선은 그림과 같은 것(pictorial)이 된다. Perspectiva라는 말이 이를 보여준다. Perspicere라는 말의 뜻은 주의해서 보다, 검사하다, 들여다보다, 알아내다 등으로 시선의 생기가 강조되고 있다. 이는 13세기의 형상 해독(species reading)과 잘 부합한다.

중세의 perspectiva naturalis(자연적 관점)은 잘 보는 기술, 훈련된 시선의 기술이었다. 피렌체의 화가들은 이 단어를 재정의해 perspectiva pingendi(그리는 사람의 관점)라는 기교, 즉 시각적 테크닉으로 사용했다. 그들은 더 이상 덕을 가진 시선의 금욕적 훈련(ascetical training)이 아니라 심미적 기능을 고집했다. 창문을 통해 내다본 3차원 풍경을 틀에 가둔 광학적 모상(optical fascimile)으로 변형해, 벽면이나 캔버스 위에 둘 수 있는 숙련이다. 이때 이미지는 대상에서 기하학적 구성물로 변용된다. 알베르티[7]는 나무틀로 기술적 장치를 만들었는데, 거기에는 격자 모양의 투명한 스크린이 붙어 있었다. 이 시각적 메스를 갖고 그릴 대상을 한쪽 눈으로 보면서 관찰한 것을 격자 하나 하나에 옮겼다(tracing). 뒤러[8]는 이 장치를 자신의 목판화에서 묘사하고 있다. 이에 의해 시각의 원뿔 모양을 기하학적으로 얇게 자른 이미지가 '그림'이라 불리게 되는데, 그것은 특정한 광학적 모상이다.

다빈치는 이 신기술이 시선을 해치는 폭력적 요소를 안고 있다는 것을 이해하고 있었다. 응시란 눈에서 나온 활동성이 아니라 활발하게 움직이는 신체에서 나온 활동성이라는 것, 시선이란 양쪽 눈의 협동 작용의 결과라는 것을 알고 있었다. 또한 거리가 멀어질수록 보이는 윤곽이 흐릿해져 색상의 선명도가 옅어지게 된다는 것도 알고 있었다. 그는 새로운 과학이 내세우고자 하는 인식론을 이미 파악하고 있었던 것이다. 자연의 많은 부분은 그리지 않으면 보이지 않는다. 그는 유화용 나이프와 크레용과 종이가 자연 스스로를 열게 만드는 기구라는 것을 알고 있었다.

많은 역사가들은 맨눈에서 무장된 눈으로의 이행을 16세기 중엽 렌즈의 사용에서 찾고 있다. 하지만 일리치는 그보다 150년 전으로 거슬러올라가 두 가지 테크닉에 의해 가능해진 새로운 'perspectiva artificial(인공적 관점)'에서 찾고자 한다. 두 가지 테크닉이란 한쪽 눈을 사용하는 선적 시선(linear perspective)과 음영법(shading)이

---

7   Leon Battista Alberti(1404~1472). 이탈리아의 인문학자이자 화가, 건축가, 시인, 수도사, 언어학자, 철학자로 대표적인 '르네상스 인간'이다. 원근법의 이론을 정립한 것으로도 유명하다.

8   Albrecht Dürer(1471~1528). 독일의 화가, 판화가, 조각가이자 독일 르네상스의 이론가. 특히 목판화, 동판화 및 수채화에서 독창적 재질을 보였다. 이탈리아 르네상스 예술을 독일에 도입한 모던 르네상스의 대표적 인물로 평가받는다.

다. 후자는 우발적인 빛, 깊이, 시간의 경과에 주목한다. 예술 아카데미는 새로운 시선을 훈련시켰고, 눈은 다른 장치로써 경험되었다. 이미지의 개념과 비전의 개념이 결부된 것이다. 화가들은 자신의 그림이 보는 사람 속에서 만들어내는 이미지에 대해 알게 되었다. 알베르티 이후 이 이미지는 막(膜, velum)이 있는 장소(눈과 대상 사이)에 놓여졌다. 케플러는 밖에서 안으로, 소의 눈을 사용한 카메라 옵스큐라[9]를 작동시킴으로써 이를 보여주었다. 즉, 눈의 내막에 뒤집어진 작은 그림을 만든 것이다.

❹ 보다 먼 피안의 스크린(The screen on the farther shore)

그림은 벽에 붙인 이미지로 수세기에 걸쳐 장식되어왔다. 18세기 후반 클로드 글래스[10]나 다게르[11]의 카메라, 그리고 19세기 후반에 유행한 입체 거울 등으로 인해, 감상하는 사람은 자신과 대상이 있는 장소에서 떨어져 나갔다. 일리치는 이를 '그림의 시대에서 쇼의 시대로의 이행'이라고 표현한다. 쇼는 기술적으로 구성된 전시물(display)로써 기구를 이용한다. 보는 이들의 편견에 적합하게 배치를 바꾸는 프로그램의 결과 그렇게 된 것이다. 쇼는 시선과 이미지를

---

[9]   camera obscura(암상자). 어원적으로는 '어두운 방'이라는 뜻으로 캄캄한 암실한 곳에 작은 구멍이 뚫려 있으면 반대 측면에 외부 정경이 역방향으로 찍혀 나온다. 이 원리를 응용하여, 바깥의 대상을 찍어 그것을 묘사하기 위해 작은 구멍을 뚫어 놓은 상자를 말한다. 서양에서 17~19세기 화가들이 밑그림 제작에 이용했다.

[10]   Claude Glass. black mirror라고도 한다. 표면이 짙은 색으로 칠해진 오목한 작은 상자로 휴대가 가능하다. 주로 화가들의 풍경화 작업에 이용되었는데, 17세기 프랑스 화가 Claude Lorrain의 이름을 땄지만 그가 발명한 것은 아니다.

[11]   Louis Daguerre(1787~1851). 프랑스의 화가이자 사진가. 카메라의 아버지 중 한 명이다.

분리한 것이다. 이러한 구성은 이미 18세기 후반의 해부도에 나타나 있는데, 해부학자들은 교과서 속의 표본을 만들 때 수직으로(正射影) 먼 곳에서 바라본 것처럼 그렸다. 이 표본은 더 이상 만질 수 있는 것이 아니라 피안에 존재하는 것이다.

새로운 박물학자들은 사물 자체의 설계도를 원했다. 3차원으로 조립할 수 있게 그려진 설계도는 정확한 척도이지 조망이 아니다. 시각의 모상이 아니라 똑같은 방향으로 그려진 투시도다. 객관적 실재라고 하는, 멀리 떨어진 피안의 사물을 강력한 망원렌즈로 사진을 찍듯 보여주고 싶은 것이다. 많은 화가들이 설계도 같은 실재를 향해 훈련받았으며, 원형을 상상하는 것은 보는 사람의 눈에 맡겨졌다. 본 적도 없는 장소나 동식물들이 정밀하게 그려져, 본문이나 설명문에 없어서는 안 될 보충 자료가 되었다. "자연에 관한 연구는 과학적 삽화의 연구가 되었다"고 일리치는 야유한다.

카메라 또는 비디오카메라는 매체나 대상을 움직임으로써 기록한다. 그것들의 상징 효과에 대해서는 자주 비판·분석하고 있지만, 기록하는 행위가 우리들의 시선을 해치고 있다는 점에 대해서는 미처 인식하지 못하고 있다. 타자의 눈에서 잠자고 있는 빛을 무디게 만들고, 그 생생한 존재를 우리들에게서 빼앗아가고 있다는 것을 말이다. 렌즈를 광각, 망원, 줌 등 다양하게 조작하는 것은 이제 당연한 일이 되었다. 지구 반대편의 라이브 영상을 놓고 이쪽 해설자가 해설을 해도 놀라지 않게 되었다. 그 영상은 위성에 의한 기록이 단편적으로 겹쳐 있는 것에 불과하며, 실은 라이브도 아니다. 날것(生)에서는 한참 떨어진 것이다. "보는 것이 쇼에 참가하는 것으로 전락했다"고 일리치는 지적한다. 교과서나 잡지 등 도판(圖版)에 의한 쇼가 매일같이 눈에 들어온다. 텍스트가 도판의 설명문으로 바뀐 것이다. 그것은 자연에서 보이지 않는 것을 볼 수 있도록 하는 훈련으로, 가시 파장보다 작은 분자들이 마치 보이는 것처럼 인식되었다.

또한 추상적 개념조차도 그림과 표로 제시되어, 본래 없던 구체성을 믿도록 눈을 유혹하고 있다. 양적 데이터가 그림으로 표시되면 사람들은 공포, 불안, 용기, 분노 등 감정을 느끼도록 훈련받는다. 실제로 이러한 데이터에서 시선으로 포착할 수 있는 것은 아무것도 없다. GNP, 인구 증가, 에이즈 발생률, 지구 온난화, CO_2 배출량 등 경제나 환경에 관한 데이터는 시선에서 완전히 떨어져 있다. 이와 같이 쇼가 마치 이미지인 것처럼 바뀌어버린 것을 분석하기 위해서는, 이미지의 시대가 어떤 것이었는지 한 번 더 재검토해야 할 것이다.

그림이 갖고 있는 의미는, 관찰자와 관찰되는 사물이 동일 공간에 있으며, 공통의 지반 위에 입각해 있다는 것이다. 원근법은 공통 감각, 즉 모든 감각적 경험은 뇌의 어딘가에서 만난다는 확신에 기반한 것이다. 고대에 눈은 진리의 기준, 진리의 거울이었다. 중세에 눈은 보편적 본질을 추출하는 좁은 힘을 부여받았다. 르네상스 이래 눈은 그림을 만들고 해석하는 모델이 되었다. 르네상스 회화는 그저 보는 것이 아니라 이해해야 하는 것이었다. 그림은 감상자에게 자신이 어디에 서 있는지를 생각하도록 재촉하고, 화가가 서 있는 지점을 공유하도록 권유했으며, 그림 속 내용의 진행과 함께하도록 만들었다. 감상자가 서 있는 공간과 그림 속 공간은 만지거나 잡을 수 있는 공간이라는 점에서 동질적이었다. 그것이 이미지의 의미였다.

이제 시선과 이미지가 결합된 시대는 끝났다. 새로운 광학 기술이 사용됨으로써 실재를 그린 그림은 그 실재를 손가락으로 잡고, 코로 냄새 맡고, 혀로 맛볼 수 있는 공간에서 떨어져 나갔다. 더 이상 느낄 수 없는, 객관적이고 동(同) 방향으로 열린 공간 속에 제시되었다.

8개의 시선

이 특필할 만한 opsis의 역사 연구는 매우 수준 높은 사관을 제시하고 있다. 일리치는 opsis와 관련해 8개의 역사적 특징을 제시하고 있는데, 이는 우리들이 현재의 시각으로는 더 이상 고대와 중세를 논할 수 없게 되었다는 실로 중요한 역사관의 제시다. 그는 육체의 눈의 활동을, 스스로를 돌아보는 인간의 눈의 활동으로 고찰한다. 그것은 진리와 인식의 은유로, 시선과 빛을 연구하는 것이 아니다. 광학적 사고의 그림자에 흔들리면 안 된다. 시각에 대한 기술 지향적 행동학은 패턴 인식, 속독, 탐정과 저격수 훈련 등 눈을 운동시키거나, 목표물을 맞히거나, 화상을 보다 많이 만들려고 하는 것에 불과하다. 이런 것들은 피해야 한다. 일리치는 "서구 역사를 통해 규범적·윤리적 고찰의 주제가 되어온 시선을 탐구하고, 축복받은 시선을 실천하고, 사악한 시선을 피하도록 도덕적 시선이 가능한 조건을 찾아야 한다."고 말한다.

❶ 주저하는 시선(주저하는 의구심 ,The hesitant skepsis)

사람은 어떤 이미지(像)를 마주했을 때 주저한다. 주저하는 시선(hesitant gaze)이 있다. 우상 파괴는 신적인 것, 궁극적인 것을 둘러싼 논쟁이다. 소크라테스 시대 이전에 이미 아이콘 혐오가 있었다. 그들이 신을 무시한 것은 계획적 비(非)우상주의로서, 금욕적 시선의 형태로서, 모든 이미지를 앞에 둔 주저하는 의구심으로서였다. 말의 기술화와 동시에 그리스 사상가들에게서 신들의 모습이 사라졌다. 철학자들은 신들에게 시선 돌리기를 회피하고, 대신 추상적 실질에 주목하는 자유를 얻었다. 현실성(reality)의 근원은 태양신 헬리오스가 아니라 불이고, 비너스가 아니라 사랑이었다. 모든 이데아가 신들을 대신한 것이다. 신의 모습이라 믿었던 낡고 볼품없는 신의 이미지는, 헤로도토스의 역사서와 같은 시기에 현실적인 살아 있는 인간의 모습으로 바뀌었다. 후기 고전 조각이 만들어졌다.

헤시오도스(기원전 800년경) 시기, 에로스에게서 태어난 신들이 춤추면서 나타났다 사라지는 것을 보는 사람들의 감각적 경험을 관조(theoria)라고 여겼다. 그로부터 200년도 지나지 않은 사이에 아르케(arche), 즉 시원(始原)에 대한 명상(contemplation)은 모든 가능성과 모든 힘을 포함한 무한자(아페이론, the endlessness)에 대한 성찰(meditations)로 바뀌었다. 여기에서 신들에 대한 시선은 하나의 이데아로 변모한다. 가장 위대한 것은, 언젠가는 죽는 것들과는 전혀 다른 것이라고 생각되었다. 그로부터 100년이 지난 후 엠페도클레스[12]는 "신은 짐작할 수 없는 힘을 지닌 고상한 영혼으로서 우리 눈으로는 볼 수 없는 구형(球形)"이라고 주장했다. 순수한 정적 속에 행복하게 쉬고 있는 구형으로 상징된 것이다. 앎에 대한 사랑이란 뜻인 철학은, 이미지를 무시하는 훈련, 이미지에 대해 주저하는 시선, 이미지를 한 단계 낮은 것으로 간주하는 결심 등과 결부된다. 철학자는, 눈에 보이는 것을 초월한 곳에 존재하는 진리에 도달하고자 했다. 플라톤에게 가시적인 세계는 이데아의 색 바랜 반영이자 누렇게 된 그림자에 불과하다. "우리들은 모든 존재를 걸고 궁극의 선에 대한 비전을 바라지만, 선과 신적인 것을 비주얼화하는 것은 불가능하고 모독적이며, 단순히 말해 말이 안 된다."

---

[12] Empedoklcles(B.C.490~430). 그리스 철학자. 만물이 물, 공기, 불, 흙으로 이루어져 있다고 하는 4원소설을 주장한 것으로 유명하다. 철학가이자 뛰어난 웅변가, 정치가였고, 시인이자 생리학자이기도 했다.

❷ 방사(放射)하는 시선(손가락으로 만지는 시선 The fingering gaze)

　　제라르 시몽[13]은 유클리드에서 프톨레마이오스를 거쳐 중세에 이르는 optical에 관한 연구들은 빛(light)이 아니라 눈에서 나오는 광선(ray)에 대한 것이라고 지적했다. 비주얼 감각을 올바르고 적절하고 고결하게 사용하기 위해서는 visual ray를 혼란스럽게 만드는 올가미, 유혹, 고민 등에 대해 고려해야 한다. Optics의 과학은 교양 있는 인간적 활동을 위한, 윤리를 위한 기초와 가이드로 여겨졌다.

　　눈동자에서 흘러나오는 것은 눈에서 나오는 광선이며, 빛 자체도 하늘의 눈에서 흘러나오는 것, 태양인 헬리오스의 얼굴에서 나오는 광선이라고 생각했다. 유클리드는 인간의 시선에 기하학적 형태를 부여해, 눈동자 속에 정점이 있고 시선이 에워싸는 대상 표면에 밑면을 둔, 원뿔형으로 그려냈다. 고대의 optician은 이 비주얼적인 원뿔형 밑면에서 무슨 일이 일어나고 있는지에 대해 관심을 갖고, 대상 표면의 무언가가—예를 들면 색깔이—눈에서 나온 광선과 섞인다고 생각했다. 시선은 눈이 기관으로 튀어나오듯 밖을 향해 밀고 나와 스스로를 밖으로 던지는, 바깥 세계로의 육체의 방사라고 생각했다. 감각은 피부의 경계(limits)를 뛰어넘은 곳에서 일어난다고 믿은 것이다. "그리스인은 신체의 눈과 빛에 비친 대상과의 비대칭적 교류(intercourse) 없이는 비전을 생각할 수 없었다. 눈에서 나오는 광선(visual ray)은 눈에서 나오는 손가락이자 영혼의 손발로, 지각적 혼합의 행위 속에서 색깔을 잡아내 깊이 스며들게 한 마음의 다리다."

13　Gérard Simon(1931~2009). 프랑스 과학사가. 릴 3대학 교수 역임.

❸ 보는 욕망(libido videndi)

중세는 '보이는 것(visibilia)'에 대해 말했고, 고대는 '나타나는 것(emphasis)'에 대해 말했다. 외부로 나타나는 것이다. 밖을 향하는 시선과 대상을 비추는 빛에 의해 끌려나온 색깔, 이 두 가지의 비대칭적·상호보완적 존재가 만난 것이 우주(cosmos)다. 코스모스는 그리스어의 kosmein에서 온 말로, 두 가지 면을 알맞게 맞추었다는 의미다. 두 개의 군대＝전투, 두 개의 피안＝강, 하늘과 대지＝우주, 눈과 색깔＝'보이는 것', 귀와 화음＝음악 등이다. 서로를 보완해서 하나가 되는 비대칭적·상호 보완적 존재에 대한 감각, 그 존재적 균형에 대한 감각이 현대인에게는 없다. 이 고전적인 시선의 개념에서 emphasis(보이는 것)와 아이콘(즉, 인공물)의 차이라는 문제가 발생한다.

소크라테스 이전의 철학자들은 신들을 무시하고 모든 존재의 개념에 주의를 쏟았다. 그에 수반되어 조각상으로서의 신이 아니라, '보이지 않는 것'의 상징인 신성(神性)과 힘을 표현하게 되었다. 그러나 기독교도들은 아이콘 속에서 하느님의 emphasis를 섬기길 열망했다. 예수는 살이 된 하느님의 말, '아버지 하느님의 이미지(The Image of the Father)'라 불렸고, 하느님의 말(＝예수)은 들릴 뿐만 아니라 보이기도 했던 것이다. 기독교도들의 바람은 오직 이 하느님의 겉모습을 보고 싶다는 데 있었다. 726년 우상 파괴 논쟁이 발발했다. 이미지 앞에서 주저하는 시선은, 이미지와 그것을 보는 눈의 욕망, 즉 '보는 욕망'으로서 철학적 성찰의 대상이 되었다.

니케아 제2공의회(787년) 이후 예수를 인간 모습으로 표현하는 것은 그리스 정교의 예배 아이콘으로써 쭉 받아들여졌다. 아버지 하느님을 '수염을 기른 가부장'으로 표현하는 것도 확실한 은유로써 정통화되어왔다. 다만 성령만큼은, 간혹 비둘기 모습으로 상징되기도 했지만, 인간의 육체로 묘사되지는 않았다. 일리치는 726년 황제 레오 3세의 일을 다루고 있는데, 레오 3세는 예수의 우상을 철거하고 대신 그 자리에 맨 십자가를 놓았다. 여기에는 ① 하느님을 믿는 이들의 육체와 마음에 닿는 '하느님의 말씀'을 시각화하는 것을 거부하는 구약성서적인 경외 ② 코란의 찬양의 위대함과 아름다움에 비할 수 없다는 사실 ③ 그리스에 존재하는 이미지에 대한 회의, 즉 이미지에 진리의 무게를 두는 것에 대한 철학적 주저 등이 작용했다. 십자가 위의 예수를 묘사하는 형식(type)에서 그 원형(prototype)인 예수의 원래 모습으로의 이행이 이루어졌다. 즉, 시간 속에 있는 대상에서 영원한 실질로의 이행이다. 비슷한 모양 또는 설명을 제공하는 그림과는 완전히 다른 것으로 보이고 해석되는 것이다. 아이콘은 순간의 존재에서 불멸의 존재, 영원한 존재로의 변화이고, 죽음의 세계에서 살아 있는 세계로 가는 문지방을 넘는 것이다. Iconology란 일종의 피안에 대한 동경이자, 보이는 것의 지평을 넘어 보이지 않는 것으로 안내하는 이론이다. 어떤 사물을 보는 방법/시각 경험의 시초로, '영원을 이 눈으로 보고 싶다'고 하는 서구 사상이다. 그것은 또한 '알 수 있는 것은 무엇이든 시각화'하고자 하는 야심을 만들어내기도 했다.

보는 욕망은 각각 ① 아이콘을 통해 알지 못하는 피안을 바라는 방향 ② 사람의 마음을 빼앗을 것 같은 이미지 표현의 예술을 바라는 방향으로 향할 수 있다.

❹ 루멘에서 빛으로(From lumen to light)
니케아 공의회에서 16세기까지는 이미지 앞에서 주저하는 서구적

시선은 변함없이 유지되었지만, 알 하이삼에 의해 커다란 변화가 일어난다. 그는 부분 일식의 태양의 잔상이 눈을 감은 다음에도 자신의 눈 속에 남아 있다는 것을 알아챘다. 그는 눈을 뜨고 사물을 보는 방식을 뒤집어 눈을 감았을 때 일어나는 일에 집중했다. 시각의 원뿔 모양도 뒤집어 밑면을 눈 쪽에, 꼭짓점을 대상 쪽에 두었다. 이로 인해 optics는, opsis에서 photics로 바뀌었다. 즉, 광선과 그 움직임에 대한 학문으로 바꾼 것이다. 빛이 눈 속에 불러일으키는 작용의 결과로 시각을 고찰하고 경험하게 되었다. 대상의 포섭 혹은 형상의 수용 장소는 눈 속으로 이동하여, 눈동자의 배후에 있는 수정체 속에서 일어난다고 믿게 된 것이다.

중세의 모자이크화나 세밀화는 그 자체가 빛을 내는 색이다. 안쪽에서부터 빛을 내기 때문에 그림자도 음영도 없고, 광원도 없다. 14세기 말이 되면 화가들은 음영을 표현하기 시작했다. 그림을 보는 사람도 사물을 비추는 광원을 알 수 있도록 그리게 되었고, 사물의 그림자를 묘사하게 되었다. 시선은, 밖으로 나가는 행위로서의 '촉각적 파악'에서 빛이 눈 속으로 불러오는 '사물의 수용'으로 변화한 것이다. 안쪽에서 비추는 빛이 lumen, 밖에서 들어오는 빛이 lux다. 눈의 루멘, 지성의 루멘, 신앙의 루멘, 그리고 책에서부터 비추는 것 등은 그와 같은 표현으로, 실제 그렇게 경험하기도 했다. 이러한 빛의 경험은 근본적으로 다르다. 현대인은 lux로서의 빛을 얻었지만 lumen으로서의 빛은 잃어버렸다. "lumen으로서 빛을 실천할 수 있는 사람은 lux로서 빛을 수동적으로 받고 있는 사람과는 전혀 다른 존재가 될 것"이라고 일리치는 말한다.

❺ 시선의 기구화(The instrumentation of the gaze)

2천 년 동안 에피스테메와 테크네, 지식과 기술 사이의 관계를 정의한 것은 아리스토텔레스였다. 눈은 어떤 도움도 필요로 하지 않았고, 도움을 사용하는 것 자체가 불가능했다. 그도 그럴 것이 자연과 눈은 공본성(connatural)을 지녔기 때문에 눈과 대상은 본성이 같고, 눈의 수비 범위를 벗어나는 것은 배제되었다. 눈과 세계, 시선과 emphasis는 서로 균형 관계에 있었다. 시선이 불순해지거나 눈길을 회피하거나 시선이 굴절과 반사로 부서지는 일은 있었지만, 시선이 대상에 적합하지 않게 되는 일은 없었던 것이다. 그런데 여기서 시선을 보이는 것으로부터 떼어내는 기구가 등장했다. 기구는 새로운 기관으로서 이전에 알 수 없었던 것을 알게 하고, 눈과 자연 사이에 들어와 양자를 나누고, 지식의 새로운 확실성을 보장하게 되었다.

'우물물은 겨울보다 여름이 더 차갑다'는 말은 4대 원소 간의 대립 관계에서 뜨거움과 차가움의 동질성의 대립으로 설명되었는데, 온도계가 등장하자 온/냉의 감각 지각에 대한 해석학은 기록 방법의 발견학으로 치환되고, '온도'라 불리는 것이 등장하게 되었다. 마찬가지로 눈도 메스와 나이프가 안을 열어 그 내부를 사람들이 볼 수 있게 만들었고, 분필과 목판화, 동판화가 이를 묘사했다. 16세기 삽화가들은 '알고 있는 것'을 그리는 것을 관두고 '자연스런' 시점으로 보기 시작했다. 삽화에 대한 주저함에서 해부학적 과학이 발생했다. 신체 내부에 대한 상상은 폐기되고 관찰이 등장한 것이다. 진실은 눈이 본 것이 아니라 관찰의 결과다. 관찰(observation)이란 기구와 결합한 시각을 의미한다. 눈 자체가 관찰 장치가 되는 한편, 보는 것은 공통 감각에서 분리되었고, 시각은 촉각과 미각에서 독립해 관찰의 주요한 도구로 지위가 상승했다. 눈은 그 대상과 본성을 동일하게 갖는 공본성(connaturality)을 상실하고, 동시에 다른 감각 기관의 지배적 지위에 선 것이다.

렌즈를 기준으로 망원경과 현미경이 근대의 시작이라고 하는 것은 과학적 패러다임에 관한 논의다. Opsis의 역사에서는, 피렌체의 미술 아카데미에서 음영 기법을 습득한 갈릴레이가 망원경으로 본 달 표면에 음영을 주어 그림으로써 달의 산을 발견했다고 하는, 즉 새로운 시선을 몸에 지니게 되었다는 것을 의미한다. 이미지를 앞에 둔 주저하는 시선이 있었기에 새로운 주저함으로 메스와 연필, 인쇄와 렌즈를 기구로 사용하는 방법을 만들어낸 것이다. 이러한 기구는 새로운 종류의 진리를 추구하는 데 눈의 역할을 키웠다. 눈을 위한 도구와 장치의 사용이 늘어남에 따라 사람들은 일상생활에서 눈으로 만질 수 있는 세계와의 접촉에서 멀어졌다. 그러나 루멘은 한꺼번에 사라지지는 않는다. 갈릴레이는 자신이 발견한 목성의 4개의 위성이 망원경 속에 있는 것인지, 아니면 우주의 먼 저쪽에 있는 것인지를 물었으며, 케플러는 여전히 다음 두 가지를 구별했다.

① 눈동자의 렌즈 앞에 나타난 pictura rerum(사물의 그림)은 렌즈에 의해 이미지를 형성하고, 망막에 투영되고, 경찰관과 같은 역할을 하는 비주얼 정신(visual spirits)에 의해 포획된다. 그 후 시각신경을 통해 공통 감각의 광장으로 옮겨진다.

② Imago rerum(사물의 이미지)은 사물의 나타남인데, 그 시선은 보이는 대상의 장소, 즉 만져지는 장소에 투영된다. 그 대상은 열리기도 하고 잡히기도 한다.

이와 같이 케플러는 망막의 캔버스에 그림을 그리는 화가인 빛과, 시각적 나타남을 만들어내는 시선을 구별하였다. 이미지와 그림을 구별한 것이다. Imago란 이성의 작품(상상에 의해 만들어진 것)이고,

종이나 그 밖의 평면에 만들어진 것이 아닌 진짜로 존재하는 '사물의 형태(figura rerum)'는 pictura라 불리게 되었다. "시각은 그림과 같은 것"이라는 그의 지적은 근대를 예견하고 있었다고 할 수 있다.

❻ 이미지의 합체(The incorporation of the image)

근대 초기 이미지는 시선의 본질적 부분이 된다. 여기에서 이탈리아 회화와 네덜란드 회화의 차이가 나타난다. 이탈리아 양식에서 그림은 이야기다. 그림은 책 속 이야기를 눈으로 감상할 수 있도록 번역해준다. 사람과 사람 사이의 의미 있는 관련성을 표현하는 그림은, 제대로 된 예술로서 영웅·성인·지도자의 도덕적 선택을 눈에 보이도록 사람들에게 보여준다. 액자라는 창 덕분에 감상자는 이야기의 내용과 대면하고, 그려진 공간과 만날 수 있게 된다. 도덕적으로 의미 깊은 행위에 감상자가 입회하도록 권유한다.

한편, 네덜란드 양식은 기술(記述)이다. 감상자의 눈을 그림 속으로 끌어당기는 것이 아니라 캔버스의 표면으로 끈다. 화가가 그림에서 표현한 것은 눈 안쪽에서 일어나고 있다고 추정되는 것/무엇이다. 눈 속에서 보이는 대상의 표면과 회화의 표면은 일치한다. 전자는 망막 이미지의 복제가 아니라 대상 자체의 optical한 대체물이다. 즉, 그림(pictura)은 기하학적 구성 행위에 의해 대상을 창조한다. 시선에서 일어난 일을 그리는 것이 아니라, 보는 욕망에 의해 존재하게 된 대상을 그린다. 한편, 후자는 케플러와 같은 정신으로 비주얼 감각 자체를 감각적 묘사(sensual depiction) 행위로 이해한다. 시선과 이미지는 하나의 동일한 사건, 즉 opsis라고 하는 사건의 두 가지 측면이다. 네덜란드 화가는 아직 예술 작업으로서의 opsis 행위를 표현하고 있는 것이다.

이 두 가지 양식의 주저함이 iconology에서 새로운 전진을 이루었다. 눈의 기구화와 관찰의 본질적 요소인 이미지의 합체가 이론적 iconology의 새로운 이니셔티브를 발생시켰다. Optics(광학)의 다양한 분야의 문헌들이 기술의 역사와 철학의 역사 양자에 해석의 길을 열었다. 즉, 다음과 같은 분야들이다.

- 굴절광학(dioptics): 빛의 굴절을 검증한다.
- 색채지각
- 반사광학(catoptics): 거울 이미지에 대해 논한다.
- 왜상학(歪像學): 이미지에 인위적 왜곡을 가해 이를 재구성한다.
- 원근법 과학
- 카메라 옵스큐라(나중에 카메라 루시다를 이용한 실험)

이것들은 동일한 주저함(hesitancy)을 초래한다. 즉, 우리들은 모든 대상의 나타남(現前, presence)을 우리들 시선에 드러나는(reveal) 모든 표면을 보고 있는 것인가, 아니면 우리들이 보고 있는 것은 리얼리티가 우리들에게 밝히는 모든 표면이라는 것인가. 시선 속 이미지에 대한 이러한 기본적 주저함은, 파노프스키가 『상징 형식으로서의 원근법』에서 그 시대 특유의 선험적(a priori) 형식이 있다는 "신칸트학파의 철학적 신념을 미술사의 분석 기구로 바꿨다"고 말하고 있듯이, 당시의 문화 형식이다. 중심 원근법이라는 것 역시 기술적 발견임과 동시에 당시의 문화적 발명이다.

❼ 흩어진 시선(The resorption of the gaze)
눈동자 뒤 투명한 액체로 만들어진 필름은 위와 같이 나타나는 것

들 모두를 소화하고 흡수하는 곳이라고 여겨져 왔다. 이러한 믿음은 크리스토프 샤이너[14]가 그것이 렌즈와 같은 것이라는 사실을 밝혀낼 때까지 이어졌다. 케플러는 이 주장이 사실이라는 증거를 제시했다.

열차의 속도(실내와 창문에서 보이는 바깥 공간과의 분리), 대량 생산(모두 비슷해 차이를 찾아낼 수 없다), 모조품의 생산(진짜는 한 번도 본 적 없다) 등의 기술 혁신은 특정한 방향성을 강화한 것에 다름 아니다. 그 방향성이란 다음과 같은 것이다.

- 서 있는 장소를 갖지 않는 시선에 대한 방향성
- 해석이 아니라 발견하는 시선에 대한 방향성
- 상품에 원래 들어 있는 신호에 주의하도록 강요하는 방향성

다게르가 감광판을 현상한 것은 1836년인데, 그것은 카메라 옵스큐라의 시각 패러다임을 기계화한 것이다. 카메라 옵스큐라는 관찰자의 우월적 지위를 나타내는 패러다임으로, 17세기와 18세기의 사상에서 시각의 주관성 작용을 철저히 배제한 모델이다. 19세기에는 입체 거울 등 많은 새로운 광학 기기들이 패러다임이 된다. 이러한 광학 장치가 개인의 신체에 직접 작용하여 이를 바꾸는 지식과 힘의 장소가 되었다. 이에 의해 모방의 개념에서 표현의 개념으로, 거울에서 램프 개념으로의 이행이 이루어졌는데, 이는 지각 행위에 나타난 정신의 역할 변화였다. 카메라 옵스큐라는, 관찰은 세계의 객관적 모습에 기초하며, 그 모습은 광선을 지배하는 법칙에 의해 보증된다는

---

14 Christoph Scheiner(1575-1650). 독일의 천문학자이자 예수회 수도사. 갈릴레이와 함께 태양 흑점을 관측한 최초의 학자 중 한 명으로, 누가 먼저 이를 발견했는지를 놓고 갈등이 빚어지기도 했다.

신념을 표현하고 있다. 1820년대에는 이런 생각이 후퇴해, 새로운 이론과 장치에 의해 눈은 다양한 모습을 만들어낸다는 생각으로 바뀐다. 새로운 무언가를 만들어내는 힘이 시선에 부여된 것이다. 이후 150년간 한편으로는 빛을 기록하는 사진 카메라가 카메라 옵스큐라 패러다임을 보존·확대해갔고, 다른 한편으로는 철학·과학·광학 장치가 눈의 다양한 기능이라는 개념을 지지했다. 그리고 1970년 커다란 분기점이 찾아왔다. 인간의 눈은 관찰자의 위치와 어떤 위상학적(topological) 관련도 없는 행위들에 납치당하게 된다. 인위적으로 만들어진 시각 공간들이 모든 곳에 심어진 것이다. 관찰하는 인간으로부터 떨어져 나와 평면에 시각을 재배치하는 기술들이 범람하게 되었다. 그 일부의 예들이 컴퓨터 디자인, 합성 홀로그래피, 비행 시뮬레이터, 컴퓨터 애니메이션 등이다.

❽ 에마뉘엘 레비나스(Emmanuel Levinas)[15]

비주얼화의 지배적 조류란 ① 공통 감각(synaesthesis)에서 시각을 분리시키는 것 ② 눈을 신체에 조립된 비디오카메라 혹은 추상적 섹스 기관인 것처럼 해석함으로써 눈을 비신체화하는 것 ③ 사랑으로부터 시선을 떼어내는 것 등이다. 일리치는 이 비주얼화에 저항한 철학자가 에마뉘엘 레비나스였다고 말한다.

우상에 대한 유대교 특유의 주저함을, 레비나스는 시선이 교차하는 조건이라고 말한다. 규율과 훈련에 의한 주저는, 타자의 윤리로 향하기 위한 최초의 한 걸음이다. 이 윤리는 "가상 현실에 시선을 빼

---

[15]   Emmanuel Levinas(1906~1995). 프랑스의 유대인 철학자. 유대 철학, 실존주의, 윤리학, 현상학, 존재론 등 다양한 분야에서 활약했다.

앗겨 시력을 잃고 있는 현대인들 사이에서 꼭 실현되어야 하는 것"
이라고 일리치는 주장한다.

　일찍이 비잔틴의 성화상(聖畵像) 파괴 논쟁에는 동방 기독교의 세
가지 전통이 섞여 있었다. ① 형태를 가진 것에 대한 그리스적 금욕
(추상적 진리이기 때문이다) ② 이슬람교도들이 소리 내어 읽는 코란
의 말들에 대한 질투 섞인 옹호(알라의 절대적 초월을 인식하기 때문
이다) ③ 신도들의 신장과 심장을 소유하는 하느님의 이름을 부르거
나 손가락으로 가리키는 것에 대한 구약성서적인 두려움(하느님이
가까이 내재하고 있는 것에 대한 예민한 감각) 등이다. 니케아 공의회
는 우상숭배의 정통파의 승리로 끝났지만, 그것은 숭배의 대상이 되
는 이미지를 앞에 두고 새로운 주저를 낳았다. 그로 인해 기독교는
분열된다. 동방교회에서는 아이콘에서 기호와 시선이 육체적으로
섞이는 것이 그 후에도 계속 규범이 되었다. 한편, 서방의 로마 교회
에서는 이미지에 대한 신학적 헌신은 전례의 본질적 부분이 되지 못
했는데, 이미지는 어디까지나 수사적 수단으로서, 예를 들면 그림이
라는 수단에 의해 교화를 도울 뿐이었다. 신도들과 구세주 사이의 문
지방을 뛰어넘는 시선은 부정되고, 그림에는 새로운 역할이 부여되
었다. 그것은 말을 보조하는 기능이다.

　자크 엘륄은 "초기 기독교에서는 '천국에 가고 싶다', '아브라함의
무릎에 안기고 싶다'는 고대 성서적 바람이 '하느님을 보고 싶다'는
바람으로 바뀌었고, 성스러운 일들이나 하느님에 대해 안다는 것은
시각과 동일해졌다."고 지적한다. 키르케고르는 이러한 시각 중심주
의(ocular centrism)를 성서의 세속적 오해라고 해석했다. 이와 같
이 말의 가치를 떨어뜨리고, 귀의 역할을 낮추고, 순종적 신뢰보다
명료하게 보는 것을 강조하는 것에 대한 다양한 반발들이 있었다.

레비나스는 보는 욕망에 대한 새로운 시각을 보여주었다. 레비나스는 지적한다. "타자의 얼굴에 대한 지각은 그저 보이는 것도, 침묵 속에 존재하는 것도 아니다. 항상 나에게 말을 걸어오는 것이다. 타자의 얼굴 속에서 내가 만지고 찾아내는 것의 중심에는 나의 주관성이 존재한다. 나라는 것은 타자의 얼굴 속에, 그 얼굴에 의해 부여된 하나의 선물로서만 존재할 수 있다." '나의 얼굴은 타자의 얼굴에서 태어난다'고 하는 레비나스는, 타자의 얼굴이 더할 나위 없는 섬세함과 짐작할 수 없는 행위를 통해 언제나 윤리적 방식으로 나에게 말을 걸어온다고 주장한다. 나는 타자의 얼굴을 듣지 않을 수 없다. 당신은 만지듯이 보고, 듣는 것이다.

이상의 고찰들은 신체의 역사와 사상사의 진정한 합체라고 할 수 있는데, 이것은 지금까지 전혀 인식하지 못해왔던 것이다. 즉, 지금까지 감각의 철학은 전혀 없었다. 다수의 연구들이 일리치의 손에 의해 통합되고 새로운 생각의 지평이 열렸다. 형이상학이 아니다. 각 시대의 생생한 감각과 경험이다. 그러나 일리치도 말했듯이, 너무나 현대와 다른 활동은 현대의 단어들로는 그 단어들에 조건을 달지 않는 한 이해할 수 없다. 이미 라틴어/그리스어 고전의 번역에서 변형이 일어나고 있다.

우리들은, 아직은 일리치를 따라 그저 모방하는 수밖에 없다. 요약할 수 없을 만큼 풍부한 역사 서술이라 중요하다고 생각되는 부분들을 그저 쫓기만 했는데, 독자들에게는 원서 읽기를 권한다.

3. 감각의 고찰

시각에 대한 역사 외에 촉각이나 후각, 청각 등에 대한 체계적 서술은 없지만, 일리치는 1990년대 듣고, 보고, 냄새 맡고, 만지고, 걷고, 느끼는 '감각의 역사'를 과거를 통해 이해하고자 했다. 비록 단편적이긴 하지만 본질적 내용들이 다뤄졌다. 그것은 신체가 비신체화되고 있는 현재에 대한 비판이기도 하다. "지각의 음영(shades)에 대해 수십 개의 단어들이 사용되다가 사라졌다." 코가 하는 일들에 대해 뒤러의 시대에 존재했던 158개의 단어 중 오늘날 남아 있는 것은 32개뿐이라고 한다. 촉각도 시각도 마찬가지다. 일리치의 지각과 감각의 역사학은, 신체와 대상 사이의 비분리 관계가 분리되어가는 과정을 보여주고 있다. 보는 것이 빛으로부터, 듣는 것이 소리로부터, 만지는 것이 피부로부터, 냄새 맡는 것이 냄새로부터 분리된다. 이는 신체에서 기관이 분리되는 것과 대응하고 있을 뿐 아니라, 진리와 윤리의 존재 방식이 신체에서 분리되는 것이다.

감각론이 인식론으로 바뀐 것은 다빈치에 의해서였다. 그것은 유클리드 기하학에서 이미 준비되었던 것인데, 가시적인 것의 배후에 존재하는 가지적(可知的) 본성(intelligible nature)을 인식하는 것이다. 배후에 본래적인 것이 존재한다. 지각할 수 있는 진리 자체를 이로부터 이끌어내는 것이다. 그것이 바로 시각의 선(visual ray)이다. 시선은 현상들을 보존하면서 과학적 개념을 정통화하고 보편화한다. 불가침의 직선성(inviolable rectilinearity), 신성한 직선에 둘러싸인 상태가 다빈치에 의해 보편화되었다고 할 수 있다. 보는 것은 활발하게 움직이는 신체(=전체)에서 나오는 활동이다. 이를 양쪽 눈의 협동 작업으로 수행하는 것이다. 따라서 우선 그리지 않으

면 보이지 않는다. 실제로 있는 그대로를 관찰해야 한다. 시각의 제3
체제에서 감각론은 인식론이 되었다고 해야 하지 않을까. 비분리는
관계와 도구를 매개로 분리로 바뀌고, 실재적 지역적 공간(the real
locative space)에서 물체가 떨어져 나와 어떤 보편적 장(field)에 놓
이게 된다. 감각은 장소에서 분리되어 신체 내부로 들어가 장치화되
는 것이다. 눈의 내막에 뒤집혀진 그림이 나타난다. 케플러의 등장
이다. 신체의 우주론적 회전이다. 케플러는 한편에는 광학적 현상을,
다른 한편에는 시선(=opsis)을 두었다. 이에 따라 광학의 굴절, 반
사와 시선에 의한 지각을 구분했다. 케플러는 자신의 고찰은 전자에
관한 것이라고 말하며, 후자는 의사에게 맡겼다. 망막을 캔버스로,
시각을 광선의 트래킹으로 비유한 케플러 이론은 이후의 과학적 패
러다임을 열었고, 정보 처리와 시스템 분석에 기초한 신경과학으로
발전해갔다. 이때부터 시각을 윤리적 행위로 간주하는 것은 황당한
이야기가 돼버렸다.

코와 분위기

「H_2O와 물」에서는 외부 환경의 냄새·썩은 냄새·분뇨, 쓰레기·오
염 등의 냄새에 대해, 그리고 신체의 세정에 대해 다루었다. 신체에
는 냄새가 있고, 그 냄새를 맡는다는 것은 무엇을 의미하는가. 일본
어에는 '이곳의 분위기를 맡아라', '사람을 냄새로 구별한다' 등의 표
현이 남아 있다. 냄새를 맡기 위해서는 가까운 거리가 필요하다. 이
는 신뢰와 무방비를 의미한다. '당신의 냄새를 맡을 수 있다'는 것은
좋아한다는 뜻이며, 기꺼이 견딜 수 있다는 뜻이다. 코와 마음이, 냄
새와 애정이 긴밀히 연관되어 있다고 일리치는 말한다. 그는 가까움
이란 코를 막음으로써 가능해질 거라고 생각하고 행동했는데, 냄새

나는 거리에서 친구로부터 "자신을 속여서는 안 된다. 타인의 냄새를 맡을 수 없다면 그 사람을 좋아할 수 없다."는 말을 듣고 그 다음부터는 코를 막는 일이 없어졌다고 한다.

인간적인 분위기와 냄새의 상실은 기후 변동이나 경제 위기보다 훨씬 더 불길한 것이다. 모든 가정에 수세식 화장실과 냉장고가 있다. 냄새는 막았지만 동시에 분위기(atmosphere) 역시 상실되었다는 점을 간과해서는 안 된다. 부서지기 쉽고 얻을 수 없는 것을 소중하게 생각하는 것, 그리고 서로에 대한 신뢰를 갖고 사귈 수 있는 사람들만이 분위기를 느낄 수 있는 것이다. 간이나 신장 속에 타인을 받아들이지 않으면, 사람은 자신을 뛰어넘을 수 없다고 한다. 평등한 사람들 사이에 싹트는 우정의 분위기가 평화다. 그것이 협동(conspiratio)이다. 일리치는 '아우라(aura)'라는 말을 자주 사용한다. '기(氣)'라는 뜻인데, 비물체적 실체이긴 하나 분위기를 만들어주는 것이다. 분위기의 재료(stuff)라고 해도 좋을 것이다. 눈으로 보거나 만지는 것보다 냄새나는 것이야말로 몸과 마음의 근원인 것이다.

정리

'본다'는 점에서 사상가의 사상적 위치를 살펴보면, 요시모토 다카아키나 푸코, 일리치에게는 각각 '보이는 세계'가 있었다. 그것은 그들이 전 고대적 세계를 역사적으로 보고 있고, 또한 현재에 대한 비판의 저편에서 무언가의 미래를 보고 있기 때문이다. 천황제가 무시된 세계, 공동의 환상이 비국가화된 세계, 감시와 규범화가 없는 세계, 그리고 젠더와 지니어스 로사이(Genius Loci, 장소의 혼)가 있는 컨비비얼한 세계 등이다. 이에 비해 부르디외나 알튀세르는 보고 있는 게 아니라 '현재를 이해하고' 있을 뿐이다. 라캉이나 레비스트로스도 이해하고 해석할 뿐이다. 심적 세계와 미개사회를 보고는 있으나 그뿐이고, 그것을 해독하는 데 머물고 있다. 그들에게는 역사가 없기 때문이다. 알튀세르의 계급투쟁 사관은 보고 있는 게 아니다. 교조적으로 설정한 것에 지나지 않는다. 표현을 달리 하자면, 사관 때문에 내용이 조잡해질 것을 우려해 부르디외나 알튀세르, 라캉, 레비스트로스는 이론으로 이를 회피했다고 할 수 있겠다. 요시모토나 푸코, 일리치는 천 수백 년에 대해 논하고 있기 때문에 이를 조잡하다고 생각할 수도 있다. 그러나 그들은 '보이는 것'이다. 거기에는 종교와 신화에서 보편화된 것들을 회피하는 논리가 작용하고 있다. 이것이 사상적으로 중요하다. 즉, 보이지 않게 하는 것들을 거부하는 사상이다. 사관이란 보는 것이다.

마틴 제이[16]와 같이 베르그송, 바타유, 사르트르, 메를로퐁티에서부터 라캉, 푸코, 바르트, 데리다, 이리가라이(Luce Irigaray) 등을 시각 중심주의라고 비판하는 것은 어떤 의미인가. '보는 것'의 중요성을 무시하는 사상은 존재할 수 없다. 보는 것의 의미와 질에 대해 숙고해야 한다. 다만, 일리치와 같이 레비나스를 인용해 "얼굴 속에서 나는 당신으로부터의 선물인 나 자신을 발견한다"고 하는 윤리에서는 무언가 허무함이 느껴진다. 현대 사람들이 사회 속에서 얼굴을 보지 않는 것은 분명하다. 물론 보면 좋겠지만, 그러나 그것이 해결책이 될 수는 없다.

후기 일리치에게서 이와 같은 탈선이 나타나는 것은 무엇 때문일까. 본인도 종종 언급하고 있지만, 채 소화시키지 못한 '장소'라는 개

---

16   Martin E. Jay(1944~). 지식역사학자. UC Berkeley 교수. 프랑크푸르트학파의 비판 이론, 사회 이론, 문화 비평 등 다양한 분야에 관심을 기울이고 있다.

넘이 사라졌기 때문이라는 게 필자의 생각이다. 그 결과, 타자의 얼굴을 보는 것을 자기 논리에 가두고 있다. 그것이 비자기(非自己)와의 상호작용을 구성하는 술어적 행위라는 것을 파악하지 못한 것이다. '얼굴을 보는' 술어적 장소가 존재한다. 우리들은 일리치의 생각보다 더 앞으로 나아가야 한다.

목소리와 소리의 장소: 종탑

1990년 〈탑 위의 확성기〉라는 강연이 있었다. '소리'의 역사에 관한 것이다.

일리치는 강연에서 마이크 사용을 거부한다. 마이크는 자신의 목소리와 청중 사이를 갈라놓아 진짜 목소리를 듣지 못하게 하고, 말하는 이가 중얼거리는 것을 억제하도록 만들기 때문이다. 그런데 여기에는 보다 깊은 의미가 있다. 말하는 것은 장소를 창조한다. 장소는 빠른 운송 수단과 표준화된 계획, 스크린, 확성기에 의해 만들어진 획일적 공간에 의해 흔적도 없이 사라지고 있다. 이러한 강력한 기술들이 목소리를 추방하고, 이야기를 보편적 공간에 적합한 코드화된 음파로 녹여낸다. 덕분에 화자는 어떤 물리적 공간에서도 목소리를 퍼트릴 수 있지만, '살아 있는 목소리(viva vox)'만이 화자와 청중이 만날 수 있는 장소의 그릇을 만들어낼 수 있다. 목소리가 들리기 전에 자신의 목소리가 디지털적으로 해체되고 기계적으로 조화되는 것을 일리치는 거부한다. '맨살의' 목소리를 공유하고 싶은 것이다.

일리치는, 교회의 종이 공간이 아닌 장소와 관계되는, 소리의 시대적 본성을 그려낸다. '소리에 의한 장소화(placement by sound)'가 있다는 것이다. 교회의 종은 중세의 산물이다. 종과 의상은 병렬 관계에 있다. 잘린 의복이 만들어진 것은 12세기 이후다. 테일러(tailor)라는 말은 1400년 이전의 유럽 언어에는 없었다. 신체에 맞게 옷감을 잘라 재봉하는 것은 중세의 사회적 프로젝트였다. 종도 마찬가지로 만들어졌다. 말의 힘에 의지한 기술은 사람들이 마을에 모이는 것을 가능하게 만들었고, 마을 시장이 상설화됨에 따라 도시가 형성되었으며, 교회는 교구를 만들어냈다. 결혼과 공동체 생활을 규제하는 법이 마련되었으며, 교회의 종소리가 들리는 범위 내에 커뮤니티가 형성되었다. 종은 지금 보이는 것처럼 금속 가공에 의해 만들어졌으며, 그 두께를 측정해 조정했다. 교회 종의 고유한 소리가 중세의 풍경을 만들어낸 것이다. 이 기술 장치의 금속음은 하느님의 세계를 만들어냈고, 각 교구마다 특유의 의상을 만들었다.

종소리는 옛날부터 각각의 문화에서 다양하게 사용되었다. 전투나 무용, 기도, 위급 상황 등등. 개나 말, 소, 양 등의 동물에 종을 달아 뱀파이어나 유령을 쫓아냈다. 야경(夜警)이나 귀걸이로 사용하기도 했고 광인에게 걸어놓기도 했다. 합리적인 것과 으스스한 것, 사용할 수 있는 것과 마력적인 것 등 항상 두 가지 면이 금속성 소리에 포함되어 있었다. 그러던 것이 언제부턴가 종소리를 소음 또는 잡음으로 여겨 교회에서 사라지게 되었다. 종은 비(非)미신적, 비(非)공중적인 것이 된 것이다. 종소리는 교회 내부에서 예배의 시작을 알리는 다른 소리로 바뀌었다.

천사의 소리에서 소음으로 바뀌는 가운데, 소리가 장소·시간·개인을 정화하는 존재로 부상하게 된 것은 상당히 나중의 일이다. 켈트족에 대한 교회의 침략이 있고 나서다. 종소리는 행동을 정리하고 조화시키는 역할을 뛰어넘어 성스러운 존재로 바뀐 것이다. 종을 성자의 뼈처럼 보물로 간직하는 일이 생겼다. 달콤한 소리는 파리에도 소개되었다. 종과 나무와 양초는 의식을 구성하는 요소가 되었다. 교회 종을 축복하는 일은, 이슬람에 의해 반도가 정복되기 몇 년 전 스페인에서 발생했다. 의례에서 세례용 물을 준비할 때 종 안팎을 기름으로 세례하게 된 것이다. 실제로 그리고 상징적으로도 종은 건물이나 탑의 꼭대기에 설치되었는데, 사람들이 올라갈 수 있고 볼 수 있는 높이에서의 심벌이었다.

종교적 소리를 내는 탑은 중세 말기에 만들어졌다. 11세기 종탑은 일반적 광경이 되었고, 12세기에는 교구 통합의 중심이었다. 종탑은 물론 이전부터 있었지만 종교적 소리는 아니었다. 이슬람의 경우 지붕 위에서 사람의 목소리로 기도를 올린다. 종탑은 금속 도구에 의한 서비스지 사람의 목소리는 아니다. 기계적으로 만들어진 소리가 교구민을 통합시켰다. 하느님의 부름이었던 것이다.

역사적 검증을 통해 일리치가 말하고자 한 것이 무엇인지는 분명치 않다. 소리가 장소를 만든다는 것, 거기에 들어 있는 상징 작용이 사람들의 생활을 규제한다는 것, 금속에서 나온 소리지만 종은 생활에서부터 분리되지 않는다는 것, 스피커에서 나오는 소리와는 전혀 다르다는 것 등에 대한 지적은 우리가 소리 풍경(sounds cape)의 의미를 되돌아보는 시사가 될 수 있지 않을까. 감각으로서의 소리와 목소리의 신체성이 완전히 다루어지지는 않았다.

[본장의 주요 논문]

1995/ Guarding the Eye in the Age of Show → 1993.01.19. 함부르크에서의 강연

1995/ Scopic past and the ethics of the gaze: a plea for the historical study of ocular perception

1990/ The Loudspeaker on the Tower(30.1.1990)
1993/ The Loss of world and flesh(1993/2002)

3부, 4부 소괄

물, ABC/텍스트, 이미지 등 3개 분야의 저작들은 후기 일리치의 역사론이다. 이미지에 관한 두 개의 저작은 한 권으로 정리할 수 있을 것이다. 일리치 사상에서는 먼저 교육, 교통, 의료라고 하는 산업 사회의 3대 패러다임이 제시되었다. 다음으로 도구론, 전문가 지배론, 젠더론이 나타났고, 이어서 소재, 텍스트, 이미지라는 3개의 분야가 다루어졌다. 필자는 크게 이와 같은 세 가지 차원이 일리치의 사상 체계라고 이해한다. 전문가 비판은 쉽게 이해할 수 있기 때문에 굳이 별도의 장으로 처리하지는 않았다.

이렇게 전체적으로 일리치를 살펴보면, 가려져 있던 문제 영역이 드러난다. 사회라는 차원의 영역, 도구와 주체의 영역, 그리고 기술 행위의 차원에 있는 영역이다. 각각 필요의 역사, 도구의 역사, 감각 행위의 역사에 해당한다. 넓은 의미에서 심신의 기술의 역사로 총괄할 수 있을 것이다. 그는 물질적 기초의 변화와 함께 심적 행위가 어떻게 변해왔는가를, 그리고 이와 관련한 윤리 문제를 제기하고 있는 것이다. 궁극적으로 보면 윤리학, 자율의 윤리학이다. 지금 우리들은 자신에게 무엇을 해야 하는가를 보여주고 있다. 후기에는 여기에서 다소 멀어진 것처럼 보이지만 보다 윤리적으로 바뀌고 있다. 물과 흙에 대해, 문자의 읽고 쓰기에 대해, 시선에 대해 어떻게 행동해야 하는지를 보여주고 있다. 분리된 기술에 대해 비분리의 관계와 행위는 어떠해야 하는지를 보여주고 있다.

일리치에 의하면 역사는 크게 네 개로 설정된다.

① 구술의 신화 세계

② 문자로 기록된 세계

③ 필요에 갇힌 산업, 서비스 세계

④ 컴퓨터 정신에 침식된 세계

그리고 이러한 설정에 의해 고대, 중세, 근대 및 현대의 역사가 재검토된다. 이는 새로운 역사관, 즉 마음과 신체의 정신사의 새로운 전개라고 해도 좋을 것이다. 여러 가지 역사 연구를 소재로 다루고 있지만, 일리치만의 고유한 것들이 제시되어 있다. 언뜻 따로따로 존재하는 것처럼 보이지만, 이와 같이 정리해보면 거기에는 일관된 사상이 드러난다. 비록 사관과 이론 체계는 없지만, 역사를 살펴보는 데 필요한 근본적 방법들이 제공되고 있다.

서구의 사회사와 문화사 연구자들은 현재의 감각 및 의식과, 대상으로 삼은 시대의 감각 및 의식 간의 차이에 유의해 방대한 고증을 하고 있는데, 일본사 연구서에서는 대부분 현대적 인식을 태연히 역사에 반영하는 사례들이 아직 많다. 푸코나 일리치를 그대로 본받으라고 하지는 않겠지만, 적어도 비판적으로 계승해가는 노력이 필요할 것이다.

5부

역사, 신화, 희망의 사상

위대한 사상은 '종교'라는 인류사적 과제에 반드시 직면하게 된다. 종교에 둘러싸인 민중의 존재와, 이를 이용해 권력을 탐하는 제도와 기관에 대한 비판이 반드시 이루어지게 된다. 그것은 본질적으로 '생명'과 '산다는 것'은 무엇인가라는 테마와, 신화를 구성하는 불가피성이란 무엇인가라는 과제와 씨름하는 것이다. 이 유적(類的) 과제를 피상적으로 다룰 수는 없다. 일리치는 본인이 기독교인이라는 신앙적 이유 때문에라도 이 과제에 정면으로 부딪혔다. 현대인들이 산업적 신화에 눈이 멀어 본래의 신앙을 잃어버린 것은 신체와 세계를 잃어버린 것에 다름 아니다. 이를 어떻게 되찾을 수 있는가가 일리치의 사상적 과제였다.

그런데 신화 세계는 체계적이다. 설령 현대의 신화 세계라 하더라도 필연적으로 민중의 생활 기반을 반영한 체계적 구조를 갖는다. 이 체계성에 대해 비판적 고찰을 하기 위해서는 또 다른 체계적 언술을 필요로 한다. 개별적 사고로는 대결할 수 없는 것이다. 때문에 푸코는 신화 체계를 비판의 대상으로 삼지 않고 어디까지나 담론적 실천에 한정했다. 기독교를 대상으로 삼을 때조차 자기 기술의 실천적 담론 세계에 한정했다. 이에 반해 일리치는 자신의 신학적·교회학적 지식을 이용해 신화 체계, 종교 체계와 대결하고자 했다. 그러나 안타깝게도 스스로의 담론은 개별적 수준에 머물고 말았다. 대단히 폭넓은 지식을 갖고 있었지만, 그의 담론은 이론적 체계를 갖지 못했고 사상적 체계성을 보여주지도 못했다. 물론 일리치의 박식함에서 엿볼 수 있는 인간과 문명에 대한 본질적 접근 방식은 그야말로 일리치만이 할 수 있는 고유한 것이다. '호스피탤리티와 고통'에서 'conspiratio'에 이르는 역사적 검증에서는, 역사와 신화의 근원을 잇는 예리한 통찰이 보인다. 이 점은 반드시 짚고 넘어갈 필요가 있다.

12장

신화, 문명, 역사를 둘러싼 사상의 지평: 일리치와 요시모토 다카아키와 푸코

일리치가 신화 속 인간으로 현대에 되살린 것은 어리석음을 상징하는 에피메테우스와 희망을 남긴 판도라, 복수의 여신 네메시스, 그리고 기억의 여신 므네모시네다. 로마 신화로 바뀌기 전의 그리스 신화를 전(前) 고대적 본질 그대로 등장시킨 것이다. 그리고 그는 예수로 초점을 옮겨 급진적 교회 비판으로써 '최선의 타락은 최악'이라는 명제를 제시한다. 종교와 신앙을 타락시킨 교회 제도에 대한 비판은 한층 깊어졌다. 이 지점에서 일리치 고유의 역사론이 형성되는데, 교회(=제도)에 대한 비판은 심적 신체론 고찰로 심화되어간다.

"새로운 기술 사회 단독으로는 사람들이 깊고 풍부한 애착(attach-ments)을 가질 수 있는 신화를 만들어낼 수 없다."

사회를 유지하기 위해서는 지적 감수성(epistemic sentimen-tality)이 달라붙을 수 있는 정당한 물신숭배(legitimate fetishes)를 창조하는 대행 기관이 필요하다고 일리치는 말한다. 그것이 바로 교육, 건강, 개발, 생명 등의 우상(=신물, 神物)들이다. 사람들에게 감정과 감상을 심어주는 서비스로 구체화된 것들이자 당연한 것으로 간주되는 허구적 실체들(fictitious substances)이다.

일리치는, 고대와 현대를 연결하는 중간에 존재하는 기독교와, 교회에서 만들어진 의례와 의식의 실천이 세속화되는 양상을 해명해 간다. 그는 "교회의 진정한 위협은, 질서와 평화를 유지하는 수단으로 복지·개발·정의를 촉진하고자 하는 권력"이라고 경고한다. 그는 특히 '생명'이라는 개념은 기독교의 가르침이 왜곡된 결과 나타난 것으로, 보통명사가 된 '하나의 생명(a life)'을 하느님이 주신 현실이라고 받아들이는 것은 제국주의와 봉건제 이데올로기, 민주주의와 진보주의, 그노시스주의[1]와 계몽주의보다 훨씬 더 기독교의 타락을 초래하는 것이라고 비판했다. 그는 "생명을 성스러운 것이라고 치켜세워서는 안 된다"면서 교황까지도 가차 없이 비판했다.

1. 신화와 종교와 자기

일리치는 근대 산업사회의 기원은 그리스 신화에서 로마 신화로의 전환에 있다고 생각했다. 그런 문명사적 척도를 갖고 있었다. 그는 『Deschooling Society』 중 「에피메테우스의 환생」이 가장 어려웠다고 말하곤 했다. 신화를 현실에 끌어들이는 것, 이를 통해 문명사라는 커다란 척도에서 현재를 자리매김하는 것, 즉 고대와 현재를

---

[1]   gnosticism. 그노시스(gnosis)란 지식을 의미하는 그리스어이지만, 1~2세기에 걸쳐서 로마를 비롯하여 그리스 문화의 영향을 받은 서아시아 일대, 즉 유대, 이란, 바빌로니아, 이집트 등지에서 이들 지방의 토착 종교와 그리스의 철학적 사고가 서로 만나는 과정에서 종교적 색채를 지니는 말이 되었다.

대응시키는 것, 나아가 신화 해석을 역전시키는 것과 같은 독특한 방법을 사용했기 때문일 것이다. 우리들 비서구인은 그저 에피메테우스는 '어리석다'고 생각하지만, 그것은 어디까지나 산업화의 척도에 서일 뿐, 그는 현명하며 그에게야말로 희망이 있다. 그 희망의 상징이 판도라다. 판도라는 해악을 끼치는 존재가 아니라 희망을 남기는 존재다. 판도라가 해악을 끼친다는 관념은 여성 혐오적인 로마가 만들어낸 것에 불과하다. 이런 배경 하에서 에피메테우스와 판도라가 결혼해 아이를 낳았다고 하는 이야기는 쉽게 이해할 수 있다. 현자 프로메테우스는 산업적 현명함을 상징할 뿐 본질적 현명함이 아니다. 우리에게 이 이야기는 전혀 어렵지 않다. 신앙에 링크되는 신화가 우리에게는 없기 때문이다. 우리와 다른 지역의 공동 환상으로 대상화하면 쉽게 이해할 수 있다.

학교화의 전형은 프로메테우스다. 그는 인간에게 불의 사용법을 비롯해 여러 가지 지식을 전해주었으나, 신과의 약속을 여겼기 때문에 쇠사슬에 묶여 매일 밤 독수리에게 살을 뜯기는 고통을 겪어야 했다. 그것이 지금의 산업사회. 그 은유가 프로메테우스인 것이다. 프로메테우스는 '미래'를 갖고 있지만, 에피메테우스는 미래 대신 '희망'을 갖는다. 현자 프로메테우스와 그 동생 어리석은 자(愚者) 에피메테우스라는 구도는 로마 신화가 만들어낸 것으로, 로마의 원로들은 이를 통해 '교육학 방법'을 만들어냈다. 이에 반해 그리스 신화에서 프로메테우스는 처벌받는 자로, 에피메테우스는 희망을 가진 자로 되어 있다.

정치적 지배의 정당화 차원에서 신화상의 요소들과 관계성의 반전은 반드시 일어난다. 필자는 이를 '고대의 구조화가 현대의 구조화의 근원이며, 미래로 나갈 가능성은 거꾸로 전 고대 그리스에 있다'

는 식으로 이해한다. 이러한 이해 방식은 요시모토 다카아키의 '사관의 확장'에서 배운 것이다. 필자가 요시모토와 일리치를 교차시키고자 하는 것은, 이 '사관'의 확장에서 신화와 현실의 담론적 실천 사이의 관계를 어떻게 해명할 것인가 하는 문제와 관련된다. 현대 산업사회의 문제점들을 어수선하게 늘어놓으려고 하는 것이 아니다. 이는 일리치의 저작을 읽으면 알 수 있는데, 필자가 만약 둘의 대화를 주선하고자 한다면 그 본질적 포인트는 이 점일 것이다.

커다란 사관

커다란 사관은 거칠지도 조잡하지도 않다. '지금'을 보기 위해서는 절대적으로 필요한 것이다. 전 고대의 신화를 현실적인 것으로 포섭하지 않으면 사상은 만들어지지 않는다. 신화란 종교 이전의 것이다. 이로부터 종교 비판의 본질적인 역사 문제가 드러난다. 게다가 지금 여기에 있는 '자신'이 이 사관 속에 자리매김 되어야 한다. '자신'에서부터 전 고대를 보는 것이다. 이것은 전문주의에 오염된 아카데미즘의 방법으로는 불가능하다. 필자는 소인배지만 일리치와 요시모토로부터 이를 배웠다. 니시다 기타로가 "종교 문제는 우리들 자신이 일하는 존재로서 어떠해야 하는지, 어떻게 일해야 하는지에 있는 것이 아니라, 우리들 자신은 어떠한 존재인지, 무엇인지에 있는 것이다."라고 말했듯이 사상과 이론 사이의 관계에서 자신을 묻는 것이 필요하다.

필자가 일리치와 요시모토라는 두 개의 커다란 사상 사이에 다리를 놓는 작업에 몰두하게 된 것은, 역사를 사상적으로 이해하는 방법을 알고 싶었기 때문이다. 다행히도 양자 모두를 가까운 거리에서 접할 수 있는 기회를 얻었다. 말로는 표현할 수 없는 분위기를 몸으로 느낄 수 있었다. 대면을 통해 얻어진 감각으로, 평범한 사람에게서는 느낄 수 없는 감각이다. 필자는 세계의 뛰어난 이론가들을 꽤 많이 만나봤지만, 일리치만큼 파워 넘치는 이는 드물다. 스케일이 다르다. 그런데 이상하게도, 요시모토는 마음속에서부터 존경하지만, 일리치를 존경할 마음은 들지 않는다. 이것은 인격의 질의 문제가 아니라 사상의 질로 이야기되어야 할 것이다.

일리치가 육체성을 뛰어넘는, 소외의 표출로써의 이론을 만들어내지 못한 것은 본질론이 없었기 때문이다. 푸코나 부르디외는 사상을 뛰어넘는 이론을 만들어냈다. 부르디외의 경우, 본질론 대신 보편과학에 대한 야망이 있었다. 때문에 인간성에 대해 비판받는 일은 있어도 이를 뛰어넘는 이론이 남은 것이다. 일리치에게는 그것이 없다. 사상만이 있다. 역사를 자의적이라고 할 만큼 대담하게 정리하는 사상성이다. 어떤 의미에서 일리치는 자신의 사상성 자체에 모든 것을 걸었다고 해야 할지도 모른다. 그는 큰 저작을 쓰지는 않았다. 굳이 꼽자면 『의료 네메시스』 정도인데, 이 책은 『Deschooling Society』 이상으로 역사에 남을 저작이다. 참고로 말해두자면, 푸코의 의료론은 일리치를 의식해서 쓴 것이다.

푸코와 일리치의 비교

일리치와 푸코를 비교하겠다고 하면, 일리치와 푸코는 다르다고 하는 사람들이 많다. 그런데 전혀 다른 것들이 왜 서로 대응하고 있을까. 즉, 중기와 후기의 푸코는 일리치에 대항해 자신의 저작을 집필했다고 볼 수 있으며, 후기의 일리치 역시 '시선'의 신체론을 의식적으로 주장하고 있다. 서로 반대되는 생각에서 그렇게 한 것이다. 일리치는 푸코를 의식한 듯 교회 제도 비판에서 기독교 비판으로 확장해갈 때 자신의 생각을 전면에 내세웠다. 아스케시스를 자기 기술로써 논하는 푸코와, 이를 순례에서의 단련적 자기 윤리로 논하는 일리치. 이들은 동일한 개념에 있어서도 사상적 질이 다르다. 이 기본 축에 존재하는 기독교 비판의 벡터가 푸코와 일리치는 거꾸로다. 물론 근대는 기독교적 세계가 왜곡되어 구성된 것으로, 그 근원인 '기독교의 본성을 그려내지 않는 한 근대 비판은 성립할 수 없다'는 점은 양자에게 공통된다. 일리치의 철저한 기독교 비판, 특히 가톨릭 비판과 신약성서 이해는 서구 이론가들의 무의식에 불가피한 자각을 촉구한다. 이에 가장 민감하게 반응한 것이 푸코였다고 할 수 있다.

이 둘의 만남을 주선한 것은 에스프리 편집장이었던 도메나흐[2]였다. 필립 아리에스는 자신의 저서에서 "도메나흐가 푸코에게 일리치를 만나보라고 해서 내가 만남 장소를 주선했으며, 이 둘을 남겨두고 도메나흐와 나는 자리를 빠져나왔다."고 기록하고 있다. 일리치 역시 푸코와 토론했던 것에 대해 조금 언급하고 있지만, 푸코와의 관계에 대해 물으면 얼버무리곤 했다. 이 둘의 결정적 차이는, 일리치가 독실한 신앙을 갖고 있었다는 점일 것이다. 그는 예수를 기독교 및 교회에서 떼어내 그 의미를 다루었다. 일리치에게는 이렇게 내면화된 것이 있었다. 그러나 푸코에게서는 이를 느낄 수 없다. 푸코가 무신론자인지 어떤지는 알 수 없지만, 적어도 사상적 표현에서는 신앙을 느낄 수 없다. 양자 모두 천 수백여 년의 역사를 논하고 있지만, 이 점이 전혀 다르다.

---

2   Jean-Marie Domenach(1922~1997). 프랑스의 작가이자 좌파 지식인, 가톨릭 사상가. 1957년부터 Esprit지의 편집인으로 활동했다.

아무튼 『Deschooling Society』가 없었다면, 푸코의 『감시와 처벌』은 없었을 것이다. 그리고 『성의 역사』 제1권과 『앎의 의지』가 없었다면, 일리치의 『Gender』는 없었을 것이고, 『Gender』가 없었다면 2권 이후의 『성의 역사』의 수정도 없었을 것이다. 그 사이 일리치의 의료 비판이 있었고, 푸코는 일리치와 대치되는 병원사에 관한 논문을 썼다. 모든 것을 제도 비판으로 환원하는 경향이 있는 일리치에 대해, 푸코는 "종교 비판의 근원은 제도론이 아니라 담론 기관과 체제(=régime)의 형성에 있으며, 이 점을 간과해서는 종교가 자기 기술화(自己技術化)되는 것을 해명할 수 없다."고 주장했다. 그는 역사 형성의 계보학적 비판을 전개한 것이다. 일리치보다 한 바퀴 더 돌았으니 한결 능숙하다고 할 수 있겠다. 한편, 일리치의 경우 '사회사' 연구로부터 받은 영향이 컸다. 사회사에서 배운 수법을 푸코에게서 빌려와 자기 나름대로 풀어낸 것이 『Gender』다. 일리치는 사회사 서술의 저변에서 젠더 왕국의 '버내큘러한 것'을 이끌어냈다.

　푸코에게는 '비(非)서구'가 없다. 금욕적으로 서구에 조준을 맞추고 있다. 섹슈얼리티에서 동양의 성애술을 다루고는 있지만 아주 기초적인 것으로, 본인 역시 이를 반성하고 있다. 아마 이런 자각 때문에 비서구에 대한 언급을 멈추지 않았나 추측된다. 이에 비해 일리치는 오히려 비서구에 가치 기준을 둔다. 서구의 기독교 역사가 놓친 기독교적인 것을, 라틴아메리카와 비서구의 현실에서 반사적으로 이끌어내고자 한다. 비록 에피소드적이긴 하나 어떤 비판의 기준이 설정되어 있는 것이다. 본인은 서구의 역사를 명확히 하겠다고 말하고 있지만, 라틴아메리카를 경험한 것, 그 밖의 나라들을 경험한 것을 통해 말하고 있기 때문에 내용은 저절로 확산되어간다. 이 때문에 '정교한 푸코와 조잡한 일리치'라는 대비를 피할 수 없게 된 것이다.

이 둘은 근대 비판의 축을 서구의 기반인 기독교 비판에 두는 커다란 사관을 버리지 않았다. 푸코는 태연히 수백 년의 시간을 뛰어넘어 천년의 척도로 서술했다. 일리치는 단편적이긴 하지만 역시 2천년 이상의 폭을 갖고 예시하고자 했다. 이것이 서구 지식인들, 특히 정통파 역사가들을 자극해 그들 둘은 역사학 아카데미즘의 사교 집단으로부터 배제되었다. 미셸 페로[3]는 푸코와 프랑스 역사가들 사이의 감정적 틈 때문에 매우 고생했다고 한다. 필자가 본인으로부터 직접 들은 얘기다. 푸코 역시 역사가들과 타협하지 않았다. 샤르티에[4]가 푸코를 역사학 속에 자리매김하고자 노력했고, 미셸 드 세르토[5]와 몇 명의 소수 역사 연구자들 역시 푸코를 높이 평가했지만, 본류에서는 여전히 배제당한 채였다. "나는 역사가가 아니다"라고 푸코는 단언한다. 이에 비해 일리치는 "나는 역사가"라고 몇 번이나 주장했다. 다만 자신은 12세기밖에 모른다면서, 사회사와 문화사의 명작들에 의거해 자신의 견해를 피력했다.

지식의 투쟁은 처절하다. 그리고 아카데미즘의 사교 집단의 결속은 단단하다. 이단인 그들은 '출판'이라는 방법을 택할 수밖에 없었다. 때문에 우리들에게는 이단이 정통인 것처럼 비춰진 것이다. 이점이 현대 사상에 대한 커다란 오해로 일본에 전해졌다. 정통파들은 정통에 대해 연구하지는 않고 이단을 식별해내고 배척한다. 그것

---

3   Michelle Perrot(1928~). 프랑스의 역사가. Paris Diderot University 명예교수.

4   Roger Chartier(1945~). 프랑스의 아날학파 역사가. École des Hautes Études, Collège de France, 펜실베이나 대학 등에서 교편을 잡았다.

5   Michel de Certeau(1925~1986). 프랑스의 예수회원이자 학자. 관심 분야는 역사, 심리분석, 철학, 사회과학 등에 걸쳐 있다.

이 정통을 정통으로 만드는 것이다. 불능의 집적체로서의 정통의 계보다. 푸코가 꼴레쥬 드 프랑스(Collge de France)의 교수가 되었다 해도, 그런 권위 따윈 전혀 신경 쓰고 있지 않고 정통파는 변함없이 강고하게 스스로를 지킨다. 그렇기 때문에 정통파는 정통일 수 있는 것이다. 그러나 그럼에도 불구하고 푸코는 일관되게 이단을 유지했다. 일리치는 실제로 교회의 정통파에 대립해 투쟁에 나섰다. 일찍이 젊은 나이에 대학의 부총장까지 지냈지만, 대학의 자리를 포기하고 자유로운 연구소를 만들었으며, 만년에는 객원교수로서 마음대로 강의하는 자유를 선택했다.

이와 같이 정통과 이단의 세력이 어떻게 얽혀 있는지, 그 본질에 대해서는 일찍이 요시모토가 해명한 바 있다. 마르크스주의자들이 전향을 놓고 갈등하고 있을 때 정통파는 태연히 간판을 내리지 않았다. 오히려 그것이야말로 전향이라고 하는 사상적 표현이었다. 종교가 종파가 되고 교단화되는 곳에서 일어나는 당파성의 본질이다. 식민지시대 라틴아메리카의 포교 활동에서 각 종파들은 각자의 방식으로 인디오의 교화에 나섰다. 당파 투쟁은 좌익 이전에 기독교 내에서 역사적으로 반복되어온 것이다. 그리고 싸우는 이들은 언제나 혼자였다. 공감하는 이들이 있더라도 여전히 혼자다. 그곳에는 '고독'을 두려워하지 않는 사상이 배회하고 있다.

신화란 외재적 공동 환상이고, 종교는 내재화된 공동 환상이다. 신화에 신앙은 없지만, 신앙이 되었을 때 그것은 종교가 된다. 학교 신화가 학교 종교가 되었을 때 학교 신앙은 흔들림 없는 것이 된다. 제도화는 신화를 무의식의 종교로 만든다. 의례화가 이를 일상화하고 불멸의 존재로 만든다. 일리치는 학교 신앙, 교육 신앙과 기독교 신앙은 동일한 지반에 서 있다고 지적했다. 그러나 그는 그리스도에 대한 신앙은 이와 다르다고 말한다. 일리치에게는 그리스도와 기독교가 분명히 구별되고 있다.

종교 비판의 질

종교 비판은 다양한 차원에서 나타나는데, 일리치는 세속화·제도화라는 차원에서, 요시모토는 환상의 공동성이라는 차원에서, 푸코는 자기 기술의 변천이라는 차원에서 이를 철저히 수행했다. 종교 비판은 사상을 규정한다. 그들에게 공통된 것은, 종교의 본질에서 역사적 조건을 비판적으로 고찰하고 검증하는 것이다. 요시모토는 천황제에서, 일리치는 산업 서비스 제도에서, 그리고 푸코는 감시의 규범화 체계에서 이런 작업을 진행하였다.

일리치는 성직자의 세계가 산업화의 기반을 만들었다고 생각한다. 교회에서 의례화된 관념과 기술이 세속화되어 여러 가지 제도에서 운영된다. 성직자 세계가 제도화되었다고 생각한 것이다. 예를 들면, 교사는 교황이 세 겹의 관(현세·영계·연옥)을 쓴 것 같은 권위를 갖고, 목사(pastor)·예언자(prophet)·사제(priest)의 삼위를 체현하고, 보호 감독자(custodian)·도덕가(moralist)·설교자(preacher)·치료자(therapist)로서 처신한다. 일리치는 교회의 다양한 의례와 의식이 현대적 제도 속에서 구체화된 것을 보여주는데, 교회학이 없었다면 보이지 않았을 세계라 할 수 있다. 그리고 그는 이에 포섭되지 않는 자율성을 보여준다.

한편, 요시모토는 '공동 환상'이라는 것이 금기에서 규범화로 바뀌는 구조적 환상의 소외를 드러낸다. 그는 관계의 절대성이 사물을 규정한다고 여긴 것이다. 요시모토는 공동 환상과 대립되는 다른 환상의 차이를 명시하고, 공동 환상에 의해 자기가 소외됨을 보여줌과 동시에, 이와 역립(逆立)하면서 대치하는 자립의 사상을 설정했다. 푸코는 고백의 자기 기술이 종교적 세계를 만들어가는 프로세스를 극명하게 그려냈다. 동일성을 향하는 그 벡터에 대해 자기가 자기로부터 계속 벗어나는 자기 기술의 자유로운 담론 실천을 보여준 것이다.

이들은 종교적 구성과 구조화에 대해 각자 자신의 고유한 위치를 보여주었다. 절대자에 대한 자기의 역대응 관계를, 요시모토는 '자립'으로써, 일리치는 '자율성(autonomy)'으로써, 푸코는 자기 기술로써 고찰한 것이다. 이들은 비판을 뛰어넘는 지평을 밝혔다. 이것이 사상이다. 부르디외의 사회 비판에는 그것이 없다. 부르디외는 이론가지만 사상가가 아닌 이유다. 부르디외는 베버로부터 종교 이론을 받아들였지만, 기독교 비판/종교 비판의 본질적 사고는 없다. 그저 종교 자본으로 만들어져가는 사회적 존재 방식을 분석하는 데 그쳤다. 그것은 사회의 실체화와 연관되는데, 자기만의 이론이 없다. 사회과학을 보편 과학으로 만들려고 하는 파스칼적 자성(自省)을 지닌 스콜라적(=학자적) 야심이 있을 뿐이다.

종교적 소외는 종교의 반사인 사회라는 현실을 소외시켜 나타낸다. 따라서 종교의 본질에 대한 고찰은 사회의 실체성 자체를 의심하는 질(質)을, 본인은 자각하지 못하더라도 술어적·내재적으로 안고 있다. 필자는 그들로부터 '사회의 실체화 자체'를 되묻는 법을 배웠다. 그리고 이로부터 소외감을 표출하는 자기를 찾고 있다. 일리치와 푸코, 요시모토는—그들은 말하지 않았더라도—사회를 실체화하지 않았기 때문에 급진적인 근대 비판을 설정할 수 있었다. 즉, 종교 비판은 근대 국가 비판의 기반에 놓여 있는 것이다. 이는 동시에 근대의 상품 시장 비판과 연계하여 사회 자체에 대한 비판적 시야를 갖게 한다. 일리치는 '산업적 생산 양식'에 대한 비판에서 이를 해결했다.

푸코는 국가의 사회화에 대해 '사회의 국가화'라는 영역을 설정했다. 한편, 요시모토는 '국가의 의지'에서 의지에 대한 논의를 '국가의 무화(無化)'로 의미 부여했다. 이에 비해 부르디외는 국가 관료의 국가 자본 조작을 비판하는 데 머물러 있어서 '국가의 무화'라는 사상을 보여줄 수 없었다. 이는 또한 사회주의 국가와 마르크스주의에 대한 비판으로서 그 질을 보여준다. 일리치는 "사회주의 국가는 산업화를 진행시켰을 뿐"이라고 지적했다. 푸코는 사회주의 국가가 마르크스주의를 국가 철학으로 삼은 것에 대해 비판했다. 한편, 요시모토는 "레닌의 유물론에서 이론적 사취(詐取)가 일어나, 이것이 필연적으로 사회주의 국가로서의 아시아적 전제국가를 만들어냈다."는 점을 해명했다. 이에 비해 부르디외는 알튀세르(파)를 비판했을 뿐, 사회주의 비판을 철저히 하지 못했고 마르크스주의로 되돌아갔다. 마르크스주의 비판 이론이 되지 못한 것이다. 오히려 마르크스주의에 대한 비약적 보완이라고 해야 할 것이다. 즉, 마르크스주의와 사회주의가 기독교적 세계에 국한된다는 점을 일리치와 푸코, 요시모토는 알고 있었다. 부르디외에게는 이것이 없다.

이는 저절로 전 고대에서 고대 세계의 형성을 재검토하는 사상적 작업으로 끌어들인다. 이는 문명 비판이 신화 비판과 연결되는 지점이자, 신화의 현재적 가능성을 여는 작업이다. 또한 그것은 기독교화되는 회로와 상이한 길을 제시하는 것이기도 하다. 이미 본 것처럼 일리치는 그리스 신화에서, 푸코는 그리스 철학의 '자기 배려'에서, 그리고 요시모토는 '아시아적이라는 것'과 전 고대에서 그 회로를 찾았다. 이 점이 종교 비판의 기반이자 원기(原基)다. 여기에서 우리는 레비스트로스의 신화론의 한계를 확인하게 된다. 구조주의는 신화의 구조를 해명하지만, 종교 비판이 되지는 못한다. 역사가 없기 때문이다. 레비스트로스의 신화론과 듀메질[6]의 신화론의 차이, 이 차이가 중요하다.

신화의 논리와 프라티크

신화론의 위치는 근친상간의 금지에 있다. 이 지점에서 일리치의 취약성이 드러난다. 논리와 이론의 취약성이자, 자각을 중시하는 그의 주장의 취약성이라고 해도 좋다. 신화 구성에는 '놀라운 각성'만으로는 해결되지 않는 차원이 존재한다. 일리치의 신화론은 산업사회의 신화와 무한 성장의 신화에 대한 비판인데, 이는 현실과 이념 사이의 갭을 메우는 것이자 다리 역할에 머물러 있다. 즉, 그의 신화론은 제도론 차원에서 나온 것이 아니라, 현재의 제도적 신화에 대한 비판인 것이다. 현대 산업 제도에 속아서는 안 되며, 자각과 각성을 가져야 한다는 주장이다. 이래서는 신화의 해체가 불가능하다. 필자는 이를 '제도의 프락시스(praxis)에 대한 비판에서 벗어나지 못하고 있다'고 해석한다. 그러나 신화는 프라티크(pratique), 즉 신화 프라티크다. 제도 역시 제도적 프락시스를 뛰어넘어 제도 프라티크로서 사람들에게 수용되고 있다. 일상적으로 자연스럽게 영위되고 있는 것이다. 만년의 일리치는 신앙 프라티크에서의 고찰을 통해 옛날 자신의 한계를 뛰어넘고자 했다. 이 점이 일리치를 이해하는 데 난점으로 작용한다.

레비스트로스의 신화론은 실천론(pratique)으로서의 수준을 갖고 있다. 그러나 부르디외가 이론적으로 비판했듯이 리비스트로스

---

[6] Georges Dumézil(1898~1986). 프랑스의 문헌학자. 인도유럽족 종교와 사회에 관한 연구로 유명하며 신화학의 주요 기여자 중 하나. 고대 사회 계급의 3기능 가설의 제안자이기도 하다.

의 신화론은 모든 것을 관계로 환원하는 이론 체계이기 때문에, 구조의 프라티크에 대해 논하고는 있지만 실제 행위(=pratique)에 대해서는 논하지 않고 있다. 레비스트로스는 사르트르와의 논쟁을 통해 실천(praxis) 비판의 한계를 느껴 개념의 형식에 규제받는 프락시스와 프라티크를 제시했지만(『야생의 사고』), 친족 구조나 금기의 관계 프락시스로 되돌아가버린 것이다. 그 결과, 개념 세계의 관계 구조에 대한 해석에 머물고 말았다. 이 차원을 인류학적으로 돌파한 것이 마셜 샬린스[7]이고, 머물고 만 것이 르네 지라르이다. 친구인 알프레드 로페스 아우스틴[8]은, 신화 프라티크를 받아들임으로써 신화와 역사의 구성을 해독하는 신화론을 메조아메리카 신화를 통해 해명함으로써 레비스트로스를 뛰어넘었다. 이것은 신화·종교·역사라는, 인간의 본질을 해명하는 데 열쇠가 되는 사상적 과제다.

구조주의 비판은 프라티크론의 제시에 달려 있다. 단순히 말하면, 관계 도식론(구조주의)과 관계 행위론 간의 차이다. 푸코는 당초부터 일관되게 프라티크를 견지했기 때문에 구조주의에 빠지지 않았다. 도식론의 전형은 라캉과 지라르이다. 지라르의 '욕망의 삼각형'이 그것이다. 일리치는 이 '욕망의 삼각형'에서 선망의 논리를 답습한다. 이 점이 일리치가 프라티크에 이르지 못하고 프락시스의 영역에 머문 하나의 근거가 되기도 한다. 자율 행위를 제시, 시사하면서도 프라티크론이 확고하지 못했기 때문에 그리된 것이다.

일리치에게 자율 행위는 비(非)신화 행위로 설정된다. 조직화(편

---

7   Marshall Sahlins(1930~). 미국의 인류학자. 태평양 지역에 대한 인류학적 조사로 유명하다.
8   Alfredo López Austin(1936~). 멕시코의 역사가. 아스테카 및 메조아메리카 지역 역사에 정통하다.

제)된 쪽에 신화가, 조직화되지 않은(비편제) 영역에 자율성이 놓인다. 이렇게 되면 신화 행위가 이루어지는 신화 프라티크는 전혀 고려하지 못하게 된다. 즉, 현대인들 역시 신화 프락시스는 하지 않더라도 '신화 프라티크를 하고 있다'는 점이 보이지 않게 되는 것이다. 종교 프락시스는 하지 않지만 신화 프라티크는 하고 있는 것이다. 학교에 가고 병원에 간다는 점에서 일종의 신화 프라티크가 이루어지고 있는데, 이를 제도적 종교 프락시스를 통해 비판해 봐야 깊이를 가질 수 없다. 일리치에게는 신화와 종교의 차이가 없어졌기 때문이라고도 할 수 있겠다. 일리치는 그러한 역사관을 갖고 있었던 것이다. 단, 종교적 이미지와 관련해 '감각과 신체가 어떻게 구성되었는지'에 대해 일리치는 프라티크한 감각의 의미를 이해하고 있었다.

한편, 푸코는 뒤메질의 신화론을 높게 평가했다. 뒤메질의 신화론은 신화 프라티크를 탐구하고 있다. 그리고 푸코는, 직접 다루지는 않았지만 라캉을 상당히 의식하고 있었다. 라캉과 푸코는 사상적·이론적으로 중요한 테마들을 우리들에게 던져주고 있다.

종교론은, 신화라는 대상 논리적으로 해독할 수 있는 것과 달리 자신을 뛰어넘는 것, 절대자의 자기 부정에 의해 나타나는 것이다. 니시다 기타로 식으로 말하면, 일대타(一對他)의 자기 모순적 동일성에서 생각해야 하는 것이다. 그것은 만들어진 존재가 만드는 존재로 작동하는 자기 모순의 형성과 관련된다. 자기에게서 자기 부정적으로, 자기를 초월하는 자기를 생각하는 사상이다. 종교는 망상이나 허구의 차원이 아니다. 훨씬 더 본질적인 것이다.

이상 일반론적 서술이었는데, 푸코와 일리치는 서로 영향을 주고받는 사이가 아니라 서로 관계를 갖는 사이이자 서로 비교하는 사이였다. 대치 또는 대결이 아니라 '무엇이 역사와 현재에서 중요한 과제인가'를 놓고 다투었다. 이 점에서 이 곤란한 과제에 대한 고찰이 시작되었는데, 그것은 본서의 한계를 뛰어넘는 과제다. 본서에서는 일단 '생명' 자체를 비판한 일리치를 단서로 어느 정도 진전시켜보기로 하자.

2. 가짜 신(神)이 된 '생명' 그리고 '책임'

생명에 관해서는 의료를 다룬 장(5장)과 환경을 다룬 장(9장)에서 이미 소개했는데, 잠깐 재확인해보자. 생명이라는 말이 현대적으로 얼마나 추악하게 사용되고 있는지, 일리치는 가톨릭 비판에서 지적한 바 있다. 교황이 임신한 태내의 아기에게도 예수의 가르침을 전하는 '생명이 있다'고 했을 때, 생명은 두려움과 책임을 져야 할 것, 조작할 수 있는 것, 관리해야 할 것으로 변용된다. 비윤리적 문맥에 윤리적 외관이 부여되고, 사람들의 조작을 정당화하는 구실로 사용되는 것이다. 일리치는 이에 대해 교황을 정면에서 비판했다. '생명'이 불쾌하고 염치없는 아메바의 단어가 되었다는 것이다. 어떤 모양이나 의미도 가질 수 있는 플라스틱 단어가 나타난 것이라고 했다. '생명'은 일체의 함의를 가지면서도 정확히는 아무것도 의미하지 않는다. 상식적으로 가리키는 대응물이 없는 단어라는 주장이다.

루터파 교회의 한 강연에서 일리치는 "생명과 함께 지옥으로!(To hell with life!)"라는 말로 강연을 시작했다고 한다. 강렬하고 공격적인 표현이다. '나는 생명'이라고 했던 하느님의 '살아 있다'는 의미는, 하나의 생명으로서 추상적으로 다뤄지는 것과는 전혀 다른 것이라고 일리치는 주장한다. 일본어에서 '생명을 건다'고 하면서 무언가를 진지하게 하는 것과, '나는 생명을 갖고 있다'는 말은 전혀 다른 뜻이다. 그런데 일리치의 '생명' 비판의 담론에서는 일찍이 학교와 의료를 비판했을 때와 별반 다르지 않은 상투성을 느낄 뿐이다. 아무리 역사적 문맥을 실증하려고 해도 비판의 방법이 동질적이라는 것은, 그것이 더 이상 역사가 아니라는 것을 의미한다. 일리치 특유의 역사 재단 방식으로 정착해버린 느낌이다. 즉, 자신만의 역사 이론이 없는 한 설득력을 가질 수 없는 차원으로 일리치 자신이 들어가버린 것이다.

물론 일리치 사상을 이해하는 데 중요한 발언과 생각들은 드러나 있다. 특히, '생명'을 논하는 것의 무의미함에 대해서는 명확히 지적하고 있다. 그는 케일리와의 인터뷰에 성의를 다했는데, 그 개략을 정리해보자. 생명이라는 단어는 아무것도 나타내지 않는다. 원래 뿌리 없는 풀 같은 말이다. 생명은 자연에서 태어나 하느님 안에서 생명이 되었지만, 이제 생명은 죽어버린 것, 물질을 의미한다. 중요한 것은 생명이라는 명사가 아니라 '살아 있다(alive)'는 동사이다. 하물며 미래의 생명에 대해 '책임'을 갖자고 하는 것은 이만저만한 전도(顚倒)가 아니다. 우리들은 개개인이 살아 있다. 때문에 생명을 위협하는 환경과 지구에 대해 '책임이 있다'는 말은 잘못된 것이다. 즉, 그는 에콜로지적 생각을 기각했다. 생명을 논하는 언어는 환경을 논하는 언어와 마찬가지로 시스템을 논하는 사이버네틱스 언어다. 거기에는 시간성이 지워져 있다. 이와 같은 언술에 담긴 의미는 분명하지만, 그는 왜 우리에게 실망감을 안겨주었을까? 고착된 언술이 설득력을 갖지 못하게 된 건 왜일까? 그것이 마지막 일리치의 문제다.

우선 첫째로, 생명이라는 영역과 교육/학교라는 영역은 다르다. 이를 공통의 토대 위에서 다룰 수 있는 것은 어디까지나 제도 구성의 차원이다. 이를 제도 비판의 차원에서 일원화해버린 것이 문제다. 물론 제도적으로는 일리치가 말한 대로지만, 생명이라는 문제 설정과 문제 구성의 장은 제도의 틀을 뛰어넘는다. 때문에 과학자들이 그렇게나 다양한 논의를—아무리 가이아의 부재를 논하더라도—산출해버린 것이다. 이것은 산업적 생산 양식의 내부에서 다뤄지는 생명과, 이를 뛰어넘는 곳에서 다뤄지는 '생명' 사이의 차이다. 푸코는 이 점을 자각하고 있었기 때문에 의료 비판에서 일리치와 다른 입장을 강조했다. 일리치의 젠더론과 푸코의 섹슈얼리티론이 근원적으로 다르다는 의미가 여기에 있다. 즉, 제도 프락시스와 담론 프라티크 사이에 결정적인 문제 설정의 어긋남이 발생했다는 의미다. 필자는 푸코와 일리치의 문제 의식의 계기가 동일하다는 점을 지적했는데, 문제의 해결 방식은 결정적으로 다르다는 점 또한 지적하고 싶다. 비판에 그치는 비판과 비판을 뚫고 나가는 비판의 차이다. 즉, 가능성의 여러 조건들을 논하는 계보학적 방법의 차이가 나타난 것이다.

일리치가 말하는 역사는 '전통과 관습의 제도 프락시스가 현대와 어떻게 다르게 해석되고 있는가'라고 하는 제도 수준의 문제다. 때문에 단어의 제도적 사용 방식, 이미지의 제도적 의미를 나타낼 뿐이다. 사람들의 프라티크한 생활은 어떤 것이었는지, 사람들이 사용하는 담론 체계의 프라티크가 어떤 것으로 조직화되어 있었는지에 대해서는 묻지 않는다. 역사적 현상이 프락시스에서 명시될 뿐이다. 현상적 명증성을 역사에 자리매김할 때, 그것은 자의적 해석으로 흐르기 쉽다. 사실의 하나이긴 하지만 역사는 아니다. 역사상의 여러 가지 '점'들을 발굴했을 뿐이다. 그것으로 현재의 구조화된 역사를 재단하는 것은 자각을 재촉하는 계기는 될 수 있지만, 역사를 뒤집을 수는 없다. 여기에서 일리치는 '무력감'을 느낄 수밖에 없었으며, 이 '무력감'이 현재에 대한 실증을 비추는 근거로 사용되었다.

프락시스에서 프라티크를 비판해봐야 의미도 힘도 없다. 사회주의, 마르크스주의, 페미니스트, 그리고 에콜로지를 비판할 때 사용했던 논리의 세계에서 스스로 나오지 못한 것이다. '벌거벗은 임금님'을 향해 '당신은 벌거벗었다'고 말할 뿐이다. 임금님의 나체라는 '새로운 옷'은 '일리치가 말하는 것이 진짜같이 들리지만' 벌거벗었다고 지적당한 쪽은 전보다 더 당당하게 가슴을 펴고 계속 앞으로 나갈 뿐이다. 일리치의 급진적 비판이 힘을 갖기 위해서는 역사 이론과 본질론이 모순 없이 사상적으로 표출되어야 한다. 그것 없는 비판은 고발에 불과하다. 사람들에게는 속고 있는 프라티크 쪽이 쾌적하고, 산업적으로 불행한 편이 행복하기 때문이다. 그것이 신화의 힘이다. 종교성은 사라지고 상품의 물상화가 현실의 물상화가 되어버린 것이다. 즉, 그에게는 종교와 물신성과 역사의 논리 구조가 선명하지 않다. 다만 만년의 일리치는 이 한계와 스스로 싸웠다. "최선의 타락은 최악이다"라는 표현으로 그가 하고자 했던 것은, 현대 세계 비판의 한계에 대해 '신앙'에서 그 돌파구를 찾고자 한 것이다. 이 점을 이해하기 위해서는 비판적 사고를 배제하고, 그 저변에 있는 깊은 곳에서 그가 말하고자 한 바를 확인하지 않으면 안 된다.

지금까지 가장 깊숙이 고찰의 대상에 놓인 것들을 아주 개략적으로 조망해보았다. 말할 필요도 없이 가장 치밀하게 다루어야 할 과제이지만, 사상과 이론의 위치 관계를 밝히기 위해 이렇게 했다. 필자 나름대로 각론에서 다루어왔다고 생각하지만, 한계에 대해서는 자각하고 있다. 종교라는 과제에 대해 '지금' 우리들은 어정쩡한 위치에 있다. 종교적인 것들의 대전환점 사이에 '지금'이 존재하기 때문이다. 우리들의 개인적 성장과 함께 산업사회라는 종교가 과학의 종교와 함께 만들어졌으며, 종교를 대신해 피안에 표출된 '사회'가 생활의 모든 영역을 덮고 있다. 이 역사 과정 자체가 종교적인 것의 대전환기에 대응하고 있지 않나 생각된다. '사회'는 신화와 종교의 차이를 없애고, 현실적으로 없는 것을 마치 있는 것처럼 만들고 있다. 우리들은 신화, 종교, 사회라고 하는 세 가지의 소외 체계에 직면하여 묵묵히 현실을 살고 있는 것이다. 이것은 국가보다 더 본질적이고 더 지배적이다.

종교적 신앙에 대해 현대인들은, 특히 일본인들은 실감이 없다. 그렇다고 해서 신사나 절에서 기도하는 것을 포기하지도 않았다. 내재화되지도 않았지만 서먹서먹하게 외재화되지도 않았다. 예수의 육체가 부활했다거나 석가모니의 육체가 부활했다는 등의 이야기를 신앙으로 믿지 못하는 한계. 일리치는 이에 대해 '강생'으로서 받아들이며 "가설적 하느님 따윈 집어치워라!"라고 말한다. 신자로서의 신앙과 가설적으로 하느님을 세우는 것은 전혀 다름을 일리치는 처음부터 일관되게 견지해왔다. 그리고 기독교 신자들 가운데 누구 하나 대화할 수 있는 사람이 없다고 탄식했다. 이 일관성과 탄식은 알겠으나, 일리치에게서 배운 사람들조차 도무지 동조할 수 없는 게 있다. 일리치 사상이 커다란 영향력을 갖고 있음과 동시에 바로 그 크기 때문에 결정적이라고 해야 할 결함도 있다. 그것은 무엇이며, 우리들은 그것을 어떻게 돌파할 것인가가 문제다.

3. 12세기로 가버린 일리치: 일리치의 역사

문화교류문헌자료센터의 폐쇄 후 일리치는 세계 각지를 순례하듯 돌아다녔다. 이미 유명해진 그는 여기저기에서 초청을 받아 회의와 강연, 세미나 등에 참가했다. 그리고 거점을 멕시코의 쿠에르나바카에서 독일의 브레멘으로 옮겼다. 일리치는 현대를 해명하기 위해 아스테카나 비유럽 언어로는 볼 수 없는 자신들의 뿌리인 서구 기독교의 역사 속으로 들어갔다. 과거의 역사를 현대의 외부로 설정하고, 12세기에서 현재를 되돌아보는 방법을 택한 것이다. 신화와 종교 사이에 걸쳐 있는 역사를 서구의 특정한 한 시점으로 가두어버렸다. 12세기와 현재의 이질적인 공간과 시간을 왕래하기 위해 그는 '독서'라는 방법을 이용해서 현대의 고정관념을 검증하는 '훈련에 기초한 의식의 변용 상태'를 만들어냈다. 그것은 역사학도 문학도 아니다.

일리치는 12세기 서적 속에서 대화하다가 현대로 되돌아오는 방법, 즉 과거의 사실에 확고하게 뿌리내린 역사적 방법에 의해 '백일몽'을 재현하고자 했다. 예를 들면, 성 빅토르 후고와의 시니컬한 대화다. 그는 사라진 공리(公理)를 연구함으로써 '자신들의 문화적 농도를 이해하자'고 한다. 현재와 거리를 두고 12세기의 눈으로 오늘의 세계를 보자는 것이다. 그런데 이것은 일종의 대상의 논리 세계에 들어가버리는 것으로, 종교적 체험을 대상화하는 사고가 아니다. 그는 "나는 1120년부터 1140년의 기간을 좋아한다. 이 중요한 시대에 개인적으로 특별한 감정을 갖고 있다."고 밝혔다. 12세기는 도구의 관념, 텍스트의 관념, 죄의 관념이 근저에서부터 바뀐 시대라고 일리치는 말한다. 역사상의 진정한 전환점이 그때였다고 주장하는 것이다.

일리치는 이 터닝 포인트가 현대의 기초적 핵심을 형성했다는 역사 감각을 갖고 있다. 현대 기술의 기반은 우연성에 있으며, 이 우연성을 하느님의 손에서 빼앗아 인간의 손으로 옮겨놓은 것이다. 또한 현대의 시민 사회적 의식과 관념은 중세의 내적인 법정(=광장)이 출현한 것에서 유래한다. 모국어라는 관념, 조국의 관념, 시민의 관념 등이 그것이다. 이것들은 '두려움'의 의미가 바뀐 '죄의 범죄화'라는 전환에 의해 나타나게 되었다고 일리치는 말한다(종장 참조). 이는 사회의 출현 기반에 종교의 제도화(=교회화)가 있었다는 말이다. 일리치의 견해는 그 제도를 뛰어넘고자 하는 매우 강한 역사 감각이라 할 수 있지만, 역사 이론은 아니다. 어디까지나 신앙에 기반을 둔 견해다. 푸코는 '자기 기술'이라는 개념을 통해 2천 년이라는 기간을 건너뛰면서 자기에 대해 집요하게 탐구했으나, 일리치는 '우리들 속에서 나였던 것'이 '나의 집합체로서의 우리'로 바뀌었다고, 즉 단수형과 복수형의 관계로 너무나 간략하게 처리한다. 이러한 역사성의 부족 때문에 독자들에게는 '그랬을지도 모른다'로 받아들여지기 십상이다. 만약 예수에 대한 신앙과 그 존재 증명이 Testament(=새로운 일리치의 성경)라면 그것으로 족할 수 있지만, 우리들이 가야 할 길은 그 길이 아니다.

일리치의 최대 약점은, 그의 역사 감각에서 나온 역사관이 자의적이며 이론화되지 않았다는 점이다. 그는 기존의 역사관과 역사 인식을 완전히 파괴하지 못한 채 대충 부정하고 있다. 이렇게 되면 자신이 말한 것처럼 역사를 배우는 것은 '백일몽'에 불과하고 놀이에 불과하게 된다. 그것으로 족하다고 한다면 어쩔 수 없지만, 역사를 현대에 대한 비판으로 삼고자 한다면 그것으로 끝나지 않는다. 한때 유행했던 토인비가 지금은 흔적도 없이 사라져버린 것은 왜인가. 이에 대한 비판적 성찰이 없다. '역사주의의 빈곤'과 대결하기 위한 새로운 대치도 없다. '역사를 만들어버리는 역사학'을 뛰어넘는 역사 이론에 대한 대결이 없는 것이다. 푸코와 요시모토에 비해 결정적으로 떨어지는 역사관이다. 이 점은 중요하다. 물론 그렇다고 해서 사회사 연구자들의 연구와 같이 철저히 안정을 유지하는 금욕이 보이는 것도 아니다. 『의료 네메시스』나 『젠더』에서 보여주었던 사회사의 사용 방식에서는 무언가 이론의 추출이 가능한 격투가 보였으나, 그 후 그것은 사라져버렸다. 그저 대비가 있을 뿐이다. 예를 들면, 자신이 다루고 있는 장 들뤼모[9]의 방대한 연구서 『Le Péché et la peur: La culpabilisation en Occident (XIIIe-XVIIIe siècles)』에 대해 단 몇 줄로 정리하는 식이다. 이러한 방식을 기준으로 놓고 보면, 그는 역사가라기보다 사상가다. 이론 없는 사상가의 언술이다.

바바라 두덴의 이름이 등장한 것도 『그림자 노동』 무렵이었다. 그녀와의 협업에는 어떤 역사관의 공유가 있었다. 그녀는 역사가로서, 과거와 거리를 둠과 동시에 현재와도 거리를 둔다. 그리고 과거 여성의 신체 감각과 현재의 신체 감각 사이의 너무도 큰 차이에 대해 고증과 고찰을 시도했다. 그런데 그 상대성으로부터 벗어나지 않은 채, 예를 들면 버틀러를 비판하는 식의 입장을 취한다. 역사가이면서도 현대 비판을 강렬하게 표출하는 야심적 방식이다. 전투적인 두덴은 "버틀러의 담론은 이론의 권력화를 위해 비신체화된 여성을 염두에 두고 있을 뿐"이라고 갈파한다. 신체 감성이야말로 역사 연구에 구체성을 가져다주는 조건이라면서 그녀는 신체성을 고집한다. 그런

---

[9] Jean Delumeau(1923~). 프랑스 역사학자. 특히 가톨릭 교회사에 정평이 있다. Collège de France 명예교수.

데 이때 신체가 존재의 장소에 한정되어 있다는 것을 두덴은 의심치 않는다. 버내큘러한 것이 신체성으로 고정되고 만 것이다. 그러자 장소론이 사라져버렸다. 일리치의 역사관 역시 이 점에 동조하고 만다. 역사가 신체가 되어버린 것이다. '역사화된 신체'를 대상으로 삼은 것이 그만 현실의 대상으로 바뀌어버렸다. 그녀 자신은 그러한 역사 인식이 들어 있다는 것에 대한 자각이 없다. 이에 반해 버틀러에게는 헤겔 및 푸코와 대결하는 이론이 어느 정도 있었다. 그녀가 대중적 인기를 얻은 데는 그만한 이유가 있는 것이다.

12세기의 12라는 숫자는 서구에서는 하나의 완결된 수, 충분한 수다. (따라서 13은 필요 없는 불길한 수다. 동화에서는 악마나 마녀가 등장하는 순서를 나타내는 수고, 13일의 금요일과같이 불길해진다.) 12시간, 12개월, 그리고 12명의 현인 등등. 지금 여기에 존재하지만 실재가 없는 수수께끼의 숫자와 시점이라고 할 수 있는데, 일리치는 이에 대해 이론화하지 않았기 때문에 그저 자의적인 취향 이야기에 불과하게 되었다. 만약 헤겔의 역사론을 대상화하고 부숴버릴 정도의 사상성을 드러낼 수 있었더라면 사태는 바뀌었을 것이다. 요컨대 일리치는 당초 가지고 있었던 버내큘러한 존재를 놓쳐버렸다. '아시아적인 것'의 본질적 단계를 잃어버리고, 처음부터 마치 없었던 것처럼 '장소'를 잃어버린 채 서구적 차원에서만 12세기를 다루고 있다. 이 점이 치명적이다. 『그림자 노동』과 『젠더』 때까지만 해도 그것들은 존재했었다. 요시모토는 이 점에 집착해 이를 통해 사상적 지반을 명확히 했으며, 푸코는 자각하고 있지는 않았지만 이 점에 대해 철저히 고집했다. 물론 부르디외에게는 처음부터 이 점이 없었다. 사상이 현재 살아 있는 힘을 가질 수 있느냐의 여부는 이 점을 놓치느냐 그렇지 않느냐에 달려 있다. 그 결과, 일리치는 '신앙'이라는 소외의 표출에 스스로를 맡기는 수밖에 없었고, 본인 역시 이를 토로했다. 제도 속의 장소가 전혀 없는, 고독한 혼자만의 신앙이다. 하지만 그 신앙은 기독교의 본성을 꿰뚫는 본질적인 신앙이기도 하다.

일리치의 hospitality론: 그리스도와 대화하는 위치

일리치는 처음이자 마지막으로 종교적 신앙의 위치에서 지금까지의 생각들을 데이비드 케일리에게 밝혔다. 그 속에는 반짝 빛나는 것이 있는데, 그것은 호스피탤리티에 대한 언급이다. 그 외에는 신학적 철학 또는 철학적 신학이라고 할 만한 이야기들로, 일리치론으로서는 또 다른 접근이 필요한 영역이다. 예를 들면, 칼 바르트[10]와 일리치의 비교 같은 신학상의 문제들이다. 이것은 종교론으로서 전혀 다르게 논해져야 하며, 필자의 이론적·사상적 작업과는 거리가 멀다. 어차피 기독교 신앙은 비서구인들에게는 알 수 없는, 이해를 뛰어넘은 수준에 존재하며, 이는 비기독교인은 절대 알 수 없는 '신앙'의 영역이다. 우리들은 사마리아인이며 이교도다. 호스피탤리티는 그곳에 존재한다.

호스피탤리티는 신화와 역사를 연결한다. 즉, 인류의 어떤 본질적 행위인 것이다. 신화 시대와 역사 시대가 갈라졌을 때 호스피탤리티는 다양한 제도론을 통해 열악한 것으로 변해갔다. 그것은 최선의 것이 최악이 되는 변천이다. 호스피탤리티가 서비스로 바뀌어버린 것에 대해 일리치는 비판했다. 세상은 결여성(=희소성)과 서비스 의존

---

10   Karl Barth(1886~1968). 스위스의 개혁 교회 목사이자 20세기의 대표적인 신학자. 예수를 도덕적 모범을 보인 인간으로 이해하던 자유주의 신학에 반대해, 그리스도인들이 헌신적으로 복종해야 하는 '하느님의 말씀이 인간으로 되신 예수 그리스도'를 강조하였다. 이러한 신학적 성격을 신(新)정통주의라 부른다.

을 욕구하는 경제 제도로 바뀌어버렸다. 거기에서는 선이 상실되고, 'ought(해야 할 것)'가 규칙과 규범에 대한 종속이 되어버렸다. 그는 경제와 제도에서 일어난 변화와 변용에 대해 지적한다. 나와 너의 관계를 행위가 아닌 시설과 제도의 확충으로 대응하게 되었고, 서비스를 제공하기 위한 권력과 돈의 사용으로 뒤집혀버렸다. 비인칭적인 수요의 창출이 일어나게 된 것이다. 호스피탤리티가 서비스와 혼동되는 것은 일본뿐만이 아니다. 세계적으로도 구별되지 않는다. 일리치의 현대 서비스 비판 덕분에 필자는 서비스와 호스피탤리티의 차이를 선명히 알 수 있게 되었다. 호스피탤리티는 서비스와 싸우지 않으면 살아남을 수 없다. 호스피탤리티가 살아남지 않으면 '선(善)'은 미(美)와 함께 사라져버린다. 선은 타락해 최악의 것이 되고, 그 대신 '가치'가 움직이게 될 것이다.

호스피탤리티를 이웃에 대한 사랑으로 정의하는 것은 서구적·기독교적 신앙 차원이다. 벤베니스트[11]가 밝혔듯이, 민속적으로 호스피탤리티란 '적'에 대한 대응 방식이다. 이를 이웃에 대한 사랑으로 바꾼 것은 기독교였다. 그 후 호스피탤리티는 버려지고, 이를 대신해 자기를 헌신적으로 바치는 서비스가 주류가 되었다. 호스피탤리티란 사랑이라는 심적 특징이 아니라 '기술'이라고 필자가 강조하는 이유는, 적어도 아시아적 의미에서는 그렇기 때문이다. 러일전쟁 당시 동해 해전에서 표류하게 된 러시아 병사들을 오키(隱岐)섬 주민들은 정중하게 보호했다. 이것이 아시아적 호스피탤리티의 예다. 사랑이 아니고, 서비스 봉사도 아니다. 상대방에 대한 마음의 기술이

---

[11] Émile Benveniste(1902~1976). 프랑스의 언어학자이자 기호학자. 소쉬르의 언어학에 대한 비판적 수정을 가했으며, 부르디외의 선생이기도 하다.

다. 이러한 구별이 없으면 일리치가 말하는 것은 개인의 '신앙' 문제에 불과해진다. 일리치에게는 그럴 수 있겠지만, 우리들에게는 그렇지 않다.

서구의 호스피탤리티론은 암묵리에 주체의 실천을 가정한다. 즉, '호스트/호스티스'의 행위라는 것이다. 여기에서 커다란 오해가 만들어진다. 호스피탤리티는 주체가 자기로, 텍스트화되기 이전의 술어적 세계에 존재하는 것이다. 일리치의 호스피탤리티론은 그런 위치에서 시작되어 호스피탤리티의 제도화를 해석한다. 그것은 아시아적인 것과 서구적인 것 사이의 분수령적 위치에 있다고 할 수 있다. 1987년 「호스피탤리티와 통증」이라는 논문이 나왔다. '케어(care)'라는 서비스의 출현이 '호스피탤리티라는 보편적인 인간적 실천(universal human practice of hospitality)'을 잃어버리게 만든 역사의 서술이다. 그 후 「conspiratio」에서도 다뤄지고 있다.

4. 호스피탤리티와 통증

「호스피탤리티와 통증」(1987) 역시 대단히 이해하기 힘들다. 가능한 한 요점을 정리해보도록 하자. 이 논문은 서구의 본질을 파헤친 대단히 중요한 논문으로, 논문에서는 세 가지 테마에 대해 논하고 있다. 첫째는 호스피탤리티의 역사이다. 둘째는 신체의 역사인데, pity(연민)/ mercy(자비)/ compassion(동정심)의 존재 방식을 '통증(pain)'을 통해 다루고 있다. 셋째는 병원화(hospitalization)의 탄생에서 일어난 변화다. '호스피탤리티'와 '통증'과 '병원화'를 다룬 것이다. 호스피탤리티는 '환대'도 '접대'도 아니다. 일본의 표준어에서는 사라져버린 말이지만, 문화로서는 잔존하고 있는 것이다. 서구에서의 호스피탤리티 변천에 대해 살펴보기로 하자.

호스피탤리티의 근원

Stranger(낯선 사람, 이방인)에 대한 대응이 호스피탤리티다. Stranger(=xenos)는 '거지'라는 카테고리에 속한다. 제우스는 그리스인들을 동등하게 다루었고 그런 바탕 위에서 평등화(leveling)했다. 이 '평등화하다(to level)'라는 말은 평평하게 한다는 단순한 뜻이 아니라, 대등하게 대하면서 일정한 수준에 둔다는 뜻이다. 손님(ghosti)의 기원이 되는 말이기도 하다. 즉, 손님(guest)/ 주인(host)/ 적(hostility)을 동등하게 다루고 레벨화한다. 거기에 성스러운 guestmaster(손님에 대한 주인)가 등장한다. Hos-pit의 pit이란 파워를 의미한다. 파워를 가진 사람이란 뜻이다. 집, 씨족(clan), 장소의 주인이다. 그것은 자기 자신이다. Host-pit-able하게 맞아들이는 '집(house)'으로서 개인화(personify)하는 것이지, 개인적 에고(individual ego)에서 기인한 것이 아니다.

거지와 같은 이방인은 밖에서 안으로 문지방(threshold)을 넘어 맞이한다. 이 문지방은 최초의 제단이다. 동굴에서 건물로 집이 바뀌었을 때, 안팎을 가르는 '벽'이 생겼다. 이 벽이 문지방이며 그 주위에서 세리모니가 열린 것이다. 그리고 충분히 인간적이라는 것은 길(the way)을 경험하는 것인데, 이 길은 통로(path)가 아니라 여기와 저기, 지금과 나중의 간격을 좁히기 위해 만들어진 도로(road)다. 길(the way)은 도로(road)이자 다리(bridge)이자 문(door)이다. 다리는 강을 연결한다. 다리를 만드는 사람은 성스러운 신관들이었다. 벽은 안쪽과 바깥쪽을 나누는데, 집주인은 문을 잡고 밖에 있는 손님에게 이를 열어준다. 벽은 그 자신에 의해 열리는 것이다. 주인(host)은 문지방에 선다. 문지방이 그 자신이며, 이것이 실은 사제의 원형(prototype)이다. 그리고 창문은 햇빛을 안으로 받아들인다. 창문을 통해 연인을 볼 수 있으며, 안으로부터 밖을 볼 수 있다. 문이 아닌 곳으로 들어가는 사람은 도둑이다. 그는 창문으로 내던져졌다.

　이것이 일리치가 말하는 호스피탤리티의 근원에 존재하는 것이다. 그는 물리적인 문지방에 서서 이를 주관하는 주인의 힘을 지적하고 있다. 그리고 행위로서는 대등하게 다루어 밖에서 안으로 맞아들이는 것이다. 안과 밖 사이의 문지방을 넘나드는 것을 '호스피탤리티가 행사되었다'고 표현한다. 『오딧세이』에서 돼지치기인 에우마이오스가 오디세우스에게 한 행위가 바로 호스피탤리티다. 여기 있는 이방인을 어떻게 생각하고 어떻게 처리할 것인가에 대해서는 시대와 문화의 차이가 존재한다. 그리고 문지방의 장소는 집에서 도시의 장벽으로 확대되어간다. 트로이 전쟁은 이를 상징한다. 호스피탤리티를 갖고 맞아들였지만, 이를 짓밟음으로써 페이산드로스는 살해되었다. 호스피탤리티가 모욕당하는 사태가 벌어지고, 그에 대한 성스러운 복수와 보복이 선언된 것이다. 즉, 게스트로서 받아들일 때 그것은 '적'일 수도 있는 것이다. 여기에서 호스피탤리티는 게스트로 확대된다. Xeno-philia라고 하는 '이방인에 대한 사랑'은 다른 그리스인들에게는 부여되었지만, 그리스인들이 모르는 말을 하는 자, 즉 barbaroi(=야만인)들에게는 부여되지 않았다. 일리치의 이 언술에서, 무의식의 영역에 존재하기 때문에 말을 하고는 있지만 생각하지 못한 것이 바로 '장소'라는 것을 독해해낼 수 있을 것이다. 호스피탤리티는 장소에서 이루어지는 것이다.

호스피탤리티의 제도화

도시국가가 융성해짐에 따라 guest-worthiness(손님의 가치)는 확대된다. 집의 문지방은 도시 사이의 문지방이 되었다. 여기에서 최초의 호스피탤리티의 제도화가 일어난다. Hosting, 즉 권위의 형식적 권한이다. 이에 따라 다른 도시에서 온 사신을 정중하게 맞아들이게 되었다. Pro-xenos라고 하는 '내빈응대관(來賓應待官)' 직책이 형식상 만들어진 것이다. 한편, 도시의 확대에 의해 이방인은 아니지만 시민도 아닌, 같이 사는 사람들(par-oikos)의 존재가 인식되었다. 새로운 이방인 집단은 공동체 내부에서 주체성을 갖는 인격과 신분을 획득하고, 2인칭 복수로 불리게 되었다. 3인칭은 객체로서 소원한 존재를 의미하게 되었다. 1인칭 복수도 앞에서 언급한 것처럼 새로운 차원에 놓이게 되었다. 공동체에 흔쾌히 받아들여진 제노스(xenos, 이방인)와 공동체 내 거주를 그저 허락받았을 뿐인 야만인들(barbaroi)은 대립되는 관계지만, 그것도 나중에는 애매해져버렸다. 3세기에 헤브라이어에서 그리스어로 성경이 번역된다. 그리스어에는 이방인을 가리키는 단어가 없었기 때문에 paroikos[12]를 여기에 썼다. 이로부터 유대인과 그리스인 사이의 문화 차이가 분명해진다. 그리스인들에게는 그곳에 살아야 하는 장소 제도가 있었다. 하늘과 땅의 융합 시 영혼이 주인의 집에 들러 통과하는 장소가 있었던 것이다. 그러나 유대인은 약속에 의해 이방인으로서 살아갈 것을 명령 받았다. 문지방에 둘러싸이지 않은 사회적 존재 방식이다.

이 점은 매우 이해하기 어렵다. 우선, 그리스 문화와 유대 문화의

---

[12]   paroikos. 그리스어로 현대 영어의 parish(교구, 지역), parochial(교구의, 지역주의의)의 어원이다.

차이가 있다. 그리고 아브라함의 아들로서 기독교와 이슬람교의 동질성과 차이가 존재한다. 이에 따라 아브라함의 위치가 전혀 달라진다. 사도 바울은 그를 신앙의 아버지라 부르지만, 코란에서 그는 그저 순례자다. 이슬람교도들은 자기 집을 버리고 알라의 무덤이나 집으로 여행을 떠나기 때문에, 제노스나 야만인의 구별 없이 구원을 원하는 사람은 누구라도 여행의 일원으로 삼았다. 그러나 기독교는 그리스도가 벽의 건너편에 있다고 생각해 식사에 초대하는 손님과 밖에 있는 이방인을 구별했다. 이때 호스피탤리티를 잃어버린 것이다. 기독교도도 주거를 갖고 있지 않았지만, 복음서는 호스피탤리티를 사마리아인들에게만 남기고 호스피탤리티를 대신해 '그 자신을 바치'도록 했다. 기독교는 inhospitable한 것이 되었다고 일리치는 말한다. 이로부터 새로운 커뮤니티가 새로운 이스라엘로 출현했고, 거기에 '형제동포(brotherhood)'라는 새로운 개념이 설정되었다.

하느님(= 아버지) 아래의 '형제동포(brotherhood)'에서
사제단의 빈민 숙소로

플라톤에게는 도시가 공통의 자궁이었고, 스토아학파에게는 지구/코스모스가 어머니였다. 그런데 기독교도들은 하느님을 아버지로 삼고, 그 아래의 모두는 '형제'라는 새로운 생각을 만들어냈다. 자비(mercy)의 개인적 행위를 통한 형제동포인 것이다. 형제를 의미하는 그리스어 adelphos나 라틴어 frater는 두 가지 행위를 통해 의미를 확대한다. 하나는 서로의 입술을 맞추는 것(osculum pacis) 또는 호흡을 맞추는 것(con-spi-ratorial)이고, 또 하나는 같은 빵을 나눠먹고 하나의 신체로 결합하는 것이다. 그것은 생물학적 혈연 관계나 감정적 유대 또는 남성 클럽이 아니다. 사회적 신분, 젠더, 출신도 아니다. 하느님의 말씀으로 강생하여 나타나, 사회에서 거부당한 사람들을 위해 이동식 움막을 지은 그리스도가 그 중심에 있다. 같은 희망 아래 잡다한 인간들이 모여 함께 여행을 떠날 뿐이다. 더 이상 제노스도 야만인도 없다. 그러나 하느님의 양자이자 서로 형제라는 신념을 갖는 '형제동포'는 콘스탄티누스 황제가 즉위하기 30년쯤 전 사라져버렸다. 그들은 성직자 단체라는 신자 커뮤니티의 성원으로 바뀐 것이다.

사제들은 '아버지(abda)'란 호칭에 만족하지 않고 '양육하는 자(educator)'라 자칭했다. Educare는 보모, 아이의 유모, 말을 못하는 이들을 돌보는 사람을 뜻한다. 수유는 양육을, 선생은 가르치고 지식을 준다는 것을 의미한다. 계층적으로 구조화된 사제들의 남성 클럽이 아이들을 돌보고 길렀는데, 그곳에 사제단 주도의 xenodocheia(숙박소)가 만들어졌다. 그것은 커뮤니티의 이름 하에 호스피탤리티를 제공하는 분리된 집이다. 신앙심 깊은 사람의 이름을 내걸고, 그들을 대신해 질서 있고 전문화된 실제 행위가 이루어졌다. 4세기의 교회는 호스피탤리티를 가정(household)에서 분리시켰다. 빈민 숙소(flophouse)가 만들어진 것이다.

고대 그리스 로마에 있었던 호스피스/호스피털은 빈민을 위한 보호 시설과는 전혀 달랐다. 사원들은 순례자들에게 며칠간 잠자기 위한(몸을 따뜻하게 하기 위한) 장소를 제공했고, 도시국가들은 사절들을 맞이하기 위한 호스피탤리티 형식을 정비했다. 그리고 숙박비가 조금밖에 없는 여행객들을 위한 술집이 있었다. 이들 서비스가 조합되어 313년경 갑자기 빈민 구제의 제도화된 관행이 출현해 반세기도 지나지 않아 제국 전체에 전파되었다. 율리아누스 황제(재위 361~363)는, 기독교도들이 이방인들에게 동정을 베풀었기 때문에 기독교가 널리 확산된 것이라고 생각했다. 때문에 모든 도시에 호스피스를 설치하면 그들이 자신들 쪽으로 넘어올 것이라는 기대를 갖고, 본래의 그리스 신들에게 복귀할 것을 장려했다. 그 후 200년도 지나지 않아 빈민 구제의 사회적 실천이 사회 변혁을 위한 상징적·조직적 도구가 되었다. 빈민들에게 법적 자격을 부여하고, 교회가 구원의 무거운 임무를 지게 되었다. 유스티니아누스 1세(재위 527~565) 때는 계급으로서의 빈민, 사회사업 대행자로서의 교회, 세속의 복지를 주관하는 황제권이라는 삼위일체가 기독교화된 광범위한 문화권으로 파급되었다.

빈민 또는 천민은 영세민, 거지, 여행자가 아니다. 교회는 법적 인격이 없는 이들을 정당한 수용자로 취급해, 호스피탤리티가 아니라 케어를 해주는 부성적 유모 이미지를 제도화했다. 손님이란 사회가 떠맡거나 수용해야 할 대상으로 간주된 사람들이다. 마음을 다친 사람들이다. 그러나 라틴어는 비정한 언어, 연민을 결여한 언어였기 때문에 다정함과 같은 단어가 없다. 연민은 아이들이나 노인들에게만 허락된 말로, 영혼의 질병이자 연약함을 의미했다. '개인적 자비'라는, 제도화된 행위에 대응하는 단어는 성경에 없다. 기독교도들은 바람직한 단어를 찾기 위해 빈민 지원의 표준적 형태에서 '베푸는 물건을 주다'라는 의미를 만들어냈다. 500년간 줄곧 빈민구제시설은 자비가 넘치는 주요한 보호 제도였다. 베네딕트수도회는 문을 두드린 손님을 그리스도로 맞이해 손님의 양손과 양발을 씻겨주었다. 그리고 주야를 불문하고 그 손님을 지켜보았다. 수도원은 약간의 이교도적 호스피탤리티 전통과 기독교적 동포애(fraternity)를 보존해왔다. 그러나 그것들은 어디까지나 수도원 성원들에만 해당될 뿐, 호스피탤리티란 이교도의 행위로 간주되었다.

고통의 공유/동정: 제2의 호스피탤리티의 제도화

12세기 호스피탤리티와 관련된 자선의 실천에서 커다란 변화가 일어났다. 십자가에 매달린 그리스도의 신체적 고통을 공유하고 싶다는 욕망이 환자에게로 방향을 틀어 최초의 병원이 만들어졌다. 병에 걸린 이들과 고통을 나누는 것이 기독교도의 소명이라고 생각한 것이다. 757년의 카롤링거 왕조의 법률은 나병 환자들을 배제·격리하고 국외 추방까지 시켰으나, 이제 그들은 고통을 공유해야 할 사람으로 재정의되었다. 형제 결사의 신도들은 가족·친구·고향과의 인연을 끊고, 고통의 공유에 기반한 새로운 자비심을 안고 봉사에 몸을 던졌다. 병은 하느님의 노여움의 증거이자 하느님 뜻의 각인이기 때문에, 병자들은 존경받아야 할 존재로 여겨졌다. 신체적 이상 속에 예수님이 특별한 방식으로 존재한다는 것이다. 배제의 증표였던 빨간 반점은, 하느님의 특별한 소명을 나타내는 눈에 보이는 증표가 되었다.

불쌍함(pity)에서 나온 자비(mercy)는 고통의 공유/동정(compassion)으로 성장한다. 고통을 함께 나누는 동정, 배려, 공통의 수고다. 동방에서는 자비의 제도화에 따라 '빈민'은 법적 신분으로서 하나의 계급이 되었지만, 서방에서는 환자가 사회 집단으로 만들어졌다. 고통의 공유 및 동정의 제도화, 고통의 공유 및 동정의 병원화다. 안토니우스 수도회는 내원자들을 평생 종교적 우애에 참가하는 수련자로서 받아들였다. 그리고 환자의 침대는 병동 중심에 있는 제단을 향하도록 배치되었다.

십자가와 그리스도 상(像), 그리고 고통

그리스도 상의 역사적 변화를 도상학적으로 살펴보는 일은 후술하기로 하자. 다만 새롭고 놀라운 점은, 그리스도가 십자가에 맨몸으로 매달리게 된 것이 비교적 가까운 시점이라는 사실이다. 옛날 상에서 그리스도는 옷을 걸치고 있었다. 왜 그리스도는 맨몸이 되었고, 왜 고뇌의 표정으로 십자가에 피를 흘리며 매달리게 되었을까. 처음에 그리스도는 의복을 걸치고 있었고, 죽어서도 포목으로 덮여 있었다. 십자가는 있었지만 거기에 그리스도는 없었다. 십자가에 맨몸으로 매달리게 된 것은 12세기 중반부터로, 이후 그리스도는 고통에 찬 신체의 중심적 아이콘이 되었다. 우리는 그리스도가 맨몸으로 매달린 십자가에서 우리들이 겪는 모든 짐(burdens) 가운데서 가장 강렬하고 특이한 악(evil)을 분리해, 고통의 공유와 동정을 금할 수 없는 '고통의 역사'를 볼 수 있다.

십자가에 매달리는 형벌은 노예에 대한 고문형의 하나였다. 그 때문인지 기독교도들은 600년간 그리스도를 굴욕, 고문, 능욕으로 표상하는 일은 하지 않았다. 콘스탄티누스 황제(재위 306~337) 시대가 되자 십자가는 기독교의 승리의 상징이 되었다. 그렇지만 그때 사용된 십자가는 황금으로 만들어지고 보석들이 박힌 것으로, 거기에 신체가 매달려 있지는 않았다. 십자가에 매달린 그림이 전면적으로 나타난 것은 5세기 전반 라불라(Rabbulla) 주교의 복음서 사본에 실린 삽화에서였다. 삽화 속 그리스도의 모습은 그림이라기보다 상징적(iconogram)에 가깝다. 두 명의 도적은 맨몸이지만 그리스도는 긴 망토를 걸치고 있고, 가슴의 상처는 그가 죽었다는 것을 나타내지만 열린 눈과 머리 뒤 후광은 하느님의 영광이 나타났음을 보여준다. 고문도 고통도 없다는 표시다.

최초의 천 년간 기독교는, 그리스도가 수난에서 견뎌낸 신체적 고통에 대해서는 관심을 기울이지 않았다. 그리스어에는 영혼의 상태에 대한 단어는 있지만, 근대 영어의 pain에 해당하는 단어는 없다. 또한 구약성서는 이스라엘의 오랜 재난과 비참함을 이야기하고 있지만, 고통에 처한 신체를 직접 나타내는 단어가 없다. 2세기의 기독교도들은 이 세상의 모든 '쾌락(pleasures)'과 '기쁨(joy)'를 구별해, 전자를 금했다. 그리스어에서는 쾌락과 lype(pain에 가깝다)가 대립되는데, 기독교도들은 가혹한 처형을 따르는 것에서 기쁨을 찾겠다고 주장했다. 아무튼 라틴어의 poena라는 말에 대응되는, 즉 신체에 부과된 고통, 악의적이고 폭력적인 의도의 결과로 경험하는 고통을 나타내는 말은 그리스어에도, 헤브라이어에도 없었다.

기독교는 죽음과 부활에서 주님과 결부된, 피하기 힘든 조건으로서의 극단적이고 폭력적인 침입을 받아들였다. 때문에 기독교도들은 남자나 여자나 자신의 생의 적절한 끝으로 처형을 원했다. 즉, 순교(martyrdom)다. 당시 기록들을 보면, '기독교도들의 고집에 질렸다', '침을 뱉을 무리다', '보여주길 좋아하는 천박한 인간들이다' 등의 표현들이 실려 있다. 337년 이후 은자(hermits), 수도사, 수녀 등 서로를 형제라 부르는 작은 교단에서 평화로운 시대의 순교에 대해 재정의했다. 고행에 의해 고통을 참고 견디는, 순교의 고통(passio)을 대신하는 '인고(paciencia)'라고 정의한 것이다. 십자가는 승리의 상징으로 남았다.

기독교도들이 왜 그리스도를 십자가에 두는 걸 탐탁지 않게 생각했는가에 대해서는 또 하나의 이유가 있다. 그들은 성스러운 것에 대한 묘사를 두려워했다. 육체에 일어난 궁극적 사건, 즉 예수의 죽음을 그림으로 표현하려고 하자 우상숭배에 대한 논쟁이 일어난 것이다. 또한 죽음과 부활이라는 무대에 나타난 그리스도의 신체에 대한 교의적 불확실함이 있었다. 이를 표현할 적절한 방법이 있는가에 대한 의구심이 생긴 것이다. 일리치는 이 해석을 위해서는 다른 근거를 가져와야 한다고 말했다. 이는 중세의 서구적 기독교문화에서 자기의 새로운 감각(＝의미)과, 고통의 새로운 감각(＝의미)이라는 병렬적 현상의 출현과 관련된 것이다. 그는 십자가 위의 남성(예수)의 고통에 대한 예술적 형상화(embodiment)에서 이를 볼 수 있다고 했다.

5세기 무렵부터는 십자가에 어린 양의 모습 혹은 그리스도의 흉상이 더해졌다. 비잔티움의 Trullanum회의(692년)에서는 어린 양이 아니라 인간의 모습을 한 그리스도를 두기로 결정했다. 그리스도의 전신상이 나타난 것이다. 같은 세기에 중앙 이탈리아에서는 십자가에 매달린 예수의 신체가 처음으로 나타나 라틴 교회에서 볼 수 있게 되었다. 그러나 예수는 아직 긴 수의에 싸인 채였다. 그로부터 1세기 후 수의를 걸친 그리스도의 그림은 거의 모든 교회에서 볼 수 있게 되었다. 9세기가 되면 이 수의는 사라지고, 허리를 둘러싼 옷감 한 장으로 줄어들어 신체가 거의 다 드러났다. 하지만 11세기까지 나체가 보이는 경우는 일반적이지 않았다. 노출된 육체는 살아 있는 하느님이 깃든 사체의 상징이 되었다.

12세기가 끝나기 전쯤 신체는 십자가보다 더 중요해진다. 십자가가 아닌 사람 모양을 한 형상이 상징 역할을 하게 된 것이다. 힐데가르트[13]의 삽화를 보면, 심장에서 뿜어 나오는 물과 피를 옆의 여성이 성배로 받고 있다. 그로부터 30년도 지나지 않아 구세주(救世主)의 iconogram은 잔혹한 고통을 겪는 사실적 묘사로 바뀌었다. 중세 후

---

13 Hildegard von Bingen(1098~1179). 독일의 수녀, 예술가, 작가, 카운슬러, 언어학자, 자연학자, 과학자, 철학자, 의사, 약초학자, 시인, 예언자. 성 힐데가르트로도 알려져 있다. 로마 가톨릭 교회의 성인이기도 하다.

기에는 그림으로 표현할 수 있는, 최대의 견디기 힘든 고통을 묘사한 그림들이 제단 위에 걸리게 되었다. 신체에 대한 지각의 역사와 신체적 고통의 역사는 여기에서 또 다시 분수령을 넘는다. 그뤼네발트[14]의 작품(1515년)에서는, 예수의 손발은 괴사한 것처럼 짙은 회색으로 변색되어 있다. 마치 죽음 직전의 병자와 같다. 그 병자에게서 그림 전체를 덮는 정묘한 빛이 나와 "고통을 통한 구제의 기적을 증언하고 있는 것 같다"고 일리치는 말한다.

이와 같이 12세기에 일어난 십자가에 걸린 존재의 변용은, 영웅적 자비(heroic mercy)에서 나온 동정심(compassion)의 탄생을 의미한다. 그리고 그것은 그리스도의 고통을 나눈다는 것을 의미한다. 십자가의 길은 엄숙한 헌신(solemn devotion)이 되었다. 13세기 베네딕트 수도회의 수녀들은 그리스도와 함께 고통 받는 신체 체험을 이야기하고 있는데, 그 길 위에서 성체를 받아들이는 체험을 경험하는 것이다.

고통의 공유와 자기와 고문

그리스도와의 고통의 공유는 강하고 깊게 강생된 신앙이기 때문에 고통의 개별적 구상화(=신체화)를 유도한다. 서구적 자기의 출현, 즉 개인적 개체성(personal individuality)이 이 자기의 구상화(=신체화)를 경험하도록 만든 것이다. 병든 이웃에 대한 신체적 자비(bodily mercy)의 수행에서 일어난 '신체화하는 동정(embodying compassion)'에 의해, 신체에 특화된 수고(body-specific passion)

---

[14] Matthias Grünewald(1470~1528). 독일의 화가. 르네상스 시대의 화가이긴 하나 종교화에 관심을 기울였으며, 중세 중부 유럽의 전통을 유지했다.

와 고문(torture)의 감각이 인간적 비참함과 부담감의 전체성에서 떨어져 나갔다. 경험이 새로운 방식으로 신체화된 것이다. 우리들로부터 나를 떼어내 새로운 종류의 피부를 가진 최초의 근대 유럽인이 태어난 것이라고 할 수 있다. 고통의 공유와 동정을 통해, 의료적 조치로는 도달할 수 없는 '타자의 신체적 고통'이 서구문화의 중심 테마가 되었다. 하느님 말씀의 강생에 대한 신앙이 자비의 신체 활동을 두드러진 기독교적 행동으로 발견한 것이다. 고통의 공유와 동정을 통한 '고통'의 독립은, 고통을 가하는 기술로 '고문'이라는 어두운 목적을 만들어내기도 했다.

자기(self)라고 하는 서구문화에 독특한 신체화의 출현이 "고통의 공유와 동정으로서의 사랑과, 고문이라는 전율을 함께 만들어냈다."고 일리치는 지적한다. '자비 속에 존재하는 하느님은 우리들과 함께 고통 받기를 원하신다'고 하는 신앙이 자비의 병원화와 전문가의 케어를 낳았고, 고통을 관리하고자 하는 시도들을 만들어내기도 했다. 그리스나 로마에서도 재판관이 명령하는 고문은 있었다. 그러나 그것은 노예, 야만인, 법적 인격을 갖지 못한 사람들에 대한 것이었다. 거주지가 없기 때문에 추방할 수 없고, 지위가 없기 때문에 박탈할 수 없었기에 살점을 찢는 수밖에 없었다. 이러한 고문은 19세기가 되어 비로소 나폴리와 교황령 법규에서 삭제되었다. 재판의 고문은 군주의 뜻을 새겨넣거나 보여주기식 방법으로, 그 사람의 인생을 말살했다.

그러나 이단 심문의 고문은, 재판의 고문 또는 도둑의 자백을 강요하는 심문 보조 수단으로서의 고문과는 달랐다. 그것은 희생자의 자기 세계를 파괴하고, 고백 속에서 그 파괴를 객관화하는, 서구적 자기 신체화를 전제로 한 것이다. 자기의 세계와 함께 자기를 파괴하기 위해 고통을 이용하는 것이다. 고통 속에서 이를 감수하고 견딜 수 있는 것은, 나에게 도래한 이 악이 나와 함께하지 않는다는 조건에서다. 그러나 고문은, 그를 자기 밖으로 데려가는 고통의 형태를 통해, 더이상 자기 자신이 아니게 만든다. 그는 고통을 받는 것이 아니다. 고통 속에 휩쓸려 더 이상 자신과 함께 살 수 없게 되는 것이다. 고문이 목적으로 삼는 고백은, 새로운 현실에 자기가 따른다는 사실을 인정하게 만드는 행위다. 일리치는 말한다. "서구라는 기원과 문화는 '영광의 수행'과 '공포의 깊이'라는 양쪽 모두를 주의 깊게 보지 않으면 이해할 수 없다."고.

호스피탤리티란 종교적/비종교적 식별을 뛰어넘는 차원에서 실천하는 마음의 기술이다. 상처받은 사람에게 손길을 뻗치는 사마리아인의 행위다. 공동 환상이나 신앙을 뛰어넘어 사람과 사람이 직접적으로 행위를 주고받는 정(情)과 감각의 신체적·심적 기술이다. 호스티스 혹은 주인과, 손님 혹은 노예 사이의 관계가 아니다. 사람과 사람의 비자기의 술어 관계에서 이루어지는, 쌍을 이루는 기술이다. 이 점을 놓치면 호스피탤리티는 그저 피상적인 이방인 환대와 이에 필요한 물리적 구성을 의미할 뿐이다.

일리치는 불쌍히 여기는 것, 자비, 동정(＝고통)의 공유 등 타자에 대한 배려가 개인적 행위로서 자기를 상대방에게 주는 봉사(＝서비스)로 바뀌는, 비(非)호스피탤리티화의 역사를 그려낸다. 그것은 고통이 의료화되는 근원이자 자기가 구체화되어가는 과정이다. 즉, 주어화됨에 따라 호스피탤리티가 심신으로부터 상실되어가는 과정이다. 신화적 세계에서 호스피탤리티는 본질적으로 그려진다. 그것은 지금도 우리들 신체에 각인되어 있는 기술이다. 그러나 문자적 정신은 호스피탤리티를 서비스 행위로 바꾸었고, 산업사회는 제도적 서비스로 완전히 뒤집어놓았다.

 필자는 상당히 비속적으로, 멕시코의 일리치의 동료들에게는 백인 우월주의가 있었고, 멕시코인들에 대한 차별 의식이 있었다고 지적한 바 있다. 그것은 그리스도 이전부터 존재했던 민속적 문화의 존재에 대해 서구주의가 무시하고 있다는 의미다. 불쌍하게 여김, 자비심, 동정심을 갖고 자신보다 뒤떨어진 이들에게 개인적 행동으로 자선 행위를 한다는 신체화된 심정적 행위다. 서구적 발전과 진보가 더 좋은 것이라는 신념이 강고하게 존재한다. 특히 그리스도가 기점이 되었을 때는, 버내큘러한 것이 아닌 서구적 기준이 개입한다. 멕시코에는 그리스도가 아닌 과달루페(Guadalupe) 성모 신앙이 존재한다. 아스테카적 고대성에 기독교를 접목한 성모 신앙으로서 민중화된 것이다. 이에 대해 백인들은 마음속으로 모욕하고 있었다. 아시아인인 필자는 그것을 느낄 수 있었다. 이 느낌은 본질적인 것이다.
 다소 단순하게 분류하자면, 자타 구별 없이 열려 있는 흑인들의 아프리카적 호스피탤리티, 소박하고 순박한 타자성을 세워주는 황색 인종의 아시아적 호스피탤리티, 합리적이고 차갑고 세련된 백인들의 서구적 호스피탤리티가 있는데, 역사와 문명에 싸인 '문화적 역사 단계의 차이'가 뿌리 깊게 존재하는 것은 사실이다. 개인적 표출에서도 방식은 전혀 다르다. 일리치도 소개하고 있지만, 북경에서 로마까지 걸어서 성지 순례를 떠난 사람이 있었다. 중국에서는 성지를 향해 가는 순례자라는 이유만으로 음식을 얻을 수 있었고, 잠자리를 제공받을 수 있었다. 그런데 그리스정교의 영역에 들어서자 교구가 운영하는 집에서 침대를 제공받거나 목사의 집에 가도록 안내 받았다. 한편, 가톨릭 국가에서는 싼 호텔에 묵을 수 있는 돈을 주었다. 이렇듯 곤란에 처한 사람을 대하는 방식에서 손님에게 후의를 베푸는 마음은 서쪽으로 갈수록 작아지고, 제도나 시설 등으로 바뀌었다는 에피소드다. 역사의 문명적 단계를 밟아가는 에피소드이기도 하다.

그리스도의 선이 교회 때문에 최악이 되었다는 뜻이 아니다. 그리스도라는 최선이 최악이 되는 장소에 버내큘러한 존재로 대응하고 있다는 것은, 신앙의 문제가 아니라 역사관의 확장과 관련된 문제다. 애당초 최선이 악화되었다고 하는 것은 너무나 서구적인 사고다. 최선을 세우는 것 자체가 이미 종교적 본질에서 멀어진 것이다. 발리에서는 신과 악마가 공존한다. 최선이라는 일의성(一意性)은 존재하지 않는다. 에피메테우스의 존재는 그리스도보다 훨씬 전에 있었다. 이 점은 사상 간의 대립의 문제로, 인류사가 해결하기에는 너무나 무겁다. 지금은 '강생'끼리 전쟁을 하고 있고, 아브라함을 사이에 두고 테러가 일어나고 있으며, 유교 중국은 티벳 불교를 받아들이지 않는다. 종교가 화합이 아닌 전쟁을 하고 있다. 그중 그리스도교만큼 전쟁을 많이 한 종교도 없다. 근대 국가의 어리석음 때문에 그런 것이 아니다. 작은 '나'가 그저 나를 향해 '전쟁에는 일절 가담하지 않겠다'고 자기 기술화하는 수밖에 없다.

신화와 역사를 나누어서 후자만 과학적으로 고증할 수 있다고 여기는 역사학적 시각은, 사건을 객관화하지만 사건의 역사성을 놓치게 된다. 그것은 숨겨진 현재 감각을 과거에 투영할 뿐인 주어적·주관적 횡포에 다름 아니다. 신화와 역사의 연속을 재구성하는 것은 호스피탤리티의 부정적 국면을 '적'으로 확장하는 일이다. 그것은 안으로는 고문 기술에 의한 자기의 파괴를 꾀하고, 밖으로는 침략적 파괴를 꾀하게 된다. 이는 서구나 아시아나 똑같다. 하지만 적을 손님으로서 받아들여 평안을 추구할 수도 있다. 그것은 장소 간의 공존으로서, 서구에도 아시아에도 있었던 일이다. 전자는 국가 레벨에서의 지배를 위한 것이고, 후자는 '사는 사람'의 평안을 위한 것이다. 적과 친구는 대등하다고 하는, 호스피탤리티의 근본 원리를 주어화하느냐 아니면 술어적으로 살리느냐의 갈림길이다. '지배, 통치하는 환경의 형성인가' 아니면 '사는(住, 生) 환경의 형성인가'의 차이이기도 한다. 이때 고통을 '강요'하는지 아니면 '공유'하는지의 차이가 기저에 존재한다는 것이 일리치의 시사일 것이다. 단, 일리치를 포함해 서구의 논자들은 자기에 대한 성찰은 있으나 비(非)자기의 아시아적 존재에 대한 고찰은—술어의 세계와 함께—전혀 없다. 우리는 그 한계를 뛰어넘지 않으면 안 된다.

　　호스피탤리티란 호스트/호스티스의 주어 행위가 아니다. 필자가 '비자기와 비자기의 술어적 장소에 존재하는 상호 행위의 자기 기술'이라고 정의하는 이유다. 서구 논자들은 이에 대해 이야기를 하긴 해도 깊이 생각하지는 않고 있다.

[본장의 주요 논문]

1987/ Hospitality and pain(23. 11. 1987, Chicago)

종장
그리스도와 함께 있는 일리치: 마지막 말

살아 있는 자신, 이를 회복하는 것이 일리치 사상의 기반이다. 만년의 일리치 사상은 난해하다. 기독교 세계에 완전히 회귀한 느낌도 있다. 지금까지 정면에서 다루지 않던 것들을 다루고 있기 때문에 비서구문화·비기독교문화에 있는 사람들에게는 다가가기 힘든, 이해하기 어려운 부분들이 존재한다. 교회에 매일 나가는 서구인들에게도 비교회의 신앙에서 나오는 난해한 부분들이 분명 감각적으로 존재할 것이다. 솔직히 일리치의 방대한 신학적 소양은 필자가 도저히 다룰 수 없는 차원에 있다. 『The Rivers North of the Future: The Testament of Ivan Illich as told to David Cayley』(2005)에서 그는 무엇을 말하려고 했을까. 그는 "나의 인생에서 딱 한 번 선택된 진실에 가득 찬 언명"이라면서 이야기를 하는 동안 끊임없이 빛나던 "촛불 뒤의 the one에 대한 감사와 충성"에 대해 이야기했다. "그가 보여준 선(善)을 배신하지 않기를"이라며 기도하듯 마무리했다. 'the one' 그리고 3인칭의 '그'란 다름 아닌 그리스도다. 아니 더 확실하게 하자. 일리치는, 그리스도를 강생하고 있다고 믿을 때는 자기 스스로 예수가 된 것이다. 토마스 아퀴나스를 스승으로 삼는 일리치 는 '믿음을 가지고 앎을 바라고, 앎을 가지고 믿음을 바라는 것'을 실 천했다. 그는 "강생의 신앙이 융성해지는 것은 다름 아닌 현대"라고 말한다.

"강생(the Incarnation)이야말로 놀라움을 가능케 하고, 전혀 새로 운 사랑과 지식을 개화시킬 수 있다고 나는 믿는다. 기독교도들에게 성서의 하느님은 이제 육신에서 사랑받을 수 있게 되었다."

이것을 우리들 일본인들은 어떻게 이해할 수 있을까. 필자는 '절대 자가 자기에게 다가온다'는 일리치의 신앙 표현이 당혹스럽다. 이론 적으로는 이해할 수 있어도 내재적으로는 이해할 수 없는 영역이다. 덧붙여 그는 "그를 보는 사람은 누구라도 아버지(the Father)를 보 고, 다른 사람을 사랑하는 사람은 누구라도 타자의 인격 속에서 그를 사랑하는 것이다."라는 요한의 말을 소개하고 있다. '그'란 그리스도 다. 공동적인 것, 쌍을 이루는 것, 그리고 자기가 서로 뒤섞여 있는 것 처럼 보인다.

일리치는 1960년대에 '진보를 위한 동맹'과 공범 관계를 맺은 바 티칸을 비롯한 가톨릭 교회 체제에 반기를 들고, 라틴아메리카로 건 너가려고 하던 선교사들을 거의 대부분 북미로 되돌려버렸다. 이 때 문에 시대 착오적인 이단 심문을 받았던 것이다. 「가라, 어디든」이라 는 짧은 에세이를 문화교류문헌자료센터의 자료에서 읽었을 때, 필 자는 일리치가 자신을 그리스도와 겹쳐 생각하고 있다는 느낌을 받 았다. '나야말로 그리스도다'라는 게 아니다. 일리치가 말하는 그리 스도는 누구에게나 강생하는 그리스도다. 누구나가 그리스도라는 것, 이를 그리스도가 몸으로 보여주었다는 것이 일리치 신앙의 기저에 존재한다. 너와 내가 서로 사랑할 때, 평범하게 말하면 서로 믿고 소통할 때, 거기에 '그'가 존재한다는 것이다. 그리스도는 너도 나도 아닌, 3인칭의 '그'다. 대문자의 하느님(=아버지)에 대해 '그'는 소문자다. 어디에나 있는 '그'인 것이다. 이것은 그리스도와 짝이라는 뜻이 아니다. 공동적이라는 것도 아니다. 스스로에게 강생한 자기도 아니다. 이들 세 가지가 구별되지 않은 상태라는 것도 아니다. 이것이야말로 '신앙' 차원의 난해함이다. 본질론이나 사회론의 차원에는 존재하지 않는 것이다.

하느님은 인간이 된 것이 아니라 살(=flesh)이 되었다. 때문에 우리는 인간이 아닌 '살이 된 하느님(a God who is enfleshed)'을 믿는 것이다. 하느님은 살이 되고, 바로 그 점에서 우리들 각자와 관계를 갖는다. 절대자와 자기와의 관계. 그런데 그리스도에 의해 새로운 사랑이 열림으로써 두 가지 위험이 나타났다. 첫째, '나'는 누구라도, 어떤 지역에서도, 사랑을 선택할 수 있게 되었다. 그 결과, 장소에서 분리되어 자유로워짐으로써 자신의 몸을 남에게 맡기게 되는 위험이 생겼다. 둘째, '제도화'의 위험이다. 이 새로운 사랑을 관리하고(manage), 경우에 따라서는 법제화하고, 이를 보증하는 제도를 창설하고, 확인하고, 이에 반하는 자들을 범죄화해 교회를 보호한다는 것이다. 이 점에서 근대의 기원을 들여다보면, 거기에는 반드시 기독교 신앙의 소명을 제도화하고, 정통화하고, 관리하는 교회의 시도들이 나타난다고 일리치는 말한다.

지금의 세계는 뒤틀어져 있다. 어긋나 있다. 이는 '죄의 범죄화'가 이루어짐에 따라 크게 뒤바뀐 결과로, 개개인에게는 비신체화(disembodiment)가 일어났다. 살이 없어져버렸다는 뜻이다. 그러자 선(善)을 위해 이웃을 폭격하는 일을 태연히 벌이는 사상적 기반이 만들어졌다. 일리치는 이를 '최선의 타락이 최악'이 된 사태라고 정리하고 있다. 니시다가 "세계 전쟁을 없애는 세계 전쟁이 부정적으로 존재한다"고 말한 것도 이와 통하는 지적이다. 일리치는 신자 (believer)와 기독교도(christian), 그리고 기독교회(church)를 구별한다. 그리고 신자라는 위치에서 기독교도의 부패와 불신앙, 교회의 권력화에 대해 철저히 비판했다. 이를 위해 그는 신학자라기보다 역사가로서 '기독교 신앙의 역사적 귀결'을 밝히는 수법을 사용한 것이다. 일리치는 종교적 신앙의 본질에서 역사 형성의 의지를 고찰한다. 그리고 신자이건 비신자이건, 유대교·기독교·이슬람교의 종파를 뛰어넘은 '강생'이야말로 세계사의 전환점이었다고 지적한다. 니시다가 말한 "신앙이란 주관적 신념이 아니라 역사적 세계 성립의 진리에 접하는 것"이라는 점을 기본 축으로 삼지 않으면, 일리치 최후의 말들을 이해할 수 없다. 용케 케일리에게 말했다고 생각한다.

일리치는 일종의 신학적 언급을 하고 있다. 복음, 신비, 우연성, 죄의 범죄화, 경외, 시선 등을 학교와 건강, 시스템, 기술, 도구 등과 함께 다루고 있다. 1997년 6월에 인터뷰한 내용과 1999년에 인터뷰한 내용이 두 권의 책으로 간행되었다. 케일리도 말했듯이, 지금까지 전혀 말하지 않았던 사상의 지반에 대해 피력하고 있다. 그것은 사실이다. 부분적으로 엿볼 수는 있었지만 지금까지 확고하게 말하기를 거부했던 것들이다. 그를 만나본 사람이라면, 존재 증명 같은 내용을 꺼냈을 때 어느 순간 그가 단호하게 거절하고 입을 닫는다는 사실을 알 것이다. 그는 스스로 신앙을 갖고 있다는 것, 매일 기도하고 있다는 것에 대해서는 솔직하게 밝혔지만, 자신의 심적 핵심에 대해서는 말하지 않았다. 그런 그가 병마에 시달리는 와중에 상당히 많은 이야기들을 토로한 것이다. 이것은 매우 귀중한 자료다.

악: 최선의 타락

요컨대 '기독교적으로 긍정적인 것들의 기반 위에, 이에 반하는 역률적인 현상이 발생하는 역사적 경위를 짚어본다'는 것이 논리의 축이다. 최선이 타락하면 최악이 된다는 논지로 일관되어 있다. '계시(Revelation)'가 확증되고, 보증되고, 규제됨에 따라 최선이 최악이 돼버린 역사의 기이한 발걸음을 이야기한 것이다. 종교는 역사 형성적 창조를 꾀함에 따라 타락하게 되었고, 우리들은 이 최선(=최악)의 깊은 양의성 속에 살고 있다. 이 제도화는 다른 어떤 악보다도 깊은 악의 근원이 되었음을 일리치는 지적하고 있다. 역사적 현재는 선례 없는 혼란과 믿기 어려움과 이해 불가능한 수수께끼 같은 공포와 잔혹함과 타락을 비추는 '신비적 악'의 세계가 되었다는 것이다. 마리아가 그리스도를 잉태하고 그리스도가 육신이 되자, 교회는 이 신비적 악의 무대가 되었다.

이미 일어나고 있었던 일임에도 불구하고 사람들은 미처 인식하지 못했다고 일리치는 말한다. 350명의 부자들 수입이 전 세계 하층 65%와 같아진 '지금', 돈에 의지하지 않으면 이동이 불가능하고, 식사를 준비할 수도 없고, 전기를 사지 않으면 아무것도 할 수 없게 되었다. 그런 '터무니없는 악'이다. '복음이 제도화되고, 사랑이 서비스의 요구로 깜짝 놀랄 만큼 바뀌어버렸을(transmogrified) 때' 통상의 악이 아니라 '최선의 타락(corruption)으로서의 악'에 직면하게 된 것이다. 이러한 악은 신비의 배신이자 복음서가 만들어낸 일종의 자유의 도착이다. 이로부터 하느님의 강생을 저주하는 유혹이 일어난다. 이것은 '죄'라는 개념으로는 표현할 수 없는 '새로운 악'이다. 교육, 건강 케어, 안전의 수요 등 산업적 해결에 구원이 존재한다는 현대의 신화를 만들어낸 '악'을 교회는 꾸짖을 수 없게 되었다.

역사를 관통하는 신앙 도착의 역사를 통해 이 점을 밝히는 것이 자신의 생각이며, 자신은 바울에 의해 인도된 역사가라고 일리치는 말한다. 이 '악(evil)'은 선악을 가치와 비가치로 치환하고, 죄에 근거를 부여하던 기반을 파괴한다. 가치의 경제 영역에서는, '자신에게 좋은 것을 추구하기보다 가치를 추구하게 되는' 전혀 다른 인간이 된다. 거기에서는 ① 좋은 것, 즉 선(善, the Good)에 대한 감각을 상실한다. ② 사물들은 서로 맞아떨어지기 때문에 의미를 형성한다고 하는 확실성을 상실한다. ③ 덕이 있는 행동은 인간에게 맞게 정의된다고 하는 의미(＝감각)를 상실한다.

본래 죄란, 인간들이 서로를 통해 그리스도와 마찬가지로 속죄하는 것을 볼 자유를 줌으로써 비로소 존재하는 것이다. 당신의 존엄을 부인하는 것, 그것이 죄다. 그러나 이러한 근거를 잃어버리는 바람에 인간의 자유로운 선택, 개인적 선택, 매일매일의 선택으로 일어날 수 있는 일들이 '죄'가 되어버렸다. "죄는 악을 가장 세밀하게 이해할 가능성을 안고 있었음에도 불구하고 그렇게 되지 못했다."고 일리치는 말한다. 우리들이 이해해야 할 것은, 〈그리스도의 복음을 '제도화하는 도착'에 대한 지적이 어떻게 이루어졌고, 일리치는 왜 그러한 인식을 했는가〉일 것이다. 즉, 기독교가 만들어낸 '관념(idea)'과 '범주(notion)'가 근대와 현대에 어떻게 관여했는지를, 하느님과 그리스도의 관점에서 들여다보는 것이다.

일리치 사상에서 이 점은 아직 필자에게는 이해하기 힘든 영역이기 때문에, 이 글에서는 일리치의 언술을 따라가면서 하나하나 들여다보는 수법을 취하기로 한다. 실은 이 책은 이 마지막 장부터 쓴 것이다. 인용 부분을 일일이 표시하는 것은 번잡해질 것 같아 굳이 주를 달지 않았다. "훔쳐라, 나에게서 훔쳐가라!"라고 일리치는 젊은 시절의 필자에게 말하곤 했는데, '훔친다'는 것은 그의 사상을 이해할 수 있는 수준까지 다가가는 것을 뜻했다.

1. 호스피탤리티 서비스로의 변용: 이웃의 이데아와 죄와 자유

일리치가 예수님의 말씀으로 인용한 것은 착한 사마리아인 이야기다. 노상강도의 습격을 받고 도랑에 빠진 사람이 누워 있었다. 그곳을 지나가던 사제와 레위인은 이를 보고도 조용히 지나쳤다. 얼마후 이방인인 사마리아인이 다가왔다. 신전에 예배를 드리지 않는 경멸의 대상인 이방인이다. 그런데 그는 동정심에 끌려 상처 입은 남자를 친구로서 도왔다. 같은 공동체에 속하는 사람들은 이를 피하는데, 전혀 다른 이방인임에도 불구하고 사마리아인은 그를 도왔다. 이것이 '이웃'이다. 아무런 보상이나 대가도 원하지 않으며, 아는 사이도 아니다. 규정, 규칙, 습관, 문화, 언어 등과는 아무 관련도 없다. 누가 이웃인가는 미리 결정할 수 없다. 누구나 그럴 가능성이 있고, 실제로 누가 그렇게 될 수 있는지는 다른 사람의 관점에서는 자의적으로밖에 볼 수 없다. 마땅히 일어나야 할 일은 일어난다. 그럼에도 불구하고 많은 설교는, 이것이 이웃에게 가져야 할 마땅한 규칙과 윤리적 의무에 관한 사례 제시라고 가르치고 있다.

이는 예수가 말하려고 했던 것이 아니다. 정반대라고 일리치는 말한다. 기대된 것도, 요구 받은 것도, 당연한 의무도 아니다. 인간의 관계는 두 사람 사이에서 이루어지는 자유로운 창조에 다름 아니다. 신체를 갖고 나타나는(現前) 타자를 통해 무언가가 나에게 다가오고,

이에 대해 무언가를 결심했기 때문에 존재하게 되는 인간관계다. 나를 불렀기 때문에 그렇게 하는 것이지, 윤리 명제를 따른 것이 아니다. 이러한 당위는 규범이 아니며 규범으로 환원되지도 않는다. 누군가를 지향하고 무언가의 신체를 지향한다는 목적은 있지만, 규칙을 따르는 것은 아니다. 컨비비얼(convivial)의 본질이다. 오늘날 도덕과 윤리를 다루는 사람들은 온갖 규칙을 다루지만, 인간관계의 용어로 생각하는 것은 불가능하게 되었다.

이 사마리아인 이야기를 한 예수는 종교적 규정을 깨고, 구속에서 벗어나 금기시되던 사람들을 만나고, 가족의 중요함에 대해서조차 의문을 제기하는 등의 행동을 취했다. 법으로부터의 자유를 이야기하고 그렇게 행동했다. 그것은 타자를 향한 사랑의 자유를 보여준 것이다. (이 종교적 행동을 마치 종교의 본질인 것처럼 위장하는 신흥 집단이 나타나게 되고, 지식인조차 이에 속아 넘어가기도 한다.)

일리치는 예수의 '이웃 이데아'와 관련해 파손의 가능성 역시 열려 있다는 인식을 갖고 있었다. 사마리아인으로서 완성된 인간관계를 태연히 배신하는 일이 일어날 수 있다는 것이다. 그것이 이웃의 제도화를 만들어낸다. 교회는 시설을 만들어내고, 권력을 소유하고, 합법적 요구를 하고, 관리와 조작을 심화시킨다. 호스피탤리티가 서비스로 변용됨에 따라 '좋은 사회란 어떻게 기능해야 하는지'에 대한 비인칭적 시각이 만들어지고, 그것은 수요(needs)로 변용된다. 결코 채워질 수 없는 수요가 항상 서비스화를 만들어내게 된다. 채워지지 않는 수요에서 오는 개개인의 고통을 일리치는 새로운 종류의 '악'이라고 단언한다. 슬픔에 빠진 여성, 고통 받고 있는 남성을 그냥 내버려둘 수 없다. 때문에 '기술을 사용하는 사람들'인 우리들은 그 목적을 달성하기 위해 다양한 중개물을 만들어 권력, 조직, 관리, 조작하게 된다. 이것을 일리치는 기독교에 뿌리를 둔 'pervesio optimi quae et pessima(최선의 도착은 최악이다)'라는 말로 표현한다. 일찍이 '라틴아메리카를 돕자, 구하자'라며 라틴아메리카에 선교사들을 파견하려고 했던 가톨릭 교회에 대한 그의 초기 비판이 만년까지 일관되고 있는 것이다.

일리치는 이를 신앙의 문제로 생각한다. 신앙의 도착은 악일 뿐 아니라 그 이상의 '죄'라고 단언하면서 "죄란 이 세상의 권력에 종속되어 있는 무언가를 믿으려고 하는 결단"이라고 그는 말한다. '신앙이란 무엇인가', '죄란 무엇인가'에 대한 일리치 고유의 생각들이 피력되어 있다. 신앙이란 자유이자 어리석음(folly)이다. 죄란 스스로 잘못을 저지른 것을 슬퍼하고, 그 죄를 타자가 관용을 갖고 용서해주고 불쌍히 여겨주는 것에 대한 깊은 신뢰 속에 존재한다. '죄란 가능한 용서의 빛에서만 나타나는 무언가'이지 도덕적 잘못이 아니다. 벗어나버린 것, 부족에 빠져버린 것이다. "죄를 믿는다는 것은 충분한 이해의 저편에 존재하는 선물로써, 인간은 용서받은 존재라는 사실을 찬양하는 것에 존재한다." 회개란 저 사마리아인의 자유롭고 그 때문에 상처입기 쉬운, 연약하지만 언제라도 치유할 수 있는 새로운 관계성에 대한 감미로운 찬미다.

하느님이 인간일 수 있는 것은 사랑에 의해서만 설명될 수 있다. 이 논리 모순을 이해하는 능력은 신앙에 달려 있다. 신앙은 지식으로 구성되지만, 이 지식은 경험과 지성에 의존하는 것이 아니라 '하느님의 말씀이 나에게 온다고 내가 믿을 때만 가능한 것'이다. '내가 신뢰하는 저분이 하느님일 때에만 의미를 갖는 것'이다. 그리고 타자와의 관계에서는, 그들에 대해 알고 있는 무언가를 이해하는 것이 아니라 그들이 스스로 밝히는 무언가로서, 그들이 이야기하는 말로서 이해할 준비를 갖고 대해야 한다. 일리치는 소외 표출로서의 신앙에 대해 주저 없이 밝힌다. '모든 것을 새롭게 하기 위해' 예수가 왔다. 그 새로움의 하나가 '그 사람이 스스로 자신을 이야기하는 대로 받아들일 준비'인 것이다. '타자에 대한 예측 가능성을 없앰으로써 비로소 나는 그 사람에게서 놀랄 수 있다'는 것이다. 스스로 나서서 놀랄 준비가 되어 있는 사람, 내가 신앙이라고 부르는 '저 상상하기 힘들고 예측하기 어려운 경지에 살고 있는 사람'만이 어떤 선물을 누구에게 줄 것인지를 자유롭게 결정하는 소명, 능력, 권력 수여, 초대 등을 이해할 수 있다.

어리석음은 대가 없는 행위다. 그것은 자기를 완벽한 존재로 보여주고자 하는 욕망 속에는 존재하지 않는다. 서방 교회는 지고한 어리석음을 '바람직한 의무'로, 나아가 '입법화된 의무'로 바꿔버렸다. 저 사마리아인이 했던 어리석은 행위를 마땅히 해야 할 의무로 만들고, 그 의무가 지향해야 할 사람들을 분류하고, '잔혹한 형태를 띠는 성실성'으로 만들어버린 것이다. 어리석음의 전도이자 '악의 신비'를 표상하고 있는 것이다.

2. 우연성의 관념과 신: 도구의 출현

우연성(contingency)이란 기회, 과정상의 한 단계, 또는 그 자체에 존재 근거와 권리를 갖지 않는 것 등으로 간주되는데, 실은 아리스토텔레스 시대에는 없었던 개념이다. 이 개념은 11세기에 비로소 모습을 나타냈으며, 이로 인해 근대의 세계관은 좀 더 다르게 만들어졌다. 일리치는 블루멘베르크[1]의 지적과 관련해, 스스로의 토마스 아퀴나스 이해를 토대로 하느님 손에 맡겨진 '우연'과 자연, 그리고 나아가 도구에 대해 고찰한다. 그는 '우연이라는 이데아(idea)'를 낳은 기독교적 '범주(notion)'에서부터 검증한다. 아리스토텔레스나 플라톤의 우주는 누군가의 의지에 의존하지 않았다. 세계의 존재 개시와 연속성은 단순히 그것이 존재에 적합한 것이기 때문이다. 우연성은 어떠한 역할도 하지 않았다.

하느님의 의지의 자의성과 우연성

아우구스티누스는 "하느님은 무엇 때문에 세계를 창조했는가?"라고 물은 다음, "하느님의 마음에 들었기 때문에, 하느님이 원했기 때문에, 하느님이 바랐기 때문에"라면서 유일자의 의지, 즉 하느님의 의지의 지고성을 주장했다. 이로부터 '사물은 무엇인가' 하는 문제와 '사물이 존재한다'는 것의 구별, 즉 본질과 존재의 구별이 파생되었다. 우연의 작용은 단테에게는 달의 영역까지였지만, 14~15세기의 기독교도는 이 영역을 뛰어넘어 확산시켰다. 결과적으로 하느님 자신도 우연의 영역(realm)으로 끌려들어갔다. 하느님의 의지, 그 자체가 원인이 되었다. 하느님의 의지의 우월성과 불가해성은 프란체스코 수도회 철학에서는 '자의적인 것'으로 밀려났다. 이것이 오늘날 기회로서의 우연성이라는 의미와 연결되는 것이다.

그러나 일리치는 이 개념 변화의 근원은 토마스 아퀴나스에 있다고 생각한다. 자의성으로까지 전도되지는 않았지만, 그와 통하는 것이 있다는 뜻이다. 토마스 아퀴나스는 가능한 것과 현실 간의 구별이

---

1   Hans Blumenberg(1920~1996). 독일의 철학자이자 지식사가. 20세기 가장 중요한 독일 철학자 중 한 명으로 평가받는다.

아니라 '가능한 것(the possible)과 필연적인 것(the necessary)'을 구별했다. 아퀴나스는 모든 것 속에서, 그가 생각할 수 있는 모든 이데아 속에서, 하느님의 현전을 느꼈다. 하느님의 선, 하느님의 의지에서 그렇게 되는 것이지 리얼리티의 법칙에서 그렇게 되는 것이 아니다. 이 의지는 하느님의 신비에 싸여 있는데, 그것이 하느님의 진리다. 어떠한 개념이나 상상력도 뛰어넘는 진리이자, 우리들이 지금 말하는 진리를 뛰어넘는 진리다. 진리는 선(善)이라고 하는 신비의 감각에 존재하는 것이다. 하느님을 '지고의 지성'이라고 생각하는 아퀴나스의 개념에는, 동시에 하느님의 의지는 자의적이라는 개념이 잠재되어 있다. 근대의 세계관은 이 우연성의 개념을 파괴하게 되는데, 이는 아퀴나스와 같은 우연성의 관념이 있었기 때문에 발생할 수 있었다는 것이 일리치의 견해다.

데카르트와 우연성

근대를 기준으로 보면 데카르트는 주체와 객체를 구별하고 분리한 이원론의 시조이지만, 중세 쪽, 즉 하느님의 의지에서 보면 그렇게 단순하지 않다. 데카르트는 '사물은 하느님의 의지에 호응하기 때문에 존재한다'는 주장을 '하느님은 자연 속에 자연에 의해 사물이 전개되는 법칙을 두었고, 그 때문에 사물은 존재한다'고 생각했다. 각 존재는 그 스스로의 자연(=본성)에서 발견되는 것이다. 자신이 무엇인지, 즉 존재(existence)에 대해서뿐만 아니라 자신이 그렇게 존재하는 것(being what it is)의 근거와 요구를 찾는다. 17~18세기 데카르트의 후계자들은 기독교도들로서 '자연의 씨앗이 각 사물에 뿌려져 세계가 만들어지듯' 하느님이 세계를 만들었다는 것을 긍정했다. 그리고 동시에 하느님에 대한 언급 없이 사물을 이해하는 가능성을 열어놓았다. 하느님의 의지가 전면적으로 자의적인 것이 됨에 따라, 하느님의 의지는 어떤 의미에서 여분의 것이 되어버렸다. 하느님과 세계의 연결은 끊임없이 분리된 것이다. 여기에서 일리치가 카테고리나 콘셉트, 혹은 이데아가 아닌 'notion'이라는 용어를 사용한 것은, 자신과 타자와 세계에 대한 감정, 즉 개념적·언어적 형성물에는 감정이 개재되어 있다는 것을 말하고 싶었기 때문이다.

우연성의 notion을 연 것은 토마스 아퀴나스였다. 그는 그 두꺼운 책에서 복음의 진실을 소화하고 침투시켰다. 여기에서 진리란 강생이다. 사랑이 신체화되어 살이 되고 상호 관련되어 있다고 하는 진리다. 이 우연성의 notion에 대한 발견, 모양의 형성, 완전한 공식화가 근대의 전제 조건이다. 이는 근대성이 우연성의 이데아 위에 만들어졌기 때문이 아니다. 우선 사람들은 세계가 하느님 손에 있다고 강하게 체험한 다음, 그 후에 이러한 세계를 하느님 손에서 빼앗을 수 있게 되었기 때문이다.

이 논리는 십자가형에 처해진 어리석은 자(=그리스도)가 등장하고, 복음서의 새로움을 이해하게 되고, 그것이 수세기를 초월한다는 것으로 연결되는데, 논리적으로는 인식하기 어렵다. 신앙적으로 이해해야 한다는 뜻일 것이다.

'자연'이라는 개념의 변화

고전 시대에 자연은 생명을 갖고 살아 있는 것이었다. 자연이란, 탄생을 준다는(birth-giving) 것에서 유래된 개념, 관념, 경험이었다. 자연은 '태어난 것'이라는 의미였다(라틴어 natura는 natus 태어나다 + ura = 태어나 가진 것). 이 관념은 12세기의 '우연성의 감각'에서 영향을 받은 것이라고 일리치는 지적했다. "자연의 전체는 하느님 손 안에 있다. 그곳에서 하느님의 항상적(恒常的)이고 창조적인 지원을 통해, 자연은 그 생생한 모습(aliveness)을 얻을 수 있다."는 것이다. 그러나 자연을 하느님의 손에서 빼앗자, 자연도 그 생생한 본성을 잃게 되었다. 17~18세기의 과학은 이 쌍방을 실행한 연구였다. 더 이상 살아 있지 않은, 기계적·필연적 자연의 움직임을 연구하는 과학은, 살아 있지 않은 자연을 전제로 하게 되었다. 그러자 자연 속의 생명 혹은 수학적으로 프로그램된 자연적 사물들에 둘러싸인 생명과 같은 현대적 문제들이 설정되었다. 자연은 죽은 것이다.

이러한 변화가 일어난 것은 자연의 살아 있는 상태를 하느님의 창조적 활동과 결부된 것으로 간주하는 전제 조건이 있었기 때문이라고 일리치는 생각한다. 이 새로운 통찰은 신약성서의 동화 작용을 앞으로 밀고 나간 것과 관련된다. 그리고 이것은 도착과 배신의 새로운 가능성이 열린 것에 대한 고찰로 이어진다. 낮에 보는 우연적 자연은 찬연히 살아 있지만, 우연성의 노을과 함께 그 생생하던 상태는 빼앗기고 일소되어버릴 위험에 빠져버린다. 이 밤의 장막 속에서 무엇을 잃어버렸는지를 찾아내기 위해서도 '우연'이라는 개념의 새로움을 들여다봐야 한다. 하느님의 손에서 우주를 빼앗겼다면 우주를 거둘 수 있는 것은 당연히 사람들 손뿐이다. 이 같은 귀결은 필연적으로 자연이 최초에 하느님의 손에 있었다는 전제에서 발생한다. 이것이 일리치의 종교적 감각에서 나온 역사 형성의 논리다. 이것은 선악이 반전하는 양의성(兩義性)이라기보다, 하느님과 인간의 역대응 관계를 논한 것이라고 할 수 있지 않을까. 일리치는 서구 역사의 개념들이 하느님과 그리스도와의 관련에서 비로소 존재 가능함을 보여준다. 유일자, 절대자와 역대응하는 세속의 변천 과정을 보여주었다고 할 수 있다. 이로부터 근대 기술의 기원과 한계, 그리고 그 종언에 대해 논하게 된다.

천사와 도구

일리치는 여기에서 '원인(cause)의 이데아'에 대해 논한다. '하느님의 손 안'에서 '하느님의 손에서 분리'된 원인을 근대적으로는 알기 어렵기 때문이다. 12세기에, 감각(sense)과 감정(feel)과 우연성의 사상(thought of contingency)과의 연결 방식에 단어의 의미가 바뀌었다. 아리스토텔레스의 경우, 원인은 네 가지 하위 분류를 갖고 있었다. 바로 ① 동력인(動力因) ② 질량인 ③ 형상인 ④ 목적인이다. 기독교의 천 년간의 학문은 이 네 가지 요소로 구성되는 구조에 빛을 비추어 사물을 이해하고자 했다. 13세기에 동력인은 '도구인(causa instrumentalis)'이라는 하위 카테고리를 새롭게 발전시켰다. 그것은 의도를 갖지 않는 원인이다. 도구라는 개념은 어느 시대에나 존재했을 거라고 생각하기 쉽지만, 그것 역시 중세 기독교에서 나온 개념이라고 일리치는 말한다. 아리스토텔레스의 오르가논(organon)이란 개념은, 연필과 연필을 지탱하는 손 모두를 가리키는 것이었지 연필을 손에서 떼어내 구별하는 것은 아니었다. 도구와 사용자 사이의 구별이 없었던 것이다. 13세기에 도구인은 동력인을 구성하는 부분집합으로서 구별되었다.

일리치는 칼 미첨[2]과 함께 성 토마스 아퀴나스의 천체에 관한 교설을 재검토했다. 그것은 '연속적 창조의 우주(a universe of continuous creation)'다. 연속적으로 하느님 손에 있으며 하느님 손이

---

[2] Carl Mitcham(1941~). 미국의 기술철학자. Colorado School of Mines 대학 교수.

없어지면 우주도 없어져버린다. 하느님의 의지에 의존하는 한 필연적 우주다. 이러한 우주에 대한 성찰은 우연성의 감각의 단련이다. 이 감각은 자기 자신의 생존과 하느님이 만들어낸 모든 사물의 존재를 자유로운 선물로 받아들이는 감각이다. 이 감각이 사회생활에 젖어 있었다고 일리치는 말한다('사회'는 아직 없는데, '사회'라는 단어를 부주의하게 쓰고 있다). 이 감각에서는 '하느님은 어떻게 통치하는가'가 문제가 된다. 우주는 위대한 왕에 의해 통치되는 영적 계층 구조(hierarchy)로 묘사된다. 이 위대한 왕의 법을 관리하는 것이, 하느님을 위해 다른 혹성의 통치를 맡고 있는 천사들이다. 천사들은 순수하게 영적 존재들이다. 물질적 소재(materia)를 갖지 않는, 생생하고 싱싱한 존재가 아닌 순수한 불, 하느님으로부터 나온 엄청난 불이었다. 통치하는 물질적 현실 영역에 영향을 미치는 수단이 천사들에게 부여되어야 하는데, 그것이 바로 '천체'였다. 비물질적인 천사가 천체를 통해 현실과 접촉한다. 이를 위해 천체는 동력인의 특수한 형태로 간주되지 않으면 안 된다. 의도를 지닌 사용자에게 완벽하게 순종적일 것, 이 사용자가 천사인 것이다. 천사가 도구를 가진 것이다.

여기에서 "하느님의 항구적이고 창조적인 활동이라는 신비적 경험을 생각해내기 위해 사람들은 도구적 중간물에 대한 고찰을 시작했다."고 일리치는 말한다. 이 중간물이 '비잔틴제국을 연상시키는 황제 모습을 한' 하느님이 세계를 관리하는 것을 가능케 했으며, 그 논리적 귀결로써 하느님의 백성들은 도구를 만들고 도구를 사용하는 능력을 부여받았다고 하는 이데아가 나타났다. 그것이 성 빅토르 후고의 빛나는 이데아였던 것이다. 일리치는 '현대 기술과 도구의 발견'의 관계를 '자연의 죽음과 연속적이고 우연적인 창조로서의 자연의 발견'의 관계와 같다고 말한다.

후고는 '태초에 하느님이 부드럽고 털이 없으며 도구를 갖지 않은 인간을 낙원에 내려놓았다'고 가정했다. 그러나 인간이 죄를 저질러 금지된 사과를 먹었기 때문에 자연은 변질되었고, 인간이 살기에 부적합하게 되었다. 이제는 속죄를 위해 살지 않으면 안 되었다. 새로운 환경에서 살아남기 위해 하느님은 인간에게 위로를 주고, 죄의 논리적 구제책으로 기계와 공예를 주었다. 하느님의 천사들이 도구를 사용하듯이 사람들은 추위에 맞서 몸을 지키고, 가시가 가득한 이 세계를 건널 수 있게 직조, 철공, 구두 수선을 배웠다. 하느님이 도구를 사용하는 것을 흉내 내어 (인간은 창조자는 아니지만) 타락한 상황에서 필요한 구제책인 사물의 제작자가 된 것이라고 후고는 가르친다. 당시는 철과 수력 기술의 급속한 발전이 있던 시기였는데, 도구는 무언가 석연찮은 구석이 있어서 비현실적인 요정이나 악마의 앞잡이인 것처럼 여겨졌다. 우연성의 감각의 후퇴 및 최종적 소멸과 함께 세계는 하느님의 손에서 인간의 손으로 떨어졌다. "기술의 발전에 대한 자제력이 사라지자 도구는 무제한으로 칭찬받게 되었고, 완전한 기술 사회의 길이 열리게 되었다."고 일리치는 지적한다.

도구의 세계는, 우연성의 정신을 수백 년에 걸쳐 사회의 모든 곳에 퍼트렸기 때문에 현재의 모습을 띠게 되었다. 도구, 장치, 도구성에 대한 사회적 강조, 생산 관리 수단에 대한 걱정 등에는 일정한 역사적 시작점이 존재하며, 그것이 13~15세기였다는 것이다. 덧붙여, 일리치는 축복(blessings)과 성례(sacraments)를 구별한다. 그는 "성례의 일곱 가지 전례의 이행은 도구를 요구하는 행위이자 바라는 목적을 향해 나가는 도구인(道具因)이 된 것"이라고 하면서, 그것은 타락에 다름 아니라고 교회를 비판한다.

지금까지 장황하게 일리치의 말을 그대로 쫓아왔는데, 비판의 기원을 보기 위해서는 더 이상의 요약은 불가능하다. 그 정도로 집약적이고 본질적인 사상 기반이라고 할 수 있다. 인생의 중요한 결단의 대부분에서 "내가 왜 그렇게 했는지 이유를 모르겠다"는 일리치는 아퀴나스의 우연성에 따라 살아왔다고 할 수 있지 않을까.

3. 죄의 범죄화

비판의 뉘앙스는 점점 강해진다. '최선의 타락은 최악'을 보여주는 현상들이 드러난다. 그 극치라고 할 수 있는 것이 일리치가 부르는 '죄의 범죄화(criminalization of sin)'이다. 12세기의 커다란 터닝 포인트는 다음과 같은 점에서 찾아볼 수 있다.

① 도구의 관념이 생기기 시작했다.
② 텍스트의 관념이 일반적이고 비물질적인 것이 되었다.
③ 죄의 범죄화가 이루어졌다.

친구와 하느님에 대한 본질적 배신이 '죄'로 정의되었고, 나아가 법적 카테고리가 되어 범죄화가 확정되었다. 12세기의 사상가들을 보면, 기독교도로서의 완성과 성령의 선물이 만개하기를 간절히 바랐다. 그들은 마리아의 아들로서 살이 된 하느님을 사랑해야 하는 소명을 받았다고 느꼈으며, 그 신앙은 살아 있는 모든 개념과 신념의 근저에 존재했다. 그들의 사고방식에서 보면, 현재의 근거는 그리스도의 존재 방식에 조응해 명확해진다. 한편, 커뮤니티의 존재 방식도 변화했다. 말의 가슴뼈에 대는 마구(馬具)가 발명되자 끄는 힘이 강해진 말이 경작에서 소를 대신하게 되었다. 그 결과, 마을에서 멀리 떨어진 밭에서의 농경이 가능해졌고, 이는 작은 부락을 넘어 '교구'

의 형성을 가능케 했다. 커뮤니티의 중심에 교회가 놓이게 되었고, 행정 교구가 출현했다. 교회는 이웃들끼리의 기독교적 생활 관습을 지원하고 안정을 꾀하기 위해 습관을 발달시켰으며, 이로 인해 특별한 응용 목적 없이 종교 의례와 습관이 살아남을 수 있는 조건이 만들어졌다. 커뮤니티의 토대가 변화하는 가운데 서약과 법적 세계가 창출된 것이다.

서약의 역사

무릇 예수는 "일절 서약을 해서는 안 된다"고 하면서 서약 자체를 부정했다. 서약하는 것은 하느님뿐이라는 것이다. 예수는 하느님과 인간 사이의 맹약이라는 문맥에서 서약을 금지한 것인데, 신약성서는 하느님과 이스라엘 백성 사이의 맹약을 보존하는 한편, 인간들의 서약은 배제했다. 서약 대신에 '성령 속에서 사람들을 하나로' 묶고자 했다. 빵과 포도주를 함께 먹는 향연(symposion)과 어울림(conspiratio)에서 사람들은 성령을 나누었고, 이를 통해 살과 피와 영혼에서 커뮤니티의 일원이 되었다. 서로 말로 나누는 서약이 커뮤니티를 형성하는 일 따위는 없었다. 처음으로 서약을 법적 도구로 인정한 것은 테오도시우스의 법전에서였다. 기독교도의 황제였던 테오도시우스 치하에서 서약은 로마법의 일부가 되었다. 그로 인해 사람들은 보통의 말(言語)에서도 항상 진실에 입각해야만 한다는 엄청난 중압에 스스로를 묶어버렸다. 또한 서약의 증인으로서 하느님을 불러내어 상호적 약속 제도를 확립했다. 이 서약의 재도입이 12세기의 봉건제다. 서약을 서로 나누는 것이 봉건제의 토대다. 혼인 서약이라는 제도도 여기에서 만들어졌다.

혼인의 역사

통상 사회 계약에 기초해 만든 사회를 현대 국가라고 일컫는다. 하지만 일리치에 의하면, 그 이전에 제4 라테라노 공의회(1215)에서 인정된 혼인 서약이 계약의 기초다. 한 명의 남성과 한 명의 여성이 서로의 영원한 결합을, 복음을 규범으로 삼아 하느님께 맹세하고 이를 법률상의 행위로서 실행한다. 이는 하느님을 증인으로 조인된 계약으로, 이후 유럽 도시 시민들의 의무가 되었다. 하느님 앞에서 함께 나눈 서약은 13~15세기 유럽 도시들에 신성성(神聖性)을 부여한 것이다. 사보나롤라[3]가 피렌체에서 메디치 가문을 쫓아내고, 하느님이 바라는 도시 생활의 토대를 시민들의 서약에 두고자 했던 때가 그 정점이었다. 12세기에 부정(不貞)은 범죄가 되었다. 혼인 서약은 사랑을 합법화했고, 죄는 법률상의 범주가 되었다. "기독교는 법적 사고방식을 사랑의 심장부에 박아 넣었다"고 일리치는 표현하고 있다. 더 이상 우리들을 법에서 자유롭게 하기 위해 온 그리스도는 없다.

한 사람의 남성과 한 사람의 여성이 서로 친밀하게 접근할 수 있다는 이데아는 전혀 새로운 관념이었다. 가정은 한 사람의 남성과 한 사람의 여성에 의해 기초를 두게 되었다. 이 관념은 개인의 형성사에서 대전환이다. 혼인은 가족과 친족, 그리고 커뮤니티에서도 벗어나 개인에게 맡겨졌다. 이것이 '사회의 모든 존재 단위는 상호 계약에 의해 성립한다'는 관념의 토대가 된 것이다. 나아가 여성과 남성에게 동일한 지위를 부여하고, 쌍방에게 동일한 법적·생리적 능력을 인정하며 '여성의 합의 없이 혼인은 성립하지 않는다'는 남녀평등이 역

---

3 Girolamo Savonarola(1452~1498). 이탈리아의 도미니코 수도회 수도사, 설교가, 종교개혁가. 설교를 통해 피렌체 시를 개혁하고 민주정치를 실시하려고 했다.

사상 처음으로 등장했다.

고백의 역사

이 부분은 푸코의 역사 연구와 대응되는 부분인데, 공개적 고백과 공개적 참회가 사제에 대한 개인의 사적 고백으로 바뀜에 따라 무슨 일이 일어났는가에 대해 다루고 있다. 기독교도는 남녀 불문하고 1년에 한 번 정도는 사제를 방문해 자신들이 저지른 죄를 고백해야 한다. 그렇지 않으면 죄지은 상태로 지옥에 떨어지는 벌을 받게 된다. 고해성사를 들은 사제는 이를 누설해서는 안 된다. 누설하는 것은 엄청난 부정 행위다. 일리치는 "고해성사는 제대로 된 역사 연구의 테마가 된 적이 없었다"고 지적했지만, 푸코의 경우 이미 이를 다룬 바 있다.

죄의 고백에 의해 죄의 사면은 법적 행위가 되었고, 이와 관련한 법적 구조가 만들어졌으며, 형사 재판과 같은 선상에서 다룰 수 있게 되었다. 자기 자신을 고백하는 것이기 때문에 새로운 '내적 법정(광장, forum internum)'이 열린 것이라고 할 수 있다. 하느님에게 해를 끼친 것을 진심으로 슬퍼하고, 회오에 대한 진정한 욕망에서 자신을 고소해야 한다는 가르침을 받음과 동시에, 사람들은 법정이란 무엇인가에 대한 가르침을 받는 것이다. 내적 법정의 감각은 양심의 감각인데, 이것을 만들어낸 것은 거대한 문화 장치였다. 일리치는 "양심의 발달은 쓰기의 출현과 같은 시기였다"고 지적한다. 양심이란 내적으로 쓰는 것, 기록하는 것이다. 이 관념은 무언가를 쓰는 악마의 조각상이 교회에 나타나고, 또한 최후의 심판에서 책을 읽는 것으로 표현되었다. 그리고 내적 법정의 주요한 의미는, 합법·비합법의 구별이 아니라 선과 악의 구별이었다. 교회법이 규범이 되고 이에 대한 모독은 지옥행이다. 사랑을 배신하는 것이 죄의 원래 의미인데, 이 배신이 범죄가 되어 법적 제도에서 법적 양식에 의해 재판을 받는 것으로 변질된 것이다.

나아가 일리치는 "고백의 의무가 부과되었을 때 남녀평등이 만들어졌다"고 말한다. 부정(不貞), 결혼 계약, 간통죄 등은 남녀 간의 차이가 없었다. 1215년 제4 라테라노 공의회는 사제들이 신도로서가 아니라 교회의 대표자로서, 행정 관리자로서 처음으로 모인 자리였다. 여기에서 교의와 법규의 구별이 없어지자, 죄 많은 존재라는 개인의 감정과 교회 규칙에 따르지 않으면 벌을 받는다는 감정 사이의 구별이 없어졌다. 사람들은 교회의 법에 구속된다고 느끼기 시작했다. 결국 트리엔트 공의회(1545~1563)에서 로마 가톨릭 교회는 스스로를 '완전한 사회'로 간주하고, 구성원들의 양심에 의무를 부과하는 법을 채택해, 법에 기초한 교회를 표방했다. 이러한 자기 이해가 국가와 시민들의 이데아가 되었다. 시민들이 법과 국가 제도를 양심이 명하는 것으로 여겨 내면화하는, 완전한 사회의 이데아가 만들어진 것이다. "교회는 무엇이 진실이고 무엇이 명령된 것인지에 대한 경계선을 없앰으로써 새로운 시민 감정의 기초를 쌓았다"고 일리치는 말한다. 죄의 범죄화에 의해 '나는 양심이 명하는 바대로 따르는 시민'이라는 감정이 만들어졌고, 국가는 양심에 기초를 둔 헌신을 요구하게 되었다.

① 조국의 이데아, 조국을 위해 죽는다는 이데아

② 모국어에 대해 충성심을 느끼는 이데아

③ 양심이 의무를 부과하도록 명하는 시민 이데아

이런 것들이 중세의 내적 법정의 출현에 의해 초래되었다고 일리치는 지적한다. 죄의 범죄화란 새로운 두려움이 열린 것을 뜻한다.

강생을 통해 배신이 가능해지자 기독교도들은 독실한 신앙을 갖도록 소명을 받았는데, 이는 원래 하나의 얼굴, 하나의 인간인 그리스도에 대해서였지, 신들과 도시의 규칙들에 대해서가 아니었다. 신앙을 배신하면 어둠이 스며들어오는데, 이것은 무한한 선(善)을 앞에 둔 곤혹의 체험이었다. 감미로운 눈물은 슬픔과 용서에 대한 신뢰의 표현이었다. 그런데 이 개인적이고 내밀한 실패의 차원은 법적 사면의 안건으로 바뀌었다. 죄인이 범죄의 법적 사면을 바라는 의무로 바뀌어버린 것이다. 그러자 그의 슬픔과 하느님의 자비를 바라는 희망은 부차적 문제가 되어버리고, 사랑의 정통화는 개개인에게 새로운 두려움을 안겨주게 되었다. 어둠은 새로운 모습을 띠고 악마, 마녀, 마술의 두려움이 되었다. 이 때문에 이를 추방하는 과학에 희망을 걸게 된 것이다.

두려움(fear)

두려움이란 덕(德)이다. 올바른 두려움은, 규칙에 맞는 실천에 의해 천천히 발달하는 덕이 있는 행동 형태다. 그것은 성령으로부터의 선물로 격상될 수 있다. 두려움도 선물이다. 그러나 죄의 범죄화에 의해, 두려움은 도덕적 의무나 규범을 어김으로써 입게 되는 처벌에 대한 공포, 내적 법정이 돼버렸다. 유죄가 될 것을 두려워하는 불안, 억울, 걱정거리, 불쾌 등 어둡고 불확실하고 의지할 곳 없는 것이 돼버렸다. 일리치는 "두려움(fear)의 근원은 보다 깊은 곳에 있다"고 말한다. 신앙이라는 차원에 얽매이지 않고, 이 점은 가능한 한 형이상학적 관계성이라는 측면에서 이해하기로 하자. 우리들의 일상에서 일어나고 있는 일이기 때문이다.

두려움에는 두 가지가 있다. '아들의 두려움'과 '하인의 두려움'이다. 아들의 두려움은, 아버지와의 사이에 무언가 장애물이 끼어드는 것, 아버지와의 직접성이 무너지는 것에 대한 두려움이다. 아버지에게 꾸중을 듣거나 맞는 것이 아니라, 아버지와의 관계에 쓸데없는 장애가 끼어드는 것을 걱정하는 것이다. 이것을 아버지의 관점에서 보면, 아들을 때려야 할 일이 일어날 것을 두려워해 그런 상황이 발생하지 않도록 하는 것이다. 일리치가 지적하는 바는, 이 두려움을 안고 때리지 않는 상황을 만드는 것, 이 두려움을 없애버리는 것이 아니라 맞을 수도 있다고 느끼는 것이 중요한 심적 행위를 불러일으킨다는 점이다. 오해가 두려운 듯 일리치는 이 점을 완곡히 표현하려고 했다. 즉, 그는 신앙의 차원에서 "하느님이 지나가버리는 것을 두려워하는 것이 중요하다"고 말했다.

하인의 두려움은 이 부분을 보다 합리적으로 구성한다. 하인의 두려움은, 맞는 것에 대한 두려움, 자신이 맞을 만하다는 생각을 두려워하는 노예의 두려움이다. 자신이 용서받을 수 없는 행위를 했다면 걷어차여도 당연하고, 앞에서 꾸중을 듣거나 비난받아도 당연하다고 생각하는 것에서 오는 두려움이다. 이 하인의 두려움을 버리면, 사람은 자신이 저지른 부적절하고 무자비한 행위에서 초래된 모든 결과를 긍정하게 된다. 제도와 규범만이 자신의 마음을 움직일 수 있고 고통을 줄 수 있다면, 서로 사랑하는 나와 너 사이에서 나는 '결함은 많지만 이를 시정할 수 있는 인간'이라는 것을 부인하는 꼴이 된다.

12세기 '자기'의 개념이 전환된다. '우리들(we)'의 단수형이었던 '나(I)'로부터 '나'의 복수형인 '우리들'로 변한 것이다. '나'가 기묘한 프라이버시의 벽에 의해 보호받는 '자기'가 출현했다. 그것은 자신의 코앞에서 몇 인치 떨어진 것에 불과하지만, 프라이버시가 있는 자기인 것이다. 교회가 '자기'라는 개념에 법적 질서를 부여하고 내적 광장이 존재함을 확인함에 따라, 새로운 두려움의 시대가 출현하게 되었다. 암흑의 힘, 암흑의 출현이다. 악마, 사탄(=유혹하는 자), 즉 이 세계의 권력을 숭배하도록 유혹하는 존재다.

이 점은 우리들의 단수인 '나'라는 관점에서 보지 않으면 이해할 수 없다고 일리치는 말한다. "하느님을 숭배해야지 힘을 숭배해서는 안 된다"고 예수가 말한 의미다. 사례에 나온 사마리아인의 경우, 그는 이방인인 우리들 속의 나였음에도 불구하고 그 제약을 뛰어넘어 상처 입은 유대인에게 손을 내밀었다. 이때 그는 더없는 힘을 가진 악령, 지옥의 문지기, 그리고 공포를 뛰어넘었다. 예수 이전의 세계에서 '우리들'을 지키고 있던 모든 위협을 극복한 것이다. 본질적으로 하느님을 배신하게 되고 하느님과 자신 사이에 장애물이 놓여 있을지 모르지만, 이로 인해 자신이 벌로써 회초리를 맞는 일은 결코 없으며 용서받을 것이라는 것을 안다. 그러나 그걸 알면서도 '벌을 받게 돼도 어쩔 수 없다'고 이를 두려워하는 것이 중요하다.

'두려움(fear)'이라고 했을 때 거기에는 horror, terror, afraid, trembling, dread 등 다양한 두려움들이 미묘하게 나눠진다. 일본어에도 두려움에는 무서움, 공포, 그리고 신에 대한 두려움 등 다양한 표현들이 있는데, 두렵기 때문에 존경한다는 뜻의 '경외(敬畏)'라는 말까지 있다. 기독교적인 내용들을 초월하는 종교적 절대자에 대한 경외라는 본질이 심적으로 존재한다는 뜻일 것이다. 지옥 그림을 묘사하고 요괴를 그리는 등, 경외와 공포의 심적 표출은 동양에도 불교나 민중 신앙 등에 존재한다. 복음의 시선과는 다르지만, 본질적으로는 동일하다는 것을 이해할 필요가 있다.

죄란 사랑에 대한 배신을 말한다. 그것은 우주적 힘의 두려움에 대한 자발적 퇴각이다. 죄인은 이 세상의 힘 속으로 떨어져버린 사람이다. 문화적으로 형성된 방어책을 자유자재로 사용하지 않고, 자신의 마음을 압박하는 힘의 세계로 빠져버린 사람이다. 현대인들이 새로운 어둠, 새로운 고독, 새로운 쓸쓸함, 절망과 당황에 빠진 것도 힘의 세계에 빠졌기 때문이다. 죄는 개인적인 것이며, 망은(忘恩)이나 실망도 개인적인 것이다. 이런 죄의 범죄화에 의해 신종 공포(terrors)가 만들어졌다. 각자의 마음이 공개된 광장(=법정)이 되어 사회에 합병되고, 지옥의 관념이 뚜렷해져 지옥의 두려움이 커지게 되면, 악마는 기묘하게 신체화되고 사람은 비신체화된다. 악마는 타락천사인 것이다. 벌의 제도화는 공포를 생산한다. 현대는 그것을 법률, 규칙, 보호의 자격화를 통해 사회적으로 관리한다.

진정한 두려움은, 길을 벗어날지도 모른다고, 관계를 악화시켜 관계를 중단시키거나 무너뜨릴지도 모른다고 두려워하는 것이다. '특별한 길을 잃어버리는 것'을 두려워하는 것이다. 두려움에는 이러한 이중적 문화화(=경작, 耕作, cultivation)가 이루어진다. 그리고 현대인들에게 둥지를 튼 두려움은 '자신이 의식하지 못하는 내적 불안이 자신의 자유를 어느 정도까지 환상으로 만들어버리는가'에 있다. 이를 인식하지 못하게 된 방향 감각의 상실, 자유의 상실 속에 두려움은 존재한다.

단념·포기(renunciation)

현대를 살아가기 위해서는 무엇을 단념할(renounce) 필요가 있는가. 산업적으로는 실업, 즉 급여를 받지 못하게 되어 생활이 곤란해지는 것이 공포가 된다. 학교에서는 걱정이라는 공포가, 병에 걸리면 죽음이라는 공포가 나타난다. 이러한 공포는 단지 '잃어버리는 것'을 두려워할 뿐이다. 일리치는 "권력에 복종하지 않으면 '무언가 잃어버리게 되지 않을까' 같은 걱정들을 단념, 포기하면 자유로워진다."고 말한다. 사랑의 실천을 위해서는 처음부터 논리적 전제 조건이었던 것들을 단념해야 한다. 그것은 '나'를 찾기 위해 '우리들'에 귀속되는 것을 단념하는 것이다. 더 아름다운 생활을 바라기 때문이 아니라, 있는 그대로의 세계에 자신이 풍부하게 결부되어 있다는 것, 그만큼 많은 것들이 없어도 살 수 있다는 것을 깨닫는 것이다. 자신은 그것들 없이도 살 수 있다는 확신은, 스스로가 자유인이라는 것을 확신하는 가장 효과적인 방법이다.

산업 제도 아래 사람들은 커다란 두려움과 무력감, 몰개성화된 것들에 의해 고통받고 있다. 이때 단념은 세계의 모든 제약을 초월해 자신에게 돌아가기 위한 간단한 방법이다. 단념하면 더 이상 수요의 결핍에 의해 고생할 일도 없다. 수요는 폭정보다 잔학하기 때문이다. 일찍이 '플러그를 뽑는다'고 말한 것과 조응하는 것이다. 설령 정당한 것이라도 자신은 손대지 않고 단념하는 것, 예를 들어 가난한 사람들을 구원해준다거나 도와주는 일을 단념하는 것도 자유를 실천하기 위해 해야 할 최소한의 행동이다. 일리치는 "서비스의 강요를 단념하라"고 말한다.

이와 같은 것은 '개혁(reform)'의 이데아, 즉 일찍이 일리치가 강조한 '역전(inversion)'의 존재 방식과 관련된다. 내적으로 회전하는 것, 안이 밖으로, 위가 아래로 회전(turning)하는 것이다. 신약성서에서는 회심(conversion)의 이데아가 되고, 타자 및 친구에 대한 재회심(reconversion)이 된다. 자신과 대면하는 사람(사람이 된 하느님 = 예수)을 통해 그것은 이루어진다. 전례 없는 개혁을 만나면 전례 없는 악이 출현한다고 하는 문제다. 규범화(canon)된 제도의 조직화를 이루려는 시도는, 제도 속에 있는 정신을 보존하려다가 실은 더 깊은 타락을 만들어낸다. 복음의 멜로디가 추상적 구조물로 바뀌어버리는 길로 가는 것이다. 일리치는 악으로 바뀌어버린 것을 본래의 '예수'로 되돌리자고 말한다. 이와 같은 신약성서의 '새로운(新)' 의미에 대한 해석은, 기독교회의 타락의 역사를 돌아보면서 예수를 '신앙'하는 측면에서 이루어지고 있다. 예수를 강생한 예수(=일리치)의 말이다. 그것은 당신(=예수)이라는 시각에서 이루어진다. '사랑'인 것이다.

4. 콘스피라티오(conspiratio)와 호스피탤리티: 컨비비얼의 미래에서 찾은 것

1991년 브레멘에서의 강연은 『콘스피라시를 기르는 것(The Culture of Conspiracy)』이란 제목으로 1998년 출판되었다. 컨비비앨리티의 정신적·역사적 기초가 제시된 것이다. 그리고 그것은 호스피탤리티의 원리를 살리는 것으로, 교회 서비스 이전의 것이다. 그는 여기에서 평화의 의미를 '콘스피라티오'라는 관점에서 되돌아보고 있다. 콘스피라티오는 일리치의 주요한 사상적 개념이다.

conspiratio

영어에서 키스로 번역되는 말은 세 가지가 있다. ① 애정이 묻어나는 basium ② 호색적인 suavium ③ 비교적 새로운 의례적 제스처로 이루어지는 osculum이다. 이 가운데 osculum은 기원후 1세기 이래 성찬식에서 기독교 전례의 클라이맥스로서 'conspiratio(키스)'와 'commestio(식사)'의 두 가지 내용으로 이루어졌다. 전자는 숨결, 정신, 영(靈)을 서로 섞음으로써 하느님의 숨결을 만드는 성령에 의해 하나의 커뮤니티를 만드는 것이고, 후자는 공동(communio)의 식사에서 살이 된 하느님의 말씀(＝그리스도) 속에 합쳐지는 것이다.

초기 기독교는 각자의 평등한 능력 위에 성립되어 각자의 기여에 의해 커뮤니티를 만들어내는 운동이었다. 서로에 대한 육체적 사랑에서 출발해 하나의 '우리'를 실현하는 것이었다. 식사를 같이할 준비를 하면서 '형제 정신'이라는 완전히 비계층적 창조에 의해 콘스피라티오는 가장 강고하고, 가장 명백하고, 가장 애매하지 않은 육체적 표현이 된다. 먹는 행위를 통해 동료인 콘스피라티오들은 '우리'로 변용된다. 그것은 그리스어로 교회(ecclesia)를 의미하는 사람들의 모임이다. 나아가 그들은 '우리'가 또한 어떤 사람의 '나'가 된다고 믿었다. 즉, 그들은 강생된 세계의 '나'로 변화함으로써 자라는 것이다. 애초에 그리스에서 시민은, 도시라는 자궁에서 태어난 존재이지 폴리스에 소속된 것이 아니었다. 로마 시대가 되자 그곳에서 태어난 사람이 아니어도 그곳에 소속할 수 있게 되었다. 도시 국가의 변화가 배경에 존재했던 것이다.

콘스피라티오란 원래 입과 입의 키스인 osculum을 의미했다. 그러던 것이 osculum pacis(평화의 키스)로 바뀌고, 나중에는 그저 pax(평화)가 되었다. 4세기에서 12세기 사이에 사람들은 pax를 함께 세우고 pax를 서로 나누게 되었다. 그러자 사제는 제단에 키스를 하고 osculatorium이라는 키스할 대상물을 교회의 출석자들에게 돌리는 의식을 행하게 되었다. 콘스피라티오라는 관습이 교회에 의해 비신체화된 모임으로 바뀐 것을 일리치는 '타락'이라고 여긴다.

콘스피라티오(conspiratio)는 사라지고 콘뉴라티오(conjuratio)[4]의 기념비적 정밀화가 나타났다. 그것은 하나의 '우리'가 복수의 '나(= I)'에 의한 계약관계로 바뀌는 모습이다. '나'는 커뮤니티 속에 존재 하지만 커뮤니티에서 태어난 것은 아니다. 커뮤니티와 자신 사이의 관계 변화와 교회의 전례 변화가 겹쳐지는 것이다.

현대어에서 conspiracy는 '음모'라고 하는 집단적 모략을 의미한 다. 일리치는 언제나 양의적인 단어를 골라낸다. 그 원래 의미는 사 람들의 영적이고 정신적인 모임으로 '우리'를 통해 '나'를 찾을 수 있 었다. 그러나 지금은 '나(=I)'와 '나(=I)'가 계약을 맺어 우리=(사 회)가 되는 반전이 일어난다. 이것은 대단히 중요한 개념임에 틀림 없지만, 그러나 그의 고찰은 너무 짧다. 불과 몇 페이지 분량으로, 그 는 그리스적 세계에서 로마적 세계로, 그리고 사회 계약의 세계로 변 화하는 모습 속에서 콘스피라티오가 pax로 바뀌는 과정을 설명하고 있다. 상호 대응하는 신체성이 공동의 비신체성으로 바뀜에 따라 집 단 의례가 공동으로 만들어진다. 정신적인 것은 비신체화된 희박함 으로 바뀌고, 계약 관계가 지배적이 된다.

즉, 일리치는 계약 사회와 사회 계약론이 '사회'를 만드는 본질을 지적한다. 장소가 없어지고 제도가 만들어짐에 따라 사회가 성립하 게 된다는 것이다. 그러나 그의 지적은 너무 단편적이다. 컨비비앨리 티는 tool(=도구)이었지만, 콘스피라티오는 몸과 마음이다. 이 상호 관계가 이론 장치로 만들어졌다면 상황은 바뀌었을 텐데, 아쉽게도 컨비비앨리티와 같은 총체적 고찰은 없었다. 한편, 콘스피라티오와

---

4   conjuratio. 라틴어로 마술, 주문, 또는 (마술과 주문으로) 악마를 쫓다 등의 의미 를 지닌다. 이와 별개로 공동의 서약, 동맹, 공모 등의 의미도 있다. 이 글에서는 신체적 결합인 conspiratio와 대비되는 '계약적 결합'의 의미로 사용되고 있다.

함께 호스피탤리티라는 개념도 등장한다.

호스피탤리티

브레멘에서의 강연은 콘스피라티오에 대해 다룬 다음 호스피탤리티로 마무리된다. 일리치는 "현대의 기술 유전자에 의한 정보 집중 사회에 대한 독립된 비판은 '강한 호스피탤리티의 장소적 환경(milieu of intense hospitality)'에서만 가능하다"고 주장한다. 그는 "주인에 의한 세련된 호스피탤리티는, 독립된 사상에 적합한 분위기를 위한 주요한 조건"이라고 말한다. 그는 호스피탤리티에 관해 네 가지 요점을 들고 있는데, 이것들은 너무 간결해 이해하기 쉽지 않다.

① a hospitality that excludes condescension as scrupulously as seduction

② a hospitality by its simplicity defeats the fear of plagiarism as much as that of clientage

③ a hospitality that by its openness dissolves intimidation as studiously as servility

④ a hospitality that exacts from the guests as much generosity as it imposes on the host

이상의 네 가지인데, 그 의미는 다음과 같을 것이다.

① 호스피탤리티는 유혹과 마찬가지로 비하를 배제한다.

② 호스피탤리티는 그 단순함에 의해 고객의 두려움만큼 표절의 두려움을 이겨낸다.

③ 호스피탤리티는 그 개방성에 의해 노예 상태만큼 신중하게 협박을 푼다.

④ 호스피탤리티는 주인에게 부과된 만큼의 관용을 손님에게도
  요구한다.

  위에서 비교되고 있는 것들은 유혹, clientage(소송의뢰인, 단골,
환자, 손님), 노예 상태, 그리고 주인이다. 즉, 호스피탤리티란 이것들
과 관련된다는 뜻인데, 이와 동시에 그것들이 불가피하게 초래하는
부정적인 것들(비하, 공포, 위협, 과장)을 뛰어넘는다는 뜻일 것이다.
양의적인 관계에 놓여 있기 때문에 알기 어렵지만, 이것들을 뛰어넘
는 것이라고 봐도 좋을 것이다.

  일리치를 일본어로 번역한 사쿠라이[5]는 호스피탤리티에 대해 "쓸
데없이 자기를 낮추지도 무리하지도 않고, 꾸밈도 뽐냄도 없기 때문
에 대화 속에서 누가 어떤 생각을 했는지 금방 잊어버리는, 그리고
서로에 대해 존경심을 가지면서도 겁내지 않는 것이다."라고 번역했
다. 호스피탤리티에 대해 집요하게 천착하지 않으면 이렇게 술술 해
석이 가능하며, 실제 알기 쉬운 번역이다. 그러나 그것은 호스피탤리
티가 만들어낸 컨비비얼한 분위기를 지적한 것에 불과하다. 필자의
서툰 어학 능력으로 영어판·프랑스어판·스페인어판 등을 보건대,
이런 의미는 전혀 보이지 않는다. 호스피탤리티는 일반적으로 환대·
접대로 번역하지만, 그렇게 되면 콘스피라티오(conspiratio)와 콘뉴
라티오(conjuratio)라는 의미가 사라져버린다.

  일리치는 "호스피탤리티가 서비스로 바뀜에 따라 두 가지 변화가
일어난다"고 지적한다. 즉, 나와 너의 관계가 완전히 바뀌고, 제도화
가 진행된다는 것이다. 개개의 인간에게 안전과 생존 능력과 독립을
부여하려고 하는, 도착된 시스템으로 구성된 서비스/상품의 산업화

5　櫻井直文(사쿠라이 나오후미). 메이지대학 법학부 교수. 17세기 유럽사상 전공.

에 의한 복합체(conglomerate)가 등장하는 것이다. 그는 문을 두드리면서 호스피탤리티를 바라는 그리스도를, 그와 비슷한 존재로서가 아니라 그리스도 자체로서 받아들여야 한다고 주장한다.

필자 식으로 말하면, (제도화된 서비스 사회에서는) 지금 눈앞에 있는 사람의 얼굴과 눈을 전혀 보지 않고, 그때 마음의 움직임과 생각과 감각, 그리고 자신들이 지금 놓여 있는 장소의 문맥을 전혀 보지 않고, 느끼지도 않고, 그저 제도화된 주어진 업무와 의무를 규칙적으로 수행할 뿐이다. 상대방을 위해 선의를 갖고는 있지만 비신체화된 상태다. 학교에서도, 병원에서도, 가게에서도, 교통 기관에서도, 관청에서도, 은행에서도, 기업에서도… 생활의 모든 장소가 서비스 사회가 되었다. 그것은 심지어 집안까지 스며들었다. 호스피탤리티의 심신 기술은 숨겨졌을 뿐 아니라 사라져버리기도 했다.

친구

이제 최후의 일리치에게 되돌아가자. 그는 말한다. "복음이 도착된 이 시대에 살고자 하는 것은 예언자의 부름이 아니라 친구의 부름(call) 때문"이라고. 예언의 시대는 끝났다. 지금 우리들이 소명(vocation)을 받는 유일한 기회는 친구로부터다. 그것이 새로운 사회에 대한 희망을 널리 퍼지게 한다. 말(言)이 아니라 어리석은 단념이라는 작은 행위를 통해서다.

1996년의 강연 〈철학, 인공물, 우정(Philosophy, Artifacts, Friendship)〉에서 일리치는 도구가 기술이 되고, 시스템이 되고, 타자성을 지우는 것이 된다고 했다. 1961년 이후 말하기를 금해왔던 가톨릭교도들을 대상으로 한 강연에서 그는 "인공물에서 '사랑'이 지워지고, 지식의 세계에서는 사랑과 친구가 지워져버렸다."고 말하면서 그런 지식과 기술이라면 단념하겠노라고 밝혔다. 교회 주도의 자선의 불모화는 서비스로써의 세속화 과정에서 이루어진 결과다. 독특한 가톨릭 의례의 세속화가 학교화를 낳았고, 신체의 비통일화를 초래했고, 비적(秘蹟) 물질이 분해된 사례로서 물의 H_2O로의 퇴화가 일어났으며, 젠더라는 사회 역사적 이원성은 섹슈얼리티에 의해 부식되었다. 이러한 실례를 통해 그는 역사 속에서 몇 번이나 되풀이되어 온 동일한 신비적 패턴을 묘사했다.

"은총의 선물(gift of grace)이 근대적 공포(modern horror)로 변용된 것"이라고 일리치는 말한다. 기술적 조작의 근대적 공포의 기원은 비적 신학의 타락에 기원이 있다고 생각했었는데, 그것은 잘못이었다. 인공물, 즉 도구라는 것은 하느님의 오류 없는 행위로 이해할 것이 아니라, 천국을 통치하는 천사들의 잘못된 행위로 설명되어야 한다. "타자를 발전의 대상, 경제적·교육적·이데올로기적 변용의 대상으로 만들어냄으로써 얻은 특권을 산 것"이라고 그는 말한다.

일리치는 희망을 유일하게 친구와의 관계 속에서 보고 있다. 필자는 일리치의 종교 사상에서 비롯된 생각을, 니시다의 역대응과 자기모순적 동일성이라는 개념을 통해, 주어적이 아니라 술어적으로 이해하고자 한다. 그것은 니시다의 사상이 주객 비분리의 사고 기술이기 때문이다. 그렇지 않으면 일리치적인 일원성과 근대적 이원성 사이에서 방향을 잃게 된다. 필자는 어느 쪽에도 구애되지 않는 사상적 위치를 니시다의 철학을 통해 확보할 수 있었다. 동양으로부터 서양을 보고, 서양으로부터 동양을 보는, 세계에서도 드문 사고방식이다. 종교적 신앙의 차원에 존재하는 것은 논리적 사고로는 이해할 수 없다. 더구나 이쪽 신앙이 주어적이지 않기 때문에 더욱 그렇다.

마지막으로 푸코도, 일리치도, 아리스토텔레스적 세계와 중세 기독교적 세계, 근대 세계 사이의 비연속성을 문제로 설정하고 있는데, 그것은 토마스 쿤이 이야기하는 패러다임의 전환으로써가 아니라 대상을 아는 것이 자기를 아는 것이 되는 역사적 고찰로써 문제를 설정한 것이다. 푸코는 기독교의 문제를 '주체의 해석학'이라는 관점으로 주어적 방향에서 살펴봄으로써 술어적 면을 부각시켰다. 반면, 일리치는 기독교의 문제를 객관적으로, 술어적 방향에서 살펴봄으로써 스스로의 주어적인 면을 두드러지게 만들었다. 이 교차는 흥미롭다. 각자 자신으로부터 먼 방향에서 자신에게 다가온 것이다. 대칭적이자 뒤바뀐 방식이다. 그들은 기독교 신앙에 입각해, 시선을 객관적 빛과 제도화로 타락시켜온 교회 제도를 꿰뚫어보았다. 깊은 지식과 고찰이 있었기 때문에 현대 산업사회의 본질을 파악하고 급진적 비판을 전개할 수 있었던 것이다.

우리들은 이러한 그들의 사상을 참고해 일본의 중세 무사들의 시대를 되돌아보고, 천황제에 종속된 종교적 일본론을 뛰어넘는 길을 찾을 수 있을 것이다. 필자는 지금 장소론에서부터 이를 재검토하고 있다. 서구와는 다른 장소적 본질을 어떻게 추출할 수 있을 것인가. 그것이 문제다. 아시아적 특질을 가진 중세의 심적 기술과 종교적 특성이 드러날 것이라고 기대하고 있다.

끝으로: to be left alone의 술어적 자기 기술

종교적 공동 환상의 세계에 갇힌 채로는 자신의 생각을 납득할 수 없다. 공동적인 것들과 역대응하여 작용하는 자기의 존재 방식에서부터 생각을 작동시켜야 한다. 처음부터 일리치는 '자율성(=autonomy)'을 기본 원리로 삼고 있었다. 배우는 자율성, 치료하는 자율성, 걷는 자율성이다. 이것들은 '살아 있는 자신'의 소박한 존재 행위들이다. 산업사회 비판은 이것들이 불능화(=disabling)된 것에 대한 비판이다. 필자가 일리치로부터 가장 많이 배운 점은, 이 자율성에 입각해 살아야 한다는 것이다. 제도나 사회 규범, 사회 규칙과 관련될 때는 '내버려둬(to be left alone)!'라고 할 수 있는 자기 기술이 필요하다. 이 자율성은 프라티크지만 일리치에게서는 프락시스적 뉘앙스가 느껴진다. 이 자율성은 자기의 자기에 대한 관계, 즉 종속되지 않는 자유다. 이를 'praxis(=목적 의식적 실천)'로 생각하면 자기 투기(投企)가 되어 자기 자신을 잃게 된다. 그것은 액티비티(activity)이지 행동(=behavior)이 아니다. 프라티크한 자기 기술이라고 할 수 있을 것이다. 그러나 일리치 사상 속에 머물러 있으면 제도 비판이 제도에 대치되는 프락시스인 것처럼 이해하기 쉽다. 그리고 종교적 신앙에 자기를 맡겨버리게 된다.

흔히 비판적 사고와 태도에 대해서는 쓸데없는(不毛) 반응이 일어나곤 한다. 학교 비판과 사회 비판을 하면서 대학교수가 된 것은 이상하지 않느냐와 같은 비난, 즉 '비판의 범죄화' 같은 것들이 일어난다. 필자 역시 처음에는 그런 의견들에 많이 직면했었다. 말하는 것과 행동하는 것이 의식적으로 일치해야 한다는 프락시스론이자 도덕론이며, 아이덴티티론(자기 동일성)의 변형이다. 비판은 범죄로 바뀌고, '말하지 말라'는 논법으로 이어진다. 자유를 바란다면 자유로워지지 말라는 논법이다. '생각이란 자기 모순적으로만 생산된다'는 것을 이해하지 못하는 사람들의 비난이다. '어리석은 자의 자유(fool's freedom)'라고 이를 용인할 수는 없다. 일리치는 이를 '~를 위해'가 아니라 '자기 자신에 의해', 즉 for oneself가 아니라 by oneself라고 표현했다. 제도의 집요한 간섭과 작용에 대해서는 '내버려두라'고 했다. 즉, 자신의 일과 직업이 문제인 것이 아니라, 일과 직업에서 자율성을 잃게 만드는 타율적 간섭과 작용에 대해 스스로 자신을 갖고 자율적 행위를 해야 하는 것이다. 일하지 말라고, 직업을 갖지 말라고 하는 프락시스가 아니다. 병원에 가면 우리들은 먼저 처치 가능한 질환의 모습을 검사하자는 얘기를 듣는다. 그러나 우리는 "당신이 질병이라고 부르는 것은 아무래도 좋다. 나를 살게 해달라. 기분 좋게 지낼 수 있도록 해달라!"라고 하면 그만이다. 질병을 치료하는 것이 아니라 느끼는 것이 중요하다. 일상생활의 감각적 모습(sensual features)이다.

나아가 일리치는 '책임'이라는 생각의 뒤바뀜에 대해 지적했다. 지구를 위해, 가이아를 위해, 인류의 자손들을 위해 '우리에게는 책임이 있다', '우리들은 무언가를 해야 한다'는 생각은 잘못이라고 일리치는 주장한다. 에콜로지스트는 기분 나쁜 에콜로지 댄스를 미친 듯 추고 있을 뿐이다. 그것은 제도나 시스템 속에 자기의 자리를 잡고 그에 맞는 역할을 맡았을 뿐 '살아 있는 것'이 아니다. 생명과 생태계 속에 자신을 자리매김하고 그래프와 공식, 유행하는 방법들에 의해 관리하고 있을 뿐이라고 그는 말한다. 가이아란 아름답기 때문에 축복받을 수 있고, 생명과 대치됨으로써 생생하게 살아 있을 수 있다. 자신이 책임을 질 수 있는 것은 그에 대해 무언가를 할 수 있다는 것, 자신에게 좋고 바람직하며 도리에 맞고 의미 있는 것을 할 수 있다는 것을 뜻한다. 어디까지나 그뿐이다. 책임을 확대해서는 안 된다. "우리들 생명의 세계라는 것은, 절대적 현재의 자기 한정으로서, 자기 자신 속에서 자기를 표현하고, 시간적·공간적으로 만들어진 것에서 만드는 것으로 향해가는, 어디까지나 자기 자신을 형성해가는 곳에 성립(니시다 기타로)"하는 것이다.

윤리란, 자신의 말과 행동 사이에 어긋남이 생겼을 때, 그 어긋남에 대해 자율적 책임을 행사하는 것이다. 푸코는 "오늘 말과 내일 말은 원래 달라지는 것"이라고, "우리들은 그 어긋남에서 사는 것"이라고 했다. 자신의 자신에 대한 관계에서 자유로워야 한다. 자유 프라티크의 자기 기술은 아이덴티티 '일치'의 주체적 기술과는 다르다. 이것은 도덕적·법적 규칙 혹은 규범과 일치하는 '책임'이 아니다. '어긋나는' 윤리 프라티크, 자유 프라티크다. 푸코의 자기 기술론이 철학적으로 명쾌한 것도 신앙에 의거하지 않기 때문인데, 니시다 식으로는 "자기의 근원에 대해 자기 자신을 던지고, 자기 자신을 버리고, 자기 자신의 존재를 부끄러워한다"는 것이다. 이를 통해 자기가 자기를 뛰어넘는 것이다. 병원에 가지 말라고 하는 것이 아니라, 건강을 타자에게 맡길 필요가 없다는 것이다. 병에 걸렸을 때 의사를 찾아가야 할지 갈 필요가 없는지를 자율적으로 판단하는 자기 기술이다. 비행기를 타지 않는다거나 차를 타지 않는다는 규칙을 세우는 것이 아니다. 자전거를 타는 것과 걷는 것을 되찾아오자는 것이다. 즉, 이 세상을 객관적으로 변혁하자는 것이 아니라 '자신의 자신에 대한 관계를 바꾸자'고 하는 것이다. 되풀이하지만, 'Never mind what you call disease. Let me live. Let me feel well.(병이 어떤지는 아무래도 좋다. 나를 살게 해달라. 기분 좋게 지낼 수 있도록 해달라.)'이다. 내부 시선의 힘으로 보는 것, 얼굴을 듣는 것, 사랑으로 만지는 것이다.

그러나 일리치의 언술에는 제도를 바꾸자는, 정치 프로세스를 유효하게 만들자는 프락시스가 어딘가 들어 있다. 본인은 그렇지 않다고 계속 얘기하지만, 제도 비판의 성질이 그렇게 만든다. 이 점이 일리치의 본질적 한계다. 프락시스와 프라티크의 구별이 없기 때문에 제도 프락시스에 대한 비판이 제도 프라티크를 의미 없는 것인 양 만들어버렸다. 그 때문에 비제도 프락시스를 행사해야 한다는 뉘앙스가 풍기는 것이다.

'시작한 것에는 언젠가 끝이 온다'고 생각하는 일리치에게서는 일종의 종말론적 요소도 느껴진다. '바라는 것은 교회의 부활이다'라고 하듯이. 있을 수 없는 일에 희망을 가질 수는 없는 것이다. 본질적으로 일리치는 "배우는 프라티크가 교육 프락시스로 바뀌어서 학교 프라티크에 얽혀버리는 것을, 제도 프락시스로서 비판하고 배우는 프라티크를 회복하자."고 말하고 있지만, 마치 학교를 없애자는 것처럼 들린다. "학교에 가는 것과 학교에 가지 않는 것을 아이들이 반반씩 선택할 수 있게 된다"고 말하지만, 비제도 프락시스를 강요하는 듯한 언술이 돼버린다. 이것은 선동이다. 학교에 가지 않는 프락시스가 아니라 '학교에 가지 않는 프라티크가 학교에 가는 프라티크와 동일한 가치(等價)를 지닌다'는 것이 본질이다. Pupil(학생, 피후견인)은 '눈동자, 동공'을 뜻하는 라틴어의 pupilla, 즉 '당신 눈 속에 내 자신의 작은 이미지가 비친다'는 말에서 유래한 단어다.

필자는 이 점을 주어적인 프락시스가 아니라 '술어적 프라티크'를 회복하는 것이라고 이해한다. 어디까지나 주어가 되지 않는 술어 면에서의 행위다. 자기가 자기 부정적으로, 술어적으로 작동하는 것이다. 자율성이란 술어 영역의 행위다. 술어적인 자기 기술이다. 또한 분리된 객관적 실체가 아니라, 술어적 장소에 존재하는 것을 분리하지 않고 보는 것이다. 여기까지 오면 우리들은 일리치의 산업사회 비판 차원을 뛰어넘어 스스로의 '자율-생(生)'을 살리는 스스로에 대한 수단을 얻을 수 있다. 그것은 푸코와 니시다가 이미 제시한 세계이자, 사회 자체를 뛰어넘는 '장소'의 정치다. 일리치는 '장소'와 술어적 자기 기술을 버내큘러한 것으로서, 또한 컨비비얼한 것으로서 말하고

자 했지만 미처 다 말하지 못했다. '생명'에 대해서는 부정하자. 그러나 '살아 있다'고 하는 프라티크는 우리가 실천해야 할 것이다.

필자는 본서에서 일리치를 그대로 인용하는 일은 최대한 자제했다. 이는 일리치의 문체가 지닌 특유의 선동에 영향을 받지 않기 위해서였다. 그리고 이를 통해 일리치의 본질에 접근하고 싶었기 때문이다. 본서를 읽고 난 후 일리치를 다시 읽으면, 일리치의 독특한 언술에 당황하는 일 없이 일리치를 냉정하게 보고, 그 해학적 묘사 뒤에 존재하는 심층부를 이해할 수 있을 것이다.

일찍이 일리치에 대해 논평했을 때, 필자는 일리치를 무시하는 일리치 비판자들과 싸우지 않으면 안 되었다. 그러나 이제는 일리치 자신에게서 일리치를 구출하지 않으면 안 된다. 이 때문에 어쩔 수 없이 후기 일리치에 대해서는 투쟁적 서술이 되었다. 결국 무엇을 유효하게 사용할 것인가가 문제다. 현자 프로메테우스로서 일리치를 이해할 것이 아니라 어리석은 에피메테우스로서, 자율적인 일리치를 읽어내야 한다. 에피메테우스는 판도라와 결혼했다. 판도라는 모든 악을 세계에 퍼뜨렸지만, 최후에 '희망'을 상자에 남겨놓았다. '기대(=expectation)'가 아니라 희망(=hope)이야말로 일리치가 바란 것이다. 산업사회의 모든 악을 남김없이 밝힌 일리치가 남긴 것이 그것이다. 산업사회는 더 없이 미숙한 세계이자 빈약한 세계다. 정치도 경제도 이를 극복하지 않으면 안 된다. 그 본질적인 규칙성은 일리치에 의해 충분히 밝혀졌다. 이제 그것을 상식으로 삼아야 한다.

필자는 문화교류문헌자료센터에 있을 때 인생에서 가장 많은 공부를 했다. 거기에서 신체화된 것들을 살려 나가도록 소중하게 여길 것이다. 그리고 아직 이용할 수 있는 것들도 많다. 이를 위해 일리치 사상에 대해 대안을 설정하려고 했던 것이다. 산업문명뿐 아니라 문명 그 자체를 뛰어넘는 엄청난 사상을, 필자의 사이즈에 맞춘 것이 본서다. 사상에 대해서는 종속당해서도 안 되고, 해석하기만 해서도 안 된다. 자신의 도구로써 활용해야 한다.

저자 후기

애초에는 간단히 정리할 작정이었는데, 후기 일리치에 흠뻑 빠져 들어가는 바람에 시간이 상당히 걸렸다. 후기 일리치의 중후함이 읽어가는 도중에 무겁게 내리누른 것이다. 역시 일리치는 보통의 사상가가 아니라는 뜻인데, 초기의 교회 비판이 고도로 심화되어 쉽지 않은 영역으로 들어가버렸다. 결과적으로 중기 일리치에 대한 의미 부여를 근원에서부터 바꿔야 했다.

① 전초기: 교회 비판, 라틴아메리카론
② 초기: 산업적 생산 양식 비판, 교육, 교통, 의료 서비스 제도론
③ 중기: 도구론·기술론, 노동론, 젠더론
④ 후기: 물질, 문자, 텍스트, 시각, 생명, 신체, 중세사, 신앙론

이와 같은 흐름인데, 이들의 연관 관계가 아무래도 신경 쓰였다. 아무튼 본서는 후기에서부터 모든 것을 재검토하는 일리치론이 되

는 셈인데, 일리치의 세계로 확산해가기보다 필자 자신의 구성으로 모아봤다.

요즘 들어 콤팩트한 현대 사상가 평론들이 많이 나오고 있는데, 일본의 경우 특정 포인트에 초점을 맞춘 저술들이 많다. 그러나 사상이라는 것은 개별들의 총체이지, 특정 저작이나 특정 사상적 요소가 아니라고 생각한다. 그리고 불행하게도 필자에게는 그들만큼 재주가 없다. 한편, 서구의 사상가 평론은 잘 구성된 총체를 콤팩트하게 정리하고 있는데, 필자는 그들만큼 똑똑하지도 않다. 그래서인지 필자의 논집들은 어쩔 수 없이 장황해져버린다. 어리석은 이가 현자를 접했을 때는 철저하게 배워야 하기 때문에 어쩔 수 없다. 필자에게 헤겔이나 칸트 연구는 너무 커서 감당할 수 없다.

일리치를 읽고 있으면 묘하게도 어느새 빨려들어간다고 할까, 포섭되는 것 같은 엄청난 힘에 사로잡힌다. 대상으로 보면 차가운데 고유한 사상의 견인력이 느껴지는 것은, 그에게 어딘가 우정에 호소하는 듯한 자질이 있기 때문일 것이다. 그러나 바로 그 때문에 역으로 보편성에 도달하지 못하는 한계가 되기도 한다. Lee Hoinacki & Carl Mitcham(eds.), 『The Challenges of Ivan Illich』(State University of New York Press, 2002)나 Martine Dardennne et Georges Trussart(direction), 『Penser et agir avec Illich』(Couleur livres, 2005)에서도 그렇게 평가하고 있다.

어느 날 일리치에게서 편지가 왔다. 널 잊지 않고 있다, 자신은 고독하다, 독일에 있는데 한 번 만나러 오지 않겠는가 하는 내용이었다. 당시 파리나 런던, 미국 등을 돌아다니고 있던 필자 소식을 누군가에게서 들은 모양이었다. 그러나 필자는 답장을 보내지 않았다. 다시 만나고 싶은 생각이 들지 않았던 것은, 그의 존재가 필자에게는 너무 컸기 때문일 것이다. 싹싹하고 원만한 친구라는 관계를 필자는 취할 수 없었다.

일리치의 부고가 들렸다. 조용히 묵도했다. 부르디외도 그 해 세상을 떴다. 사상과 이론의 전환기가 왔음을 느낀다. 그러나 생각은 정체할 수 없다. 산업사회의 역겨움에 결말을 짓는 것, 서비스·교환 경제를 대신하는 것으로서의 호스피탤리티 경제와 호스피탤리티 교육에 의한 인재 개발을 위해 필자는 마지막 힘을 쏟고 있다. 사실 만년의 일리치가 호스피탤리티에 대해 이야기하고 있었던 것조차 몰랐을 만큼 그를 멀리하고 있었는데, 어떤 필연이었던 것 같다. 호스피탤리티라고 하는, 최선의 것이 타락해 최악의 서비스 사회가 되었다는 인식은, 그를 몰랐더라도 필연처럼 필자에게 다가왔던 것이다.

본서는 산업, 서비스 비판의 실마리를 가르쳐준 스승 일리치에 대한 감사의 뜻을 담은 책이다. 한 번 더 원서들을 모두 읽어보았다. 사회주의 국가들이 붕괴하고 산업사회 경제들도 완전히 위기에 빠진 현대는 일리치를 상식화해 다음을 생각해야 한다. 일리치의 가능성과 한계는 그의 처녀작 『학교, 의료, 교통의 신화』에서 이미 느꼈었지만, 당시에는 비판적 언술을 자제했다. 적에게 소재를 제공하는 것을 피하고자 했기 때문이다.

그러나 본서에서는 그때의 비판들을 상당히 넣었다. 편집자가 있었더라면 빼라고 했을 사적 이야기들까지 적었다. 본심이 아닌 일리치론은 필자에게 의미가 없기 때문이다. 쓸데없는 것 때문에 주제를 흐릴 수 있음을 알면서도 굳이 그렇게 했다. 과거의 일리치가 아니라 현재진행형으로서의 일리치를 다시 읽고, 그의 논고들이 가능하도록 지평을 열고자 했다. 이번에는 그전에 전혀 읽지 않았던 만년의 저작들을 원문으로 읽었다. 이 원문들은 인터넷으로도 출력 가능하다. 본서에서는 일리치가 암시하기는 했지만 직접 말하지 않았던 것들을 꽤 많이 적었다. 그중에는 일리치 비판도 들어 있다. 어떤 것이 일리치의 말이고 어떤 것이 아닌지 잘 모르겠는 부분도 있겠지만, 어떤 것이 일리치인지 구별하는 것은 의미가 없다. 일리치의 사상적 표현 또는 사상을 재단하는 듯한 표현은 솔직히 필자에게는 의미가 없다. 일리치 특유의 방법에서 파악된 현실과 실제는, 일리치와 관계없이 현실과 실제로서 나타난다. 이를 어떻게 할 것인가를 생각하면 된다. 본서는 그런 관점에서 쓴 책이다.

멕시코의 쿠에르나바카를 방문했던 젊은 시절이 일리치의 모습과 함께 지금 선명하게 떠오른다.

Gracias a la vida, Ivan![1]

이렇게 말하게 만드는 무언가가 일리치에게는 있다. 앞으로 나를 대신해 일리치를 자유자재로 논하는 분들이 미래를 이끌고 가주기를 바란다.

[일리치의 저서]

* 는 공저. 출판사는 미국판, 영국판, 프랑스판, 스페인판, 독일판 등 다양하다. 게다가 출판연도에 따라 출판사가 다르기 때문에 관심 있는 독자들은 스스로 찾아보시기 바란다.

① 1970, Church, Change and Development(Fred Eychaner

---

[1] '삶에 감사해요. 이반'이라는 뜻의 스페인어.

ed.)

② 1970, Celebration of Awareness

③ 1971, Deschooling Society

④ 1973, *After Deschooling. What?

⑤ 1973, Tools for Conviviality

⑥ 1974, Energy & Equity

⑦ 1976, Limits to Medicine(Medical Nemesis)

⑧ 1977, *Disabling Professions

⑨ 1978, The Rights to Usual Unemployment and its Professional Enemies

⑩ 1978, Toward a History of Needs(⑥⑨를 포함한 논문집)

⑪ 1981, Shadow Work

⑫ 1982, Gender

⑬ 1985, H₂O and the Waters of Forgetfulness: reflections on the historicity of STUFF

⑭ 1988, *ABC: The Alphabetization of the Popular Mind

⑮ 1992, In the Mirror of the Past [1978년부터 1990년까지의 논고 수록]

⑯ 1993, In the Vineyard of the Text

[David Cayley에 의한 인터뷰 편저]

⑰ 1992, IVAN ILLICH in Conversation

⑱ 2005, The Rivers North of the Future: The Testament of Ivan Illich

⑲ Oeuvres completes, vol.1, vol.2(Fayard, 2004, 2005)(이 스페인어판은 프랑스어판에 없는 코멘트와 주석이 편자들에 의해 기록되어 있어서 중요하다.)

⑳ La perte des sens(Fayard, 2004) [⑮에 미수록된 1987년부터 1998년까지의 논고 수록]

일리치는 초고를 쓰고 나서 이를 확대시킨다(⑤⑦⑫). 또한 다양한 논문을 모아 재편집하기도 하는데, 특정한 테마로 구성해 모아놓은 것들(②③⑪)은 임팩트는 있지만 논점이 정돈되지 않아 확산되어 버리는 경우도 있다(⑩⑮⑳). 예를 들면, ①은 편자들이 그저 긁어모아 놓은 작품에 불과하지만, ②는 이를 교회 비판과 라틴아메리카의 비산업적 현실에 대응하도록 편집, 구성한 것이다. 사상의 표출은 논문의 단순 모음집으로는 불가능하다. 초점의 불투명성은 일리치 자신이 일본어 번역 시 '⑥과 ⑨를 묶어도 좋다'고 지시한 무렵부터 나타났다. 치밀하게 정리해야 하는데 이를 하지 않게 된 징후다. 그 결과가 ⑩이다. '필요의 역사'는 역사를 다시 쓰겠다는 의지로 시작된 것인데, 이를 이루지는 못했다. 이때부터 일리치는 망각 속에 놓여졌다. '이젠 늙었다'고 불쑥 내뱉는 말을 필자는 몇 번이나 들었다. 따라서 ⑫에 대한 그의 의욕은 마지막 파워로서는 대단한 것이었지만, 거의 아무도 그 의미를 이해하지 못했다. 유일하게 일본에서 이를 평가했다고 할 수 있지만, 이해의 초점은 어긋나 있었다. 이때 필자도 그와의 관계를 모두 끊었다. 세계 문명의 상식을 기초에서부터 뒤집는 작업은, 조금이라도 허술하면 일제히 공격을 받게 된다. 일리치는 12세기의 역사 속에 스스로를 침잠시켰다. 친구들의 요청에 응해 부분적으로만 자신의 역사관을 피력했을 뿐이다. 본서에서는 초기부터 만년까지 의미의 연관을 드러낼 수 있도록 노력했지만, 과연 어느 정도까지 달성했는지는 미지수다.

사소한 것이긴 하나 일찍이 톨스토이의 『이반 일리치(Ivan Ilitch)의 죽음』과 헷갈려 하는 경우가 많았는데, 소설의 주인공은 Ilitch고, 일리치는 Illich다. Ivan은 스페인어 발음으로는 v 발음이 없어져 이반이 되는데, 이는 일본어와도 맞아 본인에게 타진한 후 처음부터 그렇게 사용해왔고, 그가 방일했을 때도 재확인한 바 있다.

본서를 집필하는 동안 멕시코에 사는 장 로베르토에게서 갑자기 연락이 왔다. 불가사의한 우연이다. 일리치로부터 필자의 소식을 들었다고 한다. 미안한 마음이 들었지만, 본서를 완성함으로써 일리치에 대한 보답이라 생각하고 싶다. 경애의 정을 넘은 지점에서 본서는 일리치의 한계도 지적하고 있다. 일리치 연구는 국제적으로 지금부터 시작될 것이다. 제네바에도 그런 그룹이 활동하고 있다. 그러나 필자는 그런 흐름과 관계를 맺고 싶지는 않다. 이제는 늙었고 젊은 시절이 그리울 뿐이다. 일리치가 없었다면 필자 역시 없었을 것이다. 산업사회의 집요한 간섭에 대해 '내버려둬'라고 말할 수 있는 삶의 사상 축은 일리치에게서 배운 것이다.

필자의 푸코론은 인용투성이였다. 푸코주의자로 있고 싶기 때문이다. 그러나 본서에는 그다지 인용이 없다. 정반대의 집필 방식을 사용했다. 후기의 작품들은 상당히 요약적으로 서술되었다. 물론 간단한 요약은 아니다. 어떤 수준을 뽑아내는 '읽기'이자 이론적 표출에 다가가는 작업이다. 일리치는 필자로부터 '먼 곳(distality)'에 있으며, 필자는 그의 기본적 사상을 도구로써 사용하고 있다. 필자는 그에게서 졸업한 것이다. 한편, 문헌 인용에 있어서 학술적 엄밀성을 따질 수도 있겠으나 그런 것은 소수의 학자나 연구자들에 해당하는 것으로, 일반 독자들에게는 상관없는 일이다. 필요하면 스스로 찾아보면 될 일이다. 필자는 서술이나 사고에 있어서 일일이 몇 페이지라고 기술하지 않았다. 사상의 사용자이지 사상과 사상가의 종속자가 아니기 때문이다.

부르디외, 요시모토 다카아키, 푸코, 일리치는 현대를 이해하는 데 필요한, 세계에서 가장 깊은 기본적 사상 축이다. 그리고 필자 자신의 사고의 핵이기도 하다. 아무튼 이 일리치론에 의해 필자의 사상가 시리즈도 네 권으로 정리되었다.[2] 필자가 가장 철저하게 배웠고, 자기 기술적으로 갖고 있는 네 명의 사상가들이다. 여기까지 오니 무언가 쑥 빠져나간 것 같은 느낌이 든다. 언어화할 수 없는 신체적인 어떤 감각이 내재적으로 만들어진 것 같다. 푸코론을 출판한 다음이라 만년 일리치의 기독교에 대한 이해와 푸코와의 차이가 흥미로웠다. 그러나 필자에게 일리치는 서구적 사상가로서가 아니라 라틴아메리카라는 장소에서 나온 사상가이기 때문인지 '차가운' 일리치, '따뜻한' 파울로 프레이리, 그리고 '뜨거운' 체 게바라로 구성된 라틴아메리카 3부작이라는 생각이 든다. 그리고 니시다 기타로의 장소론으로 종결되어 일단락되었다.

언제나 그렇지만 미리 예고를 하고 조금이라도 빨리 완성시키자고 스스로에게 다짐했다. 20년 전에 했어야 할 일이었는데, 근래 문헌들이 다양하게 정비된 덕분에 대상과의 거리를 어느 정도 유지할 수 있어서 이제야 가능해졌다. 현대의 혼미를 벗어나 희망으로 살 수

---

2 이 책의 저자 야마모토 테츠지의 사상가 논집을 가리킨다. 그는 이 책 이전에 『미셸 푸코의 사고 체계』, 『피에르 부르디외의 세계』, 『요시모토 다카아키의 사상』 등을 저술한 바 있다.

있는, 희미하지만 두꺼운 뿌리인 셈이다. 2009년 5월 파리에서는 일리치의 저작들이 주요 서점들에 늘어서기 시작했다. 두 달 전까지는 없었던 현상이다. 세계는 움직이기 시작했다. 본서도 그런 움직임의 하나가 될 수 있을지 모르겠다. 일리치가 30년 전에 이야기했던 것들이 지금은 당연한 것처럼 나타나고 있다. 지금이야말로 일리치를 제대로 읽고 현실의 전환에 활용해야 할 때다.

2009년 11월 제네바에서

일리치의 저작들

1968 Cuernavaca speech to U.S. students

1969 Commencement at the University of Puerto Rick(NYRB, Oct. 9)

1969 Outwitting the "Developed" Countries(NYRB, Nov. 6)

1970 Church, Change and Development(Fred Eychaner ed.)

1970 The Dawn of Epimethean Man

1970 Why We Must Abolish Schooling(NYRB, Jul. 2)

1970 Celebration of Awareness(1969)

1970 Deschooling Society(1971)

1970 Schooling: The Ritual of Progress(NYRB, Dec. 3)

1971 A Special Supplement: Education Without School: How It Can
    Be Done(NYRB, Jan. 7)

1973 *After Deschooling, What?

1973 Energy and Equity

1973 Tools for Conviviality

1974 Medical Nemesis

1976 Limits to Medicine: Medical Nemesis, the Expropriation of
Health

1977 *Disabling Professions

1978 The Rights to Useful Unemployment and its Professional
Enemies

1978 Toward a History of Needs

1980 Vernacular Values(Shadow Work)

1980 The De-linking of Peace and Development

1981 Shadow Work

1982 Gender

1983 Silence is a Commons(CoEvolution Quarterly, Winter 1983)

1985 H2O and the Waters of Forgetfulness

1987 Hospitality and Pain

1988 *ABC: The Alphabetization of the Popular Mind

1988 The Educational Enterprise in the Light of the Gospel

1989 Posthumous Longevity

1989 The Shadow that the Future Throws(New Perspective Quarterly,
1989. Vol. 16 Issue 2)

1990 Declaration on Soil

1990 Health as One's Own Responsibility - No, Thank You!

1990 The Sad Loss of Gender

1990 Needs

1990 In the Vineyard of the Text(New Perspective Quarterly, Fall 90.
Vol. 7 Issue 4)

1991 Text and University - on the idea and history of a unique institution

1992 AUTOSTOP, Ivan Illich and Jean Robert

1992 The Loss of World and Flesh

1992 In the Mirror of the Past

1993 To honor Jaques Ellul

1993 In the Vineyard of the Text

1994 Brave New Biocracy: Health Care From Womb to Tomb(New
　　　Perspective Quarterly, Winter 94. Vol. 11 Issue 1)

1995 Guarding the Eye in the Age of Show

1995 Pathogenesis, Immunity and the Quality of Public
　　　Health(Qualitative Health Research, Feb. 95, Vol.5 Issue 1)

1995 Death Undefeated(British Medical Journal, 311, Dec.23-30)

1996 We the People, KPFA - Ivan Illich with Jerry Brown

1996 The Wisdom of Leopold Kohr

1996 Speed? What Speed?

1996 Philosophy.... Artifacts... Friendship

1997 Land of Found Friends(Whole Earth, Summer 1997, Issue 90)

1998 The Cultivation of Conspiracy

1998 The Scopic Past and the Ethics of Gaze

1999 The Conditional Human

2000 The Loudspeaker on the Tower

2000 "The Oakland Table" Conversations Between Ivan Illich and
　　　Friends

2005 The Rivers North of the Future: The Testament of Ivan Illich

(굵은 글자는 주요 간행서. 같은 제목이라도 논고와 저서가 있다. *는 공저)

이반 일리치
문명을 넘어선 사상

초판 1쇄 발행 2020년 2월 17일

지은이 야마모토 테츠지
옮긴이 이적문

펴낸이 김제구
펴낸곳 호메로스
인쇄·제본 한영문화사

출판등록 제2002-000447호
주소 서울시 마포구 잔다리로 77, 대창빌딩 402호
전화 02) 332-4037
팩스 02) 332-4031
이메일 ries0730@naver.com

ISBN 979-11-86349-97-7 03300